Helmut Kohl
Erinnerungen
1930 – 1982

Helmut Kohl

Erinnerungen

1930 – 1982

Droemer

Besuchen Sie uns im Internet:
www.droemer.de

Die Folie des Schutzumschlags sowie die Einschweißfolie sind
PE-Folien und biologisch abbaubar.
Dieses Buch wurde auf chlor- und säurefreiem Papier gedruckt.

Für Hannelore

Inhalt

Vorwort 11

Teil I
Wurzeln und Prägungen
(1930 – 1959)

1. Kindheit 15
2. Heimat Europa 25
3. Jugendzeit 32
4. Gezeichnet 38
5. Zwischen Gutshof und Pfarrhaus 46
6. Erste Schritte 57
7. Tanzstunde und Politik 66
8. Student in Frankfurt und Heidelberg 77
9. Sturm-und-Drang-Zeit 88
10. Von der Universität ins Parlament 98

Teil II
Landespolitiker in Rheinland-Pfalz
(1959 – 1969)

1. Weichenstellung 111
2. Profilsuche 124
3. Vorentscheidung 130
4. Fraktionsvorsitzender 142
5. Im Machtzentrum 150
6. Basisarbeit 164
7. Aufstieg 171
8. Die Ablösung 175

9. Parteivorsitzender 192
10. Bewährungsprobe 203
11. Irritationen 213
12. Landespolitik 218
13. Blick nach Bonn 232
14. Verrechnet 243

Teil III
Ministerpräsident in Mainz
(1969 – 1976)

1. Regierungschef 253
2. Bonner Machtwechsel 262
3. Reformpolitik in Mainz 272
4. Sieger und Verlierer 276
5. Im Vorfeld des Wahlparteitags 283
6. Eine erwartete Niederlage 289
7. Neuwahlen 297
8. Die Entscheidung 306
9. Bundesvorsitzender 315
10. Aufgabe und Selbstverständnis der Union 324
11. Anziehungskraft 337
12. Ein besonderes Jahr 342
13. Testwahl 349
14. Spurlos verschwunden 357
15. Kanzlerkandidatur 366
16. Heerschau 373
17. Außenpolitik mit Augenmaß 378
18. Kernmannschaft 388
19. Mainzer Bilanz 393
20. Wahlvorlauf 401
21. Die Entscheidungsschlacht 408

Teil IV
Oppositionsführer in Bonn
(1976 – 1982)

1. Als Wahlsieger in der Opposition 413
2. Der Kreuther Trennungsbeschluss 419
3. Kampf um die Einheit 425
4. Verletzungen 434
5. In Bonn angekommen 439
6. Unerwarteter Wechsel 445
7. Die Gegner formieren sich 452
8. Heimtückische RAF-Morde 456
9. Auf Leben und Tod 471
10. Standfestigkeit statt Schlingerkurs 479
11. Unvorhersehbar und unberechenbar 490
12. Aufbruch aus der Opposition 497
13. Kampfansage 502
14. Zuspruch und Zweifel 511
15. Krönungsmesse 518
16. Gekämpft und doch verloren 523
17. Aufatmen 533
18. Kampfabstimmung 537
19. Der Herausforderer 541
20. Schmidt oder Strauß 546
21. Rückschlag.................................... 561
22. Verheerende Niederlage 570
23. Keine Resignation 575
24. Neuer Elan 582
25. Berliner Berufung 586
26. Symbol der Unmenschlichkeit 590
27. Kraftvoll gegen den Zeitgeist..................... 596
28. Ostkontakte 603
29. Unüberwindbare Streitpunkte 608
30. Gegen die Ängste 611
31. Sommer der Überraschungen 618
32. Schlag auf Schlag 622

33. Weichenstellung 627
34. Die Wende 640

Anhang

Zeittafel 653
Bildnachweis 660
Register 663

Vorwort

Wie häufig wurde ich aufgefordert, meine Memoiren zu schreiben! Viele Freunde bedrängten mich, zu schildern, was ich im Lauf meines Lebens erlebt und erfahren habe, und Bilanz zu ziehen. Lange zögerte ich. Es gilt schon fast als selbstverständlich, dass Politiker ihre Autobiographie vorlegen, aber nicht alles, was auf diese Weise entsteht, lohnt das oft quälende Erinnern. Sollte ich dieser Memoiren-Literatur wirklich ein weiteres Werk hinzufügen?

Andererseits: Wieviel Unsinn wurde in der Vergangenheit zu Papier gebracht, wenn es um mein Leben ging, um mein politisches Tun und Lassen, meinen Arbeits- und Regierungsstil und die Arbeit meiner langjährigen Freunde und politischen Weggefährten. Es sind so viele politische Klischees über meinen Werdegang und meine Regierungszeit in die Welt gesetzt worden, dass die Legenden über die historischen Zusammenhänge bereits zu verdrängen drohen, wie es wirklich war. Deshalb habe ich nun selbst zur Feder gegriffen.

Für die Arbeit an dem vorliegenden Band meiner Erinnerungen haben meine Mitarbeiter und ich zahlreiche Quellen jener Zeit herangezogen und ausgewertet. So konnten erstmals die Protokolle der CDU-Fraktion im Mainzer Landtag von 1959 bis 1976 eingesehen werden, ebenso die Ministerratsdokumente aus meiner Amtszeit als Ministerpräsident von Rheinland-Pfalz 1969 bis 1976. Hilfreich waren auch die Protokolle des CDU-Präsidiums und des CDU-Bundesvorstands während meiner Zeit als Bundesvorsitzender und die Dokumente, die in den Jahren entstanden, als ich Oppositionsführer in Bonn und Vorsitzender der CDU/CSU-Bundestagsfraktion war. In diesem Zusammenhang bedanke ich mich für tatkräftige Unterstützung beim

Archiv für Christlich-Demokratische Politik der Konrad-Adenauer-Stiftung.

Danken möchte ich auch einigen Freunden und nahen Weggefährten, die mir manche gute Ratschläge gaben und bestimmte Erinnerungen wieder wachriefen. Mein besonderer Dank gilt einigen Wissenschaftlern und Publizisten, die meine Arbeit kritisch begleiteten und mit dazu beitrugen, das Buch zu dem zu machen, was es, wie ich hoffe, geworden ist: die Beschreibung eines Stücks deutscher Zeitgeschichte.

Ich danke meinen Söhnen Walter und Peter, die mir auch bei diesem Buch, wie in vielen Jahren unseres gemeinsamen Lebens, ganz selbstverständlich geholfen haben.

Der größte Dank gilt Hannelore, meiner verstorbenen Frau. Sie war es, die mich bis zu ihrem Tod anhielt, nur ja meine Memoiren zu Ende zu schreiben. Hannelore hätte mir noch viele Anregungen geben können, und sie hätte sicherlich gerne am Text mitgearbeitet. Ihr widme ich in Dankbarkeit dieses Buch über mein Leben, das ich ohne ihre Unterstützung so nie hätte leben können.

Ludwigshafen, im Januar 2004

Teil I
Wurzeln und Prägungen

(1930 – 1959)

1.
Kindheit

Ich bin ein klassisches Beispiel dafür, welchen Einfluss das Elternhaus hat. Mein Großvater Josef Schnur, der 1930 kurz vor meiner Geburt in Ludwigshafen starb, entstammte einer Bauern- und Lehrerfamilie aus dem Hunsrück. Zu Beginn der achtziger Jahre des neunzehnten Jahrhunderts studierte er in Trier an der Präparandenanstalt, wie man damals eine Pädagogische Akademie nannte. Nach dem Ende seiner Ausbildung fand er aber im Gefolge des Kulturkampfs keine Anstellung im preußischen Trier. Er bewarb sich dann mit Erfolg in der liberalen bayerischen Pfalz um eine Stelle an der Volksschule von Friesenheim. Das Dorf am westlichen Rheinufer, das mein Heimatort werden sollte, wurde wenige Jahre später, 1892, von der Stadt Ludwigshafen eingemeindet, die durch den Aufstieg der Badischen Anilin- und Sodafabrik (BASF) eine ungeheuer dynamische Entwicklung nahm.

Mein Großvater heiratete 1889 eine Bauerntochter aus Friesenheim und gründete eine Familie. Bis zu seinem Lebensende blieb er Lehrer und leitete die Volksschule in Friesenheim. Das Haus, das er 1890/91 baute und das später mein Elternhaus wurde, lag damals am Stadtrand. Mein Großvater hatte es auf Zuwachs berechnet. Es verfügte über sieben Zimmer, Küche und Keller, kleine Nebenräume, einen großen Speicher und vor allem über einen großen, weit über hundert Meter langen Garten, in dem er neben Hühnern und anderen Haustieren auch Bienen hielt. Es war, wie damals üblich, ein Nutzgarten, in dem alles angebaut wurde, was man im eigenen Haushalt benötigte. Besonders stolz war der Großvater auf seine vielen Obstbäume, über vierzig an der Zahl.

Meine Eltern Cäcilie und
Hans Kohl (1960)

Er selbst war ein Meister im Okulieren, im Veredeln von Obst-
bäumen.

Mein Großvater liebte die Musik. Er spielte die Orgel in der katholischen Kirche und dirigierte viele Jahre lang den Kirchenchor
von Friesenheim. Er war eine allgemein anerkannte, angesehene
Respektsperson, was ich als Enkel noch oft erfahren durfte. Er galt
als gewissenhaft, ernst, fleißig und fromm, war aber als Lehrer
auch ein Mann von großer Autorität.

*

Mein Vater, Hans Kohl, stammte aus Unterfranken in Bayern, aus
einer bäuerlichen Familie mit elf Kindern. Er wurde 1887 in Greu-
ßenheim bei Würzburg geboren. Mein Vater drückte in Greußen-
heim die Schulbank, nur wenige Jahre nach Adam Stegerwald,
dem bedeutenden Sozialpolitiker der Weimarer Republik, der aus
einem Nachbarhaus stammte und es bis zum preußischen Ministerpräsidenten und zum Reichsarbeitsminister bringen sollte.
1906, im Alter von neunzehn Jahren, rückte mein Vater bei der
bayerischen Armee ein. Er kam in ein Regiment nach Landau in

Im dritten Lebensjahr

der Pfalz, wurde Berufssoldat, sammelte im Ersten Weltkrieg von 1914 bis 1918 mehr als genug Fronterfahrung und kehrte als Oberleutnant zurück.

Für meinen Vater, wie für viele seiner Kameraden, war der Erste Weltkrieg eine wichtige und tief prägende Erfahrung. An verschiedenen Abschnitten der Westfront hat er den Krieg in seiner ganzen Brutalität erfahren. Es gehört zu unserer Familientradition, dass meine Mutter, als beide schon in hohem Alter waren, wiederholt davon berichtete, wie mein Vater nachts noch immer aus dem Schlaf aufschreckte und »Angriff!« befahl. Das Trauma eines Soldaten blieb bei ihm zeitlebens präsent.

Bei Kriegsende 1918 war mein Vater Kompaniechef in einer Transporttruppe. Da die Armee abgerüstet wurde, wechselte er als Steuersekretär zur bayerischen Finanzverwaltung. 1920 heiratete er Cäcilie Schnur, meine Mutter, die er schon vor dem Krieg in der Pfalz kennengelernt hatte. Meine Eltern wohnten mehrere Jahre in Gerolshofen in Unterfranken. Nach dem Tod meines Großvaters Josef Schnur zogen sie nach Ludwigshafen, in die Heimatstadt meiner Mutter. Die Ehe war mit drei Kindern gesegnet. Den Anfang machte 1922 meine Schwester Hildegard. Ihr folgte vier Jahre später mein Bruder Walter. 1930 wurde ich als das jüngste der Kinder in Ludwigshafen geboren – zu einer Zeit, als unsere Familie bereits im Friesenheimer Haus des Großvaters heimisch geworden war.

In diesem Haus an der Hohenzollernstraße – heute eine der wichtigsten Straßen Ludwigshafens, zu Großvaters Zeiten nur ein Feldweg – fanden wir ausreichend Raum und Bewegungsmöglichkeiten. Der weitläufige Garten grenzte ans freie Feld. Hier hatten wir drei Geschwister eine gute Zeit. Wir wuchsen gemeinsam auf, obwohl der Altersunterschied nicht gering war. In diesen Jahren sind zwischen uns Bindungen gewachsen, die das ganze Leben anhielten.

*

Das Gehalt eines Finanzbeamten schuf eine ausreichende materielle Basis – mehr aber auch nicht. Entsprechend lautete ein Prinzip meiner Eltern: Man muss nichts vererben, aber wichtig ist für die Kinder eine bestmögliche Ausbildung. Wir hatten keine Sorge um das tägliche Brot, es reichte auch zum Sonntagsbraten, aber wir lebten gezwungenermaßen sparsam und bescheiden, immer in dem Bewusstsein, dass das Geld nicht auf der Straße liegt, sondern hart erarbeitet werden muss. Es war ein typischer kleiner Beamtenhaushalt wie Millionen andere. Was man hatte, schien verhältnismäßig sicher, das Gesetz des Maßhaltens, des Einschränkens, des Verzichtens war aber immer gegenwärtig. Es regulierte den Alltag von morgens bis abends. So musste ich natürlich die abgelegten Kleider und Schuhe meines älteren Bruders auftragen, bis meine Füße länger waren als seine und ich zum ersten Mal ganz neues Schuhwerk bekam. Mutter ging meistens erst dann zum Markt, wenn die Händler ihre Stände schon abbauten und die Preise für ihre Ware senkten.

Gegessen wurde, was auf den Tisch kam: werktags Mehl- und Eierspeisen, freitags Fisch, am Samstag Eintopf und nur zweimal die Woche Fleisch. Meine Mutter war eine ausgezeichnete Köchin, und unser Garten lieferte viel an frischem Gemüse, Kräutern und

Salaten, an Rhabarber, Beeren und Obst. Der Garten diente schon seit Großvaters Tagen auch der Tierhaltung. Hühner und Puten gehörten gewissermaßen zum Haushalt, ebenso Kaninchen, die ich als Kind frühzeitig zu versorgen hatte. Täglich musste ich Futter für sie suchen. Ich wurde zeitweilig ein passionierter Kaninchenzüchter. Auch in der Seidenraupenzucht habe ich mich versucht, angelockt von den zwanzig Mark, die ein Kilo Kokons einbrachte.

Für große Festivitäten fehlte unserer Familie das Geld, Theater- und Konzertbesuche waren die Ausnahme. Ein Rundfunkapparat, der »Volksempfänger«, kam erst in der zweiten Hälfte der dreißiger Jahre ins Haus. Nur bei Schnee und Eis leistete Vater sich eine Straßenbahnkarte. Von einem Auto hätte er nicht einmal zu träumen gewagt. Den Urlaub verbrachte er zu Hause, meist im Garten arbeitend. Allenfalls fuhren wir einmal zu unseren bäuerlichen Verwandten in Unterfranken. Aber auch dort hieß es dann »zufassen und mithelfen« – ein Gebot, das auch für uns Kinder galt. Weil wir für Reisen kein Geld hatten, machten wir »Ferien auf dem Bauernhof«, wie man heute sagen würde. In einer Mühle kamen wir unter. Dort war ich von 1936 bis 1941 jeden Sommer in den Ferien, zunächst mit meinem Vater und meinem Bruder, später fuhr ich dann allein mit dem Bummelzug von Ludwigshafen nach Würzburg, übernachtete dort bei einem Onkel und verbrachte anschließend vier Wochen lang eine wunderschöne Zeit in der Mühle mit Bauernhof. Es gab alles: Pferde, Kühe, Schweine, Tauben, Gänse, Enten. Es war ein Paradies, und ich war sehr gerne dort. Überhaupt hatte ich eigentlich eine Kindheit, wie man sie sich nur wünschen kann.

Auch die Feste in meinem Elternhaus waren dem Gesetz des Maßhaltens unterworfen. Zwar bekam ich schon zu meinem fünften Geburtstag ein Fahrrad geschenkt, aber da handelte es sich um einen Gelegenheitskauf, es war gebraucht und kostete nur acht Mark; mein Vater hielt jede Art körperlicher Betätigung für sinnvoll und gesund. Das nächste größere Geschenk erhielt ich zur Erstkommunion – eine Uhr, die natürlich nicht getragen, sondern sorgfältig aufgehoben, »für später« geschont wurde. Was sonst auf den Gabentisch kam, sei es zum Geburtstag, sei es zu Weihnachten, waren meist »praktische Sachen«, die ohnehin gekauft werden mussten: Pullover, Hemden, Socken. Einmal, zu Weihnachten, erhielt ich allerdings eine mittelalterliche Ritterburg. An meinen Geburtstagen hatten wir immer ein volles Haus. Alle meine Spielkameraden stellten sich dann pünktlich ein. Ich hatte viele Freunde, schon weil unser großer Garten und das angrenzende freie Feld an der damaligen Stadtgrenze zu ausgelassenen und lautstarken Spielen lockten. Mutter, die meine Geburtstagsgäste, wie das Ritual es vorsah, mit Unmengen von selbstgebackenem Kuchen und heißem Kakao versorgte, kannte sie fast alle, die meisten allerdings nur mit ihren Spitznamen. Später, als sie erwachsen waren, kombinierte sie diese Spitznamen mit der Anrede »Herr ...«. So kamen Bezeichnungen wie »Herr Stalin« dabei heraus.

Am feierlichsten wurde natürlich das Weihnachtsfest begangen. Die Vorbereitungen begannen schon Wochen vorher und erzeugten jene merkwürdige Unruhe und Geschäftigkeit, die vor allem uns Kinder in Spannung und Vorfreude versetzte. Noch heute erinnere ich mich der Abende, an denen das unerlässliche Festgebäck entstand: Lebkuchen, Spritzgebackenes, Zimtwaffeln. Das ganze Haus duftete nach Mandeln und Vanillezucker, nach Zitronat und zerlassener Butter, und schon der frische Teig schmeckte köstlich. Er vor allem – und der Karamelpudding – ist es gewesen, der meine Neigung zu Süßspeisen geweckt hat.

Meine Erinnerung an die Weihnachtsabende in unserem Elternhaus ist frisch und lebendig. Sie begannen traditionell mit dem Besuch der Christmette. Zu Hause lasen Vater oder Mutter die Weihnachtsgeschichte aus der Bibel vor. Wir Kinder hörten jedesmal wieder mit gespannter Aufmerksamkeit zu, obwohl wir sie auswendig kannten. Dann sangen wir, von meiner Schwester am Klavier begleitet, die schönen alten Lieder. Das sind Bilder und Eindrücke, wie sie damals gewiss in Millionen Familien entstanden.

An den Weihnachtstagen genossen wir ein »gutes Leben«. Höhepunkt des Festmahls war die schön gebräunte Weihnachtsgans. Den Abschluss bildete eine Zitronenspeise oder aber der berühmte

Karamelpudding, auf den sich meine Mutter so gut verstand. Ich habe seinen Geschmack noch heute auf der Zunge.

*

Auch später, in der düsteren Zeit des Zweiten Weltkriegs, der das harte Überlebenstraining in den Hungerjahren folgte, blieb mein Elternhaus intakt. Die geistige Orientierung ging nie verloren. Sie war auf ganz andere Werte ausgerichtet als der Nationalsozialismus, der zwischen 1933 und 1945 mit einem Ausschließlichkeitsanspruch sondergleichen verkündet wurde. Mein Elternhaus und das Milieu, aus dem ich kam, waren »stockschwarz«, das heißt christlich-katholisch geprägt, dabei zugleich liberal und patriotisch, ohne jemals der Gefahr zu erliegen, in ein nationalsozialistisches Fahrwasser zu geraten.

Beide, Vater und Mutter, nahmen ihren Glauben, ihre Religion ernst; sie gaben mir als praktizierende Christen ein echtes Vorbild. Die Gemeinschaft der römisch-katholischen Kirche stellte für meine Eltern die schützende und schöpferische Mitte dar, die Gottvertrauen und Lebenstüchtigkeit, Gelassenheit und Beharrlichkeit vermittelte. Vor allem für Mutter bildete der christliche Glaube den Mittelpunkt ihres Daseins. Sie kannte sich nicht nur in der Bibel aus, sondern auch im Leben der Heiligen, die sie je nach Bedarf und Zuständigkeit anrief. Bis ans Ende ihrer Tage – sie ist fast neunzig Jahre alt geworden – hat sie das Datum nicht nach dem normalen Kalender, sondern nach dem Heiligenkalender berechnet. Sie ging regelmäßig beichten und übte die vorgeschriebenen Riten sorgfältig und gewissenhaft aus. Aber sie tat es ohne Anmaßung, mit einer sachlichen Selbstverständlichkeit, ohne sich deshalb besser zu dünken als diejenigen, die es nicht taten.

Dem entsprach ihre religiöse Toleranz. Sie respektierte den Protestantismus, der in der Pfalz dominierte, wie die eigene Konfession und hielt viel von Juden, auch wenn kaum persönliche Kontakte bestanden. Im Rundfunk bevorzugte sie die evangelischen Gottesdienste, weil sie der Meinung war, dass die Predigten gründlicher, tiefer und besser seien. Auch für meinen Vater galt die

Toleranz gegenüber anderen Religionen und Bekenntnissen als eine Pflicht, die keiner besonderen Erklärung bedurfte.

Mit meinen Eltern besuchte ich oft den Speyerer und den Wormser Dom. Als ich älter wurde und die historischen Zusammenhänge besser verstehen konnte, war für mich immer die unmittelbare Nachbarschaft des Domes zu Worms zum jüdischen Friedhof von großer Bedeutung.

An die Pogromnacht vom 9. auf den 10. November 1938, in der die Nationalsozialisten im ganzen Reich Exzesse gegen jüdische Mitbürger und ihre Einrichtungen verübten, habe ich nur eine vage Erinnerung. Ich entsinne mich noch, dass meine Eltern bedrückt darüber sprachen. Was aber wirklich passierte, konnte ich mit acht Jahren nicht erfassen, zumal niemand aus unserem Freundes- oder Bekanntenkreis unmittelbar betroffen war.

Rückschauend bin ich dankbar für die Mitgift, die ich durch ein christliches Elternhaus erhalten habe. Mein Vater und meine Mutter gaben ihre religiöse Überzeugung wie selbstverständlich an uns weiter, und Gott sei Dank entwickelte sich der Glaube meiner Kindheit frei von Bigotterie. Als Junge bin ich natürlich in den Gottesdienst geschickt worden, sonntags immer und unter der Woche ein- bis zweimal. Aber wenn um 19 Uhr die Maiandacht begann und wir Buben kickten gerade auf dem Sportplatz, der fünf Minuten von der Kirche entfernt lag, fuhr einer von uns mit dem Rad zur Kirche und schaute nach, welcher Kaplan die Andacht hielt. Und wenn wir zu Hause danach gefragt wurden, war unsere Antwort immer richtig ...

Ich bin zeitlebens gern in die Kirche gegangen, weil ich oft das Bedürfnis danach hatte. Der Glaube ist für mich bei Lebensproblemen eine wichtige Kraftquelle geblieben, und ich empfinde es als ein Glück, wenn man in schwierigen Lebensphasen und in Zeiten großer seelischer Bedrängnis beten kann. Während des Krieges erlebte ich mit, wie die Menschen im Bunker laut beteten – ungeachtet der Kirchenfeindlichkeit des herrschenden Regimes. Von meiner Mutter bewahre ich auch bis zum heutigen Tag die Sitte, in Kirchen eine Kerze anzustecken oder das Kreuz aufs Brot zu schlagen, bevor ich einen Laib anschneide. Das sind kleine

»Mich interessierte das
Leben« (um 1938)

Beispiele dafür, wie das Elternhaus und das Herkunftsmilieu wirken können.

Die Werteskala meiner Eltern war also eindeutig christlich bestimmt. Dass sie gleichzeitig patriotisch dachten, verstand sich von selbst. Das zu Hause herrschende Nationalgefühl war aber frei von missionarischen Elementen. Meine Eltern fühlten sich dem Vaterland, in das sie hineingeboren waren, einfach verbunden. Sie hatten viele Daten der deutschen Geschichte im Kopf, sie waren stolz auf die kulturellen Leistungen unseres Volkes, sie liebten ihre Heimat und deren Bräuche, Traditionen, Sprache, und sie gebrauchten das Wort »Vaterland« ganz selbstverständlich.

Der Nationalsozialismus konnte keinen Eingang in mein Elternhaus finden. Hier gab es keinen Nährboden für totalitäre Ideologien. Mein Vater trat nach 1933, obwohl er damit seinem beruflichen Fortkommen sicher geschadet hat, aus dem »Stahlhelm« aus, dem deutschnationalen Bund der Frontsoldaten, in dem er sich bis dahin auch als engagierter Wähler der katholischen Zentrumspartei wohl gefühlt hatte. Er sah mit Hitlers Machtergreifung einen Zweiten Weltkrieg kommen, und er fürchtete ihn.

Das Elternhaus hat mir auch seine Liberalität vermacht: die

Fähigkeit, den Standpunkt anderer, auch den von Gegnern, zu verstehen, sich selbstkritisch zu sehen und aus Fehlern zu lernen; das Vermögen, auf andere zuzugehen, die Offenheit für Ideen, die Gesprächsbereitschaft.

Noch etwas war in meinem Elternhaus zu lernen: die Bereitschaft zuzufassen, seine Pflicht ohne große Worte zu erfüllen. Wie so vieles für meine Eltern natürlich und selbstverständlich war, so auch dies: Man war füreinander da, man stand zu seinen Freunden, man half einander, der Mutter in der Küche, dem Vater im Garten, man hatte seine Aufgaben, und man stellte sich ihnen, man erledigte sie. Meine Eltern haben mir vorgelebt, wie sich Pflichtbewusstsein und Fröhlichkeit des Herzens vereinbaren lassen, wie der Einsatz für andere das eigene Leben reicher macht. Dafür bleibe ich ihnen immer dankbar.

Alle diese Erinnerungen beziehen sich mehr oder weniger auf meine sehr frühe Jugend. Diese endete über Nacht mit dem Kriegsausbruch 1939. Gewiss, die Schule ging weiter, Arbeiten wurden geschrieben, Zeugnisse schufen Unruhe und Ungemach. Ich war ein eher widerwilliger und schlechter Schüler: Mich interessierte nicht die Schule, sondern das Leben. Freunde kamen zum Spielen, meine Abende gehörten wie zuvor der Lektüre von Büchern; aber ich spürte doch bald den bisher nicht gekannten Ernst des Lebens.

2.
Heimat Europa

Welche Winde im Lauf der Zeit doch an einem Menschen vorbeirauschen, besonders in einer Übergangsperiode, wie ich sie erlebt habe. Als ich am 3. April 1930, einem Donnerstag, im Städtischen Krankenhaus von Ludwigshafen zur Welt kam, amtierten der alte Generalfeldmarschall Paul von Hindenburg als Reichspräsident und Heinrich Brüning als Reichskanzler der Weimarer Republik. Meine Heimat, die Pfalz, war seit Ende des Ersten Weltkriegs von den Franzosen besetzt. Erst in jenem Sommer 1930 zog die Besatzungsmacht aus dem linksrheinischen Gebiet ab.

Die Pfälzer sind ein besonderer Menschenschlag. Das hängt mit ihrer Geschichte zusammen. Sie wissen zu feiern und Freude zu haben. Wein und Sonne hat der liebe Gott der Pfalz in reichem Maße geschenkt. Wie der Weinstock, der sich in die Erde eingräbt, sind die Menschen tief verwurzelt in ihrer Heimat und vertraut mit deren Geschichte und Geschichten um die Römer, die den Weinbau brachten, um den Dom zu Speyer, in dem deutsche Könige und Kaiser des Mittelalters zur ewigen Ruhe gebettet wurden, um die Reichstage zu Speyer und Worms.

Geographisch und vor allem geopolitisch ist meine Heimat ein europäisches Kernland. Davon künden das Heidelberger Schloss oder der Trifels über Annweiler, jene Burg, auf der die Salier die Reichskleinodien, die Insignien der kaiserlichen Macht, aufbewahren ließen. Besonders der Dom zu Speyer, im elften Jahrhundert als größte Kirche des Abendlands erbaut, ist für mich ein Symbol der Einheit der deutschen und europäischen Geschichte. Während meiner Kanzlerschaft habe ich viele Staatsgäste aus der ganzen Welt in den Dom geführt und erlebt, wie er wirkt in seiner

Einfachheit, in seiner Klarheit, wenn die Sonne durch die Fenster dringt und die warmen Farben des Pfälzer Buntsandsteins zum Leben erweckt, so dass er förmlich zu uns spricht.

Die römisch-deutschen Kaiser herrschten nicht über einen Nationalstaat, sondern über ein frühes Haus Europa, das von Sizilien bis zur Nordsee reichte. Sie trugen das Bewusstsein der abendländischen Welt in sich, dieses antik und christlich geprägten Kulturkreises. Die Pfalz galt in ihrer Glanzzeit als Mittelpunkt des Heiligen Römischen Reichs, wurde aber später Spielball der Mächteinteressen. Der Dreißigjährige Krieg und der Pfälzische Erbfolgekrieg ließen ein geschundenes, entvölkertes Land zurück. Vor allem im neunzehnten Jahrhundert zwangen Missernten, materielle Not und der Kampf für die Freiheit viele Menschen zur Auswanderung.

Zwischen den historischen Daten muss man die Gesichter der Menschen sehen, die in diesen Zeiten bitteren Elends gelebt haben. Wir hatten unter der Grenzlage und Frankreichs Zug zum Rhein zu leiden. Jede Generation errichtete neue Kriegerdenkmale und Soldatenfriedhöfe. Die Menschen haben daraus ein besonderes Lebensgefühl entwickelt. Sie sind den Freuden des Daseins nicht ab- und dogmatischem Denken nicht zugeneigt. Wir Pfälzer haben unseren Freiheitssinn, haben ein gesundes Misstrauen gegen Ideologen und Ideologien – der Mensch ist wichtiger als alle Ideologie. Leben und leben lassen, lautet das pfälzische Toleranzprinzip, und Offenheit und Lebensart der Pfalz hängen sicher auch zusammen mit dem mediterranen Klima und französischen Einflüssen.

Das Hambacher Fest vom Mai 1832 steht bis heute für den Aufbruch der deutschen Demokraten. Damals kamen auf der Maxburg oberhalb von Hambach bei Neustadt in der Pfalz rund dreißigtausend Menschen zusammen, darunter auch Polen und Franzosen, und forderten ein freies, geeintes Deutschland und einen Bund der europäischen Nationen. Die Redner ließen das gemeinsame und freiheitliche Europa begeistert hochleben. Die wenigsten Deutschen wissen heute, dass damals auf dem Hambacher Schloss unsere schwarzrotgoldene Nationalfahne zum ersten Mal als Sym-

In der Volksschule Friesenheim (um 1938)

bol für Demokratie und Vaterland flatterte. Während meiner Zeit als Ministerpräsident von Rheinland-Pfalz habe ich später eine Originalfahne von 1832 über dem Plenarsaal des Landtags in Mainz aufhängen lassen.

*

Ich bin am Rhein aufgewachsen. Mein Friesenheim, eine alte Gemeinde mit vielen Schiffern, war unmittelbar am großen Strom gegenüber der Neckarmündung entstanden. Der Fluss bot uns Kindern alle Möglichkeiten. Hier konnte man alles treiben, was verboten war.

1936 kam ich in Friesenheim in die Volksschule, nur dreihundert Meter von meinem Elternhaus entfernt. Die ersten drei Klassen hatten wir nacheinander zwei Lehrerinnen, die wir Kinder heiß und innig liebten. In der vierten Klasse jedoch war der Lehrer äußerst streng und hat mit seinem Rohrstock teilweise mit einer richtigen Lust geprügelt. Ich bin oft genug missmutig in die Schule gegangen.

Später auf dem Gymnasium, das auch nur etwa fünfhundert Meter entfernt lag, waren mir die Fächer Mathematik und Naturwissenschaften ein Greuel, während Geschichte, Deutsch und Geographie mein Interesse fanden. Vor dem Hintergrund der Zeit mit ihren dramatischen politischen Ereignissen hatten wir eine ungewöhnliche Schulzeit mit kriegsbedingten Unterbrechungen. Meine Volksschuljahre allerdings waren noch eine recht beschauliche und freundliche Zeit.

Ich las als Schüler übrigens mit wachsender Begeisterung die Abenteuer- und Reiseromane von Karl May. Die Handlungen zogen mich ebenso in den Bann wie die originellen Helden: Winnetou ist mir wohl deshalb so lebhaft in Erinnerung geblieben, weil mich seine Freundschaft mit dem weißen Jäger Old Shatterhand beeindruckte. Ähnlich verhält es sich mit Karl Mays Roman *Ardistan und Dschinnistan,* in dem Kara Ben Nemsi und sein Begleiter Hadschi Halef Omar die Verlässlichkeit ihrer Freundschaft unter Beweis stellen. »Die Erde sehnt sich nach Ruhe«, heißt es da, »die Menschheit nach Frieden, und die Geschichte will nicht mehr Taten der Gewalt und des Hasses, sondern Taten der Liebe verzeichnen.« Das entsprach meinen Wunschvorstellungen, mit denen ich während des Dritten Reichs und im Zweiten Weltkrieg Karl May gelesen habe.

Wichtig war für mich vor allem, geistig auf dem Boden der Heimat zu stehen. In Ludwigshafen bin ich aufgewachsen, in der Pfalz habe ich meine ersten Schritte getan und meine elementaren Erfahrungen gesammelt; dort wird immer mein Zuhause sein, dort werde ich begraben liegen. Aus dieser Liebe zur Heimat habe ich viel von meiner Kraft geschöpft. Die Verbundenheit mit den Wurzeln, beispielsweise auch bei Konrad Adenauer mit dem Rheinischen oder bei Theodor Heuss mit dem Schwäbischen, wirkt elementar. Regionales Bewusstsein ist nicht provinziell. Johann Wolfgang von Goethe wurde wegen seines Frankfurter Dialekts in Weimar kaum verstanden. Heimat und Vaterland gehören zusammen.

Darum sagte ich später oft: Die Pfalz ist meine Heimat, Deutschland ist mein Vaterland, und Europa ist unsere Zukunft.

Es hat mich geprägt, in der Pfalz aufgewachsen zu sein, »in diesem Land, in welchem der Pflug des Bauern immer wieder römische Münzen emporwirft«, wie die Dichterin Elisabeth Langgässer einmal geschrieben hat. Sie stammte aus dem nahen Rheinhessen, ebenso wie Carl Zuckmayer, der den schönsten Text über meine Heimatregion geschrieben hat. Besonders bemerkenswert ist, dass Zuckmayer diese Hymne während seiner Emigration verfasst hat: 1943/44 in den Wäldern von Vermont in den Vereinigten Staaten. Zuckmayer bringt darin die wechselhafte Geschichte der Landschaft am Rhein auf den Punkt. Ich denke an jene Szene in dem berühmten Drama *Des Teufels General,* das während der Zeit des nationalsozialistischen Rassenwahns und der Ariernachweise spielt. Mit hängendem Kopf beklagt der Oberleutnant Hartmann, dass seine Verlobte, ein Fräulein von Mohrungen, die Verbindung gelöst hat – wegen jüdischer Vorfahren seiner Familie, die vom Rhein kam. Darüber treibt dann der General Harras seinen Spott in einem Monolog, den ich gern zitiere:

»Vom Rhein. Von der großen Völkermühle. Von der Kelter Europas! Und jetzt stellen Sie sich doch mal diese Ahnenreihe vor – seit Christi Geburt. Da war ein römischer Feldhauptmann, der hat einem blonden Mädchen Latein beigebracht. Und dann kam ein jüdischer Gewürzhändler in die Familie, das war ein ernster Mensch, der ist noch vor der Heirat Christ geworden und hat die katholische Haustradition begründet. – Und dann kam ein griechischer Arzt dazu, oder ein keltischer Legionär, ein Graubündener Landsknecht, ein schwedischer Reiter, ein Soldat Napoleons, ein desertierter Kosak, ein Schwarzwälder Flözer, ein wandernder Müllerbursch vom Elsass, ein dicker Schiffer aus Holland, ein Magyar, ein Pandur, ein Offizier aus Wien, ein französischer Schauspieler, ein böhmischer Musikant – das alles hat am Rhein gelebt, gerauft, gesoffen und gesungen und Kinder gezeugt –, und der Goethe, der kam aus demselben Topf, und

der Beethoven, und der Gutenberg, und der Matthias Grüne-
wald, ach was, schau im Lexikon nach. Es waren die Besten,
mein Lieber! Die Besten der Welt – und warum? Weil sich die
Völker dort vermischt haben. Vermischt wie die Wasser aus
Quellen und Bächen und Flüssen, damit sie zu einem großen,
lebendigen Strom zusammenrinnen. Vom Rhein – das heißt:
vom Abendland. Das ist natürlicher Adel. Das ist Rasse.
Seien Sie stolz darauf, Hartmann!«

Carl Zuckmayer hat mich von frühen Jahren an fasziniert. Er ist
einer meiner Lieblingsschriftsteller geblieben. Was mir an seinen
Werken gefiel, fand ich später in seinen Lebenserinnerungen *Als
wär's ein Stück von mir* bestätigt. In diesen »Horen der Freundschaft« erscheint sein Leben im Spiegel menschlicher Begegnungen, die ihn nachhaltig geprägt haben. Es macht den Reiz
dieser Geschichtsschreibung aus, dass der Autor den Lesern die
Vergangenheit in menschlichen Geschicken vergegenwärtigt und
verständlich macht. Diese Art der Darstellung erklärt, warum
Zuckmayers Dramen mit ihren plastischen Gestalten, mit der Fülle
und Vielschichtigkeit ihrer Handlungen und mit der Farbigkeit des
geschichtlichen Milieus die Leser und Zuschauer immer wieder in
den Bann ziehen. Das gilt für den *Schinderhannes*, den *Fröhlichen
Weinberg*, ein Stück, das die lebensfrohe Liberalität der Menschen
am Rhein prägnant ausdrückt, und nicht zuletzt für den *Hauptmann von Köpenick*.

Die ernste Komödie *Hauptmann von Köpenick* ist ein Buch, mit
dem ich von Jugend an gelebt habe und dessen Lektüre mich seither immer wieder stark beschäftigt hat. Für mich ist der Schuster
Wilhelm Voigt als tragische Gestalt imponierend: ein gesellschaft-
licher Außenseiter, der einem auf Perfektion versessenen, vom
militärischen Drill geprägten Staat und einer selbstherrlichen
Gesellschaft, dem Wilhelminischen Kaiserreich, zum Opfer fällt.
Voigt verlangt vergeblich vom Staat eine »Ordnung«, die ein menschenwürdiges Leben gewährleistet und sich nicht so verhält, dass
der einzelne nur noch »mit de Füße in de Luft baumeln« darf. Was
Zuckmayer gelegentlich als »das Menschliche und Überzeitliche

*Begegnung mit Carl
Zuckmayer im Mai 1970*

an dem Stück« bezeichnet hat, ist für mich politisch immer auch
Orientierung gewesen: für ein Recht einzutreten, das nicht über
Menschen hinweggeht, sondern sie berücksichtigt – wie Schuster
Voigt sagt – »mit Leib und Seele«.

Wenn Politiker eine Gesellschaft mit menschlichem Gesicht herbeiführen wollen, können und dürfen sie sich nicht den Klagen
und Anklagen des »kleinen Mannes« verschließen, den Voigt re-
präsentiert. Er stellte für mich eine fordernde Gestalt dar, an die
ich später im Politikalltag oft dachte.

31

3.
Jugendzeit

Als am 1. September 1939 der Zweite Weltkrieg mit dem deutschen Überfall auf Polen begann, war ich neun Jahre alt. Mit diesem Datum endete abrupt meine bis dahin ungetrübte Kindheit in Ludwigshafen.

Den Tag des Kriegsausbruchs habe ich noch konkret in Erinnerung: In der Nacht zuvor wurde mein Vater, obwohl er die Fünfzig bereits erreicht hatte, als erfahrener Frontoffizier des Ersten Weltkriegs eingezogen, um am Polenfeldzug teilzunehmen. Es herrschte große Aufregung. Ich stand mit meiner Mutter und meinem vier Jahre älteren Bruder an der Auffahrtsrampe zur Rheinbrücke von Ludwigshafen nach Mannheim. Die Erwachsenen waren sehr ernst. Viele Frauen weinten. Auf der Rheinbrücke zogen die ersten Flüchtlinge des Zweiten Weltkriegs vorbei: Bauern aus südpfälzischen Dörfern, die aus der »roten Zone« am Westwall, dem bedrohten Gebiet hinter den vielgerühmten Festungswerken Hitlers entlang der deutsch-französischen Grenze, evakuiert wurden und nun mitsamt der spärlichen Habe, die sie mitführen durften, zu Sammelstellen fuhren. Kühe zogen die ärmlichen Fuhrwerke ...

Was Krieg bedeutet, davon hatten wir Kinder noch keine Ahnung. Für uns war es beinahe noch eine friedensmäßige Weihnacht 1939. Die Nachrichten von den vielen gefallenen Soldaten kamen erst später. Aber mein Vater fehlte, als ich mit meiner Mutter und beiden Geschwistern durch die eiskalte Winternacht zur Christmette in die St. Josefskirche von Friesenheim ging. Der Kompanieführer Hans Kohl hatte an diesem Heiligen Abend des Jahres 1939 Wachdienst in der Eifel.

*Ein letztes Kindheitsfoto
vor dem Krieg (1938)*

Mein Vater verabscheute die Verbrechen, die im Zeichen des Rassismus verübt wurden. Deutlich erinnere ich mich, wie er einmal, während eines Heimaturlaubs, mit ungewöhnlichem Ernst einem guten Bekannten über seine Beobachtungen in Polen berichtete. Bei dem Gespräch wurden mein Bruder und ich aus dem Zimmer geschickt. Wir lauschten dann an der Tür, verstanden aber nicht, was sie sagten. Wir hörten von Vater nur einen Satz, mit dem wir Kinder damals nichts anfangen konnten: »Gnade uns Gott, wenn wir das einmal büßen müssen.«

Meine Mutter wurde wegen der Abwesenheit des Vaters nun für uns Kinder die zentrale Bezugsperson. Sie stellte sich dieser Aufgabe, ohne jemals zu murren, mit all der Kraft, die sie aufzubringen vermochte. Sie sorgte für das große Haus, sie bestellte mit uns den Garten, der jetzt, mehr noch als früher, zur täglichen Ernährung beisteuern musste. Wie es ihr gelang, mit den völlig veränderten Bedingungen fertig zu werden, dafür bewundere ich sie noch heute. Sie hat weder geklagt noch ihren Glauben an eine bessere Zukunft verloren. Gerade in jenen Jahren konnte man beobachten, auch wenn ich das erst viel später begriffen habe, wie sehr ihre tiefe Religiosität ihr und uns Kindern durch diese schlimme Zeit geholfen hat.

Der Krieg bestimmte ab 1939 zunehmend das tägliche Leben, und ich habe hautnah spüren müssen, was Krieg bedeutet. Bereits im Jahr zuvor, als vor dem Münchner Abkommen schon einmal die Zeichen auf Waffengewalt gestanden hatten, war auch mein Vater für ein paar Tage eingezogen worden. Obwohl der Kriegsausbruch während der Sudetenkrise im Herbst 1938 verhindert wurde, fand mein Vater seine Meinung über Hitler und dessen Politik endgültig bestätigt. »Der macht Krieg«, sagte er, als er heimkam. Vater tat daraufhin etwas, was uns angesichts seiner streng sparsamen Haushaltsführung verblüffte. Erst später sollte ich begreifen, wie klug und vorausschauend sein Handeln war: Zum einen kaufte er für die gesamte Familie komplett neue Fahrräder samt Ersatzreifen, zum anderen ließ er in unseren Garten hinter dem Haus, obwohl wir ans öffentliche Wassernetz angeschlossen waren, eine Pumpe schlagen. Zunächst war unsere Verwunderung über die neuen Fahrräder und die Wasserpumpe groß. Doch als es im Lauf des Krieges nach den unvorstellbar schweren Bombenangriffen auf Ludwigshafen oft tagelang kein Wasser gab, wurde diese Pumpe zum begehrtesten Objekt der ganzen Gegend, zumal das Wasser besonders gut und erfrischend kühl war.

Während des Krieges wurde Ludwigshafen immer öfter Ziel alliierter Bombardements, und die Bevölkerung litt furchtbar unter den über hundert schweren Luftangriffen, die vor allem gegen die BASF geflogen wurden. Schon am 9. Mai 1940, noch vor dem tags darauf beginnenden Frankreichfeldzug, bombardierte die französische Luftwaffe Ludwigshafen. Bei diesem Angriff wurde mein Elternhaus getroffen, allerdings nur von einem Blindgänger, der bei uns im Vorgarten landete.

Als der Frankreichfeldzug bereits sechs Wochen später, im Juni 1940, überraschend schnell zu Ende war, glaubten die meisten, der Krieg sei so gut wie gewonnen und werde nun bald vorüber sein. Auch viele französische Soldaten, die in Friesenheim als Kriegsgefangene von einem alten Landser bewacht wurden und in Handwerksbetrieben der Umgebung arbeiteten, waren der Meinung, bald gäbe es Verhandlungen und sie könnten wieder nach Hause fahren. Aber all diese Hoffnungen auf Frieden sollten sich nicht erfüllen, ganz im Gegenteil.

Der Krieg weitete sich aus; im Sommer 1941 begann der Angriff auf die Sowjetunion, im Winter 1941 erklärte das Deutsche Reich den Vereinigten Staaten den Krieg. Für meinen Vater war damit nach seinen Erfahrungen aus dem Ersten Weltkrieg, als der Eintritt der US-Amerikaner in den Krieg die Niederlage Deutschlands gebracht hatte, die Sache entschieden. Verstärkt nahmen die englischen und amerikanischen Bomberverbände Kurs auf den Raum Ludwigshafen und Mannheim.

In der Zwischenzeit kam ich zwar noch kurze Zeit auf das Gymnasium, aber wegen der anhaltenden Luftangriffe wurde der Schulbetrieb in Ludwigshafen Anfang 1944 eingestellt. Ein Großteil der Kinder aus den Eingangsklassen war schon vorher an weniger gefährdete Orte in Deutschland verschickt worden. Die Siebzehnjährigen waren zum Arbeitsdienst oder zur Wehrmacht eingezogen worden, und die Fünfzehn- bis Siebzehnjährigen mussten zur Heimatflak. Deshalb wurde unser Ludwigshafener Gymnasium mit dem Dom-Gymnasium in Speyer zusammengelegt. Wir fuhren täglich mit dem Zug in die Nachbarstadt.

Ein normaler Unterricht war unter diesen Bedingungen kaum noch möglich, zumal wir auch beim Schülerlöschtrupp eingesetzt wurden. Da die Feuerwehr angesichts der verheerenden Bombardements auf meine Heimatstadt völlig überfordert war, mussten wir Jugendlichen beim Löschen mithelfen. Wir bekämpften nicht nur Feuer und holten Möbel aus brennenden Wohnungen, sondern wir versuchten den betroffenen Menschen beizustehen und erlebten dabei ihre tiefe Verstörtheit.

Wir waren auch dabei, wenn Leichen aus den Ruinen geborgen wurden. Noch heute erinnere ich mich sehr genau an den Ort, wo ich zum ersten Mal in meinem Leben einen Toten aus der Nähe gesehen habe. Dieses unmittelbare Erleben von Krieg, Tod und Zerstörung hat uns Kinder geprägt. Von Kindheit im üblichen Sinn des Wortes konnte bei uns keine Rede mehr sein. Selbst in der Schule war der Tod für uns sehr präsent, denn immer häufiger hörten wir jetzt von gefallenen Vätern oder Brüdern. Dazu kam die ständige Sorge um den eigenen Vater, später auch um Walter, meinen Bruder, der 1943 zur Wehrmacht einrückte. Der Krieg hatte meine bis dahin ungetrübte Kindheit gnadenlos beendet. Der Alltag veränderte sich, er wurde dunkler, schmerzlicher, beklemmender.

*

An allen Fronten war die Wehrmacht mittlerweile auf dem Rückzug. Die Verluste unter den deutschen Soldaten wuchsen schrecklich. Auch Walter mit seinen gerade mal neunzehn Jahren fiel. Kurz nach der alliierten Landung in der Normandie im Juni 1944 war er schwer verwundet worden und noch einmal auf Heimaturlaub nach Hause gekommen. Er hatte die Invasion in Frankreich miterlebt, hatte dort die Übermacht der alliierten Truppen erfahren und erzählte mir von dem gewaltigen Material, mit dem die Amerikaner, Kanadier, Briten, Franzosen und ihre Verbündeten gelandet waren. Nach kurzer Frist musste er als Fallschirmjäger zurück an die Front, wenige Wochen später war er tot. In Haltern nahe Münster in Westfalen kam er Ende November 1944 bei einem Tieffliegerangriff ums Leben.

Der Moment, als wir die furchtbare Nachricht erhielten, ist fest in meinem Gedächtnis geblieben. Ich saß gerade auf dem Dach unseres Hauses, das nach einem Fliegerangriff wieder einmal ziemlich beschädigt war. Zusammen mit zwei Freunden reparierte ich den Schaden, als der Postbote den Brief mit der Todesnachricht brachte. Meine Tante rief durchs ganze Haus: »Walter ist gefallen!«

Mein Bruder war vier Jahre älter als ich; wir hatten ein sehr gutes Verhältnis. Der Moment, als ich zum letzten Mal von ihm Abschied nahm, gehört ebenfalls zu den prägenden Bildern meines Lebens. Ich hatte ihn sehr früh am Morgen noch zur Straßenbahnhaltestelle begleitet, die zirka fünfzig Meter von unserem Haus entfernt war. Beim Einsteigen drehte er sich um und sagte plötzlich und ohne jede Vorwarnung: »Pass auf dich auf, ich komme nicht wieder. Und kümmere dich vor allem um Mama.«

Der Tod meines Bruders verursachte bei mir einen tiefen Schock, obwohl damals viele Menschen täglich dieselbe Erfahrung machen mussten und die Traueranzeigen »Gefallen für Führer, Volk und Vaterland« die Zeitungen füllten. Mein Vater war für eine Weile überhaupt nicht ansprechbar. Hinzu kam für unsere Familie, dass der Bräutigam meiner Schwester, ihr späterer Ehemann, in dieser Zeit als Student von der Gestapo, der Geheimen Staatspolizei, wegen NS-feindlicher Aussagen verhaftet und verhört worden war.

4.
Gezeichnet

In Ludwigshafen wurde die Lage immer schlimmer und bedrük-kender. Mein Vater war zwar 1943 wegen seines Alters und seiner angeschlagenen Gesundheit aus der Wehrmacht entlassen worden und nun wieder daheim, aber wegen der permanenten Luftangriffe lebten wir ständig in Gefahr.

Wir Jungen sind noch häufig mit dem Rad zum Zelten hinaus aufs Land gefahren – einer unserer bevorzugten Plätze lag im Neckartal. Als wir im Sommer 1944 wieder einmal dort zelteten, hörten wir abends im »Volksempfänger« bei einer Bäuerin, von der wir uns Milch und Kartoffeln geholt hatten, von dem gescheiterten Attentat des Grafen Stauffenberg auf Adolf Hitler. Von den wirklichen Zielen und Ausmaßen des deutschen Widerstands gegen Hitler erfuhren und verstanden wir nichts. Erst später, in meiner Studienzeit, als ich mich intensiv mit der Bewegung des 20. Juli 1944 beschäftigt habe, ist mir klar geworden, dass wir damals auf dem Bauernhof in Neckarhausen von einem tapferen und opfermutigen Aufstand des Gewissens gegen das Terrorregime erfahren hatten.

Im Spätherbst 1944 führten die regelmäßigen Fliegerangriffe auf Ludwigshafen dazu, dass meine Schulkameraden und ich mit der sogenannten Kinderlandverschickung aus der Stadt verfrachtet wurden. Für kurze Zeit kamen wir nach Erbach im Odenwald. Dort wurden die Kinder aber nur gesammelt, um dann nach Berchtesgaden gebracht zu werden. Besser oder gar sicherer als in Ludwigshafen sollte es dort nicht werden. Wir erhielten zwar Schulunterricht, waren aber einer vormilitärischen Ausbildung unterworfen und standen kurz vor dem Einsatz bei der Heimatflak. Nur dank des Kriegsendes sollte es nicht mehr soweit kommen.

Man hatte meine Mitschüler und mich in Berchtesgaden im Hotel Vierjahreszeiten untergebracht; die Verpflegung dort spottete jeder Beschreibung. Anders als in Ludwigshafen, wo die Versorgung der Bevölkerung nicht schlecht war – ebenso wie in den anderen besonders im Visier alliierter Angriffe stehenden Industriezentren –, mussten wir nun hungern. Am 20. April 1945 – Hitlers letztem Geburtstag, zehn Tage vor seinem Selbstmord und achtzehn Tage vor der Kapitulation – hatten wir zum Appell im Stadion von Berchtesgaden anzutreten. Es marschierten zahlreiche Jugendliche auf. Entkräftet fielen viele von uns einfach um.

Ich weiß nicht mehr genau, wer damals die wilde Durchhalterede hielt. Ich erinnere mich nur noch, dass in Berchtesgaden ein völliges Chaos herrschte. Viele Soldaten aus allen Ecken des untergehenden Hitler-Reichs strömten in diesem südlichen Zipfel des Landes zusammen. Hauptquartiere einzelner SS-Einheiten wurden ebenfalls hier zusammengezogen. Gerüchte liefen um, die Alpenfestung solle gegen die Alliierten verteidigt werden. Es machte sich viel Angst unter den Menschen breit, nicht zuletzt bei uns Jugendlichen.

In diesen Tagen des Jahres 1945 wurde ich zusammen mit einigen Kameraden zu einem Hilfstrupp abkommandiert, um bei der Auslagerung von Dienststellen und beim Abtransport von Aktenbeständen aus München zu helfen. Die stolze bayerische Hauptstadt war ein einziger Trümmerhaufen: überall zerstörte Gebäude, Schutt und Ruinen. Nachdem wir München oder das, was davon übriggeblieben war, mit zwei Lastzügen wieder verlassen hatten, gerieten wir bei Rosenheim in einen Tieffliegerangriff.

Berchtesgaden stand seine schlimmste Stunde noch bevor. Am 25. April 1945 griffen über dreihundert Lancaster-Maschinen an und bombardierten den Ort. Hitlers Berghof und die anderen Wohnsitze der nationalsozialistischen Prominenz oben auf dem Obersalzberg wurden in Schutt und Asche gelegt.

Während um uns herum alles in Trümmer ging, kursierten die wildesten Gerüchte darüber, ob die Russen, die in Richtung Linz vorstießen, Berchtesgaden möglicherweise vor den Amerikanern besetzen würden. Mir machte zusätzlich die Ungewissheit über das Schicksal meiner Eltern im fernen Ludwigshafen Sorgen. Im März 1945 war im Radio von Straßenkämpfen in meiner Heimatstadt die Rede gewesen, aber etwas Genaueres wusste ich nicht, und zuverlässige Informationen gab es keine.

Eines Tages, ich war gerade Wachhabender, brachte mir der Briefträger – die Post funktionierte merkwürdigerweise noch – völlig unerwartet den unfassbar hohen Geldbetrag von tausend Reichsmark, die mir mein Vater angewiesen hatte. Auf dem beiliegenden Postabschnitt hieß es, wohl in Erinnerung an meinen vor wenigen Monaten gefallenen Bruder: »Pass auf Dich auf! Herzliche Grüße von Papa und Mama.« Diese Nachricht traf mich, den Fünfzehnjährigen, wie ein Donnerschlag. Das viele Geld und dieser Gruß – das schien mir wie ein Abschied für immer zu sein.

In diesem Augenblick erlebte ich meinen ganz persönlichen Zusammenbruch und weinte nur noch. Abends saß ich zusammen mit meinen Kameraden auf unserer Stube, alle waren deprimiert, und wieder flossen die Tränen. Ich hatte zwar tausend Reichsmark, und das Geld war zu dieser Zeit auch noch etwas wert, aber ich hatte keine Verbindung mehr zu meinen Eltern.

*

Nach dem schweren Bombenangriff auf Berchtesgaden am 25. April 1945 war alles in Auflösung begriffen, obwohl es noch immer die berüchtigten Standgerichte gab. Auf dem Weg nach Reichenhall sahen wir einen jungen Soldaten, der kurz vor Schluss von der SS gehenkt worden war und dem man ein Schild mit der Aufschrift umgehängt hatte: »Ich bin ein Verräter.« Wir beschlossen trotzdem, Berchtesgaden zu verlassen und uns zu Fuß auf den weiten Weg zurück nach Ludwigshafen zu machen. Noch bevor die Amerikaner den Kurort im Südosten des Deutschen Reichs besetzten, brach ich nachts mit drei Schulkameraden auf.

Gekleidet in die Uniform der Hitlerjugend und ohne irgendwelche Papiere, liefen wir abseits der Straßen, auf denen Truck an

Truck die amerikanischen Truppen rollten, die Bahngleise entlang oder auf den Schwellen. Nach einiger Zeit hatten wir riesige Blasen an den Füßen und waren heilfroh, dass wir die Nacht in einem Schober verbringen konnten, der an der Strecke lag. Am anderen Morgen hörten wir dann im Häuschen eines Bahnwärters aus dem »Volksempfänger« die Nachricht von der bedingungslosen Kapitulation am 7. und 8. Mai 1945. Der Krieg war endlich vorbei, und ich fühlte mich befreit von der Angst, doch noch getötet zu werden. Doch was war mit meiner Familie? Über ihr Schicksal wusste ich immer noch nicht Bescheid.

Wir machten uns also wieder auf den Weg – ein Marsch ins Ungewisse. Verkehrsmittel gab es nicht, und so liefen wir weiter auf abgelegenen Wegen und Pfaden, weil wir nicht in die Kontrollen der Amerikaner geraten wollten. Auf den Straßen wimmelte es von Menschen, die alle unterwegs waren. In den Wäldern begegneten wir ständig Soldaten, die sich versteckt hielten, um der Gefangenschaft zu entgehen. Eines Nachts fanden wir Unterschlupf in einer leeren Flugzeughalle unweit von Augsburg, ganz in der Nähe des Lechfelds. Zu unserem Unglück fielen wir am nächsten Morgen einer Gruppe ehemaliger polnischer Zwangsarbeiter in die Hände, die uns wegen unserer Uniformen verprügelten. Schließlich griff uns die US-Militärpolizei auf, und kurze Zeit später fanden wir uns als Landarbeiter auf einem großen Bauernhof wieder, wo wir im Stall und auf den Feldern helfen mussten.

Nach drei Wochen »Landeinsatz« durften wir uns wieder auf den Weg nach Ludwigshafen machen. An einem Samstag im Juni, es war ein wunderschöner Frühsommerabend, standen wir schließlich an der Behelfsbrücke, die von Mannheim aus über den Rhein nach Ludwigshafen führte. Ich werde nie den erschütternden Anblick meiner großteils zerstörten Heimatstadt vergessen.

Nach all den Strapazen schienen wir unserem Ziel ganz nah zu sein: nur noch über die Brücke, und zwanzig Minuten später wäre man endlich zu Hause. Aber wir hatten keine Passierscheine für die Brücke. Was tun? Dem Wachposten auf der Mannheimer Seite konnten wir mit ein paar Brocken Englisch verständlich machen, dass wir über die Brücke wollten, und nach einiger Zeit winkte er

Das zerstörte Ludwigshafen Ende 1945

uns hinter seinem Rücken durch. Aber das Unglück wollte es, dass
ausgerechnet an diesem Abend auf der anderen Seite der Brücke
Stichproben gemacht wurden und wir ohne gültige Passierscheine
wieder kehrtmachen mussten. So kurz vor dem Ziel wieder um-
kehren zu müssen, nach allem, was wir hinter uns hatten, hat mich
genauso deprimiert wie Wochen zuvor die Geldanweisung durch
meinen Vater. So flossen auch an diesem Abend reichlich Tränen.

Wir brauchten also Passierscheine. Da aber der nächste Tag ein
Sonntag war, mussten wir bis zum Montag warten. Wir brachten
in Erfahrung, dass man diesen Schein quasi als Nachweis für eine
Entlausung bekam. Damit wir am Montagmorgen so früh wie
möglich an der Reihe waren, verließen wir den Tiefbunker am
Mannheimer Schloss, wo wir geschlafen hatten, schon morgens
um vier Uhr. Aber als wir bei der Ausgabestelle ankamen, warteten dort trotz der frühen Stunde schon Hunderte Menschen. Gegen zehn Uhr war es dann soweit: Wir ließen die Prozedur mit dem
entsetzlich stinkenden Lauspuder über uns ergehen, erhielten den
Passierschein und zogen über den Rhein.

Die Innenstadt von Ludwigshafen, das nur noch fünfundfünf-
zigtausend Einwohner zählte statt der hundertfünfzigtausend bei

Kriegsbeginn, glich einer einzigen großen Trümmerlandschaft. Ich war nun fast am Ziel – doch was, wenn meine Eltern nicht mehr lebten, wenn unser Haus zerstört war?

In der Hohenzollernstraße, etwa einen halben Kilometer vor meinem Elternhaus, begegnete ich einer Nachbarsfrau, die mit dem Fahrrad unterwegs war. Nachdem sie mich erkannt und kurz mit mir gesprochen hatte, radelte sie gleich los, um meine Mutter herauszuklingeln – und so standen alle schon vor unserem Haus, als ich nach einem über vierhundert Kilometer langen Fußmarsch heimkam. Meine Eltern lebten also noch!

Die tausend Reichsmark hatte mir mein Vater, wie ich jetzt erfuhr, in tiefer Sorge von Mannheim nach Berchtesgaden überwiesen, wenige Stunden bevor die Rheinbrücke von den Deutschen gesprengt worden war. Zum Glück waren das viele Geld und sein »Pass auf Dich auf!« kein Abschied für immer gewesen. Auch unser Haus hatte den Krieg überstanden, wenngleich mit einigen Blessuren. Viele Häuser in unserer Nachbarschaft waren zerstört, ungezählte Menschen hatten kein Dach mehr über dem Kopf, vielen war nichts geblieben außer Glaube und Hoffnung. Ich kann die Freude des Wiedersehens mit meiner Familie 1945 nicht beschreiben.

*

Fast sechs Jahre lang hatte der Zweite Weltkrieg gedauert, ich war fünfzehn Jahre alt, als er zu Ende ging. Wir, das heißt meine Generation, waren noch zu jung, um während dieser Jahre selbst in Schuld verstrickt zu werden, aber doch schon alt genug, um die Schrecken der Diktatur und das Leid des Krieges zu erfahren und wahrzunehmen. 1984, während meiner Kanzlerschaft, sprach ich bei einer Diskussion mit Abgeordneten der Knesset in Israel von der »Gnade der späten Geburt«, um meine Generation zu charakterisieren – übrigens eine Wendung, die ursprünglich Günter Gaus geprägt hatte. Die politische Linke in Deutschland griff mich deswegen scharf an, verfälschte das Zitat und verkehrte den Sinn der Äußerung oft böswillig in sein Gegenteil.

»Gnade der späten Geburt« meint keinesfalls, dass wir das Recht hätten, uns der gemeinsamen Haftung für das schlimme Unrecht zu entziehen, das im deutschen Namen begangen wurde, besonders der Massenmord an den europäischen Juden. Gerade weil meine Generation wegen ihrer Jugend nicht selbst schuldig werden konnte, sind wir durch eigenes Erleben und die Kenntnis der Geschichte verpflichtet, alles daranzusetzen, damit in unserem Land nie wieder Unrecht, Unfreiheit und Unfrieden möglich werden. Aus dem Grauen der Vergangenheit ist für uns und für künftige Generationen die Lehre zu ziehen, dass wir die Würde des Menschen und seine Lebensrechte als höchstes Gut zu schützen und, wo immer möglich, mit eigenen Kräften zu verteidigen haben. Das meint für mich die »Gnade der späten Geburt«.

Es war nicht das moralische Verdienst meiner Generation, der Jahrgänge um 1930, der Verstrickung in Schuld entgangen zu sein. Der Zufall des Geburtsdatums hat uns davor bewahrt, zwischen Anpassung oder Mitmachen einerseits und Märtyrertum andererseits wählen zu müssen. Wir haben keinen Grund, darauf stolz zu sein.

Diese Einsicht lehrt uns eine Bescheidenheit, die auch gefordert ist, wenn wir uns heute, nach Überwindung der deutschen Teilung, einer der Folgen des Zweiten Weltkriegs, mit den Problemen der inneren Einheit unseres Vaterlands konfrontiert sehen. Hier war es vielfach der Zufall des Geburts- oder Wohnorts, der die Menschen im Westen davor bewahrte, zwischen Anpassung oder Beiseitestehen wählen zu müssen. Weder haben die Nachgeborenen ein Recht zur moralischen Überheblichkeit gegenüber jener Generation, die das Dritte Reich bewusst erlebte, noch sollten wir uns im Westen Deutschlands ein leichtfertiges Urteil anmaßen gegenüber jenen, die über vierzig Jahre in einem Unrechtsstaat, der DDR, leben mussten und versuchten, sich mit den Verhältnissen in dieser Diktatur zu arrangieren. Wer dergleichen Rechte für sich in Anspruch nimmt, offenbart nicht nur ein erschreckendes Stück Geschichtslosigkeit; pauschale Verurteilungen oder Schuldzuweisungen bergen große Gefahren in sich.

Nicht zuletzt darum gilt meine Bewunderung einem Mann wie

Simon Wiesenthal, der in der Kiesgrube stand und erschossen werden sollte, dann gerettet wurde und sich später leidenschaftlich gegen die Kollektivschuldthese gewandt hat. Nicht »die Deutschen«, sondern nur »der oder die konkrete Deutsche« könnten zur Verantwortung gezogen werden, erklärte Wiesenthal. Allein auf diese Weise gelangt man zu einem gerechten Urteil.

*

Das Gefühl der Katastrophe war 1945 durchaus vorhanden, aber natürlich erkannte ich als Fünfzehnjähriger nicht die ganzen Konsequenzen. Die ungeheure Zäsur, die dieser Krieg für die Deutschen bedeutete, haben wir Jugendlichen noch nicht begriffen, gar nicht begreifen können. Ich spürte aber den tiefen Ernst der Menschen, etwa in der Christmette zu Weihnachten 1945. Und wenn ich rückblickend die Summe meiner Lebenserfahrung ziehe, sind viele Leitlinien meines Denkens und Handelns während der Kriegszeit entstanden, und zwar zunächst eher unbewusst und gar nicht sehr reflektiert. Politisch übersetzt heißt das: die Sehnsucht nach Frieden und Freiheit. Meine Generation hat die Luftschutzsirenen gehört und gleich darauf einen schweren Fliegerangriff mit Bomben, Toten, Not und Elend erlebt. Heute noch schreckt man unwillkürlich etwas zusammen, wenn eine Sirene geht. Es war eine elementare Erfahrung, die uns gezeichnet hat. Viele sprechen das nicht aus, aber es ist ein dominierendes Gefühl meines Lebens geblieben: die Angst, die wir damals empfunden haben.

Für mich waren jedenfalls diese Jahre mit den zahllosen Bombennächten, den Einsätzen in den Löschtrupps, der Begegnung mit dem Tod in frühen Lebensjahren, dem Verlust des Bruders und den chaotischen Verhältnissen bei Kriegsende eine tief prägende Erfahrung. Zeit meines Lebens blieb die bestimmende Erinnerung, dass Krieg eine furchtbare Sache ist. Ich brauchte den Satz »Nie wieder Krieg« nicht zu buchstabieren. Er war ein Teil meines Lebens, meines Wesens geworden.

5.
Zwischen Gutshof
und Pfarrhaus

Von Mitte Juli bis Anfang August 1945 entschieden die Siegermächte des Zweiten Weltkriegs – damals noch ohne Frankreich – auf der Potsdamer Konferenz über die Zukunft Deutschlands. Bereits im Februar hatten die »Großen Drei« – der sterbens-
kranke US-Präsident Roosevelt, der russische Diktator Stalin und
der englische Premier Churchill – in Jalta auf der Halbinsel Krim
beschlossen, das Deutsche Reich in vier Besatzungszonen für die
Vereinigten Staaten, die Sowjetunion, Großbritannien und Frankreich aufzuteilen. Ein Drittel des Reichsgebiets, die Ostprovinzen
jenseits von Oder und Neiße, fiel durch das Potsdamer Abkommen unter polnische und sowjetische Verwaltung.

Meine eigene Zukunft sah ich im Sommer 1945 darin, Landwirt
zu werden. Mich hatte die Idee, Bauer oder vielleicht auch Förster
zu werden, schon länger gereizt. Unsere Schule in Ludwigshafen
war ohnehin geschlossen. Es schien ungewiss, wann sie wieder öffnen würde. Außerdem wollte ich nicht unbedingt zurück auf die
ungeliebte Schulbank. Also begann ich im August eine landwirt-
schaftliche Lehre in Düllstadt, einem Ort im Dreieck zwischen
Würzburg, Kitzingen und Schweinfurt.

Unsere Verwandten in Unterfranken hatten mir diese Ausbil-
dungsstelle vermitteln können. Mit dem Fahrrad fuhr ich die rund
hundertvierzig Kilometer von Ludwigshafen nach Kitzingen. Kurz
nach dem Zweiten Weltkrieg war es allerdings nicht gerade einfach, von der Französischen in die Amerikanische Besatzungszone
zu gelangen. Man kam nur mit Schwierigkeiten über den Rhein
nach Mannheim.

Auf dem Gutshof der Süddeutschen Zucker AG in Düllstadt mit rund neunzig Milchkühen und einer Anbaufläche von rund tausend Morgen lernte ich sämtliche Arbeiten kennen, die in einem Betrieb dieser Größenordnung anfallen. Ich stand morgens um fünf auf, ging in den Stall und versorgte zusammen mit einem Schweizer, also einem Melker, die Kühe. Die meisten Männer der Familien, die diesen Hof gemeinsam bewirtschafteten, waren so kurz nach dem Krieg noch in Gefangenschaft. Und in den letzten Kriegswochen hatten Einheiten der SS den größten Teil des technischen Geräts abtransportiert. Deshalb mussten wir alle sehr hart anpacken. Vor allem wurden Zuckerrüben angebaut. Zudem unterhielt der Gutshof eine beachtliche Schweinezucht mit mehreren Hundert Schweinen. Ich lernte auch das Pflügen mit Zugochsen, ein äußerst mühevolles Tagwerk. An den Umgang mit sturen Ochsen habe ich mich in meinem ferneren Leben noch oft erinnert gefühlt.

Mit den Flüchtlingsströmen aus dem Osten – über zwölf Millionen Deutsche verloren durch die Vertreibung ihre Heimat, ihr Hab und Gut – kamen nicht zuletzt auch viele Landwirte, die neue Arbeitsstellen suchten. Die Flüchtlinge, deren Integration ich rückblickend für eine entscheidende Leistung der deutschen Nachkriegsgesellschaft halte, »überschwemmten« auch den Hof in Düllstadt.

Wir wohnten zu fünft in einem Haus mit zwei Schlafzimmern und einer Wohnkammer. Diplomierte Landwirte mussten froh sein, als Knechte arbeiten zu dürfen. Mit ihnen sprach ich über die Perspektiven in der Landwirtschaft. Auch ein Verwandter in Kitzingen, ein ehemaliger Landwirtschaftsdirektor, machte mir klar, wie wenig Aussichten das Berufsziel Bauer bot. »Entweder musst du Agrarbeamter werden, oder du musst in einen Bauernhof einheiraten!« sagte er. Beides wollte ich nicht.

Obwohl mir meine Tätigkeit auf dem Hof sehr gut gefiel, kam ich nach einigen Monaten zu dem Schluss, dass es nach dem Ende meiner Lehre kaum Berufschancen für mich geben würde, weil der Markt von den Ostdeutschen überlaufen war. Deshalb brach ich die Ausbildung nach einer harten, aber lehrreichen Zeit ab. Ich setzte mich wieder auf mein Fahrrad und fuhr von Düllstadt die hundertvierzig Kilometer zurück nach Ludwigshafen – versorgt mit einem Schinken und allem möglichen Nahrhaften, auch einer lebenden gemästeten Gans in einer Kiste.

Im November 1945 war mein Ausflug in die bäuerliche Welt beendet. Geblieben ist eine lebenslange Sympathie für die Bauern und ein spezielles Verständnis für die Agrarpolitik. An die Zeit auf dem Hof in Unterfranken denke ich gerne zurück, weil ich dort meinen Neigungen zu Ackerbau und Viehzucht, meiner Naturverbundenheit und Tierliebe nachgehen konnte. Darüber hinaus fühlte ich mich vorzüglich ernährt, im Gegensatz zu den meisten Menschen, die nach dem Krieg hungern mussten. Erst in dieser Phase schoss ich körperlich in die Höhe und überragte dann die meisten Altersgefährten. Vorher, in der Volksschule, war ich stets einer der Kleinsten gewesen.

Nach meiner Rückkehr setzte ich Ende 1945 auf der Oberrealschule in Ludwigshafen meinen Schulweg fort.

*

Der Schulbetrieb war nicht mehr mit früher zu vergleichen. Überall machten sich die Folgen des Krieges bemerkbar. In der Oberklasse mussten auch ehemalige junge Offiziere, die nur das sogenannte Notabitur gemacht hatten, wieder die Schulbank drücken. Nicht zuletzt als Folge der Erfahrungen im Krieg stellte sich in meiner Klasse, zu deren Sprecher ich gewählt wurde, ein kameradschaftlicher Zusammenhalt ein, der über alle Wechselfälle hinweg bis zum heutigen Tag Bestand hat.

Meiner Schule, dem Gymnasium in der Leuschnerstraße, verdanke ich viel. Erst im Rückblick kann ich ermessen, was unsere Lehrer, was überhaupt die Deutschen unter diesen Verhältnissen geleistet haben. Obwohl niemand wusste, ob aus Deutschland noch einmal etwas werden würde, sagten diese Frauen und Männer: Wir stehen das durch, wir müssen jetzt neu anfangen. Das hat Eindruck auf mich gemacht. In dieser Zeit erwachte mein politisches Interesse, und mit höchster Aufmerksamkeit verfolgte ich die aufkommenden Diskussionen über die nationalsozialistische Vergangenheit, die Judenverfolgung und die Schandtaten des Dritten Reiches, über die Nürnberger Prozesse gegen die NS-Täter, aber auch über den Widerstand gegen Hitler.

Am 15. September 1946 begleitete ich meine Eltern, als sie bei der ersten Kommunalwahl zur Urne gingen. Das weiß ich auch deswegen noch so genau, weil meine frühere Volksschule in Friesenheim als Wahllokal diente. Es war die erste demokratische Wahl seit 1933 und für mich die erste Wahl überhaupt, die ich erlebte. Ich durfte an diesem Sonntag von morgens bis abends im Schulhaus bleiben und unmittelbar dabei sein, als die Wahlhelfer die Stimmen auszählten. Mit sechzehn Jahren erlebte ich diese erste freie Wahl nach dem Zweiten Weltkrieg, an der sich nicht weniger als 88 Prozent der Wahlberechtigten beteiligten, sehr bewusst mit.

Der Pfarrer unserer Gemeinde beobachtete meine Ernsthaftigkeit amüsiert. Er kannte mein politisches Interesse und machte mich darauf aufmerksam, dass sein Mitbruder, der Dekan Johannes Finck aus Limburgerhof, regelmäßig eine Gruppe junger Leute um sich versammelte. Ich sollte mich bei dem Herrn Dekan doch einmal vorstellen, sagte unser Pfarrer. Bis dahin wusste ich überhaupt nichts von der Bedeutung Fincks, der für meine Entwicklung eine herausragende Rolle spielen sollte. Über Johannes Finck bin ich in die Politik geraten.

Mit dem Fahrrad machte ich mich auf die nur zwölf Kilometer lange Strecke von Friesenheim nach Limburgerhof, einer Arbeitersiedlung vor den Toren Ludwigshafens. Ich stellte mich dem Dekan vor, der mich einlud, am Sonntagnachmittag wieder zu kommen. Es versammelten sich dann etwa ein Dutzend junge Leute im Alter zwischen Anfang und Mitte Zwanzig im Pfarrhaus; ich war mit Abstand der Jüngste unter ihnen. Wir saßen in dem kleinen Wohnzimmer auf Stühlen um den Tisch zusammen. Dekan Finck gab einen Überblick über die politische Lage und verteilte Aufträge zu Kurzreferaten, die wir beim nächsten Treffen in diesem Kreis zu halten hatten.

Ich weiß noch, dass ich ein Büchlein des 1933 untergegangenen

Volksvereins für das katholische Deutschland mitbekam, eine Abhandlung des Theologen und Moralphilosophen Victor Cathrein zum Verhältnis von Sozialismus und Christentum. Darüber referierte ich dann mehr oder weniger kenntnisreich. Zugegeben: Das Pfarrhaus besaß nicht allein eine geistige und geistliche Anziehungskraft, sondern lockte uns während dieser Hungerjahre auch deshalb an, weil die Haushälterin, eine Cousine Fincks, uns immer ein Stück Kuchen oder ein Stück Brot mit Wurst auftischte. Der Dekan strahlte eine natürliche Autorität aus. Er mochte mich, und ich kam nun häufig nach Limburgerhof. Johannes Finck erwies sich nicht nur als ein bedeutender Theologe und Seelsorger, er war auch ein erfahrener und weitblickender Politiker. Aus seinen Erzählungen erfuhr ich vieles über die Weimarer Republik. Damals hatte er gemeinsam mit seinem Bruder Dr. Albert Finck, den ich im Pfarrhaus von Limburgerhof bald ebenfalls kennenlernte, schon eine beachtliche Rolle gespielt. Beide waren gegen Ende des neunzehnten Jahrhunderts in Herxheim, einem katholischen Dorf in der Südpfalz, geboren. Sie entstammten einer kinderreichen Familie aus einfachen Verhältnissen. Das religiöse Elternhaus bestimmte sie zum Priestertum. Beide durften in München studieren. Albert, der Jüngere, brach die Ausbildung zum Priester ab. Er wurde nicht Theologe wie sein älterer Bruder, sondern ging in den Journalismus, nachdem er als Reserveleutnant aus dem Ersten Weltkrieg zurückgekehrt und in Philosophie promoviert worden war.

Auch Johannes Finck hatte eine starke publizistische Ader. Der Geistliche gründete 1921 mit Gleichgesinnten aus der Zentrumspartei die *Neue Pfälzische Landeszeitung*. Gemeinsam übernahmen die beiden Fincks die Redaktion in Ludwigshafen. Die junge Zeitung geriet bald mitten hinein in die internationalen Auseinandersetzungen um das besetzte linke Rheinufer, mitten hinein in den Ruhrkampf 1923. Die Fincks stellten sich entschieden gegen den Separatismus und machten sich um den Verbleib ihrer Heimat, der Pfalz, im Deutschen Reich verdient. Gleichzeitig warben sie aber schon früh für eine deutsch-französische Verständigung. Ganz gegen den revanchistischen Zeitgeist lehnten sie es ab, die sogenannte Erbfeindschaft mit dem Nachbarn am Rhein zu predigen.

Von Johannes und Albert Finck hörte ich zudem von der erbitterten Gegnerschaft, die innerhalb des »schwarzen« Lagers während der Weimarer Republik aufgebrochen war. Auf der einen Seite stand das Zentrum, die alte Partei der Katholiken aus dem Kaiserreich, auf der anderen Seite die Bayerische Volkspartei (BVP). Beide Richtungen trafen gerade in der Pfalz, dem linksrheinischen Teil Bayerns, massiv aufeinander – mit der kuriosen Folge, dass in vielen Kirchengemeinden der alte Pfarrer zu der eher konservativ-monarchistischen BVP neigte, der junge Kaplan aber zur Zentrumspartei. So rief dann der Kaplan in der Frühmesse die Leute auf, Zentrum zu wählen, dagegen empfahl der Pfarrer kurz darauf im Hochamt in demselben Gotteshaus, für die Bayerische Volkspartei zu votieren.

Der Konflikt ging bis ins private Umfeld hinein, wie ich aus der eigenen Familienüberlieferung weiß. So stimmte meine Mutter 1925 bei der Reichspräsidentenwahl für Wilhelm Marx vom Zentrum, den gemeinsamen Kandidaten der Weimarer Demokraten. Mein Vater hingegen gab seine Stimme im zweiten Durchgang dem Generalfeldmarschall Paul von Hindenburg, wie es die Bayerische Volkspartei empfahl.

Der damalige Bischof von Speyer, Ludwig Sebastian, hing am Haus Wittelsbach und am bayerischen König, der ihn 1917 noch ins Amt berufen hatte. Der Bischof und weite Teile des Klerus machten keinen Hehl aus ihrer Sympathie für die Bayerische Volkspartei. Dagegen vertraten die Fincks in der Pfalz die sozialeren und nationaleren Positionen der Zentrumspartei. Johannes Finck, der führende Kopf des pfälzischen Zentrums, zog 1928 als Abgeordneter in den Münchner Landtag ein. Er verkörperte den klassischen politischen Typus des »Zentrumsprälaten«.

Beide Fincks waren mutige Gegner der Nationalsozialisten und namentlich des mächtigen Gauleiters der Pfalz, Josef Bürckel. Die neuen Herren nach 1933 verboten den Finck-Brüdern die politische Arbeit. Während sich Johannes Finck als Seelsorger in seine Pfarrei Limburgerhof zurückzog, wurde der Ludwigshafener

Albert (li.) *und*
Johannes Finck
vor dem Berliner
Reichstag
während der Zeit
der Weimarer
Republik

Chefredakteur Albert Finck für mehrere Wochen ins Gefängnis geworfen. Er musste dann als Versicherungsvertreter und Aushilfslehrer seine Familie mehr schlecht als recht ernähren.

1945 machten Johannes und Albert Finck sich zusammen mit vielen anderen Persönlichkeiten in Deutschland unverdrossen an den demokratischen Wiederaufbau. Noch vor Kriegsende und erst recht in der Zeit danach trafen sich im Pfarrhaus von Limburgerhof Vertreter aus allen politischen Lagern, um die Zukunft zu besprechen. Zu den willkommenen Gästen und Gesprächspartnern von Johannes Finck hatte während des Dritten Reichs auch ein Mann wie Pater Alfred Delp gehört, bekannt als Mitglied der Widerstandsbewegung des 20. Juli 1944. Nach dem Krieg bildete das Pfarrhaus von Limburgerhof eine Geburtsstätte der christdemokratischen Partei. Hierher kam auch Gustav Heinemann aus Essen, damals einer der führenden Protestanten innerhalb der CDU.

Pfarrer Finck pflegte auch gute persönliche Kontakte zu den beiden späteren evangelischen Kirchenpräsidenten der Pfalz, Hans Stempel und Theo Schaller.

Johannes und Albert Finck haben mit großer Entschiedenheit die Idee bekämpft, die katholische Zentrumspartei wieder zu begründen. Eine zwingende Konsequenz aus dem Scheitern der Weimarer Republik und der NS-Zeit lautete, das Wagnis einer neuen Partei zu versuchen, in der evangelische und katholische Christen gemeinsam am moralischen, politischen und wirtschaftlichen Neubeginn Deutschlands arbeiten. So wurde namentlich Johannes Finck zum Hauptgründer der Christlich-Demokratischen Union in der Pfalz. Als er und seine Mitstreiter nach heftigen Auseinandersetzungen mit den Zentrumsanhängern schließlich die CDU in der Pfalz offiziell ins Leben riefen, taten sie es im engen Kontakt zu den Gründerkreisen der CDU in Berlin, im Rheinland und anderen Orten sowie der CSU in Bayern, nicht zuletzt zum Regierungspräsidenten von Unterfranken Adam Stegerwald in Würzburg. Stegerwald, der erste Vorsitzende des 1919 aus der christlichen Gewerkschaftsbewegung hervorgegangenen Deutschen Gewerkschaftsbunds und Reichsarbeitsminister von 1930 bis 1932, hatte sich bereits 1920 für die Gründung einer überkonfessionellen, christlich und sozial orientierten Partei ausgesprochen.

Die vielen, zunächst unkoordinierten Parteigründungen lassen erkennen, wie stark der Gedanke an eine gesellschaftliche und politische Erneuerung auf christlicher Grundlage die Menschen 1945 bewegte. Protestanten und Katholiken hatten eingesehen, dass konfessionelle Gegensätze sie im Kampf mit den Feinden der Freiheit in der Weimarer Republik nur geschwächt hatten. Daneben stand das Bemühen, allen Schichten unseres Volkes eine politische Heimat zu geben, sowie der feste Wille zur föderalen Einheit Deutschlands.

»Die Idee der Union lag in der Luft«, hat Jakob Kaiser, der Berliner CDU-Vorsitzende, 1947 rückblickend gesagt. Ihre Gründung bedeutete in vielfacher Hinsicht ein Zeichen der Hoffnung in schwerer Zeit, ein Symbol für den deutschen Neuanfang nach dem

8. Mai 1945. Unsere Partei verdankt ihren Ursprung, so sagte es einmal Robert Tillmanns, der spätere Vorsitzende des Evangelischen Arbeitskreises der CDU/CSU, »echter politischer Neubesinnung, geboren im Schmelztiegel der Katastrophe von 1945. Das unterscheidet sie wesentlich von allen anderen politischen Parteien.« Die Union hatte ihre Wurzeln ganz wesentlich im Widerstand gegen die Nazibarbarei. Der spätere Bundestagspräsident Eugen Gerstenmaier sprach davon, dass ihre Gründung eigentlich »in den Gefängnissen von Tegel« stattgefunden habe.

*

Von alldem erfuhr ich in der politischen Sonntagsschule bei Dekan Finck in Limburgerhof. Er verkörperte ein Stück Kontinuität zwischen der ersten deutschen Demokratie vor 1933 und dem Neuanfang nach 1945, der zur Gründung der Bundesrepublik führte. Der Vordenker und erste Vorsitzende der pfälzischen CDU vermittelte in seiner Gesprächsrunde der nächsten Generation das christlichsoziale Gedankengut und verschaffte mir darüber hinaus erste Einblicke in die spannende parteipolitische Praxis. Wir diskutierten über die Grundlagen der Wirtschafts- und Gesellschaftsordnung für den künftigen demokratischen Staat. Insbesondere machte Finck uns vertraut mit der katholischen Soziallehre und dem Leitgedanken der Subsidiarität, also der Hilfe zur Selbsthilfe und Selbstverantwortung. In der Nachkriegsgesellschaft gab es darüber heftige Debatten. Sozialisten und Kommunisten, die zentralistisch und dirigistisch dachten, lehnten jede Form von Subsidiarität ab.

Ich bekam in der Obhut von Finck aber auch die politischen Kämpfe gegen einen neuen Separatismus links des Rheins unmittelbar mit. Durch das Potsdamer Abkommen war das Deutsche Reich nach dem Willen der Siegermächte in vier Besatzungszonen und das gemeinsam besetzte Berlin aufgeteilt. Die Franzosen hatten ihre Zone 1945 von den Amerikanern im Südwesten Deutschlands erhalten. Sie schufen am 30. August 1946 auf Anordnung des Oberbefehlshabers der Französischen Zone, General Pierre

Koenig, das neue Land Rheinland-Pfalz. Es setzte sich aus ehemals preußischen, bayerischen und hessischen Gebieten zusammen – mit völlig verschiedenen Traditionen.

Innerhalb der französischen Politik gab es eine starke Tendenz, die Landschaften, die Rheinland-Pfalz bildeten – und vor allem die Pfalz –, vom übrigen Reichsgebiet abzulösen. Im benachbarten Saarland entwickelte sich unter der Führung von Johannes Hoffmann von der Christlichen Volkspartei bereits ein Klientelstaat, der auf die völlige Loslösung von Deutschland abzielte. Kein Geringerer als General de Gaulle, der französische Regierungschef, sprach sich wiederholt für eine Annektierung des Rheinlands bis Koblenz aus. Noch 1948 brachte de Gaulle die Französische Besatzungszone als politisches Pfand ins Spiel, was an den unerbittlichen Kurs des Pariser Ministerpräsidenten und Außenministers Raymond Poincaré beim Ruhrkampf 1923 erinnerte. In meiner Heimat, der Pfalz, war angesichts solcher Pläne nicht nur die Erinnerung an die schlimmen Jahre nach dem Ersten Weltkrieg gegenwärtig, es kursierten auch unübersehbar Bestrebungen, den Separatismus von damals zu neuem Leben zu erwecken. Gerade Johannes und Albert Finck erkannten diese Gefahr und wandten sich mit Gleichgesinnten aus allen politischen Lagern dagegen.

In ihrem Nationalgefühl repräsentierten die Brüder Finck Generationen meiner pfälzischen Landsleute, die im Grenzgebiet lebten und selbstverständlich zu ihrem Vaterland standen. Obwohl die Menschen in der Pfalz europäisch orientiert sind, verstanden sie sich gleichwohl auch als deutsche Patrioten. Im vergangenen Jahrhundert empfanden sie zeitweise sicherlich sogar ein bisschen patriotischer als die Bevölkerung im übrigen Deutschland. Die Ursache dafür liegt in der Geschichte meiner Heimat, die als Grenzregion zu Frankreich jahrhundertelang unter der Furie des Kriegs zu leiden hatte. Nach dem Ersten Weltkrieg, also nach 1918, hat das linksrheinische Gebiet den hartnäckigen Versuchen von französischer Seite widerstanden, es vom Deutschen Reich abzuspalten. Nach dem Zweiten Weltkrieg war es nicht anders.

Der Verbleib meiner Heimat bei Deutschland, aber auch die Zusammengehörigkeit aller Deutschen, war schon uns Schülern im zerbombten Nachkriegs-Ludwigshafen ein besonders hohes Gut. Außerdem wollten wir aus der bitteren Erfahrung von Krieg und Gewalt praktische Konsequenzen ziehen. Das heißt, wir jungen Menschen wollten alles tun, damit sich die Schrecken der Vergangenheit niemals mehr in der Pfalz, in Deutschland und Frankreich wiederholen. Wir strebten nach einer Aussöhnung mit Frankreich, wir träumten von einem Europa, in dem die Völker fortan friedfertig miteinander lebten. Und wir waren davon überzeugt, dass die Zukunft nicht den Nationalstaaten des neunzehnten Jahrhunderts gehören konnte, sondern dass wir aufbrechen mussten zur Einigung Europas.

Meine politischen Freunde und mich beseelte die Idee der europäischen Einheit. Dieser säkulare Gedanke beherrschte nach dem Krieg unsere Gespräche selbst auf dem Schulhof. Den Kontinent in Freiheit vereinen, so lautete das Credo unserer Jugend. Wir wollten in Ludwigshafen schon früh eine Art Europa-Union gründen, deren Zweiter Vorsitzender ich werden sollte. Aber die französischen Besatzungsbehörden hatten keine Genehmigung dafür erteilt.

Nur wer die historischen Tatsachen bedenkt, kann wirklich ermessen, wie klug und bedeutend eine Politik, die auf eine deutschfranzösische Freundschaft setzte, für die Zukunft unseres Landes war. Die Vision der großen Züricher Rede von Winston Churchill vom 19. September 1946, dass Deutsche und Franzosen endlich zueinanderfinden, um gemeinsam das Haus Europa zu bauen, sollte erstaunlich rasch Realität werden. Die nationalistischen Irrtümer der Vergangenheit wiederholten sich nicht. Nur relativ wenige Jahre später, 1963, besiegelten Präsident Charles de Gaulle und Bundeskanzler Konrad Adenauer mit dem deutsch-französischen Vertrag die Aussöhnung der Nachbarvölker und legten das Fundament für eine dauerhafte Freundschaft.

6.
Erste Schritte

Mein Weg in die CDU und deren Nachwuchsorganisation, die Junge Union, war durch meine Herkunft und meinen Werdegang vorgezeichnet. Meine Erfahrungen beim Zusammenbruch hatten mich schon als Fünfzehnjährigen davon überzeugt, dass es wichtig ist, sich um die öffentlichen Dinge, also um Politik, zu kümmern.

In jenen Jahren sagten die Jungen und die Älteren: »Was geschehen ist, darf nie wieder passieren. Wir wollen aus der Geschichte lernen.« So war es für mich beinahe selbstverständlich, dass ich mich für Politik interessierte und als Konsequenz daraus bereits Anfang 1947 als Sechzehnjähriger zur Christlich-Demokratischen Union Deutschlands kam.

Ich bin bewusst in die CDU gegangen, weil ihre Programmatik auf dem christlichen Menschenbild aufbaut. In der CDU fand ich meine politische Heimat und viele Freunde und treue Weggenossen über Jahrzehnte. Oft genug habe ich mich über meine eigene Partei und über einzelne Mitglieder geärgert, auch manche Enttäuschungen erlebt, aber ich habe dennoch meine Entscheidung nie bereut.

Nicht allein mein Lehrmeister, der Dekan Finck, veranlasste mich zum CDU-Beitritt, sondern überhaupt das »schwarze« Milieu, dem ich entstammte. Mein Elternhaus war nach dem Zweiten Weltkrieg durchaus hochpolitisch. Zu Hause sprachen wir viel über Politik, sonst wäre mein Vater im Mai 1946 nicht Gründungsmitglied des kleinen CDU-Ortsverbands in Ludwigshafen-Friesenheim geworden, sehr mit Unterstützung meiner Mutter. Er lehnte es allerdings stets ab, eine Funktion zu übernehmen. Mich drängte er nie zu einem politischen Engagement, sondern nahm eher etwas verwundert zur Kenntnis, wie früh und deutlich ich Farbe bekannte.

Gefördert durch die Nachwuchsarbeit des Dekans Finck, entstand noch 1946 inoffiziell ein Kreisverband der Jungen Union in Ludwigshafen, an dem ich mich aktiv beteiligte. Die JU integrierte sich voll in die Parteiarbeit und war, salopp formuliert, im Grunde eine Zusammenrottung von jungen Leuten. Unsere und meine wesentliche Tätigkeit bestand darin, wiederum junge Leute zu werben. Die organisatorischen Anfänge der neuen Partei sahen in Ludwigshafen äußerst bescheiden aus.

Bei der ersten Landtagswahl in Rheinland-Pfalz am 18. Mai 1947 betätigte ich mich mit siebzehn Jahren zum ersten Mal als Plakatkleber für meine Partei. In der SPD- und KPD-Hochburg Ludwigshafen standen sich die Parteien schroff gegenüber. Es gab Stadtteile, wo wir nicht plakatieren konnten. Wir bezogen bei unseren Wahlkampfeinsätzen heftige Prügel von den »Roten«. Hautnah bekam ich die ideologische Härte und Intoleranz unseres politischen Hauptgegners zu spüren, der die Arbeiterstadt seit Ende des neunzehnten Jahrhunderts dominierte. Immer wieder mussten meine Freunde und ich uns in handfesten Auseinandersetzungen mit den Klebekolonnen von SPD und KPD behaupten. Wir blieben selten etwas schuldig.

Aus dieser ersten Landtagswahl ging die CDU als klarer Sieger hervor: 47,2 Prozent der Stimmen bedeuteten achtundvierzig von hundertein Sitzen für die CDU im Landtag, der seinerzeit noch in Koblenz und nicht in Mainz tagte. Auf dem schwierigen Pflaster in Ludwigshafen landete unsere Partei jedoch abgeschlagen hinter der übermächtigen SPD bei nur 27,3 Prozent. Dagegen fuhren die Kommunisten stattliche 20,8 Prozent ein, während sie auf Landesebene nur 8,7 Prozent verbuchten.

Bald nach der Wahl musste Wilhelm Boden (CDU), der erste Ministerpräsident, sein Amt an Peter Altmeier (CDU) abgeben, einen Zentrumsmann aus der Weimarer Zeit. Dass ich eines Tages, 1969, sein direkter Nachfolger werden könnte, daran verschwendete ich damals keinen Gedanken.

*Die Regierungsbank des ersten Kabinetts von Ministerpräsident
Peter Altmeier (re.) im Sommer 1947*

Zunächst leitete Peter Altmeier eine Allparteienregierung unter
Einschluss der Kommunisten, dann eine Große Koalition mit den
Sozialdemokraten. Ab 1951 führte er schließlich ein Bündnis mit
der FDP. Altmeier hat den Aufbau von Rheinland-Pfalz gestaltet wie kein anderer. Für die nächsten zweiundzwanzig Jahre,
während des Wiederaufbaus, wurde er zu einem wirklichen Landesvater.

Meine Partei, die CDU, konnte dem künstlich geschaffenen
Land – der Grenzregion an Rhein, Mosel und Saar, zwischen Pfälzer Wald und Ardennen – in der Folge ihren Stempel aufdrücken.
Vierundvierzig Jahre lang, von 1947 bis 1991, blieben wir unun-
terbrochen die stärkste politische Kraft in Rheinland-Pfalz. Unter
unserer Führung wuchs nach und nach zusammen, was vorher nie
zusammengehört hatte: Die Pfalz war lange als bayerischer Lan-
desteil nach München orientiert gewesen, Rheinhessen als hessische Provinz nach Darmstadt, und die Regierungsbezirke Koblenz
und Trier hatten zu Preußen gehört.

An dem ersten Landesparteitag der CDU, der am 17. Oktober
1947 in der Fruchthalle in Kaiserslautern stattfand, durfte ich

bereits als Gast teilnehmen. Unter den Frauen und Männern der ersten Stunde war der Gründergeist, der die Union beflügelte, noch allenthalben zu verspüren. Wir riefen bei dieser Gelegenheit einen Landesverband der Jungen Union ins Leben.

Die gemeinsame Not jener Jahre und der feste Wille, eine bessere Welt zu schaffen, führten zu einer herzlichen Kameradschaft. Wer diese Zeit begreifen will, muss wissen, dass die Zahl der Selbstmorde 1947 so dramatisch anstieg wie nie zuvor in der deutschen Geschichte und dass Wolfgang Borcherts Roman *Draußen vor der Tür* uns tief erschütterte, weil er das Elend eines Landes und seiner Menschen so deutlich aufzeigte wie kein anderer. Allen Widrigkeiten setzten wir unseren Idealismus und unsere Energie entgegen. Wir waren beseelt von dem Gedanken, für junge Menschen eine Gemeinschaft zu formen, die ihnen politisch und ethisch eine neue Orientierung bot.

Durch meine Aktivitäten war ich in Ludwigshafen bald überall bekannt. Bei den Honoratioren der Partei galt ich allerdings als aufmüpfiger Spund. Als ich mich bei einer CDU-Versammlung wieder einmal stürmisch einschaltete, prägte der Ludwigshafener Kreisvorsitzende den unvergesslichen Satz: »Das Wort hat der junge Herr Kohl« – und knurrend fügte er nach einer kleinen Pause hinzu: »Einem bösen Hund gibt man ein Stück Brot mehr.«

*

Ich wusste dank meiner Ludwigshafener Mentoren bereits, nach welchen Regeln die innerparteiliche Demokratie funktionierte, als ich bei meiner ersten Kandidatur für den regionalen JU-Vorsitz eine Niederlage kassierte. Es war am 1. Mai 1948 auf dem Pfälzer Bezirkstag der Jungen Union in Edenkoben, der mit einem Deutschlandtreffen der JU verbunden war. Sogar Gäste aus Berlin hatten die Reise in den Weinort nicht gescheut. Gerade achtzehn Jahre alt geworden, wollte ich neuer Bezirksvorsitzender der Jungen Union Pfalz werden, fiel aber knapp durch.

Daraufhin habe ich mich bei der JU nie mehr um ein Amt beworben, sondern mich auf die CDU konzentriert. Dass ich danach trotzdem Funktionen in der Jungen Union übernahm, verstand ich lediglich als Hilfestellung für die Nachwuchsorganisation. Es lag mehr im Interesse der JU als in meinem eigenen, dass ich sechs Jahre später ihr stellvertretender Landesvorsitzender wurde, denn mittlerweile bekleidete ich bereits bedeutende Ämter in der Partei selbst.

Zur CDU, der einzigen wirklichen Volkspartei nach dem Krieg, gab es für mich keine Alternative. Ich hatte sozusagen mit der Muttermilch eingesogen, dass ich nicht sozialistisch sein und denken kann. Trotzdem nutzte ich neugierig die Chancen zum Austausch mit Andersdenkenden.

Eine der seltsamsten Erfahrungen meines Lebens ist, dass in dieser Nachkriegszeit, in der alles wie umgestülpt schien, eines Tages in unserem Gymnasium ein neuer Lehrer auftauchte, der großen Eindruck auf mich machte: Dr. Otto Stamfort, Jude und Kommunist, Mathematiker und Physiker. Er wohnte von 1946, als er aus dem Exil nach Deutschland kam, bis 1948, als er in die Sowjetische Besatzungszone übersiedelte, nur hundert Meter entfernt von meinem Elternhaus, neben dem langen Garten. Ich besuchte meinen Mathelehrer, den überzeugten Marxisten, wöchentlich in seiner Wohnung, um mit ihm und einem kleinen Kreis von anderen Schülern über Politik und Philosophie zu diskutieren – parallel zu meinen Besuchen bei Finck im Pfarrhaus. Bei Stamfort lernte ich übrigens Max Reimann kennen, den Vorsitzenden der KPD.

Otto Stamfort, Jahrgang 1901, war 1933 nach Frankreich emigriert. Nun rief er in der Französischen Zone die Freie Deutsche Jugend, den kommunistischen Jugendverband, ins Leben. Seine Frau, Hilde Stamfort, gehörte der pfälzischen Bezirksleitung der KPD an. 1947 trat Otto Stamfort an die Spitze des FDJ-Landesverbands. Mich versuchte er nie umzubiegen. Er respektierte, dass ich politisch auf einem anderen Dampfer war.

Im Mai 1948 wechselte er in die Sowjetzone. Er leitete als Staatssekretär in Thüringen das Kultusministerium, bis er als Westemigrant ausgeschaltet wurde und eine Professur für Physik an der Friedrich-Schiller-Universität in Jena übernahm. Wir haben noch viele Jahre miteinander korrespondiert. 1969 gratulierte er mir zu meiner Wahl zum Ministerpräsidenten.

Stamfort ist 1981 in Jena gestorben. Dort zählte übrigens Michael Kohl, der von 1974 bis 1978 Leiter der Ständigen Vertretung der DDR in Bonn war, ebenfalls zu den Schülern Stamforts, wie ich zufällig bei einer Begegnung mit meinem Namensvetter herausfand.

*

Seit der amerikanische Außenminister George Marshall am 5. Juni 1947 ein großes Hilfs- und Wiederaufbauprogramm für Europa verkündet hatte, den Marshallplan, zeichnete sich auch die Gründung eines westdeutschen Teilstaats ab. Ich hatte das Glück, in dieser Phase die drei Gründerväter der Bundesrepublik Deutschland persönlich zu erleben: Kurt Schumacher von der SPD, Theodor Heuss von der FDP und zuletzt Konrad Adenauer von der CDU.

Am 5. Dezember 1947, einem Freitagabend, zwei Tage vor den Kommunalwahlen in Württemberg-Baden, wie der amerikanische Teil des späteren Landes Baden-Württemberg damals hieß, zog es mich nach Mannheim zu einer SPD-Kundgebung. Es war bitter kalt, der Saal im Rosengarten verfügte nur über ein provisorisches Dach. Noch immer konnte man nicht ohne Probleme von der Französischen in die Amerikanische Zone gelangen, so dass ich mir auf Umwegen einen Passierschein der US-Militärbehörden in Mannheim besorgen musste. Aber mich trieb die Neugierde auf den angekündigten Redner: Kurt Schumacher, den Vorsitzenden der SPD in den Westzonen. Der Mann, der elf Jahre Konzentrationslager überlebt hatte, war in meinen Augen eine sehr interessante Persönlichkeit, eigentlich interessanter als Adenauer oder Heuss.

In seiner flammenden Wahlrede bezeichnete Schumacher den Willen zur Einheit als die stärkste politische Kraft in Deutschland. Diesen Willen zur nationalen Geschlossenheit gelte es immer von neuem zu manifestieren. Mit scharfer Eindringlichkeit warnte er davor, über die Bizone und die Trizone die Einheit Deutschlands anzustreben. Er verlangte die Bildung einer Zentralregierung. Die Sozialdemokratie sei die einzige Kraft, in der alle »nationalen Zwangsläufigkeiten« zusammenklingen würden. Mir persönlich erschien die SPD weder damals noch später attraktiv. Meine Anerkennung vor ihrer demokratischen Tradition habe ich der Partei nie versagt, aber die SPD in Ludwigshafen war für mich der Inbegriff von doktrinärem Denken. Schumacher hingegen beeindruckte mich. Er war eine imponierende Gestalt, ein Mann mit eiserner Willenskraft und einer eigenen Vision für Deutschland. Im Ersten Weltkrieg hatte er einen Arm verloren, später musste ihm nach schwerer Krankheit ein Bein amputiert werden. Ich hatte großen Respekt vor ihm. Mein Respekt verstärkte sich noch, nachdem ich viel über ihn gelesen hatte. Schumacher hatte im Reichstag mutige und zu Recht berühmte Reden gegen die Nationalsozialisten gehalten. Mit unbändiger Energie baute er nach dem Krieg die SPD auf und behielt deren Führung mit großer Entschiedenheit. Alles deutete darauf hin, dass er der erste Bundeskanzler werden würde. Es muss eine furchtbare Enttäuschung für ihn gewesen sein, als 1949 nicht er, sondern Konrad Adenauer die Kanzlerschaft errang. Das erklärt einen Teil der Bitterkeit Schumachers gegen Adenauer.

Ich zähle den ersten SPD-Vorsitzenden zu den drei großen Begründern der Bundesrepublik. Dabei wird oft vergessen, wie eng der Brückenschlag von dieser zweiten Demokratie zur Weimarer Republik und zum kaiserlichen Deutschland vor 1918 war. Das Dritte Reich dauerte mit zwölf Jahren deutlich kürzer als meine eigene Kanzlerschaft, um nur die zeitliche Dimension einmal zu vergleichen. Schumacher, Heuss und Adenauer schlugen biographisch den Bogen in die Epoche weit vor dem Nationalsozialismus. Lange vor 1933 hatten sie schon politischen Einfluss ausgeübt.

Konrad Adenauer, Jahrgang 1876, wurde bereits 1906 zum Beigeordneten und 1917 zum Oberbürgermeister seiner Heimatstadt Köln gewählt. Nach dem Ersten Weltkrieg war er zugleich auch Präsident des Preußischen Staatsrats; bis 1933 zählte er zu den bekanntesten Zentrumspolitikern. Theodor Heuss, geboren 1884, stieß in Berlin Anfang des zwanzigsten Jahrhunderts zu dem liberalen Kreis um Friedrich Naumann, avancierte 1912 zum Chefredakteur der von Naumann herausgegebenen Zeitschrift *Die Hilfe* und gehörte 1918 zu den Begründern der Deutschen Demokratischen Partei (DDP). Kurt Schumacher, Jahrgang 1895, machte sich in der frühen Weimarer Republik, nachdem er aus dem Ersten Weltkrieg zurückgekehrt war, zunächst einen Namen als Redakteur und scharfzüngiger Redner. Dann zog er für die SPD 1924 in den württembergischen Landtag und 1930, mit gerade fünfunddreißig Jahren, in den Reichstag ein.

Theodor Heuss erlebte ich zum ersten Mal 1948 bei der Gründungsversammlung der FDP. Mit Freunden war ich im Dezember nach Heppenheim an die Bergstraße gefahren, um mir dort den Zusammenschluss der nationalliberalen und der linksliberalen Gruppen aus der Nähe anzusehen. Ich hörte die Rede von Theodor Heuss, der zum Parteivorsitzenden gewählt wurde – und im Jahr darauf zum ersten Bundespräsidenten. Heuss sprach so stark schwäbisch, dass ich die Hälfte nicht verstehen konnte. Aber beeindruckend war der Mann für mich schon. Dieser liberale Professor verkörperte überzeugend ein Bindeglied zur Nationalversammlung von 1848, die hundert Jahre zuvor in der Frankfurter Paulskirche zusammengetreten war.

Bei der Rückschau auf die Anfangszeit meines politischen Wirkens möchte ich unbedingt Jakob Kaiser erwähnen, der die CDU Deutschlands in Berlin aus dem Widerstand heraus mitbegründet hat. Ich habe stets Hochachtung vor dem Mut und der Grundsatztreue empfunden, mit denen er in der Hauptstadt anschließend gegen Willkür und Diktatur der Sowjets gefochten hat. Kaiser, den ich 1949 auf einer Kundgebung kennengelernt habe, die die CDU anlässlich der ersten Bundestagswahlen auf dem Heidelberger Schloss veranstaltete, unterhielt gute Beziehungen zur CDU in der Pfalz, namentlich zu meinen Mentoren Johannes und Albert Finck, die er in ihrem Kampf gegen die französische Abspaltungspolitik am Rhein unterstützte. Im Sog des Ost-West-Konflikts und des Kalten Krieges hatte Kaiser allerdings gegen die Sowjets weniger Erfolg. Da es der CDU-Vorsitzende ablehnte, an der SED-gesteuerten Bewegung des »Volkskongresses« teilzunehmen und damit die politische Eigenständigkeit gegenüber den Kommunisten aufzugeben – eine Erfahrung, wie sie die Ost-SPD 1946 bei ihrer Vereinigung mit der KPD machen musste –, wurde Kaiser im Dezember 1947 von der Sowjetischen Militäradministration abgesetzt. Er hatte einen Brückenbau zwischen Ost und West gefordert und den von der Sowjetunion abgelehnten Marshallplan, die amerikanische Aufbauhilfe für Europa, gebilligt.

7.
Tanzstunde und Politik

Durch die Währungsreform am 20. Juni 1948 trat die D-Mark an die Stelle der alten Reichsmark. Ludwig Erhard, der Direktor für Wirtschaft in der Bizone und Verfechter der Sozialen Marktwirtschaft, leitete damit den Aufschwung ein und schuf wichtige Voraussetzungen für das sogenannte Wirtschaftswunder. Mit der Währungsreform veränderte sich der Alltag der Menschen in den drei Westzonen grundlegend zum Besseren. Über Nacht hörte der Tauschhandel auf.

Mein Leben nahm in diesen Monaten auch privat eine entscheidende Wende: Bei einem Tanztee, der meine Jungenklasse mit Schülerinnen des Ludwigshafener Mädchengymnasiums zusammenführte und den wir im Gasthaus Zum Weinberg in Friesenheim organisierten, begegnete ich zum ersten Mal meiner späteren Frau, Hannelore Renner. Sie war fünfzehn, sehr hübsch und intelligent. Wir verstanden uns prima, obwohl oder gerade weil sie aus einem ganz anderen Milieu, aus einer anderen Welt kam. Geboren in Berlin und aufgewachsen in Leipzig, hatte sie 1945 mit ihren Eltern aus dem Osten nach Mutterstadt im Landkreis Ludwigshafen flüchten müssen.

Ihre Mutter Irene stammte aus einer Bremer Patrizierfamilie, vermögend und angesehen. Meine künftige Schwiegermutter, eine sportliche und herbe Frau, war in ihrer Jugend aus der großbürgerlichen Gesellschaft der Hansestadt ausgebrochen und Anfang der zwanziger Jahre nach Berlin gegangen, wo sie als Ansagerin beim Rundfunk, dem aufregenden neuen Medium, arbeitete.

Hannelores Vater, Wilhelm Renner, entstammte hingegen einer

alteingesessenen pfälzischen Bauerndynastie in Mutterstadt, die neben der Landwirtschaft ein kleines Unternehmen mit Dreschmaschinen betrieb. Wilhelm Renner besuchte die Ingenieursschule in Mannheim, die er 1908 abschloss. Der begeisterte und begnadete Elektroingenieur machte in der Berliner Industrie rasch Karriere.

In der Reichshauptstadt heirateten Hannelores Eltern 1929, und am 7. März 1933 kam Hannelore im Stadtteil Schöneberg zur Welt. Die Familie zog nach etwa einem halben Jahr nach Leipzig, wo der Vater zum Oberingenieur aufstieg. Nach einer unbekümmerten Kindheit erlebte Hannelore das Kriegsende und die Flucht vor der anrückenden Roten Armee 1945 als ein Trauma.

Als sie mit ihrem Vater und ihrer Mutter am 10. Juli 1945 in einem Auto in Mutterstadt ankam, war Wilhelm Renners Elternhaus zerbombt. Die Familie stand völlig mittellos da. Drei Jahre lang, bis 1948, kamen die drei notdürftig bei Verwandten unter, wo sie in einem einzigen Raum, einer winzigen Sommerküche, lebten.

Das war die Zeit, als ich Hannelore kennenlernte. In ihren Augen markierte Mutterstadt den Tiefpunkt ihres bisherigen Lebens. Sie war arm wie eine Kirchenmaus, ein Einzelkind und Flüchtlingsmädchen, das sächsischen Dialekt sprach. Das machte sie zu einer Außenseiterin. Die verlorene Heimat blieb für sie immer wichtig, auch wenn die Pfalz später ihre zweite Heimat wurde. Aus dem Verlust der Heimat und der deutschen Einheit speiste sich ihre Verbitterung über den Kommunismus. Leipzig blieb für sie immer ihre Heimatstadt, und sie liebte Berlin, eine Stadt, die wir beide sehr mochten.

Die Westsektoren ihrer Geburtsstadt Berlin mussten in dieser Zeit, ab Juni 1948, von den Amerikanern und Briten per Luftbrücke versorgt werden, weil die Sowjets nach der Währungsreform die Land- und Wasserwege für den Personen- und Güterverkehr gesperrt hatten. Die Berliner Blockade dauerte bis Mai 1949, bis zur Gründung der Bundesrepublik.

Politisch war Hannelore im Gegensatz zu mir von zu Hause nicht vorgeprägt. Ihr Vater, der als Mitläufer unter dem Nationalsozialismus schlechte Erfahrungen gemacht hatte, zeigte wie viele

*Als wir einander
kennenlernten:
Hannelore Renner …*

seiner Generation nach 1945 die Reaktion eines gebrannten Kindes und hielt sich von der Politik fern. Er und seine Frau akzeptierten und mochten mich, aber wir sprachen miteinander nicht über Politik. Mein starkes politisches Engagement erschien ihm unverständlich. Das hat Hannelore anfangs natürlich geprägt. Sie lehnte zeitlebens jede Form von Fanatismus ab und reagierte mit Unverständnis, wenn man jemanden nur unter parteipolitischen Aspekten beurteilte und nicht als Persönlichkeit.

Für Geschichte und Politik hatte meine Freundin zunächst kein großes Faible, erst durch die Erfahrungen ihres Lebens gewann sie viele eigene Einsichten. Sie interessierte sich damals weit mehr – darin ganz der Vater – für einen neuen Motor oder für chemische Formeln, für Naturwissenschaft und Technik. Sie schrieb gerne Gedichte, auch wenn sie nie darüber sprach. Wir beide waren also sehr verschieden, verstanden uns aber hervorragend.

Der Tanzunterricht war damals eine der wenigen Gelegenheiten zum Kontakt zwischen den Geschlechtern, also gingen wir gemeinsam in die Tanzstunde. Man musste selbst noch Briketts mitbringen, um den Saal zu wärmen. Wenn nicht genügend Heizmaterial da war, konnte die Tanzstunde nicht stattfinden. Für den Besuch der Tanzschule Hammer trug ich einen Anzug, in den

... und ich (um 1949)

ich zweimal hineinpasste. Hannelore trug ein Kleid, das aus Stoffresten geschneidert war. Sie tanzte leidenschaftlich gern. Eines Abends schwebten wir zu den Klängen von Glenn Millers »In the Mood« über das Parkett. Bei diesem Lied funkte es zwischen uns. Hannelore war ein hochattraktives Mädchen, alles an ihr hat mir gut gefallen. Und sie war kess.

Kurze Zeit nach dieser Tanzstunde stellte ich sie meinen Eltern vor. Beide nahmen sie mit offenen Armen auf. Dass sie evangelisch war, war nie ein Problem. Ich hörte in meinem katholischen Elternhaus überhaupt nie ein böses Wort über Protestanten. Den konfessionellen Gegensatz, der seit der Reformation einen unsichtbaren Graben durch Deutschland zog und den die Union auf politischem Gebiet gerade mühsam zu überwinden versuchte, kannten wir innerfamiliär überhaupt nicht.

In den folgenden Jahren bis zum Abitur genossen wir eine unbeschwerte Zeit, in der wir viel herumalberten, sonntags Wanderungen unternahmen und mit unseren alten Fahrrädern zum Schwimmen an den Rhein fuhren. Meine Freundin kam aus Mutterstadt, ich aus Friesenheim, ein paar Bekannte aus Oppau. Allein waren wir bei diesen Ausflügen selten. Meist begleitete uns eine ganze Korona von Freunden. In diese Gruppe, deren »Leitwolf« ich spielte, wurde Hannelore gleich aufgenommen und von allen respektiert. Einerseits war ich stolz darauf, dass sie so gut ankam, andererseits störte es mich, wenn andere Jungs ihr schöne Augen machten.

Am Wochenende trafen wir uns oft an unserem Lieblingsplatz, der idyllisch gelegenen Kollerinsel zwischen Speyer und Ludwigshafen. Wir schwammen gern die Schiffe an, die auf dem Rhein fuhren, was uns beiden großen Spaß machte. Es handelte sich um Schleppdampfer, und manchmal hingen vier oder fünf Kähne an den Leinen. Hannelore konnte stundenlang im Wasser bleiben, sie war zeitlebens eine richtige Wasserratte. In jenen Tagen war auch ich ein begeisterter Sportler und spielte gerne Fußball und Handball im Verein und in der Schule.

Unsere Badetouren endeten regelmäßig damit, dass eines unserer Räder einen Platten hatte, so dass wir absteigen und schieben mussten. Daheim wurden die Reifen dann geflickt. Hannelore fuhr ein riesiges Herrenfahrrad, das ihr Vater hergerichtet hatte. Erst zum Abitur bekam sie ein schickes Damenfahrrad geschenkt.

Jede Zeit hat ihre Höhen und Tiefen. Aber diese Jahre waren vielleicht die unbeschwertesten. Man lebte ein wenig wie ein Vogel in der Luft. Wenn ich zurückdenke an diese trotz aller Entbehrungen glückliche Phase meines Lebens, fällt mir ein Satz ein, den mein Lieblingslyriker aus der DDR, Reiner Kunze, schon im Titel seines bekannten Prosabands *Die wunderbaren Jahre* zitiert und der von dem Amerikaner Truman Capote stammt: »Ich war elf, und später wurde ich sechzehn. Verdienste erwarb ich mir keine, aber es waren die wunderbaren Jahre.«

*

Am 23. Mai 1949 verkündete der Parlamentarische Rat in Bonn das Grundgesetz für die Bundesrepublik Deutschland. Ich war als Neunzehnjähriger geradezu begeistert, als die neue Verfassung in Kraft trat. Wie viele in meiner Generation, die noch den Zweiten Weltkrieg bewusst miterlebt hatten, spürte ich: Das wird unsere Republik. Bei aller Euphorie mussten wir jedoch zur Kenntnis nehmen, dass die freiheitliche Ordnung des Grundgesetzes unseren Landsleuten in der Sowjetischen Besatzungszone und im Ostsektor Berlins versagt blieb. Ich habe nie einen Zweifel daran gehabt, dass sie dieser Verfassung damals zugestimmt hätten, wenn sie nur die Möglichkeit dazu gehabt hätten.

In der Präambel des Grundgesetzes wurde verankert, dass das deutsche Volk, »von dem Willen beseelt, seine nationale und staatliche Einheit zu wahren und als gleichberechtigtes Glied in einem vereinten Europa dem Frieden der Welt zu dienen«, sich diese neue Grundordnung lediglich »für eine Übergangszeit« gebe. Ausdrücklich hoben die Mütter und Väter des Grundgesetzes hervor, dass man auch für jene Deutschen gehandelt habe, denen mitzuwirken versagt sei. Am Ende der Präambel standen die Worte, die Auftrag und Vermächtnis bedeuteten: »Das gesamte deutsche Volk bleibt aufgefordert, in freier Selbstbestimmung die Einheit und Freiheit Deutschlands zu vollenden.«

Mir schien es damals, wie vielen Zeitgenossen, keine realistische Hoffnung zu sein, dass die Menschen in der sowjetisch besetzten Ostzone schon bald unter das gemeinsame Dach des demokratischen Deutschlands treten würden. Dennoch waren wir bitter enttäuscht, als der Kreml und dessen deutsche Helfer im Oktober 1949 einen zweiten Staat auf deutschem Boden errichteten.

Am 14. August 1949 sollte die Wahl zum ersten Deutschen Bundestag stattfinden. Als junger Wahlkämpfer nahm ich am großen Wahlkampfauftakt der CDU auf dem Heidelberger Schloss teil. Ich gehörte zu dem Begleitkommando, das den Essener Oberbürgermeister Gustav Heinemann hinauf zum Schloss lotste. Er wurde Bundesinnenminister im ersten Kabinett, trat jedoch schon 1950 aus Protest gegen den Westkurs von Bundeskanzler Adenauer zurück und gründete die Gesamtdeutsche Volkspartei, die aber bei der nächsten Bundestagswahl 1953 scheiterte. 1957 schloss er sich der SPD an.

Ab 1953 eröffnete die Union ihre Bundestagswahlkämpfe stets in der Dortmunder Westfalenhalle, nur 1949 fand diese Veranstaltung in Heidelberg statt. Dabei konnte ich zum ersten Mal auch Konrad Adenauer erleben, den Präsidenten des Parlamentarischen

71

Rats. Mit seinen bereits dreiundsiebzig Jahren erschien mir Adenauer einfach als zu alt. Wir Jungen in der Union setzten damals mehr auf Jakob Kaiser und auf Karl Arnold, den Ministerpräsidenten von Nordrhein-Westfalen.

Fünf Tage vor jener ersten Bundestagswahl, am 9. August 1949, kam Adenauer zu einer zentralen Kundgebung in die Pfalz. Mit Freunden war ich in den Tagen vorher mit einem Lautsprecherwagen überall unterwegs, um für diese Großveranstaltung in der Landauer Festhalle zu werben. Sie wurde nicht nur für mich, den Oberprimaner, sondern auch für Adenauer zu einem unvergesslichen Erlebnis, weil am Ende der zweistündigen Veranstaltung Albert Finck die rund dreitausend Teilnehmer aufrief, erstmals seit dem Krieg wieder das Deutschlandlied zu singen, und zwar die dritte Strophe: »Einigkeit und Recht und Freiheit«.

Dr. Albert Finck aus dem Dörfchen Hambach bei Neustadt, der jüngere Bruder meines politischen Ziehvaters Dekan Johannes Finck, gehörte 1948/49 als Vertreter der Pfälzer CDU dem Parlamentarischen Rat in Bonn an und amtierte später, von 1951 bis zu seinem Tod 1956, als rheinland-pfälzischer Kultusminister. Der aufrechte Demokrat und Patriot zählte also zu den fünfundsechzig Vätern und Müttern unseres Grundgesetzes, vermisste darin allerdings jede Aussage über eine Hymne für die Bundesrepublik.

Die Geschichte der deutschen Nationalhymne kannte zu diesem Zeitpunkt bereits einige Irrungen und Wirrungen. Joseph Haydn hatte im achtzehnten Jahrhundert die Melodie komponiert, bestimmt für ein Loblied auf den letzten Kaiser des alten Heiligen Römischen Reiches Deutscher Nation, auf den Habsburger Franz II.: »Gott erhalte Franz den Kaiser«. 1841 dichtete der Liberale August Heinrich Hoffmann von Fallersleben auf der Insel Helgoland auf diese Melodie sein »Lied der Deutschen«. Erst 1922 erhob der erste Reichspräsident der Weimarer Republik, Friedrich Ebert, ein Sozialdemokrat und bedeutender Staatsmann, das ausgesprochen populäre Lied zum nationalen Symbol. Während der Hitlerzeit wurde nur die erste Strophe »Deutschland, Deutschland über alles« als Vorspiel zu dem nationalsozialistischen Horst-Wessel-Lied intoniert. Durch die Eroberungskriege und Verbrechen des Dritten Reichs erhielt das ursprünglich freiheitliche Lied einen falschen, aggressiven Klang. Prompt verboten die alliierten Sieger 1945 die deutsche Nationalhymne.

Die historische Versammlung 1949 in Landau fand unter den argwöhnischen Blicken der französischen Besatzungsmacht statt. Ihre Beobachter saßen in der Festhalle auf der Tribüne. Während Oberst Robert Magniez, ein Vertreter der Pariser Rheinpolitik nach dem Ersten und Zweiten Weltkrieg, unter Protest den Saal verließ, sangen die Menschen nach dem Aufruf Albert Fincks gemeinsam begeistert die deutsche Nationalhymne: »Einigkeit und Recht und Freiheit für das deutsche Vaterland«. Die Stimmung dieses Augenblicks war unbeschreiblich: Viele hatten Tränen in den Augen – und keiner zweifelte mehr daran, dass die Pfalz bei Deutschland bleiben würde. Das waren nicht etwa Nationalisten und Chauvinisten, sondern Patrioten. Dabeigewesen zu sein gehört für mich zu den wichtigsten Erlebnissen.

Die Landauer Versammlung hatte auch eine starke Wirkung auf Adenauer, der das Deutschlandlied gegen den Willen des ersten Bundespräsidenten Theodor Heuss schließlich 1952 als Hymne der Bundesrepublik durchsetzte. 1991, nach der Wiedervereinigung, bestätigten Bundespräsident Richard von Weizsäcker und ich als Bundeskanzler in einem Briefwechsel, der an das Vorbild von Heuss und Adenauer anknüpfte, die dritte Strophe als Nationalhymne der Bundesrepublik. Diese Entscheidung war für mich eine große Freude und Genugtuung, und sie weckte in mir die Erinnerung an jenen Abend in Landau 1949. Mit meinen europäischen Partnern konnte ich 1984 zudem dazu beitragen, Beethovens Musik zu Schillers »Ode an die Freude« offiziell zur Europahymne zu bestimmen.

*

In meinem Leben habe ich unzählige Wahlversammlungen bestritten. Meine allererste Wahlkampfrede hielt ich am 12. August 1949, am Freitag vor der ersten Bundestagswahl, in Mutterstadt bei Ludwigshafen. Auf Vermittlung von Dekan Johannes Finck bestritt ich den Abend zusammen mit einem alten Zentrumspolitiker. Ich hatte mir bewusst den Wohnort meiner Freundin Hannelore ausgesucht. Sie wohnte nicht weit von dem Lokal. Ich wollte ihr imponieren, aber sie kam nicht. Meine Enttäuschung war entsprechend groß.

Die Union stieg bei der Wahl zwei Tage danach mit 31 Prozent zur stärksten politischen Kraft auf, vor der SPD mit 29,2 Punkten. In Ludwigshafen steigerten wir durch einen kämpferischen Wahlkampf den Anteil der CDU gegenüber der Stadtratswahl 1948 um über drei Punkte auf stolze 30,5 Prozent. Unsere neue Partei, erst vier Jahre zuvor aus den Trümmern des Krieges heraus gegründet, konnte mit Konrad Adenauer den ersten Bundeskanzler stellen. Damals regierte Adenauer mit einer Koalition von CDU, CSU, FDP und der Deutschen Partei (DP).

Am 8. Juni 1950 legte ich das Abitur ab. Es war keine Glanzleistung, aber wichtig war, dass ich die Zulassung zum Studium geschafft hatte. Am Ende dieses Sommers, vom 28. August bis 5. September, reiste ich als jüngster Teilnehmer mit einer Delegation der pfälzischen CDU nach Frankreich. Wir besuchten zunächst die Schlachtfelder des Ersten Weltkriegs bei Verdun. Der Ort konfrontierte uns mit den schrecklichen Folgen des Völkerhasses. Mich bedrückte diese Stätte.

Über drei Jahrzehnte später, als Bundeskanzler 1984, hatte ich hier mit dem französischen Staatspräsidenten François Mitterrand eine bewegende Begegnung. Wir reichten einander über den Gräbern still die Hand.

Seinerzeit, im September 1950, als ich zum ersten Mal in Paris war, empfing der französische Außenminister Robert Schuman unsere Delegation im Großen Saal des Quai d'Orsay. Es waren Politiker wie der Lothringer Schuman, die die Grenzen in den Köpfen und Herzen der Menschen in Europa zu öffnen halfen. Wenige Monate zuvor, im Mai, hatte er den nach ihm benannten Plan für eine Kohle- und Stahlunion vorgelegt, die den Kern der 1957 durch die Römischen Verträge von sechs Staaten gebildeten Europäischen Wirtschaftsgemeinschaft (EWG) ausmachen sollte.

Anfang der fünfziger Jahre

Für mich, den zwanzigjährigen Abiturienten aus der Pfalz, war es ein Ereignis, 1950, während der Phase des europäischen Aufbruchs, einer imponierenden Persönlichkeit wie Robert Schuman zu begegnen, den ich sehr verehrte. Geboren in Luxemburg, deutscher Soldat im Ersten Weltkrieg, nach 1918 französischer Abgeordneter, hat der fromme Katholik das Schicksal eines Grenzland-Europäers durchlebt. Er war 1941/42 in Neustadt in der Pfalz interniert, bevor er fliehen konnte und sich in Frankreich der Résistance, der Widerstandsbewegung, anschloss.

Immer wieder habe ich später das Grab Robert Schumans in Chazelles bei Metz in Lothringen besucht. Und bei einer dieser Gelegenheiten erzählte einmal der Metzer Oberbürgermeister, Jahrgang 1930 wie ich, dass er als Dreizehnjähriger in Metz das Trottoir verlassen musste, wenn ein deutscher Offizier kam. Ich antwortete, dass ich 1945 als Fünfzehnjähriger in Ludwigshafen vom Gehsteig heruntermusste, wenn ein französischer Offizier kam.

*

Die Begeisterung über den europäischen Aufbruch trieb uns 1950, noch vor meinem Abitur, dazu, mit Schülern und Studenten aus den Nachbarländern fröhliche Feste im deutsch-französischen Grenzgebiet bei Bergzabern zu feiern. Wir haben gewaltig gegessen und getrunken, europäische Lieder gesungen und uns verbrüdert. Schließlich räumten wir symbolisch die Zollschranken an der Grenze zwischen der Pfalz und dem Elsass beiseite.

Auf den Europakongressen traf ich damals schon politische Freunde, mit denen ich Jahrzehnte später wieder für die Ideale unserer Jugend zusammenarbeitete. Bei einem dieser Treffen, dem Jahreskongress der Sektion europäischer Demokraten in Konstanz am Bodensee, lernte ich im September 1950 beispielsweise Leo Tindemans kennen, später Außenminister und Regierungschef Belgiens und Präsident unserer Europäischen Volkspartei (EVP).

Wir träumten als junge Leute von den Vereinigten Staaten von Europa. Aber wir mussten im Lauf der Jahre lernen, dass dieser Begriff leicht irreführend ist und der Vergleich mit den Vereinigten Staaten von Amerika die Wirklichkeit Europas nicht trifft. De Gaulles Begriff vom »Europa der Vaterländer« macht deutlich, dass wir auch in einem gemeinsamen Haus Europa eben Franzosen, Deutsche, Italiener, Spanier und Briten bleiben, dass wir unsere nationale Identität nicht verlieren. Auch im einundzwanzigsten Jahrhundert wird es – davon bin ich überzeugt – Heimatbewusstsein und Nationalgefühl geben.

8.
Student in Frankfurt
und Heidelberg

Ich wusste nach dem Abitur 1950 noch nicht genau, welches Berufsziel ich anstreben sollte, aber auf alle Fälle wollte ich studieren. Allerdings kannte ich das akademische Leben nicht, und in unserer Familie gab es niemanden, den ich fragen konnte.

Mein Vater hätte es am liebsten gesehen, wenn ich Beamter geworden wäre, wie er und der Vater meiner Mutter, der Friesenheimer Oberlehrer Schnur, es gewesen waren. An meiner politischen Tätigkeit in so jungen Jahren nahm er nach außen hin zwar keinen Anstoß – aber eigentlich fand er sie liederlich. Seine Beamtenlaufbahn, die nach dem Ersten Weltkrieg begonnen hatte, beendete er 1950 als Steuerobersekretär, damals die höchste Stufe für jemanden, der kein Abitur abgelegt, sondern nur die Volksschule besucht hatte.

Bis an sein Lebensende blieb er ein Staatsdiener im besten Sinn des Wortes. So hat er seinen Beruf, seine Pflicht immer verstanden. Er war beileibe kein verknöcherter Beamter. In der Finanzbehörde hatte er als Betriebsprüfer für das Kleingewerbe und den Mittelstand gearbeitet. Das heißt, er saß nicht nur am Schreibtisch, sondern kam raus aus dem Büro und hatte es mit dem unmittelbaren Leben von Bäcker- oder Schlossermeistern zu tun. Noch viele Jahre später habe ich oft Menschen sagen hören, mit dem alten Kohl habe man reden können, weil er Sinn dafür hatte, was ging und was nicht ging. Er war ein absolut unbestechlicher Mann mit einem positiven Verhältnis zum Staat. Seine Philosophie lautete: Wenn es dem Staat gutgeht, geht es auch den Leuten gut.

Nach seinem Ausscheiden aus dem Finanzamt arbeitete er noch einige Zeit selbständig und kümmerte sich als Berater freiberuflich

Hans Kohl, der Vater

um die Steuerangelegenheiten von etwa dreißig mittelständischen Unternehmen. Das zeigt, dass die Menschen meinem Vater Vertrauen entgegenbrachten.

Es war klar, dass ich für mein Studium nur begrenzt mit finanzieller Unterstützung meiner Eltern rechnen durfte. Die beste Unterstützung war natürlich, dass ich zu Hause wohnen konnte. Ein Teil meiner bisherigen Klassenkameraden ging an die Landesuniversität Mainz, ein anderer Teil hinüber nach Heidelberg, und wer es sich leisten konnte, ging in die bayerische Metropole München, wie es traditionell viele Pfälzer taten. Ich jedoch kam auf die Idee, nach Frankfurt zu gehen. Die hessische Kapitale erinnerte wie die meisten deutschen Städte nach dem Zweiten Weltkrieg zwar noch an einen Trümmerhaufen, aber die Johann-Wolfgang-von-Goethe-Universität hatte einen guten Ruf. Ich schrieb mich vorerst sowohl in die juristisch-staatswissenschaftliche als auch in die philosophisch-ökonomische Fakultät ein. Im Wintersemester 1950/51 nahm ich ein breitangelegtes Studium auf, das ich in vollen Zügen genossen habe.

Es lehrten herausragende Köpfe in Frankfurt am Main. Ich hörte beispielsweise Völkerrecht bei Walter Hallstein, einem der

Architekten der Westintegration der Bundesrepublik. Der brillante Gelehrte konzipierte Anfang der fünfziger Jahre für Bundeskanzler Konrad Adenauer zusammen mit dem Franzosen Jean Monnet die Europäische Gemeinschaft für Kohle und Stahl und stieg 1958 zum ersten Präsidenten der Kommission der Europäischen Wirtschaftsgemeinschaft (EWG) auf. Fast zwei Jahrzehnte nachdem ich das Studium aufgenommen hatte, führte mein alter Professor Hallstein, ein gebürtiger Mainzer, bei der Bundestagswahl 1969 auf meine Einladung die CDU-Landesliste in Rheinland-Pfalz als Spitzenkandidat an.

Ich hörte auch Vorlesungen in Nationalökonomie bei Franz Böhm, dem Schwiegersohn der berühmten Schriftstellerin und Historikerin Ricarda Huch. Als exzellenter Jurist und überzeugter Kritiker der NS-Rassenpolitik war Böhm der richtige Mann, um in den Jahren 1951/52 im Auftrag der Bundesregierung das Wiedergutmachungsabkommen mit dem Staat Israel auszuhandeln. Ab 1953 gehörte er für die CDU dem Deutschen Bundestag an.

Zu meinen Frankfurter Lehrern zählten ebenso der geistvolle Sozialdemokrat Carlo Schmid, einer der wichtigsten Väter des Grundgesetzes, und ein faszinierender Psychologe wie Ernst Michael. Dagegen empfand ich die Statistikvorlesung als sterbenslangweilig. Wir saßen im Senckenberg-Museum, das damals neben seinen Naturkundesammlungen die Universität beherbergte, mitten im Sommer nachmittags um drei Uhr im großen Hörsaal, während draußen im Grünen – vor unseren Augen – die schönen Studentinnen lagerten. Aber wir brauchten den Vorlesungsschein.

Geholfen hat mir dabei übrigens ein Kommilitone aus Bad Nauheim, den ich danach ganz aus den Augen verlor, weil er nach Kanada auswanderte. Erst vier Jahrzehnte später, bei einem Staatsbesuch dort, traf ich ihn überraschend wieder, als ich Hunderte von Vertretern der deutschen Kolonie in Kanada empfing. Plötzlich stand er vor mir und sagte: »Herr Bundeskanzler!« Er war wie erstarrt, als ich ihn erkannte und daran erinnerte, wie ich damals bei ihm abgeschrieben hatte ...

*

Aus der Personalkartei der BASF:
Als Werkstudent war ich im Baubetrieb und
in der Holzwerkstätte beschäftigt (1953/54)

Der Studienort Frankfurt hatte für mich, wie sich bald zeigte, erhebliche Nachteile. Jeden Morgen stieg ich in Friesenheim um 5.32 Uhr in die Straßenbahn ein und fuhr um 6.06 Uhr mit der Bundesbahn von Mannheim in die hessische Metropole. Gegen 8 Uhr kam der Zug am Hauptbahnhof in Frankfurt an. Ich lief dann hinüber zum Senckenberg-Museum. Oft kam ich erst spätabends zurück. Wenn Seminar war, bin ich um 21.50 Uhr noch zurück nach Ludwigshafen gefahren, um am nächsten Morgen in der Früh wieder nach Frankfurt aufzubrechen.

Der große Zeitaufwand und die Anstrengung, die das Pendeln zwischen Ludwigshafen und Frankfurt kostete, veranlassten mich nach zwei Semestern, die Universität zu wechseln. Im Winter 1951/52 schrieb ich mich deshalb in der juristischen und philosophischen Fakultät der Universität Heidelberg ein.

Damals begann ich auch, während der Semesterferien immer zu arbeiten, um Geld zu verdienen und so mein Studium selbst zu finanzieren. Zunächst fuhr ich für eine Mannheimer Firma Wasser und Apfelwein aus. Mein Stundenverdienst: eine Mark zehn. Dann wechselte ich als »Hilfsarbeiter« zur BASF. In den Jahren 1953, 1954 und 1955 verdiente ich meine Brötchen während der Semesterferien als Werkstudent im Baubetrieb der »Anilin«, wie man in Ludwigshafen die Badische Anilin- und Sodafabrik nennt. Rechnet man meine gesamte Zeit als Werkstudent zusammen, komme ich auf über drei Jahre Erfahrung als Hilfsarbeiter bei der BASF. Hauptsächlich war ich in diesen Oster- und Sommerferien als Steinschleifer beschäftigt, eine harte, aber interessante Tätigkeit, die gutes Geld einbrachte. Wir arbeiteten mit Stechkarte und im Akkord. Später, als Ludwigshafener Abgeordneter, bekam ich meine alten Stechkarten von der BASF geschenkt.

In der Schleiferei, einem von Hunderten Betrieben des riesigen Unternehmens, trugen wir Gummianzüge; ich war unter den etwa vierzig Arbeitern, den »Anilinern«, voll integriert, auch wenn ich in den Augen dieser ehemaligen Kriegsteilnehmer noch wie ein Lausbub aussah. Die Arbeiter galten gemeinhin als Kommunisten, aber einige gehörten der örtlichen katholischen Kirchenverwaltung an. Für mein Leben jedenfalls war wichtig: Ich habe als Werkstudent unter gestandenen, ganz normalen Arbeitern gelebt. Dadurch bewegte ich mich auch in deren Milieu, das ein normaler Beamten- und Bürgersohn nicht unbedingt kennenlernt.

Da ich während meines Studiums einen Großteil des Geldes dafür selbst verdiente, hatte ich kein Zeitmaß. Ich studierte in einer Breite, die mir ein Leben lang zugute kam. Von meinem Einkommen konnte ich mir für hundertfünfzig Mark sogar einen gebrauchten Roller leisten, eine Lambretta, mit der ich mit Tempo 45 in einer amerikanischen Kluft bei Wind und Wetter von Friesenheim hinüber nach Heidelberg an die Uni oder zu den CDU-Sitzungen in der Pfalz gefahren bin. Ich machte schon während der fünfziger Jahre zahlreiche Wahlversammlungen mit. Ab und zu fuhr Hannelore auf der Lambretta mit. Einmal, nachts, nach einer Veranstaltung im Hessischen, ging die Maschine kaputt, und wir mussten heim nach Ludwigshafen laufen.

Mein Wechsel von Frankfurt nach Heidelberg, vom Main an den Neckar, erwies sich als richtige Entscheidung, nicht nur wegen der kürzeren Entfernung, sondern auch wegen des vielfältigen Angebots dieser renommierten Universität. Sie verfügte sowohl in den Rechts- und Staatswissenschaften als auch in der Philosophie, im Bereich der Naturwissenschaften und vor allem in der Geschichte über ausgezeichnete akademische Angebote. Ich konnte in den fünfziger Jahren miterleben, wie diese älteste Universität Deutschlands an ihre große Tradition anknüpfte und nicht nur mir, sondern vielen Studenten jener Jahre – es waren damals erst etwa fünftausend an der Zahl – ein großartiges Rüstzeug für den Lebensweg mitgab.

Die Universität Heidelberg ist zweifellos eine der großen Stätten der deutschen Kulturlandschaft. Wer europäische Geistesgeschichte unmittelbar spüren möchte, der nehme sich einmal einen Tag Zeit, um in Heidelberg auf dem Bergfriedhof an den Grabstätten bedeutender Persönlichkeiten wie Max Weber oder Gustav Radbruch, Carl Bosch, Robert Bunsen oder Wilhelm Furtwängler entlangzuwandern. Und wer anschließend auf die andere Neckarseite fährt und den Philosophenweg läuft, der bis beinahe nach Neckargemünd führt, der kann erfahren, wer alles in den letzten zwei Jahrhunderten auf diesem Weg gewandert ist. Es gibt wenige Orte in Europa, an denen die intellektuelle Kraft und Dynamik des Abendlands stärker zu spüren ist.

Ich bin während meiner Zeit als Bundeskanzler mit meinen Staatsgästen gern sowohl zum Speyerer Dom wie nach Heidelberg gepilgert. Für mich war es eine interessante Beobachtung, mit welcher Ergriffenheit der französische Staatspräsident François Mitterrand den Bergfriedhof erlebte. Wir standen oben am Grab des ersten, zum großen Schaden der Weimarer Republik schon 1925 verstorbenen Reichspräsidenten Friedrich Ebert, der 1871 in Heidelberg geboren wurde. Ich denke gern zurück an diesen sonnigen Tag, als wir den weiten Ausblick auf die Rheinebene bewunderten. Das war für meinen Freund Mitterrand ein Blick nach Deutschland und zugleich nach Europa; dieser Ort entsprach auch seiner Vorstellung von der geographischen und geistigen Nähe zwischen Deutschland und Frankreich.

Als ich 1951 an der Heidelberger Ruprecht-Karls-Universität

Die Universität Heidelberg (gegründet 1386)

meine Studien aufnahm, saßen wir Jüngeren in den Hörsälen mit
ehemaligen Soldaten und Offizieren zusammen, die durch ihre
Kriegsteilnahme und Kriegsgefangenschaft anders geprägt waren.
Was uns zu einer großen Gemeinschaft zusammenschloss, war die
Neugier auf ein akademisches Lehrangebot, das sich von den rui-
nösen Verstrickungen befreit hatte, denen die Wissenschaft im
Dritten Reich anheimgefallen war. »Dem lebendigen Geist« – diesem Leitwort der »Ruperto Carola« entsprachen die Gelehrten,
denen ich in Heidelberg begegnete.

Am eindrucksvollsten wirkte auf mich zunächst Alexander Rüstow, wohl der letzte große Kultursoziologe. Er war 1949 aus dem
Exil heimgekehrt und hatte als Nachfolger von Alfred Weber den
Lehrstuhl für Wirtschafts- und Sozialwissenschaften übernommen. Der Name Rüstow steht exemplarisch für das offene geistige
Klima der Nachkriegszeit in Heidelberg, ebenso wie der bedeutende Philosoph Karl Jaspers, der allerdings wenige Jahre zuvor dem
Ruf nach Basel gefolgt war. Unabhängig von meiner Fachrichtung
interessierte ich mich beispielsweise für die Werke von Willy Hellpach, dem früheren badischen Staatspräsidenten und Heidelberger
Professor der Psychologie, der die Folgen der landschaftlichen und
klimatischen Umwelt auf den Menschen analysierte.

Im Sommer 1952, im vierten Semester, folgte ich meinen eigentlichen Neigungen und sattelte um. Ich wählte Geschichte als Hauptfach und belegte als Nebenfächer Politische Wissenschaft, Staatsrecht und Öffentliches Recht. Die ersten Proseminare in Geschichte waren für mich nicht leicht, weil mir das Große Latinum fehlte.

Regelmäßig besuchte ich die Seminare bei so bekannten und unterschiedlichen Gelehrten wie den Historikern Fritz Ernst, Johannes Kühn und Werner Conze oder dem Mediziner Viktor von Weizsäcker. Bei Rudolf von Albertini, dem frankophilen Historiker aus Zürich, arbeitete ich über die »Volksfront in Frankreich«. Bei ihm lernte ich viel, zu ihm ging ich gerne. Als Schweizer brachte er ein ganz anderes Flair mit. Er lud Studenten zu sich nach Hause ein, was damals schon nicht mehr ganz üblich war. Seine Frau versorgte uns mit riesigen Schüsseln Nudeln und grünem Salat. Albertini las über die Kolonialgeschichte und Frankreichs dritte und vierte Republik, die damals ja noch existierte.

Mehr als ein Semester habe ich auch bei dem exzellenten Verwaltungsjuristen Walter Jellinek gehört. Daneben wären der Nationalökonom Erich Preiser zu nennen, einer der Vordenker einer sozialen Marktwirtschaft, oder Hans von Eckardt, ein Soziologe mit großem Unterhaltungswert. In den überraschend schlecht besuchten Seminaren Waldemar Gurians informierte ich mich über sowjetische Politik. Im Laufe meiner insgesamt acht Jahre an der Universität hörte ich auch Pioniere der Politischen Wissenschaft wie Theodor Eschenburg und Arnold Bergstraesser sowie namentlich Dolf Sternberger, der für das neue Fach in Heidelberg die Vorreiterrolle spielte.

*

Bei lebhaften Diskussionen innerhalb und außerhalb der Universität vertrat ich die Ansicht, dass Adenauer bei der Bundestagswahl 1953 das Rennen machen werde, erntete aber gerade in Heidelberg heftigen Widerspruch. Gegen eine deutsche Wiederbewaffnung, wie die Amerikaner und der Bundeskanzler sie nach dem Beginn des Koreakriegs 1950 verfolgten, waren viele Studentengruppen auf die Straße gegangen. Bei diesen Heidelberger Umzügen liefen nicht nur linke Demonstranten, sondern sogar Mitglieder von katholischen Verbänden, die der CDU hätten näherstehen müssen, mit Transparenten gegen die Regierung durch die Stadt.

Die Notwendigkeit eines Wehrbeitrags der Bundesrepublik bereitete unserer Partei auch in der Pfalz einige Probleme, weil mancher Protestant eher zu Gustav Heinemann tendierte, der sein Ministeramt und die CDU verlassen hatte und 1952 die Gesamtdeutsche Volkspartei gründete. Unter den Heidelberger Professoren herrschte eine ähnliche Haltung, die Anhänger Adenauers waren an einer Hand abzuzählen. Ein bekennender »Schwarzer« wie ich galt bestenfalls als politisch Irregeleiteter. Die meisten setzten im September 1953 auf einen Sieg der SPD unter Erich Ollenhauer, doch die Union entpuppte sich als hoher Wahlsieger. Gegenüber der ersten Bundestagswahl steigerte sie ihren Stimmenanteil von 31 auf 45,2 Prozent, während die SPD mit 28,8 Prozent sogar hinter ihr Ergebnis von 1949 mit 29,2 Prozent zurückfiel.

Den außen- und innenpolitischen Kurs Konrad Adenauers begleitete ich als Student voller Sympathie. Der Kanzler erklärte unbeirrbar, dass die Bundesrepublik bis zum Tag der Wiedervereinigung die alleinige staatlich legitimierte Ordnung des deutschen Volkes sei. Ihre Treue und Sorge gelte auch den achtzehn Millionen Menschen zwischen Elbe und Oder.

Bis 1969 haben alle CDU-geführten Bundesregierungen diese Politik ungeachtet aller Kritik konsequent verfolgt. Sie haben sich auch dann nicht von ihr abbringen lassen, als Stalin im März 1952 den Westmächten überraschend Verhandlungen anbot, um Deutschland als einheitlichen Staat wiederherzustellen. Kurz vor der Unterzeichnung des Deutschlandvertrags, der endlich das Besatzungsstatut ablösen sollte, und des Vertrags über eine Europäische Verteidigungsgemeinschaft war der Zeitpunkt für diese politische Offensive geschickt gewählt. Doch bei den »Stalin-Noten« handelte es sich offensichtlich um ein Störmanöver. Der sowjetische Diktator verlangte nämlich im Gegenzug, dass sich Deutschland verpflichtet, keinerlei Koalition oder Militärbündnis einzugehen. Das vereinte Deutschland sollte also neutralisiert werden. In ihrer Antwort forderten die Westmächte im Einklang mit Bundeskanzler Adenauer freie Wahlen in ganz Deutschland als Voraussetzung für weitere Schritte.

Ich bin davon überzeugt, dass dies der einzig richtige Weg gewesen ist. Konrad Adenauer ging zu Recht davon aus, dass die Neutralisierung Deutschlands nur dem verschleierten Expansionsdrang der Sowjets gedient hätte. Er befürchtete, dass durch eine Neutralisierung ein Machtvakuum in der Mitte Europas entstünde, das schließlich »Sowjetrussland«, wie er es nannte, ausfüllen würde. Statt dessen erreichte Adenauer mit dem Deutschlandvertrag, dass sich die drei Westalliierten – die Vereinigten Staaten, Großbritannien und Frankreich – verpflichteten, mit friedlichen Mitteln für ein wiedervereinigtes, freiheitlich-demokratisches und in die europäische Gemeinschaft integriertes Deutschland einzutreten.

Die Friedensschalmeien aus Moskau und Ost-Berlin klangen nicht überzeugend. Zu sehr klafften Worte und Taten auseinander. Besonders zeigte sich das in Berlin, dessen freien Teil die Sowjets immer wieder unter ihre Kontrolle zu bringen versuchten. Zuerst erlebten wir den Versuch Stalins, die West-Berliner 1948/49 mit einer Blockade auszuhungern. Darauf antworteten die westlichen Alliierten erfolgreich mit einer Luftbrücke. Zehn Jahre später, 1958, versuchte Stalins Nachfolger Nikita Chruschtschow vergeblich, durch ein Ultimatum die drei Westmächte aus Berlin zu vertreiben. Die Westalliierten beantworteten die sowjetischen Erpressungsversuche mit einer Politik der Stärke, um die Freiheit der Berliner Westsektoren und der Bundesrepublik zu gewährleisten. So richtig das Prinzip »Freiheit vor Einheit« war, so schmerzhaft war aber auch die Gewissheit, die Zweistaatlichkeit für eine ungewisse Zeitspanne unabwendbar hinnehmen zu müssen.

Ich habe zu denjenigen gehört, die Adenauers nüchterne Auffassung teilten. Es gab keine verantwortbare Alternative zur Integration in den Westen – eine Erkenntnis, die gut ein Jahr nach Stalins Notenkrieg ihre Bestätigung fand, als am 17. Juni 1953 russische Panzer den Aufstand in der Sowjetischen Besatzungszone niederwalzten. Ausgehend von dem Protest der Industriearbeiter gegen unerträgliche Arbeitsnormen und Lebensbedingungen, hatte sich schnell eine Volksbewegung entwickelt. Die Deutschen im Osten

Berlins, in Jena oder Görlitz, Leuna oder Schkopau erhoben sich mutig – wie bei der friedlichen Revolution von 1989 – gegen ein unmenschliches System, gegen Unterdrückung und Gewaltherrschaft, gegen die Teilung des gemeinsamen Vaterlands. Wir im Westen mussten mit ansehen, wie dieser Aufstand rücksichtslos niedergeschlagen wurde.

Die Ereignisse führten der Weltöffentlichkeit die Kluft zwischen den Menschen im anderen Teil Deutschlands und deren moskauhöriger SED-Regierung vor Augen. Weil ich während dieser Jahre immer wieder gerne zusammen mit meiner Freundin Hannelore in ihre Geburtsstadt Berlin kam, beschäftigte mich der Konflikt um die deutsche Frage sehr. Für den Alleinvertretungsanspruch der Bundesrepublik hätte es kaum eine bessere Demonstration als den 17. Juni 1953 geben können.

Bundeskanzler Adenauer rief am 5. Mai 1955, dem Tag, an dem die Westmächte die Bundesrepublik für souverän erklärten und die Bundesrepublik der Westeuropäischen Union beitrat und in die Nato aufgenommen wurde, den Landsleuten in der DDR zu: »Ihr gehört zu uns, wir gehören zu Euch! Ihr könnt Euch immer auf uns verlassen, denn gemeinsam mit der freien Welt werden wir nicht rasten und ruhen, bis auch Ihr die Menschenrechte wiedererlangt habt und mit uns friedlich vereint in einem Staat lebt.«

Konrad Adenauer wusste, dass auf dem Weg zu diesem Ziel ein langer Atem nötig sein würde. Viele aus den Reihen der Opposition in der Bundesrepublik hatten in den fünfziger Jahren demgegenüber die Illusion, dass sich die Einheit auf schnellem Weg erreichen lasse, wenn man nur etwas guten Willen gegenüber dem Osten zeigte. Diese Ansicht stand in schroffem Gegensatz zu der weltpolitischen Realität, denn sie trug nicht der Tatsache Rechnung, dass die Spaltung Deutschlands eine Folge des Kalten Krieges war. Mithin würde die Spaltung erst überwunden werden können, nachdem die Ost-West-Konfrontation überwunden war. An eine ewige Dauer dieser politischen Konstellation zu glauben verboten geschichtliche Erfahrungen, aber auch der Glaube an die Sehnsucht der Menschen nach Freiheit.

9.
Sturm-und-Drang-Zeit

In der Politik dominierte während der fünfziger Jahre noch die Generation, die ihre Prägung schon vor 1933 erfahren hatte. Man darf nicht vergessen, dass die zweite deutsche Republik ins Leben trat mit einem Spannungsbogen, der bis in das Wilhelminische Kaiserreich vor 1918 zurückführte. Die drei Hauptgestalten der Gründungsphase unserer Bundesrepublik, Konrad Adenauer von der CDU, Kurt Schumacher von der SPD und Theodor Heuss von der FDP, hatten ja bereits in der Weimarer Republik sehr beachtliche Positionen und sogar schon im Kaiserreich ihre Prägung erfahren.

Diese Vertreter der Epoche vor 1933 dominierten nach 1945 zunächst die politische Szene. Der Vorteil für mich und für meine Generation lag hingegen in unserer Jugend. Denn die seit der Jahrhundertwende geborenen Jahrgänge hatten in den Kriegen und Katastrophen während der ersten Hälfte des zwanzigsten Jahrhunderts einen fürchterlich hohen Blutzoll entrichten müssen. Diese Generation war so dezimiert, dass sie ihre Vorgänger nicht ablösen konnte. So ist es zu erklären, dass wir schon in jungen Jahren in verantwortungsvolle Positionen aufstiegen.

Es war nach 1945 das Problem der demokratischen Parteien, dass die Zwischengeneration großenteils ausfiel. Deren Reihen waren sehr gelichtet, als Opfer der Nationalsozialisten und durch die enormen Verluste im Krieg, zudem politisch wegen der Korrumpierung durch die Nazis und nicht zuletzt wegen der Entnazifizierung danach. Darin lag die Chance für die junge Generation, in der Politik rasch aufzusteigen. Die relative Stärke der Jahrgänge um 1930 in der bundesdeutschen Politik hing also weniger damit zusammen, dass wir besonders tüchtig gewesen wären, sondern dass der Lauf der Geschichte es so wollte. Oft ging die Verantwortung während der fünfziger und sechziger Jahre von relativ Alten direkt auf relativ Junge über. Mein Aufstieg innerhalb der CDU fußte auf dieser Großvater-Enkel-Beziehung.

Schon während der Ära Adenauer arbeitete ich eifrig als Delegierter für meine Partei und die Junge Union. Nur den ersten Bundesparteitag der CDU in Goslar 1950 erlebte ich nicht mit, an den folgenden Treffen aber konnte ich stets teilnehmen. Bei all diesen Gelegenheiten knüpfte ich für die Zukunft wichtige Kontakte mit Gleichgesinnten innerhalb und außerhalb meines eigenen Bundeslands.

Ich gehörte zu den fleißigen Rednern und damit zu den Repräsentanten der jungen CDU-Generation in der Pfalz und darüber hinaus. Indem ich das Honoratiorentum der Mutterpartei freimütig kritisierte, profilierte ich mich rasch. Im November 1953 eröffnete sich mir als Student mit dreiundzwanzig Jahren überraschend die Chance, Mitglied des geschäftsführenden Vorstands der CDU Pfalz zu werden. Auf unserem Bezirksparteitag in Neustadt an der Weinstraße wagte ich die Kampfkandidatur gegen einen der Altvorderen, Dr. Alois Kraemer, seines Zeichens Druckereibesitzer, Verleger der Parteizeitung und Oberbürgermeister von Landau. Bei der Wahl zum Schriftführer fiel er überraschend gegen den Friesenheimer Youngster durch. Erregt wurde in den Parteikreisen über diesen Vorboten einer Wachablösung diskutiert.

Anfang April 1954 folgten in Trier die Neuwahlen des Landesvorstands der Jungen Union. Ich ließ mich von meinen Freunden überzeugen, den stellvertretenden Vorsitz in Rheinland-Pfalz zu übernehmen. Die JU zählte damals allein in Ludwigshafen vierhundert Mitglieder, von denen ich viele persönlich geworben hatte, und gehörte damit zu den größten Ortsverbänden in der Republik. Ich habe mit allen, die sich für eine mögliche Mitarbeit in der Partei interessieren könnten, intensive Gespräche geführt. Viele aus meiner alten Schule waren dabei. Dadurch wurde ich stadtbekannt.

Einige Zeit danach löste Heinrich Holkenbrink, mein Freund aus Trier, den langjährigen JU-Landesvorsitzenden Peter Josten ab. Im besten Einvernehmen führten Holkenbrink und ich bis 1961 die Junge Union von Rheinland-Pfalz. Später, als Ministerpräsident, berief ich meinen treuen Weggefährten Holkenbrink zum Wirtschafts- und Verkehrsminister.

*

Die CDU erschien uns in jenen fünfziger Jahren, meiner Sturm-und-Drang-Zeit, allzu routiniert, verbürgerlicht und autoritär verkrustet. Irgendwie typisch für diese Epoche wirkt rückschauend der Bratenrock, ein Gehrock, den der Patriarch nach alter Väter Sitte trug. Der CDU fehlte eine größere, aktive Mitgliederschaft und die Lebendigkeit der Parteiflügel. Häufiger stellte ich auf Parteiversammlungen eine provokante Frage: Haben wir noch die Vitalität der Gründerzeit der Union, den Elan und die Dynamik der Jahre 1945, 1946, 1947?

Wir Jungen im CDU-Landesverband, deren Anführer ich war, machten innerparteilich Opposition: Heinrich Holkenbrink und Carl-Ludwig Wagner in Trier, Heinz Schwarz und Susanne Hermans in Koblenz, Willibald Hilf in Montabaur, Albert Leicht und ich in der Pfalz.

Im Kampf der Parteiströmungen wandte ich mich vor allem gegen den katholischen Integralismus, der das Ziel verfolgte, alle Lebensbereiche nach kirchlichen Maßstäben zu gestalten. Ich legte mich mit einigen hohen katholischen Würdenträgern an, kritisierte die bischöflichen Ordinarien in Speyer und Trier frech als »Kalkwerke« und verbat mir energisch jede klerikale Einmischung in die Nominierung von CDU-Kandidaten. Während ich mit Teilen des kirchlichen Establishments auf Kriegsfuß lebte, pflegte ich andererseits ein sehr gutes Verhältnis zu den jüngeren, sozialpolitisch engagierten Pfarrern um Karl Mentz, den Subregens des Priesterseminars in Speyer und des Priestervereins der Pfalz. Ich war eng befreundet mit Mentz, der sich stark für eine erneuerte CDU engagierte und mir viel geholfen hat.

Auf dem CDU-Landesparteitag im Januar 1955 in meiner Heimatstadt Ludwigshafen besaß ich die Unverfrorenheit, für das Amt eines der stellvertretenden Landesvorsitzenden zu kandidieren. Dabei ging ich unter anderem gegen einen Bundesminister aus dem Norden von Rheinland-Pfalz ins Rennen: Dr. Franz-Josef Wuermeling, seit 1953 erster Familienminister der Bundesrepublik. Die Honoratioren um den Ministerpräsidenten Peter Altmeier waren von meiner Kandidatur sichtlich geschockt.

Zu meinem Vorteil schlug mich ein gestandener Vertreter der Vorkriegsgeneration den Delegierten vor: der neunundsechzig Jahre alte Landtagsabgeordnete Gustav Hülser aus Neustadt. Er war einst im Kaiserreich evangelischer Arbeitersekretär und während der Weimarer Republik zeitweilig Reichstagsabgeordneter der Christlich-Nationalen Arbeitsgemeinschaft in Schlesien gewesen – in ihm hatte ich einen väterlichen Freund gefunden, der mir den Weg nach oben ebnen wollte. Meine Bewerbung scheiterte zwar knapp, ich erzielte aber ein sehr gutes Stimmenergebnis. Die Sensation war perfekt – meine Niederlage verwandelte sich in einen Sieg. Kurz danach rückte ich problemlos in den CDU-Landesvorstand auf. Damit hatte ich mit Mitte Zwanzig den Sprung nach Mainz in das wichtigste Parteigremium in Rheinland-Pfalz geschafft.

Für die Landtagswahl am 15. Mai 1955 klebte ich wieder fleißig Plakate, organisierte Veranstaltungen und trat als Redner auf. Aber ich trat noch nicht selbst für ein Mandat an, obwohl mir seit dem 3. April, meinem fünfundzwanzigsten Geburtstag, das passive Wahlrecht zustand. Parteifreunde erwarteten, dass ich bereits meinen Hut in den Ring werfen würde. Mir jedoch schien die Zeit dafür nicht reif zu sein. Beruflich war ich einfach noch nichts, wie man sagte. Vor meiner Promotion wollte ich nicht ins Parlament. Zunächst wollte ich mein Studium erfolgreich abschließen und erst danach in eine Abgeordnetentätigkeit einsteigen, obwohl ich die etwa dreihundert Mark Diäten gut hätte gebrauchen können. Auch mein Vater wäre ohne jedes Verständnis gewesen, hätte ich mit meinen jungen Jahren kandidiert. Und ich habe ihm recht gegeben. Ich weiß noch, wie erstaunt viele in

meinem Umfeld reagierten, als ich mich nicht für den Landtag bewarb.

*

Aus den Aufstiegsjahren der Bundesrepublik haben sich manche
Momente fest in meinem Gedächtnis eingegraben. Das größte Ge-
meinschaftserlebnis für die Deutschen in West und Ost war die
Fußballweltmeisterschaft 1954 in der Schweiz, als der Kapitän
und Spielmacher Fritz Walter unsere Nationalelf im Endspiel zum
3:2-Sieg über Ungarn führte. In der Jugend hatte ich selbst gern
Fußball gespielt, für meinen Heimatverein Friesenheim und als
Mittelläufer unserer Schulfußballmannschaft. Ich war immer Fuß-
ballanhänger, weil zu diesem Sport individueller Spielwitz und
Mannschaftsgeist gehören, wenn man zum Erfolg kommen will.
Das sind Tugenden, die man überall im Leben braucht.

Fritz Walter, mein zehn Jahre älterer pfälzischer Landsmann,
war für mich und meine Generation das Fußballidol schlechthin.
Auf dem Betzenberg in Kaiserslautern zeigte er großartige sportliche Leistungen. Seine Technik, seine Spielübersicht und sein
Können begeisterten alle, die ihn seinerzeit erlebt haben. Mit dem
Gewinn der WM krönte er seine Laufbahn. Fritz Walter war Kopf
und Herz einer einzigartigen Mannschaft, aber wir alle konnten
auch die Namen der anderen »Helden von Bern« auswendig:
Helmut Rahn, Max Morlock, Toni Turek, Karl Mai, Jupp Posipal
und Hans Schäfer, dazu die vier weiteren Lauterer Ottmar Walter,
Werner Liebrich, Horst Eckel und Werner Kohlmeyer. Diese Elf
hat viel für das Ansehen Deutschlands in der Welt getan.

Der legendäre Nationaltrainer Sepp Herberger stammte von der
anderen Rheinseite, aus Mannheim, und zwar aus dem Arbeiter-
vorort Waldhof, dessen Atmosphäre ich in jenen Jahren unmittelbar erlebte, als ich dort – um mein Studium zu finanzieren – in
einer Getränkegroßhandlung Apfelwein und Sprudelwasser aus-
gefahren habe. Damals haben mir die Älteren in den Kneipen
und Lokalen noch von dem aktiven Fußballer Herberger erzählt.
Als Trainer war der »Chef«, wie ihn seine Spieler nannten, ein

Menschenkenner und geschickter Pädagoge, der es verstand, die Einzelspieler zu motivieren und eine Mannschaft aus ihnen zu formen. Beide, Sepp Herberger und Fritz Walter, imponierten mir nicht zuletzt deshalb, weil sie ihre Heimat nie verleugneten, sondern Liebe zum eigenen Land bewiesen.

Die Erfahrung von Krieg und Gewaltherrschaft, von Not und Entbehrung stand uns Deutschen neun Jahre nach der Niederlage noch vor Augen. Um so stärker haben wir diesen Tag – den Gewinn der Weltmeisterschaft am 4. Juli – empfunden. Ich war damals vierundzwanzig Jahre alt. Fernsehen hatten wir nicht. Ich saß mit Hannelore bei einem Freund vor dem Radio. Unvergessen ist mir die Rundfunkreportage von Herbert Zimmermann. Welch ein Jubel nach seinem Ausruf: »Tor, Tor für Deutschland!« Anschließend bin ich dann mit meiner Lambretta nach Hause gefahren. Ich bin mir recht sicher, dass ich die gültigen Promillegrenzen wohl nicht so ganz eingehalten habe. Aber an diesem Tag hätte mich niemand angehalten und kontrolliert. Überall in Deutschland spielten sich nach dem Abpfiff unbeschreibliche Szenen der Freude ab. Die Begeisterung und der Enthusiasmus waren in jenen Stunden so groß, dass ich nichts zu befürchten hatte.

Mitte der fünfziger Jahre begann nach meinem Empfinden auch politisch ein neuer Abschnitt. Die spektakuläre Reise von Bundeskanzler Adenauer nach Moskau im September 1955 und die anschließende, alle tief bewegende Heimkehr der letzten Kriegsgefangenen aus der Sowjetunion markierten das Ende der unmittelbaren Nachkriegszeit. Die Eindrücke von diesem Ereignis waren ganz ungeheuerlich. Damals begann ja gerade das Fernsehzeitalter. Ich weiß noch genau, wie in den Fachgeschäften der Ludwigshafener Hauptstraße, der Ludwigsstraße, ganze Batterien von TV-Geräten in den Schaufenstern aufgebaut waren, ein Gerät über dem anderen. Auf den Schirmen lief pausenlos das Bild mit einem Nachrichtensprecher, der verkündete, wer nun endlich aus Russland und Sibirien heimkehrte: die Namen von Soldaten und Offizieren, dazu jeweils ihre letzte Einheit. Und wie alle vor den Geschäften plötzlich still wurden, wenn es hieß: Unteroffizier sowieso aus Speyer, also jemand aus der näheren Umgebung. Die

Menschen standen gebannt vor den Läden; oft waren es Angehörige, die hofften, dass jemand, von dem sie seit Jahren nichts mehr gehört hatten, bei den Spätrückkehrern sein möge. Ich erinnere mich auch noch sehr konkret an die Übertragung des Dankgottesdienstes am 7. Oktober 1955 aus dem Lager Friedland, wo am Tag zuvor der erste Großtransport mit sechshundert Männern aus sowjetischer Kriegsgefangenschaft eingetroffen war. Diese erschütternden Szenen gehören zu den emotionalsten nach dem Zweiten Weltkrieg. Es waren unvergessliche Bilder, die verhärmten Männer dort stehen zu sehen und ihre Familien, weinend vor Glück. Das Gefühl der tiefen Sorge und eines ungeheuren Ernstes hatte sich seit Kriegsende bis zu dem Tag gehalten, als Adenauer mit seiner erlösenden Botschaft aus Moskau kam.

*

So sehr ich als CDU-Nachwuchspolitiker den außen- und innenpolitischen Kurs des Bundeskanzlers befürwortete, so überzeugt ich seiner Europapolitik folgte, so entschieden wandten meine pfälzischen Parteifreunde und ich uns in der Saarfrage gegen die Adenauer-Linie.

Schon der Versailler Vertrag hatte 1919 das Saargebiet vom Deutschen Reich abgetrennt und es für fünfzehn Jahre der Treuhänderschaft des Völkerbunds unterstellt. Bei dem vorgesehenen Plebiszit stimmte 1935 eine Mehrheit von 90,7 Prozent für die Rückkehr ins Reich. Hitler und die Nationalsozialisten legten dies als Bekenntnis der Saarbevölkerung zur NS-Ideologie aus. In Wahrheit war das Abstimmungsergebnis vielmehr ein Bekenntnis zu Deutschland.

Die französischen Sieger hatten das Saargebiet nach 1945 erneut abgetrennt. Nun ging es 1955 bei einer Volksbefragung wieder um die Frage, ob die Saarländer, die nach dem Zweiten Weltkrieg unter französischer Hoheit einen separaten Weg gegangen waren, ihr Schicksal in einem Sonderstatus gestalten wollten.

Adenauer wollte die mit Paris vereinbarte Europäisierung der

Saar akzeptieren, während sein Bundesminister für gesamtdeutsche Fragen, Jakob Kaiser, und vermutlich eine Mehrheit der CDU-Anhänger für die Rückkehr zu Deutschland eintraten. Die Saarländer sollten am 23. Oktober 1955 über das Europäische Statut entscheiden.

Ich konnte die gesamte Entwicklung im Saargebiet sehr genau verfolgen. Meine Schwester lebte in Sankt Ingbert, mein Schwager war Saarländer. Die Auseinandersetzungen gingen teilweise mitten durch die Familien. Das Grundgefühl der Menschen war deutsch geblieben, sie fühlten sich als Deutsche. Andererseits hatten die Schrecken der Kriege das bis 1919 preußische Gebiet schwer heimgesucht. Nach 1945 war es den Saarländern innerhalb der Franc-Zone besser gegangen als ihren Nachbarn im »Reich«. Erst mit dem westdeutschen Wirtschaftswunder änderte sich die Lage.

Gegen die erklärten Absichten des Bundeskanzlers, aber im Einklang mit Kaiser, kämpfte die rheinland-pfälzische CDU unter Ministerpräsident Peter Altmeier, einem gebürtigen Saarbrücker, für die Heimkehr der Saar. Die pfälzische Junge Union übernahm dabei eine besonders aktive Rolle; wir rührten mit allen Mitteln die Werbetrommel für diese »kleine Wiedervereinigung im Westen«. Vor allem halfen wir tatkräftig beim organisatorischen Aufbau der offiziell noch verbotenen CDU und der Jungen Union jenseits der saar-pfälzischen Grenze. Beispielsweise führten wir in Kaiserslautern Schulungskurse für potentielle JU-Redner aus dem unmittelbar benachbarten Saargebiet durch.

In einem ziemlich betagten Volkswagen, dem Auto unserer CDU-Geschäftsstelle, brachte ich damals zusammen mit einem Freund und mit meiner Freundin Hannelore Werbematerial – Druckschriften des Kaiser-Ministeriums – auf Schleichwegen über das Elsass und Lothringen in das abgeriegelte Saargebiet. Hannelore steuerte und chauffierte den Volkswagen über Merlebach und Großrosseln. An der Grenze waren die Zöllner, darunter ehemalige Fremdenlegionäre, beeindruckt: eine blendend aussehende Blondine, die perfekt Französisch sprach. Das war für die Grenzwachen ein schöner Anblick, über dem sie ihre Kontrollen vergaßen.

Hannelore machte bei der Aktion vergnügt und ohne jedes nationalistische Ressentiment mit. Frankreich war ihre große Liebe. Sie hatte nach dem Abitur 1951 ein Dolmetscherstudium in Germersheim aufgenommen und einige Zeit in Paris verbracht. Ich hatte sie am Rande einer Tagung christlicher Demokraten dort besucht und in einem Straßencafé einigen verdutzten Parteifreunden als meine französische Eroberung präsentiert.

Die Zeit ihres Studiums war ansonsten für uns beide hart gewesen. Ich hatte damals noch keinen Roller, sondern war auf den Zug angewiesen. Sonntags fuhr ich immer zu ihr nach Germersheim. Sie wohnte bei einer bigotten Pfarrhaushälterin, die unentwegt draußen im Gang auf und ab lief, solange ich da war. Als ich den letzten Zug in Germersheim einmal verpasste, ging ich zu Fuß bis nach Speyer zum Bahnhof und nahm von dort den Zug nach Ludwigshafen. Geld für ein Taxi hatte ich nicht.

Hannelore studierte nur vier Semester und ging ohne Abschluss ab, denn nach dem frühen Tod ihres Vaters war das Studium nicht mehr zu finanzieren. Danach arbeitete sie erst als Fremdsprachenkorrektorin beim Kohlhammer-Verlag in Stuttgart, zog 1953 dann mit ihrer Mutter nach Ludwigshafen und war bis zu unserer Hochzeit als Fremdsprachenkorrespondentin und Sekretärin bei der BASF in Ludwigshafen beschäftigt.

Wären wir 1955 bei unserer politischen Schmuggelfahrt ins Saargebiet erwischt worden, hätte uns eine Gefängnisstrafe gedroht. Doch zum Glück blieben wir unbehelligt. Wir übernachteten bei meiner Schwester in Sankt Ingbert und schafften das Material nach Saarbrücken in das Büro von Manfred Schäfer, später Wirtschaftsminister des Saarlands.

Ich blieb stark involviert in den Kampf um die Zukunft der Saar. Mehrmals reiste ich illegal dort ein. Bei dieser Gelegenheit lernte ich auch meinen Parteifreund Egon Reinert kennen, der wenige Jahre später, 1957, Ministerpräsident in Saarbrücken wurde. Aus der Zeit der Illegalität heraus blieben wir einander freundschaftlich verbunden. Er besuchte mich auch einmal in Ludwigshafen bei meinen Eltern. Leider kam Reinert 1959 bei einem Verkehrsunfall ums Leben, gerade erst fünfzig Jahre alt.

Eine klare Mehrheit der Saarländer lehnte im Oktober 1955 das Europäische Statut ab. Die Menschen entschieden sich damit zugleich für eine Eingliederung in die staatliche Gemeinschaft der Deutschen. Es war ein Bekenntnis zur Einheit der Nation, zum deutschen Vaterland, zu seiner Geschichte in den guten wie in den schlimmen Zeiten. Als die Saarländer mit einer überwältigenden Mehrheit den Sonderstatus ablehnten, vertrauten sie auch auf die Achtung der Prinzipien von Demokratie und Selbstbestimmung durch unsere französischen Nachbarn. Dieses Vertrauen hat sie nicht getrogen: Die französische Regierung war klug genug, die Entscheidung anzuerkennen. Wenige Tage nach der Abstimmung erklärte sich Paris bereit, über die Modalitäten der Rückgabe zu verhandeln.

Das Ergebnis lautete, dass das Saarland am 1. Januar 1957 als neues Bundesland der aufstrebenden Bundesrepublik Deutschland beitrat. Damit war eines der schwersten Hindernisse für die deutsch-französische Freundschaft aus dem Weg geräumt und ein wesentlicher Grundstein für den Bau des Hauses Europa gelegt.

Die leidenschaftlichen Debatten um die Lösung des Saarproblems sind heute längst Vergangenheit. Aber die Tatsache, dass eine Lösung gefunden wurde, die auf keiner der beteiligten Seiten Bitterkeit zurückließ, ist in eine feste und dauerhafte Freundschaft zwischen dem deutschen und dem französischen Volk eingegangen.

10.
Von der Universität
ins Parlament

Seit 1955 besuchte ich an der Universität Heidelberg die Vorlesungen und das Seminar von Professor Walther Peter Fuchs. Seine Themenpalette reichte von der Reformation über das Bismarckreich unter anderem bis zur Außenpolitik Gustav Stresemanns, dessen früher Tod 1929 die Weimarer Demokratie erheblich schwächte. Neben seiner Lehrtätigkeit an der Universität Heidelberg hatte Fuchs seit 1953 als Nachfolger des renommierten Franz Schnabel gleichzeitig den Lehrstuhl für Geschichte an der Technischen Hochschule Fridericiana in Karlsruhe inne.

Eines Tages ging ich zu Professor Fuchs und fragte ihn, ob ich eine Doktorarbeit bei ihm schreiben könne. Ich hatte bereits ein zeitgeschichtliches Thema ausgesucht, das mir aufgrund meiner intimen Kenntnisse am nächsten lag: »Die politische Entwicklung in der Pfalz und das Wiedererstehen der Parteien nach 1945«. Gedrucktes Material lag zwar als Quellenbasis nicht vor, aber ich hatte unveröffentlichte Archivalien gesammelt. Der Professor zeigte Interesse und gab mir nach einem ersten Einblick in das Material grünes Licht.

Da ich die führenden Politiker der Pfalz alle mehr oder weniger gut kannte oder gekannt hatte, konnte ich mir sehr rasch Zugang zu ihren Privatarchiven oder schriftlichen Nachlässen verschaffen. Kultusminister Dr. Albert Finck machte mir den wichtigen Nachlass seines Bruders, des 1953 verstorbenen Dekans Johannes Finck, zugänglich. Nicht zuletzt schöpfte ich aus einer reichlich sprudelnden Quelle, nämlich den umfangreichen Parteidokumenten und Zeitungsbeständen im Privatarchiv von Gustav Wolff aus

Landau, der nach dem Zweiten Weltkrieg zusammen mit meinem Mentor Johannes Finck die CDU Pfalz begründet hatte.

Sogar der ehemalige KPD- und nunmehrige SPD-Landtagsabgeordnete Herbert Müller aus Ludwigshafen stellte mir auf meine Bitte seine Materialsammlungen zur Verfügung. Müller hatte einst bei meinem Großvater in Friesenheim die Schulbank gedrückt. Von daher war er mir persönlich trotz aller parteipolitischen Gegensätze nicht übel gesinnt (bei meiner Wahl zum Ministerpräsidenten 1969 gab er mir insgeheim seine Stimme, wie ich weiß). Darüber hinaus wertete ich Akten und Protokolle der CDU- wie der SPD-Bezirksleitung in Neustadt an der Weinstraße aus. Nicht zuletzt befragte ich von April 1957 bis Februar 1958 eine Reihe von wichtigen Zeitzeugen, darunter den »roten Kurfürsten« der Pfalz, den SPD-Bezirksvorsitzenden Franz Bögler. Ich bemühte mich auf diese Weise, allen demokratischen Parteien historische Gerechtigkeit widerfahren zu lassen.

Professor Fuchs begleitete meine Doktorarbeit mit seiner Fähigkeit zur geschichtlichen Gesamtschau, die mich zu ihm hingezogen hatte. Der Schüler sucht den Lehrer, der ihn fasziniert, der Saiten zum Klingen bringt. Mich fesselte an meinem Doktorvater die historische Tiefenschärfe und die epochenübergreifende Bandbreite seines Wissens. Hinzu kam sein klarer und angenehm lesbarer Schreibstil. Goethe bemerkte einmal, dass der Deutsche die Gabe besitzt, »die Wissenschaften unzugänglich zu machen«. Fuchs passte nicht in diese Schablone. Zudem verkörperte er Autorität, ohne autoritär aufzutreten. Er betrachtete mich, diesen seltsamen Verschnitt zwischen einem Studenten und einem Politiker, zweifellos mit einem gewissen Erstaunen, gelegentlich vielleicht auch mit einem leichten Zucken der Augenbrauen.

Fuchs galt in der Fachwelt als bedeutender Ranke-Forscher und Experte für das Bismarckreich. Vom ersten deutschen Reichskanzler stammt der Satz, in der Politik lerne man, »dass man so klug sein kann wie die Klugen der Welt und doch jederzeit wie ein Kind ins Dunkle geht«. Dieser Gedanke lädt dazu ein, hier einmal über den Nutzen von Geschichtsschreibung nachzudenken. Sie gewinnt nach meiner Ansicht gerade dann ihre Bedeutung, wenn sie es vermag, sich in die Lage der historischen Akteure zu versetzen – ohne sich mit ihnen kritiklos zu identifizieren. Lebensweg, Gedankenwelt, persönliches Umfeld – sie können uns entscheidende Aufschlüsse zum Verständnis der Geschichte und für die Antwort auf die Frage geben, welche Alternativen möglich gewesen wären.

Aus meiner Sicht ist Leopold von Ranke, der führende Historiker im neunzehnten Jahrhundert, dem Fuchs einen großen Teil seines Schaffens gewidmet hat, keineswegs überholt – wie man in den siebziger Jahren meinte –, sondern von bleibender Aktualität. Geschichte ist eben nicht nur die Folge eines unentrinnbaren Schicksals oder angeblicher historischer Gesetzmäßigkeiten, sondern das Ergebnis des Denkens und Handelns von Menschen. Bundeskanzler Konrad Adenauer fasste gewiss weniger einsame Entscheidungen, als viele lange Zeit meinten, aber die so umstrittene konsequente Westbindung der Bundesrepublik war vor allem seiner Durchsetzungskraft zu danken. Andererseits ist Geschichte auch eine lange Reihe verpasster Chancen – ich denke im Zusammenhang mit meiner Studentenzeit zum Beispiel an das Veto der französischen Abgeordnetenkammer von 1954 gegen eine Europäische Verteidigungsgemeinschaft.

Die historische Erinnerung kann den Menschen Halt und Orientierung geben – gerade in einer Welt, die immer unübersichtlicher wird. Es geht darum, einen Kompass für den Weg in die Zukunft zu haben. Das gilt besonders für Politiker angesichts der Forderungen des Tages und der durch die Medien forcierten Schnelllebigkeit des politischen Alltags. Jacob Burckhardt hat es so ausgedrückt: »Nur aus der Betrachtung der Vergangenheit gewinnen wir einen Maßstab für die Geschwindigkeit und Kraft der Bewegung, in welcher wir leben.«

*

Während ich mich auf meine Promotion vorbereitete, verdiente ich als Hilfsassistent am Alfred-Weber-Institut ein bescheidenes Salär von monatlich hundertfünfzig Mark. Der Leiter des Instituts, Professor Dolf Sternberger, war nicht nur ein bekannter Politikwissenschaftler, sondern genoss auch literarischen Ruhm – der gelernte Publizist schrieb für die angesehene *Frankfurter Allgemeine Zeitung*. Von 1934 bis zu ihrem Verbot 1943 hatte er als junger Redakteur schon für die Vorgängerin der *FAZ*, die *Frankfurter Zeitung*, gearbeitet. Sein politisches Urteil hatte sich in dieser Zeit bewährt, als er die Gefahr durch Hitler früh erkannte. Was mich bei Dolf Sternberger anrührte, war sein moralisch eindrucksvolles Verhalten gegenüber seiner jüdischen Frau, der zuliebe er im Dritten Reich viele Nachteile und Nachstellungen auf sich genommen hatte.

Persönlich war er nicht frei von Eitelkeit. Ich gehörte zu denen, die er nicht besonders mochte, weil ich dem großen Professor gegenüber nicht unbedingt botmäßig war und parteipolitisch ein eigenständiges Urteil abgab. Dolf Sternberger eilte der Ruf voraus, ein absoluter Experte für die Grundprobleme der Parteiendemokratie und des parlamentarischen Regierungssystems zu sein. Das galt sicher für die Theorie, aber er kannte das Innenleben einer Partei und die tagespolitische Praxis nicht wirklich. Er habe selber noch keinen Parteitag mitgemacht, verkündete er durchaus mit Stolz.

Aus meinen Erfahrungen in der Parteiarbeit konnte ich als Hilfsassistent bei einer Untersuchung profitieren, die zwei junge Wissenschaftler aus der Forschergruppe Sternbergers zusammen mit mir über die Auswahl der Kandidaten zur Bundestagswahl 1957 verfassten. Mein Part betraf die Frage, nach welchen Kriterien die CDU, die FDP und kleinere Parteien in den Wahlkreisen von Rheinland-Pfalz im Vorfeld des Wahlkampfs ihre Bewerber nominierten und damit ihre Personalpolitik gestalteten. Die Studie erschien schließlich zur nächsten Bundestagswahl 1961 mit einem einleitenden Essay von Dolf Sternberger; die Redaktion besorgte sein Assistent Bernhard Vogel, dessen weiterer Weg – nicht ohne mein Zutun – in die Politik führte.

Bernhard Vogel hatte sein Studium in Heidelberg ein Jahr nach mir, 1953, begonnen. Die gemeinsame Mitarbeit am Alfred-Weber-Institut war der Anfang einer langjährigen politischen wie persönlichen Freundschaft. Er neigte mehr zur Politikwissenschaft, ich mehr zur Geschichte. Während dieser Studienjahre lernten wir, dass wir uns aufeinander verlassen konnten. Ich sah, welches außerordentliche Arbeitspensum er bewältigen konnte, welche Beharrlichkeit und Selbstdisziplin ihn, einen Mann des Geistes, auszeichnete. Beide waren wir willens, Politik auch zu gestalten.

Wir verloren uns seit den gemeinsamen Studententagen nicht mehr aus den Augen. Bei der Bundestagswahl 1965 konnte ich ihm zu seinem ersten parlamentarischen Mandat verhelfen. Ich leitete als pfälzischer CDU-Chef die Versammlung, auf der sich der inzwischen längst promovierte Politikwissenschaftler und Heidelberger Stadtrat als Kandidat im Wahlkreis Speyer-Neustadt knapp durchsetzte. Seine Gegner wollten ihn für seinen älteren Bruder Hans-Jochen, damals schon SPD-Oberbürgermeister von München, in eine Art Sippenhaft nehmen. Dem widersetzte ich mich energisch. Die Brüder Vogel geben ein gutes Beispiel dafür, dass die Zugehörigkeit zu unterschiedlichen Parteien einer engen menschlichen Verbundenheit nicht im Wege stehen muss.

An Bernd Vogel schätze ich seine Offenheit, den Humor und Optimismus und vor allem seine Kameradschaft und Treue. Ich verdanke ihm manchen guten Rat während der Jahrzehnte, in denen wir hohe Staatsämter bekleideten. 1967 schlug ich den damals Vierunddreißigjährigen als Kultusminister für Rheinland-Pfalz vor. Er wurde 1976 mein Nachfolger als Ministerpräsident, bis ihn 1988 die Dummheit der eigenen Partei in Mainz aus dem Amt trieb. 1992 ging er, pflichtbewusst wie eh und je, in die neuen Bundesländer und übernahm auf meine Bitte die Aufgabe des Thüringer Ministerpräsidenten. Seine Wahl zum Landesvater erwies sich für Thüringen und für Deutschland als Glücksfall.

Zurück zur Bundestagswahl von 1957, mit der ich mich nicht nur wissenschaftlich beschäftigte, sondern auch politisch-praktisch. Ich fungierte als Wahlkampfleiter der CDU Ludwigshafen. Die SPD hatte bei der Stadtratswahl 1956 noch eine riesige absolute Mehrheit von fast 58 Prozent erreicht, die CDU war nur auf 31,4 Punkte gekommen. Diesmal kümmerte ich mich nicht nur um die Organisation bis hin zum intensiven Plakatieren, sondern mischte mich auch in die Kandidatenkür ein. Wir stellten mit Dr. Gerhard Fritz einen Wirtschaftsfachmann auf, der in der Stadt der Chemie gut ankam. Die SPD spürte den Gegenwind und verteidigte ihr Stammrevier mit aggressiven Methoden. Wie früher schon, kam es während des Wahlkampfs gelegentlich sogar zu Handgreiflichkeiten.

Es gelang uns, die Parteibasis zu mobilisieren. Die CDU Ludwigshafen war inzwischen einer der mitgliederstärksten Kreisverbände in der gesamten Bundesrepublik. Außerdem hatte sie mit den jüngsten Altersdurchschnitt. Unsere Anstrengungen lohnten sich, wir konnten ein sensationelles Ergebnis einfahren: Mit 41,7 Prozent der Stimmen kam die CDU bis auf drei Punkte an die SPD heran – und das in deren Hochburg Ludwigshafen. Unser neues Konzept hatte sich bewährt, und ich als Wahlkampfleiter konnte stolz sein.

Insgesamt landete die CDU/CSU unter Adenauer einen Riesensieg. Zum einzigen Mal in der Geschichte der Bundesrepublik holte die Union die absolute Mehrheit mit 50,2 Prozent der Stimmen.

*

Einige Zeit nach dieser Bundestagswahl erfuhr ich, dass einer der hoffnungsvollsten Bundespolitiker der CDU das Ludwigshafener Krankenhaus aufsuchen musste: Kurt Georg Kiesinger. Er ließ sich mehrere Wochen bei einem Internisten wegen Verdacht auf Herzinsuffizienz behandeln. Kiesinger war als großartiger Redner bei uns in der Partei wohlgelitten. Er hatte die Gabe, im Alltäglichen den philosophischen Grund zu entdecken und politische Inhalte durch seine Sprachkraft bildhaft auszudrücken. Seine Redebeiträge zu den Bonner Debatten über die Wiederbewaffnung gehörten zu den Sternstunden des deutschen Parlamentarismus.

Jüngere Menschen neigen heute dazu, die fünfziger Jahre für eine geruhsame Epoche zu halten. Das ist ein schwerer Irrtum. Während dieser Zeit tobten heftigste, leidenschaftlichste Auseinandersetzungen um die großen Fragen der Nation. Es ging um die Westorientierung der Bundesrepublik, die Europäische Verteidigungsgemeinschaft, den Eintritt in das Nordatlantische Bündnis. Und es gab im Bundestag keine bedeutende außenpolitische Debatte, bei der Kurt Georg Kiesinger nicht prägnant eingegriffen hätte. Ihn reden zu hören war ein Genuss. Deshalb hatte ich den Parteifreund aus Schwaben, der auch geistig in der Heimat von Hegel und Hauff, von Uhland, Mörike und Hölderlin wurzelte, wiederholt in die Pfalz eingeladen.

Bis dahin kannte ich Kiesinger allerdings nur von diesen Versammlungen. Nun besuchte ich ihn. Mein Elternhaus lag nur wenige Meter vom Ludwigshafener Krankenhaus entfernt. Ich schaute alle paar Tage bei ihm vorbei, sonst hatte er anscheinend wenig Besuch. So ergab sich durch Zufälle, dass ich mich mit dem späteren Bundeskanzler anfreundete.

Stundenweise durfte er das Krankenhaus verlassen. Einmal setzte er sich auf meinen Roller, wir fuhren gemeinsam hinaus an den Altrhein und liefen dort entlang. Kiesinger wirkte verbittert, weil ihn Adenauer, der »Alte«, wieder nicht als Minister ins Bundeskabinett berufen hatte, obwohl man es erwartet hatte. Enttäuscht ging Kiesinger 1958 nach Stuttgart, um Ministerpräsident zu werden. Während seiner achtjährigen, glanzvollen Regierungszeit in Baden-Württemberg bin ich, inzwischen Abgeordneter und bald CDU-Fraktionschef in Rheinland-Pfalz, Kiesinger häufig begegnet; wir waren landespolitisch ja Nachbarn.

Wir trafen uns regelmäßig im Schwarzwald. Meistens kam Kurt Georg Kiesinger von Stuttgart über die Schwarzwald-Hochstraße gefahren. Es war nicht nur immer ein Gewinn, sondern machte Freude, mit ihm zu wandern, zu diskutieren und zu reden, auch dann, wenn wir nicht einer Meinung waren. Seine Herkunft aus einem gemischtkonfessionellen Elternhaus hatte seine besondere Fähigkeit zum politischen Ausgleich geprägt. Seine umfassende humanistische Bildung und sein Blick für die wesentlichen Zusammenhänge machten mir seine Freundschaft besonders wertvoll. In diesen Jahren kamen wir uns menschlich noch näher, und daher entfaltete ich dann 1966 als junger CDU-Landesvorsitzender große Aktivität, damit Kiesinger nach dem Abgang Erhards der dritte Kanzler der Bundesrepublik Deutschland wurde.

*

Meine Doktorarbeit ging 1958 ihrem Abschluss entgegen. Sie stellte die pfälzischen Parteien, ihre Programme und ihren Aufbau dar, griff dabei historisch zurück bis ins Kaiserreich und ging bis zu den ersten Wahlen nach dem Krieg und den Auseinandersetzungen um die Verfassung von Rheinland-Pfalz. Ihre besondere Note erhielt die Studie durch die Grenzlage der Pfalz; dem Separatismus nach 1945 widmete ich daher ein eigenes Kapitel. Das Werk spiegelt selbstverständlich einen bestimmten Informationsstand wider, wie ich ihn seinerzeit vorfand.

Hannelore half mir bei der Dissertation, indem sie auf ihrer Schreibmaschine das Manuskript tippte und dabei Korrektur las. Deutsch und Grammatik waren ihre Stärke. Stilistische Fehler kritisierte sie immer. Auf derselben Maschine sollte sie übrigens im November 1989, mehr als dreißig Jahre später, den Zehn-Punkte-Plan zur deutschen Einheit niederschreiben.

Mein Doktorvater Fuchs konnte nach der Heidelberger Promotionsordnung als außerplanmäßiger Professor nur das erste Fachgutachten, aber nicht das Hauptgutachten erstellen. Dafür gewann er seinen Freund, den Ordinarius für mittelalterliche und neuere Geschichte, Fritz Ernst. Mitte 1958 reichte ich meine Arbeit über den Aufbau der Parteien und die Entwicklung in der Pfalz nach 1945 ein. Am 28. Juli 1958 absolvierte ich die einstündige mündliche Promotion in Geschichte bei Fuchs und Ernst. In den Nebenfächern Jura und Politikwissenschaft prüften mich die Professoren Forsthoff und Sternberger.

Rückblickend empfinde ich meine acht Universitätsjahre, obwohl ich mir finanziell nicht viel leisten konnte, als ausgesprochen glückliche Zeit. Es waren für mich geistig die fruchtbarsten Jahre, und ich konnte in meinem Leben viel von dem profitieren, was ich an Erkenntnissen und Einsichten gewonnen hatte. Auch meine ausgeprägte Neigung zum Bücherlesen ist in den Heidelberger Tagen besonders gefördert worden. Die Stadt selbst bedeutet seither ein Stück Heimat für mich. Mein Gefühl und Gemüt sagen mir, dass die von acht Pfeilern getragene Alte Brücke über den Neckar mitten in Europa liegt, ähnlich wie etwa die Prager Karlsbrücke. Zweifellos ist Heidelberg ein Juwel unter den Städten Deutschlands – und weltbekannt. Wenn man mich während meiner Reisen als Bundeskanzler im Ausland fragte, woher ich stamme, dann antwortete ich meist: »Aus Ludwigshafen, das liegt in der Nähe von Heidelberg.« Vor allem in Amerika ist die Stadt einfach ein Begriff.

An meine Alma Mater zog es mich aus Anhänglichkeit immer wieder zurück. Ich besuchte manchmal noch das Historische Seminar und verfolgte stets aufmerksam die Entwicklung der Universität. Ihr Geist, die Gleichzeitigkeit von Traditionspflege und Zukunftsorientierung, hat mich zeitlebens beeinflusst. Damals in den fünfziger Jahren spürte ich an der Uni Heidelberg die positive Aufbruchstimmung der jungen deutschen Demokratie. Davon angeregt, war es fast selbstverständlich, dass ich in meiner Dissertation den Neuanfang der Parteien nach 1945 nachzeichnen und die historischen Linien bis in die aktuelle Politik verfolgen wollte. Voller Hochachtung denke ich dabei an Walther Peter Fuchs, meinen Doktorvater, dem ich mich bis zu seinem Tod 1997 im dreiundneunzigsten Lebensjahr eng verbunden wusste. Diese Doktorarbeit und mein Engagement in der CDU waren von der Gewissheit geprägt, dass sich verantwortliches politisches Handeln nur auf der Grundlage eines breiten geschichtlichen Bewusstseins entfalten kann. Dafür hat mir mein Studium an der Heidelberger Universität vielfältige Impulse gegeben.

*

Mit dem Doktortitel wollte ich nun gerne Parlamentarier werden – in Rheinland-Pfalz standen im nächsten Frühjahr die Landtagswahlen vor der Tür. Die CDU, die das Bundesland seit dessen Anfängen regierte und seit 1951 eine Koalition mit der FDP führte, konnte auf ein gutes Ergebnis hoffen.

Ich hatte nie einen Hehl aus meinem leidenschaftlichen Interesse für eine politische Karriere gemacht. Inzwischen führte ich als Mitglied des engeren Vorstands im CDU-Bezirksverband Pfalz weitgehend die Geschäfte, da der offizielle Parteivorsitzende Dr. Eduard Orth als Kultusminister in Mainz saß. Nun, mit achtundzwanzig Jahren, hatte ich mein Ziel klar vor Augen: Ich wollte 1959 als jüngster Abgeordneter in das alte Deutschhaus am Rheinufer einziehen, wo der Mainzer Landtag seinen Sitz hat. Wer konnte damals ahnen, dass ich über dreiundvierzig Jahre lang Parlamentarier in Mainz, in Bonn und schließlich in Berlin bleiben sollte – bis zu meinem Ausscheiden aus dem Bundestag im Oktober 2002.

Hinterher wurde verbreitet, ich hätte schon während der Schulzeit gesagt, dass ich der Erste Mann im Lande werden wollte. Das ist eine Legende. Ich stand Mitte 1958 vor der Frage: Was mache ich beruflich? Ein Landtagsmandat, wie ich es anstrebte, war kein Vollerwerb. Auf gar keinen Fall wollte ich in den Staatsdienst gehen. In Ludwigshafen lag die Frage in der Luft, ob nicht eine Tätigkeit bei der BASF, dem größten Unternehmen der Stadt, interessant wäre. Ein paar Bonner Freunde, namentlich Hermann Höcherl, der Vorsitzende der CSU-Landesgruppe im Bundestag, sowie der Bankier und Adenauer-Berater Hermann Josef Abs, Aufsichtsratsvorsitzender der BASF, wollten mir die Türen öffnen. Aber ich entschied mich gegen die Protektion. Mir war es auch in der Politik immer wichtig, von niemandem abhängig zu sein. Ich wollte nie jemanden fragen müssen – das ist eines meiner Lebensprinzipien. Ich wollte auch gern der Erste und nicht der Zweite sein, was dazu führte, dass ich ab 1963 – mit der Übernahme des Fraktionsvorsitzes im Landtag – immer mein eigener Herr gewesen bin.

Statt zur BASF zu gehen, nahm ich 1958 ein anderes berufliches Angebot an und wurde zunächst Direktionsassistent der Firma Mock, einer Eisengießerei in Ludwigshafen. Bald wechselte ich als Referent zum Chemie-Verband. Dort habe ich eine ganze Menge gelernt. Ich hatte viel mit wirtschaftspolitischen Dingen zu tun, mit Steuerpolitik, nicht zuletzt mit dem Bereich Umweltschutz, insbesondere mit Abwasserfragen. Zentrale Felder waren für uns die Wasserreinhaltung und das Wasserhaushaltsgesetz. Beim Chemie-Verband arbeitete ich noch bis 1969, bis zu meiner Wahl zum Ministerpräsidenten. Die Tätigkeit an einigen Wochentagen in Ludwigshafen ließ sich bis dahin zeitlich mit meinen politischen Pflichten in Mainz vereinbaren.

Hausbau in Ludwigshafen-Gartenstadt

Nachdem ich beruflich und politisch die Weichen gestellt hatte, konnten Hannelore und ich auch unsere privaten Wünsche verwirklichen: bauen und heiraten. Das Datum der Hochzeit setzten wir danach fest, welche Fortschritte der Bau unseres Hauses im Ludwigshafener Stadtteil Gartenstadt machte. Obwohl wir sehr wenig Geld besaßen, hatten wir den Ehrgeiz, zuerst ein Eigenheim zu bauen und erst dann zu heiraten. Als Flüchtlinge bekamen Hannelore und ihre Mutter ein sehr günstiges staatliches Baudarlehen. Wie es sich für den Sohn eines ursprünglich bayerischen Beamten gehörte, lag mein Sparbuch bei der Bayerischen Staatsbank, deren Dependance in Ludwigshafen uns einen Kredit gewährte.

Im Sommer 1959 fuhren Hannelore und ich in den Ferien nach Österreich, wo wir uns in Linz auf dem Weg zum Neusiedler See verlobten. Es war zwar allgemein üblich, sich vor der Heirat zunächst die Ehe zu versprechen. Wir gingen allerdings seit mittlerweile zwölf Jahren miteinander und empfanden es als ein wenig lächerlich, dass wir uns nach so langer Zeit noch verlobten.

Teil II
Landespolitiker in Rheinland-Pfalz

(1959 – 1969)

1.
Weichenstellung

Im Vorfeld der Landtagswahl, bei der ich kandidieren wollte, ging es, wie immer bei solchen Gelegenheiten, nicht ohne Auseinandersetzungen in der Ludwigshafener CDU ab. In meiner Heimatstadt war mein politisches Ansehen durch die engagierte Parteiarbeit stark gewachsen, so dass ich breite Anerkennung fand. Seit 1955 Mitglied des Landesvorstands Rheinland-Pfalz, war ich auch in der Landespolitik und bei den Regierungs- und Parteigrößen in Mainz schon lange kein unbekannter Politiker aus der Pfalz mehr. Auch im Ludwigshafener Kreisverband dürfte mich wohl niemand an Popularität, an Präsenz an der Parteibasis und an Einsatzfreude in Wahlkämpfen übertroffen haben. Meine unermüdliche politische Arbeit, die viel Kraft und Disziplin neben meinen hauptberuflichen Verpflichtungen beim Chemie-Verband erforderte, nötigte nicht nur meinen Freunden Bewunderung ab.

An meinem stetig steigenden innerparteilichen Einfluss ist also nichts Rätselhaftes oder Geheimnisvolles. Besonders strategischen Fragen und Personalentscheidungen habe ich von Anfang an die gebührende Bedeutung beigemessen. Schon sehr früh hatte ich ein Wort dabei mitzureden, wer in der CDU meiner pfälzischen Heimat etwas werden sollte und welche Posten auch auf Landes- und Bundesebene zu besetzen waren. In einer klugen und weitsichtigen Personalpolitik sah ich den Schlüssel zum Erfolg meiner Partei. Schließlich wird Politik von Menschen gemacht, und es kommt wesentlich auf die Persönlichkeit des einzelnen an, ob eine politische Position glaubwürdig und überzeugend vermittelt werden kann.

Gewissermaßen als Nebeneffekt dieser zentralen Rolle, die personalpolitische Entscheidungen in meinem Denken immer gehabt haben, ist das vielzitierte »System Kohl« entstanden. Seine ersten Erfolge konnte es in den fünfziger Jahren in der Ludwigshafener CDU verbuchen. In meiner Heimatstadt, im Kreis und im Bezirk begann ich zu dieser Zeit, ein Netz zu knüpfen, das aus engen Freunden und politisch gleichgesinnten Kolleginnen und Kollegen bestand. Nur dank ihrer Hilfe und ihrer kräftigen Unterstützung konnte ich mich zu einem einflussreichen Politiker zunächst in der pfälzischen CDU und später in der Landespartei entwickeln.

Gleichgesinnte um sich versammeln, Freunde in Ämter wählen, Vertraute fördern: Das ist von vielen Publizisten immer wieder als kritikwürdig angeprangert worden. Für mich war es stets eine notwendige Selbstverständlichkeit. Politische Macht ausüben kann nur, wer für seine Ideen Verbündete findet und mit ihrem Zuspruch zu Mehrheiten gelangt. Das ist absolut legitim und im demokratischen System so angelegt. Was böswillig als »System Kohl« diffamiert wird, ist nicht nur immer wieder von Wahlen abhängig gewesen und durch Wahlen legitimiert worden, sondern war immer außerordentlich erfolgreich. Zu diesem einzigartigen Erfolgsmodell bekenne ich mich gerne.

Nach dem üblichen Kandidatengerangel wurde ich Ludwigshafener CDU-Kandidat für die rheinland-pfälzischen Landtagswahlen, die auf den 19. April 1959 terminiert waren. Rechtzeitig hatte ich meine Freunde und Förderer über meine Absicht in Kenntnis gesetzt, Landtagsabgeordneter zu werden. Hannelore hatte keine Einwände dagegen. Sie kümmerte sich zu dieser Zeit mit großer Leidenschaft um unseren Hausbau.

Mehr als dreiundvierzig Jahre lang war ich in unterschiedlichen Funktionen in der Stadt, im Land und im Bund als Parlamentarier tätig, und immer wieder bin ich durch Wahlen in die unterschiedlichsten parlamentarischen Gremien berufen worden. Von den Bürgern unmittelbar oder mittelbar ins Parlament entsandt zu werden, empfand ich über Jahrzehnte als große Herausforderung und besondere Verpflichtung. Für mich war das eine glückliche Zeit. Vieles konnte ich in diesen Jahren für die Menschen direkt tun, lange bevor ich Ministerpräsident und Bundeskanzler wurde. Es war mir wichtig, niemals abzuheben, immer auf dem Boden der Tatsachen zu bleiben.

Im Frühjahr 1959 war die Bundespolitik für mich weit weg. Bonn interessierte mich im Moment nur insoweit, als ich darauf hoffte, dass die Unionsregierung möglichst keine Fehler machte. Auf den rheinland-pfälzischen Wahlkampf hätte das verheerende Auswirkungen gehabt. Ich rackerte mich ab, so gut ich konnte, und erhielt dabei sogar Unterstützung von ganz oben: Konrad Adenauer, der als Bundeskanzler in Bonn mit absoluter Mehrheit regierte, beehrte meine Heimatstadt und mich mit seinem Besuch.

Es war der 3. April 1959, mein neunundzwanzigster Geburtstag, als Ludwigshafen die größte politische Kundgebung der Nachkriegszeit erlebte. Über zehntausend Menschen waren zum Marktplatz gekommen, um den Bundeskanzler zu sehen und zu hören. Da es für den Kanzlerauftritt keine geeignete Räumlichkeit gab, hatte ich mit meinen Freunden ein Großzelt angemietet, das über mindestens achttausend Sitzplätze verfügte. Die Leihgebühr und die Kosten für den Auf- und Abbau des Zeltes summierten sich auf über achttausend Mark, eine enorme Summe in der damaligen Zeit.

Über so viel Geld verfügte weder unsere Parteikasse, noch konnten wir mit Zuwendungen von der Landes- oder Bundespartei rechnen. Deshalb kamen wir auf die Idee, einen Eintrittspreis von einer D-Mark zu erheben. Das brachte uns tagelang massive Proteste ein. Gleichwohl kamen die Menschen in Scharen. Das Großzelt war bis auf den letzten Platz besetzt, und nach Polizeiangaben warteten etwa noch zweitausend Neugierige vor den Absperrungen auf die Ankunft des Bundeskanzlers. Das ganze rheinland-pfälzische Landeskabinett von Ministerpräsident Altmeier saß in der ersten Reihe, dazu viele Bundestags- und Landtagsabgeordnete, Stadträte und Vertreter der beiden großen Konfessionen und der Wirtschaft.

Als Adenauer kurz nach 20 Uhr das Zelt betrat, intonierte eine Blaskapelle »Preußens Gloria«. Die Besucher klatschten im Takt der Marschmusik, erhoben sich spontan von ihren Plätzen und spendeten minutenlangen Beifall. Als Wahlkreisvorsitzender der CDU-Ludwigshafen hatte ich die ehrenvolle Aufgabe, die Begrüßungsansprache zu halten. Anschließend ergriffen der CDU-Vorsitzende der Pfalz, Eduard Orth, und der CDU-Landesvorsitzende und Ministerpräsident Peter Altmeier das Wort, bevor der Bundeskanzler seine mit Spannung erwartete kämpferische Rede hielt. Konrad Adenauer ging auf aktuelle innen- und außenpolitische Fragen ein, unterstrich die Leistungen des Kabinetts von Peter Altmeier und lobte die enge Zusammenarbeit zwischen Land und Bund. Zuvor hatte er an die Versammelten appelliert, tief in die Tasche zu greifen und für die Zeltmiete zu spenden.

Das Schlusswort fiel wieder mir zu, und ich beendete die Wahlveranstaltung mit der Aufforderung an alle Teilnehmer, die Nationalhymne anzustimmen. Sie erhoben sich und sangen die dritte Strophe des Deutschlandlieds: »Einigkeit und Recht und Freiheit«. Anschließend trafen sich die Spitzen der Landes-, Kreis- und Stadt-CDU im Hotel Hubertus. Über eine Stunde lang diskutierte Konrad Adenauer hier im kleinen Kreis unter Parteifreunden und glühenden Anhängern. Erst gegen 23 Uhr trat er die Heimfahrt an, nicht ohne sich für die gelungene Wahlveranstaltung zu bedanken.

Die Kritik über den Eintrittspreis von einer Mark verstummte rasch. Allein der Erfolg zählte. Die Adenauer-Fans waren im wahrsten Sinn des Wortes auf ihre Kosten gekommen und hatten uns mit ihrem Obolus geholfen, unsere Kreispartei-Organisation vor der finanziellen Pleite zu bewahren. Jetzt kam es nur darauf an, dass sich unser aller Einsatz – der CDU-Geschäftsführer hatte dreihundert Ordner unter den Parteimitgliedern mobilisiert – auch in Wählerstimmen auszahlte. Unsere politischen Gegner schauten neidvoll auf uns, konnten sie doch keine vergleichbare Veranstaltung vorweisen.

Seit zwölf Jahren regierte die CDU unter Ministerpräsident Peter Altmeier. Zunächst war er Chef eines Allparteienkabinetts, dann einer Großen Koalition gewesen, und die letzten acht Jahre stand er als Regierungschef einer Koalition mit der FDP vor. In diesen zwölf Jahren war es der Union gelungen, die ehemaligen preußischen und hessischen Gebietsteile sowie die ehemalige bayerische Pfalz in dem neugeschaffenen Bundesland zu integrieren und es wirtschaftlich wie finanziell zu konsolidieren. Diese Aufbauleistungen waren allgemein anerkannt und hatten das Vertrauen der Bevölkerung in die Landespolitik gestärkt. Die positive Regierungsbilanz stand im Mittelpunkt der CDU-Wahlkampfstrategie. Die FDP ließ recht früh ihre Bereitschaft erkennen, nach den Wahlen erneut eine Koalitionsregierung mit der CDU zu bilden, und empfahl sich als Regierungspartner von besonderem Gewicht, mit dessen Hilfe eine absolute Mehrheit der Union verhindert werde. Die SPD operierte hauptsächlich mit der Forderung nach Auflösung des Landes und wollte möglichst weite Gebietsteile dem »roten« Hessen zuschlagen. Als Grund für die Auflösung des jungen Bundeslands führten die Sozialdemokraten dessen angeblich unzureichende Finanzkraft an. Dabei lag das ökonomische Potential von Rheinland-Pfalz etwa auf dem Niveau von Bayern und Niedersachsen. Und von defizitärer Staatswirtschaft konnte keine Rede sein – das Haushaltsjahr hatte mit einem erheblichen Überschuss abgeschlossen.

Bundespolitisch zahlte sich Adenauers Außenpolitik aus – die feste Bindung an Amerika und der Ausgleich mit den französischen Nachbarn –, und die Erhardsche Wirtschaftspolitik war nicht zu überbieten und erwies sich als prächtige Unterstützung im Landtagswahlkampf. So entschied sich die Mehrheit der Wähler am 19. April 1959 für eine Fortführung der Landespolitik unter Ministerpräsident Peter Altmeier. Bei einer Wahlbeteiligung von 77,2 Prozent erhielt die CDU 48,4 Prozent der Stimmen und damit die absolute Mehrheit von zweiundfünfzig Sitzen. Die SPD erreichte 34,9 Prozent und siebenunddreißig der insgesamt zu vergebenden hundert Landtagssitze. Die FDP kam auf 9,7 Prozent und zehn Mandate. Während die Kommunisten leer ausgingen, erreichte die rechtsextreme Deutsche Reichspartei (DRP), eine Vorläuferin der späteren NPD, 5,1 Prozent und damit einen einzigen Sitz im Mainzer Parlament. Im Lauf der vierten Legislaturperiode bis 1963 veränderten sich die Kräfteverhältnisse im Landtag weiter zugunsten der Regierung: Nicht nur das DRP-Mitglied schied aus seiner Partei aus, sondern auch zwei SPD-Angehörige verließen ihre Fraktion. Bis zum Ende der Legislaturperiode wurden alle drei als parteilos geführt.

Bundeskanzler Adenauer gratulierte Peter Altmeier telegrafisch aus seinem Urlaub in Cadenabbia am Comer See zu dem »großen Wahlerfolg, durch den die CDU in Rheinland-Pfalz im neuen Landtag eine verstärkte absolute Mehrheit erreicht hat«. Die CDU war auf der Höhe ihrer Macht. Nicht nur in Rheinland-Pfalz hatte der 19. April 1959 der Christlich-Demokratischen Union einen Erfolg beschert, auch in Niedersachsen gewann sie rund hundertfünfundsechzigtausend Stimmen und acht Mandate hinzu.

In Mainz war zwar eine Alleinregierung möglich, doch Peter Altmeier setzte auf die Fortsetzung der Koalition mit der FDP, die mit Fritz Glahn den Minister für Finanzen und Wiederaufbau stellte. Für die CDU übernahm August Wolters das Ressort Inneres und Soziales, Wilhelm Westenberger das Justizministerium und Eduard Orth das Ministerium für Unterricht und Kultus. Oskar Stübinger, seit 1946 Minister für Landwirtschaft und Ernährung, behielt sein Ministeramt, das jetzt für Landwirtschaft, Weinbau und Forsten zuständig war. Da die stärkste Fraktion naturgemäß den Landtagspräsidenten stellte, übernahm der CDU-Politiker Otto van Volxem dieses Amt, das er bis 1971 bekleidete.

Vorsitzender der CDU-Landtagsfraktion blieb Dr. Wilhelm Boden, der erste Ministerpräsident unseres Landes nach dem Krieg, seit 1951 im Amt des Fraktionsvorsitzenden. Dieser gebildete, humanistisch geprägte rheinische Katholik mit starken konservativen Zügen, ein seriöser Jurist und langjähriges Mitglied der katholischen Studentenverbindung CV, Rotarier und Jäger, war vierzig Jahre älter als ich und hatte bereits eine beachtliche Karriere hinter sich. Boden war von den Nationalsozialisten verfolgt worden; sie hatten ihn aus seinem Amt als Landrat gejagt und ins Gefängnis gesperrt.

*

Der Mainzer Landtag

Als jüngster Abgeordneter des Hohen Hauses am Mainzer Deutschhausplatz erlebte ich neben Wilhelm Boden eine ganze Reihe weiterer erfahrener Politiker, von denen ich viel lernen konnte. Allerdings prallten die Ansichten der unterschiedlichen Generationen nicht selten aufeinander. Alle Fraktionen des Mainzer Landtags waren überaltert, die meisten Parlamentarier hatten das Rentenalter weit überschritten. Es fehlte die mittlere Generation, die dem Zweiten Weltkrieg zum Opfer gefallen war.

Wichtigster Tagesordnungspunkt der ersten Fraktionssitzung am 30. April 1959 war der einstimmige Beschluss, »den Herrn Ministerpräsidenten mit der Bildung der neuen Regierung zu beauftragen«. Die Koalitionsverhandlungen schleppten sich dahin. Beide Seiten wollten nicht so recht zusammenkommen, vielleicht auch, weil sie nicht unbedingt aufeinander angewiesen waren. Die CDU hätte getrost alleine regieren können, und weite Teile der geschrumpften FDP-Fraktion zeigten durchaus Interesse an der Oppositionsrolle. Außerdem schienen die Liberalen kaum ministrable Kandidaten vorweisen zu können, die zudem politisch unbelastet aus dem Nationalsozialismus hervorgegangen waren. Aber Altmeier setzte auf eine langfristige Bindung zur FDP, und so

117

kam schließlich doch noch ein christlich-liberales Regierungsbündnis zustande, das sich auf ein brauchbares gemeinsames Programm verständigen konnte.

Als ich in den Mainzer Landtag einzog, ging mir ein eher nega-
tiver Ruf voraus, an dem ich nicht ganz unschuldig war. Ich sei
frech und vorlaut und zu eigensinnig, hieß es hinter vorgehaltener
Hand, und zu liberal in manchen weltanschaulichen Fragen. Ganz
falsch waren diese Meinungsäußerungen keineswegs.

Zunächst hielt ich mich jedoch mit Äußerungen und Auftritten
zurück. In der Fraktion beobachtete ich sehr genau die Kräfteverhältnisse, die Stärken und Schwächen der einzelnen Mitglieder.
Einige von ihnen hatten noch vor 1933 im Berliner Reichstag gesessen, hatten die schrecklichen Qualen in den Konzentrationslagern überlebt. Nicht wenige waren schwer und schwerst kriegsbeschädigt und hatten im Zweiten Weltkrieg sehr gelitten. Nicht
alle waren Widerstandskämpfer gewesen. Es gab auch einige Abgeordnete, die mehr gewesen waren als nur sogenannte Mitläufer
im Dritten Reich.

Der Fraktionsvorsitzende Wilhelm Boden wandte mir gegenüber eine wohlüberlegte Strategie an. Der ehemalige Ministerpräsident erteilte mir Aufträge, die mir anfangs viel Kopfzerbrechen
bereiteten. Beispielsweise wollte niemand so recht an das neue Besoldungsrecht für Beamte ran. Auch ich nicht. Aber ausgerechnet
mir gab Wilhelm Boden den Auftrag, mich damit zu befassen. Das
Thema war natürlich nicht unwichtig, immerhin hatte es nachhaltige Auswirkungen auf die Finanzgestaltung des Landes.
Also zwang ich mich, das Besoldungsrecht zu studieren und legte
mir sogar ein Oktavheft an, in dem ich alle Besoldungsgruppen
und -verordnungen fein säuberlich notierte. So prägte ich mir die
schwierige Materie ein. Bis zum heutigen Tag profitiere ich von
dem Grundwissen im Beamtenrecht, das ich mir damals unter großem Zeitdruck aneignen musste.

Doch dabei blieb es nicht. Wilhelm Boden versorgte mich mit
weiteren Sonderaufträgen. Jetzt ging es um Fragen der Umweltpolitik, die in dieser Zeit erstmals auftauchten und für mich und
meine Heimatstadt Ludwigshafen mit der dort ansässigen Che-

mieindustrie von außerordentlicher Bedeutung waren. In diesem Zusammenhang musste ich mich in ein weiteres Sachgebiet einarbeiten, das auf den ersten Blick nicht langweiliger und bürokratischer hätte sein können: das Abwasserrecht. Um auf diesem Gebiet substantiell mitreden zu können, musste ich erhebliche Anstrengungen auf mich nehmen. Trotzdem habe ich mir wegen dieser Sonderaufgaben nie das geringste Anzeichen von Ablehnung, Kritik, gar Aufmüpfigkeit gegenüber dem Fraktionschef anmerken lassen.

Da ich brauchbare Vorschläge für eine Reform des Abwasserrechts machen sollte, war ein intensives Studium der bisherigen Gesetzestexte unumgänglich. Wenn ich mich recht erinnere, war das Ergebnis meiner Bemühungen gar nicht so schlecht, denn meine Vorschläge fielen bei meinen Kolleginnen und Kollegen auf fruchtbaren Boden.

Was nach einer eher spröden Materie klingt, die mich einige Zeit in Atem hielt, ist so ungewöhnlich nicht für die politisch-gestalterische Arbeit eines Parlamentariers und seiner Wirkungsweise. Und auch wenn das Thema Umwelt seinerzeit nicht hoch im Kurs stand, waren die damals gefassten Beschlüsse doch zukunftsweisend. Immerhin zählte das rheinland-pfälzische Abwasserrecht zu den modernsten seiner Art. Für mich war es ein besonderes Lehrstück parlamentarischer Arbeit.

Ohne dass ich mich darum bemüht hätte, landete ich als Jungparlamentarier 1959 im einflussreichen Haushalts- und Finanzausschuss. Diesen außerordentlich begehrten Ausschusssitz hatte ich ebenfalls Fraktionschef Wilhelm Boden zu verdanken. Ich erinnere mich noch gut an den Moment, als er mir diese Aufgabe übertrug. Boden schaute mich an, als ob ich eine Todsünde begangen hätte. In die Totenstille des Fraktionssitzungssaals hinein sagte er dann: »Herr Kollege Dr. Kohl, Sie sind der Jüngste.« Das war nicht als Auszeichnung gemeint, sondern eher als Warnung vor diesem Youngster. »Sie sind Mitglied des Haushalts- und Finanzausschusses.«

Das hatte der Grandseigneur des Landesparlaments in dieser Sekunde beschlossen, ohne mit mir zuvor darüber gesprochen zu haben. Der alte Fuchs hatte mich in ein Amt gehievt, um das andere jahrelang verbissen gekämpft hatten. Auf diesen wichtigsten Landtagsausschuss hatten es viele Kolleginnen und Kollegen der eigenen Fraktion abgesehen, vor allem die Bürgermeister. Mitglied des Haushalts- und Finanzausschusses zu sein verschaffte einem Parlamentarier damals hohes politisches Ansehen, um das mich die Mitglieder anderer Ausschüsse beneideten.

Damit hatte ich fast die gesamte Fraktion gegen mich. Vor allem die altgedienten Parlamentshasen begehrten den Sitz im Haushalts- und Finanzausschuss. Hier gab es die größte Chance, Finanzmittel des Landes mit nachhaltiger politischer Wirkung zu verteilen, hier konnte man Einfluss nehmen auf die Finanzierung vieler Reformvorhaben und kostenaufwendiger Projekte. Natürlich verlangte die Arbeit im Haushalts- und Finanzausschuss, der dem Finanzministerium zugeordnet war, auch einen nüchternen Umgang mit Zahlen und Fakten, die nicht immer leicht zu bewältigen waren.

Auf diese Art und Weise hatte mich der Fraktionsvorsitzende gleich zu Beginn meiner parlamentarischen Tätigkeit mit so viel Arbeit eingedeckt, dass ich so gut wie keine Zeit fand für öffentlichkeitswirksame Auftritte innerhalb und außerhalb des Parlaments. Noch war Aufmüpfigkeit fehl am Platz, obwohl ich die Disziplinierung durch Arbeitsüberlastung nicht gerade gut fand. Kärrnerarbeit und eiserner Wille waren gefordert, um das beste für Fraktion und Partei zu erreichen.

*

Mein erster großer Auftritt im Landtag von Rheinland-Pfalz datiert vom 19. November 1959. Zur Begründung der Großen Anfrage einiger CDU-Abgeordneter zur geplanten Änderung der Grenzen der Bundesbahndirektion Mainz stand ich als erster auf der Rednerliste. Es ging um die Absicht der Bundesbahn, Direktionsbezirke zu ändern und vielleicht sogar die Bundesbahndirektion Mainz aufzulösen.

Ich hatte mich gut vorbereitet und eine Rede formuliert, die weder das Bundesunternehmen auf die Anklagebank setzte noch die regionalen Interessen außer acht ließ. So zeigte ich zwar Verständnis für Rationalisierungsmaßnahmen der Bahn, lehnte aber ein »Gesundschrumpfen« auf Kosten der Interessen der Bevölkerung ab. Mein Hauptaugenmerk galt den Änderungen, die für die beiden größten Städte in der Pfalz ins Auge gefasst waren, nämlich für Kaiserslautern und Ludwigshafen. Ausgerechnet im Jubiläumsjahr meiner Heimatstadt, dem hundertsten Jahrestag der Stadtgründung, diskutierten viele bei uns darüber, ob der Güterverkehr von Ludwigshafen in den neu errichteten und ausgebauten Güterbahnhof nach Mannheim-Friedrichsfeld überführt werden sollte. Das wäre ein bedeutender Einschnitt gewesen, denn bisher wurden in unserem Raum immerhin 40 Prozent der Einnahmen im Güterverkehr und 25 Prozent der Einnahmen im Personenverkehr innerhalb der gesamten Bundesbahndirektion Mainz erzielt.

Mit großem Nachdruck plädierte ich für die Beibehaltung der bewährten Strukturen und erntete dafür lebhaften Beifall. Die Jungfernrede fand uneingeschränkte Zustimmung weit über die Fraktionsgrenzen hinaus.

*

Die einzige Überraschung, die der Wahltag am 19. April 1959 gebracht hatte, war der unerwartete Erfolg der Deutschen Reichspartei gewesen. Das Mandat, das diese rechtsextreme Splittergruppe im Mainzer Landtag errungen hatte, übernahm der DRP-Landesvorsitzende Hans Schikora. Dieser, ein unverbesserlicher Anhänger der nationalsozialistischen Ideologie, hatte sich in einem Rechtsstreit mit dem Ministerpräsidenten angelegt und seine unerträglichen Parolen in einer Landtagsrede wiederholt. Die Fraktion hatte mich beauftragt, dem Rechtsradikalen Paroli zu bieten.

Als Schikora am 19. Januar 1960 sein Verständnis von Demokratie und Parlamentarismus formulierte, kam es im Landtag zu tumultartigen Szenen, lautstarken Protesten und Entrüstungsrufen. Nach der Rede des DRP-Manns erteilte Parlamentspräsident Otto van Volxem mir das Wort. Ich setzte mich zunächst mit den schlimmsten Äußerungen der DRP-Funktionäre auseinander, die belegten, dass sie unverändert an die nationalsozialistische Ideologie glaubten. Gleichzeitig griff ich den Abgeordneten Schikora scharf an, der in seiner Rede die Verbrechen der NS-Diktatur verteidigt hatte. Den Rechtsradikalen im Visier, beschrieb ich die Leiden der Opfer nationalsozialistischer Gewaltherrschaft, zitierte Überlebende der Shoah und stellte den Mut und die Leistungen der Widerstandskämpfer heraus. Meine erste große Rede im Landtag beendete ich mit einem Zitat aus dem Aufruf an das deutsche Volk, den die Männer des Kreisauer Kreises und des 20. Juli für den Fall vorbereitet hatten, dass der Aufstand gegen Adolf Hitler gelingen sollte:

»Unser Ziel ist die wahre, auf Achtung und Hilfsbereitschaft und soziale Gerechtigkeit gegründete Gemeinschaft des Volkes. Wir wollen Gottesfurcht an Stelle von Selbstvergottung, Recht und Freiheit an Stelle von Gewalt und Terror, Wahrheit und Sauberkeit an Stelle von Lüge und Eigennutz setzen. Wir wollen unsere Ehre und damit unser Ansehen in der Gemeinschaft der Völker wiederherstellen. Wir wollen mit den besten Kräften dazu beitragen, die Wunden zu heilen, die dieser Krieg allen Völkern geschlagen hat, und das Vertrauen zwischen ihnen wieder neu beleben. Wir erstreben einen gerechten Frieden, der an die Stelle der Selbstzerfleischung und Vernichtung der Völker friedliche Zusammenarbeit setzt. Ein solcher Friede kann sich nur auf Achtung vor der Freiheit und der Gleichberechtigung aller gründen.«

Dieser Aufruf war und ist auch deutsches Erbe. »Vergessen und verraten wir es nicht«, rief ich den Abgeordneten zu. Und: »Wehren wir den Anfängen!«

Unter starkem Beifall begab ich mich auf meinen Platz in der hinteren Reihe des Parlaments. Wenngleich meine rhetorische Leistung noch einiges zu wünschen übrigließ, schien vor allem mein historischer Exkurs, der alles andere als pathetisch ausgefallen war, verstanden worden zu sein. Für mich als jüngsten Abgeordneten war es besonders wichtig, den rechtsextremen Provokationen mit Argumenten zu begegnen, die historisch fundiert und politisch überzeugend waren. So verwunderte es nicht, dass der mir nachfolgende Redner der SPD-Fraktion, Jockel Fuchs, politisches Schwergewicht in Mainz und ein parteipolitischer Gegner von großem Format, meinen Ausführungen uneingeschränkt beipflichtete.

2.
Profilsuche

In der CDU-Landtagsfraktion gab es für einen Neuling zunächst kaum Chancen, sich besonders zu profilieren. In den langatmigen Fraktionssitzungen meldete sich regelmäßig der Ministerpräsident zu Wort, der über weite Strecken die Themen bestimmte. Hinzu kamen Rituale, die mich ärgerten. Beispielsweise erhoben sich die Kollegen bei Altmeiers Eintritt ins Fraktionszimmer, um ihrem Partei- und Regierungschef auch auf diese Weise ihre Achtung und Verehrung zu bekunden.

Ich muss gestehen, dass solche Achtungs- und Sympathiebezeigungen bei mir von Anfang an auf Ablehnung stießen. Diese Art von Ehrerbietung passte nicht mehr in die Zeit. Peter Altmeier hatte sich als Gründungsvater und Ministerpräsident große Verdienste beim Aufbau des Landes Rheinland-Pfalz erworben, und so wurde sein gelegentlich autoritärer und präsidialer Regierungsstil von den meisten Parlamentariern nicht zuletzt deshalb akzeptiert oder sogar als angemessen empfunden, weil er sich in ausgezeichneten Wahlerfolgen niederschlug.

Ich dagegen hielt den Umgang des Ministerpräsidenten mit den Fraktionsmitgliedern für reformbedürftig. Das Frage- und Antwortspiel in der CDU-Fraktion war weitestgehend unproduktiv. Mit Billigung und Unterstützung der Fraktionsspitze war der Ablauf der Sitzungen vor allem von Zustimmung zu Peter Altmeiers Regierungspolitik geprägt. An den eingefahrenen Abläufen dieser Fraktionssitzungen etwas zu ändern schien so gut wie ausgeschlossen, politische Initiativen aus den Reihen der Parlamentarier waren nicht gefragt. Das Bemühen um Gleichklang von Landesregierung und CDU-Fraktion in allen bedeutsamen politischen

Fragen war zwar verständlich und mit Recht gewollt, aber es hatte mit der Zeit zu einer Erstarrung der Strukturen geführt.

Nach einem halben Jahr, in dem auch ich die politischen Entscheidungsabläufe freundlich abgenickt und, abgesehen von gelegentlichen Wortmeldungen in der CDU-Fraktion, schweigend hingenommen hatte, wagte ich mich nach vorne. Ich schlug vor, in der Fraktion über personalpolitische Veränderungen in der Landesregierung zu sprechen. Der Grund dafür war, dass wir nur aus der Zeitung erfahren hatten, dass die Dienstzeit eines Staatssekretärs um ein Jahr verlängert worden war. Ich fand sogar den Mut, einige Kabinettsbeschlüsse zu nennen, die mit der CDU-Fraktion weder vorab besprochen noch irgendwann von ihr abgesegnet worden waren. Schließlich gab ich erstmals zu Protokoll, es müsse in der Fraktion erlaubt sein, ab und zu an der Weisheit der Regierungsentscheidungen Zweifel zu äußern.

Meine Kritik an den eingespielten Verfahrensweisen irritierte manche der Altvorderen. Aber nicht nur formal, auch inhaltlich versuchte ich ein wenig frischen Wind in die Fraktion zu bringen. So stellte ich einen Antrag, der mir schon lange am Herzen lag: Ich beantragte die Bildung eines Jugendausschusses. In der anschließenden Diskussion spürte ich sehr rasch, dass die große Mehrheit der älteren Kollegen wenig Interesse an einer solchen Einrichtung hatte. Man schob die Sache auf den Sankt-Nimmerleins-Tag. Selbst als wenig später eine neuerliche Diskussion über meinen Antrag stattfand, erwuchs daraus keine Änderung zugunsten der Jugendlichen.

Ich empfand diese Entscheidung als Armutszeugnis. Für mich hatten die alten Kollegen in diesem Punkt der jungen Generation gegenüber versagt. Der bereits existierende Landesjugendwohlfahrtsausschuss, argumentierten die Gegner meiner Initiative, sei zwar keine parlamentarische Einrichtung, kümmere sich aber bereits hinreichend um die Belange der Jugendlichen.

Meine erste Niederlage in der CDU-Fraktion schmerzte mich sehr. Meine Kritiker freuten sich sichtlich über den Misserfolg.

*

Nach der überaus erfolgreichen Bundestagswahl 1957 gab es bereits 1958 eine Diskussion in Teilen der CDU-Führung, wer Nachfolger von Theodor Heuss werden solle, dessen Amtszeit nach zehn Jahren 1959 ablief. CDU und CSU hatten inzwischen die Mehrheit in der Bundesversammlung, und es gab eine Reihe von Überlegungen, Adenauer dazu zu bringen, das Amt des Bundespräsidenten zu übernehmen – natürlich nicht zuletzt auch unter dem Gesichtspunkt, dass er damit das Amt des Bundeskanzlers freigeben würde.

Hinter den Kulissen wurde sehr an diesem Projekt gearbeitet, und zunächst war Konrad Adenauer von dem Gedanken durchaus angetan. Dann ließ er sich jedoch intensiv verfassungsrechtlich beraten und kam letztlich zu der Erkenntnis, dass die Machtmöglichkeiten des Bundespräsidenten auch bei einer exzessiven Auslegung des Grundgesetzes sehr, sehr gering sind. Und manche sahen in dem möglichen Übergang vom Bundeskanzler zum Bundespräsidenten ja auch nicht nur einen Machtverlust, sondern einen Abstieg.

Nach langen innerparteilichen Querelen nominierten CDU und CSU Heinrich Lübke, den bisherigen Landwirtschaftsminister von der CDU, für die Wahl des neuen Bundespräsidenten. Am 13. September 1959 trat er sein Amt an.

Auf nationaler und internationaler Ebene kam es unterdessen zu einer Reihe historischer Entscheidungen und Begegnungen: Wenige Wochen nach Lübkes Amtsantritt besuchte der amerikanische Präsident Dwight D. Eisenhower die Bundesrepublik. Erstmals reiste Nikita Chruschtschow, Führer der Sowjetunion, in die USA.

Am 1. Oktober 1959 erhielt die DDR eine neue Staatsflagge, die sogenannte Spalterflagge: Schwarz-Rot-Gold mit Hammer, Zirkel und Ährenkranz. Im November gab sich die SPD auf ihrem außerordentlichen Parteitag das »Godesberger Programm«, mit dem sie einen Kurswechsel vor allem in der Außenpolitik vollzog. Sie bekannte sich zum europäischen und atlantischen Bündnis- und Verteidigungssystem als Grundlage jeder Wiedervereinigungspolitik. Das erreicht zu haben war wahrscheinlich eine der größten

Hochzeit am 27. Juni 1960

Leistungen des stellvertretenden SPD-Vorsitzenden Herbert Wehner. Viele bei uns in der CDU – ich gehörte auch dazu – haben die Konsequenzen dieses Parteitagsbeschlusses damals sicherlich nur ansatzweise erfasst.

Im März 1960 fand ein erstes Treffen der Regierungschefs der Bundesrepublik und Israels, Konrad Adenauer und Ben Gurion, in New York statt. Ende Mai wurde Adolf Eichmann verhaftet, in Israel vor Gericht gestellt, später zum Tode verurteilt und hingerichtet.

*

Am 3. April 1960 feierten wir meinen dreißigsten Geburtstag, und als Hannelore und ich einige Monate später in unser erstes Eigenheim in Ludwigshafen-Gartenstadt umziehen konnten, stand unserer Heirat nichts mehr im Wege.

Den Sonntag unserer Eheschließung, den 27. Juni 1960, begingen wir in einem schlichten Rahmen. Die Trauung fand in der Josefskirche in Friesenheim statt, deren Bau einst mein Großvater initiiert hatte. Wir hatten etwa dreißig Gäste eingeladen, mit denen wir unsere Hochzeit in einem Mannheimer Gasthaus nahe dem Nationaltheater feierten.

Hannelore begleitete mich mit ihrer Liebe, auch als Mutter unserer Kinder Walter und Peter, mit Rat und Tat auf dem gemeinsamen Lebensweg bis zu ihrem Tod am 5. Juli 2001, gut einundvierzig Ehejahre lang. Ohne eine solch großartige Frau an meiner Seite wären meine politischen Leistungen und Erfolge niemals möglich gewesen.

*

Meine Arbeit in der CDU-Landtagsfraktion und in den Ausschüssen war in diesen ersten Jahren eher unauffällig. Fraktionschef Wilhelm Boden fehlte oft, weil er immer häufiger krank war. Dann musste sein Stellvertreter Hermann Matthes in die Bresche springen und die Sitzungen leiten. Hermann Matthes war ein sozialpolitisch engagierter Mann. Er war Diakon der Evangelischen Kirche für Rheinhessen und ein treuer Anhänger von Peter Altmeier. Es machte ihm Mühe, die Geschäfte des Fraktionsvorsitzenden in den Griff zu bekommen, obwohl er sehr viel Zeit und Kraft darauf verwendete, die Arbeit der Fraktion zu organisieren. Er war kein Freund von strittigen Diskussionen und ging derlei Auseinandersetzungen lieber aus dem Weg. Wichtig war ihm vor allem die Pflege der Harmonie in der Fraktion.

Weitgehend bestimmte Administratives die Fraktionsarbeit: Die Plenarsitzungen mussten vorbereitet, Etatberatungen abgestimmt werden. Fast alle Gesetzesvorhaben passierten die Fraktion reibungslos. In den wöchentlichen Fraktionssitzungen wurden die jeweiligen Debattenredner für den Landtag festgelegt. Große parlamentarische Anfragen gingen ebenfalls von der Fraktion aus, und Regierungserklärungen wurden in dieser Runde intensiv beraten. Debatten über die politische Strategie gegenüber dem Koalitionspartner FDP wie auch gegenüber der SPD-Opposition dauerten manchmal mehrere Stunden. Es ging um den kommunalen und den Länderfinanzausgleich, um Schulpolitik, Fragen der Vergnügungs- und Getränkesteuer oder die Verkehrspolitik, um nur einige Politikfelder zu nennen.

Mir lag sehr daran, dass sich die Fraktion zu einer wichtigen Clearingstelle entwickelte. Die Frage des optimalen Fraktionsmanagements beschäftigte mich sehr.

3.
Vorentscheidung

Im Herbst 1960 forderte ich erneut, eine »richtige Arbeitstagung« der Fraktion zu organisieren. Es gab eine Fülle von Fragen zu besprechen, und das konnte nicht in dem engen Korsett und unter dem Zeitdruck der wöchentlichen Fraktionssitzung geschehen. Auf Dauer konnte sich daraus keine erfolgreiche Parlamentsarbeit entwickeln. Auch bei den internen Haushaltsberatungen war ein größeres Zeitbudget dringend nötig, um einigermaßen den Überblick über die wichtigsten Daten zu behalten. Gleiches galt für die Vorbereitung der Plenarsitzungen, die in einem solchen Hoppla-hopp-Tempo »durchgezogen« wurden, dass mein Unbehagen stetig zunahm.

Aus dieser Erkenntnis heraus stellte ich einen umfassenden Themenkatalog zusammen, der auf einem Arbeitstreffen außerhalb der Routinesitzungen behandelt werden sollte. Heute würde man »Klausur« zu einer solchen Veranstaltung sagen.

Ich appellierte außerdem an die Fraktionsmitglieder, nicht bei jedem, der eine andere Meinung äußerte, zu argwöhnen, dass dessen CDU-Standpunkt nicht genügend gefestigt sei. Mit solchen Fragen und Forderungen eckte ich in der Fraktion immer häufiger an, weil sich manche älteren Kollegen einfach nicht an offene und kritische Debatten gewöhnen konnten und wollten.

*

Meine Auftritte im Mainzer Landtag 1960 beschränkten sich im wesentlichen auf meine Funktionen als Mitglied im Haushalts- und Finanzausschuss sowie im Kulturpolitischen Ausschuss.

Außerdem meldete ich mich gerne dann zu Wort, wenn es um politische Bezüge zur Pfalz ging. Hin und wieder griff ich auch bei parlamentarischen Auseinandersetzungen mit der SPD-Opposition in die Debatten ein. Ohne vorbereitete Rede, am liebsten spontan und in direkter Konfrontation mit dem Vorredner, suchte ich den Schlagabtausch. Auch deshalb ging mir recht bald der Ruf eines unbequemen Debattenredners voraus, der vor allem Angriff und Verteidigung im Namen der CDU-Fraktion im Sinn hatte und, wenn es erforderlich war, keiner Auseinandersetzung aus dem Weg ging.

Leidenschaftlich setzte ich mich unter anderem für die Einrichtung eines Lehrstuhls für Neueste Geschichte an der Mainzer Johannes-Gutenberg-Universität ein. Für Alte und Mittelalterliche Geschichte gab es an allen deutschen Hochschulen genügend Professoren, an qualifizierten, unbelasteten Hochschullehrern für die jüngste Epoche deutscher Geschichte jedoch herrschte ein beklagenswerter Mangel. Ich wollte der Gefahr begegnen, dass Forschung und Lehre im Fach Geschichte spätestens mit der Bismarck-Ära endeten und die Zeit des Nationalsozialismus total vernachlässigt würde.

Die personelle wie die finanzielle Ausstattung der Gutenberg-Universität blieb mir bis zum Ende der Mainzer Zeit ein immerwährendes politisches Anliegen. Für keine andere Forschungs- und Lehrstätte habe ich mich in meinem Leben so nachhaltig eingesetzt wie für die Mainzer Landesuniversität.

*

Als Berichterstatter des Haushalts- und Finanzausschusses musste ich mich während der gesamten Legislaturperiode mit Etatproblemen der verschiedenen Ministerien befassen und immer wieder über Titel des Haushaltsplans des Finanzministeriums referieren. Eine Materie, wie sie trockener und komplizierter nicht sein kann. Es ging um Besoldungsfragen für Betriebsprüfer, um Stellenkegel und behördliche Aufstiegschancen oder um Mitarbeiter des gehobenen Dienstes in der Justizverwaltung. Noch schwieriger wurde es, als das Landesausgleichsamt und die Bezirksämter für Wiedergutmachung zur Debatte standen. In diesen verschiedenen Aufgabenbereichen habe ich Erfahrungen gemacht und Kenntnisse erworben, die mir später noch sehr zugute kommen sollten. Schließlich waren gerade diese politischen Felder bei meiner Amtsübernahme als Ministerpräsident und als Verantwortlicher für den Landeshaushalt von besonderer Bedeutung. Die sechziger Jahre in Mainz waren für mich ganz wichtige und entscheidende Lehrjahre. Sie legten den Grundstein für die Führungspositionen, die ich dann in der Landes- und Bundespolitik eingenommen habe, und die Erfahrungen dieser Jahre kamen mir noch während der sechzehn Jahre meiner Amtszeit als Bundeskanzler in der nationalen wie internationalen Politik zugute.

*

Als erfolgreicher CDU-Kreisvorsitzender drängten mich meine Freunde seit langem, mich um ein Stadtratsmandat in meiner Vaterstadt zu bewerben. Die Kommunalwahlen in Rheinland-Pfalz am 23. Oktober 1960 boten mir die Gelegenheit dazu. Ich engagierte mich im lokalen Wahlkampf wie kaum ein anderer. Die Themen waren unerschöpflich und reichten von der »Jugendhilfe« – also von Sportförderung, Jugendherbergen, Aufbau und Ausstattung von Kindergärten – bis zur Unterbringung von Vertriebenen und Flüchtlingen. In puncto Wirtschaftsförderung und Strukturverbesserung konnte ich ebenso wie bei der Mittelstandsförderung und der Agrarpolitik auf eine beachtliche Bilanz der Altmeier-Regierung verweisen.

Zur Kommunalpolitik zählten damals vor allem auch die Familienfürsorge und die Wohlfahrtspflege für die sozial Schwächsten in unserer Stadt. Ob die Verantwortung bei der unionsgeführten Landesregierung lag oder bei der SPD-geführten Stadtspitze, bei meinen Wahlveranstaltungen wurde lebhaft über die Wohnungspolitik und den Straßen- und Wegebau gestritten. Wichtige kommunalpolitische Themen waren auch der Krankenhausausbau und alles, was mit der Volksgesundheit zusammenhing, sowie schulpolitische Fragen, vor allem die Behebung des Lehrermangels und der Schulraumnot. An der Basis, in den Gemeinden und Städten, zeigte sich bei all diesen Themen wie nirgends sonst die Notwendigkeit einer engen Verzahnung von Landes- und Kommunalpolitik.

Weil ich mich so nachdrücklich im Kommunalwahlkampf einsetzte, entstand bald das Gerücht, ich wolle Oberbürgermeister von Ludwigshafen werden. Diese Legende aus der sozialdemokratischen Gerüchteküche hält sich bis heute. Wenn ich jedoch etwas *nicht* werden wollte, dann war es Oberbürgermeister von Ludwigshafen. Mich bewegten längst ganz andere Pläne, und ich hatte mir zu dieser Zeit sehr konkrete Ziele in der Landespolitik gesetzt.

Am Wahlabend des 23. Oktober 1960 gab es kaum Überraschungen. Es blieb alles beim alten, auch wenn die Sozialdemokraten leichte Verluste hinnehmen mussten und von einst 57,8 Prozent auf 54,9 Prozent der Stimmen zurückfielen. Sie verteidigten damit ihre absolute Mehrheit mit achtundzwanzig Sitzen und stellten wie gehabt den Oberbürgermeister. Die CDU verbesserte sich leicht von 31,4 auf 34,7 Punkte und kam damit auf achtzehn Sitze im Stadtrat von Ludwigshafen. Die FDP konnte ihr altes Ergebnis so eben halten und erreichte 10 Prozent der Stimmen und fünf Sitze.

Das Ergebnis der CDU konnte sich durchaus sehen lassen. Am 3. November konstituierte sich die CDU-Ratsfraktion und wählte mich zu ihrem Vorsitzenden – nachdem Ludwig Reichling dieses Amt fast vierzehn Jahre lang innegehabt hatte, war das zugleich ein Generationswechsel. Acht Jahre lang, bis 1968, blieb ich Oppositionsführer in Ludwigshafen.

Unsere neue Fraktion im Stadtrat entwickelte sich sehr bald zu einer schlagkräftigen Gemeinschaft junger Leute, die sich als starke Opposition präsentierte. Bei aller Belastung als junger Landtagsabgeordneter nahm ich mein Stadtratsmandat, das ich bis zum Jahr 1970 beibehielt, sehr ernst.

In der Landtagsfraktion saß eine ganze Reihe von erfolgreichen Kommunalpolitikern, darunter auch viele Bürgermeister und Landräte. Diese Kombination von Kommunal- und Landtagsmandat empfand ich als sehr sinnvoll und politisch außerordentlich produktiv. Der Sachverstand des Kommunalpolitikers erwies sich bei landespolitischen Auseinandersetzungen häufig als besonders hilfreich. Das galt für alle Parteien.

Das Jahr 1961 begann in der CDU-Fraktion mit langwierigen Beratungen über eine Reform des Landesbeamtengesetzes. Die Fachleute wie Innenminister und Ausschussmitglieder debattierten ausführlich und meist kontrovers über jeden einzelnen Paragraphen, der obendrein noch mit dem Bundesbeamtengesetz abgeglichen werden musste. Zwar bestritt niemand die Notwendigkeit dieser Sitzungen, aber sie konnten auch für einen Politiker sterbenslangweilig sein. Doch bis zur endgültigen Verabschiedung des Landesbeamtengesetzes sollte noch viel Rheinwasser am Mainzer Landtag vorbeifließen. Dies war nicht der einzige Fall, wo den Parlamentariern Geduld und ein langer Atem abverlangt wurden.

*

Der 13. August 1961, der Tag des Mauerbaus in Berlin, war für mich ebenso wie für viele andere Menschen in Deutschland ein Tag der Hoffnungslosigkeit und der tiefgreifenden Veränderung im geteilten Deutschland. Wir fragten uns, ob es jetzt überhaupt noch eine Chance für eine Wiedervereinigung geben würde.

Die Reaktion des Bundeskanzlers auf den Beginn des Mauerbaus bleibt mir bis heute unverständlich. Dass sich Konrad Adenauer nicht unmittelbar nach den ersten Meldungen über das ungeheuerliche Vorgehen des Ost-Berliner SED-Regimes in die geteilte Stadt aufmachte, werde ich niemals nachvollziehen können. Ich bin mir heute allerdings nicht sicher, ob Adenauer bei seinem Verhalten nicht dem drängenden Rat der amerikanischen Regierung nachgab.

Willy Brandt, der damals Regierender Bürgermeister von Berlin war, tat das, was in einer solchen Situation von einem führenden Politiker erwartet wird: Er war sofort zur Stelle, sprach zu den geschockten Berlinern, rief zur Besonnenheit auf und appellierte an die Vernunft und an die Verantwortung der Großmächte.

Adenauer beging den Fehler, derweil seine Wahlkampagne fortzusetzen. Er reagierte viel zu spät öffentlich auf die dramatischen und folgenschweren Ereignisse in Berlin.

Die Quittung ließ nicht lange auf sich warten. Wenige Wochen nach Vollendung des schändlichsten Bauwerks der Welt fanden Bundestagswahlen statt. Am 17. September 1961 verloren die Unionsparteien ihre bisherige absolute Mehrheit. Der Dämpfer für die Regierung Adenauer hätte schlimmer nicht ausfallen können: Im Vergleich zur Bundestagswahl von 1957 verloren die Unionsparteien fast 5 Prozent der Stimmen, während die SPD-Opposition um 4,4 Prozentpunkte zulegte. Es mögen viele Gründe eine Rolle dabei gespielt haben, aber mit Sicherheit hatte Adenauers späte Reaktion auf den Mauerbau zu dem negativen Ergebnis beigetragen.

Die Regierungsbildung gestaltete sich außerordentlich schwierig. Die FDP hatte ihren enormen Stimmenzuwachs auf insgesamt 12,8 Prozent nicht zuletzt mit ihrem »Nein« zu Adenauers erneuter Kandidatur als Bundeskanzler erreicht. Während Brandt für eine Große Koalition eintrat, warb Adenauer trotz deutlich ablehnender Signale aus den Reihen der Liberalen um Erich Mendes FDP. Erich Mende hatte den Wahlkampf für die FDP mit dem Ziel geführt, die Koalition mit der Union fortzusetzen, aber ohne einen Kanzler Adenauer, das heißt, er wollte bei dieser Gelegenheit Adenauer aus dem Amt drängen. Adenauer nahm den Kampf auf, und die Regierungsbildung zog sich wochenlang hin. Erst Anfang November 1961 gab der FDP-Chef unter der Voraussetzung nach, dass Konrad Adenauer sein Amt nicht mehr die volle kommende Legislaturperiode innehaben würde. Damit konnte die vierte Regierung Adenauer unter Einschluss der FDP gebildet werden.

*

Seit Ende der vierziger Jahre gehöre ich zu den eifrigen Besuchern Berlins. Als Student und später als Landtagsabgeordneter hielt ich mich immer mal wieder in der »Frontstadt« auf, wobei ich bis zum Mauerbau regelmäßig auch den Ostteil der Stadt besuchte.

Im Hotel Schweizer Hof, direkt am Kurfürstendamm, war ich jahrelang Stammgast. Aber nicht nur dienstliche Verpflichtungen zogen mich nach Berlin. Hannelores besonderer Liebe zu der alten Reichshauptstadt ist es zu verdanken, dass wir zu sehr vielen privaten Aufenthalten in Berlin waren. Damals entstanden langjährige Freundschaften über Parteigrenzen hinweg. Dass ich heute Besitzer einer Eigentumswohnung im Herzen der neuen Hauptstadt bin, habe ich ebenfalls meiner verstorbenen Frau zu verdanken, die sich Berlin als Alterssitz gut vorstellen konnte.

*

In Mainz beschäftigte mich die Landespolitik mehr denn je. Die CDU-Landtagsfraktion war praktisch führungslos. Fraktionschef Wilhelm Boden, der seit Anfang Februar 1961 an Krebs schwer erkrankt war, kam im Juni letztmalig zur Fraktionssitzung. Der vom Tode gezeichnete Mann überließ seinem Stellvertreter Hermann Matthes endgültig das Kommando. Matthes litt selbst an Herzbeschwerden und fühlte sich von der Last der Fraktionsarbeit fast erdrückt. Doch solange Wilhelm Boden nicht von sich aus auf sein Mandat verzichtete, blieb alles beim alten. Niemand wagte, an Neuwahlen der Fraktionsführung zu denken oder gar Initiativen in diese Richtung zu entwickeln.

Für Ministerpräsident Peter Altmeier war Hermann Matthes genau der richtige Mann am richtigen Platz. Und sollte Wilhelm Boden irgendwann einmal seinem Krebsleiden erliegen, war für den Mainzer Regierungschef die Nachfolge rasch geregelt: Dann würde er Matthes vorschlagen. Auch dessen Stellvertreter hatte Altmeier schon ausgeguckt. Doch noch war es nicht soweit.

Die Hälfte der Legislaturperiode war bereits vorbei, und die CDU hatte bei den Bundestagswahlen im September 1961 auch in Rheinland-Pfalz Stimmen verloren. Gegenüber der Landtagswahl von 1959 betrugen die Verluste zwar nur 0,5 Prozent, doch der Abwärtstrend war nicht wegzudiskutieren und beunruhigte mich und meine engsten Freunde sehr. Hermann Matthes appellierte an die Fraktion, alle Anstrengungen zu unternehmen, um ein weiteres

Abrutschen der CDU in der Wählergunst zu verhindern. Er forderte von jedem einzelnen Mandatsträger tatkräftigen Einsatz und beschwor das enge Zusammenwirken von CDU-Fraktion und Landesregierung. Geschlossenheit zur Verbesserung des äußeren Erscheinungsbilds sei das Gebot der Stunde, ebenso die klare Abgrenzung der CDU gegenüber der SPD-Opposition und dem Koalitionspartner FDP.

Nach dieser aufmunternden Eröffnung meldete ich mich zu Wort und schlug vor, möglichst bald eine ganztägige Beratung der Fraktion anzusetzen. Im Mittelpunkt müsse die Frage stehen, was die CDU-Landtagsfraktion und vor allem die CDU-geführte Landesregierung zu unternehmen gedächten, um achtzehn Monate später die nächsten Landtagswahlen zu gewinnen. Meine Idee fand breite Zustimmung.

*

Am 18. Oktober 1961 erreichte uns die Nachricht vom Tod unseres Fraktionsvorsitzenden Wilhelm Boden. Zehn Jahre lang hatte er die CDU-Fraktion im rheinland-pfälzischen Landtag geführt. Der 1890 im Hunsrück geborene Katholik saß während der Weimarer Republik von 1919 bis 1920 und dann wieder von 1929 bis 1933 für das Zentrum im Rheinischen Provinziallandtag. 1931/32 war er Mitglied des Preußischen Staatsrats, 1932/33 Landtagsabgeordneter in Preußen. Dann wurde der Landrat von Altenkirchen von den Nationalsozialisten in den Ruhestand versetzt und arbeitete während der NS-Zeit von 1933 bis 1945 im Versicherungswesen. Nach dem Krieg übernahm der politisch unbelastete Wilhelm Boden das Amt des Regierungspräsidenten in Koblenz und des Oberpräsidenten von Rheinland-Hessen-Nassau. Er hatte wesentlichen Anteil am Neuaufbau des Landes.

Im Dezember 1946 wurde Boden von der französischen Militärregierung zum Ministerpräsidenten der »Provisorischen Regierung« von Rheinland-Pfalz berufen. In dieser Funktion sollte er einen Verfassungsentwurf erarbeiten und die ersten Wahlen durchführen. Nach der Wahl im Mai 1947 wurde er Ministerpräsident eines »Übergangskabinetts«. Die Bildung einer Koalitionsregierung misslang ihm, weil die SPD ihm die Gefolgschaft versagte, und innerparteiliche Intrigen verhinderten ein Verbleiben im Amt. Die CDU entschied, dass Peter Altmeier die Regierungsverantwortung übernehmen sollte. Für Wilhelm Boden war das eine schwere politische Niederlage, und auch die Übernahme des Präsidentenamts der Landeszentralbank Rheinland-Pfalz konnte diese tiefe Verletzung nicht wettmachen.

Wenige Tage vor seinem Tod hatte er seinen Stellvertreter im Amt des Fraktionsvorsitzenden Hermann Matthes und seinen Sekretär – so hießen persönliche Referenten in den sechziger Jahren im Landtag – Willibald Hilf zu sich ans Sterbebett nach Birnbach im Westerwald gebeten. Bei dieser letzten Begegnung soll Wilhelm Boden unmissverständlich zum Ausdruck gebracht haben, dass er sich mich als seinen Nachfolger wünschte.

Diese Botschaft überbrachte der getreue Matthes Ministerpräsident Peter Altmeier, der von Bodens Vermächtnis höchst irritiert war. Eine solche Personalkonstellation behagte dem Regierungschef überhaupt nicht, und so setzte er alle Hebel in Bewegung, um mich von der Fraktionsspitze fernzuhalten.

Ob es nun Wilhelm Bodens Wunsch war, mich als Fraktionsvorsitzenden oder als dessen Vertreter zu etablieren, soll einmal dahingestellt bleiben. Ich erfuhr ohnehin erst viel später davon. Mit mir hatte er zu Lebzeiten nie darüber gesprochen.

*

Personalentscheidungen von besonderer Brisanz und nachhaltiger Wirkung standen auf der Tagesordnung der denkwürdigen CDU-Fraktionssitzung vom 25. Oktober 1961. Erster Punkt war die Wahl des Vorsitzenden und seines Stellvertreters. Anschließend sollten die Etats des Ministeriums für Unterricht und Kultus und des Sozialministeriums beraten werden.

Hermann Matthes eröffnete die Sitzung um 9.25 Uhr und gab sogleich die Leitung an den ältesten Abgeordneten Ernst-Jakob Wetzel ab. Dann ergriff Ministerpräsident Peter Altmeier das

Wort, der noch einmal Wilhelm Bodens Verdienste würdigte. Wegen Bodens krankheitsbedingter Abwesenheit habe Hermann Matthes in den vergangenen Jahren über längere Strecken die Fraktion stellvertretend führen müssen und die Geschäfte des Fraktionschefs zu seiner vollen Zufriedenheit geführt. Nun sei es an der Zeit, ihm für die geleistete Arbeit herzlich zu danken. Die rückhaltlose Anerkennung für sein Wirken könne die Fraktion am besten zum Ausdruck bringen, wenn sie jetzt den Beschluss fasse, Hermann Matthes zu ihrem ersten Vorsitzenden zu wählen. Zwar könne dies durch Zuruf erfolgen, wegen der Bedeutung des Amtes sei es aber besser – und Matthes habe ausdrücklich darum gebeten –, schriftlich abzustimmen.

Dann wurden die Stimmzettel verteilt, und es folgte der Wahlvorgang. Entschuldigt fehlten vier Abgeordnete bei dieser wichtigen Sitzung. Nachdem die Stimmzettel wieder eingesammelt waren, gab der Abgeordnete Wetzel das wenig überraschende Wahlergebnis bekannt: Auf den Abgeordneten Hermann Matthes entfielen vierundvierzig Stimmen. Es wurden drei Enthaltungen gezählt. Gerührt bedankte sich der frischgekürte Fraktionschef für das entgegengebrachte Vertrauen und versprach, sein Amt gerecht und zum Wohle der Bürger von Rheinland-Pfalz auszuüben.

Daran schloss sich die Wahl des Stellvertreters an, nachdem Matthes erklärt hatte, es solle bei der bisherigen Regelung bleiben, nur einen Stellvertreter zu benennen. Zwei Kandidaten standen zur Wahl: ich selbst, vorgeschlagen von Dr. Hans Ecarius, und – auf Vorschlag des Abgeordneten August Hanz – Heinz Korbach, den Ministerpräsident Peter Altmeier für dieses Amt auserkoren hatte. Auf Antrag des Abgeordneten Heinrich Holkenbrink wurde auf eine Aussprache verzichtet. Dann die große Überraschung: Von den siebenundvierzig abgegebenen Stimmen entfielen fünfundzwanzig auf mich, neunzehn Abgeordnete votierten für meinen Freund Heinz Korbach, und drei Abgeordnete enthielten sich, darunter Korbach und ich.

Es war eine kleine politische Sensation, dass ich sechs Stimmen mehr erhalten hatte als mein Konkurrent und mich damit gegen den Altmeier-Vorschlag durchsetzen konnte. Der einunddreißigjährige Benjamin des Landtags, das jüngste Mitglied der CDU-Fraktion, hatte dem Mainzer Regierungschef eine Niederlage zugefügt, die ihn bis zu seinem Lebensende schmerzte. Für mich war die Wahl zum stellvertretenden Fraktionschef die wichtigste politische Weichenstellung in meinem bisherigen Leben. An diesem Tag war bereits eine Vorentscheidung für die Nachfolge des seit mehr als vierzehn Jahren amtierenden Ministerpräsidenten von Rheinland-Pfalz gefallen.

Die meisten Fraktionsmitglieder waren sich über die wahre Bedeutung der Vorstandswahlen längst im klaren. Hermann Matthes galt als Übergangslösung bis zum Ende der Legislaturperiode. Wer nach ihm kommen würde, war seit der Vorstandswahl am 25. Oktober 1961 entschieden. Es stand fest, dass ich die Zügel nicht mehr aus der Hand geben würde. Jetzt galt es, in den wenigen noch verbleibenden Monaten bis zur Landtagswahl einen guten Job zu machen und auch jene neunzehn Parlamentarier zu überzeugen, die mich nicht gewählt hatten.

*

Eines der großen Ereignisse dieser Zeit, das allerdings viele – so auch ich – in seiner weitreichenden Bedeutung zunächst nicht erkennen konnten, war die Wahl von Johannes XXIII. zum Nachfolger von Pius XII. Er galt wegen seines hohen Alters als eine »Übergangsfigur«. In Wahrheit war dies eine der bewegtesten Zeiten in der Geschichte des Papsttums.

Nur wenige Monate nach seiner Wahl am 28. Oktober 1958 kündigte der Siebenundsiebzigjährige ein Zweites Vatikanisches Konzil an, das er am 11. Oktober 1962 eröffnete und das bis ins Jahr 1965 tagte. Erörtert wurden Fragen der inneren Reformen, der Glaubensgrundsätze, der Ordnung und Disziplin sowie Fragen der Beziehungen der römischen Kirche zu den Andersgläubigen. Neunzig Jahre nach dem Ersten Vatikanischen Konzil 1870 war dies eine Sensation.

Deutlich zu spüren war, dass der Papst trotz seines hohen Lebensalters die Notwendigkeit sah und die Kraft dazu besaß, die katholische Kirche in einer stark veränderten Welt auf die neue, kommende Zeit vorzubereiten. Viele meiner Freunde und auch ich waren begeistert und hofften, dass dieser Schritt für unsere Kirche viel Bewegung bringen werde. Bis zum heutigen Tag bin ich ein Bewunderer von Johannes XXIII., dieser außergewöhnlichen Persönlichkeit. Wenn irgend möglich, habe ich bei meinen Romreisen stets seine Grabstätte besucht.

4.
Fraktionsvorsitzender

Sieg und Niederlage hatten die Gefühle in Bewegung gebracht, aber der Arbeitsalltag in Fraktion und Parlament ließ die Emotionen schnell vergehen und vergessen. Die Arbeit im Jahr 1962 begann für mich so, wie sie im alten geendet hatte. Dennoch sollten jene politischen Beobachter recht behalten, für die mein Umzug in Bodens Büro symbolischen Charakter hatte. Schon sehr bald liefen die Fäden bei mir zusammen. Hermann Matthes suchte die enge freundschaftliche Zusammenarbeit und wurde mir ein wirklicher Freund. Er schob mir immer mehr Arbeit und damit die eigentliche Verantwortung zu. Sein Ziel war, bei nächster Gelegenheit in die Landesregierung einzutreten.

Der geplante Berufswechsel beschäftigte ihn mehr als alles andere. Mehr denn je galt sein Interesse der Sozialpolitik und der baldigen Übernahme des Staatssekretärspostens und damit der Leitung des Sozialministeriums, wie es für die nächste Legislaturperiode nach der Landtagswahl 1963 geplant war. Aus freien Stücken und überzeugt, dass es einen Generationswechsel geben müsse und dass ich es besser machen würde, überließ er mir praktisch die gesamte Verantwortung für die Fraktionsarbeit. So kam es, dass ich einige Zeit nach Amtsantritt als stellvertretender Fraktionsvorsitzender zum größten Teil die Arbeit des Fraktionschefs übernahm.

Sowenig der Ministerpräsident und einige seiner treuen Anhänger von dieser Entwicklung begeistert waren, so sehr begrüßten die meisten Fraktionskollegen sie. Mir lag zunächst daran, das Selbstwertgefühl der Abgeordneten zu stärken. Das gelang am ehesten, wenn die Parlamentarier in alle wichtigen Entscheidungen der

*Vorsitzender der
CDU-Fraktion im Mainzer
Landtag (1964)*

Regierung einbezogen wurden. Ob nun das Oberlandesgericht nach Zweibrücken verlegt werden sollte oder nicht, war zum Beispiel eine wichtige Frage, die zunächst in der Fraktion beantwortet werden musste. Schon bald spürten nicht nur diejenigen, die mich gewählt hatten, den frischen Wind der Veränderung.

Wer die Fraktionsprotokolle der sechziger Jahre studiert, der kann manches darin entdecken: Der Abgeordnete Kohl, so heißt es dort, gab zu bedenken, beklagte, beantragte, regte an, bemerkte, machte den Vorschlag, war der Meinung, machte aufmerksam, erklärte, erwähnte, wies darauf hin, bat eindringlich, erwiderte, widersprach, wollte wissen und verlangte von der Regierung ... Das Fraktionsklima veränderte sich. Zwar leitete Matthes noch die wöchentlichen Fraktionstagungen während der Sitzungswochen des Landtags. Die Aufstellung der Tagesordnung und damit die Themensetzung jedoch geschah unter meiner Verantwortung. Meine ständige Einmischung, mein Fragen und Drängen müssen Peter Altmeier schon gewaltig missfallen haben. Dabei hatte ich es wirklich nicht darauf angelegt, den Dreiundsechzigjährigen zu ärgern, der im Juli 1962 auf eine fünfzehnjährige Amtszeit als Ministerpräsident von Rheinland-Pfalz zurückblicken konnte.

Viele Kontroversen ergaben sich beinahe automatisch aus

unterschiedlichen Sichtweisen, Bewertungen und politischen Analysen. Was uns jungen Abgeordneten immer wieder Unbehagen bereitete, war der Mangel an Einsicht und Offenheit für neue Fragestellungen, die neue Antworten erforderten und einen anderen Politikstil verlangten. Altmeier war mehr als doppelt so alt wie ich, und mancher in der Fraktion hatte das Pensionsalter sogar erheblich überschritten. Kein Wunder, dass die Meinungen von Jung und Alt mitunter hart aufeinanderprallten. Das Festhalten an althergebrachten Strukturen und weltanschaulicher Einseitigkeit forderte den Widerspruch geradezu heraus. Der Streit um die Abschaffung der Konfessionsschule und die Einführung der christlichen Gemeinschaftsschule etwa ist ein gutes Beispiel für das anstrengende Ringen um die Überwindung weltanschaulicher Gegensätze. Hier, wie in anderen Fällen auch, zeigte sich ein kaum zu lösender Generationskonflikt.

Die Altersstruktur in Partei, Fraktion und Regierung führte oft zu verlustreichen Reibungen, die nur schwer abzubauen waren. Von heute aus betrachtet räume ich ein, dass meine Freunde und ich sehr oft ungeduldig waren und die älteren Kollegen in Rage brachten und verschreckten. Ich bekenne auch, dass wir die Lebensleistung mancher Kolleginnen und Kollegen nicht genügend achteten und zum Teil zu Urteilen gelangten, die nicht immer gerecht und oft zu hart waren. Aber es gab eben auch viele Politikfelder wie beispielsweise den Bau eines Saar-Pfalz-Kanals, die Schulpolitik oder die Finanzreform, die mit den Vorstellungen jener Frauen und Männer, die ihre politischen Erfahrungen in der Weimarer Republik gesammelt hatten, nicht immer in Einklang zu bringen waren. Auch eine kämpferische Strategie gegenüber der SPD-Opposition im Mainzer Landtag war manchem auf der Regierungsbank nur schwerlich abzutrotzen. Harmonie über Parteigrenzen hinweg, das schien ihr Leitmotiv zu sein.

Wer wie ich die härtere Gangart gegenüber unseren politischen Konkurrenten wollte und wählte, geriet leicht in den Verdacht, ein Störenfried und Rabauke zu sein. Neue Wege beispielsweise in der Wohnungsbaupolitik zu gehen oder eine zeitgemäße Reform der Körperschaftsteuer durchzusetzen und der parlamentarischen

Opposition gegenüber kraftvoll zu verteidigen kostete eine Menge Überzeugungsarbeit. Es gab unter den Älteren aber auch viele, die unser Drängen und unser stürmisches, zuweilen auch ruppiges Vorgehen unterstützten. Dieser Teil der CDU-Fraktion begleitete mit viel Sympathie unseren Veränderungswillen und hatte Vergnügen daran, wenn wir vorpreschten. Der Zeitfaktor spielte eine nicht unerhebliche Rolle. Wir Jüngeren wurden von Jahr zu Jahr ungeduldiger. Uns ging alles viel zu langsam. Uns störte die zu große Rücksichtnahme auf einflussreiche gesellschaftspolitische Kreise außerhalb des parlamentarischen Systems, die damals besonders zu spüren war. Ich erinnere nur an die maßgeblichen Repräsentanten der Kirchen – ob katholisch oder protestantisch, ob in Trier, Speyer oder Mainz.

*

Zur praktischen, bürgernahen Politik zählte auch das Gesundheitswesen, das im Landeshaushalt einen enormen Batzen Geld verschlang. Wie viele Stunden beschäftigten wir uns mit einer optimalen Grundversorgung! Dabei spielten auch die Gesundheitsämter eine große Rolle. Sie personell wie finanziell optimal auszustatten war nicht nur in Vorwahlkampfzeiten ein wichtiges Thema. Wenn ich die Fraktionsprotokolle von damals lese, bin ich darüber erstaunt, mit welchem Ernst und Engagement ich mich für eine Besoldungserhöhung der Medizinalräte einsetzte. Mir wollte einfach nicht einleuchten, dass der Leiter eines Gesundheitsamts das gleiche Gehalt bezog wie ein Oberregierungsrat. Meine Anregung, zusätzliche Beförderungsstellen im Gesundheitswesen einzurichten, hatte schließlich Erfolg.

Dass ich mich so häufig mit Besoldungsfragen beschäftigen musste, lag einerseits daran, dass sich betroffene Bürger direkt an mich wandten. Andererseits liefen bei mir in der Fraktionsspitze die Fäden zusammen, und viele Anfragen und Hintergrundinformationen aus den Landesteilen stapelten sich auf meinem Schreibtisch. Darunter waren immer wieder auch ganz praktische Anregungen, bürgernah und realistisch, für die ich sehr dankbar war.

Als Generalist – und nichts anderes war ein zweiunddreißigjähriger Landtagsabgeordneter, der die Fraktionsarbeit zu organisieren hatte – musste ich mich um fast alles kümmern. Dazu gehörte auch die strenge Beobachtung der SPD-Opposition. Mit einer klugen Strategie versuchte sie vor allem in Wahlkampfzeiten, der Regierung und den sie tragenden Parlamentsteilen möglichst viele Fehler vorzuwerfen und ihr eigenes landespolitisches Profil schönzureden und zu schärfen.

Für eine solche Auseinandersetzung war der rheinland-pfälzische Landtag die geeignete Bühne. Als Berichterstatter des Haushalts- und Finanzausschusses hatte ich zahlreiche Auftritte im Parlament, die mir von Mal zu Mal mehr Sicherheit verschafften und auch meine rhetorischen Fähigkeiten schulten. Gerne legte ich mich mit dem Fraktionsvorsitzenden der SPD-Opposition an. Als »geschäftsführender« Fraktionsvorsitzender und »Anführer der jungen Parlamentsgarde« konnte ich mich am Rednerpult immer häufiger profilieren, gleichgültig ob ich den Ministerpräsidenten zu verteidigen hatte oder den Einzelplan des Regierungschefs im Landeshaushalt begründete.

Je spontaner der Schlagabtausch geschah, um so sattelfester fühlte ich mich. Es machte mir riesigen Spaß, auch mit weniger vorformulierten Texten in die Redeschlacht zu ziehen und zu kontern. Besonders erfreut war ich über Zwischenrufe von Oppositionsabgeordneten.

Kulturpolitische Debatten nahmen in den Sechzigern einen breiten Raum im Landtag ein. Dabei fiel die Bilanz des CDU-geführten Kultusministeriums nicht immer zufriedenstellend aus. Der seit 1956 amtierende Minister für Unterricht und Kultus Eduard Orth, gelernter Volkswirt und Teilhaber einer Möbelfabrik in Speyer, hatte sich zuvor als Bundestagsabgeordneter vornehmlich mit Geld, Kredit und der Wirtschaftspolitik beschäftigt. In der Schul- und Hochschulpolitik des Landes Rheinland-Pfalz galt es kräftig aufzuholen. Die Verbesserung des Volksschulwesens und die Schaffung neuer Realschulen und Gymnasien standen neben dem Ausbau der Mainzer Universität im Mittelpunkt. Sicherlich waren die Denkmalpflege und der Ausbau der Museen wichtig, ebenso die Restaurierung der Dome zu Speyer, Trier, Worms und Mainz. Doch die Lehrerausbildung musste Vorrang bekommen, und die Lehrpläne hatten eine Überarbeitung dringend nötig. Der staatsbürgerliche Unterricht schien mir unterentwickelt zu sein, und auch außerhalb der Landeshauptstadt mussten neue Lehr- und Forschungseinrichtungen entstehen.

Als Mitglied und gelegentlicher Berichterstatter des Kulturausschusses wusste ich über die Stärken und Schwächen der Kultusbürokratie gut Bescheid. Bis in die siebziger Jahre widmete ich der Kulturpolitik meine besondere Aufmerksamkeit. Oft habe ich Eduard Orth verteidigt. Der Kultusminister war ein kultivierter und gebildeter Mann und von seiner Tätigkeit als Unternehmer geprägt. Aber er hatte seine Schwierigkeiten mit der Bürokratie im Schul- und Kultusbereich. Auch für die Kulturpolitik im Land galt, was ich generell zu bemängeln hatte: Viele politische Probleme wurden zu spät erkannt und dann zu zögerlich angepackt.

*

Auf der bundes- und weltpolitischen Bühne brachte das zu Ende gehende Jahr 1962 wenig Erfreuliches: Ein erster Starfighter der Bundeswehr stürzte ab. Bis zum Jahr 1981 erhöhte sich die Zahl der Abstürze auf zweihundert. Die Kuba-Krise im Oktober und November 1962 brachte die Vereinigten Staaten und die Sowjetunion an den Rand eines Weltkriegs. Und die *Spiegel*-Affäre sorgte in der Bundesrepublik für eine schwere Regierungskrise: Ausgelöst durch einen kritischen *Spiegel*-Bericht über ein Nato-Manöver ließ die Karlsruher Bundesanwaltschaft mehrere Mitarbeiter des Hamburger Nachrichtenmagazins verhaften. Im Verlauf dieser Affäre traten die FDP-Minister zurück. Die Erneuerung der CDU-CSU-FDP-Koalition kam erst Mitte Dezember 1962 zustande, nachdem die FDP-Forderung nach einem Rücktritt von Bundesverteidigungsminister Franz Josef Strauß und die Zusage des vorzeitigen Rücktritts Adenauers für den Herbst 1963 erfüllt waren.

Die *Spiegel*-Affäre hat uns damals alle tief beunruhigt. Das Wort vom »Landesverrat« ging um. Zunächst war es von Mainz aus sehr schwer, zu durchschauen und zu begreifen, was eigentlich in dieser Sache passiert war. Die Gerüchte brodelten, auch in der Partei. Das Ganze war für uns in der CDU/CSU – auch wegen der unmittelbaren Konsequenzen für Franz Josef Strauß, der ja als kommender Mann galt – mit unabsehbaren Folgen verbunden.

Diese Ereignisse hatten alles andere als günstige Einflüsse auf den Wahlkampf für die Landtagswahlen in Rheinland-Pfalz, die auf den 31. März 1963 datiert waren. Natürlich spielten landespolitische Themen im Wahlkampf die herausragende Rolle. Gleichwohl schlug das negative Bonner Regierungsklima auf die Bundesländer durch, zumal auch in Mainz eine Koalition aus Christdemokraten und Liberalen von den Wählern bestätigt werden musste.

Eine positive Überraschung bescherten uns Bundeskanzler Konrad Adenauer und der französische Staatspräsident Charles de Gaulle gleich zu Beginn der heißen Wahlkampfphase. Am 22. Januar 1963 unterzeichneten die beiden Staatsmänner in Paris den sogenannten Élysée-Vertrag, den deutsch-französischen Freundschaftsvertrag, mit dem sie die Versöhnung ihrer beiden Staaten besiegelten. Das Abkommen bestimmte mindestens halbjährliche Gipfeltreffen zwischen den Regierungen und führte zur Gründung des Deutsch-Französischen Jugendwerks. Der achtzehn Punkte umfassende Vertrag strebte eine enge Zusammenarbeit in Erziehungs- und Jugendfragen, Außenpolitik und Verteidigung an.

Zum fünfundzwanzigsten Jahrestag wurde der Pakt 1988 um zwei Protokolle erweitert, die den deutsch-französischen Verteidigungs- und Sicherheitsrat sowie den Wirtschafts- und Finanzrat ins Leben riefen. In einer dem Vertrag vorangestellten Erklärung heißt es, die Versöhnung habe eine jahrhundertealte Rivalität beendet und sei ein geschichtliches Ereignis, das das Verhältnis der beiden Völker zueinander von Grund auf neu gestalte. Eine verstärkte Zusammenarbeit sei ein unerlässlicher Schritt auf dem Weg zum vereinten Europa.

Auch wenn Kritiker heute meinen, dass der Vertrag an vielen Stellen über Absichtserklärungen nicht hinauskomme, war er doch eine wichtige Voraussetzung, um das nach drei Kriegen nachhaltig erschütterte deutsch-französische Verhältnis wieder auf gutnachbarliche Füße zu stellen.

Für mich und viele meiner Freunde war die deutsch-französische Freundschaft nicht nur ein Thema der großen Politik, sondern ein Herzstück unserer Überlegungen. Die Erfahrungen in der Pfalz, die mehr als zweihundertjährige Geschichte unserer Heimat, in der es so viele Kriege, Zerstörungen und Verwüstungen gegeben hat, die für die davon Betroffenen eine wirkliche Heimsuchung waren, haben eine nicht nur verstandesmäßige, sondern vor allem auch emotional begründete Sehnsucht nach einer echten Annäherung zwischen Deutschen und Franzosen hervorgebracht.

Was ich in den Jugendjahren erlebt habe, hat mich für den Rest meines Lebens – auch in der Zeit als Bundeskanzler – entscheidend geprägt. Die deutsch-französische Beziehung war mir ganz selbstverständlich ein Herzensthema. Hannelore dachte genauso, auch wenn sie nicht aus der Pfalz stammte, sondern in Sachsen aufgewachsen war. So war es nur natürlich, dass wir auch in unserem privaten Umfeld persönliche Beziehungen zu Franzosen pflegten.

5.
Im Machtzentrum

Bei der Landtagswahl am 31. März 1963 verlor die CDU die absolute Mehrheit der Mandate. Jetzt gab es die Möglichkeit, eine Regierung gegen die stärkste Fraktion zu bilden. Der CDU drohte die Oppositionsrolle.

Wir hatten im Vergleich zur letzten Wahl 1959 4 Prozent der Stimmen verloren und landeten bei 44,4 Prozent. Die Sozialdemokraten legten kräftig zu und kamen uns mit 40,7 Prozent gefährlich nahe. Erstaunlicherweise verzeichneten auch die Liberalen mit 10,1 Prozent leichte Zugewinne, obwohl sie mit uns in der Regierungsverantwortung saßen. Ihre solide Arbeit in Mainz und das selbstbewusste Auftreten der FDP in Bonn zahlten sich offenbar aus.

Als die sechsundvierzig Abgeordneten der CDU-Landtagsfraktion eine Woche nach der Landtagswahl am 9. Mai 1963 zu ihrer konstituierenden Sitzung zusammenkamen, waren die Schmerzen über den Verlust der absoluten Mehrheit noch lange nicht ausgestanden. Jetzt galt es, mit der ungewohnten parlamentarischen Situation fertig zu werden und vor allem ein neues Bündnis mit den Liberalen zustande zu bringen. Wichtigster Punkt der Tagesordnung war die Wahl der Fraktionsführung. Die Stimmung war nicht besonders überschwenglich, aber auch nicht so, dass man hätte verzweifeln müssen. Meine Kandidatur als Vorsitzender der CDU-Fraktion stand seit langem fest und wurde von einer breiten Mehrheit unterstützt. Dass ich aber dann bei der geheimen Abstimmung von den einundvierzig abgegebenen Voten kein Nein und nur drei Enthaltungen bei achtunddreißig Ja-Stimmen erhielt, überraschte nicht nur mich. Eineinhalb Jahre zuvor war die Mehrheit für mich denkbar knapp ausgefallen.

Es mochte gute Gründe für diesen großen Vertrauensbeweis geben, allerdings waren bei aller Anerkennung doch auch immer wieder Vorbehalte gegenüber meinem forschen und selbstbewussten Auftreten laut geworden. Freund wie Feind hatten Mühe, mit meiner offenen und unbekümmerten Gangart und meinem lockeren Umgang mit Menschen zurechtzukommen. Daher konnte ich auch nicht immer mit der Unterstützung von Gönnern und Förderern aus der höheren Parteihierarchie rechnen. Allerdings setzte ich ohnehin schon sehr früh auf meine Basis in der Pfalz. Und ich hatte mich durch meine häufigen Parlamentsauftritte profilieren können. Meine Reden zeichneten sich zwar weniger durch rhetorische Brillanz aus als durch gediegene Sachkenntnis, gewürzt mit Ironie und Spott, aber sie waren mittlerweile doch anerkannt.

*

Um die CDU in der Regierungsverantwortung zu halten und ein sozialliberales Bündnis in Mainz zu verhindern, das zahlenmäßig durchaus möglich schien, bedurfte es großen Geschicks. Die Koalitionsverhandlungen schleppten sich dahin. Bei Teilen der Liberalen gab es starke Bestrebungen, mit den Sozialdemokraten einen Neuanfang in Rheinland-Pfalz zu wagen. Die SPD hatte im Wahlkampf klugerweise auf die Forderung nach Auflösung des »Kunststaats« Rheinland-Pfalz verzichtet und war den Liberalen auf einer ganzen Reihe von Politikfeldern entgegengekommen.

Bei den Koalitionsverhandlungen musste ich mich mächtig ins Zeug legen. Die Liberalen schraubten ihre Forderungen immer höher und konnten pokern wie nie zuvor. Ein besonderer Streitpunkt war die Schulpolitik. Die FDP-Verhandlungsführer bestanden auf Abschaffung der Bekenntnisschule, die in Rheinland-Pfalz seit Bestehen des Landes Pflicht war. Ich wusste, dass die Sozialdemokraten ähnlich wie die Liberalen dachten, und erkannte die gefährliche politische Gemengelage, zumal die SPD der FDP die Hälfte aller Ministerposten anbot. Wer mich kannte, ahnte, dass ich in Sachen Schulpolitik den Liberalen näher stand als dem eigenen Ministerpräsidenten, der auch in der jetzigen schwierigen Lage die nach Konfessionen getrennte Volksschule zu verteidigen suchte. Eine Reihe von Kollegen und ich selbst traten dagegen für die christliche Gemeinschaftsschule ein.

Jetzt auf Alter und Erfahrung, auf Lebensweisheit und Klugheit des Ministerpräsidenten Rücksicht zu nehmen half wenig. Wenn die CDU nicht auf den Oppositionsbänken landen sollte, mussten wir Kompromisse mit der FDP finden. In dieser Situation fiel mir eine wichtige Rolle zu, und wir schafften es nicht zuletzt durch meinen Beitrag, ein neues Regierungsbündnis aus CDU und FDP zustande zu bringen. Für mich bot sich hier eine einmalige Gelegenheit, die hohe Schule der Verhandlungsstrategie zu lernen und anzuwenden. Außerdem waren die Verhandlungen ein Lehrstück darin, wie sehr politische Kompromisse von Personen abhängen.

Die Zitterpartie wurde endlich beendet, nachdem der amtierende Finanzminister Fritz Glahn innerhalb seiner Partei seinen ganzen Einfluss geltend gemacht hatte. Er vor allem war es, der dafür sorgte, dass die Liberalen wieder in ein Boot mit der CDU stiegen. Als alles an einem seidenen Faden hing, hatte es sich wieder einmal gezeigt, dass letztendlich nur Vertrauen und persönliche Beziehungen zu tragfähigen Lösungen führen.

Knapp vier Wochen nach der Wahl einigten sich die Gremien von CDU und FDP, ihre Koalition fortzusetzen. Altmeiers Treue zur FDP zahlte sich ebenfalls aus. Die CDU stellte vier, die FDP zwei Minister. Ich hätte Innenminister werden können. Auch das Kultusressort wurde mir angeboten. Nicht nur dem Ministerpräsidenten schwebte vor, mich in eine wie immer geartete Kabinettsdisziplin einzubinden. Doch ich fand diese Angebote wenig verlockend. Zu keinem Zeitpunkt verspürte ich Interesse an einem Ministerposten. Meine Überlegungen gingen in eine andere Richtung, die einen Kabinettsposten kategorisch ausschloss.

Viele meiner Freunde und eine Handvoll Journalisten in Mainz verstanden meine Absage an einen Kabinettseintritt nicht. Dabei hätten meine Argumente jedem politischen Profi einleuchten müssen: Für mich lag die größere politische Gestaltungsmöglichkeit eindeutig in der Führung der CDU-Fraktion. In dieser Position verfügte ich über weit mehr Macht und Einfluss als auf jedem Ministerposten. Und wäre die Fraktionsführung nicht schon das eigentliche Machtzentrum gewesen, dann hätte ich sie spätestens jetzt dazu ausgebaut. Dazu brauchte ich allerdings das Vertrauen und die Zustimmung der Fraktionskolleginnen und -kollegen.

*

Nach den schwierigen Koalitionsverhandlungen kam es in der Regierungserklärung darauf an, das politische Profil dieses Regierungsbündnisses herauszuarbeiten. Deshalb lud ich die Fraktion kurzfristig zu einer Sitzung ein, um mit ihr die inhaltlichen Schwerpunkte abzustimmen. Dabei stellte sich ein erster Konflikt heraus: Während der alte und neue Ministerpräsident bereits im Fraktionsvorstand die Absicht bekundet hatte, lediglich eine summarische Darstellung der Regierungspolitik abzugeben, bestand ich nachdrücklich auf einer sehr ausführlichen Regierungserklärung, die ich als Magna Charta der Regierungspolitik für vier Jahre bezeichnete. Altmeier fügte sich schließlich der Fraktionsmeinung und akzeptierte auch eine deutliche Einmischung der Fraktion, die eine Fülle von inhaltlichen Schwerpunkten anregte.

Vor allem in der Kulturpolitik musste anhand des Koalitionsabkommens noch einmal ganz präzise herausgestellt werden, dass so weit reichende Änderungen, wie sie die Abkehr von der Bekenntnisschule bedeutete, der CDU nicht aufgezwungen worden waren, sondern im Rahmen einer kontinuierlichen Weiterentwicklung der Kulturpolitik erforderlich wurden. Die Fraktion empfahl dem Regierungschef auch, Fragen des Gesamtschulwesens und des Schulhausbaus zu berücksichtigen. Außerdem müsse auch auf die Frage der Sonderschulen eingegangen werden, ebenso auf die Besoldung der Lehrer, den weiteren Ausbau der Universität, der Ingenieurschulen und der Pädagogischen Hochschulen, auf die Erwachsenenbildung und die staatsbürgerliche Bildung. Schließlich sollte die CDU die Gründung eines Landeselternbeirats unterstützen, ohne damit eine Art Nebenparlament zu installieren.

Zu alledem gesellten sich detaillierte Aussagen auf anderen Politikfeldern hinzu, wie zum Beispiel der Wirtschafts-, Landwirtschafts- und Sozialpolitik. Gekrönt wurde das ganze durch die Ankündigung neuer Vorlagen zur Verwaltungsvereinfachung, ein Thema, das uns noch jahrelang beschäftigen sollte. Einen solchen Vorstoß, eine so gravierende Einmischung hatte es in der Fraktion bisher noch nicht gegeben. Ich spürte aber die dringende Notwendigkeit, uns weit mehr als bisher in den Regierungsprozess einzuschalten, um die neue Koalition zu festigen und den CDU-Teil zu stärken.

Das schien uns gelungen zu sein. Altmeiers pointierte Regierungserklärung fand in den eigenen Reihen und bei der FDP breite Akzeptanz. In der Generaldebatte trug die SPD-Opposition eine Erklärung vor, die detailreich auf die wichtigsten landespolitischen Fragen einging und Alternativen aufzeigte. Oppositionsführer Otto Schmidt, ein guter Rhetoriker und brillanter Analytiker, ging mit uns hart ins Gericht. Seine Attacken waren gut plaziert, und er rührte in der Wunde der CDU, die ihre absolute Mehrheit zu Recht verloren habe. Dann war ich an der Reihe, dem Hohen Haus die Intentionen für die CDU-Landespolitik der nächsten vier Jahre vorzutragen. Im Namen der Fraktion erklärte ich die rückhaltlose Billigung der Regierungserklärung. Dann ging ich ins Detail und setzte mich ausführlich mit den Argumenten meines Vorredners auseinander. Ich gestand offen ein, dass die CDU die Wahl verloren habe, machte aber auch klar, dass sie gewillt sei, in den kommenden vier Jahren eine dynamische Politik zu betreiben, die eine absolute Mehrheit wieder möglich mache.

Die Debatte verlief auf hohem parlamentarischem Niveau, und die Koalitionsparteien versprachen sich öffentlich Loyalität und konstruktive Zusammenarbeit. Damit war die erste und wichtigste Schlacht nach der Landtagswahl erfolgreich geschlagen.

Nach dem Verlust der absoluten Mehrheit im Landtag und nach dem heilsamen Schock, um ein Haar in die Opposition geraten zu sein, stellte sich die Lage allerdings komplizierter dar als zunächst angenommen. Die Koalition war keine Liebesheirat, sondern eine reine Vernunftehe. Entgegenkommen, Aufeinander-Zugehen, Bereitschaft zum Kompromiss waren gefragt, ohne dabei zu vergessen, dass die CDU über sechsundvierzig und der Koalitionspartner FDP nur über elf Mandate verfügte. Bei aller Kompromissbereitschaft war ich als Mitarchitekt der CDU/FDP-Koalition nicht gewillt, wirkliche und echte Grundsätze aufzugeben, auf denen unsere Partei und ihre Programmatik fußten. Allerdings war für mich auch klar, dass ich, wenn ich von Grundsätzen sprach, tatsächlich auch Grundsätze meinte. Nicht jede taktische Frage durfte eine Grundsatzdiskussion auslösen.

*

In den sechziger Jahren hatte sich die politische Landschaft wesentlich verändert. Wir standen einer viel flexibleren und gewandelten Sozialdemokratie gegenüber. Die Beschlüsse des SPD-Parteitags mit dem Godesberger Programm von 1959 fanden in weiten Bevölkerungskreisen erheblichen Anklang. Als größte Gefahr für die CDU erkannte ich den dauernden Versuch der SPD, uns zu umarmen, so dass für den Bürger der Unterschied zwischen CDU und SPD nicht ohne weiteres erkennbar war.

Einerseits konnte uns diese Entwicklung mit Stolz erfüllen, weil sich die SPD in Fragen der Wirtschaftspolitik und der Außen- und Sicherheitspolitik weitgehend unseren – wie sich immer wieder zeigte – richtigen Überzeugungen angeschlossen hatte. Andererseits konnten wir unsere Politik nicht aus der Vergangenheit heraus bestreiten, sondern mussten die Zukunft gestalten. Dass die Unionsparteien bei den großen Fragen der Nation im Nachkriegsdeutschland die richtigen Weichen gestellt hatten, war allgemein anerkannt, für die Wählerschaft aber abgehakt und beinahe vergessen. Jetzt ging es im Land wie im Bund um die Gestaltung der Zukunft.

Was ich für unser Verhältnis zur SPD formulierte, galt in gleicher Weise für die Beziehungen zwischen CDU und FDP. Die Liberalen strotzten vor Selbstbewusstsein, stellten sich als echte dritte Kraft dar und nahmen für sich in Anspruch, mit ihrer gewandelten Programmatik auf gesellschafts- und sozialpolitischem Gebiet auch in die Kreise der Arbeitnehmerschaft vorzudringen. Stolz konnte der Bundesvorsitzende Erich Mende darauf verweisen, dass die FDP so ziemlich die einzige Partei in Deutschland war, die nahezu in allen Ländern und auch in Bonn in der Regierungsverantwortung saß.

Dagegen blies den Unionsparteien ein eisiger Wind ins Gesicht. Der Rücktritt Konrad Adenauers als Bundeskanzler und die Wahl Ludwig Erhards zu seinem Nachfolger im Oktober 1963 brachten keine Veränderungen, schon gar keine spürbaren positiven Auswirkungen.

Was im Bund für die CDU galt, war auch für meine Fraktion in Mainz wichtig: Die Führungskraft und -stärke der CDU musste für den Bürger wieder erkennbar werden. Um dies zu erreichen, genügte es schon lange nicht mehr, auf unbestreitbare große politische Leistungen der Vergangenheit zu verweisen. Jetzt waren glaubwürdige und allgemeinverständliche politische Konzepte für morgen gefragt. Ebenso wichtig war der klar ausgerichtete Machtwille, die Probleme der Zukunft zu bewältigen.

Vor der Fraktion forderte ich die Entwicklung von Leitbildern für die jüngere Generation, glaubwürdige und realistische Betrachtungsweisen der Politik. Ich schloss mich der Meinung eines der CDU wohlgesinnten Kommentators an, der die Union mit einem Körper verglich, der zu viel Fett angesetzt und dabei seine Muskeln verloren habe. Dieses Bild mussten wir zunächst in dem überschaubaren Bereich korrigieren, in dem wir politische Verantwortung trugen.

Es wäre abwegig und töricht gewesen, den Verlust der absoluten Mehrheit in Mainz allein auf die Ereignisse in Bonn zu schieben. Es galt, die Selbstzufriedenheit zu überwinden, die sich auch jetzt wieder breitmachte, kaum dass der erste Schock über die Niederlage verwunden war. Wir durften nicht so tun, als sei nichts gewesen. Eine derartige Einstellung konnte nicht im Interesse unserer Partei liegen. Daher forderte ich Konsequenzen für die Fraktionsarbeit und hielt mit meiner Meinung über die hausgemachten Ursachen der Wahlniederlage nicht hinter dem Berg.

Unser Arbeitsstil und so manche unserer Arbeitsgrundlagen waren nicht für die Zukunft gerüstet. Das galt nicht nur für die

Fraktion, die ich zu führen hatte, sondern gleichermaßen für die von uns getragene Regierung. Unser Ziel musste es sein, 1967 im Land und 1965 im Bund die absolute Mehrheit wieder zurückzugewinnen. Um dieses hohe Ziel zu erreichen, mussten wir sehr hart arbeiten und von jedem einzelnen Mandatsträger den größten Einsatz einfordern. Dabei kam der Fraktion in dieser schwierigen Koalition eine besondere Aufgabe zu: Die Fraktion war der wichtigste Ort der Mandatsträger, der Hort der CDU-Landespolitik, und ich beschwor eine enge Zusammenarbeit mit der Partei, die uns trug und uns in das Amt als Abgeordnete berufen hatte.

Es mag heute altmodisch klingen, aber ich tat damals als Dreiunddreißigjähriger alles, um die CDU-Fraktion zur politischen Heimat der Kolleginnen und Kollegen werden zu lassen. Menschlich sollte es zugehen, ein angenehmes Klima möglichst dauerhaft herrschen. Die Pflege einer guten Kameradschaft hielt ich für ein Gebot der Stunde in schwierigen Zeiten. Für mich war das eine der wichtigsten Voraussetzungen, um Erfolg zu haben. Dabei schloss gute Kameradschaft sachliche Gegensätze nicht aus. Im Gegenteil, sie waren geradezu notwendig, um überhaupt zu einer fruchtbaren Arbeit zu gelangen.

Das Fraktionszimmer war jener Raum, in dem die offene Diskussion gepflegt wurde. Der politische Diskurs mit all seinen Facetten lag mir besonders am Herzen. Die Fraktion durfte nicht zur Abstimmungsmaschine degradiert werden. Sie war unter meiner Leitung auch kein Instrument, um Beschlüsse durchzupeitschen. Diskussion – auch Streit – gehört zum parlamentarischen Leben und zur parlamentarischen Demokratie wie die Luft zum Atmen.

In dieser Form war die Fraktion in besonderer Weise Heimat auch der von der CDU getragenen Mitglieder der Landesregierung – vom Staatssekretär bis zum Ministerpräsidenten. Die Regierungsmitglieder entstammten der Fraktion und benötigten die Unterstützung und das Vertrauen der Fraktionsmitglieder. Dabei sollte nicht unter den Teppich gekehrt werden, dass zwischen Parlament und Regierung ein natürliches Spannungsverhältnis bestand. Nur war es die Aufgabe der Regierungs- und Mehrheitsfraktion, zumal wenn sie sich Christlich-Demokratische Union nennt, diese Spannungen auszuhalten, auf ein Mindestmaß zu beschränken und sie gewissermaßen im Schoße der Familie – eben in der Fraktion oder in der Partei – auszutragen. Zu alledem gehörte natürlich auch das Recht eines jeden Mitglieds der Fraktion, Kritik an den Maßnahmen der Fraktionsführung genauso zu üben wie beispielsweise Kritik an Maßnahmen von Mitgliedern der Landesregierung.

Weil ich mich immer wieder fragte, wie sich die Fraktionsarbeit effizienter gestalten ließ, sah ich mich veranlasst, auf ein Problem hinzuweisen, das mir seit langem ein Dorn im Auge war, das bisher aber kaum wahrgenommen worden war: das Verhältnis zwischen den Fraktionsmitgliedern und den Vertretern der sogenannten Ministerialbürokratie. Es wäre töricht zu glauben, dass ein Abgeordneter in der Wahlnacht vom lieben Gott den Sachverstand und die Kompetenz für alle Fragen der Landespolitik erhalten hätte. Tüchtige und richtige Beratung tat jedem von uns gut, und deshalb waren wir auch alle gut beraten, Freunde in der Verwaltung, vom Angestellten bis zum hohen Beamten in den Ministerien, pfleglich zu behandeln und uns, wenn möglich, entsprechend für sie einzusetzen. Aber letzte politische Entscheidungen und letzte politische Verantwortung trugen der Parlamentarier, das Parlament, die Regierung.

»Der Rat der Herren meines Hauses«, wie sich Regierende auszudrücken pflegten, war in meinen Augen oft als Argument für eine Entscheidung nicht ausreichend. Ich hatte die Leistung und Analysefähigkeit der Ministerialen schätzen gelernt. Aber wichtig war für mich, den Rat meiner Freunde in der Fraktion zu hören. Politische Beratung musste auf vielfältige Weise geschehen.

Zu diesem Themenkomplex gehörte auch die Personalpolitik in unserem Land. Ich war nie ein Anhänger von Parteibuchbeamten, bei denen nicht nach Qualifikation, Leistungsbereitschaft und Loyalität gefragt wird, und diese Meinung hat sich im Lauf meines politischen Lebens wesentlich verstärkt. Vielmehr riet ich meiner Partei, bei jeder nur denkbaren Gelegenheit qualifizierte Kräfte zu fördern, die die Voraussetzung für das jeweilige Amt besitzen. Auch heute noch bin ich der Überzeugung, dass die Zugehörigkeit zu dieser oder jener studentischen Verbindung, zu dieser oder einer anderen gesellschaftlichen Vereinigung kein Kriterium für eine bevorzugte Förderung sein kann.

Schließlich regte ich eine engere Kontaktpflege zwischen dem einzelnen Abgeordneten und seinen heimatlichen Parteifreunden an, seinem Wahlkreis, der Parteibasis, aus der er hervorgegangen war und zu der er die engste Bindung hatte oder haben sollte. Mit den Parteigremien auf kommunaler Ebene, auf Kreis-, Bezirks- und Landesebene in engster Beratung zu stehen schien mir eine weitere Empfehlung wert zu sein. Dazu gehörte auch die Bitte an die Fachausschüsse der CDU, der Fraktion mit ihrer Sachkompetenz zur Verfügung zu stehen. Die Verzahnung der unterschiedlichsten Parteieinrichtungen mit der Landtagsfraktion war ein dringendes Gebot.

Für die nächsten vier Jahre stellte ich nach Absprache mit dem Fraktionsvorstand einen Zeitplan auf, der alle Bereiche der Landespolitik berücksichtigte. Soweit eine solche Planung überhaupt möglich war – die Reaktion auf aktuelle politische Ereignisse durfte natürlich nicht vernachlässigt werden –, setzte ich klare Prioritäten, in die auch der CDU-Landesverband eingebunden war.

Mir lag daran, alle Voraussetzungen zu schaffen, um die CDU in dieser Legislaturperiode zum Erfolg zu führen. Dazu zählte das weite Feld der Kulturpolitik, das im Koalitionsabkommen mit der FDP einen besonderen Stellenwert erfahren hatte, genauso wie die eng damit zusammenhängende Haushalts- und Finanzpolitik, die für alle politischen Aktivitäten von größtem Gewicht ist. Die Unruhe, die in weiten Kreisen unserer bäuerlichen Bevölkerung wegen der europäischen Agrarpolitik herrschte, musste sehr ernst genommen werden. Hier galt es, dynamischer als in der Vergangenheit auf Veränderungen zu reagieren. Ich erinnerte auch an die folgenreiche Umstrukturierung in den ländlichen Gebieten, die Auswirkungen der EWG-Politik auf die Industrieansiedlung. Nicht zuletzt war auch der gesamte Bereich der Sozialpolitik des Landes, die auf eine nicht aufschiebbare Gesetzesreform wartete, ein harter Brocken Arbeit.

Über den großen landespolitischen Problemen, die es zu lösen galt, durfte die Fraktion nicht die regionalen Eigengesetzlichkeiten außer acht lassen. Wir mussten Augen und Ohren offen haben für wichtige örtliche Problemlösungen, um die sich die Landtagsfraktion kümmern sollte. Das hieß konkret, dass manche örtliche Initiative von den Fraktionsmitgliedern aufgegriffen und in die Mainzer Sitzungen eingebracht werden sollte. Hier das Feld der sozialdemokratischen Konkurrenz zu überlassen wäre ein schwerer Fehler.

Mit anderen Worten: Ich wollte, dass meine Fraktionskollegen mehr als bisher das in die Landespolitik einbrachten, was die Bürger vor Ort unmittelbar bewegte und wofür weder die Kommune noch der Kreis verantwortliche Lösungen anboten. Ich wollte mehr Bürgernähe erreichen und die Abgeordneten dazu bringen, die Distanz zwischen dem Mainzer Landtag und dem Wähler vor Ort zu verringern. Das konnte am besten dort geschehen, wo es um konkrete Probleme und deren praktische Lösung ging.

Unser Ziel als Partei und Fraktion musste es sein, den Bürgern eine berechenbare Politik zu präsentieren, die selbst für Laien einsichtig und nachvollziehbar war. Dazu bedurfte es allerdings einer Außenwirkung, einer Präsentation, eines Verständlichmachens, kurz einer Öffentlichkeitsarbeit, die es bisher nicht gab. Die erste Klage auf jeder Parteiveranstaltung bezog sich schon seit Jahren auf die Darstellung der CDU-Politik.

Ich versprach, mich um ein besseres Verhältnis zu Fernsehen, Rundfunk und Presse zu bemühen. Dazu gab es eine Menge brauchbarer Ideen, die umgesetzt werden mussten. Konkret kündigte ich eine eigene Fraktions-Pressekorrespondenz an, die alle vierzehn Tage in einer Auflage von fünfzehnhundert Exemplaren erscheinen sollte. Zusammen mit der Landespartei wurde erstmals die Stelle eines Pressereferenten geschaffen, der ab sofort die Arbeit der Fraktion in der Öffentlichkeit bekanntmachen und möglichst viele Kontakte zur Bevölkerung und zu möglichst vielen Gruppen unserer Gesellschaft herstellen sollte, um einen lebendigen Meinungsaustausch zu initiieren.

Von heute aus betrachtet mag es seltsam erscheinen, dass erst fünfzehn Jahre nach der Gründung des Landes daran gedacht wur-

160

de, einen eigenen Pressereferenten für die Fraktion einzustellen. Darin zeigt sich, wie zurückgeblieben manches damals war, wie wenig auf der Höhe der Zeit.

Der Kontakt mit der Bevölkerung unseres Landes war auf jede erdenkliche Weise erheblich zu intensivieren. Deshalb schlug ich vor, in den vier Jahren der laufenden Legislaturperiode mit der gesamten Landtagsfraktion wenigstens einmal in jedem Stadt- und Landkreis von Rheinland-Pfalz gewesen zu sein. Was sich in anderen Bundesländern als Gewinn erwies, konnte auch für unser Land nur gut sein. Das bedeutete natürlich nicht, dass die Fraktion wie ein Wanderzirkus überall tagen sollte. Es ging mir um Stadt- und Kreisbereisungen, bei denen sich die Parlamentarier einen umfassenden Einblick in die politischen Probleme vor Ort verschaffen konnten. Bei dieser Gelegenheit würde der Kontakt mit den Repräsentanten der eigenen Partei ebenso gepflegt wie mit den Vertretern des gesellschaftlichen Lebens und der örtlichen Presse. Die stärkste Regierungsfraktion musste einfach raus aus dem Landtag, hinein ins Land. Das sollten keine Vergnügungsreisen sein, sondern Arbeitstagungen mit hohem politischem Gewinn.

In diesem Zusammenhang erinnerte ich an meine Vorschläge, die nicht immer auf Zustimmung gestoßen waren, insbesondere an das Instrument der Klausurtagungen. Ich hielt sehr viel davon, wichtige Beratungen außerhalb von Mainz, fernab vom Alltagsgeschäft zu führen. Diese Klausurtagungen erwiesen sich während meiner gesamten Mainzer Jahre als wichtige Veranstaltungen, als ein Gewinn für die Planung und Umsetzung landespolitischer Initiativen. Und beim abendlichen Zusammensein und Umtrunk konnte man einander nahekommen, eine kameradschaftliche und freundschaftliche Atmosphäre pflegen. Das war auch eine gute Gelegenheit, im Lauf der Zeit entstandene Reibungen und Ärgerlichkeiten abzubauen.

Auch eine Verbesserung des Verhältnisses zwischen dem Bund und unserem Land schien mir dringend notwendig zu sein. Allein unsere räumliche Nähe zu Bonn, zur Bundesregierung, zum Bundestag, zu den Ministerien und nicht zuletzt zum Bundesrat verpflichtete die Fraktionsmitglieder geradezu, den Kontakt zu intensivieren. Probleme der anderen Seite kennenzulernen war das Anliegen. Aus diesem Grunde initiierte ich zweimal im Jahr eine gemeinsame Tagung der Mitglieder der Landtagsfraktion mit den CDU-Bundestagsabgeordneten. Dieser Vorschlag stieß auf breite Zustimmung und erwies sich langfristig als ein unverzichtbarer Meinungsaustausch.

Ziemlich unterentwickelt war der Kontakt zwischen Landtagsfraktion und der dritten Kraft im Staat, den Gemeinden, obwohl in unseren Reihen eine Menge führender Kommunalpolitiker saßen. Um dies zu ändern, richtete ich eine jährliche Begegnung von Fraktionsvorsitzenden und Stadträten, Mitgliedern von Kreistagen, Bürgermeistern und Oberbürgermeistern mit der Landtagsfraktion in Mainz ein. Daraus resultierten wertvolle Anregungen für die Arbeit der CDU-Fraktion, die ich nicht mehr missen wollte.

Um noch schlagkräftiger zu werden, schlug ich eine Straffung unserer Fraktionsarbeit vor. Für bestimmte Sachprobleme richtete ich Arbeitsgruppen ein, die auch ad hoc installiert werden konnten und ihre Ergebnisse der Gesamtfraktion vorlegen sollten, bevor eine endgültige Entscheidung fiel.

*

Die Ermordung John F. Kennedys in Dallas im November 1963 berührte mich sehr. Nicht zuletzt bei seinem vielbeachteten Besuch in der Bundesrepublik und West-Berlin fünf Monate zuvor hatte er die Herzen der Deutschen erobert. Weltweit bekannt wurde der Satz, den er der riesigen Menschenmenge vor dem Schöneberger Rathaus zurief: »Alle freien Menschen, wo immer sie leben mögen, sind Bürger dieser Stadt Westberlin, und deshalb bin ich als freier Mann stolz darauf, sagen zu können: ›Ich bin ein Berliner!‹«

Der Frankfurter Prozess gegen einundzwanzig SS-Schergen des Konzentrationslagers Auschwitz, der die Vernichtung des europäischen Judentums bis ins Detail aufrollte und der sich bis zur Urteilsverkündung Mitte der sechziger Jahre hinzog, hinterließ nicht nur in meiner Generation tiefe Beklemmung. Dabei ging es nicht um Fragen der Kollektivschuld, sondern um das Bewusstsein der historischen Verantwortung für die deutschen Verbrechen. Erstmals wurde einer breiten Öffentlichkeit der millionenfache Mord der Nationalsozialisten drastisch vor Augen geführt.

Für uns junge Politiker war das eine wichtige Erfahrung im Umgang mit deutscher Geschichte, die auch unser besonderes Verhältnis zum Staat Israel prägte. Bis zum heutigen Tag war mir immer wichtig und bedeutsam, dass wir Deutschen nach den Massenmorden, für die Auschwitz steht, immer eine besondere Verantwortung für den Staat Israel und die Israelis haben – eine Verantwortung, die sich auch dadurch nicht abschwächt, dass zwischen der nationalsozialistischen Judenvernichtung und heute rund sechzig Jahre liegen.

6.
Basisarbeit

Meine Tätigkeit im Chemie-Verband vernachlässigte ich trotz aller Aufgaben in Fraktion, Kreis und Stadtrat zu keiner Zeit. Was ich hier an Erfahrungen sammeln konnte, kam auch meinem politischen Engagement zugute. Die Großzügigkeit, mit der mich mein wichtigster »Brötchengeber« behandelte, war für mich sehr hilfreich. Meine Arbeit konnte ich mir praktisch selbst einteilen, es kam nur darauf an, die geforderte Leistung zu erbringen. Zu welcher Tageszeit ich arbeitete, war meine Sache. Mein Pendeln zwischen Ludwigshafen und Mainz, zwischen Chemie-Verband und Stadtrat, zwischen Bezirksverband, Fraktionsvorstand und dem Landtag war ganz schön anstrengend. Schon zu dieser Zeit kam ich selten ohne einen Sechzehnstundentag aus.

Ein wichtiges Datum ist mir noch in guter Erinnerung: Am 14. September 1962 besiegelten Ludwigshafen und das in der Bretagne gelegene Lorient feierlich ihre deutsch-französische Städtepartnerschaft. Zusammen mit meinen Fraktionskollegen nahm ich daran teil. Auf der Rückreise besuchten wir die Schlachtfelder von Verdun und Douaumont. Hier erschien die Geschichte von Deutschen und Franzosen als die zweier kriegstreibender Völker, die sich noch bis in die jüngste Zeit haßten.

*

Im Rahmen der Parteireform im Bezirksverband und zur Vorbereitung auf die Landtagswahl 1967 galt es, die Parteiarbeit in der Pfalz zu verbessern. Als stellvertretender Vorsitzender der pfälzischen CDU stellte ich ein Programm für die nächsten beiden Jahre vor, das im September 1963 angenommen wurde und in dessen

Rahmen sich der erweiterte Bezirksparteiausschuss in nichtöffentlichen Veranstaltungen mit kultur- und sozialpolitischen Fragen beschäftigen sollte. Ich holte namhafte Referenten in die Pfalz, die unter anderem auch Vorträge zu außenpolitischen Problemen hielten. Hinzu kamen Sonderveranstaltungen für Theologen, Juristen und Pädagogen, bei denen Themen wie der geistige Standort der Union, die Reform des Strafrechts und die Zukunft der Volksschule im Mittelpunkt standen. Außerdem richtete ich eine Rednerschule des Bezirksverbands ein. Es wurden sechs bis acht Kursveranstaltungen angeboten, an denen rund vierzig ausgewählte Parteimitglieder teilnehmen konnten.

Wer sich in der CDU mit sinnvollen Reformvorschlägen hervortat, fand stets rasch die Unterstützung der Basis. Aus diesem Grund und weil auch in der pfälzischen CDU die mittlere Generation fehlte, fiel mir ohne einen wie immer gearteten parteiinternen Wahlkampf auch noch die Nominierung für das Amt des Bezirksverbandsvorsitzenden Pfalz zu.

Amtsinhaber Eduard Orth selbst war es, der mich auf noble Art und Weise zu seinem Nachfolger vorschlug. Er begründete seinen Verzicht mit der Arbeitsüberlastung als Kultusminister und mit der Einsicht, dass die Parteiarbeit in der Pfalz aktiviert werden müsse, vor allem auch in der jüngeren Generation, um bei den Kommunalwahlen im nächsten Jahr bestehen zu können.

Auf dem außerordentlichen Bezirksparteitag am 12. Oktober 1963 in Neustadt an der Weinstraße wurde ich mit zweihundertsechsunddreißig von zweihundertfünfzig abgegebenen Stimmen gewählt. Zu diesem grandiosen Ergebnis hatte ohne Zweifel mein guter Ruf als Fraktionsvorsitzender geführt, aber auch mein landespolitisches Engagement, das schon 1955 begonnen hatte. Bereits als Fünfundzwanzigjähriger saß ich im Landesvorstand der CDU Rheinland-Pfalz, und seit 1959 war ich Vorsitzender des CDU-Kreisverbands Ludwigshafen.

In meinem neuen Amt als Bezirksvorsitzender gab es eine Menge zu tun. Zunächst ging es mir darum, die parteiinterne Kommunikation zu fördern. Unter anderem verpflichtete ich die Mandatsträger, auf unseren Sitzungen Berichte aus ihren Arbeitsfeldern in

Bund, Land und Bezirk zu geben. Damit sollten die Mitglieder des Bezirksvorstands über die politischen Vorgänge und Zusammenhänge informiert und in die Lage versetzt werden, fundierte Fragen zu stellen. Neu war auch mein umfassender Bericht aus der Arbeit des Landtags und unserer Fraktion.

Zur erfolgreichen Leitung eines Bezirks gehörte zwangsläufig die Finanzierung des Verbands. Durch Mitgliedsbeiträge, Bundes- und Landesmittel und eher geringe Spendensummen aus der pfälzischen Industrie war der Finanzhaushalt insgesamt ausgeglichen. Um jedoch meine Reformen und die Veranstaltungen finanzieren und noch erweitern zu können, ohne zu tief in die Bezirkskasse greifen zu müssen, beschlossen wir auf meinen Antrag hin, die Beiträge der Bundes- und Landtagsabgeordneten und der Minister um jeweils mehr als 100 Prozent zu erhöhen. Die Herren Minister hatten ab sofort 150 DM, die Bundestagsabgeordneten 100 und die Landtagsabgeordneten 60 DM abzuführen. Mandatsträger wie Regierungspräsidenten, Landräte und Oberbürgermeister wurden ebenfalls kräftig zur Kasse gebeten.

Selten waren im Bezirksvorstand Beschlüsse dieser Art so einstimmig gefasst worden. Wieviel Ärger daraus für mich entstand, konnte ich damals nicht ahnen. Die Betroffenen kamen unserem Beschluss nämlich in den seltensten Fällen nach. Als Bezirksvorsitzender musste ich selbst den säumigen Parteifreunden nachrennen – nicht immer mit Erfolg. Auch später als Bundesvorsitzender blieb mir diese Erfahrung nicht erspart.

Ein Ausbau der Parteiorganisation schien mir unumgänglich. Deshalb schlug ich vor, in den pfälzischen Stadt- und Landkreisen acht neue Geschäftsstellen einzurichten, die mit hauptamtlichen Geschäftsführern besetzt werden sollten. Die Finanzierung ihrer Gehälter sicherte ich durch Zusage des Bezirksverbands. Da CDU-Geschäftsführer nicht so ganz einfach zu rekrutieren waren, schickten wir die Bewerber zur Ausbildung in die Bonner Bundesgeschäftsstelle und in die Akademie Eichholz, das Bildungszentrum der Konrad-Adenauer-Stiftung.

*

Hannelore mit Schäfer-
hund »Igo« vor unserem
Haus (1963)

Undenkbar wäre meine berufliche Entwicklung und die steile politische Karriere gewesen, wenn mir Hannelore nicht freie Hand gelassen hätte. Sie gehörte nicht zu jenen Frauen, die am Morgen ihrem Mann zurufen: »Aufstehen. Karriere machen!« Gelassen verfolgte sie jeden meiner politischen Schritte und wusste auch immer mal wieder skeptische Einschätzungen zu formulieren.

Nach der Hochzeit 1960 und dem Einzug in unser Eigenheim in der Tiroler Straße 41 im Ludwigshafener Stadtteil Gartenstadt kümmerte Hannelore sich intensiv um das Haus, das wegen der fehlenden Finanzierung auch lange nach unserem Einzug noch nicht fertiggestellt war. Sie war eine vorzügliche Bauherrin und richtete mit großem Engagement und vor allem mit viel Ideenreichtum unser gemeinsames Heim ein. Es war ihr Haus, eingerichtet nach ihrem guten Geschmack, aber sie wollte vor allem auch, dass es unser gemeinsames Haus war. Da ich handwerklich nicht unbegabt bin, habe ich vieles mit ihr gemeinsam konstruiert, vor allem, wenn es um Holzarbeiten ging.

Ich fühlte mich in unserem Zuhause sehr wohl und genoss das Gefühl, in den eigenen vier Wänden daheim zu sein.

Viele Freunde besuchten uns auch deshalb gerne, weil sie sich freuten, Hannelore zu begegnen und mit ihr zu diskutieren. Da ihr jede Form parteipolitischer Einseitigkeit fremd war, waren die Gespräche mit ihr für viele unserer Freunde besonders reizvoll.

Viel gemeinsame freie Zeit hatten wir in den sechziger Jahren sicherlich nicht. Bei aller Terminhetze und zum Teil folgenreichen politischen Entscheidungen, bei denen mir auch Fehler unterliefen, vergaßen wir aber nicht zu leben. Gutes Essen und Trinken gehörten zum Alltag und waren nicht selten entspannende Höhepunkte des Tages.

1962 bekam ich einen eigenen Fahrer. Damals begann eine enge freundschaftliche Beziehung zwischen Eckhard Seeber, genannt »Ecki«, und mir. Den ehemaligen Stabsunteroffizier und Fallschirmspringer der Bundeswehr musste ich bei einem Ludwigshafener Industriellen abwerben, was gar nicht so leicht zu bewerkstelligen war. Ecki hatte seinen Beruf bei Offizieren der Bundeswehr gelernt; er gehört bis heute zu meinen treuesten Helfern.

Zur gleichen Zeit kam auch Eckis Ehefrau Hilde zu unserer Familie. So wie sie lange Jahre in bewundernswerter Weise eine Stütze für Hannelore war, ist sie es heute auch für mich.

*

Als wir im November 1962 erfuhren, dass Hannelore schwanger war, waren wir beide sehr glücklich. Mit uns freuten sich meine Eltern und meine Schwiegermutter, die ihre Wohnung in unserem Haus hatte.

Die Schwangerschaft verlief nicht ohne Komplikationen. Hannelores Wirbelsäule war wenig belastbar, seit sie sich auf der Flucht 1945 eine Verletzung zugezogen hatte. Gegen Ende der Schwangerschaft konnte sie sich nur noch äußerst vorsichtig bewegen. Schmerzattacken und Muskelverkrampfungen waren an der Tagesordnung.

Die Geburt verlief ohne Komplikationen. Am 16. Juli 1963 kam unser Sohn Walter zur Welt. Hannelore und ich hatten uns natürlich schon vor der Geburt darüber unterhalten, wie wir das Kind nennen wollten. Ich sagte zu ihr, sie solle den Namen aussuchen. Sie meinte dann, für einen Sohn gefalle ihr »Walter« gut. So hieß mein gefallener Bruder, den sie allerdings selbst nicht mehr kannte, weil sie ja erst nach 1945 als Flüchtling in die Pfalz gekommen war. Sie meinte auch, dass sich meine Eltern – und vor allem meine Mutter – sehr darüber freuen würden, denn mein Bruder war ja der erste Namenserbe meiner Eltern gewesen.

Als unser Sohn zur Welt gekommen war, wollte meine Mutter natürlich unbedingt wissen, wie er heißen solle, aber ich wollte Hannelore die Freude überlassen, ihr das zu mitzuteilen, und so sagte ich nur: »Das wird dir die Hannelore im Krankenhaus sagen.«

Meine Mutter war wie erstarrt, als sie erfuhr, dass wir uns für »Walter« entschieden hatten. Sie hatte Tränen in den Augen, so sehr hat sie sich gefreut. Ihr eigener Bruder hatte Walter geheißen – und war als junger Student im Ersten Weltkrieg gefallen. Meine Eltern hatten dann ihren erstgeborenen Sohn – meinen Bruder – nach Walter benannt – und er ist im Zweiten Weltkrieg gefallen. Darum war meine Mutter jetzt so aufgewühlt.

Als wir nach dem Besuch bei Hannelore auf der Wöchnerinnenstation wieder allein waren, packte sie mich auf dem Gang am Jackett und hielt mich fest, kam ganz nah an mich heran und sagte: »Kann man das zum dritten Mal machen?« Kann man den gleichen Namen zum dritten Mal nehmen, nachdem die beiden anderen gefallen sind? Das hat sie sehr beschäftigt, und mich übrigens auch.

Viele Jahre später, Ende der achtziger Jahre, ging es bei einer Sitzung des Nato-Rats in Brüssel um die Modernisierung der Kurzstreckenraketen, für die sich damals die amerikanische Seite – mit starker Unterstützung von Margaret Thatcher – sehr einsetzte. Damals hatten wir die große Debatte über die Stationierung der Mittelstreckenwaffen und den Vollzug des Nato-Doppelbeschlusses schon hinter uns. Ich sah keinen vernünftigen Grund, jetzt noch weitere Raketen in Deutschland zu stationieren, zumal keine mit kurzer Reichweite, denn das waren Waffen, die im einen Teil Deutschlands abgefeuert wurden und den anderen Teil Deutschlands treffen sollten. Die Abschreckungswirkung für die Sowjetunion war nach meiner Überzeugung sehr gering.

Es gab eine Debatte, in der sich Margaret Thatcher mit großer Entschiedenheit dafür aussprach, diese Stationierung vorzunehmen. Obwohl es um eine Waffe ging, die in Deutschland, nicht in Großbritannien, stationiert worden wäre, wurde sie nicht konkret. Sie nannte weder Deutschland noch meinen Namen, aber sie hat in kräftiger Weise, wie es ihre Art war und ist, dazu aufgerufen, man müsse jetzt den Mut haben, der Bedrohung zu widerstehen mit allem, was dazugehört.

Ich habe sofort darauf geantwortet und gesagt: »Du hast zwar weder Deutschland im allgemeinen noch mich im besonderen genannt, aber du meinst uns.« Und dann habe ich meine Sachargumente vorgetragen, die darauf hinausliefen, dass ich das Ganze für völlig unnötig halte und dass wir auf gar keinen Fall zulassen würden, dass die Raketen in der Bundesrepublik stationiert werden.

Sie hatte mit größter Intensität zugehört. Und dann sagte ich: »Jetzt will ich etwas machen, was ich sonst nie mache, ich spreche jetzt nicht als Bundeskanzler, sondern als Helmut Kohl. Wenn wir über Krieg und Waffen reden, möchte ich hier über meine sehr persönliche Erfahrung berichten ...« Und dann habe ich die Geschichte von Walters Geburt geschildert, vor allem die Reaktion meiner Mutter: »Kann man das ein drittes Mal machen ...?«

Da war Totenstille. George Bush kam um den Tisch herum, gab mir die Hand und sagte: »Helmut, that was a fine speach.«

Die Debatte war zu Ende. Wir haben nie mehr über diesen Punkt gesprochen – jedenfalls nicht in diesem Geist.

7.
Aufstieg

Wenn ich heute über diese Jahre nachdenke, verspüre ich große Dankbarkeit, vor allem Hannelore gegenüber. Sie hat mich mit ganzer Kraft unterstützt. Dankbarkeit auch meinen Freunden gegenüber, die mich an die Spitze der Fraktion gewählt hatten und meine Arbeit im Landtag auch in schwierigen Zeiten unterstützten. Gleiches galt für den regionalen Bereich, der so leicht unterschätzt wird. Meine Basis in der Pfalz war für mich äußerst wichtig; ohne sie hätte ich all die Veränderungen im Bezirk, die nicht überall auf Zustimmung stießen, weil liebgewordene Strukturen zerschlagen wurden und neue Leute plötzlich das Sagen hatten, nicht verwirklichen können. Hier erhielt ich die Legitimation für meine politische Tätigkeit, hier waren die Menschen, von denen ich gewählt und in den Parteigremien nach demokratischen Regeln bestätigt wurde. Dafür brachte ich meine Leistung.

Ich wäre schon in den sechziger Jahren gescheitert, wenn ich nur an Karriere, an Ämter und Positionen gedacht hätte. Die verantwortungsvollen Positionen fielen mir nicht automatisch zu, sondern weil ich mich kümmerte, weil mir nichts zu viel war, weil ich mich bis ins Detail sachkundig machte und weil ich letztendlich die Menschen überzeugen konnte. Sicherlich gehörten auch Schlitzohrigkeit, Cleverness und Härte dazu, aber meinen Einfluss auf Menschen übte ich offen und für jedermann durchschaubar aus. Im selben Maße, wie meine politische Verantwortung in der Pfalz und in Mainz wuchs, wuchs auch mein Einfluss.

*

Der Fraktionsalltag war nicht immer aufregend, bestimmte aber zu großen Teilen mein Leben. In der Landespolitik spiegelten sich die Probleme der Zeit. Mein Selbstverständnis über die Arbeit von Regierungspartei und Fraktion habe ich in den einschlägigen Gremien oft formuliert: Wir waren verpflichtet, die großen Entscheidungen der nächsten zehn Jahre vorzubereiten, unabhängig von Wahlterminen. Wichtig war, die politischen Weichen so zu stellen, dass jedermann später einmal erkennen konnte, dass die CDU seinerzeit tatsächlich auf der Höhe der Zeit gewesen war und vorausschauende Politik gemacht hatte. Ich sah meine Partei als Speerspitze der Entwicklung, die im Land deutlich machte, wie sehr wir für Zukunftsfragen offen waren, natürlich unter Beibehaltung unserer christlich-demokratischen Werte und Prinzipien. Ich wollte auch das Image der CDU als Honoratiorenclub, als Partei alter Männer und Frauen korrigieren.

*

In der fünften Wahlperiode von 1963 bis 1967 haben wir wichtige landespolitische Weichen gestellt, auf die ich noch heute stolz bin. Die längst fällige Verwaltungsreform, die mit meinem Namen eng verknüpft ist, wurde in dieser Zeit in Angriff genommen und beschäftigte uns über Jahre.

Meine Auftritte als CDU-Fraktionsführer im Landtag beschränkten sich nicht nur auf Haushalts- und Finanzfragen, in die ich mich oft einschaltete, einschalten musste. Sicher genauso häufig bezog ich im Namen der CDU zum weiten Feld der Kulturpolitik Stellung, so dass man fast schon hätte meinen können, dies wäre mein einziges politisches Steckenpferd.

Dieses Engagement hatte seinen Grund. Der Kulturpolitische Ausschuss wurde von meinem langjährigen SPD-Rivalen Jockel Fuchs geleitet, und weil ich meine Ideen und Vorschläge nicht auf diesen kleinen Kreis beschränken wollte, trug ich sie auch in den Landtag. Ich kümmerte mich außerdem vor Ort um Kulturinstitutionen, ihre Träger und wichtigsten Repräsentanten. Schriftwechsel, die ich längst vergessen hatte, belegen meine Freundschaft zu namhaften Wissenschaftlern der Universität und mein unablässiges Werben für den weiteren Ausbau der Landesuniversität. Nur wenige wussten, dass ich mit führenden Repräsentanten der unterschiedlichsten Fakultäten über lange Strecken in intensiven Gesprächen war.

*

Andere, deren Wege sich später mit meinem kreuzen sollten, erlebten in dieser Zeit ihren weiteren Aufstieg: Willy Brandt, Regierender Bürgermeister von Berlin, wurde im Februar 1964 zum Bundesvorsitzenden der SPD gewählt, nachdem der langjährige SPD-Vorsitzende Erich Ollenhauer im Dezember 1963 gestorben war. Heinrich Lübke wurde im Juli 1964 für eine weitere Amtszeit als Bundespräsident gewählt. Nach dem Sturz Chruschtschows wurde Leonid Breschnew sein Nachfolger als Parteichef, und Alexey Kossygin wurde Regierungschef.

In Vietnam eskalierte der Bombenkrieg, und ein Ende schien noch lange nicht in Sicht.

*

In diese Zeit fiel mein erster, misslungener Versuch, in der CDU auch bundespolitisch Fuß zu fassen. Auf dem 12. CDU-Bundesparteitag in Hannover im März 1964 scheiterte ich mit meiner Kandidatur für den Bundesvorstand. Durch den Tod der Bundestagsabgeordneten Luise Rehling rückte ich allerdings am 3. Juni in den CDU-Bundesvorstand nach.

Ich habe oft darüber nachgedacht, warum ich damals nicht auf Anhieb den Sprung an die Spitze der Partei schaffte. Die Antwort ist relativ einfach, man braucht sich nur meinen Diskussionsbeitrag in der ersten Plenarsitzung des Bundesparteitags am 15. März 1964 zu vergegenwärtigen. Ich war als Fraktionsvorsitzender nach Hannover gekommen, um den Delegierten die Sorgen und Nöte vieler meiner Parteifreunde vorzutragen. Und die wollten viele Parteitagsdelegierte überhaupt nicht hören. Meine Rede störte das Harmoniebedürfnis der stärksten Regierungspartei in Bonn.

Es war meine Absicht gewesen, den Delegierten klaren Wein einzuschenken, die Irritationen der Parteibasis über die Bonner Politik, den Wechsel von Adenauer zu Erhard und die Behäbigkeit der Regierungskoalition darzustellen und an der richtigen Adresse loszuwerden. Wenngleich ich kein neues Grundsatzprogramm der CDU für dringlich ansah, so forderte ich doch für den pragmatischen Bereich der Tagespolitik gesellschaftspolitische Leitlinien, die über die Dauer einer Legislaturperiode hinausweisen sollten. Ich artikulierte die Ungeduld meiner Generation. Mir ging es zu langsam mit der programmatischen Weiterentwicklung der CDU-Politik.

Schon damals in Hannover beklagte ich das schlechte Verhältnis der Unionsparteien zu den Intellektuellen in unserem Land. Dabei ging es mir nicht allein um den Mangel an kontroversen Diskussionen mit Vertretern von Forschung und Lehre, mit Schriftstellern, Musikern und anderen Künstlern. Insbesondere kritisierte ich das Versäumnis der Union, keinerlei Offenheit für Ratschläge aus diesen Bevölkerungsschichten zu zeigen.

Am Schluss meiner Ausführungen forderte ich nachdrücklich eine gründliche Parteireform. Schließlich appellierte ich an die Leistungsträger der Union, deutlicher als bisher eine Bereitschaft zur politischen Führung in der Bundesrepublik zu zeigen, wie sie in den ersten Jahren nach Gründung der Republik von den Christdemokraten praktiziert worden war.

Der starke Beifall konnte nicht darüber hinwegtäuschen, dass ich als knapp vierunddreißigjähriger Landespolitiker für den Geschmack so manches altgedienten Parteimitglieds zu kritisch und anklagend aufgetreten war und Probleme angesprochen hatte, die den Nerv der Parteiführung trafen. Beinahe erwartungsgemäß folgte meine Abstrafung auf dem Fuße, indem mir eine Mehrheit für den Einzug in den CDU-Parteivorstand versagt blieb.

8.
Die Ablösung

In Partei und Fraktion hatte der Bundesparteitag in Hannover meine Position nicht geschwächt, im Gegenteil. Nicht nur für meine engsten politischen Freunde galt ich fortan als Landespolitiker mit bundespolitischen Ambitionen. Tatsächlich war ich auf allen drei Ebenen aktiv: Im Spitzengremium der Bundes-CDU spielte ich eine ebenso aktive und konstruktive Rolle wie im Mainzer Landesvorstand, und im Ludwigshafener Stadtrat ließ ich mich von niemandem an Präsenz und harter Oppositionspolitik übertreffen.

Ein Jahr nach den erheblichen Stimmenverlusten bei der Landtagswahl und der sich quälend hinziehenden Regierungsbildung bot sich auf dem CDU-Landesparteitag in Trier vom 28. bis 30. August 1964 eine günstige Gelegenheit, den Delegierten eine kritische Bestandsaufnahme der Landespolitik zu präsenticren. Ich wollte damit erneut eine Reformdiskussion in Gang setzen, die sich mit konkreten Vorschlägen beschäftigen sollte, und so stellte ich meinen Rechenschaftsbericht als Vorsitzender der CDU-Landtagsfraktion unter die Überschrift »Rheinland-Pfalz im neuen Europa«.

Zunächst machte ich einige grundsätzliche Bemerkungen zum Verhältnis zwischen Fraktion und Landesvorstand. Die einflussreiche CDU-Fraktion durfte keinesfalls zu einer Art Parteiersatz werden. Deshalb forderte ich die Mitglieder des Landesvorstands auf, viel aktiver zu werden als bisher.

Im weiteren Verlauf der Rede unterstrich ich, dass die CDU eine politische Kampfgemeinschaft war und ist und – anders als die deutsche Sozialdemokratie – niemals eine Art Religionsersatz sein wollte. Gerade weil wir die CDU nicht als ideologische Partei sehen, strebten wir seit Gründung der Union nach einer engen Verwurzelung mit unserer religiösen Heimat, den Kirchen. Die Kirchen haben nach dem Willen unserer Verfassungen – sei es das Grundgesetz oder die Landesverfassung von Rheinland-Pfalz – einen besonderen Rang im Leben unseres Volkes. Diese Position nicht nur zu respektieren, sondern wenn notwendig mit aller Entschiedenheit zu verteidigen war für mich und meine Freunde eine Selbstverständlichkeit. Dennoch unterstrich ich in Trier wie auch schon früher, dass die CDU keine Kirchenpartei sei. Wir hatten den Kirchen keine Weisungen zu geben, wir hatten aber auch keine Weisungen von ihnen zu empfangen. Ich zitierte den von mir sehr verehrten Erzbischof von Wien, Kardinal König, dessen weise Analysen mich ein Leben lang beeinflussten:

»Die Kirche kann den Politikern Entscheidungen nicht abnehmen. Christliche Politik machen heißt nicht, auf eine Weisung des Bischofs warten, heißt nicht, mit der Kirchenfahne in den Wahlkampf ziehen, sondern heißt Politik aus christlicher Verantwortung heraus. An diese Verantwortung appellieren, sie zu stärken, wo immer sie sich zeigt, ist Sache der Kirche. Nicht aber im Einzelfall die konkrete Lösung aufzeigen oder gar vorschreiben.«

Eine realistische Politik aus christlicher Überzeugung musste undogmatisch praktische Lösungen für konkrete Probleme finden – maßgeschneiderte Lösungen, denn so vielfältig wie die Bundesrepublik, so vielfältig waren auch die Erfordernisse vor Ort. Rheinland-Pfalz zum Beispiel hatte nach dem Zweiten Weltkrieg einen besonders schwierigen Start. Die Landschaften links des Rheins entlang der französischen und der luxemburgisch-belgischen Grenze hatten in den letzten hundertneunzig Jahren im Zeitalter der Kleinstaatenpolitik ein besonders schweres Schicksal. Als Grenzland des Reichs wurden diese Gebiete von den Machtzentralen in Berlin und München vorwiegend unter militärischen und strategischen Gesichtspunkten betrachtet. Fast alle Bahnlinien und die großen Straßen in unserem Land hatten ihren Ursprung in strategischen Überlegungen. Die wirtschaftliche, die soziale und damit auch die kulturelle Entwicklung dieser Räume blieb hinter der in den rechtsrheinischen Gebieten zurück. Nun konnte jedoch das Grenzlandschicksal, das Generationen unserer Väter belastet hatte, die Chance unserer Generation werden, denn Rheinland-Pfalz ist geographisch ein Kernland Europas. Es lag an uns, diese Chance zu nutzen.

Neben diesen grenzübergreifenden Perspektiven musste dringend die Infrastruktur des Landes auf die Höhe der Zeit gebracht werden. Einen besonderen Auftrag meiner Partei sah ich darin, das Gefälle zwischen Stadt und Land möglichst verschwinden zu lassen. 37 Prozent der Bevölkerung unseres Landes – vornehmlich die Landbevölkerung – waren 1964 noch nicht an eine zentrale Kanalisation angeschlossen. Für 68 Prozent der Bevölkerung mussten entweder Kläranlagen gebaut werden oder die Abwasseranlagen gemäß den gesetzlichen Bestimmungen ergänzt und verbessert werden. Dabei ging es um enorme Investitionen, die ich kaum einigermaßen exakt beziffern konnte. Sie waren nach Milliarden zu bemessen.

Die wichtigste Entscheidung für unser Land fiel jedoch auf dem Feld der Kulturpolitik.

Für die Volksschulen unseres Landes waren 1964 mit der Änderung des Artikels 36 der Landesverfassung über die Lehrerbildung sowie der sich hieraus ergebenden Änderung des Volksschulgesetzes bedeutende Entscheidungen gefallen: Die Bekenntnisschule sollte abgeschafft und statt dessen die christliche Gemeinschaftsschule eingeführt werden. Beide Maßnahmen waren innerhalb wie außerhalb der CDU heftig umkämpft. Es war nicht gerade eine Höchstleistung politischer Taktik der CDU, diese Entscheidungen unmittelbar nach einer verlorenen Landtagswahl zu treffen. Ich war mit vielen Kritikern der Auffassung, es wäre für die Partei besser gewesen, wenn sie diese Abstimmung zwei Jahre früher durchgeführt hätte. Trotzdem war diese Entscheidung zu diesem Zeitpunkt richtig, denn die Errichtung einer simultan-pädagogischen Hochschule entsprach nun einmal den Gegebenheiten unserer pluralistischen Gesellschaft. Eine nach Konfessionen getrennte Ausbildung der Lehrer, wie sie bis dahin üblich war, gab es nun nicht mehr.

Die CDU hatte der Änderung des Artikels 36 und der Neuformulierung des Volksschulgesetzes unter der Voraussetzung zugestimmt, dass das Recht der Eltern auf die Bestimmung der Schulart für ihre Kinder auch in Zukunft erhalten bleibt.

Im Landtag hatten ich und andere Sprecher der Fraktion mehrfach für unsere Partei ein klares Bekenntnis zum Elternrecht abgelegt. Wir waren der Auffassung, dass hier eines der Grundprinzipien unserer Partei berührt war. Die CDU hatte sich niemals für oder gegen die Bekenntnis- oder Gemeinschaftsschule festgelegt. Sie konnte und wollte dies auch gar nicht, da dies nach unserer Meinung eine Frage war, die in die Entscheidungsgewalt der Eltern fiel. Unsere Aufgabe war es nun, in diesem Staat dafür zu sorgen, dass das demokratische Recht der Eltern anerkannt wurde.

Das klare Bekenntnis zum Elternrecht beinhaltete ein ebenso klares Bekenntnis zum verfassungsmäßigen Grundsatz der Bildungschancen für alle Kinder. Aus diesem Verfassungsauftrag ergab sich für uns die Verpflichtung, für alle Kinder unseres Landes das bestmögliche Schulsystem bereitzustellen. Beinahe 90 Prozent von ihnen durchliefen damals ausschließlich die Elementarschule, die somit im wahrsten Sinn des Wortes die Volksschule war. Alle diese Kinder mussten sich nach Abschluss der Volksschulzeit – ob in der Großstadt Ludwigshafen oder in einem Eifeldorf des Kreises Prüm – mit der modernen Arbeitswelt und ihren Rücksichtslosigkeiten und Pressionen auseinandersetzen. Neben erhöhtem Wissen und Können forderte diese hochtechnisierte Umwelt vor allem ethische und religiöse Verantwortung von den Menschen.

Im Jahr 1964, im Zeitalter der Europäischen Wirtschaftsgemeinschaft, war die Ausbildung unserer Volksschüler im Bereich der Naturwissenschaften oder die Chance zum Erlernen einer Fremdsprache in der Volksschul-Oberstufe kein Luxus, sondern eine lebenswichtige Notwendigkeit. Auch die Einführung eines neunten Volksschuljahrs musste in diesem Zusammenhang gesehen werden.

Ralf Dahrendorf, der mit seiner Studie über Arbeiterkinder an deutschen Universitäten Aufsehen erregte, und Georg Picht, dessen Buch *Die deutsche Bildungskatastrophe* 1964 Furore machte, veröffentlichten damals Zahlenmaterial, das uns zum Handeln zwang. Nach diesen Berechnungen besuchten von hundert oberschulfähigen Jugendlichen in der Bundesrepublik nur fünfunddreißig tatsächlich die Oberschule. Nur 3 Prozent der Neunzehn- bis Vierundzwanzigjährigen besuchten eine Hochschule. Rheinland-Pfalz lag mit 2,4 Prozent erheblich unter dem Bundesdurchschnitt. Mehr als die Hälfte aller Familien in der Bundesrepublik konnten als Arbeiterfamilien bezeichnet werden, aber nur 5,2 Prozent der Studenten an unseren wissenschaftlichen Hochschulen waren Arbeiterkinder.

Nach Einführung des neuen Systems weiterführender Schulen musste sich das Bild in den nächsten Jahren sprunghaft verbessern. Unser Ziel war, in etwa zehn Jahren die Zahl der Absolventen an weiterführenden Schulen auf 25 Prozent eines Jahrgangs zu erhöhen. Diese Größenordnung war keine Utopie versponnener Kulturpolitiker, sondern schlichte Notwendigkeit, wie ein internationaler Vergleich unserer Partner in Europa zeigte. Frankreich, die Beneluxländer, aber auch Großbritannien, die USA und der gesamte Ostblock unternahmen damals gigantische Anstrengungen auf diesem Gebiet, und es wäre fatal gewesen, wenn wir aus Gründen der Bequemlichkeit oder wegen mangelnder Weitsicht auf diesem wichtigen Feld zukünftiger Politik zurückgeblieben wären.

Das alles erforderte einen Finanzaufwand von vielen Milliarden Mark. Ich gab mich keinerlei Illusionen hin. Die finanziellen Belastungen überstiegen unsere damaligen Möglichkeiten.

*

Der CDU-Parteitag in Trier galt als Auftakt des Kommunalwahlkampfs in Rheinland-Pfalz. Wir wollten bei diesen Wahlen am 25. Oktober 1964 das Terrain und das Prestige zurückgewinnen, das wir bei der Landtagswahl am 31. März 1963 eingebüßt hatten. Weil meine Freunde und ich kein Blatt vor den Mund nahmen, sahen viele Parteitagsdelegierte vor allem in meiner Rede eine Abrechnung mit Ministerpräsident Peter Altmeier.

Für die kurz bevorstehenden Kommunalwahlen in meinem Land war der Ausgang der Kommunalwahlen in Nordrhein-Westfalen und in Niedersachsen im September 1964 kein gutes Zeichen. An den Verlusten der Partei gab es nichts zu beschönigen. Auffallend waren die Einbrüche bei der katholischen Landbevölkerung. Der Abwärtstrend in der Wählergunst war für mich ein deutliches Signal dafür, dass wir die eigenen Truppen mobilisieren mussten, um neben den Stammwählern vor allem die Jungwähler für die CDU zu gewinnen.

Für das schlechte Abschneiden der CDU wurden die Missstimmung in Bonn und die Querelen innerhalb der Unionsparteien verantwortlich gemacht. Der Bonner Hader führte in weiten Teilen meiner Partei zur Resignation. Dem CDU-Bundesvorstand gelang es einfach nicht, die Konflikte intern zu regeln und wenigstens nach außen Geschlossenheit zu demonstrieren.

Konrad Adenauer hatte zwar nach der Bundestagswahl von 1961 auch gegenüber der FDP erklärt, dass er im Lauf der Legislaturperiode aus dem Amt ausscheiden werde, aber er tat sich sehr schwer, diese Zusage einzulösen. Er war davon überzeugt, dass Ludwig Erhard nicht der geeignete Nachfolger als Bundeskanzler sein werde. Adenauer hielt Erhard für einen Wirtschaftsfachmann mit großen Qualitäten, hatte aber erhebliche Zweifel, ob er den umfassenden Aufgaben eines Bundeskanzlers, vor allem in der Außen- und Sicherheitspolitik, gewachsen sein würde.

Zwar teilten beachtlich viele in der Partei und in der Parteiführung Adenauers Einschätzung, aber die große Mehrheit stand doch zu Erhard. Sie empfand es als besondere Bösartigkeit, einem Mann dieses Amt verweigern zu wollen, dem die CDU so viel zu verdanken hatte. Seit Erhard 1948 zum Direktor der Verwaltung für Wirtschaft in der Bizone gewählt worden war, war der »Vater der Sozialen Marktwirtschaft« in allen Wahlkämpfen eine der entscheidenden Säulen auch für Adenauers Wahlerfolge. In der Bundestagsfraktion hatten sich die Erhard-Anhänger zu einer festen Gruppe zusammengeschlossen, die unter dem Namen »Brigade Erhard« großen Einfluss in der deutschen Publizistik gewann. Adenauer selbst hätte im Oktober 1963 viel lieber den damaligen Finanzminister Franz Etzel, einen sehr angesehenen Politiker, als seinen Nachfolger im Amt gesehen, aber es war keine Frage, dass Erhard die stärkeren Bataillone hatte. In der Partei- wie in der Fraktionsführung gab es in dieser Zeit zahllose Missverständnisse, und andauernd wurden Unfreundlichkeiten ausgetauscht. Es wurde mit sehr harten Bandagen gekämpft.

Hinzu kam der völlig unverständliche Streit zwischen »Atlantikern« und »Gaullisten«, der um die Frage entbrannte, welchen Stellenwert die deutsch-französischen Beziehungen haben sollten. Frankreichs Präsident Charles de Gaulles, dessen politische Perspektiven ganz eindeutig in Richtung Deutschland gingen, hatte bei seinem Deutschlandbesuch 1962 große Triumphe gefeiert. Im Gegensatz dazu wurde die Freundschaft mit den Amerikanern gesehen. Nach dem Tod John F. Kennedys war mit Lyndon B. Johnson ein Präsident ins Amt gekommen, der auf eine sehr hemdsärmelige Art durchaus deutschfreundlich war. Nach Ansicht von »Atlantikern« und »Gaullisten« galt es sich nun zwischen den USA und Frankreich zu entscheiden. In der Auseinandersetzung um diese Scheinalternative standen sich zum Teil künstlich aufgebauschte politische Kampfgruppen gegenüber. Dieser Unsinn belastete uns praktisch während Erhards gesamter Amtszeit.

Vor diesem bundespolitischen Hintergrund war es nicht verwunderlich, dass die CDU bei den Kommunalwahlen mit 45,7 Prozent der Stimmen kein berauschendes Ergebnis erreichte. Auch dass die SPD nach dem Tod Erich Ollenhauers Willy Brandt, den Regierenden Bürgermeister von Berlin, im Februar 1964 zum neuen SPD-Bundesvorsitzenden gewählt hatte, hat bei der Wahlentscheidung eine Rolle gespielt.

National wie international fand in dieser Zeit ein Generationenwechsel statt. Nach dem Tod von Otto Grotewohl wurde Willi Stoph im September 1964 Vorsitzender des DDR-Ministerrats. Im Auf und Ab der deutsch-deutschen Beziehungen kam es zu einem neuen Passierscheinabkommen. Danach konnten West-Berliner in vier Besuchsperioden innerhalb eines Jahres Verwandte in Ost-Berlin treffen. Außerdem durften Rentner aus der DDR erstmals seit dem Mauerbau für vier Wochen in die Bundesrepublik reisen. Allerdings verfügte die DDR-Regierung noch im gleichen Jahr den Zwangsumtausch der Währung für alle Besucher aus dem »nichtsozialistischen Ausland«.

*

Manchmal frage ich mich, wie Hannelore und ich das damals alles geschafft haben: Mit vierunddreißig Jahren war ich Vater eines Sohnes, und Hannelore war zum zweiten Mal schwanger. Im privaten Bereich hatte ich dank Hannelores großzügigem Verständnis riesiges Glück. Beruflich war ich im Chemie-Verband gut abgesichert und stand auf eigenen Füßen, völlig unabhängig von meiner politischen Karriere. Zu jeder Zeit hätte ich als Politiker aussteigen können.

Ich war Oppositionsführer im Ludwigshafener Stadtrat, CDU-Kreisvorsitzender, Bezirksvorsitzender der CDU Pfalz, Mitglied des CDU-Landesvorstands und Vorsitzender der CDU-Landtagsfraktion. Sitzungen über Sitzungen. Nur mit einer effizienten Zeiteinteilung waren mir die vielfältigen Aktivitäten auf so vielen Ebenen und in so zahlreichen Gremien der Partei möglich. Hinzu kam ja noch mein bundespolitisches Engagement, das Mitte der sechziger Jahre stärkere Konturen annahm und immer wichtiger wurde, zumal die Bonner Politik für uns Landespolitiker ein zunehmender Belastungsfaktor war.

Die damaligen Zustände in den CDU-Spitzengremien waren alles andere als zufriedenstellend. Machtkämpfe belasteten das innerparteiliche Klima sehr, und die Popularität der Regierung Erhard schien von Tag zu Tag zu sinken. Um so erstaunlicher war das Abschneiden der Unionsparteien bei der Bundestagswahl am 19. September 1965. Mit 47,6 Prozent der Wählerstimmen verfehlten sie ganz knapp die absolute Mehrheit. Sie konnten sich um gut zwei Prozentpunkte steigern und erreichten sechs Mandate mehr als bei der letzten bundesweiten Stimmabgabe.

Die SPD näherte sich mit 39,3 Prozent deutlich der 40-Prozent-Marke, und die FDP fuhr 9,5 Prozent der Wählerstimmen ein. Rein rechnerisch wäre eine sozialliberale Koalition möglich gewesen. Doch Ludwig Erhard schaffte die Neuauflage der alten Koalition mit der FDP, die allerdings von Anfang an auf wackeligen Beinen stand.

Dieser Wahlerfolg war unbestreitbar ein persönlicher Sieg von Ludwig Erhard, der trotz der Anfeindungen, er sei nicht der geeignete Mann als Bundeskanzler, in der Bevölkerung großen Respekt und viel Sympathie genoss. Ich bin in diesem Wahlkampf einige Male als Zweitredner zusammen mit Erhard aufgetreten und habe selbst erlebt, was für eine ungewöhnlich große Sympathiewelle ihm entgegenschlug. Viele Menschen sahen in Ludwig Erhard den Vater des Wohlstands, der ihnen in einer katastrophalen Ausgangssituation nach 1945 geholfen hatte, wieder in bessere Verhältnisse zu kommen und sich etwas leisten zu können. Diese Einstellung teilten breite Schichten der Bevölkerung.

Ludwig Erhard war ohnehin nie ein Kanzler der deutschen Großindustrie. Diese Leute hatten wenig Sinn für ihn. In seinem ganzen Denken und in seinem Verständnis der Sozialen Marktwirtschaft war er ein Kanzler für den Mittelstand im weitesten Sinne. Sein Wort »Leistung muss sich wieder lohnen« bezog sich auf jeden, der selbst etwas leistet und nicht nur geerbt hat.

Das Bundestagswahlergebnis in Rheinland-Pfalz löste mit 49,3 Prozent für die CDU bei meinen Freunden und mir große Freude aus. Die inhaltlichen, strukturellen und organisatorischen Erneuerungen der Partei zeigten Wirkung: Die Mobilisierung unserer Stammwählerschaft war uns diesmal besonders gut gelungen. Und unsere Angebote an die jüngere Generation, vor allem im Bereich der Kulturpolitik, hatten sich offenbar gelohnt.

Gelohnt hatte sich auch mein persönlicher Wahlkampfeinsatz. Eine Welle der Sympathie begegnete mir auf den Veranstaltungen, wie ich sie in diesem Ausmaß noch nicht erlebt hatte. Ich spürte an der Parteibasis, wie sehr man meine Arbeit in Mainz schätzte.

*

Ein Wochenende mit der ganzen Familie (1970)

Am 28. August 1965 brachte Hannelore unseren Sohn Peter zur Welt. Es war eine nicht ganz leichte Geburt, die Mutter und Kind noch einige Zeit belasten sollte. Die Freude über den Zweitgeborenen war riesengroß.

Peter war mitten in der heißen Wahlkampfphase geboren worden, drei Wochen vor der Bundestagswahl. Freudestrahlend informierte ich Bundeskanzler Ludwig Erhard über mein neues Vaterglück. Erhard hielt sich just an diesem Tag zu einer CDU-Wahlveranstaltung in Mannheim auf. Vor seinem großen Auftritt besuchte er spontan Hannelore in der Klinik. Die junge Mutter war äußerst überrascht und fühlte sich sehr geschmeichelt. Erhards Porträtfoto befindet sich noch heute im Familienalbum – natürlich mit persönlicher Widmung: »Für Frau Hannelore Kohl und ihrem Sohn Peter, am 28. August 1965«.

Hannelore widmete sich ganz ihrer Mutterrolle. Zwar hatte sie als Protestantin selbst keine besonders ausgeprägte religiöse Erziehung mitbekommen, legte aber großen Wert darauf, dass unsere beiden Söhne im katholischen Glauben erzogen wurden. Sie wurden getauft und von Hannelore und mir später auf ihre Erstkommunion vorbereitet. Der gemeinsame sonntägliche Kirchgang gehörte zum festen Bestandteil unseres Familienlebens.

Wir achteten immer darauf, unsere Kinder ohne Druck und Zwang erwachsen werden zu lassen. Toleranz gegenüber Andersdenkenden war eine wichtige Erziehungsmaxime, die Hannelore beispielhaft vorlebte.

*

Mit fünfunddreißig Jahren hatte ich meine beruflichen Weichen gestellt: Das Amt des CDU-Fraktionsvorsitzenden im Mainzer Landtag wollte ich nach dreijähriger praktischer Arbeit mit keinem Ministeramt tauschen – weder in Mainz noch in Bonn. In meinen Händen lag eine umfassende politische Gestaltungsmöglichkeit.

Weil mich diese Aufgabe voll und ganz befriedigte, lehnte ich Mitte der sechziger Jahre ein attraktives Angebot aus der Wirtschaft ab, in den Vorstand einer großen Aktiengesellschaft einzutreten. Das Angebot war überaus verlockend. Allein seine finanzielle Seite konnte einen Kommunal- und Landespolitiker selbst in führender Position ins Wanken geraten lassen.

Hannelore hätte es gerne gesehen, wenn ich aus der Politik ausgestiegen wäre. Ihr ging es allerdings nicht um materielle Gründe. Doch selbst die Perspektive, nach drei bis vier Jahren Vorstandsvorsitzender zu werden, brachte mich keinen Augenblick zum Grübeln. Längst hatte ich mich entschieden, die Politik zu meinem Beruf zu machen. Ich wollte einmal Ministerpräsident werden, auch wenn das dann zu erwartende Gehalt in keinem Verhältnis zu dem finanziellen Angebot stand, das man mir jetzt machte.

Hannelore war mit meiner Entscheidung nicht einverstanden. Sie hoffte auf einen erheblichen zeitlichen Gewinn für unser Familienleben, wenn ich aus der Politik aussteigen würde. Tagtäglich erlebte sie, wie aufreibend mein Beruf war und wie wenig Zeit für uns selbst blieb.

Für mich war immer wichtig, mein eigener Herr zu sein. Ich wollte von möglichst wenigen Vorgesetzten abhängig sein. Zwar war ich in vielerlei Beziehung abhängig: von den Wählerinnen und Wählern, die mich mit einem Landtagsmandat ausgestattet hatten, von den Parteimitgliedern auf Parteitagen, in der Fraktion und im Landesvorstand. Ihre Zustimmung, ihr Vertrauen benötigte ich, um zumindest für eine gewisse Zeit unabhängig zu sein – im Landtag für eine Legislaturperiode von vier Jahren. Schon früh verfolgte ich aber ein Prinzip, das mir wichtig war: niemanden ständig fragen zu müssen, ob dies oder jenes zu geschehen habe. Aus eigener Kraft hatte ich meine beruflichen Ziele erreicht und war geworden, was ich mir vorgenommen hatte. Ich war seit 1963, mit dreiunddreißig Jahren, immer mein eigener Chef. Dabei hatte ich nie Probleme damit, mich für andere Menschen zu verwenden oder ihnen unmittelbar zuzuarbeiten.

Als Mainzer Fraktionsvorsitzender verbrachte ich eine wunderschöne und zugleich sehr aufregende Zeit. Es war die befriedigendste Arbeit, die ich mir bis dahin vorgenommen hatte. Mein Ziel war, Nachfolger von Peter Altmeier zu werden. Die Zeit arbeitete für mich.

Allerdings wurde ich schon seit langem von vielen Seiten bedrängt, CDU-Landesvorsitzender zu werden. Nicht wenige erwarteten von mir, mich um beide Ämter zu bemühen, um den Landes-

Der rheinland-pfälzische
Ministerpräsident
Peter Altmeier

vorsitz ebenso wie um das Amt des Ministerpräsidenten. Ich hatte mich aber längst entschieden, lediglich für den CDU-Vorsitz zu kandidieren, und lehnte es ab, Peter Altmeier bereits jetzt auch in der Mainzer Staatskanzlei abzulösen. Der Ministerpräsident tat sich ohnehin schwer genug mit der Frage, wann ein Generationswechsel notwendig sei.

Nichts, was ich in Partei und Fraktion geworden war, hatte seine Unterstützung gefunden. Gegen seinen Willen hatte mich die Landtagsfraktion an ihre Spitze berufen. Peter Altmeier tat sich sehr schwer mit meiner Art, Politik voranzutreiben, alte Zöpfe abzuschneiden. Mit dem Generationskonflikt allein lässt sich die gegenseitige Abneigung nicht hinreichend erklären, schließlich hatte ich zu einer Reihe von Parteifreunden seines Alters hervorragende Beziehungen und freute mich auf deren politische Ratschläge. Die Chemie zwischen uns stimmte einfach nicht.

In der Vergangenheit hatte ich ihm das Leben nicht immer leicht gemacht. Wie oft widersprach ich ihm in Gremiensitzungen! Als ich gegen seinen Willen 1963 den Fraktionsvorsitz übernahm, spürte er sehr deutlich, dass seine Zeit bald ablaufen würde.

Seit nahezu zwanzig Jahren stand Peter Altmeier nun schon an der Spitze des jungen Landes in Partei- und Regierungsverantwortung. Diese Jahre tragen seine unverwechselbare Handschrift.

Allerdings gab es schon lange Spekulationen um seine Ablösung, und ich wurde seit einigen Jahren als Kronprinz gehandelt. Vor allem die Wahlniederlage 1963, die uns um ein Haar von der Regierungsbank weg in die Opposition katapultiert hätte, wurde Altmeier als CDU-Ministerpräsidenten und Parteivorsitzendem angelastet. Gerade deshalb erwarteten viele Parteifreunde dringend einen Generationswechsel.

Aus eigener Überzeugung und fest entschlossen, auf dem nächsten Landesparteitag für das Amt des CDU-Landesvorsitzenden zu kandidieren, ergriff ich die Initiative. Anfang Januar 1966 traf ich mich unter vier Augen mit Peter Altmeier. Er war auf alles vorbereitet und gab sich ganz souverän. Für mich kam es bei diesen äußerst sensiblen Verhandlungen darauf an, Schaden von der Partei abzuwenden und den Wechsel an der CDU-Spitze des Landes fair zu vollziehen.

Es bedurfte allerdings eines zweiten vertraulichen Gesprächs, um die Modalitäten des Wechsels zu klären. Wir kamen sehr rasch darin überein, dass ich auf dem nächsten Parteitag für den Landesvorsitz kandidieren würde. In der öffentlichen Diskussion, auch in der Partei, war natürlich klar, dass ich nach der Übernahme des Landesvorsitzes bald auch ins Amt des Ministerpräsidenten wechseln würde. Ich selbst hatte kein Interesse daran, dass dies bereits im Zusammenhang mit der bevorstehenden Landtagswahl geschah, sondern zog es vor, den Wechsel erst im Lauf der Legislaturperiode vorzunehmen. Altmeier, der zu diesem Zeitpunkt seit neunzehn Jahren Ministerpräsident von Rheinland-Pfalz war, wollte das nicht. Schließlich einigten wir uns dennoch – immer vorbehaltlich der Zustimmung der Parteigremien –, den Wechsel im Lauf der kommenden Legislaturperiode zu vollziehen. Der Zeitpunkt sollte in der Mitte der nächsten Amtszeit liegen, um dem neuen Ministerpräsidenten genügend Zeit zur Einarbeitung und Profilierung vor der nächsten Landtagswahl zu geben.

Als es dann 1969 zum Wechsel kam, schied Peter Altmeier nach insgesamt zweiundzwanzig Jahren aus dem Amt. Bis heute ist das die längste zusammenhängende Amtszeit, die ein Ministerpräsident in der Bundesrepublik je erreicht hat.

In der Sitzung des Geschäftsführenden Landesvorstands am 21. Januar 1966 in der Koblenzer Rhein-Mosel-Halle informierte Peter Altmeier das CDU-Spitzengremium über unsere Gespräche. Auch in diesem Gremium wurde Vertraulichkeit ausdrücklich vereinbart. Der Ministerpräsident gab einen sachlichen Bericht, in dem er unsere Treffen als gut bewertete. Emotionslos erklärte er, dass der Weg, den wir gefunden hätten, im Blick auf die Landtagswahlen Geschlossenheit und Übereinstimmung gegenüber den Wählern und der gesamten Öffentlichkeit garantiere. Er überließ es dann mir, diesen Weg näher zu erläutern. Also legte ich dem Vorstand dar, dass Peter Altmeier beim nächsten ordentlichen Parteitag im März 1966 einen Rechenschaftsbericht abgeben und darin erklären werde, dass er das Amt des Landesvorsitzenden niederlege. Als seinen Nachfolger wolle er mich vorschlagen. In einer Resolution des Parteitags sollte dann festgehalten werden, dass die Partei den Landtagswahlkampf mit dem jetzigen Ministerpräsidenten führe, der auch das nächste Kabinett bilden sollte. Es bleibe ihm überlassen – so meine Erläuterung vor dem Geschäftsführenden Landesvorstand –, wann er von diesem Posten zurücktrete. Der Parteitag solle dann über die Nachfolge entscheiden.

Für mich war dieses Ergebnis unserer Gespräche ein guter Kompromiss. Gleichzeitig kündigte ich meine Absicht an, Peter Altmeier auf dem Parteitag als Ehrenvorsitzenden der CDU vorzuschlagen. Die Mitglieder des Geschäftsführenden CDU-Landesvorstands schienen sichtlich erleichtert zu sein und pflichteten meinen Ausführungen uneingeschränkt bei.

*

Es war der 6. März 1966, als sich die Delegierten zum 13. Landesparteitag der CDU Rheinland-Pfalz in der Rhein-Mosel-Halle einfanden. Wichtigster Tagesordnungspunkt war die Neuwahl des Landesvorstands. Die Wachablösung verlief unspektakulär. Mit vierhundertfünfzehn von vierhundertachtzig abgegebenen Stimmen wählten mich die Delegierten zum neuen Parteivorsitzenden in Rheinland-Pfalz. Neunundzwanzig Delegierte stimmten gegen mich, dreiunddreißig enthielten sich, drei Stimmen waren ungültig. Mit 86 Prozent Zustimmung konnte ich voll zufrieden sein. Damit war ich mit knapp sechsunddreißig Jahren der jüngste Parteivorsitzende in der Bundesrepublik. Peter Altmeier wurde auf meinen Vorschlag hin einstimmig zum Ehrenvorsitzenden mit Sitz und Stimme im Geschäftsführenden Landesvorstand der Partei gewählt.

In Koblenz fiel noch eine zweite wichtige Entscheidung, die gerne vergessen wird: Der Parteitag designierte mich zugleich zum Nachfolger Altmeiers im Amt des Ministerpräsidenten. In der Entschließung hieß es: Für die CDU sei Ministerpräsident Altmeier auch für die Landtagswahl im Frühjahr 1967 der Kandidat für das Amt des Ministerpräsidenten. Neben Peter Altmeier trage Helmut Kohl als Repräsentant der jungen Generation die Verantwortung für die Zukunft des Landes mit. Die CDU sehe in seiner Wahl die Gewähr dafür, dass ihre politischen Ziele zu gegebener Zeit mit ihm im gleichen Geist, mit gleicher Hingabe und mit großem Elan für unser Land und seine Bürger verfolgt würden.

Am zweiten Tag des Landesparteitags gab es eine große Überraschung: Altbundeskanzler Dr. Konrad Adenauer war meiner Einladung gefolgt und hielt eine mit großer Spannung erwartete Rede. Womit niemand gerechnet hatte: Der grollende Altkanzler ging mit der Bonner Außenpolitik hart ins Gericht. Seinen ungeliebten Nachfolger Ludwig Erhard ermahnte er, die deutsch-französische Freundschaft als Unterpfand der europäischen Einigung nicht gering zu achten. Eine gemeinsame Politik könne nur in gegenseitiger Offenheit, im gegenseitigen Vertrauen wachsen. Die These, die Bundesrepublik habe zwischen Frankreich und der Partnerschaft mit den USA zu wählen, wischte Adenauer mit einer Handbewegung vom Tisch. Schließlich hätten auch die Vereinigten Staaten die deutsch-französische Freundschaft als Voraussetzung einer Einigung in Europa angesehen.

Zuvor hatte der Alte aus Rhöndorf freundliche Worte für Peter Altmeier gefunden und davon gesprochen, dass nun eine andere Generation, aber keine unsympathische Generation antrete. Er habe seit geraumer Zeit zugesehen, welchen Weg ich ginge, und er glaube, dass ich die Partei auf einen guten Weg führen würde.

Das erschien mir und meinen Freunden wie eine Art Ritterschlag, auf den wir recht stolz sein konnten. Noch nie hatte die Rhein Mosel-Halle so viele Pressevertreter beherbergt wie diesmal. Sie waren nicht zuletzt Adenauers wegen in so großer Zahl erschienen. So kam es, dass sie den Generationswechsel von Altmeier zu mir zusammen mit der Kritik Adenauers an Erhards Außenpolitik an prominentester Stelle meldeten.

9.
Parteivorsitzender

Hannelore spürte, wie sehr ich seit den Koblenzer Parteitagsbeschlüssen vom 6. März 1966 noch mehr an Mainz und die Politik gebunden war. Sie akzeptierte meine Entscheidung. Zwar brach sie nicht gerade in Jubel aus, aber sie stellte sich auch nicht quer, obwohl sie wusste, dass ich meinem Ziel erheblich näher gekommen war, eines Tages die Regierungsverantwortung in unserem Land zu übernehmen.

Wenn sie daran dachte, dass ich Ministerpräsident werden könnte, verband sie damit für sich nicht die Vorstellung, dann auch »Landesmutter« oder »First Lady« zu sein. Zu diesen repräsentativen Verpflichtungen ging sie zunächst einmal eher auf Distanz. Ihre Fürsorge galt unseren Kindern. Ihr Lebensinhalt war die Familie, auch wenn sie als Ehefrau natürlich zugleich engagiert war in den Anforderungen, die der Beruf ihres Mannes mit sich brachte.

Nach meinem Amtsantritt als Ministerpräsident hat sie in sehr kurzer Zeit und mit viel Freude und großem Geschick die Rolle der First Lady übernommen. Sie war eine ungewöhnlich junge und attraktive Landesmutter, die sogar den leicht herben und nicht sonderlich zu Freundlichkeiten neigenden Gustav Heinemann beeindruckte. Als er uns nach seiner Wahl zum Bundespräsidenten 1969 in Rheinland-Pfalz besuchte, verwandte er einen Großteil seiner Rede darauf, um in einer für ihn ganz ungewöhnlich warmherzigen Weise über die charmanteste und sympathischste Landesmutter zu sprechen: über Hannelore Kohl.

*

Der Bundespräsident zu Besuch in Mainz:
Gustav Heinemann und seine Frau Hilde (1969)

Mit dem Koblenzer Parteitag und der neuen CDU-Doppelspitze in Partei und Regierung hatte der Landtagswahlkampf praktisch begonnen. Am 23. April 1967 sollte gewählt werden. Ein gutes Jahr hatten wir also Zeit, den Wählerinnen und Wählern in Rheinland-Pfalz ein Gespann aus Alt und Jung zu präsentieren und sie vom Sinn und Zweck des Generationswechsels zu überzeugen. Ich hoffte, dass es in dieser Zeit gelingen würde, die Landespartei und damit auch die CDU-geführte Landesregierung inhaltlich zu profilieren.

Als CDU-Landesvorsitzender wurde ich automatisch Mitglied des CDU-Bundesvorstands, dem ich seit Mai 1964 aber ohnehin schon angehörte. In den einschlägigen Protokollen ist nachzulesen, wie sehr ich mich immer wieder einmischte, wenn es um die Arbeit der Partei auf bundespolitischer Ebene ging. Mich beschäftigte das schlechte Image der Union ebenso wie die Defizite der Partei in der Bonner Regierungsverantwortung.

Auf dem 14. Bundesparteitag vom 21. bis 23. März 1966 in Bonn, also nur wenige Wochen nach dem Koblenzer Landesparteitag, musste ich eine herbe Niederlage hinnehmen. Bei den Wahlen der sechs Präsidiumsmitglieder erreichte ich nicht das erforderliche Quorum. Mit nur zweihundertachtzehn von fünfhundertvierundsechzig abgegebenen Stimmen gelang mir nicht der Durchbruch in das Spitzengremium der CDU. Bei der Kandidatur war ich der Empfehlung einer Findungskommission im Auftrag des Parteivorstands gefolgt. Dabei spielte der geschäftsführende CDU-Vorsitzende Josef-Hermann Dufhues eine wichtige Rolle. Er war einer meiner wichtigsten Bonner Förderer.

Dufhues war eine der größten Begabungen in der deutschen Politik, und aus unseren Begegnungen entstand rasch eine sehr herzliche Freundschaft. Unter anderem aus familiären Gründen war er nicht bereit, eine dauerhafte Funktion in Bonn zu übernehmen, aber zum Ausgang der Ära Adenauer hat er als geschäftsführender Parteivorsitzender von der Parteizentrale aus die Geschicke der Partei entscheidend gelenkt. Ohne ihn wäre der ohnehin überaus schwierige Wechsel von Adenauer zu Erhard sicher nicht oder nur mit noch größeren Schwierigkeiten gelungen. Mir war Josef-Hermann Dufhues väterlich zugetan, und mit seinem großen Wissen, seinen enormen Kenntnissen, seiner Menschlichkeit und seinem Humor hat er mir viel geholfen. Sein früher Tod am 26. März 1971 war für mich ein großer Verlust.

Dass Bundeswirtschaftsminister Kurt Schmücker bei den Präsidiumswahlen auf dem Bonner Bundesparteitag noch schlechter abgeschnitten hatte als ich, war für mich kein Trost. Auch Ludwig Erhards Wahl zum Nachfolger Konrad Adenauers als CDU-Bundesvorsitzender fiel alles andere als berauschend aus. Von fünfhundertachtundvierzig gültigen Stimmen entfielen nur vierhundertdreizehn auf ihn, es gab achtzig Gegenstimmen und fünfzig Enthaltungen. Rainer Barzel, immerhin Vorsitzender der Bundestagsfraktion, erging es noch schlechter: Von fünfhundertsiebenundfünfzig gültigen Stimmen votierten nur dreihundertfünfundachtzig Delegierte für ihn, einhundertacht stimmten gegen ihn, dreiundsechzig enthielten sich.

Die Parteiprominenz mochte schlecht abgeschnitten haben, zu schaffen machte mir meine Niederlage. Ich hatte als Vertreter einer neuen Politikergeneration meinen Hut in den Ring geworfen. Entweder war die Botschaft noch nicht durchgedrungen, dass hier ein Vertreter der jungen Generation deutliches Interesse an bundespolitischem Engagement zeigte, oder sie stieß auf taube Ohren. Aber bei nächster Gelegenheit würde ich mich erneut bewerben. Als Landesvorsitzender saß ich ohnehin qua Amt im Parteivorstand. Und dort befand ich mich zusammen mit Peter Altmeier und einer ganzen Reihe politisch Mächtiger mitten im innerparteilichen Geschehen.

Um so enttäuschter war ich, als der Bundesvorstand am 6. Mai 1966 zu seiner konstituierenden Sitzung zusammentraf und nicht einmal beschlussfähig war, weil weniger als die Hälfte der Mitglieder anwesend war. Das sagte über das Ansehen des CDU-Spitzengremiums mehr aus, als man in einer ganzen Rede dazu formulieren könnte.

*

In der Bonner Regierungskoalition stritten CDU/CSU und FDP mit unverminderter Härte um die Haushaltspolitik. Die FDP lehnte es ab, das wegen der anhaltenden wirtschaftlichen Schwierigkeiten wachsende Defizit durch Steuererhöhungen auszugleichen. Und dabei handelte es sich damals keinesfalls um eine echte Rezession, sondern nur um eine geringfügige Schwächephase, die mit den wirtschaftlichen Problemen, vor denen wir heute stehen, nicht zu vergleichen ist. Trotzdem wurde das stark dramatisiert, und die Regierungskrise gipfelte im Rücktritt der FDP-Minister aus dem Kabinett Erhard am 27. Oktober 1966.

Jetzt waren die Spitzengremien der Unionsparteien am Zug. Auf der eiligst einberufenen Sitzung des Bundesparteivorstands am 8. November 1966 erklärte der Parteivorsitzende und Bundeskanzler Ludwig Erhard, dass er am Ende seiner Möglichkeiten angelangt sei. Es gebe eine Regierungskrise, doch dabei handle es sich um keine Staatskrise, sondern um eine innere Führungskrise der eigenen Partei. Erhard versuchte die Wurzeln des Übels in der schwierigen Kabinettsbildung 1961, dem Wahlausgang im September 1965 und in den verlorenen Landtagswahlen in Nordrhein-Westfalen am 10. Juli 1966 zu finden. Die Partei habe im Grunde schon seit Jahren keine innere Ruhe mehr gefunden und sei nicht mehr zu einer festen Geschlossenheit gelangt. Erhard beschrieb detailliert das Scheitern der Koalition mit der FDP und ließ erkennen, dass er mit seiner Regierung keine Zukunft mehr sehe.

Für die Partei ging es jetzt um Mittel und Wege, die Krise zu überwinden. Dazu gehörte zunächst einmal ein würdiger Rücktritt des Bundeskanzlers und ein wohldurchdachtes Verfahren, Erhards Nachfolge in Partei und Regierung zu regeln.

In den anschließenden Wortmeldungen setzten sich die Redner kritisch mit den neuen politischen Konstellationen auseinander. Alle neigten dazu, das Experiment einer Großen Koalition mit der SPD zu wagen. Als ich endlich das Wort ergreifen konnte, stritt ich dafür, eine Neuauflage der Koalition mit der FDP anzustreben und eher in die Opposition zu gehen, als eine Koalition mit den Sozialdemokraten zu begründen. Ich sah keine Chance für CDU/CSU, in einer Großen Koalition ihre Position zu verbessern. Das musste so wirken, als seien wir nicht in der Lage, unsere Politik mit Erfolg durchzusetzen, sondern müssten jetzt mit den Sozialdemokraten als Nothelfer eine Regierungskoalition eingehen.

Energisch wandte ich mich gegen die Einführung des Mehrheitswahlrechts. Die Idee einer Wahlrechtsänderung wurde seit vielen Jahren diskutiert. Es gab in der CDU und in der CSU eine breite Anhängerschaft für die Einführung des Mehrheitswahlrechts, bei dem die Abgeordneten ausschließlich direkt in den Wahlkreisen gewählt werden und derjenige das Mandat bekommt, der in seinem Wahlkreis die meisten Stimmen erhält. Angesichts der Gegebenheiten in der Bundesrepublik hätte das zum Ausscheiden der FDP aus der Bundespolitik geführt, denn es war ja klar, dass immer entweder der CDU/CSU-Kandidat oder der Bewerber der SPD die meisten Stimmen auf sich vereinigen und damit den Wahlkreis für sich gewinnen würde.

In der anschließenden Diskussion beantragte ich, der Bundesvorstand möge sich zwingend und dringend mit der Nachfolge von Ludwig Erhard beschäftigen. Nicht nur die Medienvertreter vor der Tür würden auf eine klare Empfehlung warten, vor allem unsere Freunde in Stadt und Land verlangten sehnlichst nach Klarheit. Natürlich wurde der Bundeskanzler von der Bundestagsfraktion nominiert, doch der Bundesvorstand, in dem vor allem die starken Landesverbände vertreten waren, konnte zumindest personalpolitische Orientierung geben. Ich zählte die meistgenannten Kandidaten einfach in alphabetischer Reihenfolge auf: »Es wird genannt der Fraktionsvorsitzende, unser Freund Barzel. Es wird genannt der Bundestagspräsident, unser Freund Gerstenmaier. Es wird genannt der Ministerpräsident von Baden-Württemberg, unser Freund Kiesinger. Es wird genannt der Außenminister, unser Freund Schröder. Das sind im wesentlichen die Namen, die vor allem diskutiert werden. Es werden darüber hinaus noch andere Namen genannt.«

Alle Genannten waren anwesend, und ich forderte sie auf, sich zu der Frage zu äußern, ob sie sich der Bundestagsfraktion zur Wahl stellen würden oder nicht.

Franz Josef Strauß, der unterdessen als Gast auf der Sitzung erschienen war, hatte meine Rede aufmerksam verfolgt. Er meldete sich nach mir zu Wort und pflichtete mir in allen Punkten bei, die eine rasche Lösung des Personalproblems betrafen. Die bayerischen Landtagswahlen standen unmittelbar bevor, und die Wähler sollten bis zum Wahltag am 20. November 1966 möglichst bald wissen, wer in welcher Koalition die Richtlinien der Politik bestimmen werde. Strauß wiederholte noch einmal die von mir zitierten Namen und forderte die Kandidaten auf, sich zu erklären und zu sagen, ob sie in der Bundestagsfraktion für das Amt des Kanzlers kandidieren würden.

Die Reaktion der vier Spitzenpolitiker überraschte mich kaum. Zwar meinten alle, eine offizielle Bewerbung sei nicht notwendig, doch gleichzeitig erklärte jeder der vier, selbstverständlich zur Verfügung zu stehen, falls er gerufen würde. Rainer Barzel und Gerhard Schröder meinten beinahe wortgleich: »Ich werde mich einer Abstimmung in der Fraktion stellen.«

Im Gespräch mit Franz Josef Strauß

Die Vorstandssitzung im Kanzlerbungalow endete schneller als erwartet. Zu meiner Verblüffung verschwanden die meisten Teilnehmer so schnell, als sei ihnen der Boden zu heiß geworden. Ich wollte ebenfalls gehen, sah mich aber plötzlich mit Ludwig Erhard alleine am Tisch. Er war sehr deprimiert. Dann sagte er: »Herr Kohl, jetzt sehen Sie, wie es ist, wenn man gestürzt ist, dann ist man ganz allein.« Ich habe mich fast geschämt, dass wir den großen alten Mann so allein da hatten sitzen lassen, und fragte ihn, ob ich bleiben oder lieber gehen solle. Er bat mich zu bleiben. Dann haben wir kaum etwas gesprochen, aber zusammen eine Flasche Wein getrunken.

*

Am folgenden Tag sprach sich die CSU-Landesleitung für den baden-württembergischen Ministerpräsidenten Kiesinger als Erhard-Nachfolger aus. Damit hatte sie der Bundestagsfraktion einen

Wink mit dem Zaunpfahl gegeben. Es war auch meine Überzeugung, dass wir mit Kurt Georg Kiesinger einen Neuanfang wagen sollten: Von ihm erhoffte ich die Neuauflage der alles in allem bewährten Regierungskoalition mit der FDP.

Die entscheidenden Wahlen in der Bundestagsfraktion von CDU und CSU verliefen ganz in meinem Sinne. Eugen Gerstenmaier verzichtete auf eine Kandidatur, weil er nach dem Votum der CSU für sich keine Chancen mehr sah. Das kam dem Schwaben zugute, der im ersten Wahlgang zwar die meisten Stimmen, aber nicht die absolute Mehrheit erhielt. Auf Kiesinger entfielen siebenundneunzig Stimmen, auf Schröder sechsundsiebzig, auf Barzel sechsundfünfzig und auf den Außenseiter, den Präsidenten der EWG-Kommission Walter Hallstein, vierzehn Stimmen. Es gab noch einen zweiten und einen dritten Wahlgang. Bei letzterem erreichte Kiesinger hundertsiebenunddreißig Stimmen, einundachtzig Abgeordnete votierten für Außenminister Gerhard Schröder, und der Fraktionsvorsitzende Rainer Barzel konnte sechsundzwanzig Stimmen auf sich vereinigen. Damit hatte der Kandidat, für den ich mich seit Wochen in allen einschlägigen Parteikreisen eingesetzt hatte, die absolute Mehrheit erreicht und konnte nun in Koalitionsverhandlungen treten. Die gestalteten sich weit schwieriger als zunächst erwartet. Ich war über das Verhalten der FDP einigermaßen enttäuscht.

Unvergessen bleibt mir die Sitzung des CDU-Bundesvorstands vom 29. November 1966 im Kanzleramt. Der noch amtierende Bundeskanzler und Parteivorsitzende Ludwig Erhard eröffnete die denkwürdige Veranstaltung mit der klaren Absage an eine Große Koalition, räumte dann aber ein, dass es angesichts der Starrheit der FDP kaum eine Alternative gebe. Anschließend erläuterte der designierte Bundeskanzler Kiesinger ausführlich die Gespräche mit den Liberalen, die an der Frage der Steuererhöhungen gescheitert waren, an der schon die Regierung Erhard zerbrochen war. Kiesinger begründete dann zu meiner Bestürzung, dass er keine andere Wahl gehabt habe, als mit den Sozialdemokraten eine Koalition zu verabreden. Die Alternative wäre ein Regierungsbündnis aus SPD und FDP gewesen und der Gang in die Opposition.

Darüber hinaus erläuterte Kiesinger die geplante Abkehr vom Verhältniswahlrecht und die Einführung des Mehrheitswahlrechts. Es gab bereits eine Übereinkunft mit der SPD darüber, und der Kanzlerkandidat rühmte sie als einen kühnen, einen revolutionären Schritt und sprach von einer der bedeutsamsten Entscheidungen in der Geschichte der deutschen Demokratie seit 1919.

Ich war völlig anderer Meinung. Erregt wie selten zuvor kritisierte ich die geplante Wahlrechtsänderung als eine Gleichschaltung der Politik und verwies auf die großen Schwierigkeiten, die sich daraus für alle Länderkoalitionen der CDU mit der FDP ergeben würden. Ich warnte meine Parteifreunde vor der Gefahr, dass die Union überall dort auf die Oppositionsbänke verbannt werde, wo sich der FDP künftig eine Koalition mit der SPD anbieten werde. Dabei dachte ich nicht nur an die Großstädte und die Länder, sondern ganz konkret auch an die Entwicklung in Rheinland-Pfalz. Wie sollte ich die Kollegen der FDP nach der Landtagswahl im April 1967 für eine Koalition mit der Union gewinnen, wenn meine Partei gerade dabei war, mit der Einführung des Mehrheitswahlrechts die FDP aus den Parlamenten zu katapultieren?

Über diese Frage hatte ich lange Diskussionen mit dem CSU-Bundestagsabgeordneten Karl Theodor Freiherr von und zu Guttenberg und mit dem Bundesinnenminister Paul Lücke, zwei Vorkämpfern für die Einführung des Mehrheitswahlrechts. Sie versuchten meine Bedenken zu zerstreuen, aber ich blieb skeptisch. Vor allem konnten sie mir nicht mein Misstrauen nehmen, dass Herbert Wehner, der sich auf seiten der SPD stark für diese Regelung engagierte, es tatsächlich ernst meinte und am Ende bereit sein würde, diese Absprache mit der Union auch einzuhalten. Die spätere Entwicklung sollte mir leider recht geben.

Ich war kein Freund der SPD und kein sonderlicher Freund der FDP. Aber es war mir zuwider, eine von den Wählern immerhin doch legitimierte Partei – und wenn sie sich noch so renitent der Union gegenüber verhielt – durch ein Wahlgesetz einfach abzuschaffen. Ich kritisierte auch die Absicht, mit der Einführung des Mehrheitswahlrechts die neugegründete NPD zu blockieren, und erinnerte an Regionen, in denen diese rechtsgerichtete Sammlung mit Leichtigkeit mindestens fünf Wahlkreise für sich erringen könnte. Nach meiner Auffassung würde die Wahlreform der NPD nur nützen, indem sie ihr in bestimmten Gebieten eine Alleinregierung ermöglichte. Im übrigen gab es nach meiner Erfahrung eine Menge Leute in der Bundesrepublik, darunter viele treue CDU-Wähler, die dagegen waren, eine demokratische Partei mit der Tradition der FDP per Wahlrechtsänderung ins Aus zu stellen.

Meine Rede wurde immer wieder von starker Unruhe unterbrochen, es gab Zwischenrufe, Debatten und Gemurmel unter den Zuhörern, und ich spürte, dass mir so gut wie niemand im Saal folgen wollte. Nur Peter Altmeier teilte meine Ansicht, ohne sich jedoch auf dieser Sitzung zu exponieren. Bei der Abstimmung über das Kommuniqué, mit dem Kiesingers Bericht über seine Koalitionsverhandlungen gebilligt und der Verhandlungskommission empfohlen wurde, die Verhandlungen mit dem Ziel der Bildung einer Großen Koalition zum Abschluss zu bringen, gab es keine Enthaltungen und nur eine einzige Gegenstimme. Und die war von mir.

*

1966 war ein aufregendes und wichtiges Jahr. In gleich zwei internationalen Organisationen hatte Frankreichs Politik eine Krise heraufbeschworen, in der EWG und in der Nato: Wegen des Streits um die Finanzierung der gemeinsamen Agrarpolitik hatte Frankreich seit August 1965 die Treffen des Europäischen Ministerrats boykottiert und damit sämtliche Entscheidungen blokkiert; und Präsident de Gaulle löste die französischen Streitkräfte aus der Nato, weil der Führungsanspruch des Verteidigungsbündnisses in seinen Augen der Souveränität Frankreichs widersprach. Auf nationaler Ebene vereinbarten SPD und SED einen sogenannten Redneraustausch zwischen beiden Parteien. Aber was mich wirklich bewegte, war der Rücktritt der FDP-Minister und die vorzeitige Beendigung der Bonner Regierungskoalition aus Unionsparteien und Liberalen.

Knapp vier Wochen später einigten sich CDU, CSU und SPD

auf die Bildung einer Großen Koalition. Am 1. Dezember 1966 wurde der baden-württembergische Ministerpräsident Kurt Georg Kiesinger von der Mehrheit des Deutschen Bundestags zum neuen Bundeskanzler gewählt. Vizekanzler und Außenminister wurde der SPD-Bundesvorsitzende Willy Brandt.

Diese politischen Veränderungen geschahen nur wenige Monate vor der rheinland-pfälzischen Landtagswahl. Jedermann wusste, dass ich ein Gegner der Großen Koalition war. Das galt damals ebenso wie heute. Für die Union bedeutete das Zusammengehen mit der großen Oppositionspartei eine erhebliche Neuerung in Fraktion wie Regierungsbetrieb. Doch die Regierungspartner gingen erstaunlich schnell aufeinander zu und stellten ein realistisches Regierungsprogramm zusammen.

Rückblickend räume ich ein, dass die Große Koalition ein einmaliges und – ich gestehe es ein – sogar ein erfolgreiches politisches Experiment war. Doch zur Nachahmung ist es nicht geeignet. Auch im nachhinein bleibe ich bei meiner Ablehnung, obwohl diese Jahre nicht die schlechtesten der Bonner Republik waren.

10.
Bewährungsprobe

Bei den Landtagswahlen am 23. April 1967 waren hundert Abgeordnete für den neuen Landtag von Rheinland-Pfalz zu wählen.

In Rheinland-Pfalz war die CDU bisher aus allen Landtags- und Bundestagswahlen seit 1947 als stärkste Partei des jungen Landes hervorgegangen. Ihr bestes Ergebnis bei einer Landtagswahl konnte sie mit 48,4 Prozent im Jahr 1959 erreichen, als sie die absolute Mehrheit von zweiundfünfzig Mandaten errang. Auch bei der letzten Landtagswahl 1963 blieb die CDU mit 44,4 Prozent stärkste Partei des Landes, verlor jedoch 4 Prozent der gültigen Stimmen und über einundfünfzigtausend Wähler gegenüber der Wahl 1959, während die SPD von Wahl zu Wahl ihre Stimmenanteile verbessern konnte.

Ihren bislang größten Wahlerfolg hatte die SPD bei der Landtagswahl 1963 mit 40,7 Prozent der gültigen Stimmen erzielt. Damit verringerte sie ihren Abstand zur CDU auf 3,7 Punkte.

Ziel des Wahlkampfeinsatzes 1967 war es daher, stärkste politische Kraft in Rheinland-Pfalz zu bleiben und der SPD keine Chance zu lassen, uns zusammen mit den Liberalen von der Macht in Mainz zu verdrängen.

In der SPD wie in der FDP gab es einflussreiche Politiker, die meine Partei auch dann von der Regierung auszuschließen gedachten, wenn wir aus der Wahl wiederum als stärkste Partei hervorgehen würden. Wir mussten also eine so große Mehrheit erzielen, dass eine Regierungsbildung ohne uns unmöglich sein würde. Bei der unsicheren Haltung der FDP genügte es nicht mehr, stärkste Partei zu sein.

Schon im Herbst 1966 hatte ich zwei Wahlkampfausschüsse mit erfahrenen Politikern und engagierten Organisatoren zusammengestellt. Auf den Treffen erarbeiteten wir anhand modernster wissenschaftlicher Erkenntnisse unsere Wahlkampfkonzeptionen. Dabei spielten demoskopische Untersuchungen keine unwesentliche Rolle. Mein besonderes Anliegen war die Verzahnung von traditioneller Wählerwerbung mit neuesten Erkenntnissen über Wählerbindungen.

Das Außergewöhnliche dieses Wahlkampfs war die Einführung von »Canvassing '67«, der modernsten Wahlkampfform, die es bisher in Kontinentaleuropa gegeben hatte. Das war mehr als nur eine Wahlkampfmethode und erregte weit über die Grenzen unseres Landes hinaus Aufsehen. Elmar Pieroth, später erfolgreicher Berliner Senator, hatte »Canvassing« in Amerika hautnah erlebt und wandte es nun mit vielen Helferinnen und Helfern im rheinland-pfälzischen Wahlkampf 1967 erfolgreich an. Der Grundgedanke war ein persönlicher Kontakt zwischen dem Wähler und dem Gewählten als ständige Einrichtung, auch und besonders während der Legislaturperiode.

Die Bilanz des Canvassing-Wahlkampfs konnte sich sehen lassen: Unsere Landtagskandidaten hatten sich durchschnittlich mit dreitausend ihrer Wähler persönlich bekannt gemacht. Dies gab uns allen ein neues Selbstverständnis als Volksvertreter.

Doch bei alldem durften die inhaltlichen Auseinandersetzungen nicht fehlen. »Junges Land mit Zukunft« hieß das Motto, unter das meine Partei ihren Landtagswahlkampf gestellt hatte. Wir wollten damit ausdrücken, dass es uns um die Zukunft des Landes ging, und durch unser Wahlprogramm und die von uns aufgezeigten »Wege in die Zukunft« zugleich deutlich machen, dass jede Stimme für die CDU eine Stimme für die Zukunft unseres jungen aufstrebenden Landes war.

Es hatte in Rheinland-Pfalz noch nie einen Wahlkampf gegeben, der mit ähnlich wissenschaftlicher Akribie vorbereitet, mit ähnlicher Begeisterung und persönlichem Einsatz unserer Mitglieder durchgeführt worden war. Wir wussten, dass das Wahlergebnis auch Testcharakter für die Große Koalition in Bonn und die Regierung von Bundeskanzler Kurt Georg Kiesinger haben würde. Der Druck auf uns Wahlkämpfer war auch deshalb erheblich und bei jeder Veranstaltung spürbar. Wenn ich mir heute die Pläne meiner Wahlkampfeinsätze vom Frühjahr 1967 anschaue, weiß ich, was ich für meine Partei leisten musste. Wahlsiege lassen sich nicht durch schlaue Analysen an Stammtischen oder von klugen Leitartiklern erringen. Die Strapazen eines Wahlkampfs können nur die wirklich ermessen, die selbst je an vorderster Wahlkampffront standen.

In der letzten Wahlkampfwoche gab es für uns nur noch ein Thema: Bundeskanzler Kurt Georg Kiesinger. Ob wir es wünschten oder nicht, die Presse auch außerhalb der deutschen Grenzen schenkte den Wahlen in Rheinland-Pfalz große Aufmerksamkeit. Sie galten als Test für die Beliebtheit des neuen Kanzlers in Bonn. Das wurde auf allen Versammlungen, in allen Veröffentlichungen und Anzeigen herausgestellt: Wer Kiesinger unterstützen wollte, musste die CDU wählen. Jede Stimme für die CDU war eine Stimme für unseren Bundeskanzler.

Es gab noch einen weiteren Gesichtspunkt, der unser Land plötzlich in den Blick der Weltöffentlichkeit rückte: das Abschneiden der rechtsradikalen NPD. Damals galt schon, je höher die Wahlbeteiligung ausfiele, um so geringer würde der prozentuale Anteil der NPD werden. Jede zusätzliche Stimme für die CDU war eine Stimme gegen den Rechtsradikalismus. Jede Wahlenthaltung nützte der NPD. Jeder Nichtwähler half den Rechtsradikalen und schadete dem Ansehen unseres Landes. Wir wollten die Ewiggestrigen nicht im Mainzer Parlament haben. Sie hatten schon einmal größtes Unglück über uns und die Welt gebracht.

Wenige Tage vor der Wahlentscheidung bewegte mich dann jedoch ein ganz anderes Thema, denn der Gesundheitszustand des Altkanzlers und Ehrenvorsitzenden der CDU Konrad Adenauer gab zu großer Besorgnis Anlass. Wir standen in engem Kontakt mit der CDU-Zentrale in Bonn und wurden laufend über Adenauers Befinden informiert. Ich hoffte, dass die schlimmsten Befürchtungen nicht eintreffen würden, wollte aber gleichzeitig auf alle Eventualitäten vorbereitet sein. Acht Tage vor dem Wahltag vereinbarten wir, alle Wahlkampfaktivitäten der CDU sofort einzustellen, falls Konrad Adenauer sterben würde. Diese Sofortmaßnahme sollte im Ernstfall allen Orts-, Kreis- und Bezirksverbänden bekanntgegeben werden. Gleichzeitig wiederholte ich meine Bitte, die schwere Erkrankung Konrad Adenauers nicht zum Wahlkampfthema zu machen, sondern gerade in dieser Hinsicht äußerste Zurückhaltung zu üben.

Der Wahlkampf verlief nach Plan. Die Doppelspitze – der amtierende Ministerpräsident und der Landesvorsitzende – bot den Wählern aller Generationen ein attraktives personelles Angebot. Eine Woche vor dem Wahltag bestätigten die letzten unveröffentlichten Umfragen des Allensbacher Meinungsforschungsinstituts unsere Wahlkampfstrategie. Danach würde ohne uns in Mainz keine Regierung gebildet werden können. Es bestand sogar die Chance zu einer absoluten CDU-Mehrheit. Die Große Koalition in Bonn schien weniger uns als den Sozialdemokraten zu schaden.

Dann passierte, was leider zu befürchten war. Am 19. April 1967, vier Tage vor der Wahl, starb der einundneunzigjährige Altbundeskanzler Konrad Adenauer. Das bedeutete das Ende des Wahlkampfs.

*

Adenauers Tod berührte mich persönlich ganz besonders. Vierzehn Tage zuvor hatte ich noch mit ihm telefoniert. Nachdem er krank geworden war, ließ er mir mitteilen, dass er mich sprechen müsse. Ich rief dann in Rhöndorf an und erfuhr, dass sein Gesundheitszustand eine Reise nach Ludwigshafen nicht zulasse. Bei einem früheren Gespräch hatte er mir noch zugesagt, für einen Tag am Wahlkampf in Rheinland-Pfalz teilzunehmen. Er wollte meine Heimatstadt Ludwigshafen besuchen, einen Betrieb und ein Krankenhaus besichtigen. Das war nun nicht mehr möglich.

Bei unserem letzten Telefonat hatte er sich trotz seines Leidens auf das lebhafteste für unsere Wahlkampfstrategie, insbesondere für das Canvassing interessiert. Vor allem über die Hausbesuche der Landtagskandidaten wollte er Näheres wissen. Er ermunterte mich und unsere Partei sehr nachdrücklich, diesen Kontakt zwischen Abgeordneten und Wählern auch in Zukunft weiter zu pflegen. Verblüfft war ich über seine Reaktion auf meine optimistische Wahlprognose. Als ich ihm erläuterte, den Umfragen zufolge wäre eine absolute CDU-Mehrheit im Bereich des Möglichen, meinte der Altkanzler ganz gelassen: »Herr Kohl, an einer absoluten Mehrheit werden Sie keine Freude haben. Dann müssen Sie nämlich auf jeden Hinterbänkler, auf manchen Heckenschützen und Gauner Rücksicht nehmen. Besser ist eine Koalition mit einer breiteren Mehrheit. Dann haben Sie es einfacher.« Das war der Rat des Alten aus Rhöndorf an mich wenige Tage vor seinem Tod.

Ich konnte nicht ahnen, dass dies mein letztes Gespräch mit Konrad Adenauer gewesen war. Wenige Tage später, genau an dem Tag, als er eigentlich nach Ludwigshafen hatte kommen wollen, traf uns – nicht mehr unvorbereitet, aber doch mit aller Wucht – die Nachricht von seinem Tod.

Bilder von Begegnungen mit ihm gingen mir durch den Kopf: der Wahlkampf 1949, mein erstes Zusammentreffen mit ihm auf dem Heidelberger Schloss, die CDU-Bundesparteitage der fünfziger und sechziger Jahre, sein unvergessener Wahlkampfauftritt in Ludwigshafen am 3. April 1959, dem Tag meines neunundzwanzigsten Geburtstags. Das war wohl die entscheidende Begegnung, bei der er mich vermutlich zum ersten Mal bewusst zur Kenntnis nahm. Aber ich erinnerte mich auch an Adenauers Abgang als Kanzler und sein nicht gerade freundliches Verhalten seinem Nachfolger Ludwig Erhard gegenüber. Unvergessen blieb bis heute für mich seine Anwesenheit beim Koblenzer Wahlparteitag 1966, und dankbar erinnerte ich mich an seine Unterstützung, als ich Peter Altmeier im Amt des CDU-Landesvorsitzenden folgte. Der greise, aber voll konzentrierte Staatsmann hatte in seinen letzten Lebensjahren Sympathie für mich empfunden und gezeigt.

In der Zeit seiner Kanzlerschaft konnten wir kein besonders intensives Verhältnis finden. Später, als er aus dem Amt ausgeschieden war, ergab sich in kurzer Zeit eine herzliche Beziehung, die zu vielen Gesprächen führte. Das erste, was mir immer wieder auffiel, war die ausgesuchte Höflichkeit, mit der er einen Besucher empfing. Auch bei mehrstündigen Gesprächen oder bei komplizierten und schwierigen Themen zeichnete er sich durch eine ungeteilte Bereitschaft zum Zuhören aus. Er saß dann, den Kopf auf die Hand gestützt und scheinbar starr sein Gegenüber anblickend, an seinem Schreibtisch. Ich sage mit Absicht »scheinbar starr«, denn seine Augen glänzten und zeugten von einer sehr starken Konzentration. Er konnte dabei vieles, was ihm unangenehm war, souverän überhören.

In den letzten beiden Jahren vor seinem Tod bewegten sich unsere Gespräche immer um die Zukunft der deutschen Innen- und Außenpolitik und auch um die Zukunft der CDU. Es gab wohl nur wenige, die so unter der wechselvollen politischen Entwicklung in Europa litten wie Konrad Adenauer. Für ihn war Europa das Ziel seines politischen Lebens. Nur hier sah er eine Chance für ein wiedervereinigtes Deutschland. Welch eine politische Weitsicht!

Auch sein entschiedenes Bemühen um die deutsch-französische Freundschaft war eingebettet in die größere europäische Vision. Nicht zuletzt aus diesem Grund pflegte er zum Land Rheinland-Pfalz eine herzliche Freundschaft. Der deutsche Südwesten und die Menschen in dieser Region lagen ihm. Gerade das Grenzlandschicksal der Pfalz rührte ihn stark an. Als ich ihm unser Wahlkampfmotto für die Landtagswahl am 23. April 1967 »Rheinland-Pfalz – junges Land mit Zukunft« erläuterte, war er hellauf begeistert.

Ich kenne keinen handelnden Politiker dieser Generation, der die europäische Idee und den Gedanken der gemeinsamen deutsch-französischen Zukunft mit einer vergleichbaren Leidenschaft verfocht. Ich habe in meinem Leben überhaupt nur wenige Politiker getroffen, die mit einer solchen Intensität des Geistes, aber auch des Herzens, eine politische Idee verfolgten. Noch in seinem einundneunzigsten Lebensjahr war Konrad Adenauer jugendlicher, elastischer und stürmischer als viele jüngere Zeitgenossen.

Seine Vorstellungen von der Christlich-Demokratischen Union und ihren Entwicklungschancen, die er in unseren Gesprächen über die Zukunft der CDU entwarf, waren stark von dem Gedanken bestimmt, dass diese CDU sich von dem Gesetz ihres Anfangs

Konrad Adenauer an seinem 91. Geburtstag

nicht entfernen durfte. Konrad Adenauer war bekennender katholischer Christ. Er war alles andere als ein Frömmler. Durch alles Auf und Ab seines langen Lebens war er seinem Glauben treu geblieben. In seinem Schlafzimmer gab es einen Betschemel, aber auch ohne solche äußeren Zeichen konnte man etwas ahnen von seiner Frömmigkeit. Adenauer ging in seinem politischen Denken ganz wesentlich vom christlichen Menschenbild aus. Das war für ihn die Grundlage seiner Politik schlechthin. Seine Hoffnung galt vor allem der jungen Generation, von der er erwartete, dass sie unvoreingenommen und unbelastet von der Geschichte des Dritten Reichs an die politischen Fragen unserer Tage herangehen würde.

Viele, die ihm häufiger begegneten, wollten bei Adenauer – um so stärker, je älter er wurde – einen ausgeprägten Zynismus festgestellt haben. Doch diese menschenverachtende Eigenschaft ist ihm zu Unrecht nachgesagt worden. In Wirklichkeit handelte es sich dabei lediglich um die souveräne Verachtung aller Art von Lakaienverhalten. Adenauer war durch gekrümmte Rücken nicht zu beeindrucken. Statt dessen konnte er eine eigenständige und aufrechte Meinung auch dann respektieren, wenn sie nicht der seinen entsprach. Sie musste nur fest und überzeugend vorgetragen werden. Manche Beziehung zu ihm ist aus einer Kontroverse heraus entstanden. Durch meine kritischen Äußerungen im CDU-Bundesvorstand habe ich mir mit anderen Sitzungsteilnehmern manches verdorben. Mit ihm dagegen habe ich solche Erfahrungen nicht gemacht.

Über mein Verhältnis zu Adenauer ist viel Unsinn gesagt und geschrieben worden. Er war nie mein Vorbild, und ich sah mich auch nie als seinen Enkel. Aber ich habe ihn zu Lebzeiten und noch mehr am Ende seines Lebens als Glücksfall für Deutschland begriffen.

Immer wieder werden Parallelen zwischen Adenauer und mir gezogen, doch sie sind allesamt unzutreffend. Adenauer gehörte einer anderen Generation mit einer völlig anderen Lebenserfahrung an. Kein Vergleich mit ihm stimmt wirklich.

*

Die Landtagswahl am 23. April 1967 brachte der CDU einen Gewinn von 2,3 Prozent gegenüber der Wahl von 1963. Sie kam mit 46,7 Prozent der Stimmen auf neunundvierzig Abgeordnete. Die SPD verlor 3,9 Prozent, und mit 36,8 Prozent der Stimmen stellte sie neununddreißig Abgeordnete im Mainzer Parlament. Die FDP verlor drei Mandate. 8,3 Prozent der Stimmen bescherten den Liberalen nur noch acht Parlamentssitze. Enttäuschend war für mich allerdings, dass es der rechtsradikalen NPD gelungen war, mit vier Abgeordneten in den Mainzer Landtag einzuziehen. Radikalismus, mochte er von rechts oder links kommen, war mir ein Dorn im Auge.

Böse Zungen behaupteten, es seien »Adenauer-Gedächtniswahlen« gewesen, und durch den Tod des Altkanzlers habe die CDU zusätzlichen Zuspruch beim Wähler erfahren. Mag sein, dass der eine oder andere Wähler deshalb für die CDU stimmte. Für den Wahlsieg aber waren sicherlich ganz andere Gründe maßgeblich.

*

Unvergessen geblieben sind mir die Staatsakte in Bonn und Köln aus Anlass des Todes von Konrad Adenauer, die am Abend des 25. April 1967 mit seiner Beisetzung in Rhöndorf endeten.

Ich erinnere mich an die Bilder, wie der Sarg durch den Bundesgrenzschutz von Rhöndorf ins Bundeskanzleramt überführt wurde, wo der Bevölkerung bis zum 23. April die Möglichkeit eines Defilees geboten wurde. Abends wurde der Sarg dann in den Kölner Dom überführt, wo die Menschen Abschied von Adenauer nehmen konnten.

Am 25. April fand der Staatsakt im Plenarsaal des Deutschen Bundestags statt, und Bundespräsident, Bundestagspräsident und Bundeskanzler erwiesen dem großen alten Mann ihre Reverenz. Nachmittags wurde im Dom zu Köln ein Pontifikalrequiem abgehalten, gefolgt von einem militärischen Zeremoniell. Anschließend die Überführung auf einem Schnellboot der Bundesmarine nach Grafenwerth, begleitet von lange anhaltendem Trauersalut. Die Beisetzung auf dem Waldfriedhof in Rhöndorf fand im engsten Familienkreis statt.

Die Teilnahme an den Trauerfeierlichkeiten war überwältigend. Es war die Verbeugung vor einem großen Deutschen, der sein Land in die Gemeinschaft der Völker zurückgeführt hat. Gezählt wurden damals Delegationen aus vierundfünfzig Staaten. Aus den USA war Präsident Lyndon B. Johnson gekommen, aus Frankreich Staatspräsident Charles de Gaulle, aus Großbritannien Premierminister Harold Wilson, aus Italien Ministerpräsident Aldo Moro und aus Israel Staatsgründer David Ben Gurion, um nur einige zu nennen. Die Würdigung des Kölner Erzbischofs Josef Kardinal Frings, der das Pontifikalrequiem zelebrierte, entsprach dem, was so viele von uns dachten:

»Vieles, was das Zweite Vatikanische Konzil erst ins helle Licht gerückt hat, hat Adenauer vorhergesehen und vorweggenommen. Er erkannte die christliche Bedeutung der politischen Tätigkeit. Er erkannte die Notwendigkeit, mit den nichtkatholischen Christen in Freundschaft und Eintracht zusammenzuarbeiten auf vielen Gebieten. Er zeigte Hochachtung und eine große Geneigtheit, wiedergutzumachen gegenüber dem Volk und Land Israel. Ja, er bekannte sich zu der Eigenverantwortung des Laien in seinem Beruf und Stand. Er hatte viele und schwere Verantwortungen zu tragen. Er wartete nicht auf Weisungen von irgendwoher, sondern selbständig trug er die Verantwortung, und wenn er den Weg ganz allein und einsam gehen musste, er ging ihn, geleitet von seinem Gewissen.«

11.
Irritationen

Der ideenreiche, aktive und dynamische Wahlkampf hatte uns den Sieg gebracht. Auch die politische Bilanz der CDU/FDP-Koalition hatte offenbar viele Wählerinnen und Wähler überzeugt. Jetzt mussten wir uns auf einen neuen Führungsauftrag konzentrieren. Nach diesem außerordentlichen Vertrauensbeweis der Bürger durften sie von uns nicht enttäuscht werden.

Noch vor der Wahl hatte ich alle Spekulationen zurückgewiesen, dass ich mein Landtagsmandat in Mainz aufgeben würde, um als neuer CDU-Generalsekretär nach Bonn zu gehen. Wiederholt hatten mich vor allem Vertreter der Jungen Union für diese durchaus reizvolle Position vorgeschlagen. Doch ich machte rechtzeitig vor der Wahl klar, dass ich selbst dann CDU-Fraktionsvorsitzender bleiben wollte, wenn wir die Wahlen verlieren wurden.

Nun waren wir die Gewinner und es galt, eine neue stabile Landesregierung in Mainz zu installieren; verabredungsgemäß sollte ich dann zur Mitte der Legislaturperiode an deren Spitze treten. Zuvor jedoch mussten wichtige parlamentarische Regularien erledigt werden.

Am 27. April 1967 fand die erste Fraktionssitzung der 6. Wahlperiode des Landtags von Rheinland-Pfalz statt. Vier Tage nach der Landtagswahl wählten mich die CDU-Abgeordneten erneut zum Vorsitzenden. In geheimer Wahl erhielt ich vierundvierzig Stimmen bei drei Enthaltungen. Zwei Mandatsträger waren krank gewesen. Ich bedankte mich herzlich für diesen großen Vertrauensbeweis, der mir offen gestanden außerordentlich guttat. Auf meinen Vorschlag hin wurde anschließend eine siebenköpfige Kommission für die bevorstehenden Koalitionsverhandlungen gewählt, zu der neben Peter Altmeier fünf erfahrene Parlamentarier und ich selbst gehörten.

Zwar schlug ich vor, zunächst mit der SPD und dann erst mit der FDP in Koalitionsverhandlungen einzutreten, doch betonte ich gleichzeitig, dass es wünschenswert sei, die alte Koalition mit den Liberalen fortzusetzen. Ausdrücklich wies ich darauf hin, dass von Bonn aus keinerlei Versuche unternommen worden seien, Einfluss auf die bevorstehende Regierungsbildung zu nehmen. Bundeskanzler Kurt Georg Kiesinger, Parteivorsitzender Ludwig Erhard und Bruno Heck, der neue CDU-Generalsekretär, unterstützten eher die Fortsetzung der bisherigen Mainzer Koalition. Innerhalb meiner Fraktion gab es einen einzigen Abgeordneten, der sich für eine Große Koalition aussprach. Mit diesem eindeutigen Votum hatte die Verhandlungskommission einen klaren Auftrag.

Am Schluss der anderthalbstündigen konstituierenden CDU-Fraktionssitzung kam ich auf das Fernseh- und Radiointerview zu sprechen, das Ministerpräsident Altmeier am Wahlabend gegeben hatte und dem zu entnehmen war, dass er für weitere vier Jahre Ministerpräsident bleiben wollte. Diese Äußerung hatte nicht nur bei mir für Irritationen gesorgt. Trotz meines Ärgers stellte ich konzentriert und beherrscht fest, dass diese Aussage dem Koblenzer Parteitagsbeschluss vom März 1966 widerspreche. Ich verwies auf die Unruhe, die innerhalb der Partei als Folge dieser Äußerung entstanden war, und auf die nachteiligen politischen Auswirkungen und bat den Ministerpräsidenten, noch am gleichen Tag mit mir zusammen eine Erklärung abzugeben, um die Öffentlichkeit zu beruhigen und innerparteiliche Klarheit zu schaffen.

Altmeier reagierte gereizt und verwies auf die Landesverfassung, wonach der Ministerpräsident für die Dauer einer vollen Legislaturperiode gewählt wird. Damit hatten meine Freunde und ich nun nicht gerechnet. Der Achtundsechzigjährige formulierte offensichtlich genau das, was er schon lange dachte und wollte.

Eduard Orth, der amtierende Kultusminister und Altmeier-Vertraute, versuchte die peinliche Situation zu klären und schlug vor, der dienstälteste Landesminister möge vermitteln. Oskar Stübinger, Minister für Landwirtschaft, Weinbau und Forsten, wurde beauftragt, mit uns beiden eine Aussprache zu vereinbaren. Alle Fraktionskollegen stimmten dem zu, auch Altmeier und ich.

Am Nachmittag des 27. April kam es dann zu diesem Dreiergespräch, an dessen Ende eine einvernehmliche Lösung stand. Zusätzlich hatte ich eine Sitzung des Landesausschusses der Partei anberaumt, die sich mit Altmeiers Ansinnen beschäftigte. Am Abend konnte dann eine Presseerklärung abgegeben werden, die vorläufig alle Irritationen aus dem Weg räumte. Danach wurde Altmeier erneut für das Amt des Ministerpräsidenten nominiert. Gleichzeitig hieß es, entsprechend dem Beschluss des CDU-Landesparteitags vom 6. März 1966 in Koblenz werde der junge Parteivorsitzende »zur gegebenen Zeit« während der neuen Amtsperiode des Landtags Altmeiers Nachfolge antreten.

*

Es galt nun, rasch und klar die anstehenden Entscheidungen zu treffen. Mir blieb nur wenig Zeit, personelle Veränderungen vorzubereiten, die nun erst recht dringend notwendig schienen. Es ging mir um eine spürbare Verjüngung des Kabinetts. Darüber hatte ich Peter Altmeier informiert. Meine engsten Weggefährten waren eingeweiht, als ich in der Fraktionssitzung am 10. Mai 1967 meine Pläne vortrug.

Zunächst informierte ich die Fraktion umfassend über den Stand der Koalitionsverhandlungen mit der FDP, der zustimmend zur Kenntnis genommen wurde. Auf Kritik stieß dann mein Vorschlag, das Kabinett um zwei Ministerposten zu erweitern. Den Wirtschafts- und Verkehrsbereich wollte ich in einem Ministerium zusammenführen, ebenso ein eigenständiges Sozialministerium einrichten. Bislang waren diese Ressorts dem Ministerpräsidenten unterstellt beziehungsweise dem Minister des Innern zugeordnet. Diese Zuschnitte waren nicht länger zu verantworten.

Mit der Begründung, dass die Bürger wegen der finanziellen Mehrbelastung kein Verständnis für diese Maßnahme hätten, wandte sich eine Reihe von Abgeordneten gegen meinen Vorschlag. Die Fraktionsmehrheit aber stimmte meinen Vorschlägen zu.

Kultusminister Bernhard Vogel (Mi.) *mit Ministerpräsident Altmeier* (li.) *und dem Fraktionsvorsitzenden Kohl*

Noch wichtiger als die personelle Erweiterung war mir das Vorhaben, das Kabinett mit zwei Spitzenleuten von außen zu verjüngen. Dieser Vorschlag stieß zunächst auf den erbitterten Widerstand Peter Altmeiers, doch es zeigte sich bald, dass Altmeier und seine Gefolgsleute keine Chance hatten, ihre personellen Alternativen in der CDU-Fraktion gegen meine Vorstellungen durchzusetzen.

Ich bestand darauf, die Kandidaten vor der Gesamtfraktion vorzustellen und die Abgeordneten darüber abstimmen zu lassen. Zuerst rief ich die Neubesetzung des Kultusministeriums auf und schlug den Speyerer Bundestagsabgeordneten Bernhard Vogel für das Amt vor. Der Bruder des Münchner Oberbürgermeisters und späteren SPD-Bundesvorsitzenden Hans-Jochen Vogel hatte bei der Bundestagswahl 1965 das Direktmandat im Wahlkreis Neustadt-Speyer geholt. Ich kannte den zwei Jahre jüngeren Heidelberger Lehrbeauftragten aus unserer gemeinsamen Studienzeit und hielt ihn für einen ausgezeichneten Nachfolger Eduard Orths. Es gelang Bernhard Vogel ohne große Mühe, die Abgeordneten für sich zu gewinnen. Die Abstimmung brachte für ihn einen großen Erfolg. Damit war der vierunddreißig Jahre alte Bernhard Vogel für das Amt des rheinland-pfälzischen Kultusministers nominiert.

Weiter ging es mit den Bewerbern um die Kandidatur für das neue Amt des Sozialministers. Ich schlug den Bundestagsabgeordneten Heiner Geißler vor. Er hatte bei der Bundestagswahl 1965 als Direktkandidat den Wahlkreis Reutlingen-Tübingen für die CDU gewonnen und saß zur Zeit als Sozialexperte im Deutschen Bundestag. Bei der Abstimmung in der Mainzer CDU-Fraktion erhielt er die Zustimmung von fünfunddreißig Abgeordneten. Neun votierten für einen anderen Altmeier-Kandidaten und drei enthielten sich. Mit Heiner Geißler hatte ich ein politisches Multitalent für das Mainzer Kabinett gewonnen, das mir im sozialen Bereich für dynamische Politik Gewähr bot.

Auch bei der Wahl von zwei Staatssekretären – Otto Theisen im Justizministerium und Heinrich Holkenbrink im Ministerium für Wirtschaft und Verkehr – setzte ich meine Kandidaten durch. Beide sollten vier Jahre später zu Ministerwürden aufsteigen.

Dieser 10. Mai 1967 signalisierte der CDU in Rheinland-Pfalz einen zielstrebig angepeilten Neuanfang. Allenthalben war Reformeifer zu spüren. Die Handlungsfähigkeit der Landtagsfraktion wurde von niemandem in Frage gestellt, und so war für jedermann unübersehbar unter meiner Führung das Machtzentrum Fraktion entstanden. Nirgendwo stand geschrieben, dass die Nominierung von Kandidaten für Minister- und Staatssekretärsämter in der Fraktion stattzufinden hätte. Es war meine Idee, strittige Personalprobleme auf diese Weise zu lösen und eine breite Basis für Personalentscheidungen zu nutzen.

Altmeier war mehr denn je ein Ministerpräsident auf Zeit, und das wurde ihm sehr bewusst. Ich bemühte mich um einen sachlich-freundschaftlichen Umgang mit dem dreißig Jahre Älteren. So entwickelte sich – bei allen gegenseitigen Vorbehalten – zwischen uns ein menschlich vernünftiges Miteinander.

Die Koalitionsverhandlungen führten zur Fortsetzung der CDU/FDP-Koalition. In den Vereinbarungen wurde unter anderem bestätigt, dass Peter Altmeier das Amt des Ministerpräsidenten nicht mehr für die volle Legislaturperiode innehaben, sondern dass ich ihm zu gegebener Zeit nachfolgen werde. Sein neues Kabinett wurde am 18. Mai 1967 im Mainzer Landtag vereidigt.

12.
Landespolitik

Die neue Landesregierung hatte einen guten Start. Sie war alles andere als eine ideenlose und verbrauchte Mannschaft, wie die Neider von der Oppositionsbank behaupteten. Altmeiers Regierungserklärung war natürlich mit dem Koalitionspartner abgestimmt. Unübersehbar trug sie aber auch eine Handschrift, die von der Fraktionsführung stammte. Das galt vor allem für die geplante Verwaltungsreform, die zwingend in dieser Legislaturperiode bewältigt werden musste. Die Landtagsausschüsse, in denen die eigentliche Arbeit geleistet wird, waren gut besetzt und berücksichtigten die Neigungen und Talente der Abgeordneten.

Hinsichtlich der Arbeitsweise der Fraktion setzte ich auf die Erfahrungen der letzten Legislaturperiode, in der sich beispielsweise ein Instrument wie die mehrtägigen Klausurtagungen außerhalb von Mainz bewährt hatte. Ein Zeitplan wurde entwickelt, um Klarheit über das endgültige Konzept der Verwaltungsreform zu bekommen. Schwerpunkte in der neuen Legislaturperiode waren für meine Fraktion Probleme der Finanz- und Kulturpolitik. Außerdem schlug ich vor, Fraktionsarbeitskreise zu gründen mit Obmännern an ihrer Spitze, die sich mit verschiedenen politischen Themenbereichen beschäftigen sollten.

*

Die Arbeit der Großen Koalition in Bonn lief erstaunlich reibungslos. Außenpolitisch setzte sie eine Reihe neuer Akzente. Beispielsweise nahm sie diplomatische Beziehungen zu Rumänien auf und gab damit die sogenannte Hallstein-Doktrin praktisch auf, wonach es ausgeschlossen war, dass Drittstaaten gleichzeitig diplomatische Beziehungen zur Bundesrepublik und zur DDR unterhielten. Konsequenterweise bot Kiesinger der DDR ein geregeltes Nebeneinander an und schlug Kontakte auf den Gebieten der Wirtschaft, des Verkehrs und der Technik vor.

Am 2. Juni 1967 wurde der Student Benno Ohnesorg in Berlin bei einer Demonstration anlässlich des Schah-Besuchs von einem Polizisten erschossen. Sein tragischer Tod heizte die Studentenunruhen jener Zeit noch zusätzlich an. Für mich waren diese Unruhen ein Signal für die Notwendigkeit, in der Hochschulpolitik der Länder, namentlich in Rheinland-Pfalz, eine Reihe von Reformvorhaben auf den Weg zu bringen, die im berechtigten Interesse der revoltierenden Generation lagen.

Der Sechstagekrieg beherrschte im Juni 1967 die Schlagzeilen. Der Konflikt zwischen Israel und den arabischen Staaten – bis heute offenbar ein schier unlösbares Problem – beschäftigte mich über viele Jahre auch als Bundeskanzler.

Dass es endlich gelang, im Deutschen Bundestag ein Parteiengesetz zu verabschieden, das Status, Struktur und Aufgaben der politischen Parteien regelte, gehörte zu den besonderen Errungenschaften des Jahres 1967. Das neue Gesetz war eine wichtige Säule der erfolgreichen Parteiendemokratie in der Bundesrepublik.

*

Die Verwaltungsreform war das wichtigste Projekt, das wir uns vorgenommen hatten. Den Anstoß dazu hatte im Januar 1965 eine Denkschrift der Landesregierung über die Verwaltungsvereinfachung gegeben, die das Parlament bis zur Landtagswahl 1967 mehrfach beschäftigte. Es ist ja alles längst vergessen, die wichtigsten Akteure sind bis auf wenige Ausnahmen längst verstorben, und kaum jemand weiß heute noch, dass einst die einzelnen Landesteile des 1946 neugebildeten Bundeslands Rheinland-Pfalz von unterschiedlichen Verwaltungsformen geprägt waren, die ihre Wurzeln in preußischer, hessischer und bayerischer Verwaltungstradition hatten. Die Unterschiede waren in vielen

Bereichen spürbar. Hier zu einer Vereinheitlichung zu kommen war eine notwendige Reformanstrengung, die allerdings in der Praxis, im täglichen politischen Leben, ungewöhnlich schwer durchzusetzen war. Es gab große Parlamentsschlachten, monatelange innerparteiliche Auseinandersetzungen. Es gab Beschimpfungen bei der Anhörung der Parteibasis und in Bürgerversammlungen, die viel Zeit und viele Nerven kosteten. Die Notwendigkeit zur Veränderung wurde prinzipiell von vielen eingesehen, aber wenn es dann an die praktische Arbeit ging, war viel Feigheit zu beobachten.

Rückblickend halte ich die Verwaltungsreform – sie war eines der ersten wirklichen Reformprojekte in einem Bundesland – für eine echte Jahrhundertreform, die heute kaum mehr durchzusetzen wäre. Sie würde vor allem an der opportunistischen Haltung vieler Volksvertreter scheitern.

Ich wollte die Verwaltungsreform so weit voranbringen, dass sie bis zu meinem Wechsel in die Staatskanzlei gesetzestechnisch verabschiedet und praktisch unumkehrbar sein würde. Doch zu meiner Verwunderung bekam ich nicht nur kräftigen Gegenwind von der Opposition im Mainzer Parlament, sondern auch erhebliche Widerstände in den eigenen Reihen zu spüren, die von offener Verweigerung bis zu Illoyalität reichten. Die Emotionen schossen hoch und führten mancherorts zu Verwerfungen unter den Parteifreunden, die nie mehr rückgängig gemacht werden konnten. Vor allem die Landräte legten sich quer, die durch die Partei überhaupt erst zu dem geworden waren, was sie jetzt waren und an politischer Macht besaßen.

Meine Strategie zur Durchsetzung dieser unvermeidlichen Reformpolitik baute von Anfang an auf die Abstimmung mit allen wichtigen Gremien der Partei: Landesvorstand, Fraktion, Kreis- und Gemeindevertretungen. Notfalls musste ein außerordentlicher Parteitag einberufen werden, um die folgenreichen Verwaltungsänderungen zu bestätigen. Angesagt war eine anstrengende und außergewöhnliche Überzeugungsarbeit. Von oben herab zu bestimmen hatte keinen Zweck. Ich bin in dieser Zeit wie ein Wanderprediger durchs Land gezogen und habe mich vielen öffentlichen Diskussionen gestellt, die oft zu wilden verbalen Schlachten ausarteten. Es war keine Seltenheit, dass wir bis weit nach Mitternacht diskutierten.

Nach unseren Vorstellungen sollte ein einheitliches Gemeindeverfassungsrecht für das ganze Land verwirklicht werden, das die gleichen Grundtypen von Gemeinden für den gesamten Landesbereich bestimmte. Zur Verstärkung der Verwaltungskraft der Gemeinde sollte als Grundtyp die Verbandsgemeinde eingeführt werden, die so zu konstruieren war, dass sie bei gleichzeitiger Wahrung des Gemeindecharakters ihrer Gliedgemeinden selbst eine echte Gemeinde darstellte. Die Kompetenzen sollten zwischen der Verbandsgemeinde und ihren Gliedgemeinden so verteilt werden, dass die Verbandsgemeinde die Zuständigkeit in all jenen Sachbereichen erhielt, die auf der Ebene der kleineren Einzelgemeinden nicht wirkungsvoll wahrgenommen werden konnten. Im Interesse der Verfassungsmäßigkeit dieser Neuregelung war darauf zu achten, dass der Einzelgemeinde ein Kernbereich ihrer Zuständigkeit als Gemeinde verblieb.

Die Verbandsgemeinde sollte mindestens siebentausendfünf hundert Einwohner haben. In den Regierungsbezirken Koblenz und Trier waren die früheren preußischen »Ämter« in Verbandsgemeinden umzuwandeln. Ämter, die nicht die Mindestgröße einer Verbandsgemeinde erreichten, mussten aufgelöst werden.

Dies war der Kern der Verwaltungsreform. Meine Gespräche, die ich zu diesem Thema mit Vertretern von SPD und FDP führte, vermittelten mir den Eindruck, dass beide Parteien mittlerweile auch einen Lernprozess durchgemacht hatten und bei den Beratungen im Parlamentsausschuss keine Schwierigkeiten bereiten würden. Zustimmung fand ich auch mit meinem Vorschlag, die Gesetzgebung zur Verwaltungsreform bis zum Sommer 1968 im Landtag abzuschließen.

Mir war immer klar, dass sich die Verwaltungsreform nicht auf die untere Verwaltungsebene beschränken durfte, sondern sämtliche Ebenen der Staatsverwaltung bis hinauf zur Landesregierung umfassen musste. Schon früh wurde uns signalisiert, dass die angestrebten Reformen auf großen Widerspruch in der Bevölkerung stoßen würden. Der Gegenwind, so erheblich er war, ging aber in fast allen Fällen von jenen Mandats- und Amtsträgern aus, die bei der Durchführung der Verwaltungsreform ihr Mandat oder ihr Amt verlieren würden. In diesem Zusammenhang schien mir eine großzügige Regelung der vielfältigen Personalprobleme zwingend notwendig, denn soweit der öffentliche Dienst und die Beamtenschaft davon betroffen waren, hatte das zwangsläufig eine beachtliche Zahl an Versetzungen zur Folge. Für eine Übergangszeit wurde daher großzügig mit Beförderungen verfahren.

Die Landtagsfraktion folgte einstimmig dem Antrag, die Verbandsgemeinde in Rheinland-Pfalz gesetzlich einzuführen. Damit war ein erster wichtiger Schritt für dieses Reformvorhaben getan. Offen blieben noch Fragen des Stadt-Umland-Bereichs.

In mehr als zehn Lesungen und Beratungen befasste sich der Landtag mit einer Fülle von Gesetzesvorlagen, die Ende März 1969 ihren Abschluss fanden. Bis dahin galt es, den Bürger und Wähler von der Notwendigkeit dieser Reform zu überzeugen. Dem dienten meine zahlreichen Auftritte im Mainzer Landtag und in Parteigremien. Noch wichtiger waren meine Reisen durch das Land, bei denen ich um Zustimmung für diesen wichtigen Schwerpunkt unserer Reformpolitik warb.

*

Nach der Wahl zum CDU-Landesvorsitzenden hatte ich meinen Rückzug als Bezirksvorsitzender und als Fraktionsführer im Ludwigshafener Stadtrat angekündigt. Beide Versprechen löste ich noch 1967 ein. Auf dem Bezirksparteitag der Pfalz-CDU am 4. November in Neustadt wurde als mein Nachfolger Kultusminister Bernhard Vogel gewählt, mein Wunschkandidat seit langer Zeit. Die Leitung der Ludwigshafener Stadtratsfraktion hatte ich bereits Ende Oktober niedergelegt und dafür gesorgt, dass zu meinem Nachfolger der Landtagsabgeordnete Kurt Böckmann gewählt wurde, der später unter dem Ministerpräsidenten Bernhard Vogel Innenminister werden sollte. Die Aufgabe dieses Amtes bedeutete allerdings nicht, dass ich fortan der Kommunalpolitik den

Rücken gekehrt hätte. Mein Stadtratsmandat nahm ich weiterhin wahr, sogar noch eine Zeitlang als Mainzer Ministerpräsident.

Meine besondere Aufmerksamkeit galt seit meiner Wahl zum Landesvorsitzenden der Parteiarbeit. Gegen die vielfach geäußerte Meinung, die CDU benötige eine Periode der Opposition, um sich organisatorisch und inhaltlich zu regenerieren, setzte ich den festen Willen, die Partei an Haupt und Gliedern zu reformieren. Das galt auch für die Rolle der CDU als führende Regierungskraft. Meine Vorschläge zielten unter anderem auf eine Erneuerung der Führungsschicht ab. Meiner Meinung nach war es keine Schande, dieser Führungsschicht anzugehören, es war aber eine Schande, ihr anzugehören, ohne ein Höchstmaß an Einsatz zu bringen.

Der 15. Landesparteitag der CDU in Mainz am 7. Dezember 1968 bot sich dafür an, meine Reformpläne vorzustellen. Schon lange litt ich unter der oft undurchschaubaren Kandidatenauswahl innerhalb der Partei. Erbhof- und Honoratiorendenken schienen dabei eine wichtigere Rolle zu spielen als alles andere.

Deshalb hatten wir Richtlinien entwickelt, die künftig für die Auswahl von Kandidaten verbindlich sein sollten. Das Personalproblem der Partei konnte damit natürlich nicht von heute auf morgen befriedigend gelöst werden. Doch das Bewusstsein für die Dringlichkeit war geschärft und die Abschaffung der Erbhöfe spätestens jetzt eingeläutet.

Was mich in diesen Jahren neben den üblichen Themen wie der Kultur- und Hochschulpolitik, der Finanz- und Haushaltspolitik und natürlich der Verwaltungsreform noch sehr bewegte, war die immer wieder aufflackernde Diskussion über die Neugliederung des Bundesgebiets. Vordergründig ging es dabei um die Frage, ob eine Zusammenlegung der Bundesländer Rheinland-Pfalz und Saarland praktikabel und sinnvoll sei. Ich war diesen Gedankenspielen keineswegs abgeneigt, meinte aber von Anfang an, die Frage einer Neugliederung der Länder müsse das ganze Bundesgebiet umfassen. Für mich war das Land Rheinland-Pfalz lebensfähig und hatte längst Bestand. Die immer wieder von Politikern außerhalb des Landes vorgelegten Pläne, das Land als ein Gebilde der Nachkriegs- und Besatzungszeit aufzulösen, überzeugten mich nicht. Zwar gab es den Verfassungsauftrag nach Artikel 29 des Grundgesetzes, die Bundesrepublik neu zu gliedern, doch galt er für die gesamte Republik.

Unter geschichtlichen, stammesmäßigen, verkehrs- und wirtschaftspolitischen Aspekten gab es durchaus eine Reihe von Gründen, die für eine Zusammenlegung der beiden Länder sprachen. Doch schien mir hierzu die Zeit noch nicht reif zu sein.

Bis heute steht übrigens eine Neugliederung der alten Bundesländer aus. Unterdessen hat der Deutsche Bundestag den Artikel 29 des Grundgesetzes zu einer Kann-Bestimmung verändert.

*

Das Jahr 1968 ging in die Geschichte der Bundesrepublik als das Jahr der Studentenunruhen ein. Die Proteste gegen die Vereinigten Staaten wegen ihres militärischen Engagements in Vietnam nahmen kein Ende. Brandanschläge auf Kaufhäuser markierten die Trennung zwischen der Außerparlamentarischen Opposition (APO) und dem Terrorismus, unter dem unser Land noch jahrelang leiden sollte.

Der Deutsche Bundestag verabschiedete nach jahrelangen heftigen Auseinandersetzungen die Notstandsverfassung, »das Vorsorgegesetz für den Fall eines Krieges und von Katastrophen und Gefahren für die Verfassungsordnung im Inneren«, wie es so treffend hieß. Obwohl die Notstandsgesetze lediglich das Ziel hatten, eine ernsthafte Gefährdung der freiheitlichen Demokratie abwehren zu können, war ihre Einführung von einer jahrelangen, sehr heftig geführten Diskussion begleitet, die die Gesellschaft stark polarisiert hat und sich sehr rasch vom eigentlichen Sinn der Notstandsgesetze weit entfernte.

Der Mordanschlag auf den Studentenführer Rudi Dutschke hatte weitere blutige Auseinandersetzungen mit der Polizei zur Folge. Das Bonner Parlament sah sich ebenso wie die Landesparlamente veranlasst, dem Jugendprotest mehrere Parlamentsdebatten zu widmen.

Bei allem Verständnis für das studentische Aufbegehren – wenn es zur Gewaltanwendung kam, war die Grenze des zulässigen Protests erreicht. Ich sage das in dem Bewusstsein, dass ich zu den wenigen Politikern gehörte, die mit den jungen Menschen sprachen und ihre Argumente ernst nahmen. Ich neigte keineswegs zur totalen Verdammung ihres Aufbegehrens.

Diese Generation war in das Wirtschaftswunder der Nachkriegszeit hineingewachsen. Sie hatte nicht Krieg und Entbehrung wie ihre Eltern erlebt. Die Eltern genossen nach den schrecklichen Jahren von Krieg, Hunger und Not ihr wiedergewonnenes Leben. Sie hatten überlebt, und oft wollten sie vergessen, was hinter ihnen lag. Viele wollten nicht darüber nachdenken und schon gar nicht darüber reden, wer in der NS-Zeit was gewesen war, wer welche Verbrechen begangen hatte. Hinzu kam die verunglückte Entnazifizierung durch die Besatzungsmächte, bei der ausgerechnet jene gut davonkamen, die jemanden fanden, der ihnen einen »Persilschein« ausstellte, wie man damals zu sagen pflegte. Dieser Schein bezeugte, dass sie nur kleine Mitläufer gewesen waren. Gerecht ging es dabei nicht zu.

Zwischen Vätern und Söhnen stießen zwei sehr unterschiedliche Welten aufeinander. Den Jungen, der Protestgeneration, erschien der Staat samt seiner soeben verabschiedeten Notstandsgesetze als übermächtiges Wesen. Der Rechtsstaat gebärdete sich aus ihrer Sicht wie ein Polizeistaat. Die Jahrzehnte der CDU-Regierung von 1949 bis 1968 wurden einfach pauschal als »der CDU-Staat« diffamiert, als postfaschistisch, restaurativ und reaktionär. Dabei konnte von einer Untertanenrepublik keine Rede sein. Wir waren bei aller berechtigten Kritik an gesellschaftspolitischen Unzulänglichkeiten eine Republik freier Bürger, und das Grundgesetz war die freiheitlichste Verfassung in der Geschichte der Deutschen.

An den Universitäten jedoch lag tatsächlich manches im argen. Der gängige Kampfruf »Unter den Talaren der Muff von tausend Jahren« traf hier oft zu. Seit meiner Studentenzeit wusste ich, wie sehr die Hochschulen obrigkeitsstaatlich organisiert waren und wie dringend sie innerer Reformen bedurften.

Dieser »Aufstand« der jungen Generation war kein spezifisch deutsches Phänomen, kein deutscher Alleingang. Weltweit wurden die angeblichen großen Freiheitskämpfer von Che Guevara bis Fidel Castro gefeiert. In Frankreich wie in Amerika waren die Proteste gegen das politische Establishment gerichtet.

Die Anliegen der Achtundsechziger sehe ich trotz allem nicht völlig negativ. Sie trugen zu manch überfälliger Veränderung bei, die sonst mit Sicherheit erst viele Jahre später möglich gewesen wäre. Ihr Ziel jedoch, den Rechtsstaat aus den Angeln zu heben, hat die Protestbewegung nicht erreicht. Sie hat auch keine neue Republik geschaffen. Die Achtundsechziger sind inzwischen älter geworden und saturiert, und sie haben sich gut eingerichtet in den Lebensverhältnissen unserer Bundesrepublik. Trotzdem reden viele diese Zeit schön, wenn sie sich an damals erinnern, und belügen die heutige Generation mit Behauptungen, die mit der damaligen Wirklichkeit nicht das geringste zu tun haben. Ich habe diese Zeit auch erlebt und in vielen wilden Auseinandersetzungen mit Studenten, in Diskussionen und als Redner bei Veranstaltungen des Rings Christlich-Demokratischer Studenten (RCDS) meine eigenen Erfahrungen gemacht. Es war für mich immer wieder erschreckend, mit welch hohem Maß an Rücksichtslosigkeit und oft auch an Brutalität da vorgegangen wurde. Widerspruch und andere Meinungen konnten diese angeblich auf Toleranz ausgerichteten Zeitgenossen nicht ertragen.

Im Studentenprotest wurde auch ein Generationenproblem offenkundig, das nur politisch gelöst werden konnte. Wir hatten es mit einer Generation von Töchtern und Söhnen zu tun, die in völliger Unbefangenheit und häufig verletzend ihre Väter kritisierte, weil sie kein Verständnis für schicksalhafte Verwicklungen etwa zur Zeit des Dritten Reichs besaß. Viele Vertreter dieser Generation warfen ihren Vätern und Müttern opportunistisches Verhalten im Dritten Reich vor. Von den Älteren wäre zu erwarten gewesen, dass sie den drängenden Fragen über ihre Haltung in der Zeit des Nationalsozialismus nicht mit Schweigen oder Ausflüchten, sondern mit dem Willen zur ehrlichen Auskunft begegneten. Den Kritikern musste jedoch auch gesagt werden, dass sie selbst eine Feuerprobe wie unter der Diktatur des Dritten Reichs weder erlebt noch durchgestanden hatten.

NS-Verbrechen zu beschönigen, zu verniedlichen oder gar zu tolerieren konnte nicht zugelassen werden. Die Schande von Auschwitz und Buchenwald, die in deutschem Namen geschah, darf niemals geleugnet werden. Hüten müssen wir uns allerdings vor der pauschalen Verdammung einer ganzen Generation.

Der Aufstand der Achtundsechziger war ein Aufstand gegen das Elternhaus. Für viele sollte es eine Art Kulturrevolution sein, die das Leben insgesamt umkrempelte. Vor allem auch in der Sexualität wurde das Prinzip Öffentlichkeit proklamiert. Die Intimsphäre sollte aufgebrochen werden, und die Verfügbarkeit der Antibabypille, die seit 1961 auf dem deutschen Markt war, verstärkte diese Vorstellungen erheblich. Die Familie galt ihnen als »repressives Domestizierungsinstrument der herrschenden Klasse«, und Losung des Tages war die Unfähigkeit zu dauerhaften Bindungen, der Mangel an Authentizität und der Hang zur Sozialisierung. Was zählte, war der große Auftritt. In ihrem Aufbegehren gegen »den CDU-Staat« wurden die Achtundsechziger von Schriftstellern und Philosophen unterstützt, die ihnen Argumente für ihren Kampf lieferten. Die Studenten popularisierten diese Ideen dann, und manche von ihnen erhoben den Anspruch, die wahren Erben der proletarischen Revolution zu sein.

Kurz nach meiner Wahl zum Ministerpräsidenten näherte sich eine große Schar von Demonstranten dem Mainzer Landtag. Sie protestierte diesmal gegen das rheinland-pfälzische Hochschulrahmengesetz, das ich vorbildlich für alle anderen Bundesländer fand. Die rund tausend Demonstranten näherten sich der Bannmeile. Bereitschaftspolizei war aufgezogen. Eine Verletzung der Absperrung hätte zu schweren Auseinandersetzungen mit der Ordnungsmacht geführt.

Ich verließ die Staatskanzlei und ging in Begleitung eines Polizeileutnants auf die Studenten zu. Mit einem Megaphon in der Hand erklomm ich das Dach eines VW-Polizeitransporters und wandte mich an die Demonstranten. Ich forderte sie auf, in die Politik und in die Parteien zu gehen, wenn sie etwas besser machen wollten, um dort ihre Ideen zu verwirklichen. Während ich sprach, wurde ich immer wieder niedergebrüllt, und dann hatten wir – was ja auch ein bemerkenswertes Zeichen für unsere Diskussionskultur war – eine längere öffentliche Diskussion über meine Potenz. Schließlich forderte ich sie ultimativ auf, die Bannmeile zum Parlament nicht zu überschreiten, und erklärte, dass ich, ohne zu zögern, andernfalls mit der Bereitschaftspolizei gegen diese Bedrohung einschreiten würde.

Die Demonstranten zogen von dannen. Sie suchten den Rückzug über den Mainzer Marktplatz. Dort wurden sie von einer aufgebrachten Menge schimpfender Marktfrauen empfangen und richtig verdroschen, als diese ihr Geschäft gefährdet sahen. Damit war die Demonstration zu Ende.

Diese Episode ist natürlich nicht typisch für die damalige Zeit. Ich habe auf Veranstaltungen in Heidelberg, in Freiburg, in Göttingen, in Bremen und in Frankfurt Erfahrungen mit Demonstrationen gemacht, die viel härter, viel brutaler und gewaltsamer endeten.

*

Peter Altmeier hätte so etwas nicht gemacht. Sich mit dem demonstrierenden Pöbel zu unterhalten – denn so sahen viele meiner Parteifreunde die Studentenprotestler – wäre ihm nicht in den Sinn gekommen. Mit dem Regierungswechsel in der Mainzer Staatskanzlei aber veränderte sich nicht nur der Regierungsstil, sondern auch der Umgang mit der jüngeren Generation. Peter Altmeier war mittlerweile seit zweiundzwanzig Jahren im Amt und wollte offensichtlich entgegen unseren Absprachen im Amt verbleiben. Mehr noch als ihm selbst schien seinen engsten Mitarbeitern daran gelegen zu sein, dass er bis zum Ende der Legislaturperiode im Amt bleibt. Es gab eine Reihe von Auseinandersetzungen hinter verschlossenen Türen, bei denen es sich immer um den Zeitpunkt des Wechsels drehte. Zeitweise schien es wieder so, als wolle Altmeier von der 1966 getroffenen Verabredung abspringen.

Dann waren die Würfel gefallen, der Regierungswechsel wurde auf den 19. Mai 1969 festgelegt. Zuvor jedoch mussten einige Personalien geklärt werden. In der Fraktionssitzung vom 22. April 1969 schlug ich – unter der Voraussetzung, im Mai zum Ministerpräsidenten gewählt zu werden – Johann Wilhelm Gaddum zum neuen Fraktionsvorsitzenden vor. Bis auf eine Enthaltung konnte der spätere langjährige Finanzminister alle Stimmen auf sich vereinigen. Als seine beiden Stellvertreter kandidierten die Abgeordneten Heinz Schwarz (der spätere Innenminister) und Theo Vondano, die beide hohe Zustimmung erhielten.

Dann kam der Wahltag am 19. Mai 1969 im Mainzer Landtag. Nach einer bewegenden Rede des scheidenden Ministerpräsidenten, in der er seinen Rücktritt erläuterte und eine ansehnliche Bilanz seiner zweiundzwanzigjährigen Amtszeit zog, rief Landtagspräsident Otto van Volxem die Neuwahl des Ministerpräsidenten nach Artikel 98 der Landesverfassung auf. Daraufhin eilte der neue CDU-Fraktionsvorsitzende Gaddum ans Rednerpult und schlug mich zur Wahl des Ministerpräsidenten vor.

Nachdem keine weiteren Vorschläge gemacht wurden, begann die geheime Abstimmung. Für mich war die Wahl etwas ganz Besonderes. Mit neununddreißig Jahren strebte ich erstmals in meinem Leben ein Regierungsamt an, und das gleich als Regierungschef.

Ohne die Liebe und Fürsorge meiner Eltern hätte ich das alles ebensowenig geschafft wie ohne Hannelore, die mir in aufopfernder Weise den Rücken freihielt und sich liebevoll um unsere beiden Söhne kümmerte, um ihre Mutter und um meine Eltern. Nicht zuletzt hätte ich ohne das Vertrauen und die Zustimmung meiner Freunde und Kollegen diesen Erfolg nicht errungen.

An der Wahl beteiligten sich sechsundneunzig Abgeordnete. Für mich stimmten siebenundfünfzig Abgeordnete. Es gab achtunddreißig Nein-Stimmen und eine Enthaltung. Die aus neunundvierzig CDU- und acht FDP-Abgeordneten bestehende Regierungskoalition hatte geschlossen für mich gestimmt.

Als erster überbrachte mir der Landtagspräsident die Glückwünsche des Hauses und wünschte mir Gottes Segen für meine Arbeit zum Wohle unseres Landes und seiner Bevölkerung. Es folgte ein langes Händeschütteln. Alle Fraktionsmitglieder von CDU und FDP reichten mir die Hand und beglückwünschten mich – auch der zurückgetretene Peter Altmeier.

Regierungswechsel in Mainz:
Nach der Wahl zum neuen Ministerpräsidenten mit
meinem Amtsvorgänger Peter Altmeier (Mai 1969)

Für viele überraschend hatte ich alle Minister des Kabinetts meines Vorgängers übernommen und in ihren Ämtern belassen. Für mich war das eine Selbstverständlichkeit. Mitten in der Legislaturperiode erfolgreiche Minister auszuwechseln wäre einer Bankrotterklärung der regierenden CDU gleichgekommen. Schon bei der Regierungsbildung nach der Landtagswahl 1967 waren alle meine personellen Wünsche berücksichtigt worden. Vor allem die Leistungsträger Bernhard Vogel und Heiner Geißler zeichneten sich durch herausragende Arbeit aus, und auch Otto Meyer, der 1968 die Nachfolge Oskar Stübingers als Landwirtschaftsminister angetreten hatte, und Hanns Neubauer, der Peter Altmeier 1967 in seiner zusätzlichen Funktion als Wirtschaftsminister abgelöst hatte, erwiesen sich als hervorragende Wahl. Aber auch mit den dienstälteren Kabinettskollegen war ich außerordentlich zufrieden: August Wolters, der Innenminister, hatte ebenso ausgezeichnete Arbeit geleistet wie Finanzminister Hermann Eicher, der zugleich

230

Das erste Kabinett Kohl (v.l.n.r.): Bernhard Vogel,
August Wolters, Fritz Schneider, Otto Meyer,
Heiner Geißler, Helmut Kohl, Hermann Eicher,
Hanns Neubauer (Mai 1969)

FDP-Landesvorsitzender war, und sein Parteifreund Fritz Schneider, der erfolgreich das Justizministerium leitete.

*

Dieser aufregende Wahltag endete feuchtfröhlich und in angemessener Feierlaune. Am nächsten Tag folgte in der 37. Sitzung des Landtags meine Regierungserklärung. Sie war gut vorbereitet und mit den Kabinettsmitgliedern abgestimmt. Ich würdigte zunächst nochmals meinen Vorgänger, der vor zweiundzwanzig Jahren in einer nahezu aussichtslosen Situation zusammen mit seinen Mitarbeitern unter ungeheuren Schwierigkeiten mit Tatkraft, Klugheit und einem hohen Verantwortungsbewusstsein ans Werk gegangen war. Dann setzte ich meine Akzente für den zweiten Teil der Legislaturperiode.

13.
Blick nach Bonn

Bisher hatte Rheinland-Pfalz mit Peter Altmeier den dienst-
ältesten Ministerpräsidenten gestellt. Jetzt saß der jüngste Ministerpräsident der Bundesrepublik Deutschland in der Mainzer
Staatskanzlei.

Bei aller landsmannschaftlichen Verbundenheit richtete ich
meinen Blick auch weiterhin auf die provisorische Hauptstadt. Im
Bundesrat, der Vertretung der Länder in Bonn, galt es nicht
nur, Flagge zu zeigen und die Länderinteressen über Parteigrenzen
hinweg massiv zu vertreten. Mir kam es auch darauf an, die einschlägigen Bundesratsausschüsse mit Mitgliedern meines Kabinetts optimal zu besetzen. Ich selbst wurde Mitglied in vier Ausschüssen. Das bedeutete ein Mehr an Bonner Präsenz und Arbeit,
ermöglichte aber auch besondere Einblicke in die Bonner Regierungspolitik. Ich war ordentliches Mitglied im Ausschuss für Auswärtige Angelegenheiten, für gesamtdeutsche Fragen, für Verteidigung und Mitglied im wichtigen Vermittlungsausschuss. Hinzu
kam die Ministerpräsidentenkonferenz, die mindestens zweimal
im Jahr in Bonn tagte und mit regelmäßigen Treffen beim Bundeskanzler verbunden war.

Mein Mainzer Regierungsamt verpflichtete mich also zu häufigen Fahrten nach Bonn, wo in schöner Regelmäßigkeit die Bundesratssitzungen und die Ausschusssitzungen stattfanden. Diese
Arbeit machte mir viel Freude, zumal der politische Gestaltungs-
rahmen der Bundesländer erheblich war. Als späterer Sprecher der
sogenannten A-Länder, also jener Länder, in denen eine CDU-geführte Landesregierung im Amt war, hatte ich auch noch wichtige
Koordinierungsaufgaben übernommen. Es schadete auch nicht,

Die rheinland-pfälzische Staatskanzlei in Mainz

wichtige politische Fragen aus der Länderkammer in den CDU-Bundesparteivorstand einzubringen.

Die Bundespartei hatte bis Mai 1967 immer noch eine Doppelspitze, die sich als wenig effizient erwies. Die Spannungen zwischen dem Bundeskanzler und dem Parteivorsitzenden waren deutlich spürbar. Ludwig Erhard, der sein Amt praktisch hatte räumen müssen, fiel es schwer, mit seinem Nachfolger eine Harmonie herzustellen. Auf jeder Bundesvorstandssitzung knisterte es zwischen Ludwig Erhard und Kurt Georg Kiesinger. Eine Änderung war nicht leicht zu bewerkstelligen, weil keiner von beiden der geborene Parteiführer war. Doch die Trennung der beiden Ämter musste dringend aufgehoben und das Amt des CDU-Bundesvorsitzenden dem Bundeskanzler übertragen werden, wie es schon in den erfolgreichen politischen Zeiten Konrad Adenauers der Fall gewesen war. Es war an der Zeit, diese unverzichtbare Konstellation wiederherzustellen.

Bereits im Februar 1967 ließ Ludwig Erhard erkennen, dass er den Parteivorsitz schnellstmöglich loswerden wollte. Im Bundesvorstand gab es niemanden, der ihn umstimmen und halten wollte.

Als Redner im Bundesrat (um 1975)

Für seine Nachfolge bot sich eine Reihe potentieller Kandidaten an, die sich dieses Amt zutrauten.

Einst hatte ich wie kaum ein anderer für Kiesinger die Werbetrommel gerührt und zusammen mit Peter Altmeier dafür gesorgt, dass er die Erhard-Nachfolge im Kanzleramt antreten konnte. Kurz darauf wurde ich von ihm sehr enttäuscht, als er die Neuauflage der Kleinen Koalition mit der FDP nicht zustande brachte, statt dessen die Große Koalition begründete und sogar eine Wahlrechtsänderung anstrebte. Meine enge Verbindung zu ihm war über viele Monate gestört.

Trotz dieser Enttäuschung war ich jetzt der Überzeugung, dass ihm nun auch das Amt des CDU-Bundesvorsitzenden angetragen werden müsse. Alle anderen personellen Alternativen hielt ich für wenig überzeugend.

Um den Wechsel an der Spitze der Bundespartei zu organisieren, musste ein Bundesparteitag einberufen werden. Der sollte am 22. und 23. Mai 1967 in Braunschweig stattfinden. Neben der Neuwahl der kompletten Parteispitze sollte dort die Parteireform vorangetrieben werden. Das Spektrum der Maßnahmen reichte von der Anhebung des Mitgliedsbeitrags bis zur erstmaligen Wahl eines CDU-Generalsekretärs.

Ich hatte kein Problem damit, wenn jemand nicht Mitglied der CDU war. Es gab aber CDU-Mitglieder, die keinen Pfennig Beitrag zahlten. In manchen Orts- und Kreisverbänden überstiegen allein die Portokosten der Partei die Summe, die sie als Mitgliedsbeiträge einnahm. Das war ein unerträglicher Zustand, der in Braunschweig beendet werden sollte. Schon im Vorfeld des Parteitags kämpfte ich für eine spürbare Anhebung des Mitgliedsbeitrags, denn was sich bisher auf diesem Sektor tat, kam einer Bankrotterklärung gleich. Ohne Spenden wäre die CDU zahlungsunfähig gewesen. Sie tat sich ohnehin schwer, ihr eigenes Personal sachgerecht zu entlohnen. Auch hier war eine Reform dringender denn je.

Große Überraschungen brachte der Braunschweiger Parteitag nicht. Kurt Georg Kiesinger wurde ohne Gegenkandidat mit 94 Prozent der abgegebenen gültigen Stimmen Erhards Nachfolger. Ludwig Erhard war zuvor per Akklamation zum Ehrenvorsitzenden mit Sitz und Stimme im Vorstand gewählt worden. Auch Bruno Heck, von Kiesinger für das Amt des CDU-Generalsekretärs vorgeschlagen, konnte sich über eine ansehnliche Zustimmung freuen. Im nachhinein bin ich heute noch stolz auf die Annahme eines Artikels in der Parteisatzung, wonach der Parteivorsitzende das Vorschlagsrecht für diesen Posten hat und die Amtszeit des Generalsekretärs mit der des Parteivorsitzenden parallel läuft.

Bruno Hecks Wahl zum Generalsekretär der CDU war ein Glücksfall. Von 1952 bis 1958 hatte er bereits als Bundesgeschäftsführer gearbeitet und die goßen Wahlkämpfe der Partei organisiert. Als Kandidat des Wahlkreises Rottweil-Tuttlingen wurde er von 1957 bis 1972 in den Deutschen Bundestag gewählt. Im Dezember 1962 war Heck als Bundesminister für Familie und Jugendfragen in das 5. Kabinett Adenauer eingetreten. Die gleiche Position bekleidete er unter den Kanzlern Erhard und Kiesinger. Von 1967 bis 1971 war er dann neben seiner Ministertätigkeit (bis 1969) auch Generalsekretär der CDU. Bruno Heck war ein in der Parteiarbeit erfahrener Mann mit einem breiten Bildungsfundus in Geschichte und Philosophie. Er war ein Meister der alten

Sprachen, verstand viel von Theologie und besaß die besondere Begabung, durch Beharrlichkeit Dinge durchzusetzen. Das Bohren dicker Bretter war sein Markenzeichen. Bruno Heck war ein sehr verlässlicher Mann und mir in vielen Jahren ein treuer Freund. Als Rainer Barzel 1971 zum Bundesvorsitzenden gewählt wurde, trat er ab und konzentrierte sich auf den Vorsitz der Konrad-Adenauer-Stiftung, um die er sich bleibende Verdienste erwarb.

Braunschweig war der erste Parteitag ohne Bundeskanzler Konrad Adenauer, der erste in einer Großen Koalition. Eine der hier beschlossenen satzungsmäßigen und personellen Erneuerungen betraf auch mich persönlich: Bei der Wahl der neunzehn Mitglieder des Bundesvorstands errang ich gleich im ersten Wahlgang mit dreihundertachtundneunzig Stimmen einen Achtungserfolg. Es war das viertbeste Ergebnis dieser Wahlen.

*

Für den neuen Parteivorsitzenden, der zugleich Kanzler in der Großen Koalition war, bedeutete die Wahl von Braunschweig eine zusätzliche Bürde. Die Koalition in Bonn forderte von Kurt Georg Kiesinger nicht nur starke Nerven und viel Fingerspitzengefühl im Zusammenspiel zweier großer Volksparteien, sondern auch den starken Willen, das Regierungsbündnis zusammenzuhalten. In jeder der beiden Parteien gab es Menschen, die immer wieder gegen die Große Koalition opponierten. Außerdem bestand fortwährend die Gefahr, dass sich SPD und FDP zu einer sogenannten Mini-Koalition zusammenfinden könnten. Die Union musste bei aller vordergründigen Harmonie zwischen den beiden großen Parteien aufpassen, dass sie nicht hintergangen und ausgetrickst wurde. Eine Garantie für den Bestand der Großen Koalition gab es nicht, und die Weiterentwicklung eines gemeinsamen politischen Programms wurde von Monat zu Monat schwerer.

Der erste Jahrestag der Großen Koalition am 1. Dezember 1967 bot sich kaum zum Feiern an. Die Lage innerhalb der Koalition war durch ständige Unruhe gekennzeichnet, die aus den Parteien selbst kam und ausgelöst wurde von den Spekulationen über den

Ausgang der nächsten Bundestagswahlen im Jahr 1969. Wer von den Koalitionsparteien würde bei den Wählerinnen und Wählern am besten abschneiden? Unruhe brachten außerdem verlorene beziehungsweise bevorstehende Landtagswahlen, die fast immer als Testwahlen für die Bonner Koalition betrachtet und bewertet wurden. Unruhe entstand auch immer wieder wegen unterschiedlicher programmatischer Aussagen, wegen einseitiger Profilierungsversuche und übersteigertem Ehrgeiz einzelner. Es gab starke Zustimmung zum Regierungsbündnis, aber eben auch eine zunehmende diffuse Verdrossenheit. Vor allem bei uns in der CDU/CSU gab es eine Reihe von Persönlichkeiten, die sich mit ihren Vorstellungen bei der Regierungsbildung nicht hatten durchsetzen können und deswegen keine verträgliche Stimmung verbreiteten.

Themen wie die Wahlrechtsreform oder die Diskussion um betriebliche Mitbestimmung wurden von den Regierungsparteien nur halbherzig angepackt oder ganz weggedrückt. Gerade in der Mitbestimmungsfrage fand die Union beispielsweise keine klare Linie. Im CDU-Bundesvorstand war nicht herauszubekommen, welche Linie die Partei verfolgte. Dabei wäre es so wichtig gewesen, in dieser Frage nicht unentschieden zu agieren, sondern kraftvoll auch den gewerkschaftlich organisierten Arbeitnehmern einen klaren Standpunkt zu präsentieren.

Auch nach dem Braunschweiger Parteitag blieb die Arbeit des CDU-Bundesvorstands unbefriedigend. An diesem Ärgernis änderte keine Parteireform, kein neues Spitzenpersonal etwas.

In den Berichten des Parteivorsitzenden und Bundeskanzlers Kiesinger hatte das Thema Änderung des Wahlrechts seine besondere Bedeutung. Bekanntlich hatte Kiesinger in seiner Regierungserklärung vom 13. Dezember 1966 eine Wahlrechtsreform in der laufenden Legislaturperiode in Aussicht gestellt, wie es mit dem sozialdemokratischen Regierungspartner verabredet war. Vor allem Bundesinnenminister Paul Lücke, ein engagierter Verfechter der Änderung, drängte unaufhörlich darauf, das Versprechen einzuhalten. Ich hatte allerdings nicht den Eindruck, dass der CDU-Vorstand geschlossen hinter dieser Ankündigung stand.

Meiner Meinung nach war dieses Reformvorhaben unausgego-
ren, und vor allem hatten die Befürworter einer Wahlrechtsreform
deren prakische Auswirkung auf die Bundesländer nicht bedacht,
die zwangsläufig zum Verschwinden der Liberalen führen musste.

Am meisten ärgerte mich jedoch die taktische Unbedarftheit,
mit der der Zeitpunkt der Umsetzung des neuen Wahlrechts festgelegt werden sollte. Alle Planungen liefen auf das Jahr 1973 hinaus, also erst zur übernächsten Bundestagswahl. Das bedeutete,
dass die FDP bei den Wahlen 1969 Zünglein an der Waage war.
Diese Erwartung hat sich dann ja auch erfüllt.

Doch soweit kam es gar nicht. Nachdem die SPD im März 1968
die Wahlrechtsreform praktisch auf die nächste Legislaturperiode
verschoben hatte, war für jedermann erkennbar, dass sie die
Union hereingelegt hatte.

Verhängnisvoll waren die politischen Konsequenzen, die dieser
Beschluss der SPD auslöste: Es waren nun die Sozialdemokraten,
die der FDP das Überleben gesichert hatten. Das sollte sich schon
bald auszahlen. Die Union dagegen hatte jetzt den Schwarzen Peter. Diese unverzeihlichen strategischen Fehler waren nicht mehr
wettzumachen. Ich hatte vor dieser Entscheidung immer gewarnt.

Die verhängnisvolle Debatte über eine Reform des Wahlrechts
trug wenig dazu bei, unser Verhältnis zum Spitzenpersonal der Liberalen zu verbessern. Ich gab mir in Mainz redlich Mühe, die
Koalition mit der FDP nicht zu belasten und das gute Arbeitsklima
zu fördern.

*

Außenpolitisch bewegte uns im Jahr 1968 die explosive Lage in
Osteuropa, genauer der Einmarsch der Warschauer-Pakt-Staaten
in Prag. Dieser eklatante Bruch des Völkerrechts belastete nachhaltig die deutsch-deutschen Beziehungen. Heute, nach Öffnung
der Archive, wissen wir, dass dabei kein NVA-Soldat den Boden
der Tschechoslowakei betreten hatte.

Innenpolitisch beschäftigte uns die Frage eines Verbots der
NPD. Diese rechtsradikale Partei saß in mehreren Länderpar-

lamenten und schickte sich an, 1969 auch in den Bundestag einzuziehen. Im Bundesvorstand der CDU gab es darüber heiße Debatten. Dabei fiel mir auf, dass die wenigsten Befürworter eines Verbots wirklich eine Vorstellung von den NPD-Wählern hatten.
Sie als alte unverbesserliche Nazis abzutun war falsch. Wir in
Rheinland-Pfalz hatten unsere Erfahrungen mit NPD-Abgeordne-
ten ebenso wie mit ihrem Wählerpotential gemacht, vor allem bei
Kommunalwahlkämpfen in ländlichen Gebieten. Ich war ein absoluter Gegner des NPD-Verbots und begründete das auch im
Bundesvorstand. Gegen ein Verbot sprach vor allem, dass sofort
eine vergleichbare Partei mit neuem Namen gegründet werden
würde. Es nützte wirklich nichts, heute ein NPD-Verbot zu erreichen, um sich am nächsten Tag mit einer neuen Partei und denselben alten Gesichtern auseinanderzusetzen.

Bis heute bin ich generell gegen jedes Parteienverbot – gleichgültig, ob am rechten oder am linken Ende des Spektrums. Als im Jahr
2002 wieder versucht wurde, die NPD vom Karlsruher Bundesverfassungsgericht verbieten zu lassen, scheiterte das Vorhaben bereits, bevor es überhaupt zur eigentlichen juristischen Bewertung
kam.

Der politische Kampf und die inhaltliche Auseinandersetzung
sind die einzigen erfolgversprechenden Mittel, um politischen Radikalismus zu bekämpfen. Das hat sich in der Vergangenheit immer wieder bewahrheitet und das wird auch in Zukunft so sein.
Mir bereitete damals vor allem Sorgen, dass neben der kleinen
Gruppe von Alt-Nazis viele junge Leute, in großer Zahl Mittel-
ständler, für rechtsextreme Parolen anfällig waren und NPD wählten. Diese politisch verirrten Bürger mussten wir auf unsere Seite
ziehen, sie mit unseren Argumenten überzeugen.

Rechtsextreme Parteien haben in der Bundesrepublik Deutschland zu keiner Zeit eine Chance gehabt, irgend etwas aus- oder an-
zurichten, auf irgend etwas politischen Einfluss zu nehmen. Das
allein ist schon ein großer Wert an sich und ein Zeichen demokratischer Reife.

*

Die CDU hatte sich nach dem Braunschweiger Bundesparteitag schnell an die neue Satzung und die neue Führungsstruktur gewöhnt. Die Weichen für eine moderne Volkspartei waren gestellt, die Bundesgeschäftsstelle neu gegliedert und personell ansehnlich verstärkt. Dem Bundesvorsitzenden war es zunehmend gelungen, die diversen Vereinigungen – von den Sozialausschüssen, der Kommunalpolitischen Vereinigung, der Jungen Union und der Frauenvereinigung bis zum Wirtschaftsrat der CDU – zusammenzuhalten und die unterschiedlichen politischen Interessen zu bündeln. Jetzt galt es, für die CDU die programmatische Erneuerung zu formulieren und durchzusetzen und der Partei eine neue politische Orientierung zu geben. Das konnte nur mit Hilfe eines neuen Parteiprogramms geschehen, das auch für die Wahlauseinandersetzungen 1969 verbindlich sein musste.

Der CDU-Bundesvorstand richtete eine fünfzehnköpfige Programmkommission ein, an deren Spitze ich berufen wurde. Zuvor hatte in den Landes- und Kreisverbänden eine rege Diskussion über den Entwurf eines Aktionsprogramms stattgefunden, deren Ergebnisse bereits vorlagen. Die neugegründete Programmkommission musste nun auf der Grundlage des ursprünglichen Entwurfs und der Stellungnahme der Landesverbände einen neuen Programmentwurf erarbeiten, der auf dem Berliner Parteitag in der ersten Novemberwoche 1968 verabschiedet werden sollte.

Die Zeit dafür war denkbar knapp. Ende August trafen wir uns, und Mitte September 1968 sollte der Programmentwurf bereits vorliegen. Ich erinnere mich gern an die gute Zusammenarbeit, an die breite Unterstützung der Kommissionsmitglieder. Selten in der Geschichte der CDU wurde derart breit gefächert und so erhellend über die Inhalte unserer Politik diskutiert und ehrlich gestritten.

Der endgültige Entwurf des Aktionsprogramms ging dann an den Bundesvorstand und konnte so rechtzeitig verabschiedet werden, dass er den Delegierten des Parteitags, den Mitgliedern der Bundesvereinigungen und den Landes- und Kreisverbänden am 1. Oktober 1968 vorlag. Sie hatten nun einen ganzen Monat Zeit, den neuen Entwurf zu prüfen und zu beraten und Änderungs- oder

Ergänzungsanträge zu stellen, über die der Parteitag in Berlin entscheiden würde.

Als sich die fünfhundertzweiundsiebzig Delegierten am 4. November 1968 in der Berliner Kongresshalle zur Eröffnung des 16. Bundesparteitags versammelten, lag eine Zeit härtester Programmarbeit hinter mir. Am Ende verabschiedete der Parteitag einstimmig das sogenannte Berliner Programm, das sowohl als Plattform für die Auseinandersetzung im nächsten Bundestagswahlkampf fungierte als auch unser Programm für die Anforderungen der siebziger Jahre war.

Einige Teile unseres Programmentwurfs wurden nur mit knappen Mehrheiten gebilligt, andere gegenüber der Vorlage verändert und ergänzt.

Mit Blick auf die Bundestagswahl im September 1969 plädierte ich für ein Ende der Spekulationen über Koalitionen, die es natürlich auf dem Berliner Parteitag immer wieder gab, und forderte unter großem Beifall, ungebunden und frei nach allen Seiten zu sein und nicht nur verbal, sondern tatsächlich frei in die nächste Bundestagswahl zu gehen mit dem klaren Ziel, diese Wahl mit einer regierungsfähigen Mehrheit für die CDU/CSU zu gewinnen.

Der einzige wirklich umstrittene Punkt des Aktionsprogramms war das Thema Mitbestimmung. Hier fanden wir in Berlin einen fairen Kompromiss, als sich der Parteitag nach leidenschaftlicher Diskussion gegen eine schematische Übertragung des Modells der Montanmitbestimmung auf andere Bereiche der Wirtschaft entschied.

Im Gedächtnis der Öffentlichkeit bleibt dieser Parteitag aber auch wegen einer unappetitlichen Aktion der französischen Journalistin Beate Klarsfeld. Sie hatte sich auf die Tribüne des Bundesparteitags geschlichen, trat an Kurt Georg Kiesinger heran und ohrfeigte ihn vor laufenden Kameras. Ich war einer der ersten, der die rabiate Dame vom Bundeskanzler wegzerrte. Das Ganze war eine bewusste Inszenierung für die Augen der Weltöffentlichkeit, um einen Volkszorn gegen Kiesinger wegen dessen NSDAP-Mitgliedschaft im Dritten Reich zu initiieren. Es war einer jener unsäglichen Vorgänge, die die ganze Intoleranz und Brutalität der aggressiven Linken deutlich machten. Dass ein Berliner Amtsgericht Beate Klarsfeld zu einer einjährigen Gefängnisstrafe wegen Körperverletzung und Beleidigung verurteilte, war ein so mildes Urteil, dass man sich darüber nur wundern konnte. Dass die Strafe dann aber auch noch auf vier Monate mit Bewährung reduziert wurde, konnten meine Freunde und ich nicht mehr nachvollziehen.

Für mich persönlich brachte der Parteitag den bis dahin größten innerparteilichen Erfolg. Mit dem Berliner Programm war mein Name untrennbar verbunden. Noch wichtiger war, dass wir nach den Düsseldorfer Leitsätzen von 1949 und dem Hamburger Programm von 1953 jetzt den programmatischen Sprung in die neue Zeit geschafft hatten und eine neue Perspektive aufzeigen konnten. Für jedermann nachlesbar, waren Aussagen zum Wiedervereinigungsauftrag und zum Rechtsstaatsprinzip hier festgeschrieben. Die Partei verfügte ebenso über ein Konzept zur Sozialen Marktwirtschaft wie über eine Position zu den Werten der Familie. Auch das positive Verhältnis zum »C« im Parteinamen war in dem Berliner Programm enthalten.

14.
Verrechnet

Am 30. Juni 1969, zweieinhalb Monate vor dem regulären Ende seiner zweiten Amtszeit als Bundespräsident, trat Heinrich Lübke zurück. 1894 im Sauerland geboren, war er Zentrumsabgeordneter im Preußischen Landtag gewesen. In der NS-Zeit wurde der Agrar- und Siedlungsexperte zeitweise mit Berufsverbot belegt. Nach 1945 wurde Lübke dann für die CDU Landwirtschaftsminister in Nordrhein-Westfalen, bevor er von 1953 bis 1959 das Bundesministerium für Ernährung, Landwirtschaft und Forsten übernahm.

1959 wurde er zum Bundespräsidenten gewählt und trat die Nachfolge von Theodor Heuss an, nachdem Adenauer darauf verzichtet hatte, für das höchste Staatsamt zu kandidieren. Er war ein politisch engagierter Präsident, der sich stets als »erster Diener des Staates« verstand. Seine Wiederwahl 1964 wurde auch von der SPD unterstützt.

Während seiner zehnjährigen Amtszeit nutzte Heinrich Lübke seinen Einfluss, um die deutsch-französische Zusammenarbeit zu vertiefen. Sehr zum Ärger Ost-Berlins forderte er das Selbstbestimmungsrecht für alle Deutschen und setzte sich immer wieder für die Wiedervereinigung des geteilten Deutschland ein. Auch der »Tag der deutschen Einheit« geht auf Heinrich Lübke zurück: 1963 proklamierte er den 17. Juni zum nationalen Gedenktag der Deutschen.

Ein anderes Thema, das ihm besonders am Herzen lag, war die Entwicklungshilfe. Durch seine zahlreichen Reisen in Länder der sogenannten Dritten Welt verschaffte Heinrich Lübke unserem Land hohes Ansehen im Ausland. Der Kampf für eine Minderung des Hungers in der Welt ist mit seinem Namen eng verbunden.

Altersbedingte Ungeschicklichkeiten überschatteten Lübkes zweite Amtsperiode. Hinzu kam eine vom DDR-Geheimdienst inszenierte Desinformationskampagne, mit der Lübkes Integrität während des Dritten Reichs in Frage gestellt wurde. Von den DDR-Medien wurde der Bundespräsident zu Unrecht als »KZ-Baumeister« bezeichnet, und auch in der Bundesrepublik ließen sich namhafte westdeutsche Publizisten vor den Karren Ost-Berlins spannen. Auf der Suche nach belastendem Material war man in der DDR auf Barackenbaupläne gestoßen, die Heinrich Lübke im Auftrag des Rüstungsministeriums angefertigt hatte. Nach Aussagen ehemaliger Stasi-Offiziere wurden diese Pläne nachträglich mit einem Deckblatt versehen, auf dem stand: »Vorentwurf zur Herstellung eines KZ-Lagers für 2000 Häftlinge der Fa. Kalag bei Schacht VI in Neu-Staßfurt«. Das SED-Zentralorgan *Neues Deutschland* klagte den Bundespräsidenten daraufhin des Mordes an zweihundertneunundsiebzig KZ-Häftlingen an.

Nichts von alledem entsprach der Wahrheit. Vertreter der Staatssicherheit, des Zentralkomitees der SED und anderer Einrichtungen der DDR hatten eine spezielle Arbeitsgruppe »Lübke« gebildet, die regelmäßig darüber beriet, mit welchen Maßnahmen der Bundespräsident weltweit am besten in Misskredit gebracht werden könnte. So ergoss sich eine Flut übelster Ehrabschneidungen über diesen zutiefst patriotisch denkenden und handelnden Mann, die kaum zu ertragen war. Auch seine tapfere und mutige Ehefrau Wilhelmine blieb von persönlichen Angriffen nicht verschont. Heinrich Lübke, der sich gegen diese infamen Unterstellungen nur ungeschickt verteidigte, trat daraufhin 1969 vorzeitig zurück.

Eine quellenreiche Lübke-Biographie räumt mittlerweile mit zahlreichen Vorurteilen auf. Die wissenschaftliche Bewertung seiner zehnjährigen Amtszeit als Bundespräsident kommt zu erstaunlichen Ergebnissen, die dem hämischen Zerrbild, das von Heinrich Lübke gezeichnet wurde, jede Grundlage entziehen. Heute können wir ihn wieder so wahrnehmen, wie er wirklich war: ein Mann, der unbeirrt an seinen Überzeugungen festhielt, die tief in seinem katholischen Glauben verwurzelt waren; einer, für den Grundsätze nicht beliebig austauschbar waren.

*

Auf dem Berliner Parteitag hatten wir verabredet, einen Ausschuss zur Nominierung eines Kandidaten für die Bundespräsidentenwahl im Frühjahr 1969 einzurichten, der aus Vertretern der Landesverbände und der Bundespartei bestehen und am 15. November 1968 den Unionskandidaten vorschlagen sollte.

Bereits im Juni 1967 hatte der SPD-Bundesvorsitzende und amtierende Außenminister Willy Brandt das höchste Amt im Staat für die SPD reklamiert. Dabei hoffte er, sich mit den Unionsparteien auf einen gemeinsamen Kandidaten einigen zu können. Im vertraulichen Gespräch mit Kurt Georg Kiesinger schlug die SPD Georg Leber vor, Verkehrsminister und konservativer Gewerkschafter. Leber, ein Mann Herbert Wehners, der die Große Koalition auch nach der Bundestagswahl fortsetzen wollte, wäre für die Unionsparteien durchaus akzeptabel gewesen. Doch Kurt Georg Kiesinger erklärte sofort, dass sich die Wahl des Bundespräsidenten so kurz vor der Bundestagswahl in diesem Falle zugunsten der SPD auswirken werde. Zu anderen Zeiten wäre er bereit gewesen, über einen gemeinsamen Kandidaten von SPD und Unionsparteien nachzudenken, aber nicht im Wahljahr.

Die Union – das war die einhellige Meinung – wollte einen eigenen Kandidaten präsentieren. Doch der musste erst gefunden werden. Wer es auch immer sein würde: Fest stand, dass die dreiundachtzig FDP-Vertreter in der Bundesversammlung das Zünglein an der Waage sein würden. Mithin kam es darauf an, einen Unionskandidaten zu nominieren, der für die Liberalen besonders attraktiv war und die Mehrheit der FDP-Delegierten zu überzeugen vermochte, damit sie klar für den Unionskandidaten votieren konnten. Die entscheidende Frage war: Wie bekommen wir unseren Kandidaten durch und wie verhindern wir den SPD-Kandidaten – wen auch immer die Sozialdemokraten aufstellen?

Diesmal preschte die CSU parteiintern vor und sprach sich mit großer Mehrheit für eine Kandidatur von Ludwig Erhard aus. Der Ehrenvorsitzende der CDU erklärte allerdings, dass er nicht bereit sei, für das höchste Amt im Staat zu kandidieren.

Unterdessen hatte sich Brandts Idee durchgesetzt, Gustav Heinemann zu nominieren, der 1949/50 CDU-Innenminister gewesen war. Für uns war dieser Kandidat aus vielerlei Gründen nicht wählbar, vor allem weil er die Parteizugehörigkeit noch zweimal gewechselt hatte. Die Sozialdemokraten, die das natürlich wussten, hatten mit dieser Personalie einen gemeinsamen Kandidaten von SPD und Unionsparteien praktisch ausgeschlossen. Wie die Wahlmänner der FDP sich verhalten würden, war zu diesem Zeitpunkt noch nicht abzusehen. Die Meinungsbildung innerhalb der liberalen Partei war längst noch nicht abgeschlossen. Klar war nur – und das war uns allen bewusst –, dass letztendlich die FDP den Ausschlag geben würde, wer das neue Staatsoberhaupt wird.

In dieser schwierigen politischen Gemengelage hatte ich die Idee, einen Kandidaten der Unionsparteien vorzuschlagen, der die größte Chance besaß, von den liberalen Wahlmännern in der Bundesversammlung akzeptiert und gewählt zu werden. In einem Vier-Augen-Gespräch nannte ich Kurt Georg Kiesinger den Präsidenten des Deutschen Evangelischen Kirchentags Richard von Weizsäcker, der in leitender Position beim Ingelheimer Chemieunternehmen Böhringer arbeitete.

Weizsäcker hatte ich schon Mitte der sechziger Jahre für die rheinland-pfälzische CDU gewonnen, und 1965 wäre er fast Bundestagsabgeordneter geworden. Damals zog er seine Kandidatur zurück, bei der ich ihn mit großem Engagement unterstützt hatte, weil er das Präsidentenamt und seine Verpflichtungen für die Firma nicht mit der Arbeitsbelastung eines Bundestagsabgeordneten vereinbaren konnte. Seit 1967 saß er im CDU-Bundesvorstand, in den er vom Braunschweiger Parteitag mit hoher Stimmenzahl hineingewählt worden war. Für die Bundestagswahl 1969 stand er auf der rheinland-pfälzischen Landesliste und hatte die besten Chancen, in den Bundestag einzuziehen, was ihm denn auch gelingen sollte.

Anfang November 1968 fragte ich Richard von Weizsäcker, ob er bereit sei, zunächst parteiintern und dann in der Bundesversammlung für das Amt des Bundespräsidenten zu kandidieren. Nach anfänglichem Zögern sagte er mir zu. Diese Nachricht überbrachte ich also dem Parteivorsitzenden, der Weizsäckers Kandidatur begrüßte.

Zuvor hatte sich Verteidigungsminister Gerhard Schröder auf Drängen vieler Parteifreunde ebenfalls zur Kandidatur bereit erklärt. Er fand allerdings keine Unterstützung bei Kiesinger. Schröder galt immer als Gegner einer Großen Koalition, und er glaubte, die Weichen wieder in Richtung einer sogenannten Kleinen Koalition aus Unionsparteien und FDP stellen zu können. Bei allen Verdiensten, die Schröder sich um Staat und Partei erworben hatte, die Union musste einen Kandidaten präsentieren, der gegen Gustav Heinemann durchzubringen war. Für mich hatte Richard von Weizsäcker dazu die besten Aussichten. Er schien mir der geeignetere Kandidat als Schröder, um die Unterstützung der FDP zu gewinnen.

Nachdem sich parteiintern eine deutliche Mehrheit für Schröder abzeichnete, der unter anderem die volle Unterstützung der einflussreichen CSU und auch des baden-württembergischen Landesverbands hatte, empfahl ich Richard von Weizsäcker, seine Kandidatur zurückzuziehen. Das hatte nichts mit parteipolitischem Opportunismus zu tun. Eine Kampfabstimmung wäre in diesem Fall aussichtslos und politisch unklug gewesen. Außerdem wollte ich meinen Kandidaten vor einer unnötigen Niederlage bewahren und seine Beschädigung vermeiden. Schließlich war es meine Idee gewesen, ihn in ein Rennen zu schicken, zu dem ich Weizsäcker anfangs nur mühsam hatte überreden können. Doch Weizsäcker war nicht bereit, auf seine Kandidatur zu verzichten.

Im unionsinternen Wahlverfahren fiel die Entscheidung gegen meinen Vorschlag. Im Auswahlausschuss votierten nur zwanzig für Weizsäcker, während Gerhard Schröder fünfundsechzig Stimmen auf sich vereinigen konnte. Damit war eine wichtige Vorentscheidung gefallen. Viele aus der Führung von CDU/CSU waren der Meinung, dass Gerhard Schröder die besten Chancen hätte, die Stimmen der FDP bei der Wahl für sich zu gewinnen. Doch das sollte sich als Irrtum erweisen.

Ich erinnere mich noch gut an die dramatischen Stunden in der Nacht vom 4. auf den 5. März 1969. Bevor die Bundesversammlung am Morgen zur Bundespräsidentenwahl zusammentrat, suchte FDP-Chef Walter Scheel in Begleitung von Hans-Dietrich Genscher und Wolfgang Mischnick Gerhard Schröder in seinem Berliner Hotel auf und eröffnete ihm offiziell, dass die FDP den sozialdemokratischen Kandidaten Gustav Heinemann wählen würde. Schröder blieb nichts anderes übrig, als diese Entscheidung zu respektieren. Dennoch rechnete er sich nach diesem Besuch immer noch Chancen durch Überläufer von der FDP aus.

Dann das Wahlergebnis vom 5. März 1969: Im dritten Wahlgang wählte die Bundesversammlung Gustav Heinemann mit fünfhundertzwölf von tausenddreiundzwanzig Stimmen bei fünf Enthaltungen zum Bundespräsidenten. Auf den Unionskandidaten, Bundesverteidigungsminister Gerhard Schröder, entfielen fünfhundertsechs Stimmen. Zum ersten Mal in der Geschichte der Bundesrepublik Deutschland übernahm ein Sozialdemokrat das höchste Amt im Staat.

Die äußeren Umstände dieser Veranstaltung waren unerträglich. Die Proteste der Sowjetunion gegen West-Berlin als Ort der Bundespräsidentenwahl hatten eine bedrohliche Form angenommen: Sowjetische Kampfjets donnerten über die Messehallen hinweg. Dramatischer hätte die Wahl nicht verlaufen können.

*

Mit diesem Wahlausgang hatte ich gerechnet. Längst vor dem Berliner Wahldebakel wusste ich von Gesprächen zwischen hochrangigen SPD- und FDP-Vertretern, bei denen die umstrittene und von der Großen Koalition einst verabredete Wahlrechtsreform eine zentrale Rolle spielte. Die FDP hatte die feste Zusage der Sozialdemokraten erhalten, dass diese auf keinen Fall bereit seien, das Mehrheitswahlrecht einzuführen. Die Sozialdemokraten hatten die CDU/CSU schlicht über den Tisch gezogen.

Für die FDP führte deren Vorsitzender Walter Scheel diese Verhandlungen mit der SPD mit großer Entschiedenheit und vor allem mit einer sehr langfristigen Zielvorstellung. Es steht für mich außer Zweifel, dass er bereits damals die ersten Gespräche darüber geführt hat, nach dem Ausscheiden von Gustav Heinemann aus dem Amt des Bundespräsidenten dessen Nachfolge anzutreten.

Eine kleine Episode vermag die Hintergründe dieser Entwicklung zu verdeutlichen: Es war 1968, und ich folgte von unserem Urlaubsort St. Gilgen aus der Einladung einer deutschen Straßenbaufirma, im September an den Langbathsee bei Ischl zu kommen, wo eines der schönsten und interessantesten Jagdreviere in Österreich ist. Zweieinhalbtausender begrenzen das wildreiche Gebiet, das sich bereits Kaiser Franz Josef zu einer seiner Lieblingsjagden erkoren hatte. In einem der Jagdhäuser dort kamen nun viele bekannte Politiker der Bundesrepublik zusammen, unter anderem Franz Josef Strauß, Richard Stücklen, Hermann Höcherl und Walter Scheel. Einige von ihnen nutzten den Aufenthalt, um ihrer Jagdleidenschaft zu frönen. Ich war zwar kein Jäger, aber ich genoss die einmalige Natur.

In den drei Tagen unseres Aufenthalts ergab es sich, dass mir ein Förster den Wunsch erfüllte, mich in die Nähe eines Adlerhorstes zu bringen. Adler sind ungemein vorsichtige Tiere, und wenn man einen Adlerhorst beobachten will, muss man sich schon nachts auf den Weg machen, um möglichst unbemerkt auf einen Hochsitz in der Nähe des Horsts zu gelangen, wo es dann viele Stunden still ausharren heißt.

Walter Scheel, der von diesem Plan erfahren hatte, wollte die seltene Gelegenheit ebenfalls nutzen und sich mir auf unserer Wanderung anschließen. Er durfte gerne mitkommen, zumal wir ein gutes Verhältnis zueinander hatten. Es war ein langer, beschwerlicher Aufstieg, und Stunden bevor es hell wurde, erreichten wir den Hochsitz. Wie immer um diese Jahreszeit war Hirschbrunft, und wir saßen auf dem Hochsitz, lauschten dem Konzert der röhrenden Hirsche im Tal und sprachen sehr viel über Politik. Die FDP war damals in einer äußerst schwierigen Lage: Das Mehrheitswahlrecht drohte eingeführt zu werden, und die FDP hatte große finanzielle Probleme. Walter Scheel aber war ganz unbefangen, was die Zukunft betraf, und sagte beiläufig, dass er spätestens der übernächste Bundespräsident sein werde. Das war eine ziemlich starke Äußerung, auch im Hinblick auf die politische Lage, denn schließlich stand die Große Koalition ja noch in voller Blüte. Als ich nach meiner Rückkehr nach Bonn anlässlich eines Picknicks in der Voreifel, an dem auch Kurt Georg Kiesinger, Bruno Heck und Josef-Hermann Dufhues teilnahmen, diese Geschichte erzählte, lachten sie mich schallend aus. Es kam dann aber genau so, wie Walter Scheel es sich ausgedacht hatte. Der FDP-Vorsitzende hatte sich zum Ziel gesetzt, die Große Koalition zu sprengen, und mit Rückendeckung durch die SPD ist ihm das schließlich auch gelungen. Vor allem sein Stellvertreter Willi Weyer und der nordrhein-westfälische Ministerpräsident Heinz Kühn (SPD) spielten dabei eine entscheidende Rolle. Für mich steht außer Frage, dass Walter Scheel damals einen weitsichtigen und langfristigen Plan verfolgte, der – wie eigentlich immer bei ihm – auch seinen persönlichen Vorteil berücksichtigte.

Bereits am Abend des 5. März 1969 zeichneten sich in Berlin die ersten Konturen einer neuen Regierungskoalition ab. Ein Zusammengehen von SPD und FDP schien mir nach dieser Bundestagswahl nur konsequent zu sein. Noch wollte das die CDU-Parteiführung nicht wahrhaben. Sie glaubte, sich einstweilen nur verrechnet zu haben. Das böse Erwachen aber sollte nicht lange auf sich warten lassen.

Teil III
Ministerpräsident
in Mainz

(1969 – 1976)

1.
Regierungschef

Auf die Mainzer Landespolitik hatte die Bundespräsidenten-wahl keine Auswirkungen. Der liberale Koalitionspartner wusste zwischen Bundes- und Landesinteressen zu unterscheiden. Für die FDP in Rheinland-Pfalz gab es auch keine Alternative zur Koalition mit der CDU. Das Koalitionsklima war nicht im geringsten getrübt. Das Bemühen der Bundes-CDU, durch eine Änderung des Wahlrechts die FDP unterpflügen zu wollen, war mit der Heinemann-Wahl obsolet. Außerdem wussten die acht FDP-Parlamentarier im Landtag am Deutschhausplatz, welche Haltung der designierte Mainzer Ministerpräsident in dieser Frage einnahm. Meine Wahl zum Regierungschef verlief entsprechend reibungslos. Die gemeinsam konzipierte Regierungserklärung, die zuvor in beiden Fraktionen ausführlich besprochen worden war, fand breite Zustimmung. Ich legte zunächst ein Bekenntnis zur Arbeit der Koalition von CDU/FDP ab:

»Die Bildung der neuen Regierung fällt mitten in die Wahlperiode und damit mitten in die Arbeit dieses Parlaments. Die neue Landesregierung wird von den gleichen politischen Kräften wie bisher getragen. Diese Koalition von CDU/FDP hat sich bewährt. Beide Parteien sind aus diesem Grunde übereingekommen, diese Zusammenarbeit fortzusetzen. [...] Die Prognosen für die Zukunft sind hoffnungsvoll. Gemessen an der jährlichen Zuwachsrate des Sozialprodukts steht Rheinland-Pfalz mit an der Spitze aller Bundesländer. Auch in seiner sozialen und kulturellen Ausstrahlung kann sich unser Land mit anderen Ländern durchaus vergleichen lassen.

Die politische Führung unseres Landes hat die Möglichkeit erkannt, die sich nunmehr aus der Lage als Kernland des Gemeinsamen Marktes ergibt.«

Den radikalen Linken und Rechten erteilte ich eine eindeutige Absage und forderte für die Demokratie ein »Pathos der Nüchternheit«, mit dem allein die Probleme der industriellen Gesellschaft gelöst werden könnten. Die neue Landesregierung werde eine Politik der allgemeinen Steigerung der Wirtschaftskraft betreiben und dabei der langfristigen Strukturpolitik besondere Bedeutung beimessen.

Als einen der Schwerpunkte dieser Legislaturperiode nannte ich die Sozialpolitik. Besonderes Augenmerk komme dabei der beruflichen Bildung, der berufstätigen Hausfrau, der Altenbetreuung und dem Wohnungsbau, den körperlich und geistig Behinderten sowie der Gesundheitsfürsorge und -vorsorge zu. Ausführlich widmete ich mich den Bildungsfragen, der Erziehung und Wissenschaft sowie der Situation an den Hochschulen. Auch für diese Gebiete kündigte ich größere Anstrengungen des Landes an. Rechtspflege, Strafvollzug und eine Reform des öffentlichen Dienstes seien weitere große Aufgaben.

*

Auf der ersten Sitzung des Bundesrats in Bonn nach meiner Wahl wurde ich vom amtierenden Bundesratspräsidenten, dem Hamburger Regierungschef Herbert Weichmann, als neues Mitglied des Bundesrats begrüßt und gleich in das Amt des Vizepräsidenten eingeführt, das dem Land Rheinland-Pfalz turnusmäßig zufiel und das ich von meinem Vorgänger Peter Altmeier übernahm.

Das war meine erste amtliche Begegnung mit Herbert Weichmann. Damals entstand eine sehr freundschaftliche Beziehung zu dem Sozialdemokraten, die uns über viele Jahre hinweg bis zu seinem Tod verband. Für mich ist Herbert Weichmann eine der großen Gestalten der deutschen Nachkriegspolitik. Wegen seiner politischen Überzeugung und seines jüdischen Glaubens musste er

Deutschland 1933 verlassen. Nach vierzehn Jahren im Exil kehrte er 1947 in das in Schutt und Asche liegende Land zurück und übernahm in seiner Vaterstadt Hamburg politische Verantwortung. Er war ein souveräner Mann und in seiner demokratisch-toleranten Gesinnung eine großartige Erscheinung. Ich habe viele Jahre regelmäßig sein Grab und das seiner Frau in Hamburg besucht. Es liegt auf dem berühmten Ohlsdorfer Friedhof, unweit der Grabstätte des Dichters Wolfgang Borchert.

Als Altmeier-Nachfolger wurde ich auch zum Vorsitzenden des Gesamtdeutschen Ausschusses des Bundesrats berufen, und im Ausschuss für Auswärtige Angelegenheiten des Bundesrats meldete ich mich als ordentliches Mitglied an. Dass ich mich für den außenpolitischen Ausschuss entschied, war kein Zufall. Als Ministerpräsident eines Grenzlands, das nicht zuletzt durch die Partnerschaft zwischen Rheinland-Pfalz und Burgund eng mit dem Nachbarn Frankreich verbunden ist, wusste ich um die Bedeutung gutnachbarschaftlicher Kontakte. Warum sollte, was für Westeuropa galt, nicht auch mit unseren osteuropäischen Nachbarn möglich sein? Konkret wollte ich auf der Ebene der Bundesländer beispielsweise mit Jugoslawien und der Tschechoslowakei, mit Polen und auch der Sowjetunion Kontakte nicht auf Regierungsebene, aber zu Persönlichkeiten und Institutionen unterhalb höchster Stellen aufnehmen und so zusätzliche Verbindungslinien schaffen, um das Eis zum Schmelzen zu bringen und die Bedingungen für die Außenpolitik des Bundes zu verbessern. In Absprache mit dem Außenminister, aber ganz ohne parteipolitisches Spektakel wollte ich durch persönliche Freundschaften und durch den Austausch von Erfahrungen aus dem politischen Alltag eine Annäherung auf verschiedenen Ebenen suchen. Ich war überzeugt, dass wir auf dem Weg der rein menschlichen Beziehungen das Ziel einer Partnerschaft mit den Nachbarn im Osten würden erreichen können. Langfristig war die Regelung der deutschen Frage nur unter einem gesamteuropäischen Dach unter Einschluss der Oststaaten möglich. Dass manche in den Vertriebenen- und Flüchtlingsverbänden heftigen Widerstand gegen diese Politik leisten würden, war sicherlich zu befürchten, aber im Ernstfall auch zu ertragen.

Stadtratswahlen in Ludwigshafen:
Mit Peter und Hannelore unterwegs zum
Wahllokal

Die erste Ministerpräsidentenkonferenz Ende Mai 1969 hatte Routinecharakter. Gut, dass ich als Fraktionsvorsitzender mit den anstehenden politischen Fragen und Problemlösungen zuvor schon bestens vertraut war, so dass mir solche und ähnliche Auftritte in Bonn leichtfielen. Im Rahmen dieses Treffens begegnete ich zum ersten Mal als Ministerpräsident Bundeskanzler Willy Brandt. Die Begegnung war eher enttäuschend. Im Mittelpunkt standen damals Probleme der Studentenunruhen, und ich musste mit Erstaunen zur Kenntnis nehmen, einen wie harten Standpunkt der Bundeskanzler ihnen gegenüber vertrat. Für mich war dies der falsche Weg.

Auch als rheinland-pfälzischer Ministerpräsident stand ich noch immer auf Platz eins der CDU-Liste bei den Stadtratswahlen in Ludwigshafen. Zwar konnte meine Partei die Sozialdemokraten auch diesmal nicht auf die Oppositionsbänke verweisen; doch half meine zunehmende Popularität sicherlich, unser Wahlergebnis bei den Kommunalwahlen am 8. Juni 1969 zu verbessern. Außerdem erbrachte der Wahlgang immerhin den Beweis, dass die rechtsextreme NPD in den Kommunen zu Unrecht als Wahlsieger bezeichnet wurde, denn im Vergleich zur Landtagswahl 1967 ergab sich eindeutig eine fallende Tendenz in der Wählerschaft. Und darüber konnte ich mich an diesem Abend wirklich freuen.

*

So wichtig all die anderen Aktivitäten auch waren, an erster Stelle kümmerte ich mich in meiner Funktion als neuer Ministerpräsident und als Landesvorsitzender der CDU um Rheinland-Pfalz. Die wichtigsten Weichen waren gestellt, jetzt galt es, die Probleme anzupacken. Reformeifer alleine reichte nicht aus, die politische Praxis musste überzeugen.

Ich richtete eine Sprechstunde für jedermann ein, die ich regelmäßig im Abstand von acht bis zehn Wochen abhielt. Das war ein Novum in Deutschland. Erstmals suchte ein Ministerpräsident auf diesem Wege den Kontakt zu den Menschen seines Landes. Trotzdem war die Idee nicht neu: Schon als Landtagsabgeordneter hatte ich in Ludwigshafen viele Jahre lang zu Sprechstunden eingeladen, die stark frequentiert waren. Das sollte auch in Zukunft so bleiben.

Zu der ersten Sprechstunde in der Mainzer Staatskanzlei kamen mehr als sechzig Bürger. Nicht nur Rheinland-Pfälzer machten von meinem Angebot Gebrauch: Etwa ein Viertel aller Besucher kam von außerhalb. Aus Heidelberg, Bochum, Frankfurt, Limburg und Stuttgart waren Menschen angereist, um mir ihre Probleme vorzutragen. Die Hilfesuchenden kamen aus allen Schichten der Bevölkerung. Sie suchten auf direktem Weg Hilfe bei mir, weil sie in Not waren und mit ihren Problemen alleine nicht zurechtkamen. Viele hatten Wohnungsprobleme und litten unter persönlichen Schicksalsschlägen.

Zu jeder Sprechstunde hatte ich sachkundige Mitarbeiter aus den verschiedenen Ministerien herangezogen und um Mithilfe gebeten. Hier wurden nicht nur Fragen beantwortet und Unklarheiten beseitigt, sondern auch in schwierigen Fällen praktikable Problemlösungen angeboten.

Diese Kontaktpflege zum Bürger machte mir Spaß. Der anonyme Staat stellte sich anders dar als gewohnt: Er bekam ein Gesicht. Doch meine Sprechstunden ersetzten nicht die Aktivitäten der Abgeordneten, sondern ergänzten sie. Ich lernte eine Menge dabei und erfuhr unmittelbar, was die Menschen tatsächlich bedrückt, wo sie der Schuh drückt. Dass ich ihnen oft unbürokratisch helfen konnte, ist für mich heute noch eine große Befriedigung.

Die Landespolitik bot mir die Gelegenheit, Reformen voranzutreiben. Vor allem auf dem Gebiet der Sozial- und Kulturpolitik mussten wir das Land nach vorne bringen. Dafür garantierten maßgeblich die beiden Minister Heiner Geißler und Bernhard Vogel.

Eine Besonderheit des Amtes als Ministerpräsident ist das Begnadigungsrecht bei lebenslangen Freiheitsstrafen. Dieses höchste Strafmaß unseres Rechts wurde durchweg bei Verurteilungen wegen Mordes angewandt, teilweise in Verbindung mit anderen schweren Straftaten. Zwei Fälle gab es damals, bei denen die vor dem Inkrafttreten des Grundgesetzes verhängten Todesstrafen in lebenslange Haftstrafen umgewandelt worden waren. Ich verstand das Begnadigungsrecht nicht als ein obrigkeitsstaatliches Relikt, sondern als Teil einer rechtsstaatlichen Verfassung, die Gnadengewährungen als humanen Akt des Rechts kennt. Es konnte daher nicht meine Aufgabe sein, nach umfangreichen Verfahren rechtskräftig gefällte Urteile zu korrigieren oder die lebenslange Freiheitsstrafe, die mit der Annahme des Grundgesetzes 1949 die Todesstrafe abgelöst hatte, in Frage zu stellen. Gnadenentscheidungen sind bekanntlich juristisch nicht anfechtbar. Um so mehr habe ich darauf geachtet, dass der individuelle Gnadenerlass mit unseren allgemeinen Vorstellungen von Gerechtigkeit, einer der jeweiligen Schuld angemessenen Strafe und dem allgemeinen Schutz der Bürger vor Rechtsbrüchen in Einklang stand.

An der Vorbereitung der Entscheidungen waren der Justizminister, die zuständigen leitenden Staatsanwälte und Vorsitzenden des jeweiligen Landgerichts sowie der Leiter der jeweiligen Vollzugsanstalt beteiligt, außerdem stützten meine Mitarbeiter und ich uns auf Gutachten und Beratungen von Psychologen, Ärzten, Geistlichen, Bewährungshelfern und anderen Resozialisierungsexperten. Waldemar Schreckenberger, damals Ministerialdirigent und Abteilungsleiter in der Staatskanzlei und später der erste Chef des Kanzleramts in Bonn, ist ein begnadeter Jurist und war mir dabei ein wichtiger Ratgeber. Nach meinen Erfahrungen waren die Vorsitzenden der Gerichte Gnadenakten gegenüber eher aufgeschlossen.

Bei jeder Entscheidung war ein ganzes Bündel von individuellen Sachverhalten zu berücksichtigen: die Umstände der Tat, die Lebensverhältnisse, das Verhalten des Verurteilten im Strafvollzug. Nicht zuletzt war die Reaktion der Angehörigen von Opfern einer Straftat zu bedenken. Wiederholt habe ich den unmittelbaren Kontakt zu den Betroffenen gesucht.

Im Einzelfall konnte es zu ganz unterschiedlichen Ergebnissen kommen. Beispielsweise habe ich Begnadigungen schon nach einer Haftzeit von ungefähr zwölf Jahren, aber auch erst nach siebenundzwanzig Jahren ausgesprochen. Die durchschnittliche Haftzeit lag in den sieben Jahren meiner Amtszeit bei zwanzigeinhalb Jahren, und ich habe siebzehnmal von diesem Recht Gebrauch gemacht.

Das persönliche Gespräch mit den Verurteilten war mir immer wichtig. Über meine Gefängnisbesuche gibt es eine ganze Reihe von Geschichten, die nicht immer wahr sind. Wahr ist allerdings, dass ich einmal an einem Weihnachtsessen in einer Frauenvollzugsanstalt teilgenommen habe und dass das Essen von zwei Frauen zubereitet wurde, die wegen Giftmords verurteilt waren. Sie hatten in dieser Vollzugsanstalt eine Ausbildung zur Köchin gemacht. Das Essen, das sie gekocht hatten, war vorzüglich und ein Beweis für das hohe Ausbildungsniveau einer Frauenvollzugsanstalt. Trotzdem hatte ich damals schon ein mulmiges Gefühl in der Magengegend ...

Nicht jeder Betroffene war übrigens froh, wenn er hörte, dass sein Fall zur Begnadigung anstand. Ein Verurteilter, der schon über zwanzig Jahre in Haft war, widersprach dem Gnadenerlass

259

Mit Bundespräsident Gustav Heinemann (1970)

heftig, da er mit einer weitgestreuten Korrespondenz aus der Vollzugsanstalt heraus ein christliches Missionswerk aufgebaut hatte, das er außerhalb der Gefängnismauern gefährdet sah.

Ende der siebziger Jahre fand eine lebhafte Diskussion um die lebenslange Freiheitsstrafe und die Begnadigungspraxis statt, die 1981 zur Ergänzung des Strafgesetzbuchs führte, wonach eine Strafaussetzung zur Bewährung vorgesehen ist, wenn fünfzehn Jahre der Strafe verbüßt sind. Zuständig für die Entscheidung, ob eine lebenslange Freiheitsstrafe nach fünfzehn Jahren Haft zur Bewährung ausgesetzt wird, sind die Strafvollstreckungskammern der Gerichte. Diese strafgesetzliche Regelung konnte sich auf die vielfältigen Erfahrungen der seinerzeitigen Begnadigungspraxis stützen – und führte entgegen der allgemeinen Erwartungen nicht dazu, dass die Dauer der Strafhaft seither wesentlich verkürzt worden wäre.

Im Zusammenhang mit der Begnadigung von zu lebenslänglicher Haft verurteilten Straftätern habe ich damals zum Teil völlig neue Wege beschritten und damit auch außerhalb der Landesgrenzen große Aufmerksamkeit erregt. Mit Gustav Heinemann hatte ich nach seiner Wahl zum Bundespräsidenten viele interessante und gute Gespräche zu diesem Thema. Er war an dieser Frage auch persönlich besonders interessiert und erkundigte sich vor allem nach meinen persönlichen Beobachtungen und Erfahrungen und warum ich in dem jeweiligen Fall so und nicht anders entschieden hatte. Aus diesen Gesprächen, die auch für mich lehrreich waren, ist eine gute persönliche Beziehung zwischen uns entstanden. Manche Beobachter in der CDU/CSU waren darüber sehr verwundert.

2.
Bonner Machtwechsel

1969 war ein besonderes Jahr. Nicht nur, weil ein Sozialdemokrat erstmals in der Geschichte unserer Republik Bundespräsident wurde, nicht nur, weil die amerikanischen Astronauten Neil Armstrong und Edwin Aldrin als erste Menschen auf dem Mond landeten. Das Jahr 1969 brachte eine gewaltige politische Veränderung: den Machtwechsel in Bonn. Erstmals seit Bestehen der Bundesrepublik, nach zwanzigjähriger Regierungsverantwortung, mussten die Unionsparteien nach der Bundestagswahl am 28. September in die Opposition gehen. Eine bittere Niederlage für die einflussreichste Regierungspartei nach dem Krieg.

Ich werde die Wahlnacht vom 28. September 1969 in meinem ganzen Leben nicht vergessen. Es ist eine meiner schlimmsten politischen Erinnerungen. Nach den ersten Hochrechnungen zeichnete sich zunächst ein Sieg der Union ab. Erste Gratulanten kamen in den Kanzlerbungalow, wo sie unter anderem auf Kurt Georg Kiesinger, Generalsekretär Bruno Heck, Rainer Barzel und mich trafen. Regierungssprecher Günter Diehl und sein Stellvertreter Conrad Ahlers beglückwünschten Kanzler Kiesinger zum Wahlerfolg. Sie baten ihn, vor der wartenden Presse eine erste Bewertung abzugeben und drängten ihn, vor die Fernsehkameras zu treten. Doch Kiesinger bat um Geduld. »Ich gehe erst, wenn die Sache ganz sicher ist«, vertröstete der Kanzler die beiden Pressechefs. Die schworen Stein und Bein, dass die Hochrechnungen stabil seien. Außerdem, argumentierten sie, würde die große Schar der wartenden Journalisten immer unruhiger und könnte die Haltung des Kanzlers nicht nachvollziehen.

Murrend fügte sich Kiesinger, erhob sich aus seinem gemüt-

Mit Bundeskanzler Kurt Georg Kiesinger (li.)
im Bundestagswahlkampf 1969

lichen Sessel und ging in Richtung Ausgang. An der Tür blieb er
stehen und fragte: »Geht denn überhaupt keiner mit mir?« Niemand
rührte sich. Sein Blick fiel auf mich: »Herr Kohl, gehen Sie
doch wenigstens mit. Lassen Sie mich doch nicht alleine da rüberlaufen.«
Damals siezten wir uns noch. Ich erfüllte seinen Wunsch
und begleitete ihn ins nahe gelegene Fernsehstudio. Schweigend
gingen wir durch den großen Garten des alten Bundeskanzleramts.
Ich spürte Kiesingers Siegerlaune, auch wenn er seinen inneren
Triumph noch verbarg.

Im Wahlstudio bereitete man dem Wahlsieger einen überwältigenden
Empfang. Vor laufenden Kameras gratulierten die Menschen
ihm, und die Nachricht von Kiesingers Wahlerfolg wurde in
alle Welt gesendet. Ich werde diese euphorische Stimmung nicht
vergessen. Wie er war ich vom Wahlsieg der Unionsparteien überzeugt.
Ausländische Journalisten kamen auf mich zu und fragten
mich, wer ich denn sei. Viele von ihnen kannten den Mainzer Ministerpräsidenten
noch nicht.

Das ZDF hatte seine Wahlberichterstattung bereits mit der Nachricht beendet, dass Kiesinger Kanzler bleibe und die Unionsparteien einen hervorragenden Wahlerfolg eingefahren hätten. Während Kiesinger in der ARD immer noch die Fragen von Friedrich Nowottny beantwortete, der genauso wie wir von einem Wahlsieg der Union ausging, schob mir Kiesingers persönlicher Referent Hans Neusel einen Zettel mit dem vorläufigen amtlichen Endergebnis zu. Ich war geschockt. Hier stand es schwarz auf weiß: Die FDP konnte nicht nur eine Mehrheit mit CDU und CSU bilden, sondern ebenso zusammen mit der SPD eine Regierung auf die Beine stellen. Zwar hatten Walter Scheel und seine Mannen mit 5,8 Prozent der Stimmen das schlechteste Wahlergebnis erzielt, das diese Partei je hatte. Doch ich erinnerte mich sofort an Scheels Ankündigung in der letzten Sendung mit den Parteivorsitzenden vor der Wahl. Darin hatte er einen Regierungswechsel und die Bildung einer sozialliberalen Koalition für den Fall in Aussicht gestellt, dass es der Wahlausgang möglich machen würde.

Wenige Stunden vor der Sendung *Parteien vor der Wahl* hatte ich zufällig Walter Scheel getroffen. Oberhalb des kleinen oberhessischen Städtchens Biedenkopf, wo ich einen Wahlkampfauftritt hatte, begegneten wir uns auf der Landstraße. Wir ließen unsere Wagen stoppen, stiegen aus und hielten einen kurzen Plausch. Bei diesem zufälligen Treffen hat mir Walter Scheel erzählt, was er am Abend in der Fernsehdiskussion verkünden wollte: dass die FDP mit der SPD zusammengehen werde, wenn es der Wahlausgang erlaube.

Dieses Treffen war mir sofort präsent, und ich spürte, was die Stunde geschlagen hatte. Meine wichtigste Aufgabe in diesem Moment bestand darin, Kiesinger die neuesten Zahlen zukommen zu lassen und ihn aus dem Fernsehstudio zu bekommen. Bei diesem Stand der Dinge hatten wir die Wahl gar nicht gewonnen. Alles bisher Gesagte stimmte nicht mehr. Ich war der Verzweiflung nahe.

In dieser misslichen Lage fiel mir nichts Besseres ein, als Kiesinger ständig zu sagen: »Herr Bundeskanzler, wir müssen noch rüber ins Bundeshausstudio.« Niemand von den Umstehenden konnte sich meine Botschaft erklären. Friedrich Nowottny beruhigte mich staatsmännisch und meinte, wir bräuchten nicht ins Bundeshausstudio zu gehen, weitere Interviews seien auch hier möglich. Ich ließ mich aber nicht beirren, sondern drängte Kiesinger zur Beendigung seines Auftritts. Der wurde immer ungehaltener und zeigte mir das auch. Abweisend und schroff wie selten bemerkte er: »Wir müssen doch gar nicht ins Bundeshaus, Herr Kohl!« Dann schaute er mich plötzlich fragend an und schien endlich zu spüren, dass etwas nicht stimmte. Leicht erregt folgte er schließlich meiner penetranten Intervention.

Wortlos verließen wir das Fernsehstudio und stiegen in meinen Dienstwagen. Ich bat Ecki Seeber, meinen Chauffeur, uns an den Rhein zu fahren. Als wir zwischen den Gebäuden des Bundesrats und der NRW-Landesvertretung anhielten, bat ich Ecki, das Licht anzulassen und auszusteigen. Dann zeigte ich Kiesinger Hans Neusels Zettel mit dem vorläufigen amtlichen Endergebnis.

An diese Szene in unserem Auto am Rhein erinnere ich mich als eine der brutalsten Erfahrungen, die einem Politiker widerfahren können: im einen Moment als strahlender Sieger gefeiert, im nächsten ein politischer K.-o.-Schlag. Ich fragte mich später oft, ob Kiesinger diesen Schlag je überwunden hat. Viele Jahre hindurch schien er damit immer wieder zu kämpfen, und ich bin mir sicher, dass manche Überreaktion von ihm und auch manche wenig kluge Äußerung in den Tagen nach der Wahl ihren Grund in diesem Schock haben.

Ecki brachte uns rasch zum Kanzlerbungalow. Inzwischen hatte der amerikanische Präsident Richard Nixon schon ein Glückwunschtelegramm an Kiesinger geschickt. Ich hielt es im Bungalow nicht lange aus. Mit einem kurzen Anruf verabredete ich mich mit Hans-Dietrich Genscher, dem parlamentarischen Geschäftsführer der FDP, und kurze Zeit später trafen wir uns in der rheinland-pfälzischen Landesvertretung. Wir duzten uns zu jener Zeit bereits und pflegten seit langem eine offene Kollegialität, die auch vertrauliche Gespräche zuließ. Er kannte meine grundsätzliche Einstellung zu Koalitionen und wusste, wie sehr mir an einem Zusammengehen von Union und FDP gelegen war. Rechnerisch war für seine Partei jetzt alles möglich. Noch schien mir an diesem Abend eine Wiederauflage der alten CDU/CSU/FDP-Koalition im Bund möglich zu sein, wenngleich Scheels Absichten nicht wegzudiskutieren waren.

Beim Gespräch mit Hans-Dietrich setzte ich also auf die Hoffnung zusammenzukommen. Das knappe Wahlergebnis musste doch auch den Liberalen zu denken geben, denn eine so schwache Mehrheit machte eine stabile Regierung unmöglich. Ich sicherte Hans-Dietrich Genscher eine faire Partnerschaft zu. Zwar hatte ich in diesem Moment keinen offiziellen Auftrag meiner Partei, personelle Angebote zu machen. Doch erlaubte ich mir den Hinweis, der FDP-Parteivorsitzende Walter Scheel könne in einem Kabinett Kiesinger Außenminister werden. Genscher, der ebensowenig einen Verhandlungsauftrag besaß, mit mir über Kabinettsposten zu verhandeln, sagte, Grundbedingung für Koalitionsverhandlungen mit der FDP sei die Übernahme des Außenministeriums durch Walter Scheel.

Wie wir heute wissen, hatte Willy Brandt noch in der Wahlnacht dem FDP-Vorsitzenden telefonisch das Außenamt angeboten. Damit waren die Würfel für eine sozialliberale Koalition zu diesem Zeitpunkt bereits gefallen. In meiner Partei wollte das noch niemand wahrhaben. Die SPD hatte 42,7 Prozent der Stimmen erreicht. Mit der FDP zusammen kam sie auf 48,5 Prozent beziehungsweise auf zweihundertvierundfünfzig Sitze im Bundestag und damit auf eine Mehrheit von zwölf Sitzen. Dem standen 46,1 Prozent oder zweihundertzweiundvierzig Sitze der Unionsparteien gegenüber. Dass wir immerhin stärkste Fraktion geblieben waren, schien den wenigsten ein Trost zu sein.

Unter diesen Umständen galt es, auch die letzten Möglichkeiten zu nutzen, um vielleicht doch noch die FDP auf unsere Seite zu ziehen. Ich schätzte die realen Chancen zwar gering ein, aber immerhin ließen einige FDP-Parlamentarier erkennen, dass sie Willy Brandt nicht zum Kanzler der Bundesrepublik Deutschland wählen würden. Auch daran klammerte sich manche Hoffnung in unseren Reihen.

Doch schon anderntags zeichnete sich deutlich ab, dass die SPD alles daransetzen würde, den SPD-Bundesvorsitzenden mit Hilfe der FDP-Abgeordneten zum Kanzler zu küren. Zwar hatte der amtierende Bundeskanzler Kiesinger dem Bundespräsidenten bereits in einem persönlichen Gespräch signalisiert, dass er sich im Deutschen Bundestag erneut um das Amt des Bundeskanzlers bewerben werde, doch parallel dazu ließ Willy Brandt erklären, dass auch er sich um die Zustimmung der Mehrheit im Bundestag für die Wahl zum Bundeskanzler bemühen wolle. Den Bundespräsidenten habe er von dieser Absicht in Kenntnis gesetzt.

Das bedeutete am Morgen nach der Wahl, dass es eine Minikoalition geben würde. Von einer Großen Koalition war längst keine Rede mehr. Uns blieb nur der Versuch, befreundete FDP-Parlamentarier anzusprechen, die lieber mit der Union zusammengehen würden als Brandt zum Kiesinger-Nachfolger zu wählen. Sieben der dreißig FDP-Abgeordneten mussten auf unsere Seite gezogen werden, um Brandt zu verhindern. Franz Josef Strauß glaubte, mindestens drei der bayerischen FDP-Volksvertreter für eine Koalition mit der Union gewinnen zu können.

Am Ende aber lief alles auf ein Kabinett Brandt/Scheel hinaus. Taktisch klug hatten die Sozialdemokraten den Zweiflern und Zauderern in den FDP-Reihen die Minikoalition durch »Höchst preise« schmackhaft gemacht. Sogar aus den Bundesländern, in denen Koalitionen aus CDU und FDP bestanden, gab es von seiten der Liberalen keine nennenswerten Vorbehalte. Noch nicht einmal unser Versuch, der FDP auf Länderebene langfristige Angebote zu unterbreiten, zeigte Wirkung in Bonn. Die Mini-Links-Koalition schien ausgemachte Sache zu sein und war am Tag nach der Wahl schon nicht mehr zu verhindern.

So bitter diese Erfahrung auch war, sie brach nicht aus heiterem Himmel über uns herein. Manche aus der Führungscrew der damaligen Regierungspartei sind auf Bundesebene alles andere als politisch klug und weitsichtig mit der FDP umgegangen. Dazu gehörten auch die gemeinsam mit der SPD unternommenen, letztlich aber misslungenen Anstrengungen meiner Partei, der FDP mit der Änderung des Wahlrechts den Todesstoß zu versetzen.

Die Haltung der FDP war auch über meine guten Kontakte und

persönlichen Beziehungen zu Meinungsführern und Leistungsträgern der Liberalen nicht ins Wanken zu bringen. Tonangebend war neben Walter Scheel der nordrhein-westfälische Innenminister Willy Weyer, einflussreicher FDP-Landeschef und eifriger Verfechter einer sozialliberalen Koalition. Für ihn und seine Vertrauten war die Entscheidung längst gefallen. Dabei hatte auch NRW-Ministerpräsident Heinz Kühn, Vater der sozialliberalen Koalition in Düsseldorf, kräftig mitgemischt.

Die FDP in Bonn konnte höchst zufrieden sein mit dem, was die SPD dem kleineren Koalitionspartner an politischem Einfluss in Form von Ministerposten angeboten hatte. Formal gab es zwar noch Koalitionsgespräche der Union mit der FDP, an denen auch ich teilnehmen durfte. Doch die Würfel waren längst gefallen.

Am 21. Oktober 1969 wurde der Machtwechsel vollzogen und Willy Brandt zum Bundeskanzler gewählt. Einen Tag später erfolgte die Vereidigung des Kabinetts Brandt/Scheel. Die Koalition aus SPD und FDP war perfekt und machte nicht den Eindruck, das neue Regierungsbündnis sei eher schwach. Neidlos mussten wir anerkennen, dass die neue Regierung eine starke Ministerriege aufbot. In weiten Teilen der öffentlichen Meinung war eine euphorische Stimmung zu verzeichnen. Mit der Regierungserklärung des neuen Bundeskanzlers Willy Brandt schienen viele zu glauben, jetzt beginne erst so richtig die Demokratie in der Bundesrepublik. Dem war nun wirklich nicht so. Zwar kündigte der damals noch jüngste Kanzler der Bundesrepublik in seiner Regierungserklärung das umfangreichste Reformprogramm der deutschen Nachkriegsgeschichte an, doch blieb im Lauf der Legislaturperiode vieles weit hinter den hochgespannten Erwartungen zurück.

*

Seit ich am Wahlabend in Bonn als »Schatten« des Kanzlers und später neben Bruno Heck und Gerhard Schröder vor den Mikrofonen aufgetaucht war, wucherten die Gerüchte, ich wolle eine führende Rolle in der Bonner Opposition übernehmen. Alle

Spekulationen dieser Art wies ich zurück, kündigte aber gleichzeitig an, dass ich auf dem nächsten Parteitag für das Parteipräsidium kandidieren und mich um einen der Stellvertreterposten im Parteivorsitz bewerben würde. Mit dem aktuellen Wahlausgang jedoch hatte das so gut wie nichts zu tun. Es war schon lange mein Wille, noch stärker als bisher in die Bundespartei hineinzuwirken. Außerdem drängten mich meine Bonner Freunde nun erst recht, auf Bundesebene noch mehr Verantwortung zu übernehmen.

Die Zeichen standen auf Veränderung, denn nach der verlorenen Bundestagswahl fiel die CDU in ein tiefes Loch. Es herrschte Untergangsstimmung. Zwanzig Jahre Regierungsverantwortung hatten die Partei stark geprägt. Nicht nur der Parteiapparat bedurfte der dringenden Neuorientierung.

Als Forum dazu bot sich der 17. Bundesparteitag der CDU an, der erstmals in seiner Geschichte in der rheinland-pfälzischen Landeshauptstadt Mainz abgehalten wurde. Da üblicherweise der gastgebende CDU-Landesvorsitzende als Präsident des Parteitags fungiert, fiel dieses Amt jetzt erstmals mir zu.

Die Erwartungen und Hoffnungen, die auf dem Mainzer Parteitag lagen, waren groß. Es waren auch die Hoffnungen von Millionen Menschen, die bei der Bundestagswahl wenige Tage zuvor der Union ihre Stimme gegeben und sie wieder zur stärksten Fraktion, zur stärksten politischen Kraft bestimmt hatten. Nun stand die Union vor einer ganz neuen Rolle und neuen Aufgaben. Nach über zwanzig Jahren Regierungspolitik im Bund mussten wir uns der schwierigen Oppositionsrolle stellen. Mein Wunsch an den Parteitag war, mit nüchternen Sinnen und mit klarem Blick nach vorne eine neue politische Strategie zu entwickeln, um nach vier Jahren wieder in die Regierungsverantwortung zu gelangen.

Bei aller Bitterkeit über den Machtverlust in Bonn machte unser zweitägiges Treffen in der Mainzer Rheingoldhalle der Partei wieder neuen Mut. Das Wundenlecken musste ein Ende nehmen, der kritische Rückblick mit einer guten Bilanz abgeschlossen werden. Jetzt galt es, die neue Rolle in Bonn anzunehmen. Das fiel denen besonders schwer, die bis vor wenigen Tagen noch in Staatskarossen durch die Lande chauffiert worden waren und zu jeder Zeit auf

*Auf dem CDU-Bundesparteitag in Mainz
mit Kurt Georg Kiesinger* (li.) *und Rainer Barzel
(November 1969)*

die Unterstützung des gutorganisierten Staatsapparats hatten zu-
rückgreifen können.

Neben politischen Analysen, Handreichungen für die Zukunft
und Konzepten für eine effiziente Oppositionsstrategie befasste
sich der Mainzer Parteitag auch mit einer Reihe personeller Veränderungen. Auf Drängen und mit Unterstützung Kiesingers bewarb
ich mich um die Position eines der fünf stellvertretenden Parteivorsitzenden und kam auf Anhieb mit dreihundertzweiundneunzig
Stimmen von vierhundertsechsundsiebzig gültigen Stimmen auf
den zweiten Platz hinter Gerhard Stoltenberg, der vierhundertein-
undfünfzig Stimmen auf sich vereinigen konnte. Hans Katzer erzielte dreihundertsiebenundachtzig, Helga Wex dreihundertzwölf
und der ehemalige Bundesaußen- und Verteidigungsminister Gerhard Schröder zweihundertsiebenundsechzig Stimmen. Zuvor hatten die Delegierten Kurt Georg Kiesinger mit dreihundertsechs-
undachtzig Stimmen als Parteivorsitzenden bestätigt. Von den

zwanzig Mitgliedern des CDU-Bundesvorstands erreichte Richard von Weizsäcker, der gerade über Platz zwei der rheinland-pfälzischen CDU-Landesliste als Abgeordneter in den Deutschen Bundestag eingezogen war, mit vierhundertdreiundvierzig der vierhundertdreiundsiebzig abgegebenen gültigen Stimmen die höchste Stimmenzahl.

Hohe Erwartungen richteten sich nun auf die neugewählte Parteiführung, die mit Stoltenberg und mir doch eine erhebliche Verjüngung erfahren hatte. Bei der Aufgabenteilung zwischen den Mitgliedern des CDU-Präsidiums fielen mir mit der Zuständigkeit für den Bundesrat und die CDU-Landesverbände Baden-Württemberg, Rheinland-Pfalz, Saarland und Hessen wichtige Bereiche zu. Obwohl es das Amt eines Fraktionsvorsitzenden im Bundesrat überhaupt nicht gab, bemühte ich mich um eine vergleichbare Führungsaufgabe innerhalb der CDU/CSU-geführten Landesregierungen, um in der Ländervertretung möglichst einheitlich agieren zu können. Dazu gehörten gewaltige Anstrengungen bei den inhaltlichen und organisatorischen Abstimmungen, die mich auch zeitlich erheblich in Anspruch nahmen. Außerdem wurden mir im CDU-Präsidium die Bereiche Jugend, Studenten und Intellektuelle sowie Rundfunk und Fernsehen aufgetragen.

Als Mainzer Ministerpräsident wurde ich zum Vorsitzenden des ZDF-Verwaltungsrats gewählt und war von da an jahrelang Wortführer und Organisator des CDU-Freundeskreises in diesem Aufsichtsgremium.

3.
Reformpolitik in Mainz

Mein politischer Alltag in der Mainzer Staatskanzlei hatte wenig mit Routine zu tun. Die Auswirkungen der Verwaltungsreform hielten meine Kabinettskollegen und mich in Atem. Um über die Schwerpunkte unserer Politik in Rheinland-Pfalz ausführlich sprechen und diskutieren zu können, lud die Landesregierung zum Erstaunen der Fraktion die Abteilungsleiter der Ministerien zu einer gemeinsamen Veranstaltung ein. Ebenfalls eingeladen waren die Regierungspräsidenten und die Leiter der obersten Landesbehörden, insgesamt über achtzig Personen. Selbst die größten Bedenkenträger aus meinem näheren Umfeld mussten später zugeben, wie erfolgreich das Mammuttreffen ausgefallen war. Alle Minister und Staatssekretäre nahmen an dem politischen Meinungsaustausch mit großem Interesse teil.

Langfristige Finanzplanungen waren wichtige Tagesordnungspunkte unserer Ministerratssitzungen, bei denen ich größten Wert auf gründliche Vorbereitung legte. Gleiches galt für die Beratung der Tagesordnung bevorstehender Bundesratssitzungen. Ich brachte alle Bundesratsthemen im Ministerrat zur Sprache und stimmte sie mit den Ressortchefs ab. Mir lag sehr viel daran, die wichtigsten Gesetzgebungsvorhaben der Länderkammer im Kabinett beraten und darüber abstimmen zu lassen.

Im Ministerrat gab es eine Fülle von Themen, die uns in den siebziger Jahren immer wieder beschäftigten. Dazu gehörten Gesetze zur Verwaltungsvereinfachung, die Beamtenbesoldung, Stellenpläne und ihre Besetzung ebenso wie die Lage an den Hochschulen, die Kultur- und Schulpolitik, Steueränderungsgesetze und Haushaltsplanungen, der soziale Wohnungsbau und ganz allge-

In der Staatskanzlei in Mainz (um 1971)

mein das breite Spektrum der Sozialpolitik, das mit Kraft und
Ideenreichtum von Heiner Geißler bearbeitet wurde. Und natürlich spielte der Weinbau, überhaupt die Landwirtschaft, im Land
der Rüben und Reben, wie das junge Bundesland Rheinland-Pfalz
nicht selten verächtlich bezeichnet wurde, eine große Rolle bei den
Gesetzesinitiativen der Landesregierung.

Nichts wurde im Ministerrat behandelt, ohne dass zuvor die
Landtagsfraktion damit befasst war. Auf eine vorherige Abstimmung in der CDU-Fraktion legte ich großen Wert. Die Fraktion
sollte ihr politisches Gewicht behalten und in die Entscheidungsprozesse der Landesregierung voll eingebunden bleiben. Das galt
auch für wichtige Personalentscheidungen, die erst in der Fraktion
besprochen wurden, bevor sie endgültig im Ministerrat zur Abstimmung anstanden. Ohne die starke Teilnahme der Fraktion an
der Lösung der wichtigsten politischen Probleme und ihre Einbin-

dung in die Gesetzgebungsverfahren wäre ich beispielsweise mit
der Verwaltungsreform ebenso gescheitert wie mit der Schulpolitik. Dieser Regierungsstil fand breite Akzeptanz und war ein wichtiges Element des später oft geschmähten und kritisierten »Systems
Kohl«.

*

Auf dem 16. Landesparteitag Ende Mai in Ludwigshafen, ein
knappes Jahr vor der Landtagswahl im März 1971 und gerade ein
Jahr nach dem Wechsel in der Landesregierung, fiel mein Rechenschaftsbericht durchaus ansehnlich aus. Wir hatten unsere Organisation gestrafft und modernisiert. Wir hatten die Crew unserer
hauptamtlichen Mitarbeiter verstärkt und ausgebaut. Wir hatten
unser Beitragswesen geordnet und von unseren Mitgliedern und
Mandatsträgern so viel verlangt, dass wir zu einem innerlich ge-
kräftigten und starken Verband angewachsen waren, der auch
innerhalb der Bundes-CDU ein gewichtiges Wort mitsprechen
konnte. Mit annähernd vierzigtausend Mitgliedern hatten wir die
höchste Mitgliederzahl in der Geschichte der rheinland-pfälzischen CDU erreicht und waren dabei, die nächsten zehntausend
anzusteuern. Als erster Landesverband der CDU hatten wir unsere
Finanzverhältnisse offengelegt, indem wir den Haushaltsplan der
Presse übergaben.

Bei den Neuwahlen des Landesvorstands am 25. Mai wählten
mich dreihundertsechsundzwanzig Delegierte. Zwanzig stimmten
mit Nein, fünf enthielten sich der Stimme. Nach diesem großartigen Vertrauensbeweis konnte ich mich mit ganzer Kraft auf die
kommende Wahlauseinandersetzung konzentrieren. Zuvor jedoch
mussten wir noch die schwierigen Kommunalwahlen bestehen, die
für den 8. November 1970 anberaumt waren. Es war die zweite
Abstimmung nach der Verwaltungsreform, die manchen Ärger
hervorgerufen hatte.

Wir hatten aus rund dreitausendzweihundert Gemeinden zweihundert Einheiten zusammengelegt, wohl der tiefgreifendste Einschnitt in der Geschichte des jungen Landes. Bei dieser Kom-

munalwahl ging es um das letzte Drittel der Verwaltungsreform. Unter anderem wurde jetzt in achtundsechzig von insgesamt einhundertsiebenundsechzig Verbandsgemeinden gewählt, in denen es zuvor zum Teil zu »Volksaufständen« wegen der Abschaffung von Kreisverwaltungen gekommen war. Mit wütenden Ausfällen in dieser Härte hatte ich nie gerechnet.

Der Wahlausgang brachte der CDU in sechs Kreistagen, die aus zwölf alten Kreisen entstanden waren, die absolute Mehrheit. Bei einunddreißig Stadtratswahlen zog die CDU mit der SPD gleich und verbuchte einen Stimmenzuwachs von 6,5 Prozentpunkten. Besonders erfreulich war, dass die CDU in achtundfünfzig von den achtundsechzig Verbandsgemeinden die Mehrheit erringen konnte. Auffällig dabei war, dass meine Partei in den Regionen schlecht abschnitt, in denen im Rahmen der Verwaltungsreform Kompromisse geschlossen worden waren. Überall dort aber, wo die CDU mutig gehandelt hatte, waren Gewinne zu verzeichnen.

Es zeigte sich also sehr deutlich, dass mit Entschiedenheit und ohne übertriebene Rücksicht auf örtliche Stimmungen nicht nur eine insgesamt glaubwürdige Verwaltungsreform durchzusetzen war, sondern dass damit auch Wahlen zu gewinnen waren. Und im Wahlkampf die FDP so zu behandeln, als ob sie überhaupt nicht existiere, und statt dessen die SPD als den eigentlichen politischen Gegner voll anzunehmen, hatte sich konzeptionell ebenfalls ausgezahlt.

4.

Sieger und Verlierer

So wie wir in einer großen gemeinsamen Anstrengung die Verwaltung unseres Landes und unserer Gemeinden zu reformieren begonnen hatten, hatten wir vielerorts Abschied genommen von überkommenen Gewohnheiten. Zur Bilanz des Jahres 1970 gehörte auch die Umwandlung der über fünfzehnhundert staatlichen Konfessionsschulen in »christliche Gemeinschaftsschulen«. Was aus heutiger Sicht wie eine Selbstverständlichkeit klingt, war eine grundlegende Reform, zu der sogar eine Verfassungsänderung nötig war: Im Juli 1970 wurde die christliche Gemeinschaftsschule statt der Konfessionsschule in der Landesverfassung verankert. Hinzu kam ein modernes Privatschulgesetz, das der Landtag verabschiedet hatte. Ich war immer, und das ist bis zum heutigen Tag so geblieben, der Überzeugung, dass es angesichts des staatlichen Schulmonopols richtig und wichtig ist, auch eine Konkurrenz durch private Schulträger zu ermöglichen. Dieses neue Privatschulgesetz gab nun allen freien Trägern eine gute Chance für eigene Initiativen. Das alles konnten wir im Einvernehmen mit den Eltern und den beiden christlichen Kirchen und ohne Kulturkampf umsetzen.

Ich kann auch im Rückblick nicht genug betonen, wie sehr mir die Landespolitik am Herzen lag, wie sehr mich die gesetzgeberische Reformarbeit in Mainz befriedigte. Darum legte ich so großen Wert auf die Feststellung, dass ich mich bei den bevorstehenden Landtagswahlen um das Amt des Ministerpräsidenten bewarb und mich allein dieser Aufgabe verschrieben hatte. Dass ich mich gleichzeitig zunehmend in der Bundespartei engagierte, stand nicht im Widerspruch zu dieser Grundhaltung.

In Vorbereitung auf den Düsseldorfer Parteitag, der vom 25. bis 27. Januar stattfand, hatte eine Programmkommission unter meinem Vorsitz das Berliner Programm kritisch überprüft und Vorschläge zu seiner Fortschreibung erarbeitet. Auf der Grundlage dieses Papiers beschloss der Düsseldorfer Parteitag eine klare politische Orientierung vor allem in der Deutschland-, Europa- und Ostpolitik und in der Entwicklungs- und Sicherheitspolitik. Beim Thema Soziale Marktwirtschaft kämpften die beiden politischen Flügel in der Partei, die Mitglieder der Sozialausschüsse und die des Wirtschaftsflügels, wie selten zuvor um ihren politischen Einfluss. Und dann unterlief mir bei der Abstimmung über die Mitbestimmung ein unverzeihlicher Fehler.

Die Union musste sich mit dem Thema Mitbestimmung auseinandersetzen. Die sozialliberale Koalition bereitete dazu einen Gesetzentwurf vor, und die Unionsfraktion arbeitete an einem Gegenvorschlag. Für den Parteitag hatte Kurt Biedenkopf ein Mitbestimmungsmodell ausgearbeitet, das der Bundesvorstand wörtlich übernahm und dem Parteitag zur Diskussion vorstellte. Das Besondere des Biedenkopf-Modells lag darin, dass die Arbeitnehmervertreter bei Personalentscheidungen und sozialen Belangen des Betriebs, nicht aber bei Investitionsentscheidungen weitgehend mitwirken konnten. Die volle Parität, wie von den Gewerkschaften und weiten Teilen der SPD gefordert, lehnten wir ab. Es war dann Alfred Dregger, unterstützt von Landesverbänden wie Schleswig-Holstein und anderen, der eine Art dritten Weg vorschlug und ein Modell präsentierte, das vom SPD/FDP-Gesetzentwurf weiter entfernt war als der Biedenkopf-Vorschlag, dem ich den Vorzug gab. Dann wurde nach erbitterter Diskussion abgestimmt. Zuerst ging es um den Dregger-Vorschlag. Die Delegierten hatten mit Stimmzetteln unterschiedlicher Farbe abzustimmen: Wer mit Ja stimmen wollte, stimmte mit dem weißen, wer dagegen war, mit dem roten Zettel. Der gelbe Zettel bedeutete Stimmenthaltung.

Unmittelbar vor der Abstimmung befand ich mich außerhalb des Saals. Ich war auch in Düsseldorf bei der Presse sehr gefragt und gab ein Interview nach dem anderen. In letzter Minute – die Abstimmung über den Dregger-Antrag war bereits im Gange –

Hans Katzer (li.) und Kurt Georg Kiesinger
auf dem Bundesparteitag in Düsseldorf (1971)

rannte ich zurück auf meinen Platz im Vorstandssitz zwischen Kiesinger und Heck. »Worüber stimmen wir denn ab?« fragte ich. Und weil beide ihre weißen Stimmkarten bereits in die Höhe hielten, griff ich ebenfalls zu meiner weißen Karte und hob den Arm. In dem Moment merkte ich, dass ich die falsche Farbe gezogen hatte und vor aller Augen für das Dregger-Modell votierte, was ich überhaupt nicht wollte. Keiner von uns, auch Kiesinger und Heck nicht, wollte für dieses Modell stimmen. Wir hatten einen schlimmen Fehler begangen.

Für mich war es der dümmste Fauxpas, der mir in meinem politischen Leben je passiert war. Denn bis heute wird mir unterstellt, ich sei damals politisch umgefallen. Das stimmt nicht.

Das Entsetzen in den Gesichtern meiner Freunde habe ich heute noch vor Augen. Die Irritationen in der Partei waren gewaltig und hielten noch lange an. Mich selbst belastete diese schwerste innerparteiliche Niederlage, die ich mir selbst zugefügt hatte, noch lange Zeit.

*

Es blieb mir wenig Zeit, die Scharte auszuwetzen, denn ich musste mich mit voller Kraft der Landespolitik zuwenden. Einen Monat nach dem Debakel von Düsseldorf und drei Wochen vor der Landtagswahl in Rheinland-Pfalz vom 21. März 1971 präsentierte ich mich auf dem außerordentlichen Landesparteitag in Mainz in kämpferischer Verfassung. Wir wollten auch in diesem Wahlkampf keine Gefälligkeitspolitik, keine Politik des Mehr und des bloßen Bessermachens, keinen Warenhauskatalog von Angeboten, die nicht einzulösen waren, sondern wir wollten die Entscheidung darüber, wer in Rheinland-Pfalz solide, klar und souverän die politischen Geschäfte für die Bürgerschaft des Landes führen sollte.

Unsere Wahlkampfstrategie zahlte sich aus. Der Wahlausgang vom 21. März 1971 brachte der CDU mit 50 Prozent der Stimmen und einer Zunahme um 3,3 Prozentpunkte im Vergleich zur letzten Landtagswahl das beste Ergebnis auf Landesebene seit dem Krieg. Erstmals hatte ich mich als Kandidat um das Ministerpräsidentenamt beworben und auf Anhieb einen großen Sieg errungen, über den ich mich riesig freute. Die SPD legte zwar im Vergleich zur Wahl von 1967 um mehr als drei Prozentpunkte zu, blieb aber bei 40,5 Prozent stecken. Der Koalitionspartner FDP verlor 2,4 Prozentpunkte und landete bei 5,9 Prozent. Froh war ich über das Abschneiden der NPD, die jetzt mit 2,7 Prozent den Einzug ins Mainzer Landesparlament deutlich verfehlte, nachdem sie vier Jahre zuvor immerhin 6,9 Prozent erzielt hatte. Ich führte das Debakel der NPD auf die kämpferische Auseinandersetzung meiner Partei mit den wenig überzeugenden und rein populistischen Argumenten der Rechtsradikalen zurück.

Da die CDU über vier Sitze mehr verfügte als SPD und FDP zusammen, stand einer Alleinregierung nichts im Wege. Mir lag jedoch sehr daran, die Koalition mit der geschwächten FDP fortzusetzen. Obwohl deren sechs Parlamentarier keinen Fraktionsstatus hatten, machte ich der FDP das Angebot, das Justizministerium und einen Staatssekretärsposten im Landwirtschaftsministerium zu besetzen. Für mich war jetzt nicht die »Stunde der Rache für Bonn«, sondern die »Stunde der langfristigen Strategie«. Auch wenn der FDP beim besten Willen kein Fraktionsstatus zugebilligt werden konnte, waren bestimmte finanzielle Fragen nüchtern und sachlich zu klären. Das Entgegenkommen konnte allerdings unmöglich so weit gehen, einer »Neutralisierungsklausel« für den Bundesrat bei der Beratung der Ostverträge zuzustimmen, wie es einige FDP-Parlamentarier unverblümt forderten.

Nachdem ich in der ersten Sitzung der neuen Landtagsfraktion am 23. März 1971 einstimmig zur Wiederwahl als Ministerpräsident vorgeschlagen worden war, erläuterte ich die Personalempfehlungen des CDU-Landesvorstands für Parlament, Fraktion und Landesregierung. Über jeden einzelnen Vorschlag stimmte die Fraktion ab. Am Ende der Marathonsitzung waren alle Kandidaten durch. Die wichtigsten personellen Veränderungen betrafen drei Ministerien: Otto Theisen sollte das Justizministerium übernehmen, Johann Wilhelm Gaddum das Finanzministerium und Heinrich Holkenbrink das Wirtschafts- und Verkehrsministerium. Die Fraktionsführung übernahm Willi Hörster und Landtagspräsident wurde Johann Baptist Rösler. Als besondere nicht zu unterschätzende Neuerung schlug ich vor, zu den künftigen Fraktionssitzungen die der CDU angehörenden Staatssekretäre, den Direktor beim Landtag, den Leiter des wissenschaftlichen Dienstes beim Landtag sowie die Landesgeschäftsführer der CDU einzuladen. Auch dazu bekam ich die volle Unterstützung der Fraktion.

Erst Anfang Mai stellte sich heraus, dass sich die FDP an einer Regierungsverantwortung in Mainz nicht beteiligen wollte. Ausschlaggebend für diesen Beschluss des Landeshauptausschusses der FDP war meine entschiedene Weigerung, dass die neue Landesregierung im Bundesrat bei der Ratifizierung der Verträge mit der UdSSR und Polen Stimmenthaltung üben solle. Ich bedauerte die Entscheidung der FDP um so mehr, als ich ihr ein faires Koalitionsangebot gemacht hatte.

Es gelang mir jedoch, Hans Friderichs von der FDP als Staatssekretär im Landwirtschaftsministerium zu gewinnen. Dabei spielten langfristige Überlegungen ebenso eine Rolle wie der Gedanke, dass auch eine Partei mit absoluter Mehrheit gut daran tut, eine »Splitterpartei« gut zu behandeln. Letztlich entscheidend waren jedoch Friderichs' hohe fachliche Kompetenz und seine hervorragenden Verbindungen zu Bonner Ministerien, die unserem Land nur Nutzen bringen konnten.

*

Wahl und Vereidigung meines zweiten Kabinetts im Mainzer Landtag hatten beinahe routinemäßigen Charakter. Ich erhielt dreiundfünfzig Stimmen von den neunundneunzig anwesenden Abgeordneten. Mein Gegenkandidat, der SPD-Landesvorsitzende Wilhelm Dröscher, bekam dreiundvierzig Stimmen. Drei Abgeordnete enthielten sich.

In der Regierungserklärung am 19. Mai 1971 ging ich zunächst auf die Entscheidung der FDP ein, nach zwanzig Jahren Regierungsmitverantwortung seit 1951 die Koalition mit der CDU nicht mehr fortzusetzen. Bei allem Respekt vor dem Beschluss der FDP drückte ich mein Bedauern aus. Mir lag auch daran, deutlich zu machen, dass die FDP – auch in der letzten, von mir geführten Koalition – durch ihre Repräsentanten in der Regierung und durch ihre Mitarbeit in der Koalition einen wesentlichen Anteil hatte an der Aufbauleistung in Rheinland-Pfalz.

Nun stand ich einer Landesregierung vor, die von einer einzigen Partei getragen wurde, der ersten Landesregierung, die nicht aus Koalitionsverhandlungen hervorgegangen war. Mit Recht wurde von uns jetzt erwartet, dass wir die politischen Ziele zügig verwirklichten, für die die CDU im Wahlkampf eingetreten war.

Dazu gehörte auch die Verbesserung der Agrarstruktur. So versprach ich, alle geeigneten Maßnahmen zu ergreifen, um dem Weinbau und der Weinwirtschaft die notwendigen Anpassungen zu erleichtern, die sich aus der neuen EWG-Wein-Marktordnung ergaben. Dabei konnte ich mich voll und ganz auf Otto Meyer verlassen. Meyer, von 1968 bis 1985 Minister für Landwirtschaft, Weinbau und Forsten und ab 1979 Stellvertretender Ministerpräsident unter Bernhard Vogel, war einer der qualifiziertesten Agrarpolitiker und einer der führenden Köpfe der CDU. Das Wort dieses eindrucksvollen Mannes galt nicht zuletzt deshalb so viel, weil er nicht bloß irgendeinen akademischen Titel trug, sondern ein wirklicher Bauer mit eigenem Hof war. Als Praktiker genoss er hohes Ansehen bei seinen Berufskollegen. Er war ein echter Glücksfall für das Land und für mich.

Otto Meyer hatte 1968 Oskar Stübinger abgelöst, der damals der dienstälteste Minister war. Schon in der ersten, Ende 1946 von der französischen Besatzungsmacht ernannten Landesregierung hatte er als Landwirtschaftsminister fungiert. Oskar Stübinger hatte sich während der Hungerzeit, die nach dem Krieg besonders in den Städten herrschte, breite Sympathien bei der Bevölkerung erworben, weil er gegenüber der Besatzungsmacht mit großem persönlichem Mut aufgetreten war und beispielsweise um höhere Zuteilungen bei den Kartoffelrationen gestritten hatte. Vielleicht hat auch sein evangelischer Glaube, von dem er sehr geprägt war, zu seiner Standfestigkeit beigetragen. Der Landwirt war ein politisches Naturtalent. Er hatte eine große Begabung, auch andere arbeiten zu lassen, aber gleichzeitig das Heft fest in der Hand zu behalten. Stübinger gehörte mit zu denen, die sehr früh erkannten, dass die Partei sich nun, nachdem das Land seit zwanzig Jahren bestand, weiterentwickeln, verjüngen und auf die moderne Zeit vorbereiten müsse. In manchen schwierigen Auseinandersetzungen war er sehr, sehr hilfreich. Ich habe allen Grund, dankbar zu sein für seine freundschaftliche Hilfe und Unterstützung.

5.
Im Vorfeld des
Wahlparteitags

Ein Dauerbrenner jener Jahre blieb die Neugliederung des Bundesgebiets. Es gab viele Planer und viele Pläne, wobei sich die Neuordnungsvorschläge nicht selten an parteipolitischen Erwägungen orientierten. Ich selbst sah die Dinge leidenschaftslos. Eine Zusammenlegung von Baden-Württemberg, Hessen, Rheinland-Pfalz und dem Saarland schien mir ebenso praktikabel wie die Verschmelzung von Rheinland-Pfalz und der Saar mit einigen Teilen von Hessen. Letztlich jedoch wurden alle Pläne fallengelassen, wie wir heute wissen, und das jahrelange Gerangel ging aus wie das Hornberger Schießen Der Grundgesetzartikel 29, der eine Neugliederung des Bundesgebietes vorschrieb, wurde im Juli 1976 vom Deutschen Bundestag von einer Muss- in eine Kannvorschrift geändert.

Doch bis dahin hatten sich das Mainzer Kabinett und der Landtag in vielen Beratungsstunden mit diesem Thema beschäftigt. Uns war besonders daran gelegen, das junge Bundesland möglichst in seinen Grenzen zu erhalten, zumal das Zusammengehörigkeitsgefühl erheblich gewachsen und so etwas wie ein rheinland-pfälzisches Wir-Gefühl entstanden war. Gleichwohl zeigten wir uns für Veränderungen immer offen, allerdings unter der Bedingung, dass das gesamte Bundesgebiet zur Disposition stand und auch andere Regionen zur Neugliederung bereit waren.

Große weltpolitische Veränderungen zeichneten sich in dieser Zeit nicht ab. Walter Ulbricht trat vom Amt des Ersten Sekretärs des SED-Zentralkomitees zurück, und Erich Honecker wurde sein Nachfolger. Heute wissen wir, dass Ulbricht das Vertrauen Moskaus verloren hatte und den sowjetischen Kommunisten jetzt der gebürtige Saarländer Honecker als der richtige Mann an der Spitze des zweiten deutschen Staats erschien. Dass er tatsächlich durch einen Putsch an die Macht gekommen war, hatten wir immer vermutet, aber erst nach Öffnung der Archive 1989 die Belege dafür gefunden. Wie viele andere hatte auch ich mit diesem Wechsel an der Führungsspitze der DDR die Hoffnung auf eine Entspannung in den deutsch-deutschen Beziehungen verbunden, während sich die DDR-Bürger davon vor allem ein innenpolitisches Tauwetter und damit eine Lockerung des Repressionsapparats erhofften, was ja noch wichtiger war. Wie sich zeigte, waren all diese Hoffnungen jedoch vergebens.

Innenpolitisch gab es eine kleine Sensation, als der hochangesehene und von mir auch persönlich sehr geschätzte Bundesfinanzminister Alex Möller Mitte Mai 1971 zurücktrat und Bundeswirtschaftsminister Karl Schiller Möllers Ministerium als »Superminister« zusätzlich übernahm. Die Gründe von Alex Möllers Rücktritt blieben zunächst undurchsichtig. Im Kern ging es um Differenzen in Fragen der Haushalts- und Steuerpolitik. Mit der Übernahme des Finanzministeriums durch Schiller war keines der schwierigen Probleme gelöst. Deshalb forderte die Union den Bundeskanzler auf, den Weg für Neuwahlen freizugeben.

*

Auch Monate nach dem Machtwechsel in Bonn befand sich die CDU nach wie vor in einer schlechten Verfassung. Der Parteiapparat, über zwanzig Jahre auf Regierungsarbeit eingefahren, war schwach und wenig effizient. Schulden konnten nur mit Hilfe der Landesverbände und der Bundestagsfraktion in Grenzen gehalten werden. Knapp dreihunderttausend Mitglieder zählte die Partei, in der die Angehörigen katholischer Studentenverbindungen und die zahlreich vertretenen Beamten eine einflussreiche Rolle spielten. Aber auch führende Repräsentanten der deutschen Wirtschaft, namentlich der Automobilindustrie und der Banken, versuchten ihren Einfluss zu verstärken.

Mit dem Fraktionschef Rainer Barzel (1971)

Manche ehemalige Regierungsmitglieder hatten ihre Koffer noch gar nicht ausgepackt. Sie saßen sozusagen auf ihrem Gepäck, um jederzeit die Regierungsverantwortung wieder wahrnehmen zu können. Eine volle vierjährige Oppositionszeit schien sich kaum jemand wirklich vorstellen zu können. Mit umgekehrten parteipolitischen Vorzeichen war dieses Phänomen auch beim Regierungswechsel 1982 zu beobachten.

Unser Verhältnis zur FDP in Bonn war psychologisch schwer belastet. In der Union gab es mehr Verständnis für das politische Handeln der SPD als für das der FDP. Oft bezog ich in den CDU-Gremien Prügel, weil ich für einen besseren Umgang mit der FDP plädierte.

Die Unionsfraktion, an ihrer Spitze Rainer Barzel, hatte die Hauptlast der Oppositionsarbeit zu tragen. Nach dem Verlust der Macht war sie zum wichtigsten Entscheidungsgremium der Union geworden. Die Entwicklung von der Kanzlerpartei zur Fraktionspartei war mühsam, aber unaufhaltsam. Strategie und Sacharbeit der CDU wurden in der Bundestagsfraktion entwickelt. Das lag nicht zuletzt an der schwachen Parteispitze. Der Bundesvorsitzende Kurt Georg Kiesinger hatte offenkundig resigniert und war bei vielen Gelegenheiten nicht bereit, seine politische Autorität wahrzunehmen. So fiel dem Fraktionsvorsitzenden eine Schlüsselstellung zu, die er sich hart erarbeitet hatte. Damit wurde er in dieser Zeit auch einer der möglichen und chancenreichsten Anwärter für die Kanzlerkandidatur.

Trotz dieser Position war es für Rainer Barzel nicht ganz leicht, in Bonn die politischen Fäden in der Hand zu halten. In der Bundestagsfraktion saßen auch andere Persönlichkeiten, die sich zu höheren Weihen berufen fühlten und ihre ministrablen Fähigkeiten schon einmal unter Beweis gestellt hatten.

Die schwache Stellung der Partei beunruhigte mich sehr, zumal Franz Josef Strauß wie selten zuvor versuchte, politischen Einfluss in Bonn zu nehmen. Er trat so auf, als würde er die geistige Führung der CDU/CSU-Opposition beanspruchen. Doch das stand dem bayerischen Parteichef nicht zu.

Seit dem Bonner Regierungswechsel war Kurt Georg Kiesinger ein Parteivorsitzender auf Abruf. Schon kurz nachdem er auf dem Mainzer Parteitag wiedergewählt worden war, registrierte ich seine resignierende Haltung. Als Parteichef und »normaler« Abgeordneter schien er nicht glücklich zu sein. Dem Feingeist gingen auch die innerparteilichen Machtkämpfe immer mehr auf die Nerven.

Wie erwartet signalisierte er mir persönlich schon im Frühjahr 1971 und nach den Landtagswahlen im Juni auch der Bundespartei, dass er auf dem schon länger geplanten Wahlparteitag Anfang Oktober in Saarbrücken nicht wieder für das Amt des CDU-Bundesvorsitzenden kandidieren werde. Er, der mich schon in Hamburg zur Wahl als seinen Stellvertreter animiert hatte, glaubte jetzt, in mir seinen Nachfolger gefunden zu haben, ohne dies zunächst öffentlich zu machen.

Auf der Bundesvorstandssitzung vom 5. Juli 1971, genau drei Monate vor dem Saarbrücker Wahlparteitag, teilte Kiesinger mit, was alle schon wussten: dass er nicht mehr für das Amt des CDU-Bundesvorsitzenden kandidieren wolle. Gleichzeitig ließ er das Spitzengremium wissen, dass sich Fraktionschef Rainer Barzel und der rheinland-pfälzische Ministerpräsident und stellvertretende Bundesvorsitzende Helmut Kohl um seine Nachfolge bewerben würden. Kiesinger gab nicht zu erkennen, wen von den beiden er favorisierte. Er unterstrich allerdings, dass die Wahl in Saarbrücken lediglich über den Parteivorsitz, nicht aber über die Kanzlerkandidatur entscheiden werde. Der Kanzlerkandidat müsse zur gegebenen Zeit gemeinsam mit der CSU gesucht und vorgeschlagen werden.

Außerdem erklärte Kiesinger, dass auch Gerhard Schröder, der ehemalige Außen- und Verteidigungsminister, eine Kandidatur in Saarbrücken in Aussicht gestellt habe, falls bis dahin die Meinungsbildung in der Partei darüber abgeschlossen sein sollte, wie die Frage von Parteivorsitz und Kanzlerkandidatur in Zukunft gehandhabt werden sollte: »Alles in einer Hand« oder »Getrennt«? Gerhard Schröder sympathisierte mit einer Doppelspitze, bei der er als Kanzlerkandidat fungieren könnte.

Rainer Barzel hatte in diesen Jahren Enormes geleistet. Er war Bundesminister für gesamtdeutsche Fragen im letzten Kabinett Adenauer gewesen, stellvertretender Fraktionsvorsitzender und, nach der Erkrankung Heinrich von Brentanos, viele Jahre amtierender Fraktionsvorsitzender. Zur Zeit der Großen Koalition hatte er die volle Last der Fraktionsarbeit getragen. Das alles hat er mit viel Geschick und großem Engagement getan und dabei auch schwierige Situationen gemeistert, wie sie beispielsweise Franz Josef Strauß heraufbeschwor, der nach seinem Ausscheiden als Bundesfinanzminister immer wieder seine eigenen Interessen ins Spiel brachte und bemüht war, in Bonn weiterhin eine wichtige Rolle zu spielen. So fand Rainer Barzel für seine Arbeit breite Zustimmung in der Bundestagsfraktion.

Auf dem Bundesparteitag in Saarbrücken ging es zwar »nur« um den Vorsitz der Partei, aber es war klar, dass dem Fraktionsvorsitzenden und Oppositionsführer Barzel auch die Kanzlerkandidatur zufallen würde, wenn er zum Parteivorsitzenden gewählt wurde. Dann würde er bei der Bundestagswahl 1973 gegen Willy Brandt antreten.

Ich war mit einer ganzen Reihe von Freunden der Meinung,

287

dass Rainer Barzel keine Chance gegen Bundeskanzler Brandt hatte. Weil wir überzeugt waren, dass Barzel die Wahl nicht gewinnen könnte, suchten meine Freunde und ich nach einer Alternative. Es ging uns dabei überhaupt nicht um innerparteiliche Machtkämpfe. Uns ging es einzig und allein darum, mit welcher Persönlichkeit und mit welchem politischen Angebot wir Willy Brandt und die SPD bei der Wahl schlagen und wieder die Regierungsverantwortung in Bonn übernehmen könnten.

Im Vorfeld der Bundesvorstandssitzung am 5. Juli 1971 führte ich viele Gespräche, vor allem auch mit Gerhard Schröder. Ich hielt ihn, wie viele meiner Freunde, angesichts seines hohen Ansehens in der deutschen Öffentlichkeit für den stärksten Kandidaten, den wir bei der nächsten Bundestagswahl gegen Willy Brandt aufstellen konnten. Ich hielt es auch für richtig, dass er den Parteivorsitz übernehmen sollte, um von dieser Position aus Kanzlerkandidat zu werden. Ich sagte ihm zu, mich als sein Stellvertreter im Amt des Bundesvorsitzenden zu bewerben und mit seiner Zustimmung als eine Art geschäftsführender Vorsitzender der Partei zu arbeiten. In den Jahren 1962 bis 1966 hatte es mit Josef-Hermann Dufhues schon einmal eine ähnliche Regelung gegeben.

Zu diesem Zeitpunkt hatte ich nicht die geringste Absicht, CDU-Bundesvorsitzender zu werden. Auch Hannelore meinte, dass ich auf keinen Fall den Vorsitz der Bundespartei anstreben sollte.

So sah also unser Modell aus: Gerhard Schröder als Parteivorsitzender und Kanzlerkandidat, ich als erster stellvertretender Vorsitzender, der sich vor allem um die Partei kümmern sollte. Unter den gegebenen Umständen schien uns dieses Modell gute Chancen zu haben.

6.
Eine erwartete Niederlage

Die Absprache zwischen Gerhard Schröder und mir hielt nicht lange. Rainer Barzel machte in aller Öffentlichkeit deutlich, dass er die drei Führungsfunktionen der CDU in seinen Händen vereinigen wollte: den Parteivorsitz, den Fraktionsvorsitz, die Kanzlerkandidatur.

Der parteiinterne Machtkampf kam schließlich völlig durcheinander, als Gerhard Schröder wenige Wochen vor dem Saarbrücker Bundesparteitag auf einer CDU-Veranstaltung erklärte, er wolle zwar Kanzlerkandidat werden, aber sich keineswegs um den Parteivorsitz bewerben; den sollte ich übernehmen. Ich wäre dafür der geeignetere Kandidat. Als ich davon aus den Nachrichten erfuhr, war ich verärgert und auch enttäuscht. Ohne Rücksprache mit mir und entgegen unserer eindeutigen Absprache ging er mit einem Sinneswandel an die Öffentlichkeit, den ich nicht nachvollziehen konnte. Gerhard Schröder hatte immer erklärt, Rainer Barzel als Parteivorsitzenden verhindern zu wollen. Jetzt machte er ihm den Weg quasi frei. Zwar betonte er, ich müsse Parteichef werden, doch ich wollte zu diesem Zeitpunkt wirklich nicht Parteivorsitzender werden. Neben meinen Mainzer Ämtern hatte ich in der Bundespolitik ohnehin genug Einfluss und Arbeit, beispielsweise als Koordinator der unionsgeführten Länder im Bundesrat. Und ich wusste, dass ich bei einer Kampfabstimmung gegen Rainer Barzel nicht gewinnen konnte. Doch nach Schröders Absage wurde ich praktisch zu einer Kehrtwendung gezwungen. Um nicht als »Kneifer« dazustehen, forderte ich entgegen meiner ursprünglichen Überzeugung die Ämtertrennung und erklärte mich zur Kandidatur für den Parteivorsitz bereit. Dabei strebte ich ausschließlich den Parteivorsitz an und rechnete insgeheim immer noch mit einer Kanzlerkandidatur von Gerhard Schröder.

Vor der Mainzer CDU-Landtagsfraktion nannte ich Anfang Juni 1971 die Gründe für mein Umschwenken: Die innere Situation der Bundespartei sei schlecht, die Koordination und Zusammenarbeit zwischen den Landesverbänden und dem Bundesverband wenig effektiv, die Finanzlage der Partei im Bund besorgniserregend und die Stellung der CDU im vorpolitischen Raum spürbar geschwächt. Ich brach eine Lanze für die Eigenständigkeit der Partei, die unmöglich nur der Wurmfortsatz der Bundestagsfraktion sein dürfe, und unterstrich, dass eine personelle Alternative zu Rainer Barzel wichtig sei. Außerdem erklärte ich, dass ich mich nicht nur formal um den Parteivorsitz bewerbe, sondern bereit sei, für diese Kandidatur zu kämpfen. Meine Entscheidung begründete ich auch auf der Sitzung des CDU-Landesvorstands am 30. August 1971, der mich uneingeschränkt unterstützte und angesichts der personellen Konstellation die Ämtertrennung des Kanzlerkandidaten und des Bundesparteivorsitzenden ebenfalls für unbedingt notwendig hielt.

Das waren die Fakten, die innerparteilichen Vorgänge im Vorfeld der bereits erwähnten Bundesvorstandssitzung vom 5. Juli 1971, auf der Kurt Georg Kiesinger seinen Verzicht auf eine erneute Kandidatur bekanntgab und Barzels und meine Kandidatur ankündigte.

Von da an warb ich offen für meine Kandidatur. Rainer Barzel argumentierte natürlich gegen die Trennung von Parteivorsitz und Kanzlerkandidatur – und die Ironie der Geschichte wollte es, dass er damit genau meine Position vertrat, die ich selbst gezwungenermaßen verleugnen musste. Barzel konnte darauf bauen, dass er für seine Arbeit breite Zustimmung und Anerkennung erhielt. Er hatte viele Anhänger und fand auch als Bonner Fraktionsvorsitzender Zuspruch.

Mit dem 19. Bundesparteitag, der vom 4. bis 5. Oktober 1971 in der Saarbrücker Saarlandhalle stattfand, kam der Tag der Entscheidung: Erstmals in der Geschichte der CDU bewarben sich zwei Kandidaten um den Parteivorsitz. In meiner Rede unterstrich

ich noch einmal, dass es bei dieser Wahl nur um die Wahl des Vorsitzenden für die Jahre 1971 bis 1973 ging, nicht mehr, aber auch nicht weniger. Es musste einem späteren Treffen von CDU und CSU vorbehalten bleiben, den gemeinsamen Spitzenkandidaten der Union für die nächste Bundestagswahl zu küren. Insofern konnte es bei der Wahl des Parteivorsitzenden nicht um »alles oder nichts« gehen.

In einer kämpferischen Bewerbungsrede umriss Rainer Barzel sein außenpolitisches und innerparteiliches Arbeitsprogramm. Mir war von Anfang an klar, dass ich gegen ihn keine reelle Chance hatte. So kam die Entscheidung zu seinen Gunsten für mich nicht überraschend: Von den fünfhundertzwanzig gültigen Stimmen erhielt Barzel dreihundertvierundvierzig, während hundertvierundsiebzig Delegierte für mich votierten. Ich gratulierte meinem Kontrahenten nach dieser erwarteten Niederlage und versprach dem neuen Bundesvorsitzenden meine Unterstützung.

Nachdem Kurt Georg Kiesinger in offener Abstimmung zum Ehrenvorsitzenden gewählt worden war, ging es um die Wahl der stellvertretenden Vorsitzenden. Von den fünfhundertzwei abgegebenen gültigen Stimmen entfielen auf Helga Wex vierhundertneunundfünfzig, auf Gerhard Stoltenberg vierhundertsechsundfünfzig, Hans Katzer vierhundertfünfundfünfzig und Gerhard Schröder dreihundertachtundfünfzig Stimmen. Mit vierhundertsiebzig Stimmen ernete ich die höchste Stimmenzahl. Nachzutragen bleibt noch, dass Konrad Kraske auf Vorschlag Barzels mit dreihundertfünf Ja- und hundertvierundvierzig Nein-Stimmen zum CDU-Generalsekretär und Walther Leisler Kiep mit vierhundertein Ja- gegen zweiunddreißig Nein-Stimmen zum Bundesschatzmeister gewählt wurden.

*

Ich wollte die Niederlage möglichst rasch hinter mir lassen. Dabei half mir die breite Zustimmung für den Stellvertreterposten. Dass ich dabei die höchste Stimmenzahl erzielte, versöhnte mich ein wenig mit dem schlechten Abschneiden gegen Rainer Barzel.

Mit Gerhard Schröder hatte ich am Rande des Saarbrücker Parteitags heftige Dispute. Wer mich kennt, weiß, dass ich es hasse, in entscheidenden Momenten zu kneifen. Entsprechend enttäuscht war ich von dem sonst so zuverlässigen, hochintelligenten und vertrauenswürdigen Gerhard Schröder, und das sagte ich ihm auch in aller Deutlichkeit. Unserer gemeinsamen Arbeit in der Zukunft schadete diese Auseinandersetzung nicht. Als stellvertretende Parteivorsitzende versuchten wir, jeder von uns auf seine Art, das Beste für unsere Partei zu geben.

Mein Verhältnis zu Rainer Barzel änderte sich mit seiner Wahl zum Bundesvorsitzenden kaum. Bei allem Respekt für seine intellektuelle Leistung hatten wir von Anfang an Probleme miteinander. Das mochte seine Wurzeln schon in der grundsätzlichen Konstellation haben, in der hier zwei Kräfte aufeinanderstießen: der Newcomer aus der Provinz und der Macher in Bonn, voller Ehrgeiz und starkem Selbstwertgefühl.

Seit 1957 war Rainer Barzel Mitglied des Deutschen Bundestags, dem er dreißig Jahre lang angehören sollte. Im CDU-Bundesvorstand war er seit 1960, und 1962, im 5. Kabinett von Konrad Adenauer, wurde er für kurze Zeit Minister für gesamtdeutsche Fragen. Als stellvertretender Fraktionsvorsitzender übernahm er 1963 kommissarisch den Vorsitz der Unionsfraktion, weil der Amtsinhaber Heinrich von Brentano schwer erkrankt war. Seit dessen Tod 1964 leitete Barzel die Fraktion und machte sie während der Kanzlerschaft Ludwig Erhards zur politischen Schaltstelle. In der Zeit der Großen Koalition galt er als wichtigstes Scharnier zwischen den Regierungsparteien von CDU, CSU und SPD. Legendär ist seine gute Zusammenarbeit mit Helmut Schmidt, der die SPD-Fraktion führte. Nach der Bildung der sozialliberalen Koalition aus SPD und FDP bemühte sich Rainer Barzel um eine schlagkräftige Oppositionsarbeit.

Mit der Wahl in Saarbrücken 1971 war er dort angelangt, wohin er immer wollte. Schon in der Nach-Adenauer-Ära hielt er sich stets für den besseren Kandidaten, wenn es um die Besetzung der CDU-Spitzenämter ging. Nun war er endlich am Ziel seiner politischen Träume. Jetzt fehlte nur noch die Kanzlerschaft zur

Krönung seiner Karriere. Nach dem Saarbrücker Wahlerfolg schien seinem Aufstieg an die Spitze nichts mehr im Wege zu stehen.

Bereits Ende November 1971, auf einer gemeinsamen Sitzung der Verhandlungskommission von CDU und CSU, kam es zu einer Vereinbarung über Rainer Barzels Nominierung zum Kanzlerkandidaten der Union für die Bundestagswahl 1973. Der CDU-Bundesvorstand stimmte am 9. Dezember 1971 Barzels Nominierung einstimmig zu.

Viele seiner Weggefährten hatten Probleme mit Rainer Barzel. Nicht zuletzt Heinrich Krone, Mitbegründer der CDU und Sonderminister in den beiden letzten Kabinetten Adenauers, ein Mann mit scharfem politischem Verstand und gründlicher Menschenkenntnis, der Barzel viele Jahre aus nächster Nähe erlebt hatte, bekannte sich offen als sein Gegner. Krone führte in Bonn ein Tagebuch, in dem kein einflussreicher Politiker der Union unerwähnt blieb. Was er in zahlreichen Aufzeichnungen über Rainer Barzel zu Papier brachte, ist wenig schmeichelhaft für ihn.

Die Chemie zwischen Rainer Barzel und mir stimmte nicht, wir waren sehr verschieden und konnten einfach nicht miteinander. So etwas kommt im politischen Leben genauso vor wie im privaten. Barzel pflegte gute Kontakte zu den einflussreichsten Unionsvertretern, so zum Beispiel zu dem Sozialexperten Hans Katzer und dem Wirtschafts- und Finanzexperten Franz Josef Strauß. Mich unterstützten Männer wie Kurt Georg Kiesinger, Eugen Gerstenmaier, Heinrich Krone, Josef-Hermann Dufhues und Bruno Heck, der langjährige frühere CDU-Generalsekretär, um nur einige aus der »alten CDU-Garde« zu nennen. Zuspruch erhielt ich vor allem von der jüngeren CDU-Generation aus den Landesverbänden.

Doch bei aller menschlich verständlichen Sympathie oder Antipathie und bei aller Unterschiedlichkeit: Die Parteiinteressen mussten über den persönlichen Ambitionen stehen. Deshalb galt es nun, den Willen der Parteitagsmehrheit voll und ganz zu akzeptieren und alles daranzusetzen, damit die Union wieder die Macht in Bonn errang.

Als Rainer Barzel nur wenige Monate nach seiner Wahl zum CDU-Bundesvorsitzenden mit Hilfe eines konstruktiven Misstrauensantrags gegen den amtierenden Bundeskanzler Willy Brandt Kanzler werden wollte, hatte er meine volle Unterstützung. Er suchte den direkten Kontakt zu mir, und wir trafen uns zu einem ausführlichen Gespräch. Dabei sprachen wir auch über das unvermeidliche Risiko, das ein solches Verfahren bedeutete. Wir waren beide der Überzeugung, dass wir selbst auf die Gefahr einer Niederlage hin das Risiko eingehen sollten. Mein Rat war Rainer Barzel damals wichtig, und ich unterstützte ihn bei seinem Vorhaben voll und ganz. Bis zum heutigen Tag stehe ich hinter seiner Vorgehensweise und verteidige uneingeschränkt sein damaliges politisches Handeln. Was wäre auch von einer parlamentarischen Opposition zu halten, wenn sie den Biss zur Machtübernahme nicht gehabt hätte, als sie sich nun einmal anbot?

*

Am 24. April 1972 tagten in Bonn Präsidium und Bundesvorstand der CDU. Themen waren der erfolgreiche Ausgang der Landtagswahl in Baden-Württemberg, die der CDU mit 52,9 Prozent der Stimmen erstmals die absolute Mehrheit gebracht hatte, und der Austritt des Bundestagsabgeordneten Wilhelm Helms aus der FDP. Helms trat am 5. Mai 1972 der CDU bei. Zuvor waren schon die Bundestagsabgeordneten Erich Mende (FDP) und Herbert Hupka (SPD) zur CDU/CSU-Fraktion übergetreten. Jetzt hatte die Regierung Brandt/Scheel keine Mehrheit mehr, es herrschte ein parlamentarisches Patt.

Mit den innenpolitischen Konsequenzen, die sich aus dieser Situation ergaben, befassten sich die CDU-Spitzengremien. Nachdem Präsidium und Bundesvorstand der Partei sich auf die Empfehlung an den Fraktionsvorstand der CDU/CSU verständigt hatten, anlässlich der am 27. April beginnenden Haushaltsdebatte im Deutschen Bundestag ein konstruktives Misstrauensvotum gegen Bundeskanzler Brandt einzubringen, waren die Weichen für ein parlamentarisches Verfahren gestellt, das es bis dahin in der Geschichte der Bundesrepublik noch nicht gegeben hatte. Und mit Erfolg sollte es erst zehn Jahre später noch einmal eingeleitet werden.

Unter dem Vorsitz von Richard Stücklen, dem Vorsitzenden der CSU-Landesgruppe und Barzel-Vertreter in der Fraktionsspitze, fasste die Unionsfraktion den fast einstimmigen Beschluss, unter Berufung auf Artikel 68 des Grundgesetzes einen konstruktiven Misstrauensantrag einzubringen:

»Der Bundestag wolle beschließen: Der Bundestag spricht Bundeskanzler Willy Brandt das Misstrauen aus und wählt als Nachfolger den Abgeordneten Dr. Rainer Barzel zum Bundeskanzler der Bundesrepublik Deutschland. Der Bundespräsident wird ersucht, Bundeskanzler Willy Brandt zu entlassen.«

In der Begründung wurde einerseits auf die Ostpolitik der Bundesregierung hingewiesen, die die Sicherheit der Bundesrepublik gefährde, und andererseits auf den desolaten Zustand der Staatsfinanzen. Die Regierung besaß keine Mehrheit mehr, und der Ausgang der Landtagswahl in Baden-Württemberg hatte endgültig gezeigt, dass die Ostverträge in ihrer jetzigen Form nicht ratifiziert werden konnten, weil die CDU/CSU-regierten Länder die Mehrheit im Bundesrat stellten.

*

Das konstruktive Misstrauensvotum gegen Willy Brandt scheiterte. Bei der Abstimmung im Deutschen Bundestag am 27. April 1972 verfehlte der CDU-Fraktions- und Parteivorsitzende Rainer Barzel mit zweihundertsiebenundvierzig Ja-Stimmen denkbar knapp die erforderliche Mehrheit von zweihundertneunundvierzig Stimmen.

Heute wissen wir, dass mindestens ein Bundestagsabgeordneter, der CDU-Abgeordnete Julius Steiner, vom DDR-Geheimdienst mit fünfzigtausend Mark bestochen worden war und Barzel seine Stimme verweigert hatte. Die Tatsache, dass uns die entscheidende Stimme fehlte, hat uns sehr betroffen gemacht. Wir haben viele Gespräche zu diesem Thema geführt. Schon damals wurde die Vermutung laut, dass Erich Mielkes Staatssicherheit dabei ihre Finger im Spiel gehabt haben könnte.

So blieb zunächst alles beim alten. Partei und Fraktion hatten alle Mühe, den forschen Schritten der Bundesregierung in der Deutschland- und Ostpolitik etwas entgegenzusetzen. Mit unseren Beschlüssen und dem Abstimmungsverhalten in Bundestag und Bundesrat versuchten wir die Tür zur deutschen Einheit offenzuhalten. Die Vertragspolitik der sozialliberalen Koalition provozierte die dreifache Gefahr, dass die deutsche Frage nicht offenblieb, das Selbstbestimmungsrecht gefährdet schien und der Friedensvertragsvorbehalt entwertet werden sollte. Nach enormen Anstrengungen gelang es der Union, einige Vertragsänderungen durchzusetzen. Doch für eine Zustimmung zu den Ostverträgen reichten die Änderungen nicht aus. Die Unionsfraktion verständigte sich auf einen Kompromiss und beschloss, sich bei der Abstimmung im Bundestag der Stimme zu enthalten. Auch ich hatte mich dafür stark gemacht und verteidigte den Kompromiss auch öffentlich.

Mitte Mai 1972 beschloss der Bundestag dann die Ratifizierung der Verträge. Der Moskauer Vertrag wurde mit zweihundertachtundvierzig gegen zehn Stimmen bei zweihundertachtunddreißig Enthaltungen, der Warschauer Vertrag mit zweihundertachtundvierzig gegen siebzehn Stimmen bei zweihunderteinunddreißig Enthaltungen angenommen.

Dass Partei und Fraktion aus der Position des Neinsagens herauskamen, war eine große Leistung von Rainer Barzel, und ich habe ihn gerne dabei unterstützt. Der »Brief zur deutschen Einheit«, den Bundesaußenminister Walter Scheel im Zusammenhang mit der Vertragsunterzeichnung am 12. August 1970 übergeben hatte, war im wesentlichen das Werk von Rainer Barzel. Darin stellte die Bundesregierung fest, dass dieser Vertrag nicht im Widerspruch zu dem politischen Ziel der Bundesrepublik Deutschland stand, »auf einen Zustand des Friedens in Europa hinzuwirken, in dem das deutsche Volk in freier Selbstbestimmung seine Einheit wiedererlangt«.

7.
Neuwahlen

Auf Dauer konnte die SPD/FDP-Koalition ohne Mehrheit im Parlament nicht weiterregieren. Um aus der Pattsituation herauszukommen, blieb den Regierenden keine andere Wahl, als die Vertrauensfrage im Parlament zu stellen und auf diesem Weg Neuwahlen herbeizuführen. Das geschah am 22. September 1972.

Bevor der Wahlkampf richtig losging, musste die Bundesregierung einen schweren Rückschlag hinnehmen: Am 7. Juli 1972 trat Wirtschafts- und Finanzminister Karl Schiller, einer der profiliertesten, erfolgreichsten und populärsten Minister im Kabinett Brandt/Scheel, von seinem Amt zurück, nachdem er sich mit seiner Forderung nach Einsparungen in Höhe von 2,5 Milliarden DM für das Haushaltsjahr 1972 nicht hatte durchsetzen können. Schillers Nachfolger wurde Helmut Schmidt, der bis dahin das Verteidigungsministerium geleitet hatte. Dieses Ressort übernahm wiederum Georg Leber. Wenige Wochen später trat Karl Schiller, der 1969 wesentlich zum Wahlsieg der SPD beigetragen hatte, aus der SPD aus und engagierte sich im Bundestagswahlkampf 1972 in einer gemeinsamen Anzeige mit Ludwig Erhard für die CDU.

In jene Zeit fiel das fürchterliche Massaker der arabischen Terrororganisation »Schwarzer September« während der XX. Olympischen Sommerspiele in München. Das Attentat auf die israelische Olympiamannschaft, bei dem elf Israelis, ein Polizist und fünf Terroristen getötet wurden, überschattete nicht nur die sportlichen Wettkämpfe, sondern machte die ständige Bedrohung Israels auch außerhalb der eigenen Grenzen deutlich.

*

Im kurzen, aber heftigen Wahlkampf für die vorgezogene Bundestagswahl am 19. November 1972 nahm ich als Barzels Stellvertreter in der CDU-Spitze die meisten Wahlkampfveranstaltungen wahr, mehr noch als der Parteivorsitzende selbst. Ich kämpfte bis an den Rand der Erschöpfung. Ich wollte bewusst den höchsten Einsatz bringen, denn als unterlegener Kandidat bei der Vorsitzendenwahl fühlte ich mich ganz besonders gefordert.

Die Union hatte mit Rainer Barzel im Herbst 1972 keine Chance, die Wahl gegen Willy Brandt zu gewinnen, der im Dezember 1971 mit dem Friedensnobelpreis ausgezeichnet worden war. Auch jeder andere Unionskandidat wäre chancenlos geblieben. Brandt wurde gefeiert wie ein Friedensfürst und von weiten Teilen der Bevölkerung wie ein neuer Messias verehrt. Die Wahlkampfinszenierungen mit ihm erreichten so viele Menschen wie selten zuvor, und die SPD-Wahlkampfregisseure verstanden es, den Eindruck zu vermitteln, als würde die Bonner Republik mit Brandt zu neuen, bisher ungeahnten politischen Ufern aufbrechen.

Willy Brandt war der erste Medienkanzler. Aufgebaut als charismatische Leitgestalt, brachten ihm seine politischen Visionen Zulauf weit über die Sehnsüchte seiner Parteibasis hinaus. Er erreichte nicht zuletzt weite Teile der kulturellen Szene und vor allem auch des Protestantismus.

Die Begeisterung für die Brandt-SPD machte uns schwer zu schaffen, zumal es ihren Strategen gelang, darüber den Richtungsstreit in der deutschen Sozialdemokratie vergessen zu machen. Ob jung oder alt, männlich oder weiblich, »Willy-Wähler« wurden in allen gesellschaftlichen Schichten mobilisiert. Im Vergleich zu dem charismatischen Willy Brandt wurde Rainer Barzel von der SPD-Propagandamaschine zu einem blassen Politmanager abgestempelt. Im Wahlkampf wurde das Misstrauensvotum der CDU/CSU gegen Brandt als unmoralisch dargestellt. Damit nicht genug, wurde das Ganze auch noch personalisiert und Rainer Barzel als jener Frevler hingestellt, der die politische Ikone Willy Brandt hatte stürzen wollen.

Auseinandersetzungen um politische Inhalte spielten eine untergeordnete Rolle. Unsere Hauptargumentationsfelder – die Wieder-

Zwei CDU-Parteivorsitzende:
Kurt Georg Kiesinger (1967–1971) und ich (1973–1998)

gewinnung der Stabilität, die Unionsstandpunkte in der Außen-
und Deutschlandpolitik sowie in der Innenpolitik, wo wir vor
allem mit unseren Plänen zur Vermögensbildung, zur Rentenre-
form, zur Alterssicherung und zur beruflichen Bildung zu punkten
versuchten – fanden kaum Gehör.

Um so wichtiger wurde die Klausurtagung der Führungsgremien von CDU und CSU am 2. Oktober 1972 im West-Berliner
Reichstag. Erstmals verständigten sich die Unionsparteien auf ein
gemeinsames Wahlprogramm mit Schwerpunkten im Bereich der
Stabilitäts-, Eigentums- und Bildungspolitik. Auch in der Deutsch-
land- und Ostpolitik beschlossen die Spitzengremien klare Grundsätze, in deren Mittelpunkt die Freizügigkeit für Menschen und Informationen stand. Zu Verhandlungen mit der DDR wäre auch
eine neue CDU/CSU-Regierung bereit gewesen.

Wie groß die innerparteiliche Solidarität in jener heißen Wahlkampfschlacht war, davon zeugte auch der 20. CDU-Bundesparteitag, der vom 9. bis 11. Oktober 1972 in Wiesbaden stattfand. Barzel präsentierte sich in glänzender Verfassung. Die Ehrenvorsitzenden Ludwig Erhard und Kurt Georg Kiesinger wurden gefeiert wie selten zuvor, ihre Glanzzeiten als Kanzler der Republik wurden herausgestrichen. Richard von Weizsäcker, der im Dezember 1971 auf Vorschlag Barzels die Grundsatzkommission der CDU übernommen hatte, legte einen ersten Bericht vor.

Die klügste und auch längste Rede auf dem CDU-Wahlkongress hielt der bayerische CSU-Vorsitzende Franz Josef Strauß. »Stabilität durch Soziale Marktwirtschaft« war sein Thema, das er in mehreren Variationen abhandelte. Der überwältigende, lang anhaltende Beifall zeigte einmal mehr, wer die Gefühle der Delegierten ansprach, wer Herz und Verstand bewegen konnte.

Am Ende des Wiesbadener Parteitags stellte Rainer Barzel das mit der CSU verabredete Regierungsprogramm vor, das in seiner Klarheit nichts zu wünschen übrigließ. Barzels Regierungsmannschaft stützte sich im wesentlichen auf Mitglieder früherer CDU/CSU-Regierungen wie beispielsweise Franz Josef Strauß, Gerhard Schröder und Hans Katzer.

*

Der Ausgang der Bundestagswahl am 19. November 1972 war ein Schock. Die Union hatte ihr Ziel weit verfehlt, in Bonn wieder die Regierungsverantwortung zu übernehmen. Zum ersten Mal musste sie die Rolle der stärksten politischen Kraft an die Sozialdemokratie abtreten. Ein demütigendes Desaster, wie Kommentatoren zu Recht geschrieben haben.

Bei einer außerordentlich hohen Wahlbeteiligung von 91,2 Prozent erzielten die Unionsparteien mit 44,9 Prozent der Stimmen das schlechteste Wahlergebnis seit der ersten Bundestagswahl 1949. Die SPD kam auf 45,8 und die FDP auf 8,4 Prozent der Wählerstimmen. Auffallend und zufriedenstellend war der erhebliche Rückgang der Splitterparteien, wobei die bisher erfolgreichste unter ihnen, die NPD, auf unter 1 Prozent gedrückt werden konnte.

Mit einer Niederlage hatte ich zwar von Anfang an gerechnet. Es war aber niederschmetternd, dass wir den Sozialdemokraten sogar den Rang als stärkste Fraktion im Deutschen Bundestag abtreten mussten. Auch die Niederlage unseres Kanzlerkandidaten Rainer Barzel, der bravourös gekämpft hatte, war deprimierend. Mir taten alle Wahlkämpfer leid, die in ihrer privaten und beruflichen Zukunft auf ein Bundestagsmandat setzten, bis zur Selbstaufopferung gekämpft und zuletzt doch verloren hatten.

Dennoch mussten wir die Ursachen für das Wahldesaster benennen. Meine Wahlanalyse auf der Bundesvorstandssitzung am Tag nach der Wahl fiel kurz, nüchtern und sachlich aus: Für mich hatte der Kanzlerbonus die Wahl für Willy Brandt entschieden. Dagegen sei der Spitzenkandidat der Unionsparteien nicht angekommen.

Dass die Unionsparteien vor allem bei den Erst- und Jungwählern, den Frauen und Arbeitnehmern bedenklich eingebrochen waren, machte mir die größten Sorgen, auch für die Zukunft. Ähnliches galt für das Verhältnis zu den Intellektuellen und vor allem zu den Medien, zu denen die Partei und ihr Spitzenpersonal nicht die richtige Einstellung gefunden hatten. Auch die Unterstützung, die Brandt aus dem Ausland erfahren hatte, musste uns nachdenklich stimmen. Dabei zeigte sich, dass die Union in der Außenpolitik gewaltigen Nachholbedarf hatte. Ich forderte die Partei auf, sich künftig mehr als bisher insbesondere der Ostpolitik zuzuwenden.

Dass die Partei bei den Mitgliedern der beiden großen Kirchen schlechter als früher abgeschnitten hatte, lag sicherlich daran, dass unser Verhältnis zur Kirche immer noch eher den fünfziger als den siebziger Jahren entsprach.

Nachdrücklich warnte ich davor, in Schuldzuweisungen oder Resignation zu verfallen. Ich forderte eine schonungslose Bestandsaufnahme unserer bisherigen Politik. Es komme entscheidend darauf an, dass wir uns in prinzipiellen Fragen der Politik als glaubwürdig erweisen. Dazu brachte ich ein Beispiel: Beim Thema Stabilität nur das Bekenntnis zur Sozialen Marktwirtschaft abzulegen und nicht gleichzeitig in aller Härte den Leistungsgedanken deutlich zu machen genügte eben nicht.

Für die nächsten vier Oppositionsjahre sah ich voraus, dass die Frage nach der deutschen Nation zur Kernfrage einer harten innenpolitischen Auseinandersetzung werden würde. Dabei stünden wir vor der Herausforderung, die Idee des Staates und seiner moralischen Substanz in einer modernen Sprache glaubhaft darzustellen. Im Wahlkampf war es Willy Brandt gelungen, der Union die Schau zu stehlen, indem er in seinen Reden und auf Plakaten den Slogan verbreitete: »Deutsche, Ihr könnt stolz sein auf unser Land.« Wegen seiner tiefenpsychologischen Wirkung war dieser Satz langfristig viel bedeutsamer als jede noch so hochinteressante und glänzend gelungene tagespolitische Entscheidung.

*

Während sich der CDU-Bundesvorstand immer noch mit der Analyse der Wahlniederlage beschäftigte, kamen die Koalitionsverhandlungen von SPD und FDP in Bonn zügig voran. Vorrangig mussten wir uns jetzt darum kümmern, die Fraktionsgemeinschaft von CDU und CSU auf der Basis des Berliner Parteiprogramms und des zwischen CDU und CSU vor der Wahl vereinbarten Programms für die neue Legislaturperiode neu zu organisieren und fortzusetzen.

Was anfangs kaum jemand bedeutsam fand, war die Tatsache, dass sich die Verluste der CSU in Grenzen hielten, die im Vergleich zur Bundestagswahl 1969 lediglich ein einziges Mandat verloren hatte. Im Gegensatz dazu hatte die CDU siebzehn Mandate verloren. Das bekamen die CDU-Unterhändler bald zu spüren, als sie von seiten der CSU zunehmend mit Forderungen nach gleichberechtigter Behandlung konfrontiert wurden. Erstmals wurde zwischen beiden Parteien ernsthaft über eine Trennung der Fraktionsgemeinschaft im Deutschen Bundestag diskutiert.

Ich sah darin eine gefährliche Entwicklung, die ich mit größtem Argwohn verfolgte. Auch wenn ich persönlich nicht direkt davon betroffen war, bereitete mir große Sorgen, was sich in Bonn zwischen den Schwesterparteien abspielte. Ein Auseinanderbrechen der Fraktionsgemeinschaft hielt ich für den größten anzunehmenden Unfall innerhalb unseres Lagers seit Bestehen der Union. Deutlich war zu spüren, wie rasch das politische Gewicht des CDU-Vorsitzenden abnahm und wie schlecht die bayerische Schwester den angeschlagenen Rainer Barzel behandelte. Wie sollten unter diesen Umständen einvernehmlich gemeinsame Positionen zu den großen innen- und außenpolitischen Fragen der Zeit erarbeitet werden?

Nur mühsam verständigten sich schließlich beide Parteien doch noch zur Fortsetzung der bewährten gemeinsamen Fraktion. Die angespannte Lage spiegelte sich in der Wahl des Vorsitzenden wider. Als am 11. Dezember 1972 Rainer Barzel von der zweihundertvierunddreißig Mitglieder zählenden CDU/CSU-Bundestagsfraktion zunächst für ein Jahr zum Vorsitzenden gewählt wurde, erhielt er nur hundertfünfundsechzig Stimmen. Dreißig Abgeordnete beteiligten sich erst gar nicht an der Wahl, zweiundzwanzig stimmten gegen ihn, zehn enthielten sich, der Rest war ungültig. Das war ein Schlag ins Gesicht, der den Autoritätsverfall des Vorsitzenden eindrucksvoll belegte – wahrlich kein guter Auftakt zur neuen Legislaturperiode.

Obwohl deutlich war, dass eine Reihe von Parlamentariern das Vertrauen zum CDU-Bundesvorsitzenden und Oppositionsführer im Bonner Parlament verloren hatten, glaubte Rainer Barzel, auf dieser Basis weiterarbeiten zu können.

*

Am 13. Dezember 1972 konstituierte sich der 7. Deutsche Bundestag. Erstmals in der Nachkriegsgeschichte wurde eine Frau Bundestagspräsidentin. Annemarie Renger war gleichzeitig die erste Sozialdemokratin, die dieses höchste Amt im Bonner Parlament übernahm. Die enge Vertraute des SPD-Bundesvorsitzenden Kurt

Schumacher war ein Glücksfall für den deutschen Parlamentarismus. Es war vorbildlich, wie sich die sympathische und schlagfertige Parlamentarierin durchsetzte, welch fairen Umgang sie mit den Parteien pflegte und wie sie die damalige Opposition behandelte. Mit ihrer Amtsführung setzte sie Maßstäbe, an die man angesichts des derzeitigen Amtsinhabers Wolfgang Thierse nur mit Wehmut denken kann.

Nachdem Willy Brandt Mitte Dezember 1972 wieder zum Bundeskanzler gewählt worden war, wurde im Bundestag das zweite Kabinett Brandt/Scheel vereidigt. Neidlos mussten wir anerkennen, dass die Ministerriege unter anderem mit Walter Scheel, Hans-Dietrich Genscher, Helmut Schmidt und Hans Friderichs eine starke Truppe darstellte. Mit Hans Friderichs verlor ich den einzigen FDP-Staatssekretär in der Mainzer Landesregierung an die Bonner Koalition.

Diesem erfahrenen Regierungspersonal hatte die geschwächte Opposition nicht überall gleichwertige Persönlichkeiten entgegenzustellen. Das zeigte sich schon bei der Debatte über Brandts Regierungserklärung.

Die Unionsparteien hatten einen schweren Weg in der Opposition zu beschreiten. Gefragt waren jetzt politische Führung, Integrationsarbeit und der Abbau von Enttäuschungen und Frustrationen. Das konnte nur von einem starken Team in Partei und Fraktion geleistet werden. Ein personeller Neuanfang war unausweichlich.

*

Kurz vor Weihnachten überraschten uns die Staatssekretäre aus Bonn und Ost-Berlin Egon Bahr und Michael Kohl, als sie den »Vertrag über die Grundlagen der Beziehungen zwischen der Bundesrepublik Deutschland und der DDR« unterzeichneten. Im Kern ging es darin um die Vier-Mächte-Verantwortung, die Unverletzlichkeit der Grenzen, die Beschränkung der Hoheitsgewalt auf das jeweilige Staatsgebiet, den Austausch »Ständiger Vertreter«, die Beibehaltung des innerdeutschen Handels und um den

Antrag beider Staaten auf eine Mitgliedschaft in den Vereinten Nationen.

Dieser »Grundlagenvertrag« sollte den Unionsparteien noch schwer zu schaffen machen und zu personellen Konsequenzen führen, die zu diesem Zeitpunkt überhaupt noch nicht abzusehen waren.

8.
Die Entscheidung

Die Regierungsgeschäfte in Mainz verliefen in ruhigen Bahnen. Abgesehen von einigen Aufgeregtheiten, die der seit 1970 amtierende SPD-Landesvorsitzende Wilhelm Dröscher immer wieder zu inszenieren versuchte, arbeitete die Landesregierung fleißig das Programm ab, das wir den Bürgern in Wahlkämpfen und in meinen Regierungserklärungen angekündigt hatten. Realistische politische Alternativen bei den Oppositionsparteien waren selten. Das galt auch für die kleine Schar der Liberalen, die sich vor allem bei Finanzfragen mächtig ins Zeug legte.

Wie in jedem Jahr debattierten wir im Landtag leidenschaftlich über die Haushaltspläne. Die SPD-Opposition schoss sich nach altem parlamentarischem Brauch auf den Einzeletat des Ministerpräsidenten und der Staatskanzlei ein. Sie kritisierte Personalaufstockungen und die damit steigenden Personalausgaben. Beiden Oppositionsparteien war das geplante »Integrierte Planungs-, Entwicklungs- und Kontrollsystem« (IPEKS), das in der Ministerialbürokratie eingeführt werden sollte, ein Dorn im Auge. Wer wie wir für die Zukunft planen musste, benötigte statistische Unterlagen, Untersuchungen über Bedarf und Bedürfnisse, kurz: einen Informationsstand, der Zufälle ausschließt und die Entscheidungsträger über alle Alternativen in Kenntnis setzt. Solche Hilfen benötigten wir dringend zum Wohl der 3,6 Millionen Menschen in unserem Land.

Von IPEKS erhofften wir uns eine Generalüberholung der Verwaltungsstrukturen. Die 4,8-Millionen-Investition, mit der auch neue Computer finanziert wurden, habe ich damals als »Hausputz hinter den Fassaden« bezeichnet. Was mich an dieser neuen

*Als rheinland-pfälzischer Ministerpräsident
auf der Bundesratsbank (1976)*

Einrichtung besonders faszinierte, war die Tatsache, dass Fehl-
und Doppelplanungen frühzeitig erkannt und gestoppt werden
konnten.

*

Im Ministerrat, dem Entscheidungszentrum der Landesregierung, galt es weiterhin, die Bundesratssitzungen gut vorzubereiten, so dass ich mit klaren Kabinettsabsprachen im Bonner Bundesrat agieren konnte. Das betraf vor allem auch die Haltung des Landes Rheinland-Pfalz zu den Ostverträgen der sozialliberalen Koalition. Diese Entscheidungsprozesse waren zeitaufwendig, aber notwendig. So beschloss der Ministerrat am 17. Mai 1972 nach eingehender Diskussion bei einer Gegenstimme, die Ostverträge im Bundesrat ohne Anrufung des Vermittlungsausschusses passieren zu lassen.

Vor allem aber bestimmten natürlich landespolitische Themen den Regierungsalltag: Haushaltsberatungen, die auch immer Personalfragen beinhalteten, Entscheidungen über Industrieansiedlungen, die Beschäftigung Radikaler im öffentlichen Dienst, das Landeskrankenhausgesetz vom Herbst 1972, die Realisierung der »Stiftung Bahnhof Rolandseck« – ein breites Aufgabenspektrum.

Ein Jahr ohne Wahlen war die Ausnahme. Die absolute Mehrheit erneut von den Wählerinnen und Wählern bestätigt zu bekommen setzte langfristig eine Herkulesarbeit voraus, die nur unter besonderen Bedingungen zu leisten war. Deshalb durften wir weder die nächste Kommunalwahl im Mai 1974 noch die nächsten Landtagswahlen im Frühjahr 1975 aus dem Auge verlieren.

Bei der letzten demoskopischen Umfrage in Rheinland-Pfalz vom Sommer 1972 erklärten 56 Prozent der Befragten, sie seien im großen und ganzen mit der Politik des Ministerpräsidenten einverstanden. Wie breit die Zustimmung war, zeigten zwei andere beachtliche Ergebnisse der Befragung: Nur 14 Prozent lehnten meine Politik ab, und sogar jeder dritte SPD-Anhänger befand sie für gut. 17 Prozent waren unentschieden, 13 Prozent gaben kein Urteil ab.

*

Die CDU Rheinland-Pfalz befand sich in einem hervorragenden Zustand – organisatorisch, programmatisch, personell und finanziell. Es gab keinen Landesverband in der Bundesrepublik, der Anfang der siebziger Jahre in jeder Hinsicht so vital war wie der rheinland-pfälzische. Es wäre schön gewesen, wenn sich von der Bundespartei das gleiche hätte sagen lassen. Doch das war nicht der Fall.

Am 5. Januar 1973 schrieb ich dem Bundesvorsitzenden der Christlich-Demokratischen Union Deutschlands, der gleichzeitig die CDU/CSU-Bundestagsfraktion führte, einen vertraulichen Brief. Darin teilte ich Rainer Barzel mit, dass ich mich auf dem nächsten Bundesparteitag erneut um den Parteivorsitz bewerben und damit wieder gegen ihn kandidieren würde. Ich wollte Rainer Barzel vorab über meine Absicht informieren, damit er in der Klausursitzung, die für Ende des Monats geplant war, nicht davon überrascht wurde.

*

Am 27. und 28. Januar 1973 begab sich der CDU-Bundesvorstand in Klausur, um in zweitägiger Sitzung über die Gründe für den Misserfolg bei der letzten Bundestagswahl und über die sich daraus für die Zukunft ergebenden Konsequenzen zu beraten. Unter der Leitung des Bundesvorsitzenden Rainer Barzel beschloss das Spitzengremium unter anderem auch, den 21. Bundesparteitag Anfang Oktober 1973 in Hamburg zu veranstalten. Diesen Tagesordnungspunkt nahm ich zum Anlass, den Bundesvorstand darüber zu informieren, dass ich mich auf dem Hamburger Parteitag erneut um das Amt des Bundesvorsitzenden bewerben würde.

Der Bundesvorstand stimmte darin überein, in den kommenden Monaten keine Personaldebatte zu führen, sondern sich auf die Bewältigung der anstehenden Sachprobleme zu konzentrieren. Doch die Personaldebatte war längst im Gange. Von allen Seiten wurde ich gedrängt, erneut zu kandidieren.

Hannelore hatte überhaupt kein Verständnis für mein Ansinnen. Sie riet mir dringend, in Mainz zu bleiben, zumal angesichts der desolaten Lage, in der sich die CDU befand. In der Tat lag die Union am Boden. Bis in die eigenen Reihen wurde die Meinung vertreten, gegen Willy Brandt habe die Union keine Chance. Brandt galt als der Verkünder eines neuen Zeitalters.

Verstärkt wurde die negative Stimmung durch die vernichtenden Analysen der Wissenschaftler, der Demoskopen, die den Unionsparteien eine finstere Zukunft voraussagten. Sie prophezeiten der CDU, eine Partei der kleinen Landwirte zu werden, die nur noch Chancen auf dem flachen Land habe. In den Großstädten sei sie in die Minderheitenrolle gerutscht.

Das war die Ausgangslage. Niemand zeigte ernsthaftes Interesse, die Partei aus dem Tal zu führen. Falls jemand auf die Idee gekommen wäre, die Stelle des Parteivorsitzenden in den überregionalen Zeitungen auszuschreiben, hätte sich wahrscheinlich niemand außer Rainer Barzel und mir beworben.

Meine Motivation ist mit wenigen Sätzen umschrieben: Ich habe mich immer als Parteisoldat verstanden. Die Partei war meine Heimat, der ich vieles zu verdanken hatte. In Jahrzehnten aktiver Arbeit in der Partei waren viele menschliche Beziehungen entstanden, die mir wichtig waren. Jetzt kamen Freunde aus der Partei auf mich zu und fragten, wie es weitergehe. Sie forderten mich auf, Flagge zu zeigen, das Ruder herumzureißen, und erwarteten eine klare Antwort. Und ich wollte Verantwortung übernehmen, ich wollte die Partei führen, ich wollte der Vorsitzende werden und rechnete mir weit größere Chancen als 1971 aus, gewählt zu werden. Bis zum nächsten Parteitag gingen noch mehr als acht Monate ins Land, und ich hatte Zeit genug, die Lage zu beobachten, die Entwicklung zu analysieren und über unsere zukünftigen Aufgaben nachzudenken.

Ich blieb bei meiner Haltung vom Saarbrücker Parteitag und vertrat die Trennung von Partei- und Fraktionsvorsitz. Schließlich waren die Erfahrungen mit dem Konzept »Alles in einer Hand« keineswegs ermutigend gewesen. Gerade für eine Oppositionspartei war es erforderlich, die Arbeit auf möglichst viele Schultern zu verteilen. Nur so konnten wir erreichen, dass die verschiedenen Rollen effektiv wahrgenommen wurden: die Bundestagsfraktion als Kontrollinstanz der Regierung und verantwortlich für die tagespolitische Auseinandersetzung im Bundestag. Die Tätigkeit der Partei dagegen durfte nicht länger auf tagespolitische Fragestellungen verkürzt werden.

Die Programmatik weiterzuentwickeln und in konkrete Aktionsprogramme umzusetzen war also eine Sache; Kontrolle der Regierung und tagespolitische Auseinandersetzung in Bonn eine andere. Beide Verpflichtungen und Aufgaben standen in ihrer Bedeutung gleichwertig nebeneinander. Jedes Amt für sich erforderte die ganze Kraft einer Führungsperson. Dies galt insbesondere und vielleicht sogar ausschließlich für die Zeit, in der sich die CDU/CSU im Bund in der Opposition befand.

*

Am 2. Februar 1973 lehnte der Bundesrat in erster Lesung die Zustimmung zum Grundlagenvertrag zwischen der Bundesrepublik und der DDR ab. Mir fiel die schwierige Aufgabe zu, die Ablehnung der von CDU und CSU regierten Bundesländer zu begründen, während ich dem Beitritt beider deutscher Staaten zur UNO im Namen der unionsgeführten Länder zustimmte. Schon damals fiel mir dieser Spagat nicht leicht, der auf einem Kompromiss im CDU-Präsidium basierte.

Als Rainer Barzel mit der gleichen Position am 8. Mai 1973 vor die CDU/CSU-Bundestagsfraktion trat, verweigerte sie ihm die Gefolgschaft. Nach schriftlicher Abstimmung stimmten hundertein Abgeordnete gegen den Beitritt und zweiundneunzig mit Ja. Nicht nur Rainer Barzel war schockiert. Er brach die Sitzung ab und bat um Gelegenheit, die Situation nach der Abstimmungsniederlage zu überdenken. Am nächsten Tag erklärte er der CDU/CSU-Bundestagsfraktion seinen Rücktritt als Fraktionsvorsitzender.

Ich konnte seine Entscheidung nachvollziehen. Rainer Barzel war nicht bereit, eine so wichtige Mehrheitsentscheidung entgegen seiner engagierten Überzeugung als Vorsitzender der Fraktion zu vertreten. Zudem wusste er sich in voller Übereinstimmung mit dem CDU-Präsidium und den CDU-Ministerpräsidenten. Vehement gegen Barzels Position hatten die Bundestagsabgeordneten Franz Josef Strauß, Herbert Czaja, Johann Baptist Gradl und Alfred Dregger argumentiert, während Kurt Georg Kiesinger, Gerhard Schröder, Karl Carstens, Werner Marx und andere Barzels Position verteidigten.

Die Bundestagsfraktion beauftragte schließlich Kurt Georg Kiesinger, das Amt des Fraktionsvorsitzenden bis zur Neuwahl eines Nachfolgers kommissarisch zu übernehmen.

Auf der Bundesvorstandssitzung vom 12. Mai 1973 begründete Rainer Barzel noch einmal seinen Rücktritt vom Amt des Fraktionsvorsitzenden. Außerdem gab er einen umfassenden Überblick über die Situation der Partei und trug das offenbar lange vorbereitete Konzept einer zukünftigen Oppositionsstrategie vor. Als unabdingbar forderte er die Klärung einer Reihe politischer Schwachstellen, an oberster Stelle das Verhältnis zwischen CDU und CSU. Völlig zu Recht verlangte er auch, die deutschland- und ostpolitische Position der Unionsparteien zu klären und Reformvorschläge zu den Themen Mitbestimmung, Vermögensbildung, Bodenrecht und berufliche Bildung zu erarbeiten.

Gleichzeitig schlug er vor, den ordentlichen Parteitag mit den Neuwahlen der CDU-Spitze auf die Zeit vor der Sommerpause vorzuverlegen. Der Bundesvorstand erklärte sich damit einverstanden. In dieser Situation hielt ich es für angebracht, dem Führungsgremium meiner Partei mitzuteilen, dass ich im Falle meiner Wahl zum Bundesvorsitzenden Kurt Biedenkopf zum Generalsekretär vorschlagen würde.

Wenige Tage später warf Rainer Barzel das Handtuch. Am 16. Mai 1973 erreichte mich ein Brief des CDU-Vorsitzenden, den er an alle Mitglieder des Präsidiums, des Bundesvorstands und der Unionsfraktion geschickt hatte. Darin erklärte er seinen Verzicht auf eine neuerliche Kandidatur für das Amt des Parteivorsitzenden. Den Rücktritt in zwei Etappen hatte er deshalb vollzogen, um die Handlungsfähigkeit der CDU zu gewährleisten. Erst nachdem seine Nachfolge in der Fraktion geregelt war, schrieb er den erwähnten Rücktrittsbrief.

Die selbstbewusste Bundestagsfraktion wählte am 17. Mai 1973 Karl Carstens zu ihrem neuen Vorsitzenden. Der Wahl war eine Kampfabstimmung vorausgegangen, die Carstens für sich entscheiden konnte. Auf ihn entfielen hunderteinunddreißig von

Karl Carstens, der neue Vorsitzende der
CDU-Bundestagsfraktion (1973)

den zweihundertneunzehn abgegebenen Stimmen. Seine Gegenkandidaten Richard von Weizsäcker und Gerhard Schröder erhielten achtundfünfzig beziehungsweise sechsundzwanzig Stimmen.

Es war erstaunlich, was sich da in der Bundestagsfraktion abgespielt hatte. Ich beobachtete mit großem Interesse, wie die Parlamentarier ihre wichtigsten Personalien selbst regelten. Der Jurist
Karl Carstens war erst seit einem guten halben Jahr Bundestagsabgeordneter, konnte allerdings auf eine eindrucksvolle politische
Bilanz verweisen: seit 1955 CDU-Mitglied, ab 1960 Staatssekretär
im Auswärtigen Amt, ab 1966 im Bundesministerium der Verteidigung unter Gerhard Schröder und 1968/69 im Bundeskanzleramt. Jetzt schlug er seinen einstigen Ziehvater in geheimer Ab-

stimmung. Ich hatte Gerhard Schröder größere Chancen beigemessen. Doch die Fraktionsmehrheit entschied sich für den Neuling.

Es war eine Sensation, dass ein Abgeordneter nach wenigen Wochen Mitgliedschaft im Parlament Chef der Fraktion wurde. Doch in der Fraktion hatte nach der verlorenen Wahl und dem Abgang Barzels eine Grundstimmung nach Veränderung, nach etwas Neuem vorgeherrscht, und Carstens konnte große Teile der CDU und die CSU geschlossen hinter sich bringen, vor allem den CSU-Vorsitzenden Strauß. Carstens überzeugte durch einige glänzende Auftritte im Plenum. Er konnte sehr elegant formulieren, und jeder merkte, dass er einer jener erstklassigen juristischen Köpfe war, von denen es nicht allzu viele in unseren Reihen gab. Dass er ein Neuling war, ein unbeschriebenes Blatt, war unter diesen Umständen geradezu ein strategischer Vorteil. Der achtundfünfzigjährige Professor für Rechtswissenschaft, der nach dem Krieg unter anderem an der Yale-Universität in den USA studiert hatte, gewann durch seine souveräne, freundliche und verbindliche Art in kürzester Zeit die Zuneigung der Parlamentarier.

9.
Bundesvorsitzender

Wie schnell sich die Zeiten geändert hatten, zeigt das Verhalten der CSU und ihrer Führung. Hatten Franz Josef Strauß und seine Mannen in der Bundestagsfraktion den Kanzlerkandidaten Rainer Barzel noch voll und ganz unterstützt, ließen sie ihn nach der verlorenen Bundestagswahl einfach fallen. Wenige Tage später, am 31. Mai 1973, brachte die bayerische Staatsregierung ohne Absprache mit der CDU einen Antrag auf Einstweilige Verfügung beim Bundesverfassungsgericht in Karlsruhe ein und setzte damit ein Normenkontrollverfahren in bezug auf den Grundlagenvertrag zwischen der Bundesrepublik und der DDR in Gang. München machte fünf Einwände geltend:

1. Der Grundlagenvertrag verstoße gegen das Gebot der Wahrung der staatlichen Einheit Deutschlands.
2. Der Vertrag verletze das Wiedervereinigungsgebot des Grundgesetzes.
3. Die Rechte der anderen Teile Deutschlands auf Beitritt zur Bundesrepublik seien verletzt.
4. Der Grundlagenvertrag sei mit den Vorschriften des Grundgesetzes betreffend Berlin unvereinbar.
5. Die der Bundesrepublik obliegende Schutz- und Fürsorgepflicht gegenüber den Deutschen in der DDR sei verletzt.

Über diesen Vorstoß hätten wir uns durchaus verständigen können. Dass dies nicht geschah, war Ausdruck der tiefen Differenzen innerhalb der Union und der Zerrissenheit der Schwesterparteien. Der Gang nach Karlsruhe erwies sich dank der politischen Weitsicht von Franz Josef Strauß später nicht nur als richtig, sondern war für die deutsche Politik von allergrößter Bedeutung.

Dass die Einstweilige Verfügung eine Woche vor dem Bonner Parteitag vom Bundesverfassungsgericht verworfen wurde und Bundespräsident Gustav Heinemann den Grundlagenvertrag unterzeichnete, war kein Grund zur Freude. Für die Zukunft konnte aus dem Alleingang der CSU nur eine Konsequenz gezogen werden: Wir brauchten den Schulterschluss zwischen den Unionsschwestern auf möglichst allen politischen Ebenen. Das zu erreichen war eines der Ziele, die ich mir für den Fall meiner Wahl zum Parteivorsitzenden vorgenommen hatte.

*

Am Dienstag, dem 12. Juni 1973 um 10 Uhr, eröffnete Rainer Barzel mit einer programmatischen Rede den 21. Bundesparteitag der CDU in der Bonner Beethovenhalle. Er zog eine Bilanz seiner Arbeit und begründete vor den über sechshundert Delegierten noch einmal seinen Entschluss, das Amt des Parteivorsitzenden niederzulegen. Lang anhaltender starker Beifall war Dank und Anerkennung zugleich.

Großen Beifall für seine Verdienste erhielt auch der scheidende CDU-Generalsekretär Konrad Kraske. Der langjährige Bundesgeschäftsführer der CDU, den Geradlinigkeit und Fairness auszeichneten, hatte den Parteiapparat ausgebaut und in den sechziger Jahren die Bundestagswahlkämpfe der CDU maßgeblich organisiert. Ihm verdankte die Partei auch ihre Entwicklung von der Wählerpartei zur modernen Mitgliederpartei. Der 1926 in Berlin geborene Kraske war Gründungsmitglied und jahrelanger Vorsitzender des ZDF-Fernsehrats; als Vertreter der Union war er maßgeblich am Aufbau des ZDF beteiligt. Er übergab seinem Nachfolger in Bonn eine gutgeordnete Parteizentrale.

Im Mittelpunkt des 21. Parteitags stand die Neuwahl der gesamten Parteiführung. Der Programmparteitag war für den Herbst in Hamburg geplant. Jetzt ging es um ein neues Parteimanagement, um einen Generationswechsel, der auch eine Hinwendung zur

Nach der Wahl zum neuen Parteivorsitzenden:
Glückwünsche von Ludwig Erhard (1973)

Modernisierung signalisieren sollte. Bei der Wahl zum Vorsitzenden erreichte ich von den exakt sechshundert abgegebenen gültigen Stimmen fünfhundertzwanzig. Gegen mich votierten einundfünfzig Delegierte, neunundzwanzig enthielten sich der Stimme. Damit hatten mich 86,66 Prozent der Parteitagsdelegierten gewählt.

Gerechterweise muss man allerdings sagen, dass ich keinen Gegenkandidaten hatte und die Partei nach dem Wahldesaster und den Rücktrittsmeldungen der letzten Wochen endlich einen Neuanfang wünschte. Dafür gab sie mir einen Vertrauensvorschuss, den ich dankend annahm.

Ich war nicht in euphorischer Stimmung und Hannelore schon gar nicht. Sie ahnte, welche neue Belastung auf mich und auf uns beide zukommen würde. Trotz aller Bedenken unterstützte sie mich aber von der ersten Minute an im neuen Amt. Ich fühlte mich in der Pflicht und war glücklich, jetzt umsetzen zu können, was ich mir vorgenommen hatte. Das betraf vor allem die Integration der Parteiflügel, die immer mehr auseinanderzudriften drohten.

Nach dem Statut der CDU obliegt es dem Bundesvorsitzenden, dem Parteitag einen Vorschlag zur Wahl des Generalsekretärs zu unterbreiten. Wie in den Spitzengremien bereits vor Wochen angekündigt, schlug ich Kurt Biedenkopf vor. In dieser konkreten Situation unserer Partei hielt ich es für wichtig, einen Mann in dieses Amt zu berufen, der fähig war, die Veränderungen in Staat und Gesellschaft mit Augenmaß zu sehen und daraus die notwendigen Konsequenzen für unsere Partei abzuleiten. Dieser Mann war Kurt Biedenkopf.

In der Abstimmung votierten von den sechshundertein abgegebenen gültigen Stimmen fünfhundertneunundzwanzig für meinen Kandidaten. Es gab einunddreißig Gegenstimmen und einundvierzig Enthaltungen.

Bei der Wahl meiner fünf Stellvertreter gab es kaum Überraschungen. Die Zahl der gültigen Stimmzettel betrug fünfhundertachtundsiebzig. In der Reihenfolge des Stimmergebnisses entfielen auf Gerhard Stoltenberg fünfhundertsiebenundfünfzig Stimmen, auf Heinrich Köppler fünfhundertneunundzwanzig, Hans Filbinger fünfhundertsiebzehn, Hans Katzer vierhundertsiebenundachtzig und Helga Wex vierhundertsiebenunddreißig Stimmen.

Im Amt des Bundesschatzmeisters wollte ich keinen Wechsel vornehmen. Walther Leisler Kiep erzielte bei seiner Wiederwahl von insgesamt fünfhundertachtzehn abgegebenen Stimmen vierhundertein Ja- und vierundachtzig Nein-Stimmen bei zweiunddreißig Enthaltungen.

Von den zwanzig weiteren Mitgliedern des CDU-Bundesvorstands bekam Richard von Weizsäcker mit fünfhundertvierundsechzig Stimmen die höchste Zustimmung. Ihm folgte Rainer Barzel mit fünfhundertzweiundfünfzig Stimmen. Für sein Verbleiben im Bundesvorstand hatte ich mich zuvor ausdrücklich eingesetzt. Bei aller Unterschiedlichkeit von uns beiden bemühte ich mich auch nach seinem Rücktritt um einen fairen Umgang. Das gilt genauso für spätere Jahre, vor allem während meiner Kanzlerschaft. Auch in das Amt des Bundestagspräsidenten hätte er 1983 ohne meine Unterstützung nicht gelangen können.

*

In meiner ersten Rede als neuer Bundesvorsitzender der CDU stellte ich fest, dass es nicht damit getan sei, einige Köpfe auszuwechseln, sondern die CDU sei zu konkreter Standortbestimmung aufgerufen. Die Union dürfe nicht allein auf Fehler der Regierung setzen, sondern müsse selbst überzeugende Politik leisten, denn wenn sie keine überzeugende Alternative zur SPD anbiete, schlage die Stunde der Ideologen und Chaoten.

Die CDU dürfe nicht hinnehmen, dass als Folge eines schwärmerischen Sozialismus der Mensch auf der Strecke bleibe. Nur vier Jahre nach der Regierungsübernahme durch die SPD laufe in den Rathäusern, in der Kulturpolitik, in den Behörden und auch in den Massenmedien der Versuch einer Gleichschaltung.

»Wir sind die Partei der Mitte, die Partei der Partnerschaft«, rief ich in die überfüllte Beethovenhalle. »Wir erheben auch nicht den Anspruch, für alles eine endgültige Antwort zu wissen, weil für uns die Zukunft nicht festschreibbar ist, sondern offen und zu gestalten ist, weil wir immer neu bereit sind, Kritik zu ertragen und besserer Einsicht zu folgen: Darum sind wir eine Volkspartei.« Die Selbstbeschränkung auf das Mögliche, die Ehrlichkeit gegenüber menschlichen Grenzen, die christliche Solidarität mit den Nächsten und die Verantwortung für das Ganze seien es, wodurch die Union vor der Versuchung diesseitiger Utopie bewahrt würde. Unsere praktische Politik orientiere sich an den Grundsätzen der Freiheit, der Solidarität und der Gleichheit.

Im außenpolitischen Teil meiner Grundsatzrede stellte ich fest, dass die ideologische Aggression neben die Gefahr einer militärischen getreten sei. Die Auseinandersetzung würde heute weniger mit Waffen als mit Worten und Ideologien geführt. Neben die Gemeinschaft der Waffen müsse daher erneut die Gemeinschaft der Werte und Begriffe treten. Entscheidend sei, dass die Idee der streitbaren Demokratie Inhalt der Atlantischen Gemeinschaft und der europäischen Einigungsbewegung bleibe, eine Idee, die ein wesentlicher Bestandteil dieses Bündnisses sei.

Ausführlich beschäftigte ich mich mit unseren eigenen Problemen. Weder verstehe sich die Union als ein Verein zur Durchsetzung der privaten Interessen ihrer Mitglieder noch seien wir ein ideologisch verfasster Kampfverband zur Eroberung von Macht-positionen. Wir seien eine Volkspartei, in der alle, die sich zu unse-rem Programm bekennen, ihre politische Heimat finden könnten. Nachdrücklich forderte ich mehr Sensibilität für das, was den Menschen wichtig ist, was sie erstreben und was sie zu vermeiden trachten.

Ich kündigte an, der Kommunalpolitik besonderes Augenmerk schenken zu wollen. Wer beim Kampf um die Rathäuser nicht mehr auf Sieg, sondern nur noch auf Platz setze, der könne auch in Bonn auf Dauer nicht auf Sieg setzen. Ich bat die Delegier-ten, Kommunal-, Landes- und Bundespolitik nicht als getrennte Kategorien zu sehen. Wenn die Bürger fragten: »Was will die CDU?«, meinten sie damit das Rathaus, den Landtag und den Bundestag.

Ein weiterer Punkt schien mir nach den Erfahrungen der Bon-ner Oppositionsjahre wichtig zu sein. Bei der Verwirklichung der Politik der Union seien das Zusammenwirken und die Aufgaben-verteilung zwischen Partei und Fraktionen von zentraler Bedeu-tung.

Zum Schluss meiner ersten Parteitagsrede als neuer CDU-Vor-sitzender sagte ich:

»Die Union trägt die Hoffnungen vieler Menschen, die Hoff-nungen darauf, dass auch in einer modernen Welt Freiheit weder in Systemzwängen ersticken noch in den Händen von Bürokraten jeglicher Art verkümmern muss. Das Maß des Fortschritts ist für uns auch das Maß der Freiheit. Den Fort-schritt der Gesellschaft in Freiheit zu sichern, dies ist unser christliches und liberales Erbe; die Freiheit der Menschen zu schützen und zu bewahren, dies ist unsere konservative Aufgabe; die gesellschaftlichen Bedingungen ihrer Verwirk-lichung immer weiterzuentwickeln: Dies ist unsere soziale Pflicht.«

Nach der Rede hatte ich ein gutes Gefühl. Der anhaltende Beifall war keine Formsache. Ich spürte, wie sehr ich den Delegierten in

Mit CDU-Generalsekretär Kurt Biedenkopf (1973)

weiten Passagen meiner Rede aus der Seele gesprochen hatte und
wie sehr sie die Aufbruchstimmung registrierten.

*

Die Nominierung von Kurt Biedenkopf war eine kleine Sensation. Ihn, der wenige Wochen vor mir in Ludwigshafen geboren
worden war, hatte ich zeitweise aus den Augen verloren. Auf der
Suche nach einem kraftvoll und überzeugend agierenden Generalsekretär hatten mich Parteifreunde auf ihn aufmerksam gemacht.
Namentlich Josef-Hermann Dufhues, zeitweise sein Nachbar in
Bochum, gehörte zu den eifrigsten Anwälten Biedenkopfs.

Biedenkopf hatte eine glänzende akademische Karriere gemacht. Als jüngster Hochschulrektor der Bundesrepublik leitete er
drei Jahre lang die Ruhr-Universität Bochum und wirkte maßgeblich an ihrer neuen Verfassung mit. Seit 1965 CDU-Mitglied,
machte er erstmals auf sich aufmerksam, als er den Vorsitz in der

von der Regierung Kiesinger eingesetzten Mitbestimmungskommission übernahm. 1971 wechselte Biedenkopf von der Hochschule in die Industrie und war bis zu seiner Wahl zum CDU-Generalsekretär Mitglied der zentralen Geschäftsführung des Düsseldorfer Waschmittelkonzerns Henkel. Er verfügte über beste Kontakte zu den Vertretern von Industrie, Wirtschaft und Gewerkschaften. Überhaupt gefiel mir, dass er neben Forschung und Lehre an deutschen Hochschulen reichhaltige praktische Erfahrungen in der Wirtschaft gesammelt hatte. Von der Partei verstand er zunächst wenig. Er hatte erheblichen Nachholbedarf darin, die Seele der Union zu erspüren.

Doch schon bald stellte sich heraus, dass er genau der richtige Mann am richtigen Platz war. Er machte sich an die Reform der inneren Organisation der Partei und ihrer Arbeit, belebte und gestaltete die Grundsatzdiskussion und lernte sehr schnell, die Partei auf die kommenden Wahlkämpfe vorzubereiten. Seine Personalpolitik fand meine volle Unterstützung.

Die Union konnte sich glücklich schätzen, in Biedenkopf einen Mann gefunden zu haben, der nicht nur innerhalb der Partei schon bald hohe Wertschätzung genoss, sondern auch bei unseren politischen Gegnern außerordentlich geachtet wurde.

Biedenkopf reihte sich ein in eine Schar von Politikern, die ich im Lauf der Jahre für hohe Partei- und Regierungsämter gewinnen konnte. Im Mainzer Kabinett waren das Kulturpolitiker wie Bernhard Vogel und seine Staatssekretärin Hanna-Renate Laurien, der Sozialpolitiker Heiner Geißler und der Finanzpolitiker Johann Wilhelm Gaddum. Neu im Staatssekretärsrang war der Bayer und glänzende Jurist Roman Herzog, der Rheinland-Pfalz seit 1973 in Bonn vertrat und hervorragend repräsentierte. Zur Mainzer Präsenz in Bonn zählten ferner Richard von Weizsäcker, stellvertretender Fraktionsvorsitzender, und Norbert Blüm, Hauptgeschäftsführer der CDU-Sozialausschüsse. Beiden Politikern hatte ich in Rheinland-Pfalz zum Bundestagsmandat verholfen, und ich war stolz, sie für die Parteiämter gewonnen zu haben.

Kurt Biedenkopf galt schon bald als Bonner Superstar, vor allem bei Journalisten. Wieso es ein Vorwurf sein sollte, wenn man

Roman Herzog bei seiner Ernennung zum Staatssekretär

mir vorhielt, ich würde mein Image als Reformpolitiker mit der Verpflichtung qualifizierter Polit-Intellektueller aufpolieren, verstand ich nie. Dafür hätte ich doch eher eine Auszeichnung verdient gehabt, zumal diese exponierten Vertreter der Partei uns eine Menge Prestige einbrachten. Schließlich gelang fast allen Genannten eine überdurchschnittliche eigene Parteikarriere, an deren Zustandekommen ich sicherlich nicht ganz unbeteiligt war.

*

Einen Tag nach meiner Wahl zum neuen Parteivorsitzenden gab ich zusammen mit Karl Carstens in Bonn eine Pressekonferenz. Dabei hielt ich mit meinem Anspruch auf die Kanzlerkandidatur nicht hinter dem Berg. Auf Befragen gab ich unmissverständlich zu verstehen, dass ich 1976 durchaus bereit sei, als Kandidat von CDU und CSU für das Kanzleramt in den Bundestagswahlkampf zu gehen. Gleichzeitig unterstrich ich, dass der Unionskandidat voraussichtlich nach den letzten Landtagswahlen Mitte 1975 benannt würde, und zwar würde derjenige zum Kandidaten nominiert, der dann die größten Chancen hätte, die SPD zu schlagen.

10.
Aufgabe und Selbstverständnis
der Union

Mein erster öffentlicher Auftritt nach der Wahl zum CDU-Bundesvorsitzenden war am 17. Juni 1973 in West-Berlin. Den im Bundestag vertretenen Parteien war es nicht gelungen, sich über eine gemeinsame Gedenkfeier zur zwanzigsten Wiederkehr des 17. Juni zu verständigen. Ich nahm den Jahrestag des Arbeiteraufstands in der DDR ganz bewusst zum Anlass, über die historische Bedeutung des Aufbegehrens in der DDR zu sprechen.

Heute wissen wir viel genauer, was damals wirklich geschah. Nach Öffnung der DDR-Archive 1989 wurde das wahre Ausmaß der Streiks und Demonstrationen bekannt. Weit mehr Menschen als hierzulande bekannt, setzten damals ihr Leben aufs Spiel, um Freiheit zu gewinnen und für ein menschenwürdiges Leben zu kämpfen. Es gab, wie wir heute wissen, über hundertzwanzig Tote, zahllose Verletzte und Tausende von Verhaftungen. Die spontanen Demonstrationen waren verbunden mit Forderungen nach Wiederherstellung der staatlichen Einheit Deutschlands, wie sie erst nach 1989 gelang.

Auch wenn der 17. Juni 1973 ein Sonntag war, bemühte ich mich, keine der vielgeschmähten Sonntagsreden zu halten. Die damals geführte Diskussion, ob die Bauarbeiter von Ost-Berlin in erster Linie gegen die Erhöhung der Arbeitsnormen demonstriert hatten und weniger gegen Unfreiheit und Diktatur, empfand ich als absurd. Als ob unmenschliche Arbeitsnormen nicht auch Ausdruck eines unmenschlichen Systems wären.

Für mich gehören der 20. Juli 1944 und der 17. Juni 1953 ebenso zu unserer Geschichte wie der Massenmord an den europäischen Juden in Auschwitz und Treblinka. Diese Ereignisse haben unser Volk geprägt. Aus dieser gemeinsamen Geschichte kann man sich nicht heraustehlen. Wer es dennoch tut, noch dazu, wenn er für dieses Land Politik betreibt, stiehlt sich aus der Solidarität unseres Volkes.

Was hatte sich seit dem 17. Juni 1953 bis zum zwanzigsten Jahrestag des Aufstands 1973 in der DDR grundlegend geändert? So gut wie nichts. Immer noch wurden Menschenrechte mit Füßen getreten, immer noch wurde die Militarisierung der Bevölkerung bis in die Kindergärten hinein betrieben. Hass und Feindschaft waren Mittel der Mobilisierung der Menschen drüben gegen die Menschen hierzulande. Um so wichtiger war, immer wieder zu dokumentieren, dass unser gesellschaftliches System menschlicher und somit fortschrittlicher war als jedes sozialistische Zwangssystem.

Nach meiner festen Überzeugung erhielten wir dadurch auch unsere Legitimation, für das Selbstbestimmungsrecht aller Deutschen einzutreten. Nur auf diese Weise konnte es uns gelingen, den Willen zur nationalen Einheit bei den Deutschen aufrechtzuerhalten und international glaubwürdig zu dokumentieren, ohne Befürchtungen vor einem deutschen Nationalismus zu wecken. Diesem politischen Verständnis von Einheit der Nation lag nicht der Primat der territorialen Einheit, sondern der Primat der Freiheit zugrunde, der die Politik der Bundesrepublik seit ihren Anfängen prägte.

Diese Auseinandersetzung führten wir Christdemokraten offensiv und bestanden sie gegen alle Diffamierung, weil wir die besseren Argumente hatten. Ich erinnere in diesem Zusammenhang gerne an den Satz des sowjetischen Schriftstellers Alexander Solschenizyn: »Der Preis der Feigheit ist nur das Böse; wir ernten Mut und Sieg nur, wenn wir Opfer wagen.«

*

Wir standen in Opposition zu einer Regierung, die die Re-Ideologisierung unserer Gesellschaft betrieb, die sich nicht dagegen zu wehren vermochte. Wir gingen davon aus, dass ein politisches Mandat eine Verantwortung gegenüber dem Volk ist. Die SPD ging davon aus, dass ein politisches Mandat aus der Hand der Partei gegeben und genommen werden konnte. Wenn der Parteiapparat jedoch die Demokratie überlagert, ist es aus mit der Freiheit.

Wir, die Christlichen Demokraten, waren nicht das Gegenteil der SPD. Wir waren nicht konservativ, wo die SPD für fortschrittlich gehalten wurde, wir waren nicht unternehmerfreundlich, wo die SPD für arbeitnehmerfreundlich ausgegeben wurde. Wir waren nicht rechts, wo die SPD links war. Wir waren immer eine Partei der Partnerschaft, eine Partei der Mitte, der Humanität. Wir waren der Anwalt dafür, dass alle an dieser Politik teilnehmen konnten, dass niemand zum Verstummen gebracht wurde.

Die Aufgabe der CDU umfasste mehr, als mit ihrer Rolle im parlamentarischen Spiel auf der Bonner Bühne verbunden war. Die Funktion, die wir im Bonner Parlament hatten, wurde von niemandem in der Partei und von niemandem in der Gesellschaft, schon gar nicht von mir, für zweitrangig erachtet. Ich war aber der Meinung, dass es jenseits der Oppositionsrolle eigene Akzente in der Arbeit der Parteiführung und der Bundestagsfraktion geben müsste.

Als erstes mussten wir eine Neuorganisation in der Parteizentrale leisten. Kurt Biedenkopf und ich strafften die Strukturen und akquirierten neue Mitarbeiter oder setzten vorhandenes Personal um. Ich berief Karl-Heinz Bilke zum neuen Bundesgeschäftsführer und Dorothee Wilms zur stellvertretenden Geschäftsführerin, die mit großem Geschick, Sachverstand und frischem Elan den Parteiapparat auf Trab brachten. Sie halfen dabei, die Parteizentrale zu einer wichtigen Schaltstelle christlich-demokratischer Politik zu machen.

Anfang Oktober 1973 verständigten wir uns im CDU-Präsidium auf eine neue Aufgabenverteilung. Mir selbst oblag die Koordination zwischen CDU und CSU, zwischen Bundespartei und Bundestagsfraktion und zwischen Bund und Ländern. Karl Carstens, der sich immer mehr als Glücksfall erwies, übernahm als

Fraktionsvorsitzender die Koordination der Bundestagsfraktion mit den Bundesgremien sowie die Koordination der auswärtigen Politik, der Ost- und Deutschlandpolitik. Kurt Biedenkopf koordinierte die gesamte Parteiarbeit, alle Gebietsverbände, die Vereinigungen und die Sonderorganisationen. Dem Generalsekretär stand auch das Recht zu, an allen Versammlungen und Sitzungen der Parteiorgane teilzunehmen.

Alle meine Stellvertreter wurden aktiviert: Ministerpräsident Hans Filbinger übernahm die Zuständigkeit für die Bereiche Innenpolitik, Wissenschaft, Forschung und Hochschulen. Hans Katzer, der herausragende Sozialexperte in der Bundestagsfraktion, koordinierte die Sozial- und Gesellschaftspolitik und die Beziehungen zu den Gewerkschaften. Für Medienpolitik, Jugend und Studenten sowie für Sport und die Kirchen zeichnete der Vorsitzende des CDU-Landesverbands Rheinland, Heinrich Köppler, verantwortlich. Der schleswig-holsteinische Ministerpräsident Gerhard Stoltenberg übernahm die Koordination der Bereiche Wirtschafts- und Finanzpolitik. Die Vorsitzende der CDU-Bundesfrauenvereinigung Helga Wex koordinierte im CDU-Präsidium die Frauen- und Familienpolitik sowie die Bildungspolitik. Die Entwicklungs- und Europapolitik, und damit den wichtigen Bereich der Außenpolitik, übernahm nach dem Ausscheiden von Gerhard Schröder aus dem Präsidium Bundesschatzmeister Walther Leisler Kiep. Bundestagsvizepräsident Kai-Uwe von Hassel übernahm die Zuständigkeit für die Sicherheitspolitik und die Verbindungen zu den befreundeten Parteien in Europa und dem Rest der Welt.

*

Richard von Weizsäcker war 1971 von meinem Vorgänger Rainer Barzel zum Vorsitzenden der Grundsatzkommission berufen worden und hatte zusammen mit seinen Kollegen gute Arbeit geleistet. Nun beauftragte ich ihn mit der Weiterentwicklung der Parteiarbeit auf der Basis des Wiesbadener Parteiprogramms vom Oktober 1972. Auf dem 22. Bundesparteitag in Hamburg vom 18. bis 20.

November 1973 legte er einen ausführlichen Bericht der Grundsatzkommission vor, der lebhaft diskutiert wurde.

Programmatisch, organisatorisch und personell standen wir damit gut gerüstet da. Immer wieder flammte zwar aus Bayern herüber die Diskussion um eine vierte Partei auf, die als Mehrheitsbeschaffer für die Union dienen sollte, aber die Gespräche zwischen den Parteispitzen von CDU und CSU bargen im Moment weniger Konfliktstoff als in früheren und auch in späteren Jahren. Wir hatten uns auf den Terminplan zur Festlegung des Kanzlerkandidaten für die Bundestagswahl im Herbst 1976 verständigt, und auf den regelmäßigen gemeinsamen Sitzungen der Präsidien von CDU und CSU stimmten wir uns über aktuelle Themen ab. In der ersten Jahreshälfte 1974 war das beispielsweise das sogenannte Beamtenrechtsrahmengesetz, besser bekannt als Radikalenerlass für den öffentlichen Dienst.

Bereits Ende Januar 1972 hatten die Regierungschefs von Bund und Ländern unter dem Vorsitz von Bundeskanzler Willy Brandt in großer Einmütigkeit »Grundsätze über die Mitgliedschaft von Beamten in extremistischen Organisationen« verabschiedet, zu denen ich ohne Vorbehalte stand. Es ist eigentlich eine Selbstverständlichkeit, dass eine freiheitliche Demokratie immer auch eine wehrhafte Demokratie sein muss. Wir in Rheinland-Pfalz bemühten uns, diese Grundsätze möglichst buchstabengetreu anzuwenden. Jetzt sollte der Bundesrat jedoch einer Änderung zustimmen, die eine Verwässerung zur Folge haben würde und von den CDU/CSU-regierten Bundesländern strikt abgelehnt wurde. Wir wollten, dass es bei der Regelanfrage beim Verfassungsschutz blieb, denn dieses Verfahren gewährleistete am besten, Extremisten aus dem öffentlichen Dienst fernzuhalten. Keineswegs wurde damit die gesamte junge Generation unter Verdacht gesetzt, wie Kritiker uns immer vorwarfen.

Meine wichtigste Aufgabe war, immer wieder eine gemeinsame Linie von CDU und CSU herzustellen. Diese Bemühungen erforderten von mir viel Geduld und ausdauernde Sitzungsdisziplin. Am Ende lohnten sich aber diese Treffen, die manche Irritation verhinderten und sich als segensreiche Einrichtung erwiesen.

Das galt auch für schwierige Personalentscheidungen, die ich in der Regel unter vier Augen mit Franz Josef Strauß direkt klärte. So auch diesmal, als es um den gemeinsamen Kandidaten von CDU/CSU für das Amt des Bundespräsidenten ging. Ich schlug Richard von Weizsäcker vor, der bei den Bayern nicht gerade im Geruch eines konservativen Hardliners stand.

Der amtierende Bundespräsident Gustav Heinemann hatte bereits Mitte November 1973 bekanntgegeben, dass er aus Altersgründen auf eine zweite Amtsperiode verzichten würde. Er hatte als überzeugter evangelischer Christ in der Bekennenden Kirche mit viel Mut und Entschiedenheit gegen das nationalsozialistische Unrechtsregime gekämpft. Nach dem Krieg war er eines der Gründungsmitglieder der CDU, Oberbürgermeister von Essen und vorübergehend Justizminister in Düsseldorf. Im ersten Kabinett von Konrad Adenauer wurde er zum Bundesinnenminister berufen. 1950 trat der Pazifist Heinemann demonstrativ von seinem Amt zurück, weil er eine deutsche Wiederbewaffnung strikt ablehnte.

1952 kehrte er der CDU den Rücken und gründete die Gesamtdeutsche Volkspartei (GVP); er vertrat eine Neutralitätspolitik, in der er die einzige Chance zur deutschen Wiedervereinigung sah. Es folgten Jahre der bitteren Auseinandersetzungen mit ihm und seiner GVP. Schließlich trat Gustav Heinemann in die SPD ein und wurde 1957 wieder Bundestagsabgeordneter und bedeutender Rechtsexperte seiner Fraktion. Von 1966 bis zu seiner Wahl zum Bundespräsidenten 1969 bekleidete er das Amt des Bundesjustizministers.

Ich schätzte ihn immer als eine ebenso schwierige wie aufrechte Persönlichkeit. In unseren Reihen wurde er wegen seines Parteiwechsels stark angefeindet. Das verstand ich eigentlich nicht, denn er hat sich immer korrekt verhalten und beispielsweise nie ein Mandat zu einer anderen Partei mitgenommen, das er über die CDU erhalten hatte. Als er 1969 zum Bundespräsidenten gewählt worden war, sind wir uns nähergekommen und haben uns unter anderem über die Begnadigungspraxis ausgetauscht. Seine Amtsführung war beispielhaft für alle seine Nachfolger.

Schon im Dezember 1973 nominierte die FDP Bundesaußenminister Walter Scheel als Kandidaten für das Amt des Bundespräsidenten. Damit war der Architekt der sozialliberalen Koalition dem Ziel seiner Wünsche einen entscheidenden Schritt nähergekommen. Mit Scheels Wahl sollte das Regierungsbündnis aus SPD und FDP für die nächsten Jahre gefestigt und langfristig gesichert werden.

An der Mehrheit der Bonner Regierungskoalition in der Bundesversammlung gab es keinen Zweifel. Großzügig signalisierte mir die CSU, dass sie keinen eigenen Kandidaten aufstellen, sondern statt dessen den CDU-Kandidaten unterstützen würde. Im Bewusstsein, dass er keine Chance gegen Walter Scheel hatte, nahm Richard von Weizsäcker die Kandidatur an.

*

Unmittelbar nach dem Angriff ägyptischer und syrischer Truppen auf Israel am 6. Oktober 1973, der den Beginn des Jom-Kippur-Kriegs markierte, zeigten sich die ersten Anzeichen einer weltweiten Ölkrise. Die wichtigsten erdölproduzierenden arabischen Staaten stimmten sich ab und erhöhten ihre Rohölpreise um 17 Prozent, um auf die israelfreundliche Politik der westlichen Staaten Druck auszuüben.

Auch die Bundesrepublik wurde hart getroffen. Als die Ölförderung schließlich um 25 Prozent beschränkt wurde, löste diese Maßnahme auch bei uns eine spürbare Wirtschaftskrise aus. Niemand wusste, wie lange sie anhalten würde. Die arabischen Staaten forderten die Freigabe der von Israel besetzten Gebiete und die Wiederherstellung der Rechte des palästinensischen Volkes. Es waren schwierige Zeiten zwischen Bundesparteitag und Bundespräsidentenkür.

Das neue Energiesicherungsgesetz vom 9. November 1973, das auch mit unserer Unterstützung im Deutschen Bundestag verabschiedet worden war, brachte uns Sonntagsfahrverbote und eine Geschwindigkeitsbegrenzung, die sofort in Kraft trat. Der erste autofreie Sonntag am 25. November 1973 bescherte auch mir ein ungewöhnliches Wochenende in Ludwigshafen, ohne Besuch,

Ein Tag mit den Söhnen Peter (li.) und Walter (1976)

allein mit Hannelore und den Kindern. Es wurde ein wunderschöner Wandertag mit der Familie.

*

Ein schwieriges Thema zwischen den Unionsparteien war die Reform des Abtreibungsparagraphen 218. Ich weiß nicht mehr, wie viele Legislaturperioden uns diese Reformdiskussion beschäftigte. Gewissensfragen gehören zu den heikelsten Themen in einer parlamentarischen Demokratie. Unsere grundlegende Auffassung dazu hatte der CDU-Bundesvorstand bereits 1971 und 1973 erarbeitet. Im April 1974 bekräftigten wir erneut unseren Standpunkt, der durch die bisherigen praktischen Erfahrungen untermauert worden war.

Das Leben, auch das werdende Leben, ist ein unantastbares und unverzichtbares Rechtsgut, das durch das Grundgesetz in vielfacher Weise geschützt ist. Die Gesetzgebung musste diesem Grundsatz entsprechen. Aufgrund bitterer Erfahrungen hatten die Mütter und Väter des Grundgesetzes die uneingeschränkte Achtung vor dem Menschenleben in unserer Verfassung verankert.

Menschliches Leben, auch ungeborenes, hat ein Recht auf Unversehrtheit und darf nicht der freien Verfügbarkeit anheimgegeben werden. Eine generelle Freigabe der Abtreibung verbietet sich daher ebenso wie eine befristete. Verantwortung für das werdende Leben tragen Mann und Frau gemeinsam. Die sogenannte Indikationsregelung, wonach eine Abtreibung nur dann zulässig ist, wenn der Eingriff aus ärztlicher Sicht zwingend erforderlich ist, beachtet in vollem Umfang die Würde der Frau, indem sie ihr – anders als die Fristenlösung – nicht die ganze Verantwortung allein aufbürdet.

Die CDU hatte ein Programm vorgelegt, das durch gezielte sozialpolitische Maßnahmen und Hilfen die sozialen und wirtschaftlichen Ursachen für Abtreibung beseitigen sollte. Dazu gehörte – neben einer entscheidenden Verbesserung des Familienlastenausgleichs – besonders die Einführung eines Erziehungsgeldes, das allen Müttern während der ersten drei Lebensjahre des Kindes gewährt werden sollte, damit sie sich voll der Betreuung und Erziehung des Kindes widmen könnten und nicht gezwungen wären, aus wirtschaftlichen Gründen einer Berufstätigkeit nachzugehen. Ergänzende soziale Hilfsmaßnahmen sollten die Kinderfreundlichkeit in unserer Gesellschaft fördern und die Diskriminierung kinderreicher Familien, unverheirateter Mütter und nichtehelich geborener Kinder überwinden helfen.

Der Gesetzgeber hatte bei der Reform des § 218 StGB sicherzustellen, dass die zu treffenden Regelungen für alle Betroffenen zumutbar und anwendbar waren. Ärzte und Pflegepersonal waren vor Gewissenskonflikten und beruflichen Nachteilen zu schützen. Entsprechendes galt für kirchliche Institutionen und weltanschaulich gebundene Träger von Krankenhäusern und Sozialeinrichtungen.

Die Entscheidung über ein Gesetz zur Reform des Paragraphen 218 war eine Gewissensentscheidung. Jeder Parlamentarier musste aufgrund einer sachlichen Abwägung der Argumente und Begründungen seine eigene Entscheidung treffen, die ihm niemand abnehmen konnte.

Die Frage des Paragraphen 218 bewegte seit den sechziger Jahren wie kaum ein anderes Thema die Öffentlichkeit. Die außerordentlich kontroversen Diskussionen in und zwischen den Parteien, Kirchen und Verbänden führten jedoch zu keiner Annäherung der Standpunkte.

Zu Beginn der siebziger Jahre beschäftigte sich der Deutsche Bundestag mit Reformvorschlägen für den Abtreibungsparagraphen. Koalitionsfraktionen und Opposition legten im Lauf der Jahre unterschiedliche Gesetzesentwürfe vor, unter anderem das Fristenregelungsmodell der sozialliberalen Koalition, dem sich die CDU/CSU-Mehrheit im Bundesrat erfolgreich widersetzte. Das von uns angerufene Bundesverfassungsgericht erklärte das 1974 vom Bundestag verabschiedete Gesetz einer Fristenregelung mit Zwangsberatung für verfassungswidrig. Erst Mitte des Jahres 1976 trat das neue Abtreibungsgesetz der Regierungskoalition in Kraft, wonach eine Abtreibung unter anderem bei einer medizinischen Indikation oder einer Notlage zulässig war. Auch dieses Gesetz fand nicht unsere Unterstützung.

Besonders unangenehm in Erinnerung ist mir die Kampagne, mit der ein Hamburger Magazin im Juni 1971 das Abtreibungsverbot attackierte. Unter der Schlagzeile »Wir haben abgetrieben« bekannten dreihundertvierundsiebzig Frauen vor aller Öffentlichkeit, abgetrieben zu haben. Sie forderten Staatsanwälte und Richter auf, sie anzuklagen und einzusperren, und verlangten das Recht, selbst darüber zu bestimmen, ob sie Mutter werden wollten oder nicht.

Ich fand die ganze Aktion schwer erträglich. Was mich aber noch mehr bewegte, war die Tatsache, dass die ganze Diskussion von Anfang an in ein parteipolitisches Fahrwasser geraten war. Dabei gab es gerade in dieser Frage über alle Parteigrenzen hinweg unterschiedliche Standpunkte, die leider nicht zu bündeln waren und zu keiner fraktionsübergreifenden Initiative führten. In unseren Reihen gab es ebenso Befürworter der Fristenlösung, wie es Kolleginnen und Kollegen der Regierungsfraktionen gab, die unsere Positionen vertraten. In dieser wichtigen ethischen Fragestellung empfand ich es nicht als angemessen, daraus parteipolitische Abgrenzungsstrategien zu entwickeln. Die Parole »Mein Bauch gehört mir« führte zu nichts, zeigte aber, welch starker Druck von außen auf die Parlamentarier und Parteimitglieder ausgeübt wurde; bis auf die Kreis- und Ortsebene war er zu spüren.

Mehrfach sprach ich im Bundesrat zum Thema. Aber auch mir blieb nicht verborgen, dass sich mehrheitlich Männer mit der Problematik beschäftigten und die Positionen der Betroffenen, nämlich der Frauen, viel zu kurz kamen. Selbst meine Mutter bewertete einen meiner Auftritte einmal mit der Bemerkung: »Ich bin zwar mit dem einverstanden, was du im Bundesrat gesagt hast. Mir fällt aber auf, dass Männer die Reden halten und Frauen das ausbaden müssen.« Dieser Kommentar meiner Mutter und der sich daran anknüpfende Dialog zwischen uns schien mir symptomatisch zu sein.

Ich erinnere mich noch gut an eine Begegnung mit dem SPD-Vorsitzenden Bundeskanzler Willy Brandt. Ich hatte ihn um dieses Gespräch gebeten und ihn im Kanzleramt, im Palais Schaumburg, aufgesucht.

Es sei doch unerträglich, sagte ich, dass die Debatte um die Reform des Abtreibungsparagraphen unter parteipolitischen Vorzeichen geführt werde. Obwohl es sich ja nun wirklich um eine Gewissensfrage handelte, stünde in dieser Frage Partei gegen Partei. Dabei gab es in beiden großen Volksparteien Befürworter wie Gegner einer Liberalisierung der Abtreibung. Diese Frage sollte daher nicht mittels eines Quasi-Fraktionszwangs entschieden werden. Ich regte an, ob nicht er und ich als Parteivorsitzende eine Erklärung abgeben könnten, dass hier wirklich jeder Abgeordnete unabhängig von der Partei- und Fraktionsdisziplin seine ganz persönliche Gewissensentscheidung treffen müsse.

Darauf sagte Willy Brandt zu meinem Erstaunen: »Herr Kohl, Sie haben sicherlich den Einfluss in Ihrer Partei, das durchzusetzen. Ob Sie es aber glauben oder nicht: Ich habe keine Chance, mich gegenüber den Frauen in der SPD durchzusetzen.« Der Bundeskanzler sagte mir: »Haben Sie einmal darüber nachgedacht, was aus mir geworden wäre, wenn meine Mutter so gedacht hätte wie jene Frauen, die ein Recht auf Abtreibung fordern und es für sich in Anspruch genommen haben?«

*

Als Anfang Mai 1974 die »Ständigen Vertretungen« ihre Arbeit in Bonn und Ost-Berlin aufnahmen, waren die ersten Journalisten aus der Bundesrepublik bereits einige Monate in der DDR akkreditiert und beide deutsche Staaten seit einiger Zeit Mitglieder der Vereinten Nationen. Wenige Tage zuvor war Günter Guillaume, der persönliche Referent von Bundeskanzler Willy Brandt, unter dem Verdacht der Spionage für die DDR in Bonn verhaftet worden.

Die Ereignisse überschlugen sich. Willy Brandt erklärte im Zusammenhang mit der Spionageaffäre seinen Rücktritt. Auf seinen Vorschlag hin nominierte die SPD den amtierenden Finanz- und Wirtschaftsminister Helmut Schmidt zum Kandidaten für die Wahl des neuen Bundeskanzlers am 16. Mai 1974.

Der Spionagefall Guillaume war nicht der entscheidende Grund, sondern nur noch der letzte Anstoß für den Rücktritt Willy Brandts. Diese Regierung war gescheitert. Weder war es ihr gelungen, die fortschreitende Inflation einzudämmen, noch hatte sie eine klare Linie in der Auseinandersetzung mit dem Radikalismus gefunden. Ihre Außen- und Deutschlandpolitik war auf Illusionen aufgebaut und unzulänglich ausgeführt worden. Finanzminister Helmut Schmidt und der SPD-Fraktionsvorsitzende Herbert Wehner, die für die Politik dieser Regierung mitverantwortlich waren, hatten schon seit geraumer Zeit vor aller Öffentlichkeit den Sturz Brandts betrieben.

Für die Union stand fest, dass die für die Behandlung des Falls Guillaume verantwortlichen Horst Ehmke als Kanzleramtsminister und Hans-Dietrich Genscher als Innenminister nicht aus ihrer besonderen Verantwortung für die offenbar gewordenen Versäumnisse entlassen werden konnten. Ungeachtet des Rücktritts des Kanzlers bestand die Union auf schonungsloser Aufklärung.

Zwischen Brandts Rücktritt und der Wahl von Helmut Schmidt zum neuen Bundeskanzler wurde am 15. Mai 1974 Walter Scheel zum vierten Bundespräsidenten der Bundesrepublik Deutschland gewählt. Von den tausenddreiunddreißig abgegebenen Stimmen votierten fünfhundertdreißig Mitglieder der Bundesversammlung für den Bundesaußenminister und Vizekanzler. Unser Kandidat Richard von Weizsäcker konnte vierhundertachtundneunzig Stimmen auf sich vereinigen.

Einen Tag später wurde Helmut Schmidt zum neuen Bundeskanzler gewählt. Der bemerkenswerteste Ministerwechsel fand im Auswärtigen Amt statt. Hans-Dietrich Genscher trat die Nachfolge von Walter Scheel an und wechselte vom Innenressort ins Außenministerium. Auf dem Hamburger Bundesparteitag der FDP Anfang Oktober 1974 folgte Genscher auch als Bundesvorsitzender seiner Partei Walter Scheel nach.

11.
Anziehungskraft

Als Orts- und Kreisvorsitzender hatte ich schon sehr früh praktische Erfahrungen gesammelt. Auch meine Jahre als Bezirksvorsitzender wollte ich nicht missen, als ich 1966 die Führung der Landespartei übernahm. Was ich in diesen Jahren an Parteimanagement lernte, kam mir nun als Bundesvorsitzender zugute. Niemand von meinen Vorgängern hatte über einen so vielfältigen Erfahrungsschatz verfügt wie ich.

Insofern stellte mich das Amt des CDU-Bundesvorsitzenden nicht in jeder Hinsicht vor neue Herausforderungen. Gefordert war die enge Abstimmung zwischen den Gremien der Partei und der Bundestagsfraktion, die mir dank der kollegialen Zusammenarbeit mit Karl Carstens keine Zusatzprobleme brachte. In kurzer Zeit hatten wir die Verlagerung des politischen Führungszentrums von der selbstbewussten Bundestagsfraktion an die Spitze der Bundespartei vollzogen. Dass dies so problemlos verlief, lag nicht zuletzt an den vielen Mitgliedern, die in beiden Gremien saßen.

Von Anfang an bemühte ich mich um ein einvernehmliches Verhältnis zwischen CDU und CSU. Das gestaltete sich allerdings über viele Jahre als besonders schwierig und galt als die eigentliche Herausforderung für den CDU-Bundesvorsitzenden. Keiner meiner Vorgänger musste so viel Energie in das geschwisterliche Verhältnis investieren wie ich. Das lag natürlich auch am konfliktbeladenen Generationswechsel, an unterschiedlichen Temperamenten und Charakteren. Ich habe für diese Herausforderung, die oft bis zur Grenze des Zumutbaren ging, außerordentlich viel Arbeits- und Lebenszeit aufbringen müssen.

Das Finanzsystem der Partei war kompliziert und lange Zeit

Der entspannte
»schwarze Riese«
(um 1973)

nicht leicht durchschaubar. Die Einrichtung der Staatsbürgerlichen Vereinigung, über die Gelder der Industrie in die Partei flossen, war eine Erfindung aus der Adenauer-Ära. Mitte der fünfziger Jahre eingeführt, wurde sie von Adenauers Nachfolgern weiter gepflegt. Diese gewohnte Praxis des Spendensammelns schien auch mir als Parteivorsitzendem nicht verdächtig. Weder ich noch Schatzmeister Walther Leisler Kiep hatten das gesamte komplizierte Finanzsystem der Bonner Parteien und vor allem der CDU erfunden. Bei meinem Amtsantritt fand ich Sonderkonten vor, die schon Ludwig Erhard nach Adenauers Tod übernommen hatte, und schaffte sie ab.

Ein halbes Jahr bevor ich die Führung der CDU übernahm, war das zwischen Bonn und Bad Godesberg gelegene Konrad-Adenauer-Haus eingeweiht worden. Die finanziellen Belastungen hierfür waren überschaubar. Die Partei befand sich wirtschaftlich in einem recht ordentlichen Zustand, nachdem sie Jahre zuvor immer unter hoher Verschuldung gelitten hatte.

Es war uns mittlerweile gelungen, auch in der Außenwirkung wieder attraktiv zu sein. Die Anziehungskraft als Partei drückte sich in eindeutigen Zahlen aus. Am 31. Dezember 1972 verzeichnet die Statistik der Bundesgeschäftsstelle 422 968 Mitglieder. Am

Ende des Jahres 1973 – im Juni hatte der Wechsel in der Parteiführung stattgefunden – steigerte sich die Zahl um 8,1 Prozent auf 457 393 Mitglieder. Im Jahr 1974 gab es sogar 16 Prozent Mitgliederzuwachs. Die Zahl kletterte auf 530 500. In den nächsten beiden Jahren verzeichneten wir Steigerungen um jeweils mehr als 10 Prozent, so dass die CDU schließlich am 31. Dezember 1976 auf 652 010 Parteimitglieder kam. So schlecht können die Partei und ihre Führung also nicht gewesen sein.

Dass die CDU so viel an Anziehungskraft gewonnen hatte, lag sicherlich zum einen an den klaren personellen Alternativen zu den Konkurrenzparteien und zum anderen an dem eindeutig wiedererkennbaren politisch-programmatischen Profil der Partei, das sie durch harte Arbeit am Programm erzielt hatte.

Die CDU übernahm Mitte der siebziger Jahre die Rolle als Anwalt für eine solidarische Gesellschaftsordnung. Sie kämpfte für wirtschaftliche Stabilität und rechtsstaatliche Sicherheit. Das zahlte sich zum Beispiel bei den Landtagswahlen in Bayern und Hessen Ende Oktober 1974 besonders aus. Das hessische Wahlergebnis brachte zwar keinen Regierungswechsel, zeigte aber deutlich, dass die Bevölkerung die wirtschaftliche Lage in der Bundesrepublik und ihre weitere Entwicklung als besorgniserregend einschätzte und dass das Vertrauen in die Stabilitätspolitik von Bundeskanzler Helmut Schmidt verlorengegangen war. Besonders freute mich der Erfolg in den wichtigsten Großstädten Hessens – Frankfurt, Wiesbaden, Darmstadt, Gießen und Hanau –, wo die SPD ihre Mehrheit an die CDU verlor.

Die sich in diesen Wochen häufenden Gerüchte über angebliche Pläne zur Bildung einer Großen Koalition in Bonn entbehrten jeglicher Grundlage. Sie dienten lediglich der Disziplinierung der beiden Koalitionsparteien SPD und FDP und der Verunsicherung von CDU und CSU. Es gab keinen nationalen Notstand in der Bundesrepublik, der einen solchen Schritt gerechtfertigt hätte. Ich begegnete den Spekulationen, indem ich meinen Standpunkt wiederholte, dass ich weder jetzt noch in Zukunft für eine Große Koalition zur Verfügung stehen würde. Das Präsidium stimmte meiner Haltung uneingeschränkt zu. Unterstützt wurde ich zudem von

Karl Carstens, der ebenfalls betonte, dass unter seiner Mitwirkung als Fraktionsvorsitzender eine solche Koalition nicht zustande kommen werde.

Auch in der Frage der Gründung einer vierten Partei gab es viele Gerüchte, und immer wieder machten Spekulationen über den nächsten Kanzlerkandidaten der Union die Runde. So auch nach den Landtagswahlen in Bayern und Hessen. Der grandiose Wahlsieg der CSU ließ zur völlig falschen Zeit taktisch-strategische Überlegungen aufkeimen, so dass ich mich erneut veranlasst sah, im CDU-Bundesvorstand das Verfahren zur Nominierung des Kanzlerkandidaten der Union zu erörtern. Um innerhalb der Partei eine möglichst breite Grundlage für diese wichtige Personalentscheidung zu schaffen, beschloss der Bundesvorstand am 28. Oktober 1974 auf meinen Antrag hin, diese Entscheidung Ende Mai/Anfang Juni 1975 von den satzungsgemäßen Organen der CDU im Einvernehmen mit der CSU herbeiführen zu lassen. Fragen nach Einzelheiten des Verfahrens und der Zusammensetzung eines solchen Gremiums mussten zu einem späteren Zeitpunkt noch von Präsidium und Bundesvorstand konkretisiert werden.

Wichtiger als sich ständig mit Personalfragen zu beschäftigen war die inhaltliche Arbeit. Wir mussten dringend zentrale politische Felder mit CDU-eigenen Positionen besetzen, die in der Partei zu diskutieren waren. Gefragt waren politische Initiativen der CDU-Führung, die der Eigendarstellung der Opposition dienten und in die Landtagswahlkämpfe eingebracht werden konnten.

Bisher hatten wir uns mehrheitlich mit gesellschaftspolitischen Fragen beschäftigt. Es bestand ein großes Defizit an außenpolitischen Aussagen der Partei. Wie standen wir zur Ostpolitik, wenn wir wieder an die Regierung kommen würden? Auch entscheidende Fragen der Verteidigungs- und Sicherheitspolitik waren nicht gelöst. Sicherlich wurde darüber in der Fraktion und in den Fachzirkeln diskutiert. Uns fehlte aber eine schlüssige Gesamtkonzeption. Unsere Perspektive für die deutsche Außenpolitik, namentlich für die Entspannungspolitik und die Verhandlungen auf der Konferenz über Sicherheit und Zusammenarbeit in Europa (KSZE), bedurfte der Konkretisierung. Um entsprechende Empfehlungen zu erarbeiten, erhielt die außenpolitische Kommission der CDU neue Aufträge. Die Zeit drängte.

Ich selbst unternahm im Jahr 1974 eine Reihe wichtiger Auslandsreisen. Dazu zählten vor allem mein Amerika-Besuch und die China-Reise.

In den deutsch-deutschen Beziehungen gab es trotz der eingeschlagenen Vertragspolitik der Bundesregierung manche Ungereimtheiten. Vor allem aber erregte mich, dass im Herbst 1974 der Begriff einer einheitlichen deutschen Nation aus der Verfassung der DDR gestrichen wurde. Nach wie vor existierte die eine deutsche Nation, die in zwei Staaten voneinander getrennt lebte. Daran änderte vor der Geschichte und der Gegenwart unseres Vaterlands auch der Beschluss nichts, den die Volkskammer der DDR auf Antrag von SED-Chef Erich Honecker gefasst hatte. So wenig wie die deutsche Nation durch ein Gesetz geschaffen worden war, so wenig konnte sie durch einen willkürlichen Akt der Gesetzgebung der DDR aufgelöst werden. Dieser Versuch der DDR, die Spaltung Deutschlands zu besiegeln, zeugte vor allem vom mangelnden Selbstbewusstsein der DDR-Regierung, der nach wie vor die Legitimationsgrundlage in der Bevölkerung fehlte.

Dieser Anschlag auf das Zusammengehörigkeitsbewusstsein des deutschen Volkes in beiden Teilen Deutschlands kennzeichnete das Ende einer Entwicklung, die durch die Aufwertungspolitik der SPD/FDP-Regierungen gegenüber der DDR intensiviert und beschleunigt worden war. Im Rahmen ihrer inzwischen erfolgten internationalen staatlichen Anerkennung war der DDR diese Maßnahme zur Vertiefung der deutschen Spaltung wesentlich erleichtert worden.

Um so mehr blieb es die vorrangige Aufgabe der Deutschlandpolitik in der Bundesrepublik, das Bewusstsein einer zusammengehörigen einheitlichen deutschen Nation durch konkrete Politik zu erhalten und zu fördern. Die Bundesrepublik Deutschland musste verstärkt zu einem sozialen und demokratischen Modellstaat für alle Deutschen in Ost und West ausgebaut werden.

12.
Ein besonderes Jahr

Auf unserer ersten Präsidiumssitzung im neuen Jahr hatten wir uns am 13. Januar 1975 auch wieder mit Spekulationen um die Kanzlerkandidatur der Union zu beschäftigen, obwohl mit der CSU über den Termin gesprochen und die volle Kooperation in dieser Frage verabredet worden war. Danach stand Anfang Juni die Nominierung des Kanzlerkandidaten der Union für die Bundestagswahl 1976 an, die natürlich direkte Auswirkungen auf die Wahlkampfstrategie der Unionsparteien hatte.

Zuvor aber mussten noch fünf Landtagswahlen bestritten werden, nicht zuletzt in meinem Heimatland Rheinland-Pfalz. Die Partei präsentierte sich geschlossen und erschien mir kampfbereit wie selten zuvor. Wir hatten alle Chancen, in den Wahlen des Jahres 1975 die Erfolge des vergangenen Jahres fortzusetzen und die führende Rolle der CDU in den Bundesländern auszubauen.

Wichtige innere und äußere Bedingungen des politischen Handelns hatten sich in den letzten Jahrzehnten, besonders aber während der letzten Jahre, von Grund auf geändert. Viele dieser Veränderungen betrafen die ganze Welt, andere vorwiegend die westlichen Industrieländer, einige vor allem die Bundesrepublik Deutschland. Dabei war festzustellen, dass Geschwindigkeit und Ausmaß der Veränderungen ständig zunahmen. Nicht alle politischen Führungen waren dem gewachsen. Inflation, Arbeitslosigkeit und andere Entwicklungen waren beängstigend. Eine politische Strategie für die Bundesrepublik Deutschland musste deshalb die Beherrschung dieses Wandels zum Ziel haben.

*

Die Staatsminister Heinrich Holkenbrink,
Johann Wilhelm Gaddum und Otto Meyer (v.l.n.r.)

Keinen Moment lang verlor ich die Landespolitik aus den Augen. In Mainz regierte ich zusammen mit einer hochqualifizierten Ministerriege, die ihre landespolitischen Reformvorhaben mit Macht auf den Weg gebracht hatte und weit über die Landesgrenzen hinaus für ihr herausragendes bundespolitisches Engagement anerkannt war. Sozialminister Heiner Geißler beispielsweise spielte eine führende Rolle unter den Sozialministern der Länder. Gleiches galt für Bernhard Vogel, der in der Kultusministerkonferenz hohes Ansehen genoss. Auch Landwirtschaftsminister Otto Meyer wurde unter seinen Länderkollegen als ein sehr kompetenter Ressortchef geschätzt.

Unter den Finanzministern der Bundesländer war Johann Wilhelm Gaddum, der seine Verantwortung mit großem Ernst wahrnahm und für mich ein wichtiger Partner und treuer Freund war, ganz unbestreitbar die Nummer eins. Ebenfalls weit über das Mainzer Kabinett hinaus anerkannt war Heinrich Holkenbrink. Jahrelang hatte sich der anerkannte Fachmann für Wirtschaft und

343

*Juliane Weber, meine Büroleiterin in der
Mainzer Staatskanzlei (1976)*

Verkehr mit den Vorbereitungen zum Bau des Saar-Pfalz-Kanals herumgeschlagen, bis dieses Projekt wegen mangelnder finanzieller Unterstützung des Bundes fallengelassen werden musste. Was er dann an Ersatzlösungen für Straße und Schiene auf die Beine stellte, hat sich bis heute bewährt.

Otto Theisen, seit 1971 Justizminister in Rheinland-Pfalz, hatte ein schwieriges Amt zu verwalten und zu gestalten. Besonderes Augenmerk widmete er dem Strafvollzug. So gelang es unter anderem, Gefangenen eine gehobenere Ausbildung zu vermitteln. Aber auch die juristischen Fakultäten der Universitäten in Mainz und Trier galten dank seiner besonderen Förderung als herausgehobene Einrichtungen von Forschung und Lehre.

1969 hatte ich den parlamentarischen Geschäftsführer der CDU-Landtagsfraktion Willibald Hilf zum Leiter der Mainzer Staatskanzlei berufen. Über viele Jahre war mir der Jurist mit seinem politischen Geschick und seiner Sensibilität später als Staatssekretär ein wichtiger und enger Mitarbeiter in der Staatskanzlei.

Als langjähriger rundfunkpolitischer Experte und sachkundiger Ratgeber in diesen Fragen verließ er 1976 auf eigenen Wunsch den Staatsdienst und wurde zum Intendanten des Südwestfunks gewählt. Dass er es auf vier Amtszeiten brachte, hatte viel mit seiner Leistungsfähigkeit zu tun, auch wenn nicht vergessen werden darf, dass Hilf seine Karriere auch den machtpolitischen Verhältnissen zu verdanken hatte.

Die einzige Frau im engsten Mainzer Führungszirkel war Juliane Weber, die ich 1963 als Sekretärin für die Spitze der CDU-Fraktion gewinnen konnte. Seit dieser Zeit arbeiten wir zusammen und sind ein eingespieltes Team. Juliane Weber hat eine ungewöhnliche politische Begabung. Vor allem aber ist sie fähig, Vertrauen zu erwerben und Vertrauen zu schenken. Ihr vielleicht größtes Talent jedoch ist ihre Fähigkeit, mit Menschen aus allen Gesellschaftsschichten umzugehen. Sie hat eine hohe Sensibilität für andere Menschen. Wer sie im Gespräch erlebt hat, sei es mit internationalen Gästen von höchstem Rang, sei es mit Industriekapitänen oder mit Arbeitern, der weiß, wovon ich spreche. Bis heute ist Juliane Weber eine ausgezeichnete Organisatorin und zuverlässige Managerin. Dass sie sich mit Hannelore von Anfang an gut verstand, war ein Geschenk, das ich immer zu schätzen wusste.

Hannes Schreiner, Regierungssprecher in Mainz seit 1969, kannte ich schon seit 1964, als der gelernte Journalist noch Pressesprecher der hessischen CDU-Landtagsfraktion war. In gleicher Funktion wechselte er zu uns, nachdem ich ihm die Perspektiven der Mainzer CDU erklärt und ihm meine feste Absicht kundgetan hatte, CDU-Landesvorsitzender zu werden. Er konnte sich selbst ausrechnen, welche Chancen sich für ihn persönlich ergeben würden, falls ich Ministerpräsident Peter Altmeier auch einmal in diesem Amt nachfolgen würde. Hannes Schreiner war ein glänzender Verkäufer unserer Politik. Über die Parteigrenzen hinweg pflegte er gute Kontakte zu den Mainzer Korrespondenten und den von ihnen vertretenen Medien. Nicht nur wegen seiner fachlichen Kompetenz und seiner Formulierungsgabe, sondern auch wegen seiner Teamfähigkeit und Leistungsstärke hätte ich

Hannes Schreiner später gerne mit nach Bonn genommen. Doch er zog es vor, in der Landespolitik zu bleiben, und leistete meinen Nachfolgern in der Mainzer Staatskanzlei die gleiche Unterstützung wie mir.

Horst Teltschik, der Politische Wissenschaften, Neuere Geschichte und Völkerrecht am Otto-Suhr-Institut der Freien Universität Berlin studiert hatte, entdeckte ich als Leiter der Gruppe Außen- und Deutschlandpolitik in der Bonner CDU-Bundesgeschäftsstelle. 1972 konnte ich ihn für einen Wechsel nach Mainz gewinnen. Schon lange hatte ich einen außenpolitischen Experten gesucht, und ich war froh, ihn endlich in dem früheren führenden RCDS-Mitglied und dem ehemaligen Assistenten des prominenten Politologen Richard Löwenthal gefunden zu haben. Teltschik kam als Referent in die Staatskanzlei und wurde im Lauf der Jahre eine wichtige Hilfe bei außenpolitischen Reden, die ich als Ministerpräsident und später als CDU-Bundesvorsitzender und Bundeskanzler zu halten hatte. Er war mein wichtigster außenpolitischer Berater. Aber seine Zuarbeit endete nicht bei außenpolitischen Fragestellungen. Dank seiner hohen analytischen Begabung, seinem Sachverstand und seiner enormen Arbeitskraft wuchs er rasch und immer mehr zu einem meiner wichtigsten politischen Mitarbeiter heran. Er war mir ein treuer Wegbegleiter in vielen Jahren.

Gleiches gilt auch für den 1941 geborenen Wolfgang Bergsdorf, der das Amt des stellvertretenden Pressesprechers der Bundes-CDU innehatte, als ich ihm erstmals begegnete. Nach Rainer Barzels Wahl zum Parteivorsitzenden trat er von diesem Amt zurück, und als ich von seinem Rücktritt erfahren hatte, bot ich ihm das Pressereferat der Landesvertretung Rheinland-Pfalz in Bonn an. Bergsdorf nahm mein Angebot 1972 an. Mit ihm hatte ich einen Repräsentanten in Bonn etabliert, der mir alle zur Bewertung der Arbeit der Union wichtigen Informationen aus der Bundeshauptstadt lieferte. Auch seine Kontakte zum Bonner Pressekorps kamen mir sehr zustatten. Nach meiner Wahl zum Bundesvorsitzenden 1973 übernahm Wolfgang Bergsdorf mein Büro im Konrad-Adenauer-Haus. Er leitete das Büro und hielt Kontakte zu wichtigen politischen und gesellschaftlichen Organisationen, kurz: Er war für mich unentbehrlich. Später bekleidete er eine leitende Funktion im Bundespresseamt. Was ich an ihm besonders schätze, ist sein weiter, umfassender Bildungshorizont. Bergsdorf wie Teltschik zeichneten sich durch besondere Loyalität und Treue aus.

Als Landesgeschäftsführer der rheinland-pfälzischen CDU konnte ich Hans Terlinden gewinnen. Er hatte wesentlichen Anteil an Aufbau und Organisation der Landespartei. Auch später, in der Bonner CDU-Bundesgeschäftsstelle, war Hans Terlinden für mich unersetzlich.

An der Spitze der Mainzer Landtagsfraktion hatte es nach der letzten Landtagswahl einen Wechsel gegeben, weil der bisherige Fraktionsvorsitzende Johann Wilhelm Gaddum auf meinen Wunsch das Finanzministerium übernommen hatte. Zu seinem Nachfolger wählten die Parlamentarier meinen Ludwigshafener Parteifreund und engen Weggefährten Kurt Böckmann, mit dem ich schon viele Jahre im Ludwigshafener Stadtrat gesessen hatte. Der gelernte Maschinenschlosser und Ingenieur, der mehrere Jahre auch Landesvorsitzender der Sozialausschüsse in Rheinland-Pfalz gewesen war, führte mit ruhiger Hand die CDU-Fraktion, die im Landtag über die absolute Mehrheit verfügte. Seine Freundschaft und Loyalität waren in der Zusammenarbeit zwischen Staatskanzlei und Landtagsfraktion von großem Nutzen.

*

Mit der Wahl zum CDU-Bundesvorsitzenden änderte sich nicht nur mein Leben, nicht nur der Terminkalender, nicht nur die ständige Bereitschaft, für die Belange der Partei dazusein. Die Gewichtsverlagerung von der Landes- zur Bundespolitik war augenfällig und musste jetzt auch personell vollzogen werden. Kurzum: Ein Nachfolger musste gefunden werden, der den nicht nur an Mitgliedern starken CDU-Landesverband Rheinland-Pfalz zu führen wusste.

Die Regelung meiner Nachfolge als Landesvorsitzender war

Der neue und der alte Landesvorsitzende der CDU
Rheinland-Pfalz: Bernhard Vogel nach seiner Wahl
zu meinem Nachfolger (1974)

nicht einfach. Es gab zwei besonders geeignete Kandidaten: Heiner
Geißler und Bernhard Vogel. Ich entschied mich für Heiner Geißler und unterstützte seine Kandidatur, denn in meinen Augen war
er für dieses Amt am besten qualifiziert. Zu meiner Überraschung
stieß diese Kandidatur an der Basis jedoch auf unerwartete Ablehnung – glücklicherweise, muss ich nachträglich sagen. Denn die
Mehrheit der Parteitagsdelegierten wählte auf dem Landesparteitag im September 1974 den amtierenden Kultusminister Bernhard
Vogel zum Landesvorsitzenden der CDU und erwies sich damit als
wesentlich klüger als ihr langjähriger Vorsitzender.

13.
Testwahl

Über acht Jahre lang hatte ich die rheinland-pfälzische CDU geführt und den Landesverband zu einer schlagkräftigen Parteiorganisation ausgebaut. Mein Nachfolger Bernhard Vogel übernahm eine lebendige und erfolgsverwöhnte Landespartei, die optimistisch in die Zukunft blickte.

Der Termin für die nächste Kraftprobe stand bereits fest: die Landtagswahl am 9. März 1975. Sie galt als Testwahl in vielerlei Hinsicht. Zunächst ging es um die Bestätigung der Landespolitik, die von der absoluten CDU-Mehrheit im Landtag bestimmt worden war. Von den Wählern erhofften wir nicht nur eine Bestätigung unseres politischen Wirkens, sondern einen klaren Auftrag für die nächste Legislaturperiode. Dabei kam es auch noch wesentlich darauf an, mit welcher Prozentzahl die CDU abschneiden und wie viele Wählerstimmen der CDU-Bundesvorsitzende in seinem Heimatland erringen würde.

Unsere Bilanz konnte sich sehen lassen. Die Reformen der zu Ende gehenden Legislaturperiode im Bereich Verwaltung, Wirtschaftsentwicklung und Kulturpolitik waren für jedermann sichtbar. Die Verwaltungsreform unter dem Motto »Ein Land gibt ein Beispiel« hatte uns zwar an den Rand der innerparteilichen Zerreißprobe gebracht, war aber letztendlich auf breite Akzeptanz gestoßen.

Auch mir ganz persönlich schlugen die Proteste der Bürger heftig entgegen, als es darum ging, Landkreise, Gemeindegrenzen, Finanzämter, Veterinärämter und Amtsgerichte zu verändern oder gar aufzulösen. Ich habe mich in vielen stürmischen Veranstaltungen und in Diskussionen oft bis zum frühen Morgen dieser Kritik vor Ort gestellt. Die Auseinandersetzungen wurden mit einer Schärfe und Härte geführt, wie ich sie vorher kaum erlebt hatte. Aber gerade dieser persönliche Einsatz und meine Bereitschaft, mich den Brennpunkten der Kritik persönlich zu stellen, hat uns beim Gelingen der Verwaltungsreform sehr geholfen.

*

In der Kulturpolitik haben wir viele Anstrengungen unternommen, unter anderem habe ich mich schon als Vorsitzender der CDU-Fraktion im Mainzer Landtag lebhaft für das künstlerische Geschehen engagiert. Ohne mein Engagement für den Erwerb und die Erhaltung des Bahnhofs Rolandseck in den Jahren 1967 bis 1969 wäre es nicht möglich gewesen, den Bahnhof vor dem Abriss zu bewahren. Dass ihn schließlich das Land erwarb, war ein schwieriger Prozess, den ich mit aller Macht befördern musste. Unter der Regie von Johannes Wasmuth entwickelte sich Rolandseck zu einem Kulturzentrum ersten Ranges im nördlichsten Teil des Landes unmittelbar vor den Toren Bonns.

Schon 1971 nahm ich den direkten Kontakt mit den Künstlern des Landes auf. Beim legendären Künstlerfest auf Burg Gutenfels über Kaub am Rhein hatte ich Gelegenheit zu ausführlichen Gesprächen. Damals entstand die Idee, eine besondere Landesauszeichnung für herausragende Kunst ins Leben zu rufen. Schon ein Jahr später konnte sie verwirklicht werden: Der Ministerpräsident von Rheinland-Pfalz verlieh von da an jährlich die Max-Slevogt-Medaille, benannt nach dem Maler und Grafiker, der lange in der Pfalz gelebt hatte. Für mich zählt dieser großartige Künstler zu den bedeutendsten Impressionisten (und ganz nebenbei ist er mein Lieblingsmaler).

Ausstellungen des rheinland-pfälzischen Kunsthandwerks mit den Schwerpunkten Keramik und Edelsteingestaltung und Schmuck in Höhr-Grenzhausen und Idar-Oberstein erfuhren meine nachdrückliche Unterstützung. Mein besonderes Interesse galt dem seit 1970 vergebenen Staatspreis für das Kunsthandwerk. Nichts konnte mich davon abhalten, bei der Preisverleihung selbst in Aktion zu treten und die Laudatio auf die Preisträgerin oder den Preisträger zu halten. Überall für die Kunst zu werben und eine gute Atmosphäre für sie zu schaffen – im Landtag, im Kabinett, in den Ministerien, in der Staatskanzlei und draußen im Land – verstand ich als meine Pflicht als Ministerpräsident.

Im Jahr 1972 gelang es mit Hilfe von Landesmitteln, eine der umfangreichsten und schönsten Slevogt-Grafiksammlungen, die Sammlung Grünberg, anzukaufen. 1974 erfolgte der Erwerb einer prächtigen Jugendstilsammlung und der Ankauf der monumentalen Arp-Plastik »Schüssel des Stundenschlägers« als Geschenk der Landesregierung an die Stadt Mainz anlässlich der Einweihung des neuen Rathauses.

Ich erinnere mich noch gut an eine blitzschnelle Entscheidung, die ich mein Lebtag nicht bereuen werde. Der Mainzer Pfarrer Klaus Mayers hatte den hochbetagten Maler und Graphiker Marc Chagall für die künstlerische Gestaltung eines Glasfensters in der Kirche Sankt Stephan gewonnen. Der Entwurf lag bereits vor, jetzt ging es um die Finanzierung. Ohne Rücksprache mit den Ministerkollegen aus den Finanz- und Kultusressorts sagte ich spontan Gelder der Landesregierung zu, so dass dem Künstler der Auftrag erteilt werden konnte. Als das Kirchenfenster mit dem Motiv »Abraham bittet Gott um Gnade für die Städte Sodom und Gomorrha« 1983 vollendet war, gehörte ich zu den vielen glücklichen Menschen im Lande, die sich darüber freuten.

Mein Berater in Kunstfragen war viele Jahre Berthold Roland, den ich als Kunstrat der Stadt Ludwigshafen kennengelernt hatte. 1970 holte ich ihn als Kunstreferent für den Bereich Museen, Bildende Kunst und Literatur ins Kultusministerium. Roland war es auch, der durch die Vermittlung des Bildhauers Günther Oellers den Aktionskünstler Joseph Beuys und den Schriftsteller Heinrich Böll zu Gesprächen in die Mainzer Staatskanzlei holte.

Ich war von meiner Umgebung gewarnt worden, die da meinte, Joseph Beuys sei ein höchst schwieriger Zeitgenosse. Ständig lasse sich der kreative Plastiker und Zeichner über verrückte Dinge aus. Doch ich setzte mich über solche Hinweise gerne hinweg und erlebte einen Künstler in bester Erzähllaune. Selten hatte ich mit einem Intellektuellen einen so intensiven Gedankenaustausch. Der Mann, der mit Hilfe des nordrhein-westfälischen Kultusministers aus dem Amt des Leiters der Düsseldorfer Kunstakademie hinausgeworfen worden war, diskutierte mit mir über den Sinn von Kunstakademien, ihre gesellschaftliche Wirksamkeit in der Vergangenheit und Gegenwart. Seine Gedankenwelt war mir keineswegs fremd und hat mich sehr beeindruckt. Einige Jahre lang, bis zu seinem frühen Tod 1986, ließ er mich immer wieder herzlich grüßen.

Ganz anders meine Begegnung mit Heinrich Böll. Der geniale politische Nörgler und Schriftsteller hatte keine Ahnung von parteipolitischer Kärrnerarbeit. Politisch lebte dieser Mann in einem Wolkenkuckucksheim, in dem er auch bleiben wollte. Unsere Begegnung in der Mainzer Staatskanzlei blieb unergiebig. Der Kölner Katholik war voller Vorurteile und hatte wenig Sinn für Kommunal-, Landes- oder Bundespolitik. Seine ideologischen Scheuklappen waren so ausgeprägt, dass wir aneinandergerieten. Während ich ihm empfahl, sich doch aus der Politik herauszuhalten und sich ganz der Schriftstellerei, den Romanen und Gedichten, zu widmen, deklarierte er, dass ein Literat immer auch politisch Position beziehen müsse und somit dem Politiker sehr wohl etwas zu sagen habe.

Böll wirkte angespannt bis gequält, einfach unglücklich. Wir gingen auseinander mit dem Versprechen, uns wieder einmal zu treffen, um den schwierigen Dialog fortzusetzen, doch es ist nie dazu gekommen. Bölls Kampf gegen den Doppelbeschluss der Nato in den achtziger Jahren war aggressiv und unverantwortlich. Darüber hätte ich mich gerne noch mit ihm gestritten.

Erwähnen will ich auch meine Verbindung zu dem Schriftsteller Joseph Breitbach, der 1975 Kunstpreisträger des Landes Rheinland-Pfalz wurde. Breitbach lebte in Paris und München. Seine Romane brachten ihm internationale Reputation ein. Was mich an dem ehemaligen Jungkommunisten faszinierte, war sein politischer Instinkt, der in allen seinen Werken auszumachen ist.

Beim Thema Kunst sollte die Neuregelung der Verordnung »Kunst am Bau« aus den Jahren 1972/73 nicht vergessen werden.

Dabei handelt es sich um eine prozentual festgelegte Summe, die bei der Finanzierung öffentlicher Bauten für Kunst bereitgestellt werden muss und in enger Abstimmung zwischen dem Berufsverband für bildende Künstler und den zuständigen Referaten im Kultus- und Finanzministerium vergeben wird. Diese Regelung, an der ich kräftig beteiligt war, wurde damals bundesweit als vorbildlich anerkannt. 1975 konnte ich erstmals den Staatspreis für Kunst am Bau (bildende Kunst und Architektur) verleihen.

Mein wichtigster Einsatz im Bereich von Kunst und Kultur als Mainzer Ministerpräsident war aber sicherlich der Kauf der »Villa Ludwigshöhe« 1974. Das alte Wittelsbacher Schloss im Süden unseres Landes sollte uns als repräsentative Landeseinrichtung dienen. Wir waren zwar ein junges und nicht besonders reiches Land, doch für die Kunst musste mehr als bisher geschehen. Zusammen mit Finanzminister Johann Wilhelm Gaddum führte ich die Verkaufsverhandlungen mit dem Wittelsbacher Ausgleichfonds in München, die nach langwierigen Gesprächen erfolgreich zu Ende gingen. Dabei lernte ich Herzog Max von Bayern kennen, den Chef des Hauses Wittelsbach, der sich bei der Abfassung des notariellen Vertrags als ein ungewöhnlich aufgeschlossener und hilfsbereiter Mann erwies. Zuvor hatte ich mich gemeinsam mit Bernhard Vogel um den Erwerb des Gemäldenachlasses von Max Slevogt bemüht. Hunderteinundzwanzig Bilder des Malers schmücken seither die Max-Slevogt-Galerie in der Villa Ludwigshöhe.

Die erste Ausstellung im Bundeskanzleramt 1984 wurde übrigens mit Slevogt-Werken aus den Beständen der Ludwigshöhe gestaltet. Auf meinen ausdrücklichen Wunsch wurde Slevogts großformatiger »Sommermorgen« an der Außenwand meines Büros aufgehängt, so dass ich täglich an dem wunderbaren Bild vorbeikam. Zu sehen ist darauf Slevogts Frau Nini mit Sonnenschirm in einer pfälzischen Weinlandschaft. Bei einem seiner Besuche in Bonn blieb einmal der französische Staatspräsident François Mitterrand vor dem Bild stehen und meinte: »Dieser Maler wusste das Glück festzuhalten.« Manchem meiner Staatsgäste habe ich die komplette Slevogt-Ausstellung in der Villa Ludwigshöhe gezeigt.

Hier, am Rande der Kastanienwälder des Pfälzer Walds, von wo aus man einen weiten Blick hat auf das Straßburger Münster, den Speyerer Dom, den Dom zu Worms und das Heidelberger Schloss, hatte ich unvergessliche Begegnungen mit François Mitterrand, Zhao Ziyang, dem Ministerpräsidenten der Volksrepublik China, und Tschechiens Staatspräsidenten Václav Havel.

*

Ob mit Kunst und Kultur, mit Bürgernähe und Verwaltungsvereinfachung, mit Schulgeldfreiheit oder Investitionen in die innere Sicherheit: Die Bürger mussten von unserer Reformpolitik überzeugt werden. Über drei Millionen Wahlberechtigte hatten am 9. März 1975 über die Zusammensetzung des Landtags zu entscheiden, in dem die CDU bisher zweiundfünfzig der insgesamt hundert Abgeordneten stellte.

Wenige Wochen vor der Wahl war ich einigermaßen erschrokken, als Umfragen ergaben, dass es uns noch nicht gelungen war, die große Mehrheit der Bürger von der Wichtigkeit der Wahlentscheidung am 9. März zu überzeugen. Viel zu optimistisch schätzten sie die Situation der CDU ein. So bestand die Gefahr, dass viele unserer Mitbürger der Wahlurne fernblieben.

Zur Taktik der oppositionellen SPD gehörte es, auf einen aktiven Wahlkampf zu verzichten. Sie ging der harten Auseinandersetzung nicht zuletzt deshalb aus dem Weg, um eine geringe Wahlbeteiligung zu erzielen. Für uns ging es um jede Stimme. Ich selbst wollte nicht nur den Sieg, sondern den Beweis erbringen, dass absolute Mehrheiten zu halten und sogar auszubauen waren.

Und dann kam das sensationelle Ergebnis: Für meine Partei war die Landtagswahl am 9. März 1975 eine Wahl der Superlative. Wir errangen 53,9 Prozent der Wählerstimmen und damit fünfundfünfzig Landtagsmandate – fast 4 Prozent mehr als bei der Wahl 1971. Die SPD kam auf 38,5 Prozent und vierzig Mandate. Nur 5,6 Prozent erreichte die FDP, die mit fünf Mandaten in den Mainzer Landtag einzog.

Am Wahlabend im Fernsehstudio: Die Landtagswahl
im März 1975 brachte ein Traumergebnis

Für die Landes-CDU war dieses Resultat das beste, das wir je in Landtags- oder Bundestagswahlen erreichten. Erstmals in der Geschichte unseres jungen Landes errangen wir die Mehrheit in den kreisfreien Städten. Gleichzeitig wurde bei dieser Wahl mit knapp 81 Prozent die bisher größte Wahlbeteiligung gemessen. Radikale Parteien von rechts und links hatten mit insgesamt nur 2 Prozent Stimmenanteil die niedrigsten Ergebnisse seit Bestehen des Landes.

Ich war sehr zufrieden. Auf ein derartiges Traumergebnis hatte ich kaum zu hoffen gewagt, zumal vor dieser Wahl allerlei Überlegungen in den Medien und in der politischen Öffentlichkeit angestellt worden waren, die sich in Spekulationen darüber ergingen, was wohl geschähe, wenn das Ergebnis niedriger ausfiele.

So wurde das Wahlergebnis für die CDU zum Gradmesser meiner Befähigung für die Kanzlerkandidatur gemacht. Franz Josef Strauß hatte wenige Tage vor der Wahl öffentlich erklärt, wenn Helmut Kohl die 55 Prozent in Rheinland-Pfalz nicht erreiche, habe er die Wahl verloren. Es gehört zu den Merkwürdigkeiten meines politischen Lebens, dass ich mich auf Grund der Strauß-schen Äußerung am Wahlabend im Fernsehen mit Journalisten herumstritt, die mich immer wieder fragten, wieso ich »nur« 53,9 Prozent erreicht hätte. Und das, obwohl dies bis heute das höchste Ergebnis ist, das jemals eine Partei in Rheinland-Pfalz erzielte!

Mit allen Tricks versuchten meine Gegner, dieses hervorragende Wahlergebnis kleinzureden. Auch aus Bayern tönte es, ich hätte die 55-Prozent-Marke leider nicht erreicht. Doch mit diesem Wahlausgang hatte ich einen Meilenstein auf dem Weg zur Kanzlerkandidatur gesetzt. Jetzt konnte ich mit meiner Nominierung rechnen. Ich wollte die Union zurück an die Macht bringen. Die Würfel waren gefallen.

14.
Spurlos verschwunden

Bereits Mitte Januar 1975 war Franz Josef Strauß nach China gereist. Dass er als erster deutscher Politiker von Mao Zedong und Regierungschef Zhu Enlai empfangen wurde, war eine politische Sensation. Das riesige Reich sollte Strauß bis zu seinem Tod beschäftigen. 1975 war auch das Jahr, in dem Bonn wieder diplomatische Beziehungen zu Kuba aufnahm.

Am 25. Februar 1975 korrigierte das Bundesverfassungsgericht die Fristenregelung, indem es die völlige Freigabe von Abtreibungen in den ersten zwölf Wochen der Schwangerschaft für verfassungswidrig erklärte. Damit kamen die Karlsruher Richter unserer Auffassung sehr nahe.

Zwei Tage später wurde der Vorsitzende der Berliner CDU und Spitzenkandidat für die auf den 1. März terminierten Berliner Wahlen, mein Freund Peter Lorenz, entführt. Zum ersten Mal seit Bestehen der Bundesrepublik war ein Politiker einer Entführung zum Opfer gefallen. Die Terroristen – wie sich später herausstellte, Mitglieder der »Bewegung 2. Juni« – erzwangen von der Bundesregierung die Freilassung von fünf Gesinnungsgenossen, die unter anderem wegen Mordversuchs und Bankraubs verurteilt waren, in ein Land ihrer Wahl.

Die Entführung von Peter Lorenz war eines der furchtbarsten Erlebnisse meines Lebens. Es ist ein großer Unterschied, ob man von einer solchen Tat in den Nachrichten hört oder ob man sie als Familienangehöriger oder Freund ganz konkret erlebt. Mit Peter Lorenz verband mich eine alte und sehr herzliche Freundschaft. Ende der vierziger, Anfang der fünfziger Jahre hatten wir uns in der Jungen Union kennengelernt.

Peter Lorenz war acht Jahre älter als ich. 1922 in Berlin geboren, hatte er die Schlacht um Stalingrad überlebt; von 1946 bis 1949 war er der erste Vorsitzende der Berliner Jungen Union. Er hatte mit seinen Freunden gegen die Machenschaften der Freien Deutschen Jugend (FDJ) an der Ost-Berliner Humboldt-Universität gekämpft. Peter Lorenz gehörte zu den mutigen Aktivisten, die zur Gründung einer Freien Universität (FU) in West-Berlin aufriefen, deren Mitbegründer er später wurde. Während seines Jurastudiums engagierte er sich im Studentenparlament der FU, das ihn bald zu seinem Vorsitzenden wählte.

Auf allen wichtigen bundesweiten Veranstaltungen der Jungen Union trafen wir uns ebenso wie bei meinen häufigen Besuchen in West-Berlin. Daraus entwickelte sich eine intensive und beständige Freundschaft, wie ich sie selten aus so großer Entfernung mit politischen Freunden gepflegt habe. Später gehörte Peter Lorenz zu den Landesvorsitzenden, die sich mit ihrem ganzen politischen Gewicht für meine Wahl zum CDU-Bundesvorsitzenden 1973 einsetzten.

Zum Berliner Landesverband der CDU hatte ich bereits sehr früh eine besonders enge Beziehung. Wegen der exponierten Stellung der Stadt und ihrer Menschen war mir die Berlin-Politik als CDU-Bundesvorsitzender und später als Bundeskanzler besonders wichtig. Das spürten die Berliner – bis heute.

Die Entführung von Peter Lorenz war für mich auch deshalb so dramatisch, weil wir noch am Abend zuvor gemeinsam als Redner zum Abschluss der Wahlkampagne für die Abgeordnetenhauswahlen aufgetreten waren. Nach dieser gelungenen Schlusskundgebung saßen wir noch bis ein Uhr nachts in einer Kneipe in der Kantstraße.

Mit der allerersten Maschine der amerikanischen Luftfahrtgesellschaft Pan Am flog ich am nächsten Morgen von Berlin nach Frankfurt am Main, von wo aus mich mein Fahrer Ecki Seeber direkt in die Mainzer Staatskanzlei fuhr. Ich kam kaum zur Tür herein, da fragte Frau Weber: »Wo kommen Sie denn jetzt her?«

Ich reagierte ein wenig schroff und sagte: »Sie stellen vielleicht Fragen, aus Berlin natürlich.«

»Wissen Sie denn gar nichts?« fragte Juliane Weber. »Peter Lorenz ist heute entführt worden!«

Die Nachricht traf mich wie ein Schlag. Ich rannte in meine kleine Wohnung in der Staatskanzlei, zog mich um und flog mit der nächsten Maschine zurück nach Berlin.

In Berlin und Bonn wurden Krisenstäbe gebildet. Noch tappten alle im dunkeln. Es gab weder ein Lebenszeichen des Entführten noch Forderungen der Entführer. Im Rathaus Schöneberg nahm ich wie die anderen Parteivorsitzenden Brandt und Genscher an mehreren Sitzungen des Berliner Krisenstabs und der CDU-Gremien teil. Rasch kamen wir überein, den Wahlkampf mit sofortiger Wirkung einzustellen. Gleichzeitig nahm ich sofort Verbindung zur Frau meines Freundes auf. Maria Anna Lorenz stand unter Schock. Es fiel mir nicht leicht, tröstende Worte für sie zu finden, zumal Worte in solchen Situationen oft weniger hilfreich sind als mitfühlendes Schweigen.

In Bonn trat die CDU/CSU-Bundestagsfraktion zusammen, um sich von der Fraktionsspitze über die Entführung informieren zu lassen. Dabei kam auch zur Sprache, dass Peter Lorenz zuletzt vor einem erschreckenden Verfall der inneren Sicherheit in Berlin gewarnt und dringend Abhilfe angemahnt hatte. Richtig war aber auch, dass meinem Freund für die Dauer des Wahlkampfs Polizeischutz angeboten worden war, den er jedoch abgelehnt hatte.

Am späten Abend des gleichen Tages flog ich zurück nach Bonn, wo sich die Parteivorsitzenden und Fachminister bei Bundeskanzler Helmut Schmidt im Kanzlerbungalow zum Spitzengespräch trafen. Als ich dort ankam, stieg Klaus Schütz, der Regierende Bürgermeister von Berlin, gerade aus seinem Auto. Wir kannten uns recht gut von unseren Ministerpräsidententreffen, und ich wusste, wie sehr sich Schütz und Lorenz trotz aller parteipolitischen Meinungsunterschiede schätzten. Jetzt besprachen Klaus Schütz und ich kurz die jüngste Entwicklung im Fall unseres gemeinsamen Freundes. Nach wie vor tappten wir im dunkeln. Immer noch gab es keine Reaktion der Entführer. »Wir müssen den Peter rausholen«, darin waren wir uns einig, als wir in die Sitzung des Krisenstabs gingen.

Gleich zu Beginn der Sitzung bat der Bundeskanzler den Regierenden Bürgermeister um eine Stellungnahme. Klaus Schütz aber bat mich, den Anfang zu machen, weil ich in diesem großen Kreis am engsten mit Peter Lorenz verbunden sei. Ich hielt mit meiner Meinung nicht hinter dem Berg und sagte klipp und klar, Peter Lorenz müsse unter allen Umständen gerettet werden. Dann ergriff Klaus Schütz das Wort. Er pflichtete mir bei und forderte, dass wir alles tun müssten, um die Unversehrtheit unseres Freundes zu garantieren.

Helmut Schmidt hielt sich lange Zeit bedeckt. Welche Einstellung er tatsächlich hatte, war in diesem Moment nicht zu erkennen. Klar war nur, dass niemand im großen Krisenstab eine andere Meinung vertrat als Klaus Schütz und ich. Wenn heute aus Helmut Schmidts nächster Umgebung verlautet, der Kanzler sei damals krank gewesen, habe unter hohem Fieber gelitten und deshalb nicht darauf bestanden, im Falle einer Erpressung nicht nachzugeben, ist dies eine im nachhinein zurechtgezimmerte Legende. Kein einziger im Krisenstab, auch nicht Bundeskanzler Helmut Schmidt, zog damals auch nur einen Moment lang in Zweifel, dass oberstes Gebot die Rettung von Peter Lorenz sei.

Als am anderen Tag die Forderungen der Erpresser bekannt wurden, gab es überhaupt keine Diskussion mehr darüber, ob der Staat nachgeben und sich erpressen lassen dürfe. Ich weiß heute, dass wir alle damals – auch ich – mit unserer Entscheidung einen Fehler begangen haben.

Tagelang bangten wir um das Leben des Freundes und berieten über die Modalitäten seiner Freilassung. Am Ende kam Peter Lorenz frei, nachdem alle Forderungen der Terroristen erfüllt und die fünf freigepressten Häftlinge in Begleitung des früheren Berliner Bürgermeisters Pastor Heinrich Albertz in die Volksrepublik Jemen ausgeflogen worden waren. Am 5. März 1975 meldete sich Peter Lorenz aus einer Berliner Telefonzelle bei seiner Frau. Hannelore, die sich der Familie Lorenz besonders verbunden fühlte, hatte während der Entführung und natürlich auch danach den Kontakt zu Maria Anna Lorenz gehalten.

Der Staat war erpressbar geworden. Für mich und meine Freun-

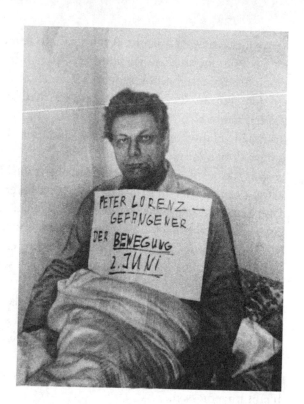

*Der entführte
Peter Lorenz*

de war das ebenso wie für unsere politischen Gegner ein unhalt-
barer Zustand. Die Lehren aus der Lorenz-Entführung mussten
schon bald gezogen werden. Ein zweites Mal durfte der Rechtsstaat nicht nachgeben.

*

Bei der Wahl in Berlin wurde die CDU erstmals stärkste Fraktion
im Abgeordnetenhaus, auch wenn sie die absolute Mehrheit verfehlte. Angesichts der Umstände konnte von Triumphgefühl allerdings keine Rede sein. Immerhin wurde Peter Lorenz für fünf Jahre
Präsident des Abgeordnetenhauses, ein Amt, das ihn voll und ganz
ausfüllte.

Nach all den Strapazen galt es jetzt, Peter Lorenz zunächst
einmal zur Seite zu stehen. Seine ersten Interviews im Fernsehen
zeigten mir einen stark veränderten Freund, der zum Teil wenig

sinnvolle Aussagen machte. Auch deshalb bemühte ich mich, ihm eine Erholungspause zu verschaffen. Mit Hilfe seiner Frau Maria Anna konnte ich ihn überreden, sich in einer Pension in der Pfalz einzumieten. In der Nähe der französischen Grenze bei Bad Bergzabern nahm sich das Ehepaar Lorenz Zeit, um zu sich selbst zu kommen. Hannelore und ich besuchten sie dort mehrfach. Wir unternahmen ausgiebige Wanderungen.

Was ihm im Lauf der Entführung tatsächlich widerfahren war, konnte ich nie in Erfahrung bringen. Peter wollte darüber nie sprechen, und ich drang nicht in ihn. Der einst so kämpferische Peter Lorenz war nach dieser dramatischen Erfahrung ein anderer Mensch geworden. Er wirkte sehr verändert, er gab sich verschlossen und ernst. Die Entführung hatte eine Wesensveränderung bewirkt.

Jahre später berief ich Peter Lorenz als parlamentarischen Staatssekretär ins Bundeskanzleramt. Wegen seiner angegriffenen Gesundheit musste ich nach der Bundestagswahl 1987 allerdings auf ihn verzichten. Noch im gleichen Jahr starb er an Herzversagen. Sein herausragendes Wirken für das geteilte Berlin aber bleibt unvergessen.

Die Lorenz-Entführung hatte unmittelbare Auswirkungen auf alle führenden Politiker. Unter anderem wurden die Sicherheitsvorkehrungen verstärkt; das betraf vor allem den Personenschutz, auf den Peter Lorenz im Berliner Wahlkampf noch verzichtet hatte. Das hatte auch Folgen für die Familien und die nähere Umgebung der gefährdeten Politiker. Unsere Kinder beispielsweise wurden jetzt mit Polizeibegleitung zur Schule gebracht und wieder abgeholt.

Mit Hannelore diskutierte ich heftig über das Für und Wider des staatlichen Nachgebens. Ich zog aus der Lorenz-Entführung für mich die Konsequenz und legte fest, dass ich im Falle einer Entführung nicht ausgetauscht werden wollte. Diese Entscheidung versuchte ich Hannelore zu vermitteln. Sie respektierte meine Bitte, akzeptierte sie aber niemals.

Für uns beide war das eine schwere Zeit, weil sie sich mit dieser Problematik immer wieder beschäftigte, ohne offen darüber zu

Hannelore mit unserem jüngsten Sohn Peter (1975)

reden. Und das unverantwortliche Gerede mancher wohlmeinender Menschen wurde noch zu einer zusätzlichen Belastung. »Haben Sie keine Angst, Frau Kohl, dass Ihrem Mann auch schon bald etwas passieren könnte?« wurde sie häufig gefragt. Selbst unsere Söhne sollten sagen, ob sie Angst um den Vater hätten. Darüber konnte sich Hannelore maßlos aufregen.

Doch es sollte noch schlimmer kommen. Während des »deutschen Herbstes« 1977, als unser Freund Hanns-Martin Schleyer entführt und ermordet wurde, untersagten manche Eltern ihren Kindern, uns zu besuchen und mit unseren Söhnen zu spielen. Sie fürchteten um die Sicherheit ihrer Kinder. Es war eine schreckliche Zeit für unsere Familie, viele Jahre lang.

Hätten wir das Ausmaß der terroristischen Bedrohung so genau gekannt, wie es in den Stasi-Akten über mich dokumentiert war, hätten wir keinen ruhigen Moment mehr gehabt. In den Abhörprotokollen des DDR-Geheimdienstes, der Telefonanschlüsse des Bundeskriminalamts angezapft hatte, sind geplante Anschläge auf meine Familie dokumentiert. Diese vierzig Seiten Stasi-Unterlagen sind ein einziges Dokument des Schreckens.

*

Knapp zwei Monate nach der Lorenz-Entführung besetzten sieben deutsche Terroristen am 25. April 1975 die Botschaft der Bundesrepublik Deutschland in Stockholm. Sie nahmen die Anwesenden als Geiseln, um die Freilassung von sechsundzwanzig Häftlingen zu erzwingen, darunter die gesamte Führungsriege der »Rote-Armee-Fraktion« (RAF). Wieder saßen wir im Bonner Krisenstab zusammen. Wieder ging es um die Frage: Darf sich der Staat erpressen lassen? Für Franz Josef Strauß, Friedrich Zimmermann und mich war klar, dass wir nicht nachgeben sollten, um keinen zweiten Fall Lorenz zu schaffen. Das war der entscheidende Punkt bei den Diskussionen im Krisenstab.

Kanzler Helmut Schmidt hatte direkten Kontakt mit dem schwedischen Regierungschef Olof Palme und informierte uns regelmäßig über die neueste Entwicklung. Die Botschaftsbesetzer hatten unterdessen einen Militärattaché erschossen und nach der Erklärung unseres Krisenstabs, ihren Forderungen nicht nachgeben zu wollen, eine zweite Geisel getötet. Es musste dringend etwas geschehen, um das Leben der gefangenen Botschaftsangehörigen zu retten. Einmal kam der Bundeskanzler nach mehreren Telefonaten wieder zurück in den Krisenstab und verkündete, der ehemalige Bundespräsident Gustav Heinemann habe sich bereit erklärt, sich gegen die Geiseln in der Botschaft austauschen zu lassen. Offenbar hatte Schmidt diesen Vorschlag bereits nach Stockholm weitergegeben, ohne zuvor den Krisenstab darüber beraten zu lassen.

Für meine Parteifreunde und mich war ein solcher Austausch jedoch völlig indiskutabel. Hatten wir aus der Lorenz-Entführung nicht die Konsequenz gezogen, dass es der einzig richtige Weg war, in ähnlichen Fällen die volle Unnachgiebigkeit und Härte des Staates zu zeigen? Über diese Frage entwickelte sich eine scharfe Auseinandersetzung zwischen Regierungs- und Oppositionslager.

Das hatte es in diesem Krisenstab bisher noch nicht gegeben. Bevor jedoch entschieden werden konnte, wie weiter vorgegangen werden sollte, platzte die Nachricht von der gewaltsamen Befreiung der Geiseln durch schwedische Sicherheitskräfte herein. Es war den Schweden gelungen, die neun verbliebenen Geiseln zu retten. Zwei Terroristen fanden den Tod, die übrigen konnten festgenommen werden.

Uns allen fiel ein Stein vom Herzen. Die schwedischen Sicherheitsexperten hatten den Krisenstab vor einer Zerreißprobe bewahrt. Helmut Schmidt hatte noch wenige Wochen zuvor gemeint: »Wenn wir, die deutschen Demokraten, in den entscheidenden Fragen der Verteidigung der Freiheit und des Rechtsstaats nicht an einem Strang ziehen, dann wird dieser Staat kaputtgehen.« Diesen Satz konnte ich vorbehaltlos unterschreiben, und ich zitierte ihn auch später in der Bundestagsdebatte über die innere Sicherheit.

15.
Kanzlerkandidatur

Die Landtagswahl in Rheinland-Pfalz hatte der CDU mit der absoluten Mehrheit den höchsten Wahlerfolg aller Zeiten gebracht. Der 9. März 1975 ist mir aber auch noch aus einem anderen Grund unvergesslich: An diesem Tag verbreitete der *Spiegel* in einer Vorabmeldung Ausschnitte aus einer Rede von Franz Josef Strauß, die er am 18. November 1974 auf einer Tagung der CSU-Landesgruppe im bayerischen Sonthofen gehalten hatte. Die ohne Manuskript frei gehaltene Rede des CSU-Vorsitzenden hatte ein Unbekannter heimlich mitgeschnitten und sie Monate später an das Hamburger Nachrichtenmagazin verkauft. Der Zeitpunkt der Veröffentlichung war aus Sicht der Medienmacher geschickt gewählt. Nicht nur Strauß wurde damit beschädigt, sondern auch ich sollte damit am Tag der Wahl in meinem Bundesland getroffen werden.

Strauß forderte in seinem Referat die Opposition in Bonn auf, in allen politischen Bereichen auf Konfliktkurs mit der Bundesregierung zu gehen und die SPD/FDP-Koalition so weit zu »treiben«, dass sie den Staatsbankrott erklären müsse. Wenn CDU/CSU jede konstruktive Mitarbeit zur Überwindung der wirtschaftlichen Schwierigkeiten ablehnten und die Krise noch größer werde, könne die »Auflösung« der Regierungskoalition schon vor dem Wahljahr 1976 erreicht werden. Diese »Geheimrede« vor den CSU-Bundestagsabgeordneten wurde aus Kreisen der Bonner SPD/FDP-Koalition als eine Anleitung zum »kalten Staatsstreich« gewertet. Das war natürlich maßlos übertrieben, zumal Strauß diese Position in abgewandelter Form schon seit Jahren vertrat.

Auch mich kritisierte Strauß in scharfer Form und warf mir

Ein gespanntes Verhältnis:
mit Franz Josef Strauß (1976)

unter anderem Gespräche mit Walter Scheel, Helmut Schmidt und Hans-Dietrich Genscher auf dem Bonner Bundespresseball vor. Alles in allem war das eine der typischen Strauß-Attacken auf den CDU-Bundesvorsitzenden, an die ich mich weder gewöhnen konnte noch wollte.

367

Für die Wahlkämpfer von SPD und FDP war das Bekanntwerden der Klausurrede ein Geschenk des Himmels. In der Propaganda für die bevorstehenden Landtagswahlen in Schleswig-Holstein, Nordrhein-Westfalen und im Saarland wurde die Strauß-Rede denn auch weidlich ausgeschlachtet und gegen die Unionsparteien ins Feld geführt. Innerparteilich schadete mir die Sonthofener Rede kaum. Im Gegenteil, jetzt musste endlich die leidige Frage der Kanzlerkandidatur geregelt werden, und zwar zur beiderseitigen Zufriedenheit.

Im CDU-Präsidium und im Bundesvorstand bemühte ich mich um Schadensbegrenzung und versuchte die erregten Gemüter zu besänftigen. Die Wahlkämpfer im Norden, Westen und Südwesten der Republik hatten allen Grund, sich über das Wahlgeschenk zu ärgern, das Franz Josef Strauß unseren politischen Konkurrenten gemacht hatte. Am Ende konnten sich die Ergebnisse der Landtagswahlen trotzdem sehen lassen: Gerhard Stoltenberg behauptete am 13. April 1975 zwar knapp die absolute Mehrheit, verlor aber gegenüber der Wahl von 1971 schmerzliche 1,5 Prozent. Und in Nordrhein-Westfalen und im Saarland erzielte die CDU gegenüber den Bundestagswahlen 1972 beachtliche Stimmengewinne – eine hervorragende Ausgangsbasis für die Bundestagswahl 1976.

Am 12. Mai 1975 erörterte der CDU-Bundesvorstand unter meiner Leitung die Frage der Kanzlerkandidatur. Gerhard Stoltenberg gab zunächst bekannt, dass er auf eine Kandidatur verzichte, um dann in leicht verklausulierter Form zum Ausdruck zu bringen, dass die sich in den letzten Tagen abzeichnende Mehrheitsentscheidung für mich als Kanzlerkandidaten von allen Mitgliedern des Bundesvorstands getragen werden sollte. Auf Antrag von Generalsekretär Kurt Biedenkopf fasste der fünfundzwanzigköpfige Bundesvorstand dann in geheimer Abstimmung ohne Enthaltung und ohne Gegenstimme folgenden Beschluss: »Der Bundesvorstand beauftragt das Präsidium der CDU, der gemeinsamen Sitzung der Präsidien von CDU und CSU den Parteivorsitzenden der CDU, Dr. Helmut Kohl, als Kandidaten der Union für das Amt des Bundeskanzlers vorzuschlagen.«

Ich selbst hatte mich an der Abstimmung nicht beteiligt.

Ein potentieller Konkurrent in der Frage der Kanzlerkandidatur? Der schleswig-holsteinische Ministerpräsident Gerhard Stoltenberg

Bereits am 25. April hatte Kurt Biedenkopf nach Absprache mit mir und den Spitzenkandidaten an Rhein und Ruhr in einem Brief an Franz Josef Strauß um dessen Einverständnis gebeten, mich noch vor den Landtagswahlen in Nordrhein-Westfalen und im Saarland als Kanzlerkandidaten vorzuschlagen. Damit sollten die Landtagswahlen positiv beeinflusst werden. Strauß lehnte Biedenkopfs Ansinnen zwar umgehend ab, aber die Spitzenmänner Heinrich Köppler und Heinrich Windelen, der Landesvorsitzende der CDU Westfalen-Lippe, ließen es sich nicht nehmen, entsprechende Erklärungen abzugeben.

Bei der CSU stießen Biedenkopfs Aktivitäten auf scharfe Kritik. Doch die kleine Schwester musste wohl oder übel damit leben, dass die CDU Handlungsfähigkeit bewiesen und Vorgaben gemacht hatte, an denen die bayerischen Freunde nichts mehr ändern konnten.

Lange vorher hatte Franz Josef Strauß zusammen mit CSU-Ge-

*Mit Kurt Bieden-
kopf auf einer
Sitzung des CDU-
Bundesvorstands
(1975)*

neralsekretär Gerold Tandler versucht, Karl Carstens zur Kanzlerkandidatur zu überreden. In mehreren Gesprächen wurde Carstens die volle Unterstützung der CSU zugesagt. Die Argumente,
die Strauß und Tandler vortrugen, waren keineswegs abwegig. Sie
meinten, Carstens habe für viele Wähler, vor allem im norddeut-
schen Raum, eine stärkere Anziehungskraft als ich, während er im
Süden der Republik mit mir gleichziehen würde. So steht es jedenfalls in den 1993 erschienenen Erinnerungen von Karl Carstens.
Danach beschäftigte sich mein Freund Carstens mehrere Tage
mit dem Angebot aus Bayern, um es schließlich doch abzulehnen.
Der Grund: Der Fraktionsvorsitzende der Unionsparteien glaubte
nicht, in der CDU gegen mich eine Mehrheit zu finden. Höchst-
wahrscheinlich lag er damit richtig.

*

Sorgen bereitete mir nach wie vor die Frage, wie die Unionsmehrheit 1976 am besten gestaltet werden sollte. Die CSU forderte, dass erst die wichtigsten politischen Sachfragen geklärt werden müssten, bevor über ihre personelle Darstellung entschieden werden könne. Erst am Schluss sollte die Kanzlerkandidatur verhandelt werden. Ganz anders die CDU. Dank Biedenkopfs Vorarbeit verfügte sie längst über Strategiepapiere, mit denen sich der Bundesvorstand wiederholt beschäftigt hatte.

Sowenig die CSU der CDU die Berechtigung absprach, einen Kanzlerkandidaten vorzuschlagen, so wenig mochte sie sich mit dem Bundesvorstandsbeschluss der CDU zu meinen Gunsten abfinden. So ging der CSU-Landesausschuss auf Konfrontationskurs und benannte am 7. Juni 1975 Franz Josef Strauß als eigenen Kanzlerkandidaten. Damit demonstrierte die kleine Schwester politische Eigenständigkeit und machte klar, dass sie nicht bereit war, sich durch Biedenkopfs Vorpreschen terminlich unter Druck setzen zu lassen.

Diese politischen Machtspiele mussten bald ein Ende haben. Ich wusste, wie gerne Strauß 1975 Kanzlerkandidat der Union geworden wäre, klar war aber auch, dass er vor einer Kampfabstimmung gegen mich zurückschreckte. Ein Grund dafür war, dass er zu dieser Zeit keine realistische Chance sah, die Bundestagswahl 1976 für die Unionsparteien zu gewinnen. Strauß wollte kein Risiko eingehen.

Die ersten Verhandlungen der beiden Parteipräsidien am 10. Juni 1975 verliefen in einer konstruktiven Atmosphäre. Vielleicht lag das auch an meiner Offenheit gegenüber den Wünschen der CSU, die sachlich und strategisch durchweg meinen Vorstellungen entsprachen. Trotzdem schleppten sich die Verhandlungen dann doch noch hin, bevor es am 19. Juni endlich soweit war und Altkanzler Kurt Georg Kiesinger das gemeinsame Kommuniqué von CDU und CSU der Bonner Bundespressekonferenz vortrug. Zur Frage der Kanzlerkandidatur hieß es darin, die CDU habe Helmut Kohl als Kandidaten für das Amt des Bundeskanzlers vorgeschlagen. Die CSU habe davon Kenntnis genommen, dass die CDU als die größere der beiden Parteien den Anspruch erhebe, den gemeinsamen Kanzlerkandidaten zu benennen, halte jedoch an ihrer Bewertung fest, dass ihr Vorsitzender Franz Josef Strauß der geeignete Kandidat sei. Im Interesse der gemeinsamen Sache werde die CSU allerdings Helmut Kohl als Kanzlerkandidaten unterstützen. – Ein Ja zu mir mit Vorbehalt, wie es viele Kommentatoren sahen? Nun, auch wenn es vielleicht kein Ritterschlag war, so war es doch ein Schulterschluss mit Folgen.

Bis zu seinem Tod 1988 hat Franz Josef Strauß nicht verwunden, dass er sein Ziel, Bundeskanzler zu werden, nicht erreicht hat. Die Gründe dafür, dass ihm die Erfüllung seines politischen Lebensziels vorenthalten blieb, suchte er bei vielen, aber eigentlich nie bei sich selbst. Er hatte eine ganze Reihe von Menschen im Verdacht, verhindert zu haben, dass er als Kanzler in die Geschichte der Bundesrepublik Deutschland einging.

Zwar war Strauß einst mit meiner Wahl zum Parteivorsitzenden durchaus einverstanden, aber natürlich gehörte auch ich zu den Verdächtigen. Obwohl er mich in so vielen Vier-Augen-Gesprächen erlebte wie kaum ein anderer Politiker in dieser Zeit, hatte er ein falsches Bild von mir. Es gab nicht wenige Einflüsterer, die ihn in seiner negativen Meinung bestärkten.

Der größte Dissens zwischen uns beiden lag in der Einschätzung und Behandlung der FDP. Seit der *Spiegel*-Affäre 1962 lehnte Strauß die FDP und ihre wichtigsten Repräsentanten scharf ab. Niemals konnte er ihnen verzeihen, dass sie seinen Rücktritt veranlasst hatten. Danach fand er nie wieder einen wirklichen Zugang zu den Liberalen. Der FDP in Bayern konnte er nie vergessen, dass sie die CSU 1954, in den Anfangsjahren des Freistaats, mit Hilfe von Bayern-Partei und SPD aus der Regierung vertrieben hatte.

16.
Heerschau

Am 19. Juni 1975, exakt an jenem Tag, an dem sich die Präsidien von CDU und CSU auf eine gemeinsame Wahlkampfstrategie geeinigt hatten und ich als Kanzlerkandidat der Union vor die Öffentlichkeit trat, druckte das Hamburger Magazin *Stern* ein privates Telefongespräch zwischen Kurt Biedenkopf und mir vom 3. Oktober 1974 ab. Dieser Einbruch in die Privatsphäre war ein verbrecherischer Anschlag, der sich gegen alle Bürger und alle Demokraten richtete und der nicht nur mich als Betroffenen empörte, sondern Bundeskanzler Helmut Schmidt gleichermaßen zu einer scharfen Reaktion veranlasste. Diese grobe Verletzung von Gesetz und Anstand hatte keinen anderen Zweck, als mir persönlich zu schaden und meine Führungsstärke in Frage zu stellen, indem man Differenzen zwischen dem CDU-Generalsekretär und dem CDU-Bundesvorsitzenden zu schüren trachtete.

Inhaltlich bot das Gespräch keinerlei Sensation. Ich hatte mich in diesem Telefonat über mangelnde Loyalität in der Partei beklagt und meinen Generalsekretär gebeten, mich stärker zu unterstützen. Was ich mit Biedenkopf besprochen hatte, war weitestgehend bekannt und kein Geheimnis. Der Skandal lag darin, dass das Gespräch gedruckt wurde.

Wie wir heute wissen, hatte der DDR-Geheimdienst das Gespräch mitgeschnitten, den Text auf ein Formblatt des US-Abwehrdienstes Military Intelligence Group übertragen und dann an den *Stern* geschickt. Damit sollte auch noch der Eindruck erweckt werden, westliche Geheimdienste hörten westdeutsche Politiker ab. Ein Schurkenstück erster Güte, ersonnen von der Abteilung Desinformation des Ministeriums für Staatssicherheit. Der *Stern* jedoch hielt es weder für nötig, zu prüfen, wer der tatsächliche Urheber dieses Machwerks war, noch scheute er sich, ein Dokument zu veröffentlichen, das ganz offensichtlich nur unter Verstoß gegen geltende Gesetze hatte entstehen können. Dass der Gruner+Jahr-Verlag später eine Gegendarstellung veröffentlichte und eine lächerliche Summe Schmerzensgeld an uns zahlen musste, war da nur ein äußerst geringer Trost.

*

Vier Tage nach dieser Abhöraffäre begann unser 23. Bundesparteitag in Mannheim. In meiner Eröffnungsrede rechnete ich scharf mit der Politik der sozialliberalen Regierung ab und legte mich mit dem Kanzler an.

Unsere Ausgangsposition für das Wahljahr 1976 sah recht gut aus: In den letzten zwei Jahren waren weit mehr als hundertdreißigtausend Mitglieder neu zu uns gekommen. Zusammen mit der Jungen Union und der Schülerunion verfügten wir über rund eine Million Mitglieder. Gemeinsam mit der CSU hatten wir in den zurückliegenden Landtagswahlen über 50 Prozent der Stimmen erreicht, ein Ergebnis, das gegenüber der Bundestagswahl 1972 eine Verbesserung um über sechs Punkte ausmachte. Außerdem hatten wir viele rote Rathäuser auch in den Großstädten stürmen können, so wie wir es uns auf dem Bonner Parteitag vor zwei Jahren vorgenommen hatten. Erstmals verfügte die Union in allen Gemeinden mit über zehntausend Einwohnern über mehr Mandate als die SPD. Das war eine Bilanz, auf die wir stolz sein konnten.

Der Mannheimer Parteitag, der unter dem Slogan »Alternative '76 CDU« stand, hatte auch die Parteispitze neu zu wählen. Erstmals stellte ich mich zur Wiederwahl und errang ohne Gegenkandidaten einen unerwartet hohen Erfolg. Von den siebenhundertundsieben gültigen abgegebenen Stimmen waren sechs Enthaltungen, mit Nein stimmten fünf Delegierte. Für mich votierten sechshundertsechsundneunzig Delegierte, ein Ergebnis, das mich fast ein wenig erschrecken ließ. 98,44 Prozent der Parteitagsdelegierten hatten mich gewählt. Nur einmal in meinen fünfundzwan-

*Impressionen vom Mannheimer
Parteitag 1976*

Wahlkampf 1976:
Ein gemeinsamer Auftritt mit Hannelore

zig Jahren als Parteivorsitzender sollte dieses Ergebnis ganz knapp übertroffen werden: Auf dem Vereinigungsparteitag der CDU am 1. Oktober 1990 in Hamburg erhielt ich mit 98,5 Prozent ganz geringe Prozentpunkte hinter dem Komma mehr.

Das Mannheimer Wahlergebnis wurde mit anhaltendem stürmischem Beifall begrüßt. Die Partei hatte meine harte Arbeit reich belohnt und mir ein Wahlergebnis beschert, von dem ich noch lange zehrte. Zu den ersten Gratulanten in überschwenglich guter Laune gehörte Hannelore, die ebenso glücklich wie ich über das großartige Wahlergebnis war. In diesem Augenblick hatte sie meine Kanzlerkandidatur akzeptiert. Sie unterstützte mich in jeder Weise, vor allem in der heißen Wahlkampfphase 1976, als sie bei allen wichtigen Parteiveranstaltungen an meiner Seite war.

Hannelore galt selbst bei unseren politischen Gegnern als außergewöhnliche Sympathieträgerin für unsere Partei. Rückblickend habe ich manchmal das Gefühl, dass ihre Bedeutung als First Lady in Rheinland-Pfalz und später als Gattin des Bundeskanzlers in der Union nicht immer ganz begriffen und ihre Leistung nicht immer genügend geachtet wurde.

Am Ende der dreitägigen Heerschau verabschiedete der Parteitag mit der »Mannheimer Erklärung« die Grundlage für eine Neuorientierung unserer Politik. Die Mannheimer Erklärung steckte den Rahmen für einige wichtige Bereiche unserer Politik ab; sie war weder eine Wahlkampfanleitung noch eine Wahlkampfplattform. Die musste zusammen mit der CSU erst noch entwickelt werden. Beides stand im kommenden Frühjahr zur Diskussion.

Das Thema »Gerechtigkeit« war ein zentraler Komplex der Mannheimer Erklärung. Erstmals wurde hier die »Neue soziale Frage« ausformuliert. Damit setzte die Union unübersehbare Signale in einer wichtigen gesellschaftspolitischen Frage, die bislang als unangefochtene Domäne der Sozialdemokraten galt. Kurt Biedenkopf, auf dessen Anregung die Mannheimer Erklärung des CDU-Bundesvorstands entstand, hatte mit seinen Mitarbeitern ausgezeichnete Arbeit geleistet und die Partei inhaltlich wie organisatorisch gut gerüstet. Der Mannheimer Parteitag dankte es ihm mit verdient lebhaftem Beifall.

17.
Außenpolitik mit Augenmaß

Fünfunddreißig Staats- und Regierungschefs aus Europa, den USA und Kanada unterzeichneten am 1. August 1975 in Helsinki die Schlussakte der Konferenz über Sicherheit und Zusammenarbeit in Europa (KSZE). Dem war ein schwieriger Verhandlungsprozess vorangegangen, in dem beide deutsche Staaten von Anfang an seit 1973 gleichberechtigt vertreten waren. In der gemeinsamen Absichtserklärung einigten sich die Staaten auf politische Richtlinien und Grundsätze für die Erhaltung des internationalen Friedens (»Korb I«), die Zusammenarbeit in den Bereichen Wirtschaft, Wissenschaft, Technik und Umwelt (»Korb II«) sowie auf Kooperation beim Informations- und Kulturaustausch und bei der Erleichterung zwischenmenschlicher Kontakte (»Korb III«). Für die Menschenrechtsbewegungen in den Ostblockstaaten wurde die Schlussakte ein wichtiger Bezugspunkt: Hier fanden sie die Legitimation für ihre Forderungen nach Einhaltung der Menschenrechte. Vor allem »Korb III« war dabei von immenser Bedeutung.

Im nachhinein bedaure ich unsere Haltung – auch meine persönliche –, weil sie dazu führte, dass wir uns mit dem KSZE-Prozess lange Zeit nicht anfreunden konnten. Dass wir die Schlussakte rundweg ablehnten, war schlichtweg ein außenpolitischer Fehler.

Das Treffen von Helmut Schmidt und Erich Honecker während der abschließenden Phase der Helsinki-Konferenz Ende Juli und Anfang August 1975 erschien mir immer nützlich und sinnvoll. Ob es um technische und wirtschaftliche Aspekte der deutsch-

deutschen Beziehungen ging oder um Fragen des Reiseverkehrs und der Familienzusammenführung – zu Gesprächen auf höchster Ebene gab es keine Alternativen. Dass manches dabei unergiebig blieb, zeigte sich in der Regel erst nachher. Immerhin wurde der Haftlingsfreikauf intensiviert. Man mag über diese Form des Menschenhandels geteilter Meinung sein, doch für jeden einzelnen Häftling aus den DDR-Gefängnissen, der mit Hilfe hoher DM-Beträge freikam, war das eine Erlösung. Es gab keine Alternative dazu. Während meiner Kanzlerschaft befürwortete ich dieses umstrittene Verfahren bis zum Zusammenbruch der DDR 1989 voll und ganz.

Die Ostpolitik der sozialliberalen Koalition war innerhalb der Unionsparteien viele Jahre lang heftig umstritten. Nur wenige Mitglieder der Unionsfraktion neigten dazu, die Vertragspolitik der Bonner Koalition mit den Ostblockstaaten vorbehaltlos zu unterstützen.

Anfang Oktober 1975 unterzeichnete Bundesaußenminister Hans-Dietrich Genscher in Warschau vier Abkommen mit Polen über Renten- und Unfallversicherung, die Gewährung eines Finanzkredits und die langfristige Entwicklung der Zusammenarbeit. Unterzeichnet wurde auch ein Protokoll über die Ausreise von etwa hundertfünfundzwanzigtausend Personen aus Polen in die Bundesrepublik. Dieses Vertragswerk bedurfte der Zustimmung des Bundesrats, in dem die unionsgeführten Bundesländer über die absolute Mehrheit verfügten.

Zwei Wochen später schrieb Franz Josef Strauß einen Brief an die fünf Unions-Ministerpräsidenten Hans Filbinger, Alfons Goppel, Franz-Josef Röder, Gerhard Stoltenberg und mich sowie an alle Mitglieder der CDU/CSU-Bundestagsfraktion. Grund seines Schreibens war die Sorge, Unionsabgeordnete könnten im Bundestag und in der Länderkammer mit der Regierung für die Annahme der Polenabkommen stimmen. Strauß begann seinen Brief mit der berechtigten Feststellung, dass er ein Jahr vor der Bundestagswahl 1976 eine geschlossene Haltung der Union für sachlich und innenpolitisch unerlässlich hielt, und forderte ein klares Nein zu den Abkommen mit Polen. Menschlichkeit und Versöhnung dürften nicht zu Erpressungshebeln werden, mit denen der Osten politische und finanzielle Forderungen unbegrenzt durchsetzen könnte, argumentierte er.

Diesen Brief hatte der CSU-Vorsitzende mit mir nicht abgesprochen. Inhaltlich war er so formuliert, dass die Zahl derer in unserer Partei, die am ostpolitischen Kurs der Union zweifelten, eher noch größer wurde. Dieser Alleingang befremdete mich auch deshalb, weil ich in diesen Wochen ständig mit Strauß zusammentraf, sei es in seiner Bonner Wohnung, sei es in München, ohne dass er es für nötig befunden hätte, auch nur ein einziges Mal ein Wort über seinen Brief zu verlieren. Unsere Gespräche konzentrierten sich in dieser Zeit wesentlich auf das personelle Angebot, das ich als Kanzlerkandidat baldmöglichst präsentieren wollte. Doch Strauß preschte im Alleingang mit dem Brief vor. In unseren anschließenden Telefonaten in Sachen Ostpolitik ging es heftig und kontrovers zur Sache.

Dabei lagen wir mit unserer Kritik an den deutsch-polnischen Abkommen überhaupt nicht weit auseinander. Auch ich war nach sorgfältiger Prüfung der vorliegenden Texte und der dazu abgegebenen Erklärungen beider Seiten der Meinung, dass wir die Verträge ablehnen sollten. Deshalb veröffentlichte ich am 28. Oktober 1975 eine Erklärung, in der ich den Abgeordneten der Union im Deutschen Bundestag empfahl, die Verträge mit Polen nicht passieren zu lassen:

»Die neuen Abmachungen mit Polen sind – wie der deutsch-polnische Vertrag selbst – schlecht ausgehandelt und berücksichtigen die deutschen Interessen nicht in dem erforderlichen Maße. Während die polnischen Wünsche auf klarer vertraglicher Basis eindeutig geregelt sind, hat das Protokoll über die Ausreisemöglichkeiten von Deutschen aus Polen und den ehemaligen deutschen Ostgebieten keinen vergleichbaren Rang. Ich verkenne nicht den humanitären Effekt, dass möglicherweise hundertzwanzigtausend bis hundertfünfundzwanzigtausend Deutsche die Ausreise bewilligt werden soll. Über das Schicksal der hundertsechzigtausend übrigen

Deutschen, die ebenfalls ausreisen wollen, wird in dem Protokoll jedoch nichts ausgesagt.«

Ferner habe die Bundesregierung mit der polnischen Seite keine Vereinbarung uber die Wahrung der Menschenrechte für die deutschen Minderheiten getroffen, obwohl sie dazu verpflichtet gewesen wäre. Und schließlich:

»Es besteht die Gefahr, dass nach dem deutsch-polnischen Arrangement andere Staaten mit ähnlichen Forderungen an die Bundesregierung herantreten werden und neue Milliardenforderungen stellen.«

Gleichzeitig unterstrich ich aber in meiner Erklärung, dass ich die Haltung einer Reihe von Unionsabgeordneten, die den Abmachungen aus humanitären Gründen zustimmen wollten, respektieren würde.

*

Die Union tat sich schwer mit den Polenabkommen. Wortführer der Vertriebenenverbände wie Herbert Czaja und Herbert Hupka, die gleichzeitig Mandatsträger unserer Partei waren, brachten viele Einwände vor. Wochen- und monatelang ging es hoch her. Der Streit wurde vor allem in der Bundestagsfraktion ausgetragen, in der die Meinungen hart aufeinanderprallten. Meine Aufgabe war es, die »Enden der Partei« zusammenzuhalten, die berechtigten Sorgen der Vertriebenenpolitiker zu berücksichtigen und im Bundesrat an der Meinungsführerschaft der unionsregierten Länder gegen die Polenverträge festzuhalten. Es war meine feste Überzeugung, dass nur erhebliche Vertragsverbesserungen ein Umschwenken der unionsregierten Länder rechtfertigen könnten.

Auch deshalb nahm ich das Angebot des Bundesaußenministers an, zusammen mit dem Bundeskanzler einmal in aller Ruhe, fernab der Fernsehkameras, über Modalitäten zu diskutieren, die vielleicht doch noch eine Änderung der negativen Haltung der Bundesländer herbeiführen könnten. Helmut Schmidt und seine Regierungskoalition brauchten unsere Stimmen, um das Vertragswerk im Bundesrat durchzubekommen.

Entgegen jeder Absprache hatte das Bundeskanzleramt die Medien informiert, und so empfingen mich mehrere Fernsehteams vor dem Kanzleramt. Der Medienauftrieb war nicht mehr rückgängig zu machen, und so ungehalten ich auch darüber war, mir blieb nichts anderes übrig, als gute Miene zum bösen Spiel zu machen. Was als vertrauliches Gespräch geplant war, erschien in den Abendnachrichten der Fernsehkanäle und lieferte anderntags die Schlagzeilen in den Printmedien. Da ich den CSU-Vorsitzenden von dem Treffen nicht in Kenntnis gesetzt hatte, hatte er jetzt allen Grund, stocksauer zu sein.

Das Gespräch mit dem Kanzler und dem Außenminister brachte in der Substanz nichts Neues. Wir tauschten nur die bekannten Positionen aus. Mir blieb lediglich, auf Nachbesserungen, auf Konkretisierung der Aussiedlerproblematik zu drängen. Franz Josef Strauß jedoch fühlte sich hintergangen.

Am 7. November 1975 lehnte der Bundesrat mit seiner Unionsmehrheit die Polenverträge in der vorliegenden Form ab. Er begründete sein Nein unter anderem mit den finanziellen Zusagen Bonns an Warschau, die unabsehbare Forderungen anderer Staaten nach sich ziehen könnten.

Mitte Februar 1976 formulierte der Bundesrat einen Katalog von elf Fragen an die Bundesregierung, die sich der Bundesaußenminister umgehend zu beantworten bemühte. Doch Genschers Fleißarbeit stieß sowohl bei der mittlerweile formierten Führungsmannschaft der Union für die Wahlauseinandersetzung als auch bei den Ministerpräsidenten der CDU/CSU-regierten Länder auf Ablehnung. Aus unserer Sicht waren die entscheidenden Schwachpunkte des Vertragswerks nicht ausgeräumt. Wir verlangten die völkerrechtliche Garantie, dass alle Deutschen in Polen in einem Zeitraum von vier bis sechs Jahren in die Bundesrepublik ausreisen könnten und dass die finanziellen Vereinbarungen keinen Präzedenzfall für andere Staaten darstellten. Nach wie vor ließen wir uns von der Maxime leiten: »Ja zur Versöhnung, Nein zu dieser Politik«.

Zu unserer großen Überraschung erklärte sich die polnische Regierung zu Nachbesserungen in unserem Sinne bereit. Trotzdem bedurfte es parteiintern intensiver Gespräche, um ein Auseinanderbrechen unserer Bundesratsmehrheit zu verhindern. Vor allem der saarländische Ministerpräsident Franz-Josef Röder zeigte sich jetzt bereit, im Bundesrat für die Abkommen zu stimmen. Auch Ernst Albrecht, der am 6. Februar mit Hilfe von zwei Stimmen aus dem Lager der SPD/FDP-Koalition im dritten Wahlgang überraschend zum neuen Ministerpräsidenten von Niedersachsen gewählt worden war, signalisierte Zustimmung.

Jetzt war es meine wichtigste Aufgabe, eine gemeinsame Linie zu finden, um das Auseinanderbrechen der unionsregierten Länder in Befürworter und Gegner der Polenverträge zu verhindern. Ich wusste, dass Ministerpräsident Alfons Goppel mit dem klaren Votum aus Bayern nach Bonn kommen würde, die Polenverträge weiterhin abzulehnen. Auch Hans Filbinger, Ministerpräsident in Baden-Württemberg, lag auf der Strauß-Linie und schien mir kaum zum Umschwenken auf die Röder/Albrecht-Linie bereit zu sein.

Schon machten Meldungen die Runde, dass dem Kanzlerkandidaten der Union im Bundesrat eine schwere Niederlage bevorstehe. Als wir Ministerpräsidenten uns am Vorabend des 12. März 1976 in der rheinland-pfälzischen Landesvertretung trafen, war alles offen. Ein unterschiedliches Abstimmungsverhalten schien unvermeidbar. Allerdings fehlte Alfons Goppel. Zwar hatte Strauß zeitgleich zu unserem Bonner Treffen eine Präsidiumssitzung der CSU in München anberaumt, doch ich konnte Goppel weder dort noch irgendwo sonst erreichen. Am nächsten Tag sollte die entscheidende Bundesratssitzung zu den Polenabkommen stattfinden, und nun war der bayerische Ministerpräsident nicht aufzufinden.

Nach ausgiebiger Diskussion verständigten Albrecht, Filbinger, Röder und ich uns schließlich darauf, den Polenverträgen zuzustimmen. Motoren dieses Votums waren eindeutig der Saarländer Röder und der Niedersachse Albrecht, die dabei natürlich auch an einen potentiellen Koalitionspartner FDP in ihrem Bundesland dachten. Beide Politiker strebten eine Regierungskoalition mit den Liberalen an, beide waren sie aber auch davon überzeugt, dass das nachgebesserte Vertragswerk nicht mehr abgelehnt werden konnte, wollte man sich nicht von der außenpolitischen Bühne der Bundesrepublik verabschieden.

Kurz vor Mitternacht stieß der bis dahin weder für uns noch für Franz Josef Strauß erreichbare Alfons Goppel zu uns. Womit kaum jemand von uns gerechnet hatte: Goppel schloss sich dem Votum der CDU-regierten Bundesländer an. Er wollte die gemeinsame Linie der Union erhalten und ließ erkennen, dass er in wenigen Stunden im Bundesrat für die Verträge stimmen werde. Und das, obwohl sich die Parteispitze der CSU fast zur selben Zeit noch einmal auf ein Nein festgelegt hatte.

*

Einstimmig verabschiedete der Bundesrat am Vormittag des 12. März 1976 die Gesetzesvorlage der Bundesregierung über die deutsch-polnischen Abkommen. Bundespräsident Walter Scheel unterzeichnete das Gesetz noch am gleichen Tag. Eigentlich hatte die SPD am nächsten Tag schon seit langem vorbereitete Flugblätter verteilen wollen, in denen sie die »Sonthofen-Strategie« des Franz Josef Strauß anprangerte und dass sich der Bayer gegen den Kanzlerkandidaten der Union wieder einmal durchgesetzt hatte. Nichts davon stimmte, nichts entsprach den Tatsachen. Die SPD-Wahlkampfstrategen hatten eine unerwartete Niederlage erlitten und mussten ihre Flugblätter einstampfen.

Mit dem klaren Votum für die Polenverträge hatte sich nicht nur die politische Vernunft durchgesetzt. Wir hatten eine Menge erreicht, und die Geschichte sollte uns recht geben: Wir hatten für die Menschen im kommunistisch beherrschten Polen für viel Geld das denkbar Beste herausgeholt. Und noch etwas traf zu: Die Einheit der Unionsparteien im Wahljahr 1976 war eine Menge wert. Das wog auch den Streit mit Franz Josef Strauß auf.

*

Dass ich als CDU-Bundesvorsitzender und Mainzer Ministerpräsident nicht nur ein erfolgreicher Innenpolitiker war, sondern auch außenpolitische Ambitionen hatte, schien den meisten politischen Beobachtern verborgen geblieben zu sein. Die politischen Gegner in der SPD/FDP-Koalition wollten anscheinend nicht wahrhaben, dass ich über beste Kontakte vor allem zu den führenden Politikern der Westmächte in Amerika, Frankreich und Großbritannien verfügte. Vor allem die SPD-Propagandisten stellten mich als außenpolitisch tumben Tor hin. Dem Pfälzer sollte jede außenpolitische Kompetenz abgesprochen werden. Er war eben ein Mann aus der Provinz, und mit dieser Kampagne wollte man erreichen, dass er dort auch blieb.

Nicht erst als Kanzlerkandidat der Unionsparteien pflegte ich intensive Kontakte zu unserem wichtigsten Verbündeten, den USA. Allein die Präsenz der amerikanischen Truppen in Rheinland-Pfalz brachte mich häufiger mit wichtigen Repräsentanten der Alliierten zusammen als manchen Bonner Bundesminister. Nachholbedarf in außenpolitischer Kontaktpflege hatte ich allenfalls in einigen Ostblockstaaten. Mitte 1976 besuchte ich zusammen mit Hannelore vier Tage lang Jugoslawien, wo ich unter anderem einen ausführlichen Gedanken- und Informationsaustausch mit dem Staatspräsidenten Marschall Josip Broz Tito hatte. Das eineinhalbstündige Gespräch mit dem vierundachtzig Jahre alten Politiker fand in einer wenig angenehmen Atmosphäre statt. Der Kroate Tito hatte 1912 in Mannheim in einer Automobilfabrik gearbeitet und konnte offensichtlich gut Deutsch. In unserem Gespräch wollte er aber auf die Erfahrungen aus seiner Jugend nicht eingehen.

Mein dreitägiger Besuch in Bulgarien verlief in einer freundlichen, aber distanzierten Atmosphäre. Viel war mit Todor Schiwkow, dem Hardliner unter den kommunistischen Führern des Balkans, allerdings nicht anzufangen. Im Mittelpunkt unseres Gesprächs standen Wirtschaftsfragen.

Bei meinem zweitägigen Aufenthalt in Rumäniens Hauptstadt Bukarest empfing mich Nicolae Ceaușescu, der unumschränkte kommunistische Herrscher des armen Balkanlands, wie einen

Staatsgast. Was wir hier erlebten und zu sehen bekamen, war für uns unvorstellbar. Ceauşescu und vor allem seine Frau hatten sich alle Embleme eines regierenden Fürsten zugelegt. Der Byzantinismus, den man in seiner Umgebung beobachten konnte und den er offensichtlich erwartete, war durch nichts zu überbieten. Offenbar war er nicht nur der Meinung, dass ihm dieser ganze »Hofstaat« zustünde, sondern dass das die angemessene Darstellung seiner Politik sei. Seine Arroganz, auch im Umgang mit seinen wichtigsten Mitarbeitern und den Ministern, war ebenso maßlos wie sein Zynismus.

Diese Szenen unseres Aufenthalts in Bukarest sind mir unvergessen. Und als ich 1990 rein zufällig im französischen Fernsehen die Bilder von Ceauşescus Hinrichtung sah, haben Hannelore und ich uns an die damaligen Eindrücke erinnert.

Bei unserem Besuch 1976 signalisierte dieser Mann, der sich innerhalb des Warschauer Pakts durch seine eigenwillige Außenpolitik profiliert hatte, auf mehrfache Weise, dass er nichts gegen einen Regierungswechsel in Bonn einzuwenden haben würde. Überhaupt hatte ich den Eindruck, als würden die Balkan-Diktatoren in mir den künftigen Bonner Kanzler sehen. Jedenfalls behandelten sie mich so.

In Wahlkampfzeiten gehört es zum guten Brauch, dass sich der Herausforderer des amtierenden Kanzlers in den Hauptstädten unserer Verbündeten zeigt und sich als potentieller Regierungschef von morgen vorstellt. So absolvierte ich in den Jahren 1975 und 1976 gezielt ein umfangreiches außenpolitisches Besuchsprogramm. Dabei wurde ich überall wohlwollend und mit viel Sympathie aufgenommen – vor allem in Paris, London und Washington.

Ganz anders verlief mein Besuch in der Sowjetunion Ende September 1975. Die Gespräche in Moskau mit dem Ministerpräsidenten der UdSSR Alexey N. Kossygin und zahlreichen anderen hohen Repräsentanten des sowjetischen Riesenreichs verliefen reibungslos und stießen auf beiderseitiges lebhaftes Interesse. Dann jedoch erschien in der sowjetischen Parteizeitung ein scharfer Angriff gegen Franz Josef Strauß, den ich nur als Unverschämtheit bezeichnen konnte. Der Artikel strotzte vor Unterstellungen und Bösartigkeiten. Ich protestierte gegen diese Diffamierung meines politischen Weggefährten und sagte für den 26. September 1975 alle Gesprächstermine ab. Erst als mir von höchster Stelle versichert wurde, zwischen dem *Prawda*-Artikel und meinem gegenwärtigen Besuch bestünden keinerlei Zusammenhänge, erklärte ich mich bereit, mein Besuchsprogramm fortzusetzen.

Das Ergebnis der achttägigen Reise fiel dann alles in allem doch noch befriedigend aus. Wie ein roter Faden hatte sich durch alle Gespräche mit den sowjetischen Politikern die Absicht der sowjetischen Führung gezogen, die Politik der Zusammenarbeit mit der Bundesrepublik auf allen Gebieten weiterzuentwickeln, und zwar mit allen politisch verantwortlichen Kräften, ohne Rücksicht auf das jeweilige letzte Wahlergebnis. Ich hatte einen offenen und kontroversen Meinungsaustausch erlebt, bei dem ich deutlich gemacht habe, dass sich die Deutschen mit der Teilung niemals abfinden werden.

So hatte ich bis zum Wahltag im Oktober 1976 unter Beweis gestellt, dass ich mich nicht nur in Ost wie in West sicher auf dem außenpolitischen Parkett bewegen konnte, sondern auch die elementaren außenpolitischen Interessen der Bundesrepublik vertrat und wenn nötig verteidigte. Zwischen Helmut Schmidt und mir gab es in Fragen der Außenpolitik ohnehin die geringsten Differenzen. Ganz anders dagegen fiel der Vergleich sozialdemokratischer Parteitagsbeschlüsse mit außenpolitischen Leitlinien der Union aus. Hier ging die Schere weit auseinander. Auch darüber wurde während der heißen Wahlkampfphase heftig gestritten.

18.
Kernmannschaft

Wenn wir die Bundestagswahl 1976 gewinnen und eine bessere Politik für die Bundesrepublik Deutschland verwirklichen wollten, musste die Partei mit einem überzeugenden Sachprogramm und einem überlegenen Personalangebot die für einen Wahlsieg erforderlichen etwa 15 Prozent Wechselwähler für sich gewinnen. Knapp ein Jahr vor der Bundestagswahl forderte ich den Bundesvorstand auf, geschlossen gegen Kampagnen der politischen Gegner sowie gegen Defätismus aufzutreten. Wie mit der CSU-Führung vereinbart, kündigte ich die Einsetzung einer Arbeitsgruppe unter der Leitung der Generalsekretäre von CDU und CSU an, die alsbald mit der Vorbereitung eines gemeinsamen Wahlprogramms beginnen sollte.

Der 20. Oktober 1975 war ein ganz normaler Bonner Arbeitstag mit den üblichen Terminen und Gremiengesprächen. Parteivorsitzender und Kanzlerkandidat – das waren zwei Ämter, die mich ganz und gar forderten und vereinnahmten, die mich aber auch voll zufriedenstellten. Doch dieser Tag in der Bundeshauptstadt nahm am späten Nachmittag ein abruptes Ende: Hannelore rief an, um mir zu sagen, dass mein Vater soeben verstorben war. Mit achtundachtzig Jahren war er in ihren Armen eingeschlafen. Hannelore hatte sich in den vergangenen Wochen und Monaten rührend um ihn gekümmert. Mein Vater liebte seine Schwiegertochter, und sie war ihm eng verbunden. Sein Tod war ein schwerer Schicksalsschlag für die ganze Familie, besonders natürlich für meine Mutter.

Jetzt traten die Wahlkampfvorbereitungen in den Hintergrund, die Politik hatte Pause. Es ging um meinen Vater, um seinen Tod und um meine Trauer. Ich fuhr nach Ludwigshafen und ließ alles andere ruhen.

Hannelore hatte sich schon lange um das Wohlergehen meiner Eltern gekümmert. Zwei- bis dreimal in der Woche hielt sie sich bei ihnen auf, rief in der übrigen Zeit öfters an und schickte immer wieder Freunde und Bekannte vorbei, weil sie von der Angst geplagt wurde, den beiden über Achtzigjährigen könne etwas zustoßen, ohne dass Hilfe zur Stelle wäre.

Viel Zeit zum Trauern blieb mir nicht. Vielleicht war der Termindruck, dem ich nun in besonderem Maße ausgesetzt war, auch ein Mittel, um über den Verlust des Vaters leichter hinwegzukommen. Vergessen konnte ich ihn nicht. Politisch interessiert, wie er war, hatte er meinen Weg mit Wohlwollen und Stolz begleitet. Erleben durfte er den Höhepunkt meiner Karriere nicht mehr. Meine Besuche an seinem Grab waren keine Pflichtübung, sondern ein Bedürfnis, dem ich so häufig nachkam, wie es meine Zeit erlaubte.

*

Anfang November 1975 stellte ich nach schwierigen Gesprächen mit Franz Josef Strauß eine begrenzte und nicht auf Ressorts ausgerichtete Kernmannschaft vor, zu der der schleswig-holsteinische Ministerpräsident Gerhard Stoltenberg ebenso zählte wie der baden-württembergische Bundestagsabgeordnete Manfred Wörner und der hessische CDU-Vorsitzende Alfred Dregger. Die Benennung der weiteren Führungsmannschaft stellte ich für Mitte des Jahres 1976 in Aussicht.

Die Diskussionen mit Franz Josef Strauß bedrückten mich in diesen Wochen und Monaten sehr. Ob Kernmannschaft oder Führungsmannschaft: Er wollte nicht nur ständig mitreden, sondern am liebsten selbst bestimmen, welche Persönlichkeiten aus dem Unionslager im Wahlkampf herausgestellt würden und wen er nicht an vorderster Front sehen wollte. Meinen unbedingten Wunsch, Kurt Biedenkopf in die Kernmannschaft aufzunehmen, lehnte er entschieden ab.

Kollegen wie Walter Wallmann, Karl Carstens und Richard Stücklen versuchten zwischen uns beiden zu vermitteln – mit mäßigem Erfolg. Oft sah es so aus, als sei der Bruch zwischen Strauß und mir kaum mehr zu vermeiden. Er hätte allerdings unsere Gewinnchancen für 1976 zunichte gemacht. Nur deshalb ließ ich es nicht zum Äußersten kommen und versuchte immer wieder, eine Verständigung zu erreichen.

Wenn ich geglaubt hatte, das Thema vierte Partei sei seit geraumer Zeit endgültig vom Tisch, musste ich mich Ende November 1975 eines Schlechteren belehren lassen: Aus Kreisen der Industrie erhielt ich die Information, dass der CSU-Vorsitzende bei einem Geheimtreffen mit Industriellen vornehmlich aus Nordrhein-Westfalen verkündet hatte, er sei nach wie vor Anhänger einer vierten Partei, sehe aber ein, dass es keinen Zweck habe, noch für den jetzigen Bundestagswahlkampf die CSU auf Bundesebene auszudehnen. Wenn sich im Gegenzug die CDU in Bayern etablieren würde, habe er damit kein Problem. Er verspreche sich von der vierten Partei ein Plus von etwa 2 Prozent, und damit könne die absolute Mehrheit von CDU/CSU erreicht werden. Insbesondere hege er die Hoffnung, dass die »rechten« Wähler der FDP zu einer bundesweiten CSU überlaufen würden, so dass sich der Wähleranteil der CDU/CSU also tatsächlich erweitern würde. Nach dieser vertraulichen Information musste ich in Zukunft mit allem rechnen.

*

Diese Querelen kosteten viel Kraft. Dabei galt es dringender denn je, sich mit den politischen Gegnern, namentlich der SPD, auseinanderzusetzen. Auf dem Münchner SPD-Parteitag im November 1975 bezeichnete der Parteivorsitzende Willy Brandt die Union als regierungsunfähig und als politisches Sicherheitsrisiko. Das waren unglaubliche Sätze. Ich konterte mit dem Hinweis darauf, dass die CDU in zwanzig Jahren Regierungsverantwortung die Basis für die Sicherheit unseres Staates geschaffen habe. Brandt habe offenbar nicht überwunden, dass er von seiner eigenen Partei gestürzt

Die Führungstroika der SPD:
Helmut Schmidt, Herbert Wehner, Willy Brandt (1980)

worden war, weshalb er wild um sich schlage und Andersdenken-
de als Reaktionäre, Nationalisten und Sicherheitsrisiko verun-
glimpfe. Dabei sei Brandt der letzte, der mit der Miene des Bieder-
manns von Sicherheitsrisiko reden dürfe. Brandt, der einmal im
Namen des Friedens ausgezeichnet worden sei, verspiele sein ver-
bliebenes Ansehen endgültig, wenn er skrupellos den Unfrieden in
unserem Land schüre und die gemeinsame Basis der demokratischen Parteien zerstöre.

In dieser Auseinandersetzung zeigte sich die Doppelstrategie der
SPD: Brandt und Wehner waren für die Verunglimpfung und Ver-
leumdung der politisch Andersdenkenden und den verbalen Bür-
gerkrieg zuständig und sollten so von der inneren Zerrissenheit
und Handlungsunfähigkeit der SPD ablenken. Gleichzeitig präsentierte sich Helmut Schmidt wie ein Bürgerkanzler, der mit der SPD

gar nichts zu tun hat, und war doch in Wahrheit ihr stellvertretender Vorsitzender. Die »Sicherheitspolitik« der SPD seit 1969 ergab eine traurige Bilanz: Unsicherheit und Misstrauen in den Betrieben und in der Wirtschaft, Unsicherheit der Arbeitsplätze und zwei Millionen Arbeitslose und Kurzarbeiter, Unsicherheit über die weitere Wirtschaftsentwicklung, Unsicherheit über die Stabilität der Preise, unsichere Staatsfinanzen, schwindendes Vertrauen in die soziale Sicherheit der Bürger.

Bereits im zu Ende gehenden Jahr 1975 ließ sich erahnen, mit welcher Härte die SPD den Wahlkampf zu führen gedachte. Vor allem ich würde den Genossen in den kommenden Monaten als Zielscheibe dienen. Ich spürte, dass die Wahlauseinandersetzung letztendlich auf einen Zweikampf zwischen Helmut Schmidt und mir hinauslaufen würde.

19.
Mainzer Bilanz

Ob in der Kommunal-, Landes- oder Bundespolitik, immer geht es um Menschen, um Schicksale von Bürgern, für die wir Politiker Mitverantwortung tragen. Fünfzehn Jahre lang wirkte ich in Mainz als Fraktionsvorsitzender und Ministerpräsident. Meine letzte Wahl in dieses Amt am 20. Mai 1975 verlief alles andere als routinemäßig. Von den einhundert Abgeordneten des Mainzer Landtags entfielen fünfundfünfzig Stimmen auf mich. Fünf Abgeordnete enthielten sich der Stimme. Mein Gegenkandidat und Herausforderer, der SPD-Landesvorsitzende und Oppositionsführer Wilhelm Dröscher, bekam vierzig Stimmen. Er zählte zu den ersten Gratulanten. Nach meiner Vereidigung war das neue Kabinett an der Reihe.

Gemäß dem Landtagswahlergebnis, das uns die absolute Mehrheit der Mandate gebracht hatte, stellte ich dem Parlament die Minister vor, die ich nach Artikel 98 unserer Landesverfassung zuvor ernannt hatte:

- den Landtagsabgeordneten Johann Wilhelm Gaddum zum Minister der Finanzen,
- den Landtagsabgeordneten Dr. Heinrich Geißler zum Minister für Soziales, Gesundheit und Sport,
- den Landtagsabgeordneten Heinrich Holkenbrink zum Minister für Wirtschaft und Verkehr,
- den Landtagsabgeordneten Otto Meyer zum Minister für Landwirtschaft, Weinbau und Umweltschutz,
- den Landtagsabgeordneten Heinz Schwarz zum Minister des Innern,

- den Landtagsabgeordneten Otto Theisen zum Minister der Justiz,
- den Landtagsabgeordneten Dr. Bernhard Vogel zum Kultusminister.
- Zu meinem Stellvertreter bestimmte ich Minister Otto Meyer.

Dann las Landtagspräsident Albrecht Martin aus der Urfassung der Verfassung des Landes Rheinland-Pfalz den Eid vor, der nacheinander von den Ministern durch ihre Eidesformel bestätigt wurde:

»Ich schwöre bei Gott dem Allmächtigen und Allwissenden, dass ich mein Amt unparteiisch, getreu der Verfassung und den Gesetzen zum Wohle des Volkes führen werde, so wahr mir Gott helfe!«

Die Riege der Minister konnte sich sehen lassen. Die meisten von ihnen hatten ihr Amt bereits in der vergangenen Legislaturperiode ausgeübt und konnten herausragende Leistungen vorweisen. Ich sah keinen Grund, größere Veränderungen vorzunehmen. Diese Kollegen hatten sich in der Vergangenheit durch harte, erfolgreiche Arbeit qualifiziert und boten für die nächste Legislaturperiode die Garantie, dass auch die neue Regierung gleich gute Leistungen bringen würde.

Gemeinsam konnten wir in meinen Mainzer Jahren viel bewegen. Immerhin galt die rheinland-pfälzische Landesregierung bei vielen, die parteipolitisch nicht blind waren, als eine der effizientesten Landesregierungen in der Bundesrepublik. Und was für mich sehr wichtig war: Die meisten meiner Mainzer Kollegen waren langjährige Weggenossen und Freunde und blieben gute Kameraden zu allen Zeiten.

Bei aller Härte der Auseinandersetzungen im Ministerrat, in der Landtagsfraktion und im Landtag war die Kameradschaft auch unter politischen Gegnern eine wichtige Klammer, bei der Freund-Feind-Denken keinen Platz hatte. Als der langjährige Fraktionsvorsitzende der SPD, Otto Schmidt, 1969 starb, ordnete ich ein Staatsbegräbnis für den verdienten Parlamentarier an, der mir und meiner Partei das Leben im Mainzer Landtag wahrlich nicht leicht gemacht hatte. Ich erwähne das nur, um deutlich zu machen, dass mich der Respekt vor seiner politischen wie menschlichen Größe dazu veranlasste, eine solche Entscheidung zu fällen. Nie zuvor war einem Fraktionsvorsitzenden eine solche Ehre zuteil geworden.

Im Ministerrat herrschte eine gediegene und mitunter sehr anstrengende Arbeitsdisziplin, die stets verbunden war mit menschlicher Wärme und spürbarer Kameradschaft. Gleiches galt für die Landtagsfraktion, die auch unter der Führung des späteren Innenministers Kurt Böckmann effektiv arbeitete und fest in alle landespolitischen Entscheidungen eingebunden war.

In der Staatskanzlei wie in den Ministerien gab es hervorragende Experten unter der hohen Beamtenschaft, die für unser Land Leistungen erbrachten, die viel zu selten gewürdigt werden. In Mainz lernte ich den Sachverstand dieser hochqualifizierten Berufsgruppe schätzen. Wie abwegig ist die immer wieder anzutreffende Arroganz von Leuten aus Wirtschaft und Industrie gegenüber der Beamtenschaft. Im Lauf der Jahre, auch als Kanzler der Bundesrepublik, wurde mir in vielfacher Form bestätigt, dass es nicht den geringsten Grund für Überheblichkeit gegenüber den leitenden Mitarbeitern im Staatsdienst gab. Das gilt insbesondere auch für die prägenden Erfahrungen in den dramatischen Monaten und Jahren des Kampfs um die deutsche Einheit.

Während der Mainzer Zeit hatte ich die große Chance, Landespolitik als hohe Schule für politisches Handeln zu erleben. Politik fand in einem überschaubaren Rahmen statt. In unserem Land mit damals 3,6 Millionen Einwohnern konnte ich mich als Regierungschef um viel mehr Details kümmern als in anderen politischen Positionen. Die Menschen kamen wegen ganz praktischer Dinge zu mir, die sie vor Ort beschäftigten, seien es Umgehungsstraßen oder die Schnakenplage. Als Landespolitiker erfuhr ich die prägende Kraft für meine Zukunft. Mainz war nie ein Raumschiff, in dem es schwerfiel, sich zurechtzufinden. Bonn und noch mehr Berlin dagegen waren schon eher Raumschiffe, aus deren Sicht lokale politische Probleme kaum mehr vorkamen.

Die Mainzer Jahre
1969: Die Vereidigung (o.li.); 1970: Österreichs Bundes-
präsident Franz Jonas (o.re.); 1972: Bundespräsident Heinemann
und König Olaf von Norwegen (Mi.li.); 1973: Im Manöver mit
französischen Streitkräften (Mi.re.); 1974: Ordensverleihung
an Fritz Walter im Stadion auf dem Betzenberg (u.)

1975: *Der japanische Kronprinz Akihito mit seiner Frau
Michiko* (o.li.); 1975: *»Mainz, wie es singt und lacht«* (o.re.);
1976: *Der Mainzer Kardinal Hermann Volk* (Mi.li.); 1976: *Mit
Horst Teltschik vor dem Palais Schaumburg* (Mi.re.);
1976: *Wahlkundgebung in Mainz* (u.)

Die letzten Jahre der Mainzer Landespolitik waren vor allem geprägt vom intensiven Bemühen, Arbeitsplätze zu erhalten und zu schaffen, in der Bildungspolitik und in der Sozialpolitik neue Standards zu setzen. Hier ist zum Beispiel die Einrichtung von Kindergärten zu nennen, insbesondere das erste Kindergartengesetz in der Bundesrepublik Deutschland von 1970, das eine qualifizierte Ausbildung der Kindergärtnerinnen vorsah, aber auch die Einrichtung von sogenannten Sozialstationen, ambulanten Hilfezentren mit examinierten Krankenpflegerinnen und -pflegern.

Zur Bilanz meiner Ministerpräsidentenzeit gehören natürlich die Verwaltungs- und Strukturreform und die Schaffung der Verbandsgemeinden genauso wie die besonderen Anstrengungen in der Bildungspolitik. Die Schulreform mit der verbesserten Lehrerausbildung war wohl eines der langwierigsten politischen Projekte. Auf die Neugründung der Universitäten Trier und Kaiserslautern, die ein Jahr vor meinem Abschied aus Mainz ihre Selbständigkeit erhielten, bin ich noch heute stolz.

In der Verkehrsentwicklung, dem Straßenbau und der Infrastruktur hatte das Mainzer Kabinett Pläne entwickelt und realisiert, deren positive Wirkung erst nach meiner Amtszeit erkennbar wurde, so zum Beispiel die linksrheinische Autobahn A 61, die den Norden um Koblenz, Neuwied und Andernach mit dem Süden des Landes verbindet, mit der Pfalz, Ludwigshafen, Neustadt und Landau. Erst damit waren das Rheinland und die Pfalz verkehrstechnisch erschlossen. Die Autobahnen Koblenz–Trier–Hermeskeil–Kaiserslautern–Ludwigshafen waren im Westen und Süden unseres Landes ebenso wichtig.

Offenbar war es uns auch gelungen, dem »Jungen Land mit Zukunft« – so unser Wahlkampfslogan über viele Jahre – eine Akzeptanz in weiten Teilen der Bevölkerung zu sichern. Das zeigten eindrucksvoll einige Volksentscheide nach Artikel 29 des Grundgesetzes, die 1975 in den Regierungsbezirken Koblenz, Trier, im früheren Regierungsbezirk Montabaur und in Rheinhessen durchgeführt wurden: Weit über 60 und bis zu 75 Prozent der Befragten votierten für einen Verbleib in Rheinland-Pfalz.

Die für das Land so wichtigen Entscheidungen des Bundesrats

Hannelore war eine sehr populäre First Lady

nahmen in Fraktion, Ministerrat und Landtag breiten Raum ein. Die Koordinierung des Abstimmungsverhaltens des Landes in der Bonner Länderkammer und meine Anstrengungen, die CDU/CSU-geführten Länder auf eine gemeinsame Linie zu bekommen, kosteten mich viel Zeit und Arbeitskraft. Ich erinnere nur an die Ostverträge. Haushalts- und Finanzfragen bestimmten den Regierungsalltag, den ich auch im Wahljahr 1976 nicht aus den Augen verlor. So war das Jahr 1976 in physischer wie psychischer Hinsicht eines der anstrengendsten Jahre meines Lebens. Größere Herausforderungen hatte ich bis dahin noch nicht erlebt.

Schaffen konnte ich das alles vor allem auch deswegen, weil mir Hannelore trotz ihrer Vorbehalte, was mein bundespolitisches Engagement betraf, fest zur Seite stand. Als Landesmutter wirkte sie auf vielen Ebenen der Politik. Die attraktive und engagierte First Lady hatte sich, gerade dreiundvierzig Jahre alt, mit ihrer besonderen Rolle an meiner Seite schnell angefreundet. Ihre kessen Auftritte sind Legende. Es machte ihr sichtlich Spaß, Kontakte zu pflegen, mit Menschen umzugehen, nicht nur repräsentative Veranstaltungen wahrzunehmen, sondern vor allem im sozialen Bereich neue, eigene Wege einzuschlagen. Ihre Popularität in Rheinland-Pfalz war äußerst hoch, und sie genoss den Zuspruch der Menschen.

Das Geheimnis dieses Erfolgs, den sie später auch auf der internationalen Bühne hatte, war ihre Fähigkeit, sich den Menschen vorbehaltlos zu nähern, auch völlig Andersdenkenden. Hannelore konnte sich wirklich öffnen, geduldig zuhören, auch spontan reagieren und im Ernstfall ihre Hilfe und Unterstützung anbieten. Ich spürte, wie sehr es ihr Spaß machte, sich so zu geben, wie sie war. Das mochten die Leute, das machte sie so ungewöhnlich erfolgreich.

20.
Wahlvorlauf

Kein Jahr ohne Wahlen. Im Bundestagswahljahr 1976 wurde der Landtag von Baden-Württemberg neu gewählt. Wieder einmal brachte es die CDU unter der Führung von Hans Filbinger auf ein außerordentlich gutes Ergebnis. Im Vergleich zu 1972 legte sie bei der Wahl am 4. April 1976 noch einmal kräftig um fast vier Prozentpunkte zu und kam auf 56,7 Prozent. Die SPD sackte um über 4 Punkte ab und kam nur noch auf 33,3 Prozent der Stimmen. Auch die FDP verlor über 1 Prozent.

In Baden-Württemberg war uns der Vorlauf zur Bundestagswahl wirklich gelungen. In den Großstädten verzeichneten wir großen Zuspruch, vor allem registrierten wir noch nie dagewesene Stimmzuwächse aus der Arbeitnehmerschaft. Das musste Konsequenzen haben: Die gezielte Ansprache der Arbeiter, insbesondere der Facharbeiter, gewann besondere Bedeutung für die heiße Phase des Bundestagswahlkampfs.

Anfang Januar 1976 informierte ich die Spitzengremien meiner Partei, dass es uns gelungen war, den langjährigen Generalintendanten des österreichischen Rundfunks Gerd Bacher als politisch-publizistischen Berater für den Bundestagswahlkampf zu gewinnen. An Gerd Bacher, den ich seit Jahren kannte und mit dem ich mich mehrfach an meinem Urlaubsort St. Gilgen getroffen hatte, schätzte ich vor allem seine journalistische und politische Kompetenz. Früher ein erfolgreicher Zeitungsjournalist und Blattmacher, kannte sich Bacher nicht nur in der Medienlandschaft besonders gut aus, sondern war ein gebildeter und politisch feinsinniger Kopf, auf dessen Rat ich baute. Bacher hatte den ORF zu einem international anerkannten Sender geformt und war aus politischen

*Mit Hans Filbinger, dem baden-württembergischen
Ministerpräsidenten*

Gründen von der sozialistischen Regierung unter Bruno Kreisky
abgelöst worden.

Jetzt gehörte er zum kleinen Kreis meiner wichtigsten Berater.
Ihm vertraute ich die publizistische Strategie im Bundestagswahlkampf an. Ein weiterer Schwerpunkt seiner Beratertätigkeit lag
in der Außen- und Wirtschaftspolitik. Der Salzburger, fünf Jahre
älter als ich, entwickelte sich zu einem unentbehrlichen Helfer,
dem ich viel zu verdanken habe.

*

Nicht zuletzt auf meine Anregung hin wurde Ende April 1976
die Europäische Volkspartei (Föderation der christlich-demokratischen Parteien der Europäischen Gemeinschaft) in Brüssel gegründet. Mitglieder waren außer den deutschen Unionsparteien Partei-
en aus Irland, den Niederlanden, Belgien, Luxemburg, Frankreich
und Italien sowie erstmals die Südtiroler Volkspartei. Nicht vertreten waren die Briten und Dänen. Zum Vorsitzenden der Europäischen Volkspartei (EVP) wurde Anfang Juli 1976 der belgische

Ministerpräsident Leo Tindemans gewählt. Neben acht weiteren Spitzenpolitikern der CDU gehörte auch ich selbst zu den ersten Mitgliedern des EVP-Präsidiums. Die EVP-Gründung war ein wichtiger Meilenstein auf dem Weg zum vereinten Europa, vor allem auf dem Weg zu den ersten Europa-Wahlen 1978.

Das Thema Europa stand auch im Mittelpunkt unseres 24. Bundesparteitags, den wir vom 24. bis 26. Mai 1976 unter dem Motto »Aus Liebe zu Deutschland – Freiheit statt Sozialismus« in Hannover abhielten. Der von der Bonner Regierungskoalition propagierten Entspannungs- und Normalisierungspolitik stellten wir ein Programm zur Überwindung der deutschen Teilung in einem geeinten Europa freier Menschen und zur Festigung des Atlantischen Bündnisses entgegen.

Einen ganzen Tag lang beschäftigten wir uns mit dem Thema Europa, suchten Argumente, um mit allen Kräften auf die Einheit Europas hinzuwirken. Wir verabschiedeten ein Europäisches Manifest, in dem noch einmal unsere Forderung ausführlich begründet wurde, ohne Verzug an die Verwirklichung eines europäischen Bundesstaats zu gehen. Zentrale Aussagen dieses Manifests waren das Bekenntnis der CDU zur Schaffung eines von allen Bürgern gewählten europäischen Parlaments mit umfassenden Gesetzgebungs- und Kontrollrechten, zu einer europäischen Regierung, die allein diesem Parlament verantwortlich sein sollte, zur Schaffung einer europäischen Staatenkammer, die eine dem deutschen Bundesrat vergleichbare Funktion haben sollte, und zu einem europäischen Gerichtshof, der die Auslegung und Anwendung der europäischen Rechtsprechung zu überwachen hatte.

Als Zeichen der Verbundenheit zwischen der CDU und ihren europäischen Schwesterparteien waren auf dem Parteitag erschienen: der belgische Ministerpräsident Leo Tindemans, der Generalsekretär der italienischen Democrazia Cristiana Amintore Fanfani, die Vorsitzende der britischen Konservativen Margaret Thatcher, der französische Justizminister Jean Lecanuet, der Obmann der Österreichischen Volkspartei Josef Taus sowie der Vizepräsident der EG-Kommission, der Konservative Sir Christopher

Soames. In ihren Grußworten kam der Wunsch nach einer Einigung Europas zum Ausdruck.

Margaret Thatcher setzte sich in scharfer Form mit dem Sozialismus auseinander. Seit mehr als fünfzig Jahren, argumentierte sie, würden wir in einem intellektuellen Klima leben, in dem vom Staat getroffene Entscheidungen so dargestellt würden, als seien sie moralisch und praktisch besser als die Entscheidungen des einzelnen. In der Geschichte dieses Jahrhunderts gebe es jedoch keine Beweise für diese Behauptung, im Gegenteil. Alles deute darauf hin, »dass man die Gefahr der Tyrannei erhöht, je mehr man das Entschlussvermögen des einzelnen beschneidet«. Als Gegengewicht zur Sozialistischen Internationale sei eine Allianz der Parteien der Mitte Europas erforderlich, die sich beharrlich für den Erhalt der Freiheit einsetzen müsse, meinte die kämpferische Parteivorsitzende. In deutscher Sprache schloss Margaret Thatcher: »Ihr eigenes Wahlmotto drückt es aus: Aus Liebe zu Deutschland – Freiheit statt Sozialismus.«

In meiner Rede zum Europa-Manifest unterstrich ich, für die Wiederaufnahme der europäischen Einigung sei es höchste Zeit. Die gegenwärtige Stagnation bedeute bereits einen Rückschritt. Noch in diesem Jahrzehnt müsse der entscheidende Durchbruch zur europäischen Einigung erzwungen werden und der qualitative Sprung in die Europäische Union sei nur durch eine gemeinsame Wirtschafts- und Sicherheitspolitik möglich. Ich warnte vor dem Entstehen eines linken Neonationalismus und warf der SPD vor, ihre Chance in Europa nicht genutzt zu haben. Die Schulmeisterei des Bundeskanzlers, seine Reden von der angeblichen Zahlmeisterrolle Deutschlands, seine Schelte für die europäischen Institutionen hätten zur gegenwärtigen Stagnation in der europäischen Entwicklung beigetragen.

Die Einheit Europas ist keine Sache, die allein von den Regierenden ausgehen kann. Sie muss auch von den Völkern mitgetragen werden. Es ist eine Sache von Herz und Verstand. In dem Europäischen Manifest der CDU hieß es unter anderem, die Europäer hätten eine gemeinsame Geschichte, eine gemeinsame Kultur und eine gemeinsame Zivilisation. Wichtigste Gemeinsamkeit sei die der

Auf dem Europa-Parteitag in Hannover (Mai 1976)

Werte: Freiheit, Gerechtigkeit und Solidarität. Wo sie bedroht würden, sei Europa bedroht. Nur wenn alle Europäer ihre Kraft vereinten, werde es gelingen, die Freiheit zu verteidigen, die Lebensverhältnisse zu verbessern und größere soziale Gerechtigkeit durchzusetzen. In keiner Partei sei der Wille zur Einigung Europas tiefer verankert als in der CDU.

Auf dem Parteitag in Hannover schlugen wir außerdem vor, einen Ausschuss des Europaparlaments zu bilden, der einen Entwurf für eine europäische Verfassung ausarbeiten sollte. Wenn man überlegt, dass es im Jahr 2003 endlich tatsächlich einen solchen Verfassungsentwurf gibt, war meine Partei 1976 von einer einmaligen Weitsichtigkeit in ihren europapolitischen Vorstellungen.

Um die Sicherheit Europas zu gewährleisten, hielten wir eine gemeinsame Sicherheits- und Außenpolitik der Europäischen Gemeinschaft für nötig, wobei der Festigung der Beziehungen und des Bündnisses mit den Vereinigten Staaten besonderes Gewicht beizumessen sei.

Auf unser Europäisches Manifest aus dem Jahr 1976 bin ich rückblickend außerordentlich stolz. Die damaligen politischen Forderungen klingen noch heute verblüffend aktuell und zeigen, wie tief der europäische Gedanke in meiner Partei verwurzelt ist. Vieles von dem, was damals in unser Manifest hineingeschrieben wurde, durfte ich im Laufe der Jahre mithelfen zu verwirklichen.

*

Neben diesem europapolitischen Schwerpunktthema wurden auf dem Parteitag, hundertdreißig Tage vor der Bundestagswahl, beinahe routinemäßig die Rechenschaftsberichte der Parteispitze vorgetragen und zustimmend entgegengenommen. Im Mittelpunkt des letzten Tags der Parteiversammlung stand das gemeinsame Wahlprogramm von CDU und CSU zur Abstimmung, das der Bundesvorstand vorgelegt hatte. Dieses Wahlprogramm, das Kurt Biedenkopf in seiner Eigenschaft als Generalsekretär erläuterte, war die Grundlage des vor uns liegenden Wahlkampfs, die Grundlage der Auseinandersetzung mit dem politischen Gegner. Aber es war auch eine Demonstration der Einheit der Unionsparteien.

Der *erste* Schwerpunkt stand unter der Überschrift: »Wir wollen Frieden, Freiheit und Sicherheit für Deutschland, Europa und die Welt.« Die hier getroffenen Aussagen befassten sich mit der großen Bedeutung der Europapolitik und der Außenpolitik, die wir am Tag zuvor kraftvoll demonstriert hatten.

Das *zweite* Schwerpunktthema war der Situation im Inneren unserer Gesellschaft gewidmet: »Wir wollen die freie, gerechte und solidarische Gemeinschaft.« Unter diesem Leitsatz wollten wir die Grundlagen des freiheitlich-demokratischen Rechtsstaats, des Staats im Dienst der Bürger, die Verpflichtung der gesellschaftlichen Gruppen und Medien gegenüber der Gemeinschaft und die Stellung des Bürgers in der Gesellschaft behandeln.

Unter dem Motto »Wir wollen eine sichere Zukunft für die Menschen in unserm Land« behandelten wir, *drittens*, die Grundlagen unserer Zukunft, insbesondere auch die Familienpolitik, die

Bildung und Ausbildung, Forschung und Wissenschaft und die Verwirklichung von Chancengerechtigkeit.

Mit wirtschaftlichen und sozialen Themen schließlich befasste sich der *vierte* und letzte Abschnitt, den wir unter die Aussage gestellt hatten: »Wir wollen die wirtschaftliche und soziale Sicherheit aller durch einen dauerhaften Aufschwung unserer Wirtschaft.«

Für die Darstellung dieser Kernaussagen unseres Wahlprogramms, das große Zustimmung fand, erhielt Kurt Biedenkopf starken und verdienten Beifall.

*

Mit der Annahme des Wahlprogramms und des Europäischen Manifests hatten wir in Hannover das Fundament für einen Sieg am 3. Oktober 1976 gelegt. Die hysterische Reaktion auf unseren Wahlslogan »Freiheit statt Sozialismus« zeigte uns, wie recht wir mit dieser klaren Aussage hatten.

Stürmischer Beifall beendete den Parteitag. Das war alles andere als eine Pflichtübung, denn wir alle spürten, wie motiviert und mobilisiert die Partei war. Es tat mir gut, und ich fühlte mich sehr geehrt und in die Pflicht genommen. Das waren unvergessliche Minuten im Leben eines Politikers, auf dem die Hauptlast des Wahlkampfs lag.

21.
Die Entscheidungsschlacht

Wir waren inhaltlich, organisatorisch und materiell gut gerüstet. Seit einem Jahr war die Partei schuldenfrei, und unsere Gönner und Unterstützer aus Wirtschaft, Handel, Industrie und Handwerk ließen sich nicht lange um Spenden bitten.

Für die Ferienmonate im Sommer hatten wir ein schlüssiges Konzept entwickelt, um mit Bonner Pressekonferenzen, mit politischen Positionspapieren und dem Rednereinsatz präsent zu bleiben und Themen zu setzen. Trotzdem ließ ich es mir nicht nehmen, mit der Familie für drei Wochen ins Salzkammergut zu reisen. Sehr zu Hannelores Verdruss konnte allerdings keine Rede von einem echten Urlaub sein, ohne Termine, dienstliche Telefonate und Besuche.

Im wesentlichen ging es in diesen Tagen am Wolfgangsee um die Ministermannschaft, die ich im Falle eines Wahlsiegs berufen würde. Namen wurden genannt und verschwanden wieder in der Versenkung. Auch jetzt hatte ich alle Mühe, mit Franz Josef Strauß einig zu werden. Seine Gegnerschaft gegenüber einigen Mandats- und Leistungsträgern der CDU war dermaßen verbissen, dass ich große Mühe hatte, die Kabinettsliste einvernehmlich zu konzipieren.

Am 30. August 1976, unmittelbar nach Beendigung meines Österreich-Aufenthalts, stellte ich mich der Bundespressekonferenz in Bonn und präsentierte die Politikerinnen und Politiker, mit denen ich im Fall des Wahlsiegs die Regierung bilden wollte. Jüngsten Meinungsumfragen zufolge war der Wahlsieg greifbar nahe. Ich bekräftigte meine Absicht, selbst mit nur einer Stimme Mehrheit die Regierung bilden zu wollen.

Ein Urlaubstag am Wolfgangsee (1975)

Dies waren die Namen, die ich in alphabetischer Reihenfolge nannte: Rainer Barzel, mein Vorgänger als Parteivorsitzender und Kanzlerkandidat, der CDU Generalsekretär Kurt Biedenkopf, der Berliner CDU-Vorsitzende und Parlamentspräsident Peter Lorenz, der bayerische Kultusminister Hans Maier (CSU), der Vorsitzende der CSU-Landesgruppe im Bundestag Richard Stücklen und der Vorsitzende der Grundsatzkommission der CDU Richard von Weizsäcker. Außerdem kündigte ich an, mindestens fünf Frauen in die Regierungsverantwortung zu bringen, entweder im Ministeramt oder aber als parlamentarische oder beamtete Staatssekretärinnen. Hier nannte ich die Vorsitzende der CDU-Frauenvereinigung Helga Wex, die Staatssekretärin im rheinland-pfälzischen Kultusministerium Hanna-Renate Laurien und die stellvertretende Bundesgeschäftsführerin der CDU Dorothee Wilms. Der CSU-Vorsitzende Franz Josef Strauß sollte in einem Kabinett Kohl Finanzminister werden, und der Fraktionsvorsitzende der CDU/CSU im Bundestag Karl Carstens war als Außenminister vorgesehen. Schon im Herbst hatte ich den schleswig-holsteinischen Ministerpräsidenten Gerhard Stoltenberg für das Wirtschaftsministerium und Hans Katzer, den Sprecher des sozialpolitischen Flügels der

CDU, für das Arbeits- und Sozialministerium benannt. Bereits vorher hatte ich den baden-württembergischen CDU-Abgeordneten Manfred Wörner für das Verteidigungs- und den hessischen CDU-Vorsitzenden Alfred Dregger für das Innenministerium nominiert. Mit der aktuellen Nominierung wollte ich kein Schattenkabinett aufstellen. Die Freiheit der Regierungsbildung sollte mir erhalten bleiben.

*

Der Wahlkampf lief auf Hochtouren. In der Dortmunder Westfalenhalle eröffneten wir die heiße Phase. Die Partei war außerordentlich motiviert.

Unsere Strategie gegenüber der FDP war eindeutig: Sie verdiente keine besondere Schonung. Sie war klar mitverantwortlich für den Linksruck der Gesellschaft und das Scheitern der Regierungspolitik.

In den letzten drei Wochen vor der Wahl stellte ich die Themen Arbeitslosigkeit, Rentensicherung und Zukunftschancen der jungen Generation in den Vordergrund meiner Wahlkampfreden. Mein wichtigster Gegner war die Sozialdemokratische Partei. Darauf konzentrierte ich mich in meinen Wahlkampfauftritten am meisten. Aber bei aller Kritik an der Bonner Regierungspolitik vergaß ich niemals, unsere Alternativen verständlich zu machen.

Die SPD/FDP-Koalition zeigte nach den sieben Jahren ihrer Regierungszeit starke Verschleißerscheinungen. Seit 1969 hatte diese Regierung neun parlamentarische und fünfzehn beamtete Staatssekretäre, zehn Minister und einen Bundeskanzler verloren. Schon jetzt standen weitere Kabinettsmitglieder auf der Abschussliste. Die Regierungszeit hatte die SPD aufgerieben.

Die Union setzte dem ihren Willen entgegen, einen neuen Anfang und neues Vertrauen zu schaffen. Geschlossen und entschlossen kämpften wir für eine Wende in der deutschen Politik: mit einer neuen Mannschaft, mit einem klaren Programm.

Teil IV
Oppositionsführer in Bonn

(1976 – 1982)

1.
Als Wahlsieger in der Opposition

Es war ein grandioser Sieg. Die Bundestagswahl am 3. Oktober 1976 bescherte der Union 48,6 Prozent der 37 822 500 gültigen Stimmen. Die Wahlbeteiligung fiel mit 90,7 Prozent ungewöhnlich hoch aus. Noch nie zuvor war es einer Partei aus der Opposition heraus gelungen, stärkste parlamentarische Kraft zu werden. Bei über zweiundvierzig Millionen Wahlberechtigten verfehlte die Union die absolute Mehrheit nur knapp – um dreihundertfünfzigtausend Stimmen, sechs Sitze im Bundestag.

Für den amtierenden Bundeskanzler Helmut Schmidt und die SPD war das eine herbe Niederlage. Zwar waren die Sympathiewerte des weltweit geachteten Hamburgers nicht einzuholen, aber im Vergleich zur Brandt-Wahl 1972 hatte Schmidt über drei Prozentpunkte verloren. Doppelt soviel, exakt sechs Prozentpunkte, betrug jetzt der Abstand zwischen Unionsparteien und Sozialdemokraten.

Doch das zweitbeste Bundestagswahlergebnis überhaupt in der Geschichte der Bundesrepublik Deutschland – nur Konrad Adenauer hatte 1957 eine noch bessere Prozentzahl erzielt – wurde zunehmend kleingeredet. Unsere politischen Gegner verstanden es meisterhaft, das Wahlergebnis zu vernebeln.

Die schwere Niederlage des SPD-Kanzlers geriet in kürzester Zeit in Vergessenheit. Allerdings waren auch manche Parteifreunde – mit Franz Josef Strauß an ihrer Spitze – nicht wirklich daran interessiert, die Leistungen des Unionskanzlerkandidaten und der Partei in besonderer Weise herauszustellen und politisches Kapital

Die Parteivorsitzenden am Abend des Wahltags: mit
Willy Brandt und Hans-Dietrich Genscher im Fernsehstudio
von ARD und ZDF (3. Oktober 1976)

aus dem Super-Wahlergebnis zu schlagen. Diesen Erfolg gönnten sie mir nicht.

Noch am Wahlabend bekräftigte ich den Anspruch der Union, mit der Regierungsbildung beauftragt zu werden. Ich wollte Bundeskanzler werden und mich dem Deutschen Bundestag zur Wahl stellen.

*

Es sollte anders kommen. Bereits nach den ersten Hochrechnungen bekundeten Helmut Schmidt und Hans-Dietrich Genscher, die beiden Regierungspartner, ihre feste Absicht, die sozialliberale Koalition aus SPD und FDP fortzusetzen. Die eindeutigen Verlierer wollten für vier weitere Jahre die Geschicke der Bundesrepublik bestimmen, und dabei hatten sie gemeinsam nur zehn Bundestagsmandate mehr als die CDU/CSU.

Obwohl auch mir die Chancen für einen Machtwechsel äußerst gering schienen, machte ich dennoch den Versuch, die FDP für ein Bündnis mit den Unionsparteien zu gewinnen. Die Liberalen hatten zwar nur einen halben Prozentpunkt verloren, doch spürte ihr Parteivorsitzender am deutlichsten, dass die Bundesrepublik am Abend dieses 3. Oktober 1976 vor einem Regierungswechsel stand. Wer die künftige Regierung stellte, das bestimmte also die FDP. Sie konnte eine Koalition mit der stärksten Fraktion im Deutschen Bundestag eingehen oder auch nicht. Klar war aber auch, dass sich Hans-Dietrich Genscher schwertun würde, mit einem Bundeskanzler Helmut Kohl in die neue Legislaturperiode zu gehen: In seiner Fraktion saßen mehrheitlich die Anhänger der alten Koalition. Von einiger Bedeutung war auch, dass Bundespräsident Walter Scheel, der ja einer der Väter der SPD/FDP-Koalition war, sich wenig überparteilich verhielt und jede Gelegenheit nutzte, um sich trotz der Wahlniederlage für die von ihm gewünschte Koalition einzusetzen.

Gleichwohl entschied ich mich, der FDP ein Angebot zu machen. Schriftlich lud ich die FDP-Führung zu offiziellen Koalitionsgesprächen ein. Niemand sollte mir vorwerfen können, nicht alle Chancen genutzt zu haben.

Aber auch ein vertrauliches Gespräch mit Hans-Dietrich Genscher brachte keine neuen Erkenntnisse. Rückblickend denke ich, dass eine Verabredung über die nächste Bundespräsidentenwahl zugunsten der FDP ihr vielleicht Grund genug gewesen wäre, den Koalitionspartner zu wechseln. Hätte ich der FDP-Führung im Oktober 1976 also versprochen, Walter Scheel 1979 für eine zweite Amtszeit zu unterstützen, wäre unter Umständen Bewegung in die Koalitionsverhandlungen gekommen. Die Möglichkeit dazu hätte es prinzipiell gegeben, schließlich hatte das Bundestagswahlergebnis den Unionsparteien eine Mehrheit in der Bundesversammlung beschert, die den Bundespräsidenten wählt. Doch eine Wiederwahl Scheels wäre innerhalb der Union nicht zu vermitteln gewesen.

*

Über achtzehn Millionen Wähler hatten ihre Stimme den Unionsparteien und ihrem Kanzlerkandidaten gegeben und sie zur stärksten Fraktion im Bundestag gemacht – ein beispielloser Vertrauensvorschuss. Doch nicht nur das, die Wahlkampagne hatte der Union so viele neue Mitglieder zugeführt, dass CDU und CSU zusammen jetzt die mitgliederstärkste Partei der Bundesrepublik waren und damit die Sozialdemokraten überflügelt hatten. Unser gemeinsamer und entschlossener Kampf für mehr Freiheit und gegen Sozialismus war um 18 Uhr am 3. Oktober 1976 nicht beendet.

Die Wahlanalysen innerhalb der beiden Schwesterparteien fielen recht unterschiedlich aus. Während aus Bayern massive Kritik an der Wahlkampfführung in Schleswig-Holstein, Hamburg, Niedersachsen und Bremen laut wurde, bemühte ich mich, die gemeinsamen Erfolge der Wahlkämpfer herauszustellen. Franz Josef Strauß hatte noch in der Wahlnacht im Kreis seiner engsten Mitstreiter beleidigende Sottisen gegenüber jenen Politikern geäußert, die auf eine zum Wechsel bereite FDP gesetzt hatten. Unumwunden forderte er für kommende Auseinandersetzungen eine Trennung von CDU und CSU.

Wenige Tage später traf ich mit Strauß in Bonn zusammen und gab ihm unmissverständlich zu verstehen, was ich von einem getrennten Marschieren der Unionsparteien hielt, nämlich überhaupt nichts. Eine Trennung hätte zur Folge gehabt, dass die CDU mit hundertneunzig Abgeordneten nur die zweitstärkste Fraktion im Bundestag wäre, so dass das Amt des Parlamentspräsidenten an die SPD fiele. Mit ihren dreiundfünfzig Abgeordneten hätte die CSU außerdem Schwierigkeiten bekommen, die Parlamentsausschüsse zahlenmäßig befriedigend zu besetzen.

Noch wurde in der Öffentlichkeit gerätselt, ob ich unter diesen Umständen überhaupt bereit sei, von Mainz nach Bonn zu wechseln. Dabei hatte ich mich längst entschieden und vor der Wahl auch öffentlich erklärt, dass ich das Amt des rheinland-pfälzischen Ministerpräsidenten niederlegen würde, um als Oppositionsführer nach Bonn zu gehen.

In der ersten Sitzung der CDU/CSU-Bundestagsfraktion vier Tage nach der Wahl habe ich unter großem und anhaltendem Bei-

Ein Gespräch mit Hans-Dietrich Genscher

fall meine Bereitschaft erklärt, die Führung der gemeinsamen Fraktion zu übernehmen. Zwar stellte ich keinerlei Bedingungen, appellierte aber mit großem Nachdruck an alle, das Gerede von der vierten Partei ein für allemal einzustellen, und zwar für die gesamte Dauer der neuen Legislaturperiode. Ich forderte klare Absprachen und schriftliche Vereinbarungen über die politische Strategie der gemeinsamen Fraktion von CDU und CSU für die nächsten vier Jahre. Nicht ohne Hintergedanken machte ich auch einige Bemerkungen zur FDP und warnte davor, sie in besonderer Weise zu beschimpfen. Dies würde ihren inneren Zusammenhalt eher stärken und ihre Bindung an die SPD festigen. Starker Beifall zeugte von breiter Zustimmung.

Anschließend meldete sich Franz Josef Strauß zu Wort, der – wie so häufig in direkter Konfrontation – einen gemäßigten Ton anschlug. Er leugnete keineswegs den großen Wahlerfolg, warnte aber vor allzu gefälligem gegenseitigem Schulterklopfen. Hart ging er mit der FDP ins Gericht und formulierte seine Geringschätzung und Abneigung gegenüber den führenden liberalen Köpfen. Zur anhaltenden Diskussion um eine vierte Partei fiel ihm lediglich ein, dies sei nicht die richtige Strategie, ebensowenig wie eine Fraktionstrennung. Die alleinige Strategie müsse heißen, 249 Mandate zu erringen.

*

Meine Entscheidung für Bonn war keineswegs erst am Wahlabend gefallen. Mit der Wahl zum CDU-Bundesvorsitzenden 1973 war ich innerlich bereit, von der Landes- in die Bundespolitik umzusteigen. Hannelore, die 1976 mit einem großen zeitlichen Aufwand und hochmotiviert in den Bundestagswahlkampf eingestiegen war und mich auf vielen Kundgebungen begleitet hatte, versuchte mich davon zu überzeugen, dass es besser sei, in Mainz zu bleiben. Sie wusste sich darin mit meinem ganzen persönlichen und politischen Umfeld, mit der gesamten Landesregierung, einig. Alle waren sie gegen einen Wechsel nach Bonn. Sicherlich lag das auch an der Nachfolgefrage: Wer sollte neuer Ministerpräsident in Mainz werden? Sozialminister Heiner Geißler? Finanzminister Johann Wilhelm Gaddum? Oder Kultusminister Bernhard Vogel?

Obwohl so viele mich in Mainz halten wollten, blieb ich bei der Entscheidung, nach Bonn zu gehen. Der Abschiedsempfang wurde zu einer einzigen Trauerveranstaltung.

Ich war mir ganz sicher, die richtige Entscheidung getroffen zu haben. Als Parteivorsitzender kam ich seit drei Jahren ein bis zwei Tage in der Woche nach Bonn: montags zur CDU-Präsidiumssitzung und freitags zur Bundesratssitzung. Meine Rolle innerhalb der unionsgeführten Länder im Bundesrat verlangte eine starke Bonner Präsenz. Als eine Art Fraktionsvorsitzender in der Länderkammer kannte ich nicht nur das politische Parkett in der Bundeshauptstadt, sondern verfügte auch über gute Kontakte zur Bundespressekonferenz, der Vereinigung Bonner Korrespondenten. Bonn war mir also keineswegs fremd.

Allerdings spürte ich sehr bald den gravierenden Unterschied zwischen einer Gastrolle und der Dauerpräsenz. Die ganze Woche über in Bonn zu sein war etwas anderes, als für ein paar Stunden dorthin zu kommen.

418

2.
Der Kreuther
Trennungsbeschluss

In den ersten Wochen nach der Oktoberwahl pendelte ich noch zwischen Ludwigshafen, Mainz und Bonn. Als ich am späten Abend des 19. November mit dem halben Mainzer Kabinett im Weinkeller der Staatskanzlei saß, erreichte mich ein Anruf aus Wildbad Kreuth. Ein prominenter CSU-Freund informierte mich vertraulich über eine folgenschwere Entscheidung: Auf der Klausurtagung im Tagungszentrum der CSU-nahen Hanns-Seidel-Stiftung hatten die CSU-Mitglieder unserer Bundestagsfraktion auf Antrag von Franz Josef Strauß beschlossen, die Fraktionsgemeinschaft mit der CDU in Bonn aufzukündigen und die CSU als vierte bundesweite Partei zu etablieren.

Wir waren schockiert. Diese Nachricht schlug wie eine Bombe ein, schien doch das Thema »vierte Partei« spätestens seit der Rede des CSU-Vorsitzenden vor der gemeinsamen Bundestagsfraktion drei Tage nach der Wahl vom Tisch zu sein. Doch nun hatte die bayerische Schwester ihren langgehegten Wunsch nach einer eigenständigen CSU-Fraktion im Deutschen Bundestag durchgesetzt.

Der Trennungsbeschluss fiel zu mitternächtlicher Stunde am 19. November 1976. Wie ich heute weiß, war es nicht gerade eine überwältigende Mehrheit, die sich dafür aussprach. Einige Abgeordnete hatten sich nach den stundenlangen Debatten bereits verflüchtigt, und von den übrigen stimmten dreißig für und achtzehn gegen eine Trennung der Fraktionsgemeinschaft. Damit konnte der Urheber dieses Spaltungsversuchs nicht zufrieden sein.

In der Nacht, als ich die Nachricht erhielt, wurde mir schlagartig klar, dass der Kreuther Beschluss – auf welche Art und Weise und mit welcher Mehrheit auch immer er zustande gekommen sein mochte – die Parteienlandschaft total verändern würde, und zwar zum alleinigen Nachteil der Union.

Dass Strauß offensichtlich der Mut fehlte, mich über den folgenschweren Trennungsbeschluss persönlich zu informieren, und seinen ersten Stellvertreter Friedrich Zimmermann damit beauftragte, hat mich weniger geärgert als seine vordergründigen Entschuldigungsversuche, er habe mich nicht erreicht. So erfuhr ich von der Kreuther Entscheidung offiziell erst aus Radio und Presse.

Über Form, Stil und Anstand in der Politik lässt sich trefflich streiten. Hier konnte es aber keine Diskussion geben: Das Verhalten der CSU-Spitze war ein einziger Skandal, der nachhaltige Folgen auch für die zwischenmenschlichen Beziehungen hatte. Es ging nicht um einen Formfehler, sondern um einen nicht wiedergutzumachenden Affront, der sich äußerst negativ auf die Diskussionen, Verhandlungen und Beschlüsse der nächsten Tage und Wochen auswirkte.

Wie konnten gestandene Politiker so leichtfertig die dreißigjährige Erfolgsgeschichte einer gemeinsamen Strategie der Unionsparteien aufs Spiel setzen? Für mich gab es vom ersten Moment an nur ein einziges Ziel: Die Entscheidung der CSU vom 19. November 1976 musste rückgängig gemacht werden, wenn ein Bruderkrieg verhindert werden sollte.

*

Das Telefon stand nicht still. Es meldeten sich nicht nur Parteifreunde, die ihr Unbehagen über die bayerische Schwester kaum in Worte fassen konnten. Eine Reihe prominenter CSU-Mitglieder versicherte mir ihre Solidarität und kündigte ihren Wechsel zur CDU an. Ich habe über die Kontakte zur CSU immer geschwiegen. Aber ich werde nie vergessen, wie Jahre danach Max Streibl, der nach dem Tod von Franz Josef Strauß Ministerpräsident geworden war, nach einem gemeinsamen Führungstreffen von CDU und

CSU ein Hoheslied auf meine Verlässlichkeit sang. Es war schon Mitternacht, als er aufstand und eine Rede hielt, in der er mich ausdrücklich dafür lobte, dass ich ihn nie verraten hätte. Worauf er anspielte, war sein Anruf bei mir, in dem er seine Bereitschaft erklärte, im Falle einer bundesweiten Ausdehnung der CSU zur CDU zu wechseln.

Es gab drei unvergessliche Anrufe nach dem Kreuther Beschluss. Mein Helfer in schwierigen Zeiten, der Kölner Erzbischof Joseph Kardinal Höffner, seit vielen Jahren CDU-Mitglied und in der Sozialpolitik versiert wie kaum ein anderer, erreichte mich frühmorgens nach mehreren vergeblichen Versuchen. Als er endlich durchgekommen war, bestärkte er mich in meiner Grundhaltung, alles Menschenmögliche zu tun, um eine Trennung der beiden christlichen Parteien zu verhindern. Wörtlich sagte der Kardinal: »Ich habe für Sie gebetet, damit Sie bei allem, was Sie jetzt zu tun gedenken, eine glückliche Hand haben.«

Später telefonierte ich mit dem Wiener Kardinal Franz König, der mir einen ähnlichen Zuspruch wie Kardinal Höffner gab und vor einem Bruderkrieg der beiden christlichen Parteien warnte.

Ein anderer Anruf an jenem 20. November 1976 kam aus Tirol. Zunächst verstand ich den Herrn am anderen Ende der Leitung nicht. »Kennst mi net? Ich bin der Walli!« Da war mir klar, mit wem ich es zu tun hatte: Es war der legendäre Landeshauptmann Eduard Wallnöfer aus Tirol. Er schrie in den Telefonhörer, und damit ich auch alles verstehen konnte, sprach er sogar fast hochdeutsch: »Mach dir nichts draus, die Bayern sind Lumpen! Die haben schon unseren Andreas Hofer an die Franzosen verraten.«

Überrascht hat mich noch ein anderer Anrufer. Es meldete sich in jenen Tagen nach dem nächtlichen Trennungsbeschluss der bekannte Medienmanager Leo Kirch. Er meinte, bisher habe er die CSU und ihren Vorsitzenden Franz Josef Strauß immer mit Sympathie begleitet und unterstützt. Den Trennungsbeschluss und die damit verbundene bundesweite Ausdehnung der CSU jedoch könne er nicht mittragen. Von nun an stehe er auf meiner

Seite, denn es gelte, die Spaltung des christlichen Lagers zu verhindern.

*

Strauß verfolgte eine grundsätzlich andere Strategie als ich und zog aus ein und denselben Ereignissen völlig andere Schlüsse. Aus seiner Perspektive stellte sich die Situation so dar: Schon 1972 war die Wahl verlorengegangen. Bei der Bundestagswahl 1976 gelang es trotz des überwältigenden Wählerzuspruchs wieder nicht, die sozialliberale Koalition abzulösen und von der Regierungsverantwortung fernzuhalten. Helmut Schmidt blieb Kanzler, und ich musste mich mit dem schwierigen und eher undankbaren Amt des Oppositionsführers zufriedengeben. Die einzige Chance, in Bonn an die Macht zu kommen, sah Strauß in der Ausweitung der CSU, um auf diese Weise den Stimmenanteil von CDU und CSU insgesamt zu vergrößern. Erst dadurch – nahm er an – werde es möglich sein, mehr Mandate zu erringen als die SPD/FDP-Koalition.

Er glaubte, die Liberalen seien auf Gedeih und Verderb an die »Roten« gefesselt, und deshalb hielt er es für ausgeschlossen, dass sie in absehbarer Zeit für eine Koalition mit der Union zu gewinnen wären. Dass die CDU in Niedersachsen und im Saarland mit den Liberalen in nicht allzu ferner Zukunft die Regierung bilden könnte, interessierte den CSU-Chef kaum. Franz Josef Strauß hatte der FDP nicht vergessen, dass sie im Zusammenhang mit der *Spiegel*-Affäre, die 1962 zu seinem Rücktritt als Verteidigungsminister führte, auf eine besonders aggressive Weise gegen ihn agiert hatte. Ein entscheidender Unterschied unserer Betrachtungsweisen lag darin, dass er davon ausging, die FDP in absehbarer Zeit nicht als Koalitionspartner in der bayerischen Landesregierung zu benötigen. Ich hingegen wusste sehr genau, dass wir in einer Reihe von Bundesländern nur dann eine Chance haben würden, wenn wir gemeinsam mit der FDP die Landesregierung stellen konnten. Und so würden wir wiederum unsere Position im Bundesrat stärken. Doch der Blick von Strauß auf die Länderkammer war nicht sachlich nüchtern. Wie wichtig Bündnisse mit den Liberalen hier waren, ignorierte er einfach.

Seine Strategie gegenüber der FDP stand in krassem Gegensatz zu meinen Plänen. Mir ging es weder darum, die Liberalen zu umschwärmen noch sie zu bedrängen. Ich wollte uns langfristig die Option für ein Zusammengehen öffnen. Erste Voraussetzung dafür war ein politisches Klima, das gehässige Verteufelung ebenso ausschloss wie plumpe Anbiederung, und dieses Klima wollte ich schaffen. Die Geschichte zeigt, wie es weiterging: Bereits nach sechs Oppositionsjahren sollte ich mit dieser Strategie Erfolg haben.

*

Der Kreuther Trennungsbeschluss vom 19. November 1976 traf mich auch ganz persönlich und verletzte mich sehr. Meinen Rücktritt als rheinland-pfälzischer Ministerpräsident hatte ich der Öffentlichkeit zu diesem Zeitpunkt längst mitgeteilt. Der Regierungswechsel mit der Wahl meines Nachfolgers stand schon seit Tagen fest und sollte am 1. Dezember vollzogen werden. Auch alle offiziellen Schritte zur Vorbereitung meines Wechsels an die Spitze der CDU/CSU-Bundestagsfraktion waren längst eingeleitet. Ich hätte meine Entscheidung gar nicht mehr zurücknehmen können. Das wusste Franz Josef Strauß natürlich, und er wusste auch, dass die gemeinsame Fraktion eine entscheidende Voraussetzung für meinen Wechsel nach Bonn war. Ich hätte niemals mein Mainzer Ministerpräsidentenamt aufgegeben, wenn die Vereinbarung über die Weiterführung einer gemeinsamen Fraktion von CDU und CSU in jenen Tagen nicht so gut wie ausgehandelt gewesen wäre.

Mein Abgang als Ministerpräsident war also irreversibel. Nun schien sich ein steiniger Weg als Vorsitzender einer amputierten Fraktion im Deutschen Bundestag vor mir aufzutun. Alles in allem empfand ich das Verhalten der CSU-Führung als groben Vertrauensbruch.

Jenseits von diesen ganz persönlichen Verletzungen zielte die

Aufkündigung der siebenundzwanzigjährigen Fraktionsgemeinschaft auf eine Schwächung der Position des Bundesvorsitzenden der CDU. Meine in den vergangenen drei Jahren gewachsene Autorität als Parteichef war beschädigt.

In dieser Situation half nur entschiedenes Handeln. Zunächst berief ich die Spitzengremien der CDU nach Bonn. Gleichzeitig gab ich in Presse, Rundfunk und Fernsehen Erklärungen ab, die keinerlei Zweifel an meiner Entschlossenheit ließen, mit allen Mitteln die Spaltung der Unionsparteien zu verhindern.

3.
Kampf um die Einheit

Am 20. November 1976 kam das CDU-Präsidium in Bonn zu einer Sondersitzung zusammen. Einziger Tagesordnungspunkt war der Beschluss der CSU-Landesgruppe, die gemeinsame Bundestagsfraktion mit der CDU während der 8. Legislaturperiode des Deutschen Bundestages nicht mehr fortzusetzen. Ich hielt mit meiner Meinung nicht hinter dem Berg, dass der Kreuther Beschluss die tiefgreifendste Entscheidung im deutschen Parteiengefüge seit siebenundzwanzig Jahren sei und dass die Konsequenzen für die weitere politische Entwicklung in der Bundesrepublik Deutschland noch gar nicht abzusehen seien. Gerade nach dem gemeinsam geführten erfolgreichen Wahlkampf hielte ich die Entscheidung für nicht nachvollziehbar und für höchst bedauerlich. Gleichzeitig verwies ich auf zahlreiche Telegramme von CSU-Mitgliedern, die ihre Bestürzung über das Vorgehen zum Ausdruck brachten.

Alle Mitglieder des CDU-Präsidiums waren vom Vorgehen der CSU tief betroffen. Sie bestärkten mich darüber hinaus in dem Anspruch, das mir von den Wählern erteilte politische Mandat für die ganze Bundesrepublik wahrzunehmen. Ich wurde beauftragt, weiter alle Schritte zu unternehmen, um einen Regierungswechsel herbeizuführen und die Einheit der Unionsparteien zu sichern.

Es musste alles unternommen werden, um die Spaltung des christlich-konservativen Lagers zu verhindern. Konnte jemand wirklich diese Spaltung wollen? Wir standen vor einer historischen Zäsur, die von fern an die politisch instabilen Weimarer Verhältnisse erinnerte. Doch auch ohne solche Gefahren heraufzubeschwören, bedurfte es keinerlei hellseherischer Fähigkeiten, um zu begreifen, dass der Trennungsbeschluss zu einer bitteren Feindschaft zwischen CDU und CSU führen musste.

Eine historische Parallele waren die schlimmen parteipolitischen Konstellationen an der Saar während der französischen Besatzungszeit nach dem Zweiten Weltkrieg. Mitte der fünfziger Jahre gab es in unserem Lager zwei miteinander konkurrierende christliche Parteien, die Christliche Volkspartei (CVP) und die CDU. Während die regierende CVP bei der Volksabstimmung 1955 für das Europäische Statut der Saar votierte, lehnte die CDU die Europäisierung des Saarlands ab und sprach sich für einen Anschluss der Saar an die Bundesrepublik aus. Diese Erfahrung, die Zersplitterung, Feindschaft und Spaltung innerhalb des christlichen Lagers und damit des christlich-demokratischen Wählerpotentials, war eine einmalige geschichtliche Lektion, die ich aus unmittelbarer Nähe in der Pfalz miterlebt hatte. Sie war mir jetzt Warnung und Ansporn zugleich, meiner politischen Verantwortung als Bundesvorsitzender der CDU nachzukommen und nicht zuzulassen, dass sich solche Verhältnisse wie in den fünfziger Jahren an der Saar 1976 wiederholten. Sollten sich daraus persönliche und berufliche Konsequenzen ergeben, war ich bereit, sie zu tragen.

Das Auseinanderbrechen der Einheit von CDU und CSU, die mutwillige Aufgabe einer menschlich wie politisch gewachsenen Schicksalsgemeinschaft lasteten auf mir wie ein nicht enden wollender Alptraum. Damals wie heute bin ich der festen Überzeugung, dass wir nach einem Bruch niemals mehr zusammengekommen wären, zumindest hätte ich es nicht mehr erlebt. Die Geschichte der Bundesrepublik Deutschland hätte eine völlig andere Entwicklung genommen, und die Parteien links der Mitte – angeführt von den deutschen Sozialdemokraten – hätten für viele Jahre die Macht in unserem Land gewonnen.

Wenn die allgegenwärtigen Geschichtsklitterer sich wirklich um die nackten Fakten kümmern würden, wenn sie ohne ideologische Scheuklappen und Vorurteile an die tatsächlichen Abläufe der siebziger Jahre herangehen würden, müssten sie zu dem Ergebnis kommen, dass mein politisches Handeln im Herbst 1976 doch noch zu einer Erfolgsgeschichte für die Unionsparteien wurde. Wenn mir – unterstützt von vielen Weggefährten – in dieser schwierigen Zeit wirklich etwas Positives gelungen ist, dann war es die Verhinderung der Spaltung der Union. Doch noch war es nicht soweit.

*

Eins ließ ich zunächst noch nicht öffentlich oder gar als offizielle Erklärung verbreiten: die feste Absicht, im Ernstfall einen bayerischen Landesverband der CDU zu gründen. Wer mich kennt, weiß, dass ich nicht zu jenen Politikern gehöre, die sich auf Gerüchte stützen oder solche verbreiten. Doch mir gefiel die Idee, eine inoffizielle Warnung an die Adresse der bayerischen Schwesterpartei abzugeben. Um sie nach dem Rausch des nächtlichen Trennungsbeschlusses zumindest etwas nachdenklicher zu stimmen, ließ ich verbreiten, ein politischer Emissär sei bereits auf dem Weg nach München. Im Auftrag des CDU-Bundesvorsitzenden sei er auf der Suche nach einer geeigneten Immobilie für einen neu zu gründenden CDU-Landesverband.

Ein weiteres Gerücht machte die Runde, das nicht unbedingt aus der Mainzer Staatskanzlei stammte: Der erste bayerische CDU-Bezirksverband werde in Unterfranken gegründet. Von dort stamme mein Vater, und die Familie Kohl – so hieß es – verfüge in dieser Region über eine große Verwandtschaft, die als Keimzelle einer CDU-Neugründung dienen werde.

*

Drei Tage nach dem Kreuther Trennungsbeschluss kamen am Montag, dem 22. November 1976, im Bonner Konrad-Adenauer-Haus der CDU-Bundesvorstand, die Ministerpräsidenten der CDU, die Landesvorsitzenden und die Bundesvorsitzenden der CDU-Vereinigungen zusammen. Wir diskutierten die Konsequenzen, die sich aus dem Beschluss der CSU-Landesgruppe ergaben. Am Ende einer emotionsgeladenen und konstruktiven Debatte stand der einstimmige Beschluss, die Einheit der Union zu erhalten.

Die CSU wurde ultimativ aufgefordert, ihren Willen zur Aufrechterhaltung der Einheit der Union in einer satzungsmäßig verbindlichen Form zum Ausdruck zu bringen. Verlangt wurde eine schriftliche Garantie für die Dauer der Legislaturperiode. Andernfalls – so die unmissverständliche Drohung – werde die CDU gezwungen, auch in Bayern zu kandidieren. Auf meine Bitte hin gab der Bundesvorstand dem Präsidium vorsorglich den Auftrag, Vorbereitungen zur Gründung eines Landesverbands der CDU in Bayern zu treffen. Damit hatte sich meine harte Linie uneingeschränkt durchgesetzt und eine einstimmige Mehrheit im CDU-Bundesvorstand gefunden. Jedermann hatte den Ernst der Lage erkannt, niemand duldete ein kompromisslerisches Einlenken.

Für mich und meine Freunde, die Verantwortung für die Zukunft der Christlich-Demokratischen Union trugen, gab es keine Alternative zur Wiederherstellung der jahrelang erfolgreich praktizierten Fraktionsgemeinschaft aus CDU und CSU. In Bonn irgendeine andere Form der parlamentarischen Zusammenarbeit mit unserer bayerischen Schwester einzugehen schloss ich kategorisch aus.

*

Noch am selben Tag kamen die CDU-Bundestagsabgeordneten zusammen. Vor ihnen wollte ich die eingeschlagene harte Haltung gegenüber der CSU begründen und vermitteln. Ich erläuterte, wie es zu der Nacht-und-Nebel-Aktion der CSU gekommen war, und beschrieb die nachhaltigen Konsequenzen für die Parteienlandschaft in der Bundesrepublik.

Die Straußsche These, man müsse getrennt marschieren und vereint schlagen, hatten – so argumentierte ich – doch eigentlich schon die Gründerväter von CDU und CSU überwunden. In den ersten Tagen der Freiheit nach der schrecklichen Zeit der nationalsozialistischen Diktatur kämpften sie für eine Einigung des christlich-konservativen und christlich-sozialen Lagers. Sie hatten aus der Geschichte gelernt, aus Krieg, Emigration und aus den Konzentrationslagern: Politik aus christlicher Verantwortung zu wagen und neu zu gestalten war ihre Maxime.

Auch an die Bruderkämpfe an der Saar erinnerte ich. Das gleiche Drama hatte sich zuvor in der bayerischen Pfalz abgespielt, wo es bis 1928 und noch lange Zeit danach erbitterte Auseinandersetzungen zwischen Zentrum und Bayerischer Volkspartei gab.

Dann beschwor ich an ganz konkreten Beispielen aus dem politischen Alltag die Probleme herauf, die sich aus einer bundesweiten vierten Partei ergeben würden: Die CDU-Orts-, Kreis- und Bezirksverbände würden ebenso gespalten wie das Umfeld der Union. In allen gesellschaftlichen Bereichen, in den vielen Vereinen, den Bauern- und Vertriebenenverbänden, der Unternehmerschaft, den Pfarrgemeinderäten und in den Kolpingfamilien, würden dann dauernde Kontroversen zwischen den Anhängern der CDU und den Anhängern der CSU entbrennen. Diese Liste ließe sich beliebig fortsetzen. Bis in die einzelnen Familien würde der Spaltpilz im christlichen Lager hineinreichen und zu unerträglichen Auseinandersetzungen und völlig unnützen Querelen führen.

Vor den Volksvertretern der CDU machte ich auch keinen Hehl daraus, dass das, was seit dem 19. November 1976 geschehen war, die Grenze des Erträglichen und Zumutbaren bei weitem überschritten hatte. Nachdrücklich machte ich klar, dass ich persönliche Diffamierungen und eine weitere Demontage der CDU-Führung nicht zulassen würde. In einer Gemeinschaft von zwei Schwesterparteien darf kein Partner dem anderen etwas zumuten, was er selbst nicht zugemutet bekommen möchte, sagte ich zum Abschluss der Sondersitzung.

Am Ende der einstündigen Veranstaltung erfolgte dann die Abstimmung über den Beschluss des CDU-Bundesvorstands. Es gab keine Nein-Stimmen, keine Enthaltungen, sondern die einstimmige Annahme meiner Position. Mir blieb zum Abschluss nur noch, die neue Bundestagsfraktion für den 1. Dezember 1976 zur Wahl ihres neuen Vorsitzenden einzuladen. Bis dahin galt es, mit großer Geduld und einer starken Hand weiteren politischen Turbulenzen geschickt zu begegnen.

Die Lebensfreude hielt sich in Grenzen. So hatte ich mir meinen Wechsel nach Bonn nicht vorgestellt. Wer konnte aber auch mit solchen Schwierigkeiten rechnen?

Allerdings hatte mich niemand gezwungen, Parteivorsitzender, Kanzlerkandidat und jetzt Fraktionsvorsitzender zu werden. Wenn ich die Unionsparteien zum Erfolg führen wollte, und das stand außer Frage, musste ich alles daransetzen, die Probleme aus dem Weg zu räumen.

*

Bei allen öffentlichen Erklärungen und internen Besprechungen achtete ich sorgsam darauf, die CSU nicht an den Pranger zu stellen. Unermüdlich wiederholte ich meine Forderung, die Fraktionsgemeinschaft von CDU und CSU müsse ohne Abstriche wiederhergestellt werden, bevor es zu einer Verständigung über neue Formen der Zusammenarbeit kommen könne. Deshalb lehnte ich zunächst alle Gesprächsangebote der CSU-Führung ebenso ab wie das Angebot einer gemeinsamen Sitzung der beiden Unionsfraktionen. Die Einrichtung eines Gremiums zur Koordinierung der Fraktionsarbeit, wie von der CSU vorgeschlagen, war mit mir nicht zu machen.

In diesen Tagen kam kein einziges Telefonat mit Strauß zustande. Eisiges Schweigen herrschte auf beiden Seiten. Dagegen bemühte ich mich um Kontakte zu jenen CSU-Politikern, von denen ich wusste, wie sehr sie unter den Kreuther Beschlüssen litten. Dazu zählten unter anderem der bayerische Innenminister Bruno Merk, der einflussreiche schwäbische CSU-Bezirksvorsitzende und erfolgreiche Wirtschaftsminister Anton Jaumann und der bayerische JU-Sprecher Theo Waigel. Von ihnen erfuhr ich auch, wie sehr es innerhalb der CSU brodelte. Es kam zu offenen Feindschaften zwischen Befürwortern und Gegnern der Fraktionstrennung.

Aber ich beließ es nicht bei Worten und Gesprächen, sondern veranlasste jetzt ganz offiziell, dass alle organisatorischen Vorbereitungen getroffen wurden, um einen CDU-Landesverband in

Bayern zu gründen. Obwohl unsere Kasse nach dem Wahlkampf fast leer war, zeigten wir uns fest entschlossen, in Bayern Fuß zu fassen, sobald die CSU ihre Eigenständigkeit als vierte Partei bestätigen sollte.

Diese Drohungen zeigten nachhaltige Wirkung. In den bayerischen Gemeinden und Städten fürchteten viele eine konkurrierende CDU, die manche CSU-Karriere zerstören und absolute CSU-Mehrheiten verhindern würde. Die CSU-Basis spürte immer mehr die Unvernunft des Kreuther Beschlusses. Alle, die in der Partei etwas geworden waren, wollten es bleiben und sahen ihre Zukunft nun leichtfertig aufs Spiel gesetzt. Bonn war weit weg für die CSU-Mandatsträger in den Gemeinde- oder Kreistagen. Die Bundestagsfraktion hatte nur für eine »Minderheit« von dreiundfünfzig Mandatsträgern einen wirklich hohen persönlichen Stellenwert. So geriet die CSU-Spitze mehr und mehr unter Druck und wurde gezwungen zu reagieren.

Und die Reaktion ließ nicht lange auf sich warten. Auf der Sitzung des CDU-Bundesvorstands, der Ministerpräsidenten, der Landesvorsitzenden und der Bundesvorsitzenden der CDU-Vereinigungen, die am 29. November 1976 in der Politischen Akademie Eichholz stattfand, akzeptierten die Spitzengremien der Partei ein überraschendes Angebot des CSU-Vorstands, über alle Fragen einer weiteren erfolgversprechenden Zusammenarbeit der Unionsparteien zu verhandeln. Damit stand aus Bonner Sicht auch der Kreuther Beschluss zur Disposition. Der Bundesvorstand willigte ein und forderte, die Gespräche mit der CSU zeitlich zu begrenzen und sie bis zur konstituierenden Sitzung des neugewählten Parlaments abzuschließen. Als Gesprächsteilnehmer auf CDU-Seite schlug ich den amtierenden Fraktionsvorsitzenden Karl Carstens, den baden-württembergischen Ministerpräsidenten Hans Filbinger und CDU-Generalsekretär Kurt Biedenkopf vor. Später kam noch der Vorsitzende der CDU-Sozialausschüsse Hans Katzer hinzu.

*

Strauß war immer für eine Überraschung gut

Am 1. Dezember trafen wir uns unter meiner Leitung in Bonn. Der CSU-Vorsitzende Strauß erschien mit seinem Generalsekretär Gerold Tandler, dem neuen Vorsitzenden der CSU-Landesgruppe Friedrich Zimmermann und dessen Vorgänger Richard Stücklen.

Frostiger konnte eine Begegnung zwischen Geschwistern nicht sein. Es war ein Treffen politischer Schwergewichte, von denen sich niemand besondere Zurückhaltung auferlegte.

Strauß hatte eine empfindliche Niederlage hinnehmen müssen. Er war von der CSU-Landtagsfraktion ultimativ aufgefordert worden, den Kreuther Trennungsbeschluss zurückzunehmen, und entsprechend »geladen« war er. Die bayerischen Mandatsträger hatten ihr Votum gegen Strauß damit begründet, dass die Parteisatzung eine Ausdehnung über Bayern hinaus verbiete. Dieser Meinung schloss sich später auch der CSU-Landesvorstand an, der sich auf die Zustimmung von mehr als hundert Vertretern der CSU-Kreisverbände stützen konnte.

Franz Josef Strauß begann mit heftigen Vorwürfen gegen mich und die CDU. Er brüllte in seinem ungezügelten Zorn und zählte die nach seiner Auffassung unverzeihlichen Fehler der Bonner Opposition seit 1969 auf: vom Verhalten großer Teile der CDU-Abgeordneten beispielsweise zu den Ostverträgen 1972 über den UNO-Beitritt beider deutscher Staaten his zu den Polenverträgen im Frühjahr 1976.

Gefasst und mäßigend im Ton, aber darum nicht weniger scharf warf ich dem CSU-Vorsitzenden vor, der CDU ohne vorherige Ankündigung den Fehdehandschuh hingeworfen zu haben. Ein hässlicher Bruderkrieg sei die unausweichliche Folge, falls der Trennungsbeschluss nicht rückgängig gemacht werde. Wieder verwies ich auf die einschlägigen Beispiele aus der Parteiengeschichte, die den Unsinn von Spaltungen im christlichen Lager drastisch belegten: der unsägliche Streit und die zerstörerische Zwietracht an der Saar und in der Pfalz, aber auch die aufreibenden politischen Grabenkämpfe im Nachkriegsbayern. Kommentarlos nahmen die CSU-Abgesandten meine Hinweise zur Kenntnis.

4.

Verletzungen

Ein Einlenken war bei dieser ersten Zusammenkunft kaum zu verspüren, zumal am gleichen Tag eine Rede des CSU-Vorsitzenden vor den Vorstandsmitgliedern der bayerischen Jungen Union bekannt wurde. Darin hatte Franz Josef Strauß den aufmüpfigen Jungpolitikern die Leviten gelesen, weil sie einen Sonderparteitag zum Thema Kreuth gefordert hatten. Seine wütenden Ausfälle galten allerdings weniger den Nachwuchspolitikern der CSU, die ihm die Gefolgschaft zu verweigern schienen, als mir und meiner festen Überzeugung, die Union werde nur mit Hilfe eines Koalitionspartners – und das konnte nach den gegebenen Machtverhältnissen nur die FDP sein – an die Macht in Bonn gelangen.

In alter Manier warf er mir Versagen vor, geißelte meine angeblichen Unzulänglichkeiten und stieß Beleidigungen aus, die mich tief verletzen sollten und einer politischen Auseinandersetzung unwürdig waren. Wörtlich meinte er: »Helmut Kohl wird nie Kanzler werden. Er ist total unfähig, ihm fehlen die charakterlichen, die geistigen und die politischen Voraussetzungen. Ihm fehlt alles dafür.« Und das Führungspersonal der CDU bezeichnete Strauß als »politische Pygmäen«.

Diese Rede in der Münchner Wienerwald-Zentrale war heimlich mitgeschnitten worden und erschien am Tag unseres ersten Treffens im *Spiegel,* ergänzt um ein Strauß-Interview in der gleichen Ausgabe. Was dem Nachrichtenmagazin hier zugespielt worden war, tat mir weh.

Doch für mich war die Wiederherstellung der Unionseinheit das höchste politische Ziel, ihm waren alle Streitigkeiten unterzuordnen. Alle persönlichen Verletzungen und schmerzlichen Demütigungen mussten jetzt weggesteckt werden.

Die erste Verhandlungsrunde war geprägt von massiven Anklagen und den altbekannten Standpunkten. Jeder vernahm die kaum veränderten Positionen der andern Seite. Mir genügte zunächst einmal die Gewissheit, dass unsere CSU-Kollegen in der Kommission durch die Münchner Parteibeschlüsse gezwungen waren, die Hände von einer bundesweiten Ausdehnung der CSU zu lassen. Damit war ein gefährliches Drohpotential weggefallen, und die Chance rückte in greifbare Nähe, bis zur konstituierenden Bundestagssitzung zu brauchbaren Lösungen zu gelangen.

Fast fünf Stunden lang dauerte das Gespräch. Es war alles in allem ungewöhnlich offen und freimütig, aber auch derart emotionsgeladen, dass es nur schwer auszuhalten war. Nahm man die verbale Härte auf beiden Seiten als Maß, mussten die Differenzen unüberwindbar sein. Von einer Annäherung der Standpunkte konnte am Ende dieser ersten Gesprächsrunde keine Rede sein. Immerhin gingen die Kommissionsmitglieder aber nicht auseinander, ohne einen neuen Sitzungstermin vereinbart zu haben. Ich verbuchte das als gutes Zeichen.

*

Noch wegen eines anderen Ereignisses ist mir der 1. Dezember 1976 in Erinnerung geblieben: Am Nachmittag kam die neue CDU-Bundestagsfraktion zu einer Sitzung zusammen, auf der als einziger Tagesordnungspunkt die Wahl des neuen Fraktionsvorsitzenden vorgesehen war. Von den hundertneunundachtzig abgegebenen Stimmen votierten hundertvierundachtzig für mich. Es gab zwei Nein-Stimmen, und drei Kollegen enthielten sich der Stimme. Das war ein klarer Vertrauensbeweis und stärkte meine Position bei den weiteren Verhandlungen mit der CSU ungemein.

Am Spätnachmittag fuhr ich nach Mainz, um mich von meinen Weggefährten zu verabschieden. Ein wenig wurde das glanzvolle Abschiedsfest von der anhaltenden Spaltungsgefahr innerhalb der

Union überschattet. Traurig war die Stimmung allerdings hauptsächlich wegen meines endgültigen Ausscheidens aus der Landespolitik. Ich muss gestehen, dass mich die vielen Tränen sehr berührten. Auch Hannelore war zutiefst traurig.

Am nächsten Tag legte ich mein Amt als rheinland-pfälzischer Ministerpräsident nieder. Zu meinem Nachfolger wählte der Landtag Bernhard Vogel.

*

In Bonn erwarteten mich neue Überraschungen. Die Verhandlungen mit der CSU-Kommission kamen nicht wirklich voran. Über Inhalt und Ziele gemeinsamer Oppositionspolitik herrschte zwar weitestgehend Einigkeit. Nicht verständigen konnten wir uns dagegen in dem entscheidenden Punkt der Organisationsform, also in der Frage der Fortführung der Fraktionsgemeinschaft im Bundestag. Das war zwar bitter, brachte mich aber nicht davon ab, vor dem CDU-Teil der Bundestagsfraktion erneut mit Nachdruck auf der Rücknahme der Trennung zu bestehen.

Drei schlimme Wochen waren seit dem Kreuther Trennungsbeschluss vergangen. Die Fraktion war wie gelähmt, an eine schlagkräftige Oppositionsarbeit war nicht zu denken. Als Bundesvorsitzender und Fraktionschef des CDU-Teils hatte ich alle Hände voll zu tun, inner- und außerhalb der Partei die Wogen zu glätten, um mit großer Geduld und Standfestigkeit das endgültige Zerbrechen der Fraktionsgemeinschaft zu verhindern.

Als wir dann am Sonntag, dem 12. Dezember 1976, nach sechsstündigem Verhandlungsmarathon der CDU/CSU-Kommission doch noch ein brauchbares Ergebnis vorlegen konnten, war die Erleichterung riesengroß. An diesem Tag war ich mit Sicherheit einer der zufriedensten Menschen in Bonn. In der ersten von zwei Vereinbarungen wurde die Fortführung der gemeinsamen Bundestagsfraktion festgeschrieben. Die zweite Erklärung beinhaltete die Grundlage der gemeinsamen politischen Arbeit für die achte Legislaturperiode. Im Kern handelte es sich um das Wahlprogramm von CDU und CSU zur Bundestagswahl 1976. Damit waren die

Eckpunkte unserer politischen Arbeit für die nächsten vier Jahre vorgegeben.

*

Am 13. Dezember 1976 begann die Woche in Bonn mit anstrengenden Sitzungen der CDU-Spitzengremien, die die erzielten Vereinbarungen billigten. Nachdem ich der CDU-Bundestagsfraktion ausführlich die Ergebnisse erläutert hatte, wurde das Verhandlungspaket bei einer Enthaltung angenommen. Zuvor hatte die CSU-Landesgruppe im Bundestag ihrerseits ohne Gegenstimmen und bei nur drei Enthaltungen für die neuen Vereinbarungen votiert.

Um 19.07 Uhr eröffnete Karl Carstens dann die langersehnte erste Sitzung der gemeinsamen CDU/CSU-Bundestagsfraktion. Endlich saßen die zweihundertdreiundvierzig Mitglieder in einem Raum zusammen, achtzehn mehr als in der letzten Legislaturperiode. Einziger Punkt der Tagesordnung: Wahl des Fraktionsvorsitzenden für die Dauer der Legislaturperiode.

Karl Carstens leitete souverän die Versammlung und schlug mich als einzigen Bewerber vor. In geheimer Wahl konnte ich von den zweihundertdreiundvierzig abgegebenen Stimmen zweihundertdreißig auf mich vereinigen, bei acht Neinstimmen, drei Enthaltungen und zwei ungültigen Stimmen.

Meine Freude über das außerordentlich gute Abstimmungsergebnis hielt sich nach den quälenden, nervenaufreibenden und demütigenden Wochen, die dieser Sitzung vorangegangen waren, in Grenzen. Von euphorischer Stimmung war nichts zu spüren, nirgendwo. Der Vertrauensbeweis stärkte allerdings mein Selbstwertgefühl und gab mir Rückendeckung für die vor uns liegende harte Arbeit in der Opposition.

Als erste Amtshandlung in der Fraktion schlug ich meinen Vorgänger Karl Carstens für das Amt des Bundestagspräsidenten und Richard Stücklen als Vizepräsidenten vor. Beide wurden einstimmig gewählt. Damit hatte sich der Traum der von mir sehr geschätzten SPD-Kollegin Annemarie Renger zerschlagen, für weitere vier Jahre als Präsidentin des Deutschen Bundestags zu agieren. Nach dem Trennungsbeschluss von Kreuth war sie bereits als neue Präsidentin gehandelt worden. Gegönnt hätte ich es ihr. Für mich waren die Begegnungen mit Annemarie Renger mit die erfreulichsten während meiner Tätigkeit im Deutschen Bundestag.

5.
In Bonn angekommen

W as wäre gewesen, wenn ich die Wahl im Oktober 1976 gewonnen hätte? Diese Frage bewegte mich noch einige Zeit, schließlich hatten wir die absolute Mehrheit nur ganz knapp verpasst. Rückblickend betrachtet, muss ich allerdings sagen, dass es für mich persönlich besser war, nicht ins Kanzleramt einziehen zu müssen. Spätestens nach einem Jahr hätte ich einsehen müssen, dass mich das politische Milieu in Bonn im Stich ließ.

Als frischgebackener Oppositionsführer dagegen hatte ich alle Möglichkeiten für eine zwar anstrengende, aber zugleich auch gestaltende politische Tätigkeit. Die Voraussetzungen waren eigentlich optimal. Erst sechsundvierzig Jahre alt, kannte ich die oftmals verschlungenen Wege eines Fraktionsführers ebenso wie das aufreibende Geschäft eines Ministerpräsidenten. Voller Selbstvertrauen, dass mich nichts so leicht erschüttern würde, wechselte ich mit großer Zuversicht und Optimismus von Mainz nach Bonn.

Im Bonner Vorort Pech mieteten wir ein Einfamilienhaus, das Hannelore für uns beide, für Juliane Weber, meinen Fahrer Eckhard Seeber und die diensttuenden BKA-Beamten einrichtete. Zwei Vertraute begleiteten mich in die provisorische Bundeshauptstadt am Rhein: Meine langjährige Mitarbeiterin Juliane Weber und Horst Teltschik, der die Leitung meines Büros übernahm. Die Räumlichkeiten des CDU/CSU-Fraktionsvorsitzenden im Bundeshaus waren zwar nicht besonders üppig, was Größe und Ausstattung betraf, doch schnell gewöhnten wir uns an die neue Umgebung im Altbau des ehrwürdigen Bundeshauses.

Gewöhnungsbedürftig war allerdings der Umgang mit der Bonner Presse. Zählte die Mainzer Landespressekonferenz damals knapp über fünfzig Mitglieder, sah ich mich in Bonn plötzlich einem riesigen Journalistenheer ausgesetzt. Etwa tausend hauptberufliche Medienleute arbeiteten damals in der Stadt. Vom ersten Tag meiner Wahl zum Vorsitzenden der Unionsfraktion an bis zum Ende meiner Kanzlerschaft blies mir der Wind einflussreicher Medien ins Gesicht.

Bevor ich 1973 Parteivorsitzender wurde und mich damit gewissermaßen in der Rolle des Kronprinzen befand, hatte ich eine wesentlich freundlichere Presse. Dass das jetzt anders war, hatte nichts mit mir oder meinen Leistungen zu tun, sondern die Angriffe galten dem Vorsitzenden, ob er nun Kiesinger hieß oder Barzel oder Kohl. So deutlich wie in jener Zeit habe ich niemals zuvor am eigenen Leib verspürt, wie schnell sich Fehlurteile bilden und wie hartnäckig sich Vorurteile über Jahre halten und gepflegt werden, bis sie nicht mehr zu korrigieren sind.

Schon während des Wahlkampfs hatte sich der Wind gedreht. Dass ich mich erdreistete, den Hamburger Amtsinhaber aus dem Bundeskanzleramt jagen zu wollen, um selbst Bundeskanzler zu werden, schien für einige Hamburger Magazine und ihre Bonner Korrespondenten einer Majestätsbeleidigung gleichzukommen. Was wollte dieser »Mann aus Oggersheim« – warum eigentlich nannten die wenigsten Ludwigshafen als meine Heimatstadt? – in Bonn? Wieso glaubte ausgerechnet dieser Provinzler, er könnte die sozialliberale Koalition aus den Angeln heben?

Das Etikett »der Mann aus Oggersheim« war eine Erfindung der SPD-Wahlkampfmanager, die überlegt hatten, mit welcher Strategie die SPD mir im Bundestagswahlkampf am meisten schaden könnte. Es wurden Umfragen gemacht, von wem man lieber ein gebrauchtes Auto kaufen würde, von Helmut Schmidt oder von Helmut Kohl, wer von uns also vertrauenswürdiger wäre, und das Ergebnis fiel zu meinen Gunsten aus. Da ich ein angesehener Landespolitiker war, konnte man mich auch auf dem Feld der Innenpolitik nicht schlecht aussehen lassen. Aber ich war der Gegenkandidat eines welterfahrenen, zu recht international höchst angesehenen Kanzlers, und aus diesem Gegensatz zwischen dem weltläufigen Hamburger und dem Provinzler aus der Pfalz musste

Der Mann aus Ludwigshafen und
der Mann aus Hamburg

sich doch irgendwie Kapital schlagen lassen. Nun hätte man natürlich auch sagen können: »Der Mann aus Ludwigshafen«, aber
meine Heimatstadt war bekannt als eine Hochburg moderner Forschung und Wissenschaft, ein Zentrum der Chemie. Ludwigshafen
eignete sich also nicht als Synonym für provinzielle Rückständig-
keit. Statt dessen ist man auf den Namen des alten Reichsstädt-
chens Oggersheim verfallen, das noch zur NS-Zeit nach Ludwigshafen eingemeindet worden war und seither einfach ein Stadtteil
ist, in dem wir seit 1972 wohnten.

Selbst international hat sich die Bezeichnung festgesetzt. Obwohl ich mich immer bemüht habe, meine Heimatstadt Ludwigshafen bekannt zu machen, waren viele meiner Kollegen aus aller
Welt nicht davon abzubringen, nach Oggersheim zu fragen. Und
nicht wenige, die mich in »Oggersheim« besuchten, waren erstaunt, mich in Ludwigshafen zu finden. Das Absurdeste an der
ganzen Geschichte dürfte aber wohl sein, dass ausgerechnet die
Ludwigshafener SPD mir Jahre später immerzu vorwarf, ich

würde bei jeder Gelegenheit Oggersheim hervorheben und meine Heimatstadt Ludwigshafen verschweigen.

Trotzdem schien dieser Mann aus dem Südwesten der Republik den Herrschenden gefährlich zu werden. Im Oktober 1976 war die Wahl zwar noch einmal zugunsten von Sozialdemokraten und Freidemokraten ausgegangen. Aber dem grobschlächtigen Pfälzer hatte nur ein einziger Prozentpunkt zum Sieg gefehlt. Möglicherweise würde er es bei der nächsten Wahl schaffen.

Den publizistischen Gegenwind in Bonn spürte ich während des unsäglichen Hickhacks nach dem Kreuther Trennungsbeschluss besonders stark. Die Angriffe und Beleidigungen des CSU-Vorsitzenden in den Jahren 1975 und 1976 boten eine gute Vorlage. Genüsslich wurde Franz Josef Strauß zitiert, wann immer man mich und meine Arbeit diskreditieren wollte. Warum sollte die gegnerische Presse weniger zimperlich mit mir umgehen als der CSU-Vorsitzende?

Strauß hatte mit seiner berüchtigten Sonthofener Rede und dem Wienerwald-Vortrag meinen politischen Gegnern und ihren journalistischen Helfershelfern die Richtung gewiesen. Er spielte die Rolle des prominentesten Kronzeugen für meine angeblichen politischen und charakterlichen Defizite. Daran orientierten sich im Lauf der sechsjährigen Oppositionszeit nicht wenige Journalisten. Bei dem Ziel, meinen Aufstieg vom Oppositionsführer zum Kanzler zu verhindern, schreckten sie selbst vor persönlichen Diffamierungen nicht zurück.

*

Das war die politisch-atmosphärische Ausgangslage, als ich meine erste Rede als Vorsitzender der wenige Tage zuvor wiedervereinigten Unionsfraktion hielt. Ich kann mich noch gut an die hämischen Bemerkungen von Willy Brandt erinnern, der die Vorgänge um den Kreuther Trennungsbeschluss als ein »Trauerspiel« bezeichnete, durch das die Opposition nicht nur sich selbst geschadet habe.

In meiner Rede bezeichnete ich die Regierungserklärung der

alten und neuen Bundesregierung unter Kanzler Helmut Schmidt und Bundesaußenminister Hans-Dietrich Genscher als ein Dokument der Ratlosigkeit. Vor allem aber verwies ich auf die schwache Basis dieser Regierung, die bei der Kanzlerwahl überdeutlich geworden war: Drei Stimmen aus dem eigenen Lager hatten Helmut Schmidt gefehlt, er hatte nur eine einzige Stimme mehr erhalten als zu seiner Wahl unbedingt nötig. Diese Regierung stand auf äußerst wackligen Beinen. Gleichzeitig definierte ich die Rolle der CDU/CSU-Opposition in der Form, dass wir nicht die Absicht hätten, insgeheim mitzuregieren, uns aber auch nicht aus der Verantwortung zurückziehen würden.

So begann für uns die dritte Legislaturperiode in der Opposition. Fast ein Drittel der Unionsabgeordneten war neu in Bonn, jeder fünfte war unter vierzig Jahre alt. Eine solche Verjüngung hatte es bisher noch nicht gegeben. Ob es richtig war, mir neun Stellvertreter zur Seite zu stellen, wage ich zu bezweifeln. Während der kurzen Trennungsphase hatten CDU und CSU eigene Vorstände gewählt, die jetzt einfach addiert wurden. Aber Neuwahlen der Fraktionsspitze und eine Beschränkung auf drei Stellvertreter hätten nur zu neuen Auseinandersetzungen und unnötigen Verletzungen geführt. Deshalb fand ich mich mit dieser Regelung ab, die auch von der schwierigen und eigenwilligen Fraktion akzeptiert wurde.

Die Vielfalt der Interessen und Positionen innerhalb der Fraktion barg eine Fülle von Problemen in sich und hätte größer nicht sein können: Vom Bauernverband bis zu den Sozialausschüssen, vom Wirtschaftsflügel bis zu den Regionalfürsten reichte die Spanne, von Fritz Zimmermann bis zu Richard von Weizsäcker, von Hans Katzer bis zu Heinrich Windelen und von Alfred Dregger bis zu Franz Josef Strauß.

Über ein ausgeklügeltes Konzept zur Führung der Unionsfraktion verfügte ich nicht. Mir lag daran, meinen Mainzer Führungsstil auch auf Bonn zu übertragen: Führung auf breiter Ebene, durch Diskussionen Auseinandersetzungen kanalisieren und sich im richtigen Augenblick einschalten. Im Rückblick habe ich erhebliche Zweifel, ob mein Versuch, die Mainzer Erfahrungen auf die völlig andersartigen Bonner Verhältnisse zu übertragen, erfolgreich war. Mögen andere darüber urteilen.

Von großem Vorteil erwies sich die Aufhebung der Trennung von Partei- und Fraktionsführung. Diese jahrelang sprudelnde Quelle überflüssiger Ärgernisse gab es nun nicht mehr. Lästige Koordinationsprobleme ließen sich so vermeiden, und das Gewicht der Bundestagsfraktion erfuhr im Vergleich zu den Jahren zuvor eine erhebliche Stärkung. Das demonstrierte ich auch ganz bewusst nach außen: Im Konrad-Adenauer-Haus hatte ich als Parteivorsitzender ein vorzügliches Arbeitszimmer, in dem ich aber selten anzutreffen war. Mein Platz war jetzt in der Fraktion, in dem alten Gemäuer, mochte es auch noch so beengt und ungastlich sein.

6.
Unerwarteter Wechsel

Die Partei war in blendender Verfassung, getragen von der Aufbruchstimmung nach der so erfolgreichen Bundestagswahl vom Herbst 1976. Auch in der Bundestagsfraktion machte sich jetzt für jedermann sichtbar neuer Elan breit. Hochzufrieden konnte ich auch mit der klugen Auswahl des Fraktionsmanagements sein. Die wichtigen Posten – von meinen Stellvertretern über die Sprecher der Fachabteilungen bis zu den Vorsitzenden und Mitgliedern der Bundestagsausschüsse – wurden ohne nennenswerte Auseinandersetzungen besetzt.

Zu den Parlamentsneulingen zählte auch CDU-Generalsekretär Kurt Biedenkopf. Der brillante Vordenker und scharfsinnige Analytiker übernahm auf meinen Vorschlag hin die Funktion des wirtschaftspolitischen Sprechers der CDU/CSU-Bundestagsfraktion. Damit hatte er eine Schlüsselposition übernommen und war gleichzeitig dem Altparlamentarier Franz Josef Strauß gleichgestellt, der sich für die CSU vor allem zu wirtschaftspolitischen Fragen äußerte. Künftig sollte sich der begabte Rhetoriker im Parlament um die Wirtschaftspolitik und um die Sicherung der sozialen Marktwirtschaft kümmern. Aus meiner Sicht eine optimale Besetzung, der die Regierungsfraktionen nichts Gleichwertiges entgegenzusetzen hatten.

Der Fraktionsvorsitzende konnte mit dieser Lösung außerordentlich zufrieden sein, der Parteivorsitzende nicht. Denn im Januar 1977 überraschte Biedenkopf mich mit dem Wunsch, das Amt des Generalsekretärs zugunsten seiner Abgeordnetentätigkeit aufzugeben. Eigentlich hatte ich mich innerlich längst für eine vierjährige Verlängerung seiner Amtszeit entschieden, die ich auf dem bevorstehenden Düsseldorfer Parteitag zur Abstimmung vorschlagen wollte. Nun stand ich vor einem der schwierigsten Personalprobleme, die ein Parteivorsitzender zu lösen hat, denn er alleine hat das Vorschlagsrecht. Jetzt galt es, in kurzer Frist einen neuen Generalsekretär zu präsentieren.

Meine Überraschung und die allgemeine Verwunderung in der Partei über den unerwarteten Abgang Biedenkopfs als Parteigeneral hielten sich allerdings in Grenzen. Der ehemalige Ordinarius für Handels-, Wirtschafts- und Arbeitsrecht und spätere Rektor der Ruhr-Universität Bochum erläuterte mir in einem Vier-Augen-Gespräch seinen Rücktritt. Er argumentierte, als Parteichef und Bonner Oppositionsführer würde ich keinen »General« seines Formats mehr benötigen. Ausführlich entwickelte er seinen Plan, künftig in der nordrhein-westfälischen Landespolitik Fuß zu fassen. Konkret ging es ihm um den CDU-Landesverband Westfalen-Lippe, dem Heinrich Windelen vorstand. Ich war mit seinen Plänen sehr einverstanden und versprach ihm volle Unterstützung bei seinem landespolitischen Engagement in dem für die Partei so schwierigen bevölkerungsreichsten Bundesland.

In den Medien war viel Falsches, Ungereimtes und grober Unsinn über diese Vorgänge zu lesen und zu hören. Unter anderem hieß es, langwierige interne Auseinandersetzungen zwischen ihm und mir seien Biedenkopfs Entschluss vorausgegangen. Davon konnte jedoch überhaupt keine Rede sein. Biedenkopfs Anteil an dem herausragenden Wahlsieg im Herbst 1976 war unbestritten, und ich stellte seine Rolle auch gebührend heraus. Was niemand wusste, war jedoch ein Vertrauensbruch, den Biedenkopf Ostern 1976 mir gegenüber begangen hatte und den ich seither immer wieder zu verdrängen versuchte. Trotz dieser Erfahrung hatte ich ihn wieder als Generalsekretär vorschlagen wollen, um größeren Schaden von der Partei abzuwenden. Da er dieses Amt aber nun von sich aus niederlegen wollte, fiel mir im Frühjahr 1977, gut drei Monate nach dem glänzenden Wahlausgang, eine Trennung nicht so schwer.

Die Ostertage 1976 hatte ich im österreichischen Schruns verbracht. Verabredet war ich mit Kurt Biedenkopf, um mit ihm ausführlich über die heiße Phase des Wahlkampfs zu sprechen. Er analysierte scharfsinnig die Wahlchancen der Union, und für den Fall einer Regierungsübernahme durch die Unionsparteien meldete er unter vier Augen sein besonderes Interesse am Amt des Bundesverteidigungsministers an. Bis tief in die Nacht gingen unsere lebhaften Diskussionen über die Wahlkampfstrategie. Am anderen Morgen wollte sich Biedenkopf auf den Weg zurück nach Bochum machen. Zumindest sagte er das. Doch das stimmte nicht. Er fuhr nämlich nicht nach Hause, sondern auf kürzestem Weg nach München und traf dort Franz Josef Strauß.

Was immer er beabsichtigt hatte, warum er hinter meinem Rücken mit meinem schärfsten innerparteilichen Gegner zusammentraf und was er mit ihm zu besprechen hatte, war für mich letztendlich zweitrangig. Es war Strauß selbst, der mich unmittelbar nach seinem Zusammentreffen mit meinem wichtigsten Mitarbeiter, dem Generalsekretär, warnte: »Pass auf mit deinem Generalsekretär! Der is net sauber! Glaub net, dass der dein Mann is!«

Strauß ging offensichtlich davon aus, dass ich über sein Münchner Treffen mit Biedenkopf im Bilde sei und lediglich von den Gesprächsinhalten noch nichts erfahren hätte. Die wollte der CSU-Chef mir auf diesem Weg übermitteln.

Fest steht, dass von Ostern 1976 an mein Vertrauen in Kurt Biedenkopf erheblich gestört war. Als er dann ein knappes Jahr später von sich aus um Entbindung vom Amt des CDU-Generalsekretärs bat, war ich damit einverstanden.

*

Jetzt galt es, einen überzeugenden Personalvorschlag zu machen. Wichtig war für mich bei der Suche des Biedenkopf-Nachfolgers, eine Persönlichkeit zu finden, die in der Partei fest verankert war und die für wichtige programmatische Aussagen einer Volkspartei stand. Sofort fiel mir Heiner Geißler ein. Als Minister für Soziales, Gesundheit und Sport in Rheinland-Pfalz hatte er auch von politischen Gegnern gelobte sozialpolitische Akzente gesetzt, die ihn

Gratulation! Mit einem ausgezeichneten Ergebnis wurde Heiner Geißler zum neuen Generalsekretär gewählt (März 1977)

bundesweit bekannt machten. Seit drei Jahrzehnten war er CDU-Mitglied und hatte innerhalb der Union in vielen Funktionen gedient: kämpferischer Vorsitzender einer RCDS-Gruppe in Tübingen, Landesvorsitzender der Jungen Union in Baden-Württemberg, Bundestagsabgeordneter für knapp zwei Jahre und zehn Jahre profiliertes Mitglied der Mainzer Landesregierung. Geißler war bereit, seinen Ministerposten aufzugeben, um als Generalsekretär nach Bonn zu wechseln.

Auf dem 25. Bundesparteitag der CDU in Düsseldorf vom 7. bis 9. März 1977 schlug ich den über achthundert Parteitagsdelegierten Heiner Geißler als neuen Generalsekretär vor. Auf Anhieb

konnte er siebenhundertsechsundvierzig Ja-Stimmen auf sich vereinigen. Siebenundzwanzig Delegierte stimmten gegen ihn, achtunddreißig enthielten sich.

Zuvor war ich in meinem Amt mit siebenhundertsiebenund-
sechzig Ja-Simmen bei sechzehn Enthaltungen und siebenundzwanzig Neinstimmen bestätigt worden. Das war für uns beide ein
ausgezeichnetes Wahlergebnis, das uns reichlich Rückenwind für
die nächsten Jahre gab.

Ich konnte die CDU auf dem Düsseldorfer Parteitag in einer guten Verfassung mit einer grundsoliden Ausgangsposition präsentieren: In den vergangenen vier Jahren waren über dreihunderttausend neue Mitglieder zu uns gestoßen, so dass die Partei jetzt
insgesamt sechshundertzweiundfünfzigtausend Mitglieder hatte.
Ein Viertel der seit 1975 neu zu uns Gekommenen waren Frauen,
40 Prozent der neuen Mitglieder waren jünger als fünfunddreißig
Jahre, und 40 Prozent waren Arbeiter und Angestellte. Zusammen mit annähernd hundertfünfundvierzigtausend CSU-Mitgliedern kamen wir der SPD immer näher, die über eine Million Parteimitglieder registrieren konnte. Diese Zahlen belegten eindeutig,
dass die Union endgültig zu einer Mitgliederpartei geworden war.
Die schlagkräftige und leistungsfähige Organisation der Partei
hatte sich im Wahlkampf für jedermann sichtbar bewährt.

Dieser Parteitag war für mich noch in anderer Hinsicht von besonderer Bedeutung, denn ich wollte den Liberalen im Bund auf
einer ganzen Reihe von Politikfeldern signalisieren, dass die CDU
zum Zusammengehen mit der FDP bereit und fähig war. Im Januar 1977 hatte sich in Niedersachsen eine Koalition aus CDU und
FDP durchgesetzt. Eine Woche vor dem Parteitag hatte der saarländische Ministerpräsident Franz-Josef Röder mit der FDP eine
Koalition geschlossen – für das Saarland eine richtungweisende
Entscheidung. Das war der Hintergrund, vor dem ich die Parteitagsrede hielt. Bewusst trug ich unter anderem meine Meinung zur
Sicherung der Renten, zur Sanierung der Krankenkassen, zum
Mangel an Ausbildungsplätzen und zur Kapital- und Vermögens-
bildung in Arbeitnehmerhand vor.

Einstimmig nahm der Parteitag deutschlandpolitische Grund-

Mit Ludwig Erhard auf dem
Düsseldorfer Bundesparteitag (1977)

linien an, die auch Jahre nach der deutschen Vereinigung von 1989 noch lesenswert sind. Sie enthalten zwei entscheidende Aussagen: Erstens heißt es darin, »die deutsche Frage ist offen«, und zweitens, »im Mittelpunkt unserer Deutschlandpolitik stehen die Menschenrechte«.

Auch auf diesem Parteitag war keineswegs mein ganzes Sinnen und Trachten darauf ausgerichtet, der FDP Avancen zu machen. Mir ging es jedoch darum, politische Felder so zu besetzen, dass es den Liberalen immer schwerer fiel, zu einem möglichen Regierungsbündnis mit der Union – zu welchem Zeitpunkt auch immer – nein zu sagen. Um an die Macht in Bonn zu kommen, um die Sozialdemokraten in die Opposition zu schicken, führte kein Weg an einer Koalition mit der FDP vorbei. Eine Große Koalition schloss ich nach den Erfahrungen mit der Regierung Kiesinger/Brandt für absehbare Zeit aus.

Ich konnte mit Düsseldorf zufrieden sein. Das gute Wiederwahlergebnis sicherte mir bis zum nächsten Parteitag in Kiel 1979 starken Rückhalt. Meine wichtigste Aufgabe sah ich nach wie vor darin, die Enden – wie ich sie immer nannte – zusammenzuhalten, das heißt das breite Spektrum der Volkspartei zu respektieren: von den Vertriebenenpolitikern bis zu den Sozialausschüssen. Allein diese Arbeit kostete sehr viel Energie.

7.
Die Gegner
formieren sich

Der politische Alltag in Bonn hatte mich schnell wieder. Die nach der Rücknahme des Kreuther Trennungsbeschlusses eingesetzte Strategiekommission aus Vertretern von CDU und CSU brachte wenig. Das Thema »vierte Partei« bestimmte zwar nicht mehr die Diskussion, aber es spielte immer noch eine Rolle, und die politischen Zielsetzungen für eine erfolgreiche Oppositionsarbeit blieben umstritten.

Motor der Strategiekommission war die CSU unter ihrem Vorsitzenden Franz Josef Strauß. Diese Sitzungen, die abwechselnd in der bayerischen und in der baden-württembergischen Landesvertretung in Bonn stattfanden, waren für mich die unerquicklichsten Veranstaltungen zu meiner Bonner Zeit. Viel Geduld und eine hohe Toleranzbereitschaft gegenüber den Selbstdarstellern auf beiden Seiten wurden einem da abverlangt.

Dauerthema in der Strategiekommission blieb das Verhältnis zur FDP, meine Strategie, in absehbarer Zukunft mit Hilfe der Liberalen die Macht in Bonn zu erreichen. Das würde nach Lage der Dinge in der zweiten Hälfte der siebziger Jahre nur schwer mit Franz Josef Strauß möglich sein, der immer mehr zu einer Strategie neigte, die FDP aus den Parlamenten zu drängen. Zudem stimmte die Chemie zwischen den Parteivorsitzenden Strauß und Genscher nicht. Ich wusste sehr genau, dass mit Strauß ein Zusammengehen mit Hans-Dietrich Genscher kaum zu machen sein würde. Und das lag nicht nur an dem Bayern. Genscher nahm mit der FDP jede Gelegenheit wahr, Franz Josef Strauß als Buhmann der Nation aufzubauen und damit Vorteile für sich und die FDP zu gewinnen.

Strauß liebte es, diese Treffen der Strategiekommission zu zelebrieren, bei denen am Ende meist zwar nichts herauskam, aber zwischen fünfzig und siebzig Journalisten wissen wollten, worüber wir uns denn diesmal gestritten hätten und ob, wann und unter welchen Umständen eine Einigung möglich wäre.

Für die Bonner Presse war das ein gefundenes Fressen. Aber nicht nur Strauß, auch Helmut Schmidt lieferte den Stoff für Geschichten. Die Gegensätze zwischen dem amtierenden Kanzler und seinem Herausforderer und Oppositionsführer konnten größer nicht sein. Schmidt war schon lange in Bonn politisch aktiv gewesen, er war eine zentrale politische Figur, bevor ich ins Parlament einzog. Als Fraktionsvorsitzender hatte er seiner Partei effizient gedient und als Bundesverteidigungs- und Bundesfinanzminister schwierige Ministerien erfolgreich geführt. Jetzt, im dritten Jahr seiner Kanzlerschaft, fühlte er sich fest im Sattel und ließ sich von einem zornigen Neuling im Bonner Parlament nicht aus der Fassung bringen.

Ich hatte einen schweren Stand gegenüber Schmidt. Meine sicherlich unelegante Figur und mein hörbarer Pfälzer Dialekt spielten dabei ebenso eine Rolle wie meine »altmodische« Auffassung über politische Tugenden. Wer so daherkommt, wird nicht nur von Karikaturisten leicht zur Zielscheibe für Spott und Witze erkoren.

Helmut Schmidt genoss große Unterstützung bei den Medien und war für Radio und Fernsehen wie geboren. Ich hatte keinen Verlag und kein Medienzentrum hinter mir. Der Springer-Verlag verfolgte auf vielfältige Weise die Karriere von Franz Josef Strauß, und die ernstzunehmenden Massenmedien blieben auf deutlicher Distanz zu mir. Der Vorwurf jedoch, ich wäre der Presse gegenüber feindselig eingestellt gewesen, ist großer Unsinn. Ich habe in vielen Jahren viele faire, sachkundige Journalisten kennengelernt, denen ich viel zu verdanken habe. Aber wahr ist auch, dass diese Gruppe bis zum Ende meiner Kanzlerschaft immer die Minderheit war.

Die Medienpolitik der Unionsparteien lag lange Zeit im argen. Viel zu spät erkannten wir, welchen nicht zu überschätzenden

Einfluss die elektronischen Medien auf die Bürger hatten. Wir glaubten, die Union brauche nur in den Kontrollgremien des Rundfunks auf die Besetzung der Spitzenpositionen Einfluss zu nehmen, damit die politische Ausgewogenheit und eine faire Berichterstattung gesichert wären. Dabei hätte die Union sich weniger engagiert um manchen Intendantenposten kümmern und besser darauf achten sollen, dass nur journalistisch versierte Programmleute ohne ideologische Scheuklappen auf den Bildschirm gelangten.

In puncto Bildschirmpräsenz von ideologisch der Sozialdemokratie Nahestehenden lieferte die Medienpolitik der SPD Paradebeispiele für gelungene Einflussnahme. Sie ging – und daran hat sich bis zum heutigen Tag nichts geändert – brutal, frech und unverschämt vor. Das Ergebnis war und ist oft genug eine Form des Journalismus, die an politischer Einseitigkeit und Dreistigkeit kaum zu überbieten ist.

Als CDU-Bundesvorsitzender und Oppositionsführer kämpfte ich im Bonner Parlament gegen eine zwar knappe, aber außerordentlich selbstbewusste Mehrheit der sozialliberalen Regierungskoalition. Die überwältigende Mehrheit des Pressekorps stand auf seiten Helmut Schmidts und seines Vizekanzlers Hans-Dietrich Genscher. Gleichzeitig hatte ich in der mächtigen Unionsfraktion alle Hände voll zu tun, die widerstreitenden Flügel – nicht nur zwischen CDU und CSU – zusammenzuhalten. Weltanschauliche Differenzen brachen immer dann unübersehbar auf, wenn es um ethische Fragen ging wie zum Beispiel um die tiefgreifende Diskussion um eine Reform des Abtreibungsparagraphen 218.

Ich bekam von meinen engsten Mitstreitern auch immer wieder vorsichtige Hinweise auf ein Unbehagen in der Fraktion, in der manche meinen Arbeits- und Führungsstil kritisierten. Sicherlich erwartete der eine oder andere Parlamentarier häufigere Auftritte im Bundestag oder kontinuierliche programmatische Richtungsvorgaben auf den Feldern der Arbeitsmarkt-, Finanz-, Wirtschafts- und Rentenpolitik. Ich dagegen ließ die Zügel locker. Niemand sollte sich über meine so oft kritisierte angeblich übermächtige Dominanz beschweren können.

Wenn die Fachleute gefragt waren, hielt ich mich bewusst zurück. Kein Unionsabgeordneter wurde von mir in seiner Kreativität gebremst. Vielleicht war es ein Fehler, den Arbeitskreisvorsitzenden zu häufig das Feld zu überlassen, aber ich fand meinen Umgang mit den Kollegen motivierend, angemessen und effizient.

8.
Heimtückische
RAF-Morde

Während wir die Auseinandersetzungen zwischen CDU und CSU mühsam beizulegen versuchten, damit unsere Partei nach der Bundestagswahl wieder Fahrt aufnehmen konnte, hatte sich in der Bundesrepublik eine neue Situation entwickelt. Die heimtückischen Morde der Roten-Armee-Fraktion (RAF) an wichtigen Repräsentanten unserer Republik hatten das Land tief erschüttert. Die Brutalität der Anschläge, bei denen in vielen Fällen auch die Begleitpersonen der Opfer brutal hingemordet wurden, versetzten viele in Angst und Schrecken.

Ich zählte selbst zum Kreis der am meisten Gefährdeten und war in vielerlei Hinsicht unmittelbar betroffen. Viele Jahre lebte ich mit der terroristischen Bedrohung. Lange Zeit schien es keine Mittel und Wege zu geben, um das heimtückische Morden der RAF zu stoppen. Die bittere Erfahrung mit der Entführung meines Freundes Peter Lorenz, des Berliner CDU-Vorsitzenden und Bürgermeisterkandidaten, die Anfang März 1975 mit der Freipressung einiger Top-Terroristen endete, prägte das Verhalten der verantwortlich handelnden Politiker in den siebziger Jahren. Seit der Lorenz-Entführung stand die Staatsräson im Mittelpunkt aller Entscheidungen: Die Bundesrepublik Deutschland durfte erpresserischen Forderungen nicht noch einmal nachgeben. Bei einer erneuten Entführung – das war die wenn auch unausgesprochene, so doch herrschende Auffassung in allen Parteien – sollte es keine Freilassung von Gefangenen mehr geben.

Das war auch meine feste Überzeugung, und ich war mir bewusst, dass das auch im Fall meiner eigenen Entführung gelten musste. In einer Verfügung für mein engstes Umfeld und natürlich für Hannelore hatte ich niedergelegt: Im Falle einer Entführung ist es nicht mein Wunsch, den Erpressern nachzugeben. Der Staat darf nicht erpressbar sein.

Diese Grundeinstellung habe ich überall dort vor Zeugen geäußert, wo man im Ernstfall davon wissen musste, auch bei den Sicherheitskräften. Ich stehe dazu bis zum heutigen Tag.

*

Am 7. April 1977 wurde der höchste Ankläger der Bundesrepublik, Generalbundesanwalt Siegfried Buback, von Terroristen in Karlsruhe ermordet. Von einem Motorrad aus hatten die Attentäter mit einer Maschinenpistole auf den Dienstwagen gefeuert und auch Bubacks Fahrer Wolfgang Göbel tödlich getroffen. Lebensgefährlich verletzt wurde der Justizbeamte Georg Wurster, der wenige Tage später starb.

Die Nachricht von dem kaltblütigen Verbrechen traf mich tief. Wiederholt hatte Buback seit Anfang des Jahres vor neuen Terroranschlägen gewarnt. Nachdem zweieinhalb Jahre zuvor schon Günter von Drenkmann, als Kammergerichtspräsident der oberste Richter von West-Berlin, ermordet worden war, fiel mit Buback der zweite Angehörige der deutschen Justiz einem Attentat der RAF zum Opfer.

Am 25. April 1977 veröffentlichte der Allgemeine Studenten-Ausschuss der Universität Göttingen in seiner Zeitschrift einen anonymen Nachruf, in dem »klammheimliche Freude« über den »Abschuss« Bubacks geäußert wurde. Der Autor, ein unbekannter Göttinger Student, der sich »Mescalero« nannte, bediente sich einer ungeheuerlichen Sprache und ließ ein Fühlen und Denken erkennen, das mich an die schlimmsten Zeiten deutscher Diktatur erinnerte.

Ich war, wie viele meiner Freunde, erschüttert von der Brutalität, die sich in diesem Göttinger Studentenaufruf zeigte. Als jemand, der selbst zum Kreis der unmittelbar Gefährdeten zählte, traf mich diese Reaktion auf Bubacks Ermordung tief. Aber als noch schlimmer empfand ich, dass dies keine Einzelstimme zu sein schien, sondern dass die Zahl derer, die mit dieser Haltung sympathisierten, allem Anschein nach zunahm. Es war für mich und viele meiner Freunde bestürzend, welch ein Abgrund sich plötzlich bei einem kleinen Teil der Bevölkerung auftat – und vor allem bei akademisch ausgebildeten Personen. Welches Maß an Hass sich hier und bei den weiteren Mordanschlägen zeigte, beunruhigte mich zutiefst. Wir fragten uns manches Mal, ob alle Aufklärung und all die vielen Diskussionen über die schrecklichen Taten in der NS-Zeit nicht vergebens waren. Konnten sich diese Menschen wirklich nicht vorstellen, was die Familien der Opfer bei solchen zynischen Äußerungen empfinden mussten?

Doch statt des Proteststurms, den man hätte erwarten sollen, wuchs die Zahl der Mescalero-Sympathisanten ständig an, mit denen sich die Gerichte zu befassen hatten. Eine Schande für die Bundesrepublik, ein Schlag ins Gesicht der Familie Buback.

*

Die Entführung meines Freundes Peter Lorenz im Februar 1975, der Anschlag auf die deutsche Botschaft in Stockholm im April 1975, der Überfall auf die in Wien tagenden OPEC-Minister im Dezember 1975 und viele andere Vorfälle hatten die Politik vor schwerwiegende Entscheidungen gestellt. In den Bonner Krisenstäben gab es weitestgehende Übereinstimmung zwischen Regierung und Opposition. Zusammen mit Franz Josef Strauß und Fritz Zimmermann gelang uns eine konstruktive Zusammenarbeit über die Parteigrenzen hinweg.

Allerdings schienen mir die von der Schmidt-Regierung proklamierten Fortschritte in der Bekämpfung des Terrorismus keineswegs befriedigend zu sein. Die Terroristen beschränkten sich schon lange nicht mehr auf Brandstiftungen in Kaufhäusern, Gefangenenbefreiung, Geiselnahme oder Bankeinbrüche, so schlimm diese Dinge an sich schon waren. Die böse Saat des Terrorismus war aufgegangen: Gewalt gegen Sachen – Gewalt gegen Personen. Die Hemmungen waren offensichtlich gefallen, und so griffen sie nun zum äußersten Mittel, zum brutalen Mord, und sie bezeichneten diesen Mord als »Hinrichtung«. Diesen neuen Herausforderungen galt es Rechnung zu tragen. Mit der seit langem bemühten Beschwörungsformel, bestehende Gesetze bräuchten nur ausgeschöpft zu werden, um die bestmögliche Bekämpfung des Terrorismus zu erreichen, war das nicht zu erreichen. Schärfere Gesetze mussten her, die das Risiko für potentielle Mörder so hochschraubten, dass sie von ihrer Tat abließen. Doch die sozialliberale Koalition fand nicht die Kraft, die notwendigen Konsequenzen auf dem Gebiet der inneren Sicherheit zu ziehen. »In dubio pro libertate«, im Zweifel für die Freiheit – das war der falsche Ansatz. Freiheit und Sicherheit schließen einander nicht aus, sondern bedingen sich gegenseitig.

*

Nach Bubacks Tod vergingen kaum vier Monate, bevor ein weiterer feiger Mord die Republik erschütterte. Zum ersten Mal galt der Anschlag nicht einem Polizeibeamten, nicht einem Richter, nicht einem Politiker, sondern einem führenden Mann des Wirtschafts- und Finanzlebens: Jürgen Ponto, Vorstandssprecher der Dresdner Bank, wurde in seinem Haus in Oberursel rücklings erschossen. Nach einem offenbar missglückten Entführungsversuch war er von Kugeln aus großkalibrigen Waffen tödlich getroffen worden. Die Bestürzung und Fassungslosigkeit über diesen hinterhältigen Mord waren allenthalben spürbar.

Helmut Schmidt hatte nach dem Tod von Siegfried Buback gesagt, es gelte, dem Terror in unserem Lande ein Ende zu bereiten. Die Regierung konnte diese Ankündigung nicht einlösen. Ohnmächtig mussten wir mit ansehen, wie das teuflische Morden weiterging.

*

Es gab wenig Zeit zum Entspannen. Am 5. September 1977 aber hielt ich mich in der geteilten Stadt Berlin auf und gönnte mir zusammen mit meinen engsten Mitarbeitern einen Kabarettabend bei den »Berliner Stachelschweinen«. Wolfgang Gruner, der bekannte Kabarettist, war in bester Spiellaune, als Eduard Ackermann eine halbe Stunde nach Beginn der Vorstellung herausgerufen wurde. Wenig später bat er mich diskret aus dem Zuschauerraum und übermittelte mir die schreckliche Nachricht, dass mein Freund Hanns-Martin Schleyer entführt worden sei. Ich war wie vom Blitz getroffen. Wir irrten durch das Europa-Center und suchten den Ausgang, um zu unseren Wagen zu gelangen.

Erreicht hatte uns die Nachricht von der Entführung über einen ZDF-Journalisten, der über meine Berliner Bleibe, das Hotel am Zoo, unseren Besuch bei den »Stachelschweinen« in Erfahrung gebracht hatte. Sofort fuhren wir ins Berliner ZDF-Studio, wo ich für ARD und ZDF eine erste Erklärung zum Anschlag auf den Präsidenten der Bundesvereinigung der Deutschen Arbeitgeberverbände und des Bundesverbands der Deutschen Industrie abgab.

Erst wenige Tage zuvor hatte ich mit Schleyer einen Abend im Bonner Restaurant Roma verbracht. Er hatte mich in seinem Dienstwagen mitgenommen, demselben Wagen, in dem er jetzt überfallen worden war. Ein Thema bei diesem letzten Treffen war unter anderem die terroristische Bedrohung, die – wie wir von den Sicherheitsbehörden verbindlich wussten – uns beide besonders betraf. Wir stimmten in einem wesentlichen Punkt überein, nämlich dass der Staat sich niemals mehr erpressen lassen dürfe. Beide hatten wir für uns persönlich ausgeschlossen, im Falle einer Entführung gegen Terroristen ausgetauscht zu werden. Daran musste ich zuallererst denken, als mir die Hiobsbotschaft überbracht wurde.

Zurück im Hotel am Zoo, trafen immer mehr Nachrichten vom Kölner Anschlag ein. Wir erfuhren, dass Hanns-Martins Fahrzeug durch einen auf die Fahrbahn geschobenen Kinderwagen gestoppt worden war. Mindestens vier Personen hatten sofort aus Maschinenpistolen das Feuer auf seinen Wagen und das Begleitfahrzeug eröffnet. Der Fahrer Heinz Marcisz und die drei Leibwächter starben im Kugelhagel. Die Personenschützer waren nach dem Mord an Ponto für den persönlichen Schutz von Schleyer eingesetzt worden, aber gegen die Skrupellosigkeit dieser Verbrecher konnten auch sie nichts ausrichten. Hanns-Martin wurde entführt, einen Tag später gaben die Täter ihre Forderungen bekannt. Helmut Schmidt suchte den Kontakt zur parlamentarischen Opposition. Wir telefonierten noch am späten Abend und verabredeten uns für den anderen Tag in Bonn. Die Einrichtung eines Krisenstabs war der erste Schritt. Spätabends am 6. September 1977 kam eine Runde von vierzig Teilnehmern im Bundeskanzleramt zusammen. Eine vernünftige Beratung war kaum möglich: Alle Kabinettsmitglieder waren anwesend, dazu die Partei- und Fraktionsvorsitzenden und die Ministerpräsidenten der Länder, in denen Gefangene einsaßen und die nun auf der Liste der Entführer standen. Im Mittelpunkt der Krisensitzung stand der detaillierte Bericht von Horst Herold, dem Chef des Bundeskriminalamts (BKA). Uns alle erschreckte die Brutalität, mit der die Morde begangen worden waren. Auffallend war die Verwendung ganz unterschiedlicher Tatwaffen, von denen einige den BKA-Experten völlig unbekannt waren.

Am 7. September kam die CDU/CSU-Fraktion zu einer kurzen Sondersitzung zusammen, auf der ich den Stand der Fahndung erläuterte. Zuvor hatten die Entführer als Lebenszeichen einen Brief von Hanns-Martin geschickt, dessen Echtheit ich bestätigen konnte, da ich seine Handschrift sehr gut kannte. Die Stimmung unter den Kolleginnen und Kollegen war außerordentlich gedrückt. Sie spürten, dass ich nach dem Fall Peter Lorenz zum zweiten Mal in meinem Leben vor der Entscheidung über das Schicksal eines Freundes stand. Handeln konnte ich auch diesmal nur nach meinem Gewissen, und ich begründete die bittere Pflicht, der ich nicht entfliehen konnte.

Vor der Fraktion zitierte ich zum Schluss der Sitzung aus einem Brief von Michael Buback, dem Sohn des ermordeten Generalbundesanwalts, der mich kurz vor Schleyers Entführung erreicht hatte. Er schien mir wegen seiner besonderen Aktualität wichtig zu sein:

»Sehr geehrter Herr Kohl!

Die bitteren Pflichten der vergangenen Wochen haben mich erst jetzt ein wenig Ruhe finden lassen, so dass ich für Ihre herzliche Anteilnahme am Tode meines Vaters danken kann. Wir spürten Ihr Mitempfinden aus dem Telegramm, das ich noch an jenem schrecklichen Gründonnerstag bei der überstürzten Heimfahrt aus Zermatt las. Das hat uns Kraft gegeben, die wir brauchten, um die leidvollen Tage zu ertragen. Zu jener Zeit ahnte ich noch nicht, wieviel zusätzlicher Kummer uns aus den Folgeerscheinungen der Ermordung meines Vaters erwarten sollte. Dabei meine ich weniger, dass wir bestürzt erfahren mussten, wie rasch die Zeit auch über wichtige Ereignisse hinweggeht. Bereits in der nachfolgenden Bundestagsdebatte hatte ich eigentlich nur bei Ihren Ausführungen den Eindruck, dass etwas Unerhörtes geschehen war, etwas Schreckliches, dessen Folgen noch nicht absehbar sind …«

Michael Buback kam dann zu der Frage, ob sein Vater die notwendigen Sicherheitsvorkehrungen getroffen habe. Wörtlich schrieb er:

»Diese Sicherheitsdiskussion war für uns deshalb unerträglich, weil sie ohne menschlichen Takt geführt wurde, indem sie einen Toten belastete, der bereits sein Leben dafür geopfert hatte, weil sie in Unkenntnis der Rechtslage betrieben wurde. Die Stellung meines Vaters zur Sicherheitserwägung ist doch rechtlich irrelevant, da er für ihre Planung und Durchführung gar nicht zuständig ist …

Der kleinliche, beschämende Versuch, sich von Schuld reinzuwaschen, scheint es und will es mir scheinen, hat immerhin dazu geführt, dass wichtige Funktionsträger in der Öffentlichkeit als Menschen behandelt und betrachtet werden, die nur einen begrenzten Anspruch auf körperliche Unversehrtheit hatten. Sie müssen offensichtlich selbst Sorge tragen, dass sie sich einer Entführung oder Ermordung entziehen.

Dies mag überspitzt formuliert sein, aber es finden sich bedenkliche Anzeichen für eine Entwicklung in diese Richtung.

Die zahlreichen schlimmen Reaktionen an Hochschulen, meist auf den Göttinger Nachruf begründet, haben uns sehr weh getan. Daneben gibt es noch viele Verunglimpfungen durch Einzelpersonen oder kleinere politische Gruppierungen. Für uns als Angehörige gibt es keinerlei Möglichkeit, all dem zu entrinnen, da es allein der Familie aufgebürdet ist, im Einzelfall zu entscheiden, ob Strafantrag wegen Verunglimpfung des Andenkens eines Verstorbenen gestellt wird. Wir fragen uns gelegentlich, warum wir diese Opfer selbstverständlich tragen, denn die anstehenden Prozesse werden viel Kummer und möglicherweise auch ein Sicherheitsrisiko für uns bringen ...

Vor wenigen Tagen kaufte ich in Bozen die *Zeit* und las fassungslos den Artikel ›Eine fröhliche Gewalt‹. Wieviel psychologisierendes Verständnis wird dort den Verfassern jenes Nachrufs zuteil. Man möchte im Zorn fragen, warum überhaupt einer von den Mördern meines Vaters gesucht wird, wo doch die Argumente zu ihrer Entlastung schon bereitliegen. Ich frage mich manchmal, wie lange die Bundesrepublik noch ein wohnlicher Ort ist. Dieser Gedanke erschreckt mich, weil ich meine Heimat sehr liebe, wie dies mein Vater sein Leben lang getan hat. Wie soll man es aber hinnehmen, dass Verbrechen zunehmend unter politischen Gesichtspunkten gesehen werden? Weil man über ein für mich nicht nachvollziehbares Verständnis von Anschauungen von Tätern zu einer Billigung ihrer Taten gelangt, geht hier die Maßgabe der Bestimmungen des Strafgesetzbuches verloren ...

Der von mir angesprochene *Zeit*-Artikel enthält aber auch eine bestürzend wahre Aussage. Die liegt in zwei Bildern. Das eine zeigt meinen Vater, wie er mit einem Tuch bedeckt am Straßenrand liegt. Das Bild darüber zeigt die Runde der Mescaleros, der Lebendigen, und, wie man zur Kenntnis nehmen muss, von viel Sympathie getragen. Ich habe die große Sorge, dass auch von vielen Politikern der außerordentliche Ernst der Situation nicht erkannt wird. Mir scheint die Ermordung meines Vaters, von der ich wenigstens erhofft hatte, dass sie zu einer breiten Solidarisierung gegen Gewalt führt, die Terroristen und Sympathisanten einschließt, inzwischen zu einem Fanal für einige Außenseiter zu werden, auf erfolgreich begonnenem Weg fortzufahren. Und man wird der Situation keineswegs gerecht, wenn man sich dabei nur auf wählerwirksame Erklärungen beschränkt ...

Mein Vater hat frühzeitig und intensiv vor den anstehenden Gefahren der Terroristen gewarnt. Leider hat er oft nicht die Unterstützung für seine Arbeit gefunden, die er erhofft hatte. Ich wünsche Ihnen, dass Sie die Kraft haben, gegen die vielseitige Bedrohung mit Augenmaß gezielt vorzugehen, und dass sich der für uns alle so wichtige Erfolg einstellt ...«

Dieser Brief drückte die damalige Stimmung in weiten Teilen unserer Gesellschaft aus, wie ich – wie wir sie alle – erlebten. Er bedurfte keiner Kommentierung. Schweigend gingen wir auseinander und hofften, dass Hanns-Martin noch am Leben sei.

*

Ich saß fast täglich viele Stunden lang in jenem Gremium, das letztlich über Leben und Tod Hanns-Martin Schleyers zu entscheiden hatte. Die Forderungen der Schleyer-Entführer zu erfüllen schien von Anfang an ausgeschlossen zu sein: Sie wollten elf ihrer Gesinnungsgenossen freipressen, die wegen Mordes, Mordversuchs, Raubes, Verabredung von Raubüberfällen, versuchter Nötigung der Bundesregierung, Geiselnahme, Sprengstoffanschlägen sowie Mitgliedschaft in einer terroristischen Vereinigung zu langjähriger oder lebenslanger Haft verurteilt waren oder als dringend der Tat Verdächtige sich in Untersuchungshaft befanden. Es galt, Zeit zu gewinnen und durch kluge Strategie alles Menschenmögliche zu unternehmen, um das Leben meines Freundes zu retten.

Wut und Trauer konnten kaum größer sein. Hinzu kam ein

ungewöhnlicher Stress durch die Krisenstabssitzungen, der schwerlich abzubauen war. Bis tief in die Nacht dauerten manche Sitzungen, an deren Ende immer wieder die Ohnmacht staatlichen Handelns deutlich wurde. In dieser hektischen und emotionsgeladenen Atmosphäre erreichte mich am 12. September, eine gute Woche nach seiner Entführung, eine persönliche Botschaft Hanns-Martins, die er auf Tonband gesprochen hatte. Ich höre heute noch seine Stimme mit der Bitte an mich und erinnere mich noch sehr genau an seinen schrecklichen Leidensweg als Gefangener der Terroristen. Sicherlich war der Gekidnappte bei der Formulierung dessen, was er sagte, nicht frei. Er musste die von seinen Entführern gewünschte Botschaft übermitteln. Sein Hilferuf aber war echt. Ich kannte seine Sprache und Diktion. Und wer das Tonband hörte, wusste, wie es um den Gefangenen stand:

»Lieber Helmut Kohl,
die Situation, in der ich mich befinde, ist auch politisch nicht mehr verständlich. Dies veranlasst mich, an meine politischen Freunde einen Appell zu richten.
Zunächst zur Vorgeschichte. Am 31. Juli 1977 rief mich der Bundesinnenminister Professor Maihofer in meinem Urlaubsort Meersburg an, um mir mitzuteilen, dass ich nunmehr zu den gefährdetsten Personen gehöre und damit in die Gefahrenstufe 1 eingeteilt sei. Er bat mich, mich den Anordnungen, die die Polizei treffen müsse, zu beugen. Die daraufhin in Meersburg, Stuttgart und Köln vom BKA und LKA Stuttgart angeordneten Maßnahmen habe ich korrekt durchgeführt. Ihre Wirksamkeit konnte ich nicht beurteilen. Die Verantwortung tragen allein die dafür verantwortlichen und kompetenten Stellen.
Wie stümperhaft das Ganze gemacht wurde, beweist der Ablauf des 5. September. Um die Kenntnisse, die ich heute über die ungestörten, obwohl leicht erkennbaren Vorbereitungen besitze, zeigen mir, wie wenig die Verantwortlichen in Wirklichkeit über den Terrorismus wissen. Man kann sich nicht nur auf den Computer verlassen, man muss den Computer

durch menschliche Gehirne speisen, wenn man von ihm richtige Erkenntnis erwartet.

Ich habe nie um mein Leben gewinselt. Ich habe immer die Entscheidung der Bundesregierung, wie ich ausdrücklich schriftlich mitgeteilt habe, anerkannt. Was sich aber seit Tagen abspielt, ist Menschenquälerei ohne Sinn. Es sei denn, man versucht mit naiven Tricks, meine Entführer zu fangen. Das wäre zugleich mein sicherer Tod, und ich kann mir nicht vorstellen, dass man zwar die offizielle Ablehnung der Forderungen scheut, aber Vorbereitungen trifft, um mich still um die Ecke zu bringen, das man dann vielleicht als technische Panne ausgeben könnte.

Seit man Tag und Nacht berät, ich frage mich eigentlich worüber noch, hat man mir den Eindruck vermittelt, man würde die Forderungen annehmen. Alles redet zudem vom Leid der Familie und bekundet den Wunsch, mein Leben zu erhalten. Man verlangt aber ständig neue Lebenszeichen von mir und verleugnet die vorliegenden oder zweifelt die Authentizität grundlos an. Nachdem das BKA, vor allem bei den vorbeugenden Maßnahmen, eindeutig versagt hat, die Bundesregierung sich offenbar nicht zum Handeln entschließen kann, der Bundeskanzler, dem ich am 23. August in einem von mir erbetenen Termin in Hamburg die tiefe Sorge der Wirtschaft über mangelnde Sicherheitsmaßnahmen vorgetragen habe, ebenfalls keine Entscheidung trifft, ist es nunmehr Aufgabe der Opposition, die Verantwortlichkeiten klarzustellen und offenzulegen.

Ich bin nicht bereit, lautlos aus diesem Leben abzutreten, um Fehler der Regierung, der sie tragenden Parteien und die Unzulänglichkeit des von ihnen hochgejubelten BKA-Chefs zu decken. Von diesem Band wird eine Kopie angefertigt, um sie anderen öffentlichen Stellen zugänglich zu machen, wenn durch Deine fehlende Reaktion erkennbar wird, dass Dich dieses Band nicht erreicht hat.

In alter und vertrauensvoller Verbundenheit

Dein Hanns-Martin Schleyer«

Hoffnung, Verzweiflung, Angst vor der Nähe des Todes. Das waren meine Erkenntnisse aus seinem Appell an einen Freund, der jetzt zum ultimativen Handeln aufgefordert war. Hanns-Martin fühlte sich von der Bundesregierung im Stich gelassen, griff die Sicherheitsbehörden massiv an und verlangte nun von der Bonner Opposition, deren Vorsitzender ich war, den Forderungen seiner Entführer nachzukommen.

Diese Tonbandaufzeichnung traf mich ungemein hart. Verzweifelt rief ich mir immer wieder unsere Diskussion bei dem letzten gemeinsamen Abendessen ins Gedächtnis, als wir – freilich unter ganz anderen Voraussetzungen – auch für uns ganz persönlich einen Austausch gegen Terroristen abgelehnt hatten. Sollte ich nun dennoch für ein Einlenken des Staates gegenüber Erpressern plädieren? Konnte und durfte ich in dieser Notsituation meine Meinung ändern, dass der Staat nicht erpressbar sein darf?

Nein, das konnte und wollte ich nicht, so sehr mir das Leid meines Freundes Hanns-Martin und seiner Familie unter die Haut ging und die schlaflosesten Nächte meines Lebens bereitete.

Hanns-Martin Schleyer hatte ich als Fraktionsvorsitzender im Mainzer Landtag kennengelernt. Wir bemühten uns darum, Industrieansiedlungen in Rheinland-Pfalz zu forcieren, und die Daimler-Benz AG suchte damals einen Standort für eine neue Produktionsstätte. In seiner Eigenschaft als Vorstandsmitglied des Stuttgarter Automobilkonzerns trat Schleyer dafür ein, dass Wörth in der Südpfalz den Zuschlag erhielt. Der Industriebetrieb entwickelte sich zum größten Lkw-Montagewerk Europas mit dreizehntausend Beschäftigten.

Für die arme Region war das ein Geschenk des Himmels. Doch das sahen nicht alle so. Es gab wütende Proteste aus Wirtschaftskreisen der Pfalz und Nordbadens, die sich gegen die Werksansiedlung wandten, weil sie darin eine unliebsame Konkurrenz auf dem Arbeitsmarkt sahen und den Abzug qualifizierter Facharbeiter befürchteten. Wie sich der Daimler-Boss den Protestlern stellte und die Kritik der Industrie- und Handelskammern Pfalz und Karlsruhe gelassen vom Tisch wischte, nötigte mir als jungem Landespolitiker großen Respekt ab.

Ein guter Freund: Hanns-Martin Schleyer (1975)

In dieser Zeit entstand zwischen dem weltläufigen Wirtschafts-
kapitän und dem fünfzehn Jahre jüngeren CDU-Fraktionsvorsitzenden eine enge Beziehung, die sich im Lauf der Jahre zu einer
tragfähigen Freundschaft entwickelte. Nachdem Hanns-Martin
Schleyer 1973 zum Präsidenten der Bundesvereinigung der Deutschen Arbeitgeberverbände (BDA) gewählt worden war, begegneten wir uns häufiger. Unsere Gespräche über die wirtschaftlichen
Entwicklungen in der Bundesrepublik und in den europäischen
Nachbarstaaten sind mir in bester Erinnerung. Alle paar Wochen
trafen wir uns jetzt in unserem italienischen Stammlokal in Bonn,
und so wurde aus den Gesprächen ein regelmäßiger Kontakt.

Jetzt traf mich seine Nachricht aus der Gefangenschaft zutiefst.
Rational war ich davon überzeugt, dass meine Position und die des
Krisenstabs richtig war, den Erpressern nicht nachzugeben. Aber
hatten wir das Recht, um der Staatsräson willen ein Menschen-
leben zu opfern? Es war ein furchtbarer Zwiespalt. Die Tage und
Stunden der Schleyer-Entführung gehören zu den schrecklichsten

Erfahrungen meines Lebens. Es war eine Zeit, in der ich nur hoffen konnte, dass Beten hilft.

Hannelore schwankte genauso zwischen Hoffen und Verzweiflung. Grundsätzlich war auch sie unserer Auffassung, dass man den Erpressern nicht nachgeben durfte. Aber es war etwas völlig anderes, ob man darüber theoretisch diskutierte oder mit einer schrecklichen Videoaufnahme konfrontiert war, die den von der RAF gefangenen Freund zeigte. Sie und mich bewegte gleichermaßen die Frage: Durften wir gegenüber der Familie Schleyer eine solche unerbittliche Position einnehmen?

Meine Versuche, bei der Familie Schleyer um Verständnis zu werben, scheiterten. Viele Jahre lang waren meine Beziehungen zur Familie des Entführten durch diese Erfahrung geprägt.

Erschrocken war ich nach wie vor über die Brutalität der RAF-Leute, über die generalstabsmäßige Planung und Ausführung der Entführung, über die Hartnäckigkeit der Erpresser. Auch schien mir nicht die mangelnde Effizienz der Polizei für die schwere Niederlage des Staates im Kampf gegen den Terrorismus verantwortlich zu sein. Das Problem war eindeutig die beachtliche Schar von Sympathisanten, von der die terroristischen Mörder profitierten.

*

In den Bundestagsausschüssen für Inneres und Justiz wurden Gesetzesvorschläge erörtert, die auch aus unseren Reihen kamen. Der CDU-Bundesvorstand beschäftigte sich in diesen Septemberwochen intensiv mit Fragen der inneren Sicherheit und legte einen umfassenden Forderungskatalog zur Bekämpfung des Terrorismus vor. Er reichte von Vorschlägen zu den Strafverfahren und zum Strafvollzug bis zur Verbesserung der polizeilichen Arbeit. Der Ruf nach einer Verschärfung der Antiterrorgesetze wurde mit Recht immer lauter. Doch was nützten in dieser Situation alle lautstarken Forderungen, wenn das Leben Hanns-Martin Schleyers in höchstem Maße gefährdet war und durch Fehler des Parlaments, der Bundesregierung oder der Opposition jederzeit ausgelöscht werden konnte?

Gefangener der
Terroristen

Dann gab es ein neues Lebenszeichen von Hanns-Martin, eine Videoaufnahme vom 13. Oktober. Es war das letzte Lebenszeichen eines Menschen, dem wir aus Gründen der Staatsräson nicht helfen konnten. Es tut mir heute noch weh, und ich kann die tiefe Verletzung seiner Familie wirklich nachvollziehen. Mit allen Mitteln, auch durch einen Antrag auf Einstweilige Verfügung an das Verfassungsgericht, hat sie sich darum bemüht, Regierung, Opposition und den Krisenstab zum Einlenken zu bewegen, um Hanns-Martins Leben zu retten.

9.
Auf Leben und Tod

Der Entführungsfall Schleyer gewann höchste Dramatik, als am 13. Oktober 1977 ein sogenanntes Kommando Martyr Halimeh die Lufthansa-Maschine Landshut mit zweiundachtzig Passagieren und fünf Personen Besatzung auf dem Flug von Palma de Mallorca nach Frankfurt kaperte. Auf der Suche nach einer Landemöglichkeit flog das entführte Flugzeug über Rom nach Zypern und schließlich nach Dubai am Persischen Golf. Rasch erwiesen sich die Entführung Hanns-Martin Schleyers und die Entführung der Landshut als gleichgeschaltete Aktionen. Zu der bisherigen Forderung nach Freilassung der elf RAF-Aktivisten kam nun noch ein Betrag von fünfzehn Millionen US-Dollar hinzu.

Von Dubai aus flog die Landshut nach Aden weiter, wo die Entführer den Flugkapitän Jürgen Schumann erschossen. Schließlich landete die Maschine in Mogadischu, der Hauptstadt Somalias.

Zusammen mit Männern der GSG 9, der Antiterroreinheit des Bundesgrenzschutzes, flog Bundeskanzleramtsminister Hans-Jürgen Wischnewski nach Mogadischu. In der Nacht zum 18. Oktober 1977 stürmten die Spezialisten des Bundesgrenzschutzes die Maschine und konnten alle Geiseln befreien. Sie töteten drei der vier aus dem Nahen Osten stammenden Luftpiraten.

Eine maßgebliche und sehr positive Rolle bei den hinhaltenden Verhandlungen mit den Kidnappern hatte Wischnewski gespielt. Er stellte in diesen Tagen einmal mehr seinen Mut, seine Begabung für die Organisation von Hilfsaktionen und seine Fähigkeit unter Beweis, selbst in den schwierigsten Situationen noch menschlich zu reagieren. Wir waren glücklich, als er zu mitternächtlicher Stunde den Krisenstab über den erfolgreichen Einsatz der GSG 9 informierte. Vielen hartgesottenen Politikern standen Tränen in den Augen.

*

Wenn ich nach so vielen Jahren auf die damaligen hektischen Sitzungen des Krisenstabs im kleinen Kabinettssaal des Bundeskanzleramts zurückblicke, erinnere ich mich vor allem daran, wie blank die Nerven lagen. Ich denke an die Last der Entscheidungsfindung, als es um mutige Beschlüsse mit unabsehbaren Folgen ging. Ich spüre noch den Druck von außen, als vor dem Gittertor des Bundeskanzleramts Familienmitglieder und Freunde der entführten Passagiere demonstrierten, die um eine glückliche Rückkehr ihrer Angehörigen bangten. Jetzt riefen sie »Mörder, Mörder«, weil wir den Erpressern nicht nachgeben wollten.

Was ich in all diesen schlimmen Tagen und über den nervenaufreibenden Entscheidungen sicherlich verdrängt hatte, waren die Erkenntnisse der Sicherheitsbehörden, über die Hanns-Martin und ich wenige Tage vor seiner Entführung aufgeklärt worden waren: In einer konspirativen Wohnung hatte man Fotos von uns beiden gefunden, die nach Auskunft von BKA-Leuten darauf hindeuteten, dass die RAF uns auf ihre Liste von Persönlichkeiten gesetzt hatte, die ermordet werden sollten. Bei unserem letzten Gespräch hatten wir uns darüber noch ausführlich ausgetauscht.

*

Jetzt galt unsere ganze Sorge dem Leben Hanns-Martin Schleyers, das durch den erfolgreichen Somalia-Einsatz in höchstem Maße bedroht war. Doch dann erreichte uns im Krisenstab nur wenige Stunden nach dem glücklichen Ausgang der Landshut-Erstürmung die Nachricht vom dreifachen Selbstmord prominenter RAF-Häftlinge im Stuttgart-Stammheimer Gefängnis. Und wir ahnten das tödliche Ende Hanns-Martin Schleyers.

*

Noch am selben Tag gab ich der Bundestagsfraktion einen umfassenden Lagebericht. Detailliert erläuterte ich die schweren Stunden im Bonner Krisenstab, und ich spürte das Aufatmen darüber, dass es der GSG 9 gelungen war, sechsundachtzig Menschen aus der Gewalt der Kidnapper zu befreien. Die Grenzschutzbeamten hatten bei ihrem Einsatz, der damals weltweites Aufsehen erregte, enormen Mut und Geschicklichkeit bewiesen. Wir gedachten des ermordeten Flugkapitäns Jürgen Schumann, der immer das Ziel verfolgt hatte, das Leben der ihm anvertrauten Männer, Frauen und Kinder zu schützen. Dabei war er ein hohes Risiko eingegangen, das ihn schließlich das Leben kostete. Wir gedachten auch unseres Freundes Hanns-Martin Schleyer und vor allem seiner Familie, die unendliches Leid durchmachte.

In diesen schweren Wochen war eine beinahe physisch spürbare Solidarisierung der Bürger mit ihrem Staat zu beobachten. Etwas Ähnliches hat es später nicht noch einmal gegeben.

*

Die Erleichterung über den Erfolg in Mogadischu wurde bald von neuen schrecklichen Ereignissen überschattet. Meine Befürchtung wurde zur Gewissheit: Nach entsprechenden Hinweisen der Terroristen fand man am Abend des 19. Oktober 1977 die Leiche von Hanns-Martin Schleyer im elsässischen Mülhausen.

Es ist schwer, meine Gefühle in Worte zu fassen. Die Entscheidung im Krisenstab zur Erstürmung der Lufthansa-Maschine war einstimmig gefallen, es war eine Entscheidung über Leben und Tod von sechsundachtzig Passagieren in Todesangst.

Jeder im Krisenstab wusste damals aber auch, was diese Entscheidung für den entführten deutschen Arbeitgeberpräsidenten bedeuten würde. Mir war klar, dass ich mit meinem Votum für die Erstürmung der Landshut das Schicksal Hanns-Martin Schleyers mit besiegelt hatte. Es war mir unglaublich schwergefallen, diesen Weg mitzugehen und die Staatsräson höher zu bewerten als das Leben Schleyers, das zu retten gewesen wäre, wenn wir die terroristischen Forderungen erfüllt hätten. Außer mir hatte niemand im

Krisenstab eine solche persönliche Verbindung zu Hanns-Martin Schleyer, er stand mir näher als den meisten anderen Politikern im Bonner Krisenstab.

*

Der Bundestag gedachte in seiner 50. Sitzung am 20. Oktober 1977 der Opfer des Terrorismus und des ermordeten Arbeitgeberpräsidenten Dr. Hanns-Martin Schleyer sowie des ermordeten Flugkapitäns Jürgen Schumann. Gleichzeitig würdigten die Parlamentarier die mutige Tat der an der Geiselbefreiung in Mogadischu beteiligten BGS-Beamten. Nach den Ansprachen von Bundestagspräsident Karl Carstens und Bundeskanzler Helmut Schmidt trat ich ans Rednerpult:

>»Herr Präsident! Meine sehr verehrten Damen und Herren!
>Es fällt schwer, Worte zu finden, die ausdrücken, was wir in dieser Stunde empfinden. Dem feigen Mord an dem Piloten der Deutschen Lufthansa Jürgen Schumann ist ein ebenso feiger Mord an Hanns-Martin Schleyer gefolgt. Wir alle stehen unter dem Eindruck schwerster und grausamster Verbrechen, Verbrechen, die skrupellose Terroristen an unschuldigen Mitbürgern begangen haben.
>Was in diesen Tagen geschehen ist, ist in seiner barbarischen Unmenschlichkeit nicht zu begreifen. Die Taten haben erneut die ganze Brutalität und den blinden Fanatismus der Terroristen offenbart, jener Terroristen, mit denen wir uns auch in Zukunft auseinanderzusetzen haben [...]
>Unsere Gedanken sind bei der Familie Hanns-Martin Schleyers: bei seiner Frau, bei seinen Kindern. Viele von uns – auch ich – haben in Hanns-Martin Schleyer einen guten Freund verloren. Wir in der CDU trauern um ein Mitglied, das sich unserer Idee immer leidenschaftlich verpflichtet wusste. Unser ganzes Volk verliert einen Mann, der in herausragender verantwortlicher Position unermüdlich für sein Vaterland gewirkt hat, einen Mann, der seiner Verantwortung bis zu

seinem Tode niemals ausgewichen ist, der seiner Überzeugung treu blieb, auch wenn sie ihm nicht immer öffentlichen Beifall einbrachte, einen Mann, der – wie wenige – entscheidenden Anteil an der wirtschaftlichen Entwicklung, an der Stabilität und am sozialen Frieden unseres Landes hat. Hanns-Martin Schleyer hat sich gefordert; er hat aber auch seine Mitbürger gefordert. Er hat es sich und anderen nicht leichtgemacht, und manches Mal haben es auch andere ihm nicht leichtgemacht.

Ich nenne Hanns-Martin Schleyer stellvertretend als letztes Glied einer langen Kette terroristischer Mordanschläge. Die Namen, die Gesichter, die Lebenswege der Opfer sind noch ganz in unserer Erinnerung. Sie alle sind Opfer von Mordanschlägen geworden, die sich gegen uns alle, gegen alle Bürger, richten. Es sind Anschläge, die niemanden ausnehmen, keine Gruppe, keine Schicht, überhaupt niemanden. Sie alle wurden ermordet, weil sie für die Freiheit dieses Staates standen: der Polizeibeamte, der Fahrer genauso wie der Flugkapitän und der Arbeitgeberpräsident.

Die Nachricht von dem erbärmlichen Mord an Hanns-Martin Schleyer hat unser Volk in einen Augenblick erreicht, als eine Welle der Dankbarkeit und Hoffnung durch dieses Volk ging, eine Welle der Dankbarkeit für den glücklichen Ausgang des Geiseldramas von Mogadischu und der Hoffnung, dass dies die Wende in der Auseinandersetzung des freiheitlichen Rechtsstaats mit dem nationalen und dem internationalen Terrorismus sein würde. Die Bürger unseres Landes, wir alle, haben in den vierzig Stunden zwischen der Nachricht von Mogadischu und der Nachricht vom Mord an Hanns-Martin Schleyer mit Recht tiefe Freude und Genugtuung empfunden über die glückliche Rettung von sechsundachtzig Menschen, über die große internationale Solidarität, die Deutschland in den Tagen des Geiseldramas erfahren hat, für die wir dankbar sind und die wir nie vergessen werden.«

Beim Staatsakt für Hanns-Martin Schleyer am 25. Oktober 1977 wurde erneut der gemeinsame Wille deutlich, sich gegen terroristische Anschläge nachdrücklich zur Wehr zu setzen, die Verbrechen mit allen Mitteln zu bekämpfen und die freiheitliche Ordnung unseres Staates zu erhalten.

*

Wundern musste ich mich über einen Fernsehfilm über Hanns-Martin Schleyer, der im August 2003 in der ARD ausgestrahlt wurde. Anders als in diesem Film dargestellt, hatte Hanns-Martin Schleyer zu keinem Zeitpunkt versucht, seine Verstrickungen im Dritten Reich zu bestreiten. Dass er nach dem Abitur Mitglied der SS wurde und 1940 Leiter des Studentenwerks im besetzten Prag war, hat er zeitlebens ebensowenig verleugnet wie seine Mitarbeit im Präsidialbüro des Zentralverbands der Industrie für Böhmen und Mähren.

Ich hatte mehrfach mit ihm darüber gesprochen. Für mich gehörte er zu jenem Teil einer ganzen Generation, der sich hatte verführen lassen. Nach dem Krieg und im neu aufgebauten beruflichen Leben verstand er sich als Mitglied einer demokratischen Gesellschaft und als jemand, der bereit war, aus der Geschichte zu lernen und in der neuen deutschen Demokratie seinen persönlichen Beitrag zu leisten.

Für mich war Hanns-Martin Schleyer nicht nur ein ungewöhnlich ehrlicher und bescheidener Mensch. Er war ein wahrer deutscher Patriot, der politisch die Perspektive eines vereinten Europas vor Augen hatte.

*

Trotz aller Absichtsbekundungen war auch im Dezember 1977 in der Gesetzgebung zur Bekämpfung des Terrorismus immer noch nichts geschehen. Ich hielt mit meiner Enttäuschung nicht hinter dem Berg und warf Helmut Schmidt vor, dass er zwar in wesentlichen Fragen so denke wie ich, aber nicht den Mut habe, die nöti-

Hanns-Martin Schleyer wird zu Grabe getragen

gen Entscheidungen herbeizuführen. Mich ärgerte es, wie mit schicksalhaften Ereignissen billigste Regierungspropaganda getrieben wurde.

Tatsächlich konnte man Ende des Jahres 1977 den Eindruck haben, als seien die jüngsten Terroranschläge abgeschlossene Vorgänge. Dabei sollte beispielsweise der Prozess gegen die Entführer des Berliner CDU-Vorsitzenden Peter Lorenz erst 1978, drei Jahre nach der Tat, beginnen. Ich empfand das als eine Persiflage auf den Rechtsstaat, zumal ich den schwierigen Entscheidungen im Fall Schleyer in der sicheren Erwartung zugestimmt hatte, dass die gesetzlichen Grundlagen für eine wirksame Bekämpfung des Terrorismus rasch verbessert würden.

*

Ein schwieriges Jahr ging zu Ende, und ich zog eine nüchterne Bilanz des ersten Oppositionsjahrs unter meiner Führung. Die Auseinandersetzungen zwischen CDU und CSU im Zusammenhang mit dem Kreuther Trennungsbeschluss hatten den Start der

Fraktionsarbeit erheblich verzögert und über lange Zeit belastet. Ich hatte mich jedoch abgerackert, die Startschwierigkeiten zu überwinden, und dafür gesorgt, dass die Unionsfraktion am Ende doch eine Reihe wichtiger Beiträge für die deutsche Politik leisten konnte.

Zwar war die Arbeit im »deutschen Herbst« 1977 weitgehend von der Entführung und Ermordung Hanns-Martin Schleyers bestimmt und beeinflusst worden; dennoch konnte die Union Akzente setzen. So war es ausschließlich den CDU/CSU-geführten Bundesländern, auch denen mit CDU/FDP-Koalitionen, zu verdanken, dass der Steuerkompromiss durchgesetzt wurde, der Arbeitnehmern und Unternehmern unter anderem durch die Erhöhung der Freibeträge bei der Einkommensteuer und verbesserte Abschreibungsmöglichkeiten, durch die Erhöhung der Freibeträge in der Gewerbesteuer und eine Senkung der Vermögensteuer deutliche Steuerentlastungen brachte. Die Regierungskoalition ließ sich zwar dafür feiern, doch ihr Beitrag war außerordentlich gering. Dass der Bundesrat das Gesetzeswerk billigte, dafür hatten wesentlich der schleswig-holsteinische Ministerpräsident Gerhard Stoltenberg und ich gesorgt. Wir gaben damit den staatspolitischen Notwendigkeiten den Vorrang vor parteitaktischen Überlegungen.

10.
Standfestigkeit statt Schlingerkurs

Nicht nur in Wahlkampfzeiten hielt ich mich in West-Berlin auf. Die regelmäßigen Sitzungen der CDU/CSU-Bundestagsfraktion im altehrwürdigen Reichstag dokumentierten die unverrückbare politische Überzeugung meiner Partei, an der Einheit der Nation festzuhalten und alles zu tun, um die Zugehörigkeit des Westteils der ehemaligen deutschen Hauptstadt zur Bundesrepublik Deutschland zu fördern.

Gerne nahm ich bei diesen Anlässen die Gelegenheit wahr, auch den Osten der geteilten Stadt zu besuchen. Während mir das noch im Herbst 1977 ohne jegliches Aufsehen gelungen war, verweigerten mir die DDR-Behörden am 17. Januar 1978 die Einreise nach Ost-Berlin. Im Tränenpalast, wo damals die Abfertigungsstelle am Grenzübergang Friedrichstraße untergebracht war, musste ich mit meinen Begleitern eine geschlagene Stunde warten, um schließlich von einem Oberst der DDR-Grenztruppen zu erfahren, dass ich die Grenze nicht passieren dürfe. Laut und vernehmbar, so dass alle anderen wartenden Reisenden ebenfalls davon in Kenntnis gesetzt wurden, erklärte mir der Zwei-Meter-Mann, der eine ähnliche Statur hatte wie ich: »Herr Dr. Kohl, im Namen der Regierung der Deutschen Demokratischen Republik: Sie sind eine unerwünschte Person in der DDR.« Meinen Begleitern und mir blieb nichts anderes übrig, als den Weg zurück nach Westen anzutreten.

*

Ein knappes Jahr später versuchte ich am Grenzübergang Friedrichstraße noch einmal, nach Ost-Berlin zu reisen – mit Erfolg: Problemlos gelangten wir hinter dem Tränenpalast zum Taxistand am Bahnhof Friedrichstraße. Neben Juliane Weber und Philipp Jenninger war diesmal auch Eduard Ackermann dabei.

Keiner der zahlreichen Taxifahrer machte Anstalten, uns mitzunehmen. Sie zeigten keinerlei Reaktion. Erst nachdem Philipp Jenninger eher beiläufig einen Zwanzig-D-Mark-Schein anbot, trat ein Taxifahrer in Aktion und nahm uns in seinem russischen Wolga auf. Als letzter stieg ich ein und setzte mich neben den Fahrer, der mich wohl jetzt erst erkannte und mich bestürzt anschaute. Es war ihm offensichtlich unangenehm, den CDU-Bundesvorsitzenden durch die »Hauptstadt der DDR« kutschieren zu müssen.

Nach einem unfreiwilligen Zwischenstop wegen eines Unfalls nahmen wir uns ein anderes Taxi, mit dem wir dann noch eine kurzweilige Stadtrundfahrt erlebten. Der Taxifahrer zeigte uns nicht ohne Stolz den Ostteil Berlins und gab sich redlich Mühe, uns die wichtigsten Sehenswürdigkeiten zu erklären. Im Stadtteil Köpenick brachte er uns an den Müggelsee und hielt vor einem Ausflugslokal.

Im Restaurant war kaum Betrieb. Etwa zehn Gäste, alles gestandene Männer, saßen an einem großen Tisch und diskutierten angeregt. Als sie uns bemerkten, verstummten sie. Erst nachdem wir unser Eisbein mit Sauerkraut und Kartoffelpüree verspeist hatten, kam einer von ihnen mit uns ins Gespräch. Daraufhin bat ich die ganze Runde zu uns und spendierte eine Lokalrunde. Wie sich herausstellte, handelte es sich um eine Gruppe von Vorarbeitern, die gerade einen Lehrgang für Kalkulationen am Bau machten. Es entspann sich in freundlichem Ton ein intensives Gespräch über den Alltag in der DDR, auch über Versorgungsengpässe und Unannehmlichkeiten, wie ich es so offen nur selten erlebt hatte.

Nach einer Weile kamen drei Männer ins Restaurant, die sich einfach zu uns gesellten. Ich hatte nicht den Eindruck, dass man sich sonderlich gut kannte. Sofort versiegte das Gespräch. Die Neuankömmlinge hatten eindeutig Aufpasserfunktion.

Obwohl alle wussten, wer ich war, fiel kein einziger Name. Für

Im Januar 1976 besuchten wir Leipzig,
wo Hannelore ihre Kindheit verbracht hat
(links: Horst Teltschik und Juliane Weber)

einen kurzen Moment hatten wir einen Einblick in das Alltags-
leben der überwachten DDR-Bürger erhalten. Wegen düsterer
Zukunftsaussichten herrschte allenthalben eine gedrückte Stimmung. Zu meiner Wahrnehmung an diesem Tag gehörte auch, wie
schwer sich die Menschen mit den Widrigkeiten der Verknappung
auf fast allen Gebieten taten.

*

Ende der siebziger Jahre hatte der realexistierende Sozialismus
nicht nur bei Intellektuellen an Ansehen und Attraktivität verloren. Als mich die DDR zur unerwünschten Person erklärte und
meine Einreise nach Ost-Berlin verweigerte, lag der Rausschmiss

481

des DDR-Liedermachers Wolf Biermann gerade zwei Monate zurück. Viele sehen heute im Biermann-Rauswurf den Anfang vom Ende der DDR. Eine Welle der Solidarität mit Biermann war in der Bevölkerung entstanden, und viele Künstler verließen das Land oder stellten Ausreiseanträge, um in die Bundesrepublik übersiedeln zu können. Der künstlerische Aderlass hat der DDR enorm geschadet und war – wie wir seit der Wende 1989 wissen – nie mehr wettzumachen.

Aber es gab noch eine andere Kurzschlusshandlung: Wenige Tage bevor mich die DDR-Oberen nicht ins Land hereinlassen wollten, hatten sie den *Spiegel*-Korrespondenten hinausgeworfen und sein Büro in Ost-Berlin kurzerhand geschlossen. Grund war der Abdruck eines geheimen »Manifests« im *Spiegel,* das aus der Feder einiger Reformkommunisten stammte und auf verschlungenen Wegen in den Westen gelangt war. Nun gehöre ich nicht zu den Streitern für das Hamburger Nachrichtenmagazin, doch das Vorgehen der DDR-Verantwortlichen war ein eklatanter Verstoß gegen den 1972 abgeschlossenen Grundvertrag zwischen der DDR und der Bundesrepublik.

Aber wie verhielt sich die Bundesregierung? Günter Gaus, Bonns Ständiger Vertreter in Ost-Berlin, wurde zum Protest losgeschickt, so wie er immer protestierte, wenn Bonn sich im Recht fühlte. Konsequenzen hatte das nicht. Auch diesmal wieder nichts als Leisetreterei, Hilflosigkeit gegenüber einem Regime, das auch gegen Geist und Inhalt der KSZE-Schlussakte von Helsinki verstoßen hatte.

Offensichtlich war die sozialliberale Koalition bestrebt, das politische Klima nicht zu belasten. Die Rücksichtnahme galt dem geplanten Staatsbesuch des sowjetischen Staats- und Parteichefs Leonid I. Breschnew in der Bundesrepublik, der schon einmal aus Krankheitsgründen verschoben worden war.

*

Vom 4. bis 7. Mai 1978 weilte der höchste Repräsentant der Sowjetunion auf Einladung von Bundespräsident Walter Scheel und

482

Bundeskanzler Helmut Schmidt in unserem Land. Zuvor hatten wir zum deutsch-sowjetischen Verhältnis Kriterien entwickelt, die für die Unionsparteien von ausschlaggebender Bedeutung waren. So hielt die Union am Auftrag des Grundgesetzes fest, die Einheit und Freiheit Deutschlands in freier Selbstbestimmung zu vollenden. Sie wollte die Spaltung Europas und Deutschlands in Frieden überwinden, verkannte dabei aber nicht die realen Verhältnisse, zu denen allerdings auch der Wille der Deutschen zur Einheit zählte. West-Berlin galt für die CDU/CSU als weltweit sichtbarer Prüfstein der sowjetischen Entspannungspolitik. Freiheit, Sicherheit und Lebensfähigkeit der Stadt dürften nicht länger angetastet werden. Das Viermächteabkommen war strikt einzuhalten und voll anzuwenden. Die Bindungen West-Berlins an die Bundesrepublik mussten respektiert und entwickelt werden. Die Einbeziehung der Stadt in internationale Verträge musste auch in der Praxis ihren Ausdruck finden.

Wir verwiesen außerdem auf die Verpflichtung, die der Sowjetunion aus der Unterzeichnung der Menschenrechtspakte und der Schlussakte der Konferenz für Sicherheit und Zusammenarbeit in Europa (KSZE) erwachse. Die Aufrichtigkeit Moskaus wurde von der CDU auch daran gemessen, inwieweit die in diesen Dokumenten verbrieften Rechte von der Sowjetunion verwirklicht oder verweigert wurden. Zu den sowjetischen Rüstungsanstrengungen sagten wir in der Erklärung des Bundesvorstandes, die Deutschen hätten ein lebenswichtiges Interesse an einer gleichgewichtigen Abrüstung. Das besorgniserregende Offensivpotential des Warschauer Pakts machte Fortschritte bei den Verhandlungen über einen ausgewogenen Truppenabbau in Mitteleuropa ebenso dringend erforderlich wie ein neues SALT-Abkommen über den Abbau strategischer Waffen und Fortschritte der Vereinten Nationen in Abrüstungsfragen.

Darüber hinaus trat die CDU/CSU für den Ausbau der wirtschaftlichen und kulturellen Beziehungen zwischen beiden Staaten ein. Der Wirtschaftsaustausch lag im beiderseitigen Interesse; er durfte jedoch nicht zu einseitigen Abhängigkeiten führen.

Franz Josef Strauß und ich hatten Gelegenheit zu jeweils fünf-

Bei seinem Besuch in der Bundesrepublik suchte der sowjetische Staats- und Parteichef Leonid Breschnew das Gespräch mit dem Bonner Oppositionsführer (Mai 1978)

undvierzigminütigen Gesprächen mit Breschnew. Begleitet wurde ich vom stellvertretenden Fraktionsvorsitzenden Richard von Weizsäcker. Dieses Treffen mit dem sichtlich kranken Führer der Sowjetunion war ein außergewöhnlicher Termin. Breschnew gab sich freundlich, war informiert und ließ durchaus sein Interesse an guten Beziehungen zur Bonner Opposition erkennen. Er wusste, dass in Bonn – wie in den westlichen Demokratien überhaupt – die Opposition von heute schon morgen die Regierung stellen konnte.

Nach der Begrüßung verlas Breschnew in der ihm eigenen Art sehr langsam ein vierseitiges Papier, in dem er die Friedensliebe seines Landes herausstellte und eine positive Bilanz der bilateralen Beziehungen seit Abschluss des deutsch-sowjetischen Vertrags von 1970 zog. Dann wich er abrupt vom Manuskript ab und stellte Fragen. Breschnew wollte wissen, ob die CDU/CSU bereit sei, die Verträge ernstzunehmen und die Verbesserung der deutsch-sowjetischen Beziehungen zu unterstützen. Weiter fragte er, ob die Unionsparteien auch die Wirtschaftsbeziehungen, den Handel und den Energieaustausch zwischen beiden Ländern fördern würden. Alle diese sehr allgemein gehaltenen Fragen konnte ich ohne Einschränkungen bejahen.

Dann kam er auf ein – aus seiner Sicht – heikles Thema: Ob wir uns in die inneren Angelegenheiten der DDR einmischen wollten und ob wir Ost-Berlin generell in Frage stellen würden? In einem längeren Monolog unterstrich der KPdSU-Generalsekretär die unverbrüchliche Freundschaft der Sowjetunion zur DDR. Niemals werde Moskau seine Verbündeten in der SED und in der DDR im Stich lassen. Auch wenn Breschnew jede Voreingenommenheit gegenüber den Unionsparteien bestritt, verfiel er bei dieser Aufzählung der sattsam bekannten Standpunkte doch in einen aggressiven Ton.

Dennoch hatte ich seine ungeteilte Aufmerksamkeit, als ich in meiner Antwort auf die historischen Entwicklungen nach 1945 einging. Dazu gehörte nicht nur die Realität des Ausgangs des Zweiten Weltkriegs, sondern auch die Realität der Menschheitsgeschichte, nämlich der Wille der Völker. Nach meiner Überzeugung sei das deutsche Volk vom ungebrochenen Willen beseelt, an seiner Einheit festzuhalten.

An dieser Stelle fragte Breschnew, nachdem ihm ein Berater einen Zettel gereicht hatte, woher ich denn wissen wolle, wie es mit dem Willen des Volkes in der DDR stehe. Ich schilderte ihm meine ganz persönlichen Erfahrungen bei Besuchen in der DDR. Damit war das Thema vom Tisch. Weiter ging ich aufs Viermächteabkommen ein und sprach von Berlin als Prüfstein der Politik, vom Herzstück der Politik für Deutschland.

In diesem Zusammenhang sprach ich ihn noch einmal sehr persönlich an und fragte ihn, wie wohl seine Gefühle wären in einer vergleichbaren Lage wie der meinen, der ich jetzt achtundvierzig Jahre alt sei, Vorsitzender einer Partei in der Bundesrepublik. Ich fuhr fort: Was würden Sie sagen, wenn Moskau geteilt wäre durch eine Mauer und durch einen Stacheldraht? Was würden Sie sagen, wenn Ihr eigenes Vaterland geteilt wäre? Das habe mit Revanchismus nichts zu tun, es gehe um Patriotismus, wie ihn die Menschen in allen Völkern empfinden, wenn sie nach der Einheit ihrer Nation streben.

An diesem Punkt wurde Breschnew ärgerlich. Wenn es um die Einheit der Deutschen ging oder um Berlin, konnte er rüde sein. Hier bewegte sich nichts.

Schließlich kam ich auf ein weiteres Thema zu sprechen, das dem sowjetischen Führer ebenfalls wenig lag: die Menschenrechte. Es ging um die Russlanddeutschen, denen die Familienzusammenführung oft versagt wurde. Ich kündigte ihm eine Liste mit Hunderten von Namen an, die ich dem sowjetischen Botschafter übergeben werde. Dabei handelte es sich um Problemfälle bei der schleppenden Behandlung von Ausreiseanträgen. Der KPdSU-Chef stellte mir eine wohlwollende Prüfung in Aussicht, was immer das bedeuten mochte.

*

Nach dem Breschnew-Besuch in Bonn sprach die Bundesregierung von eindeutigen Fortschritten. Von ostpolitischer Hochstimmung konnte allerdings keine Rede sein. Ich fand das Besuchsergebnis recht mager. Es ging mehr um die Kontaktpflege als um Resultate. Von »historischer Dimension«, wie es im Regierungslager vollmundig hieß, keine Spur. Für die Unionsparteien war es wichtig zu erfahren, dass die sowjetische Führung daran interessiert war, mit uns ins Gespräch zu kommen und im Gespräch zu bleiben. Das widerlegte das dümmliche Bonner Gerede, dass es im Falle einer Regierungsübernahme von CDU und CSU zu einer abrupten Verschlechterung der deutsch-sowjetischen Beziehungen kommen werde. Es war durchaus möglich, in der Frage der deutschen Einheit klar Position zu beziehen und gleichzeitig mit der Moskauer Führung im Dialog zu bleiben.

Der fünfundzwanzigste Jahrestag des Volksaufstands in der DDR bot für mich die Gelegenheit, in einer Erklärung den Willen zur Einheit der Nation zu betonen. Der 17. Juni 1953 war und blieb für uns ein Symbol – ein Symbol für den Willen der Deutschen in Ost und West, frei und einig zu sein. Die Toten des 17. Juni 1953 und die Toten an Mauer und Stacheldraht mahnten uns an unsere Pflicht, Sachwalter aller Deutschen zu sein. Demokraten sind dazu da, für die Menschenrechte einzustehen – wann und wo immer sie verletzt oder missachtet werden. Unrecht und Unterdrückung mit Schweigen zu übergehen oder zu bemänteln ist eines Demokraten unwürdig. Denn die Politik eines jeden Staates mit freiheitlich-demokratischer Grundordnung ruht auf moralischen Fundamenten. Und kein demokratischer Staat darf diese moralischen Fundamente leugnen oder verschweigen, wenn er nicht unglaubwürdig werden will. Wenn wir uns als deutsche Demokraten und Patrioten damals einig wussten mit all denen im europäischen Osten, die auf ihr Menschenrecht pochten, so mischten wir uns nicht ein in die Politik anderer Staaten. Wir störten oder gefährdeten auch nicht die Entspannung zwischen Ost und West. Menschenrechte sind unteilbar. Sie stehen jedem zu. Und sie sind international anerkannt. Warum sonst stünde in der KSZE-Schlussakte von Helsinki der Satz, die »universelle und wirksame Achtung« der Menschenrechte sei in Zusammenarbeit mit den Vereinten Nationen zu fördern?

Für den Versuch von Bundeskanzler Helmut Schmidt und seiner Partei, den 17. Juni als Gedenktag für die Freiheit und Einheit des deutschen Volkes in Zweifel zu ziehen oder abzuschaffen, fehlte mir jegliches Verständnis. Der 17. Juni sei »ein Tag der Niederlage für den Freiheitswillen der Deutschen« gewesen, behauptete der sozialdemokratische Bundeskanzler. Ich widersprach ihm, weil er die Wahrheit auf den Kopf stellte.

Es war nicht der Freiheitswille der Deutschen, der am 17. Juni 1953 besiegt wurde – es war das kommunistische System im anderen Teil unseres Vaterlands, das an diesem Tag eine für alle Welt sichtbare Niederlage erlitt. Wer den Ruf nach Freiheit und Menschenwürde mit Gewalt und Unterdrückung beantwortet, kann vor dem Urteil der Geschichte nicht bestehen. Der Freiheitswille der Deutschen war 1953 nicht gebrochen – und er war weder fünfundzwanzig Jahre später noch fünfunddreißig Jahre später gebrochen, wie wir 1989 alle erleben konnten.

Diese Erinnerung und Mahnung von 1978 hatte für mich eine ganz besondere Bedeutung. Dem Oppositionsführer, der die künftige Regierung führen will, steht vor allem das gesprochene und geschriebene Wort als Instrument der politischen Einmischung zur Verfügung. Zum fünfundzwanzigsten Jahrestag des Ost-Berliner Aufstands hatte ich noch einmal die Position der Union dargelegt, die bis ins Wendejahr 1989 Bestand hatte. Ich hielt an der Einheit der Nation fest, obwohl andere sie aus politischer Opportunität längst aufgegeben hatten. Trotz aller Verunglimpfung als kalter Krieger ließ ich mich zu keiner Zeit vom deutschlandpolitischen Kurs der Union abbringen. Standfestigkeit statt Schlingerkurs – diese Linie sollte sich auch für das nächste Jahrzehnt bewähren. Daran erinnert zu werden mag vielen Sozialdemokraten heute peinlich sein, die im Gegensatz zur CDU/CSU die deutsche Wiedervereinigung für eine Lebenslüge hielten.

*

Ein zweites wichtiges Datum der deutschen Geschichte stellte ich 1978 heraus: den vierzigsten Jahrestag der sogenannten Reichskristallnacht. Am Abend des 9. November 1938 hatte der nationalsozialistische Reichspropagandaminister Joseph Goebbels mit einer antijüdischen Hetzrede in München eines der schrecklichsten Massenpogrome der Geschichte ausgelöst. Die Untaten, Verbrechen und Morde dieser Nacht und der darauffolgenden Tage belasten bis in die Gegenwart den deutschen Namen in aller Welt. Sie sind bis heute nicht vergessen. Sie dürfen auch nicht vergessen werden.

Annähernd hundert Menschen waren im Zusammenhang mit diesen Pogromen ermordet worden. Für die vielen jüdischen Mitbürger und ihre Familien begann mit diesem Tag der Leidensweg und das Sterben in den Ghettos und Konzentrationslagern, die Zwangsdeportation. Nur wenige konnten aus der deutschen Heimat fliehen.

Die »Reichskristallnacht«, stellte ich in meiner Rede zu diesem Gedenktag fest, liegt auch heute als ein Schatten über den Staaten, die Macht vor Recht ergehen lassen, die von Frieden reden und die Freiheit verweigern, die Bürger ihres Glaubens oder ihrer Rasse wegen verfolgen, ihnen die Freiheit ihres Bekenntnisses oder ihrer Meinung bestreiten. Die Opfer von Buchenwald und Auschwitz stehen immerwährend anklagend vor den Mauern von Bautzen und dem Stacheldraht der Lager in aller Welt, in denen Menschen gequält und gemordet wurden und werden, die aufgestanden waren und aufstehen, um für Menschenrechte, Freiheit und Gerechtigkeit zu kämpfen.

11.
Unvorhersehbar und
unberechenbar

Als Oppositionsführer im Bundestag erlebte ich 1978 zwei Ministerrücktritte, die mir eigentlich eine günstige Plattform boten, die Regierung massiv anzugreifen und dem Bundeskanzler Mangel an politischer Führung und fehlende Sensibilität im Umgang mit Kabinettskollegen vorzuwerfen. Doch vor allem der Rücktritt von Bundesverteidigungsminister Georg Leber Anfang Februar 1978 machte mir persönlich zu schaffen. Er war ein zuverlässiger Freund Amerikas, und ich hielt den ausgewiesenen Fachmann in Bonner Verteidigungspolitik für eines der wenigen Glanzlichter in der Regierung Schmidt/Genscher. Als Bundesverkehrsminister hatte er seit 1966 verkehrspolitische Programme initiiert – etwa den sogenannten Leberplan –, für die ich ihm als Mainzer Ministerpräsident Dank und Respekt zollte. Tempo 100 auf Bundesstraßen und die Senkung der Alkohol-Promillegrenze auf 0,8 Promille sind mit seinem Namen verbunden. Beide Gesetze trugen wesentlich zur Minderung der Zahl der Verkehrstoten in der Bundesrepublik bei.

Als Bundesverteidigungsminister in der Nachfolge von Helmut Schmidt seit 1972 hatte er das Heer mit drei zusätzlichen Brigaden ausgestattet, die Ausrüstung der Truppe wesentlich erneuert und für die Gründung von zwei Bundeswehruniversitäten gesorgt. Seine Skepsis gegenüber einer Entspannungspolitik nach dem Konzept von Egon Bahr und sein klares Bekenntnis zur atlantischen Allianz und zur nuklearen Abschreckungsstrategie machten ihn bei seinen linken Parteigenossen verdächtig. Der als »Soldatenvater« von Offizieren und Soldaten gleichermaßen geschätzte Minister trat am 2. Februar 1978 von seinem Amt zurück. Leber übernahm die politische Verantwortung für Abhöraktionen des Militärischen Abschirmdienstes. Der MAD hatte den unerlaubten Einsatz von Lauschmitteln im Büro einer gegen die Bundeswehr gerichteten Organisation initiiert.

Als Oppositionsführer war ich verpflichtet, den Rücktritt des Verteidigungsministers zu fordern. Im Zusammenhang mit Georg Leber fehlte mir die innere Überzeugung dazu, doch nach außen hin musste ich das verbergen. Georg Leber wusste das und hat das sicherlich gespürt. Es war eine der schwierigsten Reden, die ich je im Bundestag gehalten habe. Georg Leber, dieser kampferprobte Gewerkschafter und couragierte Demokrat, hatte meine ganze Sympathie, nicht zuletzt weil er mir politisch wie menschlich so nahe stand. Er war ein großartiger Politiker und besaß Größe auch im Moment seiner Niederlage.

*

Am 6. Juni 1978 trat Bundesinnenminister Werner Maihofer zurück. Zuletzt hatte er jeglichen Rückhalt in seiner Partei, der FDP, verloren. Sein Nachfolger wurde Gerhart Baum, den ich Jahre später bei meiner ersten Kabinettsbildung im Oktober 1982 als Minister zu verhindern wusste.

Maihofer hatte nach dem »deutschen Herbst« 1977 die richtigen Konsequenzen aus der terroristischen Bedrohung gezogen. Doch obwohl die verschärften Maßnahmen zur Terrorbekämpfung meiner Meinung nach viel zu schleppend und halbherzig durchgesetzt wurden, riefen sie seine Kritiker auf den Plan. Als zusätzlich die Pannen bei der Fahndung nach den Schleyer-Entführern öffentlich wurden, trat Maihofer zurück. Er reagierte damit auch auf die seit Anfang des Vorjahres anhaltende Kritik an seiner Amtsführung.

Außerdem war bereits im Februar 1977 ein seit 1975 geführter gesetzeswidriger »Lauschangriff« des Bundesamts für Verfassungsschutz gegen den Atomphysiker Klaus Traube bekannt geworden. Bei den Sicherheitsexperten war der Verdacht aufgekom-

Werner Maihofer am Tag seines Rücktritts als Bundesinnenminister (Juni 1978)

men, Traube stehe in Verbindung mit Terroristen. Maihofer hatte erst nachträglich davon erfahren und die illegale Abhöraktion gebilligt. Jetzt zählten seine Verdienste nichts mehr, jetzt musste er die politische Verantwortung übernehmen, obwohl man ihm persönlich nichts vorwerfen konnte. Politik kann ungerecht sein.

Für mich hatte der aufrechte Liberale vor allem im Herbst 1977 außerordentlich verantwortungsvoll gehandelt und sein schwieriges Amt beispielhaft geführt. Seine umfassende Informationsbereitschaft gegenüber den Vertretern der parlamentarischen Opposition in den unterschiedlichen Krisenstäben zeichnete ihn besonders aus. Dazu gehörte auch der direkte telefonische Kontakt zwischen uns beiden. Dadurch kamen wir uns in diesen bewegten Zeiten auch menschlich näher. Ich habe Werner Maihofer damals als einen außerordentlich sensiblen und mutigen Politiker erlebt, der in Zeiten höchster terroristischer Bedrohung großen Wert auf einen breiten Konsens unter den Demokraten legte. Seine fachliche Kompetenz, seine Verlässlichkeit und seine Souveränität waren in den nervenaufreibenden Krisennächten beruhigende Größen. Ich empfand seinen Abgang von der politischen Bühne als Verlust.

*

Als CDU-Bundesvorsitzender und Oppositionsführer bedauerte ich auch den Streit um Herbert Gruhl, der schließlich zum Parteiaustritt des rigorosen Kämpfers für eine bessere Umwelt führte. Dieser intelligente Parlamentarier, der in keine Schablone passte, war für mich nie ein weltfremder Spinner. Die Mittel und Methoden, deren er sich zur Durchsetzung politischer Ziele bediente, zeichneten sich allerdings nicht durch besondere politische Sensibilität und Klugheit aus. Gemessen am herkömmlichen Lagerdenken war er voller Widersprüche: Herbert Gruhl polemisierte gegen Wirtschaftswachstum und Eigentum, er wetterte gegen Mitbestimmung und die Neutronenbombe und setzte sich für Geburtenbeschränkung und staatliche Investitionslenkung ein. In der Fraktion machte er mir vom ersten Tag an Schwierigkeiten. Viele Diskussionen, auch unter vier Augen, konnten diesen Umweltideologen nicht für das politisch Machbare gewinnen.

Mit einigen seiner Grundüberzeugungen stand mir dieser Bauernsohn, der zunächst Landwirtschaft studiert hatte, bevor er Germanist wurde, durchaus nahe. Meine Umweltpolitik als Ministerpräsident in Rheinland-Pfalz war richtungweisend für meine Partei gewesen. Doch Herbert Gruhl, der schon umweltpolitischer Sprecher der Fraktion war, bevor ich den Fraktionsvorsitz übernahm, war das alles zu wenig, zu oberflächlich, nicht radikal genug. Der »Apostel der Umweltschützer« verrannte sich immer mehr in Außenseiterpositionen.

Meine sehr ernsthaften Versuche, Herbert Gruhl mit seinen Ideen der Union zu erhalten, scheiterten zu meinem Bedauern im Sommer 1978. Seine politische Heimat wurde eine neue Partei, die »Grüne Aktion Zukunft«, von der sich der Einzelkämpfer aber schon bald wieder verabschieden musste. Nach seinem Parteiaustritt warf er mir schwere Versäumnisse vor und meinte, die Union sei unfähig zu begreifen, dass die Ziele, die in den sechziger Jahren noch richtig waren, heute falsch seien.

Ganz so altbacken, wie er es darstellte, waren wir natürlich nicht. Richtig ist aber, dass ich damals sicher einen Fehler beging. Ich hätte auch anders reagieren können. Für Gruhls Engagement hätten meine Freunde und ich größere Geduld aufbringen sollen.

Es hätte nicht zum Bruch mit dem Umweltexperten kommen müssen. Doch die CDU in Niedersachsen sah in ihrem Bundestagsabgeordneten aus Barsinghausen schon seit langem einen Mann, der sich seiner Partei zunehmend entfremdet hatte. Die Landesführung der CDU in Hannover tat nicht genug, um ihn zu integrieren. Überdies fühlten sich viele in der niedersächsischen Parteibasis ständig von ihm attackiert. Sie hielten Gruhls politische Einseitigkeit für parteischädigend.

Ich gebe zu, dass wir und allen voran ich selbst damals den Fehler machten, Gruhls umweltpolitische Visionen nicht stärker bundespolitisch zu nutzen. Einer christlich-konservativen Partei wie der Union hätte es gut angestanden, zwar nicht alle Gruhlschen Handlungsmaximen eins zu eins zu übernehmen, aber doch die wichtigsten wertkonservativen Forderungen ernstzunehmen und in unserem Parteiprogramm zu verankern. Sicherlich wäre es der Union damit nicht gelungen, die grüne Bewegung oder die Gründung der Partei »Die Grünen« wenige Monate später zu verhindern; doch das plötzlich erwachte Umweltbewusstsein vor allem in Teilen der jüngeren Generation hätte in unserer Partei seinen Platz finden müssen.

*

Im Frühjahr 1978 erschütterten Presseberichte die Stellung des erfolgreichen baden-württembergischen Ministerpräsidenten Hans Filbinger. Ihm wurde vorgeworfen, dass er als Marinerichter in den Jahren 1943 bis 1945 vier Matrosen wegen Fahnenflucht zum Tode verurteilt hatte. Dass er erklärte, sich an die letzten drei Urteile nicht mehr erinnern zu können, traf auch in unseren Reihen auf Unverständnis. Sein Versuch, die Urteile mit dem Hinweis zu rechtfertigen, was damals »rechtens« war, könne heute nicht Unrecht sein, ging daneben. Alles das sorgte in unserer Partei und in der deutschen Öffentlichkeit für Unbehagen und erhebliche Unruhe.

Anfangs stand die Union, vor allem der baden-württembergische Landesverband, noch hinter Filbinger. Als aber nach dem ersten Todesurteil noch weitere Urteile bekannt wurden, an die sich Filbinger angeblich nicht mehr erinnern konnte, sah der Landesvorstand Handlungsbedarf und bat den Ministerpräsidenten um Rücktritt. Auch mir schien seine Verteidigung von Anfang an wenig glücklich zu sein. Vor allem weil es ihm und all jenen, die ihm zur Seite standen, nicht wirklich gelang, die tatsächlichen Ursachen für sein Handeln zu Ende des Krieges in Erinnerung zu rufen und verständlich zu machen.

Ich bin sicher, hätte sich Hans Filbinger – und dies war auch mein Rat an ihn – öffentlich mit einem menschlichen Wort des Bedauerns an die Angehörigen der Opfer gewandt, hätte er die gegen ihn laufende Kampagne durchstehen können, zumal er sich unbestritten große Verdienste um Baden-Württemberg erworben hatte.

Lothar Späth wurde am 30. August 1978 zu seinem Nachfolger gewählt und übernahm wenige Monate später auch den CDU-Landesvorsitz von Hans Filbinger.

*

Am späten Abend des 16. Oktober 1978 wurde nach acht Wahlgängen Karol Kardinal Wojtyla, Erzbischof von Krakau, zum neuen Papst gewählt. Die Überraschung in Deutschland wie in aller Welt war riesengroß. Auch für mich war das eine Sensation ersten Ranges: Er ist der erste nicht-italienische Papst seit dem Holländer Hadrian VI. im Jahre 1522. Johannes Paul II. wurde Nachfolger von Johannes Paul I., der völlig überraschend nach nur vierwöchigem Pontifikat einem Herzinfarkt erlegen war.

Für mich und meine Freunde war diese Wahl Grund zu großer Freude, denn der Papst aus Polen hatte die besondere Unterstützung der deutschen und österreichischen Kardinäle. Wie wichtig die Rolle der Deutschen dabei war, einen nicht-italienischen Nachfolger auf den Stuhl Petri zu wählen, erfuhr ich erst später durch meine engen Kontakte zum Kölner Kardinal Joseph Höffner. Zwischen Papst Johannes Paul II. und mir sollte sich im Lauf der Jahre eine gute persönliche Beziehung entwickeln.

Die Kardinäle in Rom hatten auch ein politisches Zeichen gesetzt, indem sie einen Kirchenmann aus dem Ostblock gewählt hatten, der sich im Kampf gegen die kommunistische Ideologie schon viele Jahre lang bewährt hatte. Vor allem die katholische Kirche Polens musste sich unter schwierigen Verhältnissen gegen die kommunistische Herrschaft behaupten. Gleichzeitig war die Wahl des Mannes aus Polen zum Papst ein Signal gegen Unterdrückung und Verfolgung der Christen weltweit.

Aus meinen Gesprächen mit dem früheren KPdSU-Generalsekretär Michail Gorbatschow weiß ich heute, wie schwer sich das Moskauer Politbüro, aber auch die Spitzen der kommunistischen Bruderparteien, mit der Wahl Karol Wojtylas taten. Auch unter den ostdeutschen Kommunisten war die Bestürzung groß, als ausgerechnet ein Kardinal aus einem kommunistischen Bruderland an die Spitze der römisch-katholischen Weltkirche gewählt worden war. Das belegen amtliche Dokumente der untergegangenen DDR. Mehr denn je war das Thema Menschenrechte jetzt auf der Tagesordnung der Weltpolitik. Für das kommunistische Imperium war damit eine neue politische Situation entstanden, die ihm noch schwer zu schaffen machen sollte.

12.
Aufbruch aus der
Opposition

CDU und CSU regierten in fünf Bundesländern mit absoluter
Mehrheit: in Baden-Württemberg, in Bayern, in Niedersachsen, in Rheinland-Pfalz und in Schleswig-Holstein. Im Bund und in
neun von elf Bundesländern war die Union die stärkste politische
Kraft. In zwei Dritteln aller Gemeinden verfügten wir über die absolute oder die relative Mehrheit. Aber oft konnte man den Eindruck haben, als wäre dieser Erfolg, der in der Geschichte unserer
Partei bisher einmalig war, unseren Konkurrenten bewusster als
den eigenen Mandats- und Funktionsträgern.

Diese gute Bilanz stellte ich besonders heraus, als ich am
23. Oktober 1978 unseren 26. Bundesparteitag in Ludwigshafen
eröffnete. Zwei Jahre vor der nächsten Bundestagswahl befand
sich die Partei in guter Verfassung, und CDU und CSU hatten alle
Chancen, im Bund die Regierungsverantwortung zu übernehmen.
Jetzt kam es darauf an, die Partei auch programmatisch in die
achtziger Jahre zu führen: Die CDU sollte ein Grundsatzprogramm bekommen.

Nach jahrelanger Vorbereitung war es endlich soweit: Der
Grundsatzkommission, die der stellvertretende Fraktionsvorsitzende Richard von Weizsäcker zusammen mit Heiner Geißler leitete, war es nach harter Arbeit gelungen, einen tragfähigen Kompromiss zustande zu bringen. Kein Parteiflügel hatte sein Gesicht
verloren, niemand musste sich übervorteilt fühlen. Die Vorlage
fand breite Unterstützung. Hier zeigte sich wieder einmal, dass Politik zu mindestens 80 Prozent darin besteht, Brücken zu bauen,
Kompromisse zu schließen. Das muss nicht immer heißen, dass

man sich auf den kleinsten gemeinsamen Nenner verständigt. Das CDU-Grundsatzprogramm von Ludwigshafen war der beste Beweis dafür, dass es möglich war, mit Sachverstand, intellektueller Kraft und aufrichtigem Ringen einen politischen Orientierungsrahmen für die Partei abzustecken. Es war ein großer programmatischer Wurf, der bis in unsere Zeit Bestand hat.

*

Hart ging ich in Ludwigshafen mit Bundeskanzler Helmut Schmidt und der SPD/FDP-Koalition ins Gericht: Die beiden Parteien bildeten ein »Machtkartell« und verhinderten somit einen demokratischen Wechsel. Dadurch werde die Stabilität der Demokratie untergraben. Zwar erwähnte ich nicht die vierte Partei, warnte aber zugleich: »Wenn erstmals in unserer Geschichte die Stabilität der Bundesrepublik Deutschland unter einer Vielzahl von Parteien brüchig, wenn Bonn eines Tages doch Weimar werden sollte«, dann müsse jeder wissen, dass die Schuld dafür bei der SPD und FDP liege.

Zum Abschluss des Parteitags appellierte ich an den Kampfeswillen der Partei. Die Mehrheit würden wir nur dann erringen, wenn die Bürger spürten, dass die Politik der CDU Zukunftschancen und Grund zur Zuversicht biete. Es werde, so fügte ich hinzu, schwer werden bei den nächsten Wahlen; doch könnten wir es schaffen, wenn wir zueinander stünden. Die CDU brauche Mut, Zuversicht, Sachverstand und die Bereitschaft zur harten Arbeit. Dabei sei der Stil der politischen Arbeit von großer Bedeutung. Die Bürger wollten eine Partei, die glaubwürdig sei, aber nicht verbissen.

Mit ihrem einstimmig verabschiedeten ersten Grundsatzprogramm wandte sich die CDU als Volkspartei an alle Schichten und Gruppen. Sie bekannte sich als einzige Partei in der Bundesrepublik zum christlichen Menschenbild, zur ethischen Grundlage der Politik, zu den Grundwerten Freiheit, Solidarität und Gerechtigkeit sowie zur Sozialen Marktwirtschaft als wirtschafts- und gesellschaftspolitisches Programm für alle. Die Partei strebte die

Freiheit und Einheit des gesamten deutschen Volks in einem geeinten Europa an und betrachtete die deutsche Frage als offen.

*

Auch eine parlamentarische Opposition muss sich an ihren Taten messen lassen: an ihren parlamentarischen Initiativen, an ihrem Willen, Zeichen zu setzen, an ihrer Bereitschaft, sich den Herausforderungen der Gegenwart und der Zukunft zu stellen. Wir entwickelten damals auf allen Problemfeldern deutscher Politik Alternativen zur Regierungspolitik. Ich erinnere an unsere Gesetzentwürfe zur Terrorismusbekämpfung und zur Gewaltkriminalität, an unsere Initiativen zur Erhaltung der dynamischen Rente, zur Energiesicherung, zur Stärkung der Familie, zur Sicherung der Zukunftschancen der jungen Generation, zum Abbau der Bürokratisierung, zu dauerhaften steuerlichen Entlastungen für Bürger und Betriebe.

Umfragen belegten, dass uns die Bürger 1978 mehr als der SPD zutrauten, die hohe Dauerarbeitslosigkeit zu überwinden und das brüchig gewordene Netz der sozialen Sicherung wieder zu befestigen. Das Vertrauen in die Familien- und Jugendpolitik der Union war weiter gewachsen. Auf dem Feld der Steuerpolitik hatte sich die CDU/CSU in den vergangenen beiden Jahren als gestaltende politische Kraft erwiesen: Ohne unser ständiges Drängen auf gerechtere, leistungsfreundlichere Steuern für die Bürger wie für die Wirtschaft wären die Steuerlasten damals nicht gesenkt und der verhängnisvolle Marsch in den Steuer- und Abgabenstaat ungerührt fortgesetzt worden.

Die Herausforderungen der Gegenwart und der Zukunft konnten aus meiner Sicht nur bestanden werden, wenn

– an den Grundsätzen der Sozialen Marktwirtschaft nicht gerüttelt wurde und die freien marktwirtschaftlichen Kräfte wieder gestärkt wurden;
– wieder nach dem Grundsatz gehandelt wurde, dass Wirtschafts-, Finanz- und Sozialpolitik eine Einheit bilden;

- in der Energiepolitik Zukunftsinvestitionen, die ja Arbeits-
platz- und Wachstumsinvestitionen sind, nicht länger leichtfertig blockiert wurden;
- die Politik mehr soziale Verantwortung für die Familien und
die junge Generation bewies; wer es heute versäumte, mehr
für die Familien zu tun, verschüttete die Zukunftschancen der
nach uns kommenden Generation;
- der immer noch viel zu hohe Steuerdruck weiter gemildert
und die Steuergesetzgebung vereinfacht wurde; Leistungswille und Risikobereitschaft mussten ermuntert werden;
- der gefährlich überhöhte Staatsanteil am Bruttosozialpro-
dukt wieder auf ein vertretbares Maß heruntergeschraubt
wurde;
- die besorgniserregende Staatsverschuldung energisch bekämpft wurde.

Weil die SPD/FDP-Regierung in den vergangenen Jahren hinläng-
lich unter Beweis gestellt hatte, dass sie zu einer solchen Politik
nicht imstande war, sah die Union dem Urteil der Wähler bei den
kommenden Landtagswahlen und bei der Bundestagswahl in zwei
Jahren mit Zuversicht entgegen.

*

Unsere Partei hatte in letzter Zeit eine stürmische Entwicklung genommen. In den über fünf Jahren meiner Amtszeit als Parteivorsitzender hatte sich die Zahl der Mitglieder mehr als verdoppelt.
Nicht jeder Kreisvorstand war darüber glücklich, da die vielen
neuen Mitglieder Althergebrachtes in Frage stellten. Erfreulicher-
weise waren aber genau jene Gruppen in die Partei gekommen,
nach denen wir jahrelang gerufen hatten: die Aufsteiger, viele Leute aus den Mittelschichten, viele junge Leute und viele Frauen. Das
ergab neue Perspektiven für die Christlich-Demokratische Union.
    Andererseits hatte die CDU Ende der siebziger Jahre immer
noch Probleme, die aus der Machtausübung von zwei Jahrzehnten
erwuchsen. Sie abzubauen war auch meine Aufgabe und schwierig

genug. Das hing allerdings auch damit zusammen, wie sich die »intellektuelle Welt« entwickelte. Die dumme These »Der Geist steht links« trug viel zu den Vorurteilen gegen uns bei. Eine Partei, die zwei Jahrzehnte an der Macht war, wird leicht wehleidig, wenn sie Kritik erfährt.

Ich war entschieden für den offenen Dialog mit dem intellektuellen Lager, allerdings nicht in der Form, dass wir uns etwa bei Wählerinitiativen mit diesen seltenen Geistesfedern schmückten. Es gehörte zum Unerfreulichsten meiner Bonner Oppositionsjahre, dass Leute, die sich für die Inkarnation des geistigen Deutschlands hielten, zu reinen Schleppenträgern der Machthaber wurden. Es gab Redakteure deutscher Zeitungen, die sich förmlich in Oden an die Herrschenden öffentlich anbiederten.

Was wir wollten, war der offene Dialog, die kritische Anfrage, bei der beide Seiten etwas lernen konnten. Wir brauchten ein hohes Maß an Sensibilität für Probleme, die längerfristig auf uns zukommen würden und die wir als aktive und ins Alltagsgeschäft eingespannte Politiker manchmal zu spät erkannten.

Ich hatte das Glück und die Chance – sicher auch die Versuchung –, fast alle wichtigen Ämter, die unser Staat zu vergeben hat, immer als der Jüngste zu übernehmen. So war die »natürliche Eitelkeit« eines Mannes und eines Politikers – beides ist nach meiner Meinung nicht voneinander zu trennen – auch mir nicht fremd geblieben.

1976 war ich als Kandidat für das Amt des Bundeskanzlers angetreten und knapp unter der Marke geblieben, auch wenn es das zweitbeste Wahlergebnis in der Geschichte der Bundesrepublik war. Ohne Wenn und Aber – und da gibt es auch keinen Blick zurück im Zorn – gab ich das interessante Amt des Ministerpräsidenten eines Bundeslandes auf und übernahm das Geschäft als Oppositionsführer – ein Amt, das mit zu den schwierigsten und gewiss undankbarsten gehört, das die Bundesrepublik zu vergeben hat. Es war mein freier Entschluss.

13.
Kampfansage

Am 27. Dezember 1978 fuhr ich mit meiner Familie ins Allgäu. Hannelore und mich zog es in die winterliche Natur, um endlich einmal abzuschalten. Nur für einen ganz kleinen Kreis Vertrauter war ich telefonisch erreichbar. Es waren wunderschöne Tage auf der Sonnenalb: ein gelungener Jahreswechsel und eine Erholung von den Bonner Strapazen.

In der ersten Januarwoche 1979 riefen mich ein aufgeregter Eduard Ackermann und ein eher gelassener Bernhard Vogel an. Der Pressesprecher und der rheinland-pfälzische Ministerpräsident berichteten unabhängig voneinander, dass Kurt Biedenkopf, mein Stellvertreter im Amt des CDU-Bundesvorsitzenden, wirtschaftspolitischer Sprecher der Unionsfraktion und Vorsitzender des CDU-Landesverbands Westfalen-Lippe, ein »Memorandum« verfasst und an meine Ludwigshafener Adresse geschickt habe. Darin forderte er mich unter anderem zum Verzicht auf den Fraktionsvorsitz auf. Die Forderung, als Oppositionsführer im Bundestag abzudanken und damit – unausgesprochen – auf die nochmalige Kanzlerkandidatur der Unionsparteien bei der Bundestagswahl 1980 zu verzichten, stehe am Ende eines dreiundzwanzig Seiten umfassenden Papiers, erklärten die Anrufer.

Wie sich später herausstellte, hatte Biedenkopf das erste Exemplar am 23. Dezember 1978 per Post an mich geschickt. Es war erst nach den Weihnachtstagen in Ludwigshafen angekommen, und ich fand es bei unserer Rückkehr aus dem Urlaub unter der zahlreichen Weihnachtspost.

Als erste Reaktion auf diese Provokation und auf die für mich nicht nachvollziehbare Forderung nach einer Trennung der CDU-

Spitzenämter lud ich für den 11. Januar 1979 alle Spitzengremien der Partei zu Sitzungen nach Bonn ein.

Es war ein starkes Stück, dass Biedenkopf sein Memorandum verschickt hatte, obwohl er bei einem anderthalbstündigen Vier-Augen-Gespräch am 10. Dezember 1978 dieses Thema völlig ausgeklammert hatte. Dabei hatten wir über die neue Situation gesprochen, die sich dadurch ergeben hatte, dass Franz Josef Strauß vier Wochen zuvor, am 8. November, als Nachfolger von Alfons Goppel zum Ministerpräsidenten des Freistaats Bayern gewählt worden war. Strauß hatte sein Mandat im Bundestag niedergelegt und war auch aus der Arbeit der Fraktion ausgeschieden. Gleichzeitig hatte er als bayerischer Ministerpräsident eine wichtige Funktion im Bundesrat übernommen. Als Landesvorsitzender der CSU blieb er trotz seines Ausscheidens aus dem Bundestag selbstverständlich ständiger Gast in der Bundestagsfraktion.

Kurt Biedenkopf und ich stimmten bei unserem Gespräch im Dezember 1978 sowohl über eine weitere Verbesserung der Fraktionsarbeit als auch insbesondere über Biedenkopfs erweiterte Aufgaben als wirtschaftspolitischer Sprecher der Unionsfraktion völlig überein. Im Verlauf des Gesprächs, bei dem es außerdem um die Lage der CDU in Nordrhein-Westfalen gegangen war, hatte Kurt Biedenkopf mit keinem Wort seine spektakulären Vorstellungen erwähnt, die er jetzt in diesem Memorandum aufgeschrieben hatte.

Das Papier trug das Diktatzeichen vom 20. Dezember 1978, exakt zehn Tage nach unserem Bonner Treffen. Es fiel mir außerordentlich schwer zu glauben, dass Biedenkopf zehn Tage vorher der Gedanke und die Stoßrichtung des Memorandums noch völlig fremd gewesen sein sollten. Es musste ihn doch intensiv beschäftigt haben, von mir ultimativ den Rücktritt als Oppositionsführer zu fordern. Unser Treffen aber hatte mit der festen Vereinbarung geendet, sich unmittelbar nach den Feiertagen wieder in Bonn zu sehen, um den Gedankenaustausch über die Intensivierung der Fraktionsarbeit fortzusetzen.

Was also sollte ich von alledem halten? War er zu feige gewesen, mir seine Pläne ins Gesicht zu sagen? Wollte er, dass ich den Putsch gegen mich unvorbereitet erlebte? Suchte er Verbündete, die noch nicht in Sicht waren?

Als ich am Samstag, dem 6. Januar 1979, nach Hause kam, las ich Biedenkopfs Begleitbrief zum Memorandum, in dem er mir Gespräche zwischen dem 27. Dezember und dem 4. Januar anbot. Von diesem Angebot hatte ich an meinem Urlaubsort schlechterdings nichts geahnt und konnte es deshalb auch nicht wahrnehmen.

Was ich in seinem Memorandum las, verschlug mir die Sprache. Biedenkopf empfahl nicht nur die Auflösung der Personalunion zwischen Partei- und Fraktionsvorsitz, sondern regte ausdrücklich an, dass der CSU-Vorsitzende und bayerische Ministerpräsident Franz Josef Strauß als Stimmführer der beiden Unionsparteien im Bundesrat benannt werden sollte. Wörtlich stand unter Punkt 6.7:

»Sollte Helmut Kohl sich außerstande sehen, auf die Fraktionsführung zu verzichten, um damit durch die Neubesetzung der Fraktionsführung eine Ämtertrennung zu ermöglichen, so müsste auf dem kommenden Wahlparteitag in Kiel die Frage der Vereinbarkeit der Funktionen des Fraktionsvorsitzenden und des Parteivorsitzenden durch den Parteitag entweder in Form eines gesonderten Beschlusses oder aus Anlass der Personalwahlen entschieden werden [...].«

Wenn ich die deutsche Sprache noch verstand, wenn meine Empfindungen trotz meiner politischen Erfahrung noch normal geblieben waren, musste ich diesen langen Schachtelsatz als Ultimatum verstehen. Und so war er auch gemeint. In einer späteren überarbeiteten Fassung ließ Biedenkopf dieses Ultimatum fallen, hielt an der Forderung nach Ämtertrennung aber fest.

*

Ich ergriff die Initiative und vereinbarte mit Kurt Biedenkopf und Heinrich Köppler, dem Vorsitzenden des CDU-Landesverbands Rheinland, der ihn vorbehaltlos unterstützte, einen Gesprächstermin für Dienstag, den 9. Januar 1979, in Bonn. Hinzu stieß auch CDU-Generalsekretär Heiner Geißler, der Biedenkopfs Forderungen in Bausch und Bogen verwarf. Zuvor schon hatte ich gegenüber der Deutschen Presseagentur gesagt, dass ich die Ämtertrennung kategorisch ablehnte. Dabei blieb ich auch in dem Gespräch mit Biedenkopf und Köppler.

Die Rollenverteilung der beiden Landesvorsitzenden war interessant. Köppler stand hinter dem Biedenkopf-Memorandum und verwies auf die NRW-Landtagswahl im Frühjahr 1980. So erfuhr ich aus erster Hand von einer alten Absprache zwischen ihm und Biedenkopf: Köppler sollte als Spitzenkandidat für die CDU und als Herausforderer von Ministerpräsident Johannes Rau um die Mehrheit in Düsseldorf kämpfen. Dieses Duo schien alle strittigen Fragen untereinander ausgemacht und die Spitzenkandidatur bereits unter sich geregelt zu haben. Einig waren sie sich auch in der Forderung an mich, das Amt des Oppositionsführers aufzugeben.

Noch wenige Wochen zuvor, am 6. November 1978, hatte sich Kurt Biedenkopf in einem vierseitigen Schreiben an mich gewandt und Heinrich Köppler als Kandidaten für das Amt des Bundespräsidenten vorgeschlagen. Bekanntlich verfügten die Unionsparteien zu diesem Zeitpunkt über die absolute Mehrheit in der Bundesversammlung. Biedenkopf wollte zwar konfessionelle Gesichtspunkte bei der Wahl des Bundespräsidenten nicht in den Vordergrund stellen, meinte aber, nachdem mit Gustav Heinemann und Walter Scheel zwei Protestanten Bundespräsidenten gewesen seien, sprächen gewichtige Gründe dafür, einen Katholiken aus unseren Reihen für das Amt vorzuschlagen.

Heinrich Köppler sei von seiner Veranlagung und seinem Alter her hervorragend prädestiniert, die Diskussion nach Sinngebung und langfristigen Zielen vor allem auch in die jüngeren Generationen zu tragen. Er sei nur wenig älter als wir und müsse deshalb noch zu der Generation gerechnet werden, die die Erfahrung der

Als Oppositionsführer im
Deutschen Bundestag

Diktatur und des Zusammenbruchs gemacht hätte, ohne selbst politisch und ideologisch beteiligt gewesen zu sein. Gerade diese Brückenfunktion unserer Generation sei für die Wiedergewinnung historischer und kultureller Dimensionen in der Politik unverzichtbar.

Biedenkopfs Hintergedanken waren leicht zu erkennen: Er wollte den Rivalen um die Spitzenkandidatur in Nordrhein-Westfalen ins höchste Staatsamt wegloben. Bei unserem Treffen im Dezember war dann keine Rede mehr von Biedenkopfs Vorschlag. Viel später stellte sich heraus, dass Biedenkopf mit Köppler zuvor nie über seinen Vorstoß gesprochen hatte.

Jetzt also plädierten beide Politiker unisono dafür, ich solle das Amt des Oppositionsführers aufgeben und mich ganz auf den CDU-Bundesvorsitz konzentrieren. Ich war nicht bereit, auf den Vorschlag einzugehen. Er war für mich nicht akzeptabel, auch wenn sie behaupteten, dass dieser Schritt angeblich von großer Bedeutung für einen CDU-Wahlsieg bei der NRW-Landtagswahl 1980 wäre. Das sah ich völlig anders, zumal das ausschlaggebende Motiv und der einzige Grund ihres Handelns auf der Hand lag: Sie wollten meine Kanzlerkandidatur für die Bundestagswahl

1980 verhindern. Zwar nannten sie in diesem Zusammenhang noch keine personelle Alternative; die sollte erst Anfang 1980 kommen und ins Rennen gegen Helmut Schmidt geschickt werden. Mir war allerdings klar, dass bereits eine einvernehmliche Lösung gefunden worden war: Die Sache lief auf eine Kandidatur von Franz Josef Strauß hinaus. Aber damals fiel sein Name nicht.

*

Auf den CDU-Gremiensitzungen am 11. Januar 1979 stand das Biedenkopf-Memorandum im Mittelpunkt mehrstündiger Beratungen. Ernst Albrecht und Gerhard Stoltenberg waren wegen unaufschiebbarer Termine im Bundeskanzleramt entschuldigt.

Vor den sechsundzwanzig Mitgliedern des Bundesvorstands rekonstruierte ich zunächst den Ablauf der Ereignisse und brachte meine Verwunderung über das Ansinnen meines früheren Generalsekretärs zum Ausdruck. Zugleich ließ ich keinen Zweifel an meiner festen Absicht, die Funktion des Fraktionsvorsitzenden, in die ich für vier Jahre gewählt war, auch weiterhin auszufüllen. Außerdem erklärte ich, dass ich fest vorhätte, mich auf dem bevorstehenden Kieler Parteitag im März 1979 als Parteivorsitzender erneut zur Wahl zu stellen.

Als erster meldete sich der arg verunsicherte Heinrich Köppler zu Wort und erklärte, die Stimmung in der Partei habe ihn zur Unterstützung des Biedenkopf-Papiers motiviert. Mit dem Hinweis darauf, dass ein Parteivorsitzender so viele internationale Verpflichtungen wahrnehmen müsse und einen so überbordenden Terminkalender habe, der ihn häufig von Bonn wegführe, begründete er eher halbherzig die Trennung der beiden CDU-Spitzenpositionen. Allerdings betonte Köppler, dass für ihn immer das Prinzip gegolten habe, diese Ämtertrennung nur mit mir und nicht gegen meinen Willen zu realisieren.

Dann ergriff Kurt Biedenkopf das Wort. Voller Anteilnahme verwies er auf die enorme Belastung der beiden Spitzenpositionen, beklagte das miserable Verhältnis zwischen den beiden Schwesterparteien CDU und CSU und bedauerte die entstandene Situation.

*

In diesen Jahren war ich schon gewohnt, viel einstecken zu müssen. Dazu trug das schwierige Verhältnis zu Franz Josef Strauß und seiner CSU ebenso bei wie die innerparteilichen Kritiker in der Fraktion, die selten in der Lage waren, mir offen zu begegnen. Vielleicht habe ich zuweilen auch zu viel eingesteckt und weggewischt und um des lieben Friedens willen geschwiegen. Obwohl meine Arbeitsleistung ungewöhnlich hoch war, stiegen die Erwartungen von Jahr zu Jahr: Meine Integrationsfähigkeit war mehr denn je gefragt. Als politischer Impulsgeber sollte ich ebenso agieren wie als schärfster Kritiker der sozialliberalen Koalition.

Kritik an mir und meiner Leistungsfähigkeit habe ich immer für etwas ganz Normales gehalten. Allerdings erwartete ich damals wie heute ein Mindestmaß an menschlichem Umgang und Anstand. Als Mensch aus Fleisch und Blut machte mir die Eiseskälte zu schaffen, die um so mehr zunahm, je höhere Ämter ich erlangte.

Aber von Mitgliedern der Christlich-Demokratischen Union, der ich seit dreißig Jahren angehörte und in wichtigen Funktionen diente, durfte ich doch wenigstens gediegene Umgangsformen erwarten.

Am Ende blieb ich klarer Sieger, aber mit Verletzungen. Im dreizehnköpfigen Präsidium und dem dreiunddreißig Mitglieder zählenden Bundesvorstand der CDU, von denen sechsundzwanzig anwesend waren, wurde Biedenkopfs Vorschlag, ich solle die Führung der CDU/CSU-Bundestagsfraktion niederlegen, eindeutig abgelehnt. Ich behielt beide Ämter und hatte die beiden CDU-Spitzengremien geschlossen hinter mir. Eine entsprechende Erklärung wurde einstimmig angenommen – selbst Kurt Biedenkopf stimmte ihr zu. Auf breite Akzeptanz stieß dann auch mein Konzept zur organisatorischen Erneuerung der Fraktionsarbeit in der zweiten Hälfte der Legislaturperiode.

Ich hatte eine Schlacht gewonnen, aber nicht den Feldzug, wie eine Zeitung am anderen Tag sehr realistisch kommentierte.

*

In der CDU hatte die Demontage des Parteivorsitzenden traurige Tradition. Ich erinnere nur an das politische Ende Konrad Adenauers, Ludwig Erhards und Kurt Georg Kiesingers.

Der Jahresbeginn 1979 versprach nichts Gutes. Vier Landtagswahlen und die Europawahl standen kurz bevor, und die Union war parteiintern in einer schwierigen Lage, die durch die andauernden Streitereien und Intrigen nicht besser wurde. Der Machtkampf zwischen Strauß und mir, spätestens entbrannt, seit ich 1973 Parteichef und 1976 dann auch noch Fraktionsvorsitzender geworden war, blieb niemandem verborgen – nicht der eigenen Partei, nicht unseren Wählern und schon gar nicht unseren politischen Gegnern. Sie freuten sich und sahen ihren Nutzen, wenn wir unsere Streitigkeiten mal wieder in aller Öffentlichkeit austrugen. Gerade dazu war der bayerische Ministerpräsident jederzeit bereit. Franz Josef Strauß fand seinen politischen Wirkungskreis in Bayern viel zu klein und schaute deshalb immer nach Bonn.

Nur zu gerne hätte er die Richtlinien der Politik bestimmt. Die Chance dazu wollte er unbedingt haben. Er sollte sie schon bald bekommen.

Ich stand vor einem meiner schwierigsten Jahre, das besonders viel Einfühlungsvermögen, ein hohes Maß an Geduld, langen Atem und politischen Instinkt von mir verlangte. Politik war mein Leben, ich hatte die Politik als Beruf gewählt und wollte Bundeskanzler werden. Die Chancen dafür schienen 1979 jedoch alles andere als günstig zu sein.

14.
Zuspruch und Zweifel

Wie schon Anfang Dezember 1978 – also vor der Veröffentlichung des Biedenkopf-Papiers – auf einer Fraktionsklausur ausführlich beraten, beschäftigte sich der CDU-Fraktionsvorstand im Februar 1979 mit meinen Vorschlägen zur Verbesserung der Fraktionsarbeit. Bei zwei Gegenstimmen und fünf Enthaltungen wurden sie anschließend von der Gesamtfraktion akzeptiert. Neu war, dass der Fraktionsvorsitzende verpflichtet wurde, in jeder Sitzungswoche nicht nur die stellvertretenden Fraktionsvorsitzenden, die Arbeitskreisvorsitzenden und die parlamentarischen Geschäftsführer, sondern auch die Mitglieder der Präsidien beider Parteien, soweit sie Fraktionsmitglieder waren, einzuberufen, um die Arbeit der Fraktion vorzubereiten. Damit waren auch meine beiden schärfsten Kritiker Rainer Barzel und Kurt Biedenkopf mit eingebunden.

*

Die Wahlen in Rheinland-Pfalz und in Berlin lagen hinter uns. Auch diesmal zählte ich wieder zu den Bonner Politikern, die sich am häufigsten ins Wahlkampfgetümmel gestürzt hatten. Bernhard Vogel, mein Nachfolger in Mainz, erreichte bei der Wahl am 18. März 1979 das zweitbeste Wahlergebnis für die CDU in der Geschichte des Landes: Er gewann erneut die absolute Mehrheit der Stimmen, ein großartiges Ergebnis.

Am gleichen Tag gelang es Richard von Weizsäcker zusammen mit Peter Lorenz, bei der Wahl zum 8. Abgeordnetenhaus von West-Berlin den Erfolg von 1975 zu übertreffen. Zwar konnte die sozialliberale Koalition nicht abgelöst werden. Doch die CDU wurde wieder die stärkste politische Kraft im Westen Berlins, der größten Stadt Deutschlands, unserer alten Hauptstadt. Selbst den Skeptikern konnte nicht verborgen geblieben sein, dass die Sozialdemokraten in West-Berlin 1963 noch 61,9 Prozent der Stimmen geholt hatten und 1979 nur noch auf 42,7 Prozent kamen. Wenn diesmal der große Durchbruch nicht gelungen war, lag es mit Sicherheit an den Bonner Querelen. Wer die letzten Monate in banger Erwartung und auch enttäuschter und zorniger Sympathie mit der Partei und ihrer Führung durchlebt hatte, der wusste genau, was falsch gelaufen war und dass unter diesen Umständen mehr nicht herauszuholen war.

Zur Eröffnung des 27. CDU-Bundesparteitags in Kiel am 25. März 1979 sprach ich das offen an. Die Tage in Kiel dienten vor allem dem Aufbruch und zur Mobilisierung der inneren Bereitschaft der Partei, in den nächsten achtzehn Monaten bis zur Bundestagswahl alle Kräfte für einen erfolgreichen Wahlkampf zu aktivieren.

Dabei stand das Thema Europa im Mittelpunkt. Wenige Wochen vor der ersten Wahl zum Europäischen Parlament ging es um eine geschichtliche Stunde der Deutschen. Endlich sollte ein alter Traum Wirklichkeit werden: in freier, geheimer und direkter Wahl die Abgeordneten für das Europäische Parlament zu wählen, damit der Bau Europas Gestalt annimmt. Der Kieler Europaparteitag musste unsere Entschlossenheit bekunden, Europa die Freiheit zu erhalten, und eine Manifestation unseres Willens sein, das europäische Einigungswerk im Geiste von Konrad Adenauer, des früheren italienischen Ministerpräsidenten Alcide de Gasperi und des ehemaligen französischen Ministerpräsidenten und Außenministers Robert Schuman zu vollenden.

Konrad Adenauer hatte einmal gesagt: Die Einheit Europas war ein Traum von wenigen; sie wurde eine Hoffnung für viele; sie ist heute eine Notwendigkeit für uns alle. Diese klugen Sätze sagen mehr aus als ein großes Manifest. Die CDU war gerüstet für den Bau des neuen Europas, eines Europas der sozialen Partnerschaft, der sozialen Verantwortung, der Freiheit, des Friedens, der Menschenrechte, der parlamentarischen Demokratie. Die Alternative war auch klar: Die Sozialisten wollten die Zukunft Europas aus jenen Doktrinen des neunzehnten Jahrhunderts gestalten, die bislang nirgendwo in der Welt den Menschen Glück gebracht hatten. Ich beschwor meine Partei, nicht zuzulassen, dass Sozialisten und Kommunisten in einer unheiligen Allianz die Uhren des freien Europas um hundert Jahre zurückstellten. Die Erkenntnis aus hundert Jahren nationalstaatlicher Geschichte, aus Kriegen, Not, Blut und Elend war für uns ganz klar: Zwischen Freiheit und Unfreiheit gab es keinen dritten Weg.

Die Beschlüsse des Europaparteitags waren keine hehren Absichtserklärungen, sondern Handreichungen für die politische Praxis. Ihre politische Substanz blieb viele Jahre richtungweisend und zeichnete die CDU als die Europa-Partei aus. Einstimmig nahmen die siebenhundertvierzig Delegierten den Wahlaufruf zur ersten Europawahl an.

Wer diesen Wahlaufruf, der deutlich auch meine Handschrift trägt, heute liest, erkennt die hohe Aktualität, die er auch nach einem Vierteljahrhundert noch hat. Europa und die Europäische Union sind in dieser Zeit ein gewaltiges Stück vorangekommen, auch wenn noch nicht alle Forderungen von damals, etwa hinsichtlich einer europäischen Verfassung, verwirklicht wurden.

*

Der Kieler Parteitag erregte nicht nur unsere politischen Gegner, die ich scharf angegriffen hatte. Erregung gab es auch in den eigenen Reihen, denn während des traditionellen »geselligen Abends« war eine französische Balletttruppe aufgetreten – sehr zum Ärgernis mancher Delegierter, vor allem der weiblichen, die kein Verständnis für die Einlage von »Oben-ohne-Tänzerinnen« hatten. Nachdem ARD und ZDF ausgiebig über die »obszöne« CDU-Veranstaltung berichtet hatten, hagelte es Proteste.

Ich hatte von dieser strategischen Meisterleistung des Generalsekretärs und seiner engsten Mitarbeiter keine Kenntnis. Man musste nicht prüde sein, um das Ganze völlig deplaziert zu finden.

Geärgert hat mich, dass Hannelore, die neben mir saß, später von einer ganzen Reihe von Delegierten angegangen wurde, wie sie so etwas hatte zulassen können. Sie wusste von dieser Peinlichkeit schließlich genausowenig wie ich.

Wichtig waren in Kiel die Ergebnisse der Bundesvorstandswahlen. Bei meiner Wiederwahl votierten zweiundachtzig Delegierte gegen mich, einundvierzig enthielten sich der Stimme. Sechshundertsiebzehn von siebenhundertvierzig abgegebenen Stimmen entfielen auf mich, das waren 83,38 Prozent, das drittschlechteste Ergebnis meiner fünfundzwanzigjährigen Amtszeit. Das war ein herber Denkzettel. Zwar hatte ich mit einem mieseren Ergebnis als beim letzten Mal gerechnet, dass es aber das bisher schlechteste Abschneiden bei einer Wiederwahl zum Parteivorsitzenden werden würde, ärgerte mich schon.

Meine Arbeit hatte zwar viel Zuspruch bekommen, aber auch manche Zweifel hervorgerufen. Die starke innerparteiliche Opposition gegen mich war schon beachtlich. Doch ungeachtet der Stimmeneinbußen sah ich eine gute Ausgangsbasis für meine politische Arbeit. Das schlechteste Wahlergebnis in meiner sechsjährigen Amtszeit war ein ehrliches Resultat, eine Katastrophe war es nicht.

Gefreut habe ich mich über Ernst Albrechts Abschneiden bei den Präsidiumswahlen. Auf Anhieb erzielte er das viertbeste Ergebnis.

*

Am 2. April 1979 starb meine Mutter im neunundachtzigsten Lebensjahr. Sie hat meinen Vater um knapp fünf Jahre überlebt, obwohl sie nach seinem Tod schon mit dem Leben abgeschlossen hatte und sterben wollte.

Auf ihren eigenen Wunsch hat sie bis zuletzt in unserem Haus, das auch ihr Elternhaus war, gewohnt. Ihre geistige Frische war immer wieder bewundernswert. Sie war bis zu ihrem Tod ungemein interessiert an allem, nicht zuletzt an allen Dingen, die die Politik betrafen. Erst in den letzten Lebensmonaten war ein spür-

*Meine Mutter
Cäcilie Kohl wurde
88 Jahre alt*

barer körperlicher Verfall zu beobachten, der dazu führte, dass sie schließlich das Krankenhaus aufsuchen musste, wo sie dann verstarb.

Meine Mutter war eine großartige Frau, die mit großer Güte und zugleich mit Autorität und Entschiedenheit für ihre Familie gelebt und gewirkt hat. In den schwierigen Zeiten des Zweiten Weltkriegs, als mein Vater wieder als Soldat eingezogen war, hat sie die Bombennächte mit uns gemeinsam durchgestanden. Auch für viele andere war sie ein Hort des Vertrauens. Obwohl wir nie mit materiellen Gütern gesegnet waren, war es für sie selbstverständlich, anderen, die Hilfe brauchten, Hilfe zu gewähren.

Klug, intelligent, musisch sehr begabt und eine treue, praktizierende katholische Christin, war ihr jede geistige Enge fremd. Ich habe in meinem Elternhaus nie ein abwertendes Wort etwa über Andersgläubige gehört. Mit Hannelore, ihrer evangelischen Schwiegertochter, stand sie in gutem Einvernehmen. Sie bewunderte Hannelore auch wegen ihrer Weltläufigkeit und ihrer Fähigkeit, sich trotz der vielen öffentlichen Verpflichtungen intensiv um unsere Söhne zu kümmern.

Im Frühjahr 1979 hatte ich eine Einladung zu einem Kongress der Internationalen Christlichen Demokraten nach Rom, wo ich als einer der Hauptredner auftreten sollte. Wegen des körperlichen Zustands meiner Mutter hatte ich große Bedenken, aus Ludwigshafen wegzugehen. Ich befürchtete, dass sie während meiner Abwesenheit sterben würde, und wollte, wenn eben möglich, bei ihr sein.

Sie lag damals im Klinikum Ludwigshafen bei meinem Freund Helmut Gillmann, dem Chefarzt der Inneren Abteilung, und ich fragte ihn, ob ich angesichts des schlechten Zustands meiner Mutter reisen könnte. Zu meiner Verblüffung erklärte mir Helmut Gillmann: »Natürlich musst du nach Rom fahren.«

Als ich einwandte: »Ich gehe nach Rom, und sie stirbt hier ...«, erklärte er mit großer Entschiedenheit: »Sie wird nicht sterben, wenn du in Rom bist.«

Auf meine Frage, wie er sich da so sicher sein könne, sagte er schlicht: »Nein, sie wird nicht sterben. Im übrigen hat sie mir schon erzählt, dass du während deines Besuchs in Rom beim Papst bist.«

Ich bin dann nach Rom gereist und war auch beim Papst, den ich noch aus der Zeit kannte, als er Kardinal von Krakau war und zu einem Besuch nach Mainz kam. Jetzt war eine Audienz beim Papst mit ganz wenigen Personen. Er fragte mich nach der Familie – er kannte ja auch Hannelore –, und ich erzählte ihm, dass meine Mutter im Sterben liege. Zusammen haben wir für meine Mutter gebetet, und zum Abschied gab er mir einen Rosenkranz für sie mit.

Als ich zurückkam, bin ich direkt vom Flughafen aus ins Krankenhaus gefahren. Meine Mutter war schon voller Erwartung, dass ich komme. Mühsam aufgerichtet, saß sie in ihrem Bett. Die Krankenschwestern hatten ihr ein Bild aus der Zeitung ausgeschnitten, wo ich mit dem Papst zu sehen war. Das stand auf ihrem Nachttisch. Haarklein musste ich ihr von der Romreise berichten. Sie wollte alles wissen: worüber ich geredet hatte, wer noch alles da war, und vor allem wollte sie natürlich, dass ich ihr meinen Besuch im Vatikan schilderte.

Dann gab ich ihr das Geschenk des Papstes, den Rosenkranz, den sie sofort an sich nahm. Ich werde nie vergessen, wie sie dann ganz einfach sagte: »Und den Rosenkranz gibst du mir mit in den Sarg.«

Nach einer Weile verabschiedete ich mich, um nach Hause zu fahren, und versprach ihr, am nächsten Morgen wiederzukommen. Als wir gerade in Oggersheim angekommen waren und die Koffer auspackten, ging das Telefon. Es war die Stationsschwester. Sie sagte: »Ihre Frau Mutter ist soeben gestorben.«

Offensichtlich war ihr ganzer Wille auf das Ziel gerichtet, zu erfahren, was ich ihr von Rom und vor allem von meiner Begegnung mit dem Papst erzählen würde. Erst dann war sie bereit zu sterben.

15.
Krönungsmesse

Erstmals in der Geschichte der Bundesrepublik verfügten CDU und CSU über die absolute Mehrheit in der Bundesversammlung, die nach Artikel 54 des Grundgesetzes den Bundespräsidenten wählt. Sie besteht aus den Mitgliedern des Bundestags und einer gleichen Anzahl von Mitgliedern, die die Landesparlamente nach den Grundsätzen der Verhältniswahl wählen.

Dass die Unionsparteien 1979 diese außerordentlich günstige Ausgangsposition für die Wahl des Bundespräsidenten hatten, war dem großen Sieg bei den Bundestagswahlen 1976 und dem überragenden Vertrauensbeweis bei den Landtagswahlen zu verdanken. Dieses Vertrauen wollten wir rechtfertigen, indem wir am 23. Mai 1979 den bisherigen Präsidenten des Deutschen Bundestags, Karl Carstens, zum neuen Bundespräsidenten wählten.

Walter Scheel hätte gerne für eine zweite Amtszeit kandidiert. Dazu brauchte er unsere Zustimmung. Doch auf unserer Seite gab es keinen Grund, seine Wiederwahl zu unterstützen. Zehn Jahre lagen zwischen dem Ende der Amtszeit Heinrich Lübkes und der Chance, dass wieder ein CDU-Kandidat das höchste Staatsamt übernehmen konnte. Scheels Vorgänger Gustav Heinemann hatte sicherlich mit uns in der CDU Probleme, was angesichts seines politischen Lebenswegs verständlich war. Aber er hatte sich um eine faire Gesprächsbasis bemüht. Das konnte man von Walter Scheel nicht sagen. Obwohl er seine Parteimitgliedschaft während seiner Amtszeit ruhen ließ, gerierte sich Scheel von Anfang an als Exponent der sozialliberalen Regierungsmehrheit. Kein Bundespräsident vor ihm, weder Theodor Heuss noch Heinrich Lübke, noch Gustav Heinemann, hat sich derart parteiisch gezeigt.

Niemand von uns in der Unionsführung dachte darüber nach, Walter Scheel etwa aus mittel- oder langfristigen koalitionspolitischen Erwägungen den Weg zur Wiederwahl zu ebnen. Seine engen Beziehungen zu den führenden Sozialdemokraten und das fortwährende Werben in seiner eigenen Partei für die SPD/FDP-Koalition ließen gute Kontakte zu meiner Partei kaum zu.

Erst einen Tag nach der einmütigen Nominierung Karl Carstens' durch die CDU/CSU-Bundestagsfraktion verzichtete Walter Scheel öffentlich auf eine erneute Kandidatur. Bis dahin hatte er sich bedeckt gehalten, obwohl ich ihm schon sehr früh signalisiert hatte, dass die Union einen eigenen Kandidaten nominieren würde.

*

Richard von Weizsäcker, der 1974 auf meinen Vorschlag hin als Zählkandidat gegen Scheel angetreten war, hatte angesichts der absoluten Unionsmehrheit in der Bundesversammlung erwartet, dass er jetzt zum Bundespräsidenten gewählt würde. Wir hatten darüber ausführlich gesprochen, doch ich sah keine Chance für ihn, gegen Karl Carstens zum Kandidaten gewählt zu werden. Ich riet ihm dringend, seine Verpflichtungen in Berlin wahrzunehmen, wo ich für ihn eine reelle Chance sah, Regierender Bürgermeister zu werden, was ihm 1981 dann auch gelang.

Für Karl Carstens sprach, dass die Bundestagsfraktion, die er vor meiner Zeit erfolgreich geführt hatte, in ihrer großen Mehrheit hinter ihm stand. Außerdem verfügte er über beste Kontakte zur CSU, die keinen Zweifel daran aufkommen ließ, dass sie nur Carstens zum Bundespräsidenten wählen würde. Weizsäcker wäre damals weder in der Unionsfraktion noch bei der CSU vermittelbar gewesen. Alle wollten – wie ich – Karl Carstens. Er war ohne Wenn und Aber unser Kandidat.

Bereits in der Sitzung des CDU-Bundesvorstands am 27. November 1978 hatte ich nach Rücksprache mit Franz Josef Strauß angekündigt, in den zuständigen Gremien der Union Karl Carstens als Kandidaten für die Bundespräsidentenwahl zu nominieren. Dieser Ankündigung stimmte der Bundesvorstand einmütig zu.

Anfang März 1979 votierten die Wahlmänner der Union einstimmig für Carstens' Nominierung. Trotz massiver Kampagnen wegen seiner NSDAP-Mitgliedschaft gab es keinerlei Verunsicherung in der CDU-Führung. Ich wusste, dass Karl Carstens 1937 auf massiven Druck seines Vorgesetzten einen Aufnahmeantrag zur NSDAP gestellt hatte, über den aber erst 1940 entschieden worden war, als er sich als Soldat im Krieg befand. Nach den damaligen Bestimmungen ruhte seine Mitgliedschaft.

Die Attacken von Presse und Rundfunk und weiten Teilen von SPD und FDP wurden bis zum Wahltag fortgesetzt. Es war wieder mal erstaunlich, wie sehr in Bonn mit zweierlei Maß gemessen wurde. Dass Walter Scheel ebenfalls Mitglied der NSDAP gewesen war, hatte bei seiner Wahl zum Bundespräsidenten 1974 niemanden interessiert, ganz zu schweigen davon, dass es etwa eine Pressekampagne gegen ihn gegeben hätte. 1979 hatten sich die Zeiten geändert. Weil sich, um im Jargon unserer politischen Gegner zu sprechen, »ein Rechter anschickte, das höchste Staatsamt der Republik zu bekleiden«, hielten die Wortführer der Linken den Zeitpunkt für gekommen, um mit allen Mitteln der Unterstellung und Diffamierung gegen Karl Carstens vorzugehen und die Wahl dieses hochgebildeten, außerordentlich erfahrenen und um das Land verdienten Politikers zu verhindern.

Am 23. Mai 1979 wurde Karl Carstens von der Bundesversammlung im ersten Wahlgang zum fünften Präsidenten der Bundesrepublik Deutschland gewählt. Fünfhundertachtundzwanzig von den fünfhundertdreißig Wahlmännern der CDU/CSU gaben ihm ihre Stimme. Die einzige Gegenkandidatin, die SPD-Politikerin Annemarie Renger, erhielt vierhunderteinunddreißig von den vierhundertfünfunddreißig Stimmen der Wahlmänner ihrer Partei. Von den insgesamt zweiundsiebzig Enthaltungen kamen sechsundsechzig von der FDP, die beschlossen hatte, keinen der beiden Abgeordneten zu wählen.

Für die Unionsparteien war die Wahl von Karl Carstens ein großer Triumph. Alle vor seinem Amtsantritt geäußerten Befürchtungen, mit Karl Carstens würde die Republik nach rechts rücken, waren ebenso verlogen wie unbegründet. Für mich gehört der

Nach der Wahl zum Bundespräsidenten:
In der Bonner Beethovenhalle nimmt Karl Carstens
die Glückwünsche entgegen (Mai 1979)

Bundespräsident Karl Carstens zu den herausragenden Amtsinhabern der Bundesrepublik.

*

Am Tag der Wahl des Bundespräsidenten feierte das Grundgesetz Jubiläum: Vor dreißig Jahren, am 23. Mai 1949, war es in Kraft getreten. Nachdem das Dritte Reich 1945 zusammengebrochen war, hatte das freie Deutschland mit diesem Tag wieder seine Staatlichkeit gefunden.

Die Beratungen über die Schaffung eines neuen Deutschlands hatten damals unter dem Eindruck des Terrors der Nationalsozialisten gestanden, und sie waren geprägt von der Trauer und der Erschütterung darüber, dass im deutschen Namen die Würde und Freiheit der Menschen in noch nie dagewesenem Ausmaß verletzt worden waren. Neben dieser bitteren Erfahrung stand aber auch die Erinnerung an den 20. Juli 1944, an den gemeinsamen Widerstand von Offizieren und Gewerkschaftern, von christlichen, liberalen und sozialdemokratischen Politikern gegen Hitler. Das Grundgesetz der Bundesrepublik Deutschland sollte eine humane Ordnung gewährleisten und die Gründungsurkunde einer neuen Republik sein. Auch wenn diese neue Republik noch nicht alle Deutschen umfassen konnte, sollte sie doch für unbestimmte Zeit offen bleiben für die sowjetisch besetzten Teile Deutschlands, die spätere DDR.

*

Parallel zu den Auseinandersetzungen um die Wahl von Karl Carstens lief fernab der Öffentlichkeit eine sehr persönliche Aktion, die mir vorübergehend ziemlich zusetzte. Kein Geringerer als der Verleger Axel Cäsar Springer überraschte mich mit dem Vorschlag, ich selbst solle Bundespräsident werden. In mehreren Gesprächen insistierte er, ich sei der geeignete Mann für das höchste Staatsamt, und Hannelore sei eine vorzügliche First Lady.

Ich sagte ihm von Anfang an, dass ich auf keinen Fall seinem Wunsch nachkommen könne. Ich wollte nicht Bundespräsident werden. Doch er ließ nicht locker, und die Gespräche waren darum letztlich sehr unangenehm.

Die Idee, mich in die Villa Hammerschmidt zu versetzen, konnte nicht allein von ihm stammen. Die Freundschaft zwischen Axel Springer und Franz Josef Strauß war mir natürlich bekannt. Und von Beginn seines unermüdlichen Drängens an wusste ich, wer dahinterstand: Nur vom bayerischen Ministerpräsidenten konnte diese Idee stammen, die deshalb nicht weniger ernst gemeint war. Wäre ich darauf eingegangen, wäre ich den Ambitionen von Franz Josef Strauß nicht im Wege gestanden.

Wer mich kennt, musste wissen, dass ich niemals dieses wichtige und repräsentative Amt angestrebt habe. Es bedurfte keiner großen Weitsicht, um zu erkennen, was hier gespielt wurde. Darauf angesprochen hat Strauß mich nie. Aber er versuchte andere für diesen Vorschlag zu gewinnen. Eugen Gerstenmaier, mit dem er darüber sprach, hat ihm allerdings sofort eine Absage erteilt.

16.
Gekämpft und doch verloren

Die Wahl von Karl Carstens zum Bundespräsidenten war ein großer Triumph für die Union. Aber wie so oft im Leben lagen Sieg und Niederlage auch diesmal eng beisammen. Als wollte man die Demonstration der politischen Stärke vergessen machen und sich lieber in neuen Grabenkämpfen verschleißen, vergingen keine vierundzwanzig Stunden bis zum neuen Krach zwischen den Unionsparteien. Auslöser war ein Gerücht, das noch während der Stimmauszählung alle Alarmglocken bei der CSU schrillen ließ: Angeblich habe das CDU-Präsidium noch vor der Carstens-Wahl beschlossen, nicht mich, sondern den niedersächsischen Ministerpräsidenten Ernst Albrecht als Kanzlerkandidaten der Union im Bundestagswahlkampf 1980 ins Rennen zu schicken.

Zusätzliches Gewicht erhielt diese Fehlinformation durch einen Zeitungsartikel vom selben Tag, in dem zu lesen war, das Rennen sei bereits gelaufen. Eine Umfrage belege, dass die Wahl jetzt schon zugunsten von Schmidt entschieden sei, wenn Strauß gegen Schmidt antrete.

Derartige Spekulationen über den nächsten Kanzlerkandidaten der Unionsparteien gab es schon seit Wochen in der Presse. Auch der Name Ernst Albrecht war hin und wieder zu lesen. Tatsache ist, dass auf den zweitägigen Klausurberatungen des CDU-Präsidiums am 20. und 21. Mai 1979 im Hotel Jagdschlösschen in Ascheberg im Münsterland zwar über die Kanzlerkandidatur beraten, aber wegen der bevorstehenden Bundespräsidentenwahl jegliche Personaldiskussion nach außen vermieden worden war. Meine Idee, nach der Bundespräsidentenwahl Ernst Albrecht zu nominieren, wurde bewusst nicht erörtert. Allerdings beschäftigte uns natürlich, dass Strauß in den Startlöchern saß, und so hatte ich vor der Klausur zusammen mit Heiner Geißler Albrecht gefragt, ob er grundsätzlich zur Kandidatur bereit sei. Das hatte er bejaht. Heute wissen wir aus den Memoiren einiger CSU-Politiker, dass sie tatsächlich glaubten, es gebe einen CDU-Beschluss, Albrecht gegen Schmidt aufzustellen. Nichts davon entsprach der Wahrheit. Eine Rückfrage bei mir oder einem meiner Stellvertreter hätte die vermeintliche Nachricht als das entlarvt, was sie war: ein Gerücht. Aber nach der Wahl von Carstens traf sich die CSU-Führung noch am gleichen Abend in Bad Godesberg und beschloss, Franz Josef Strauß zum Kanzlerkandidaten der Union zu küren.

Spätestens nach dieser Entscheidung, an der kein satzungsgemäßes Beschlussgremium der CSU beteiligt war, hätte der Kontakt zur CDU hergestellt werden müssen. Statt dessen gaben Edmund Stoiber und Fritz Zimmermann am 24. Mai 1979 um 13 Uhr über die Deutsche Presseagentur bekannt, »Strauß stehe für die Kanzlerkandidatur der Unionsparteien zur Verfügung«.

Diese »Benennung« durch Stoiber und Zimmermann konnte nur mit ausdrücklicher Billigung von Franz Josef Strauß erfolgt sein und war ein Bruch unserer gemeinsamen Vereinbarung vom Dezember 1976. Damals hatten wir verabredet, alle Fragen von Gewicht – und vor allem solche, die das Wahljahr 1980 betrafen – erst nach der Serie von Landtagswahlen und der Europawahl in gemeinsamen Gesprächen zu erörtern.

Ich persönlich hatte mich zu diesem Zeitpunkt längst entschieden, auf eine Kanzlerkandidatur für die Wahl 1980 zu verzichten. Ich kannte das Drängen aus Bayern und kannte auch die Vorbehalte gegen mich und meine erneute Kandidatur. Ich wusste, dass Strauß, der im Wahljahr 1980 fünfundsechzig wurde, fest entschlossen war, die letzte Chance seines Lebens zu ergreifen, um vielleicht doch noch Kanzler zu werden. Mit Sicherheit schätzte ich auch die Stimmung im Unionslager richtig ein.

Das Stimmungsbild, das sich aus meinen Kontakten zur Parteibasis ergab, ließ nur den Schluss zu, dass es für eine erneute Kanzlerkandidatur von mir weder in den CDU-Gremien noch in der gemeinsamen Bundestagsfraktion eine Mehrheit gab. Allerdings war ich fünfzehn Jahre jünger als Strauß und wusste, dass sich mir als Partei- und Fraktionsvorsitzendem mittel- und langfristig neue Chancen bieten konnten. Jetzt galt es, durch kluges Handeln Führungsstärke zu zeigen. Dazu gehörte vor allem, die Chancen der Unionsparteien für die Zukunft im Auge zu behalten.

Auf den ersten Blick schien Strauß die besten Voraussetzungen zu haben, um 1980 zum Kanzler gewählt zu werden: Als Bundesverteidigungs- und Bundesfinanzminister hatte er eine Menge politischer Erfahrungen gewonnen. Er war lange Jahre als Bundestagsabgeordneter in Bonn gewesen und kannte die politische Szene in der Bundeshauptstadt wie kaum ein anderer. Seit 1978 bayerischer Ministerpräsident, hatte er außerdem die klassische Laufbahn für das Bonner Amt eingeschlagen. Schon die Kanzler Kiesinger und Brandt, später auch ich selbst und mein Nachfolger Schröder, hatten ihre entscheidenden politischen Lehrjahre an der Spitze eines Bundeslandes absolviert. Obendrein hatte sich Strauß auch als Verwaltungsfachmann längst einen Namen gemacht. Bei aller Kritik an ihm und an der Art und Weise, wie er gelegentlich in der Politik agierte, war ich damals wie heute der Auffassung, dass er nicht nur eine der größten Begabungen der Nachkriegspolitik war, sondern auch einer der Baumeister der neuen Republik.

Trotz allem sprachen die demoskopischen Daten, die ich regelmäßig aus dem Allensbacher Meinungsforschungsinstitut bekam, gegen eine Strauß-Kandidatur. Das betraf nicht nur die Sympathiewerte. Auch die Antworten auf wichtige Kompetenzfragen fielen im Vergleich zu Helmut Schmidt eher negativ aus. Und da er der erklärte Feind zahlreicher Medien war, die sich an ihm mit ähnlicher Wollust rieben wie an mir, hatte er es bei der veröffentlichten Meinung schwer, mit seinen politischen Inhalten bis zu den Wählern durchzudringen. Wechselwähler konnte Strauß für die Union kaum gewinnen, das zeigte sich besonders deutlich im protestantischen Norden der Republik. Franz Josef Strauß war von uns allen am besten geeignet, die eigenen Anhänger zu begeistern. Der Zulauf zu seinen Veranstaltungen war gewaltig. Aber für einen wichtigen Teil der Wählerschaft, vor allem in der politischen

Mitte, war er nur bedingt attraktiv. Viele von uns waren überzeugt, dass er auch im Bundestag keine Mehrheiten erreichen würde.

Mein größter Vorbehalt galt aber dem Umstand, dass Franz Josef Strauß nach einer Bundestagswahl nicht der FDP zu vermitteln war. Die Liberalen würden eher auf Macht und Einfluss in Bonn verzichten, als eine Regierungskoalition mit einem Bundeskanzler Strauß einzugehen. Das war meine nüchterne Analyse in jenen Maitagen des Jahres 1979. Mit ganz wenigen Vertrauten besprach ich die schwierige Lage. Ich stand vor dem Dilemma, entweder sehenden Auges eine vorprogrammierte Wahlniederlage hinnehmen zu müssen oder aber eine personelle Alternative zu Franz Josef Strauß zu präsentieren, die dem christlich-konservativen Lager eine reelle Chance bei der nächsten Bundestagswahl verschaffen könnte. Was auch immer ich tat, so oder so würde es zu einer Zerreißprobe kommen, an deren Ende mit Sicherheit wieder das Gespenst einer vierten Partei stehen würde. Die Frage war lediglich, welche Variante den geringeren Streit zwischen CDU und CSU nach sich ziehen würde.

Nachdem ich auf eine eigene Kandidatur aus guten Gründen verzichtet hatte, wäre ich in dieser äußerst delikaten Lage gerne als neutraler Makler aufgetreten. Doch die Haltung der CSU ließ mir keine andere Wahl, als über die Entscheidungsgremien der CDU einen Kanzlerkandidaten zu bestimmen, der mehr Wählerstimmen für die Union zu mobilisieren versprach als der bayerische Ministerpräsident.

Nach Lage der Dinge kamen aus meiner Sicht nur zwei Persönlichkeiten in Frage: der schleswig-holsteinische Ministerpräsident Gerhard Stoltenberg oder sein niedersächsischer Amtskollege Ernst Albrecht. Bei der letzten Landtagswahl vor wenigen Wochen hatte Stoltenberg noch einmal die Alleinregierung verteidigt. Ernst Albrecht verfügte über eine stattliche Regierungsmehrheit und hatte bei den niedersächsischen Landtagswahlen im Juni 1978 erstmals in der Geschichte des Landes die absolute Mehrheit der Mandate errungen. Und aus vielen Unterredungen mit führenden Liberalen wusste ich, dass aus Sicht der FDP beide geeignete Part-

Der erfolgreiche niedersächsische Ministerpräsident
Ernst Albrecht galt als Kandidat für höchste Ämter

ner waren, wenn es bei einer günstigen Konstellation nach der
Wahl Gespräche über ein mögliches Regierungsbündnis geben
sollte.

So entschied ich mich mit meinem engeren Freundeskreis nach
vielen Beratungen dazu, Ernst Albrecht als Kanzlerkandidat vorzuschlagen. Der promovierte Volkswirt hatte beim Ministerrat der
Montanunion und als Generaldirektor bei der EWG-Kommission
auch außerhalb der Landesgrenzen wichtige politische Erfahrungen gesammelt. Sein Ausflug in die Privatwirtschaft war ebenso
von Vorteil wie seine Erfahrungen mit der FDP in Hannover.
Spätestens seit dem Kieler Parteitag galt der erfolgreiche Ministerpräsident innerhalb der Union als Hoffnungsträger und Kandidat
für hohe und höchste Ämter.

Weil in Bonn so gut wie nichts geheim blieb, versuchte ich gar
nicht erst, andere Leute davon zu überzeugen, dass Ernst Albrecht
der richtige Kandidat für die Bundestagswahl 1980 wäre, sondern

vertraute mich höchstens einer Handvoll Menschen aus meiner unmittelbaren Umgebung an. Mit Heiner Geißler war ich mir in der Kandidatenfrage absolut einig, er gehörte später zu den eifrigsten Verfechtern der Albrecht-Kandidatur.

Zum Zeitpunkt der Strauß-Proklamation durch Zimmermann und Stoiber war also von unserer Seite noch nichts zugunsten von Albrecht entschieden. Nicht nur die CDU-Gremien mussten noch damit befasst werden und dem Vorschlag zustimmen, er musste – wie vereinbart – auch noch mit der CSU abgestimmt werden. Das hatte ich fest vor. Dass dann die CSU im Alleingang vorpreschte, warf die gesamte Planung über den Haufen und machte ein abgestimmtes Handeln unmöglich.

*

Am 28. Mai 1979 beschäftigte sich der CDU-Bundesvorstand unter meinem Vorsitz im Konrad-Adenauer-Haus mit der neuen politischen Lage. Zuvor hatte Strauß erklärt, er stehe für die Kanzlerkandidatur der Unionsparteien zur Verfügung. Nach eingehender Aussprache, in der fast alle Vorstandsmitglieder ihre Argumente vortrugen, fasste der Bundesvorstand bei zwei Enthaltungen – es waren Ernst Albrecht und Hans Filbinger – folgenden Beschluss:

»Der Bundesvorstand der CDU begrüßt den Vorschlag des Bundesvorsitzenden Dr. Helmut Kohl, für die Gespräche mit der CSU Ministerpräsident Dr. Ernst Albrecht als Kanzlerkandidaten der Unionsparteien zur Bundestagswahl 1980 zu benennen. Der Bundesvorstand macht sich diesen Vorschlag zu eigen«.

Gleichzeitig bestellte der Bundesvorstand eine sechzehnköpfige Verhandlungskommission, die möglichst bald mit der CSU Gespräche über die Nominierung eines gemeinsamen Kanzlerkandidaten aufnehmen sollte.

Am 29. Mai 1979 begründete ich meinen Vorschlag für Albrecht vor der Unionsfraktion. Friedrich Zimmermann als mein

Stellvertreter und Vorsitzender der CSU-Landesgruppe hielt dagegen. Detailliert schilderte er, wie es zur Strauß-Nominierung gekommen war, und sparte nicht mit scharfer Kritik an meiner Vorgehensweise. Die Aussprache glich einem heftigen Gewitter, ließ aber später genügend Spielraum für konstruktive Verhandlungen in der gemeinsamen Strategiekommission.

Am Ende der knapp zweistündigen Debatte kam es dann zu einem – fast möchte ich sagen: versöhnlichen Akt. Einstimmig wurde das CSU-Urgestein Richard Stücklen für das Amt des Bundestagspräsidenten nominiert, das zuvor Karl Carstens bekleidet hatte. Als Vizepräsidenten schlug ich Richard von Weizsäcker vor, der sich mit deutlicher Mehrheit gegen die CDU-Politikerin Helga Wex durchsetzen konnte.

Der Gang dieser Veranstaltung zeigte mir einmal mehr das besondere Selbstbewusstsein der Unionsfraktion, die sich in der Frage der Kanzlerkandidatur zwar zurückhaltend zeigte, aber auf Dauer sicherlich keine Nebenrolle spielen wollte. Für mich blieb sie – neben einem eventuellen Sonderparteitag von CDU und CSU oder einem noch zu bildenden Sondergremium – die Versammlung, die darüber zu befinden hatte, ob Albrecht oder Strauß die Union in die Wahlschlacht 1980 führen sollte.

In diesen Maitagen stand die Einheit der Union wieder einmal auf dem Prüfstand. Erneut wurde mit dem Gedanken geliebäugelt, die CSU als zweite christlich-demokratische Partei bundesweit zu etablieren, selbst auf die Gefahr eines erbitterten Bruderzwists hin. Mit Erstaunen registrierte ich außerdem, dass CDU-Politiker aus Nordrhein-Westfalen, Hessen und Baden-Württemberg hektische Aktivitäten entfalteten, um Franz Josef Strauß zum Festhalten an seiner Kanzlerkandidatur zu ermuntern. Man musste kein Hellseher sein, um zu erkennen, dass im CDU-Teil der Fraktion nicht wenige Strauß-Anhänger saßen, die nur darauf warteten, mir eine Niederlage beizubringen.

Diese Parteifreunde waren fest entschlossen, bei einer Kampfabstimmung zwischen Albrecht und Strauß für den Bayern zu votieren, um mich zu schwächen und meine Autorität zu beschädigen. Aber es gab auch noch andere Motive, Strauß in einer geheimen Abstimmung zur Kanzlerkandidatur zu verhelfen: Viele CDU-Parlamentarier hatten panische Angst vor einer Trennung der beiden christlichen Parteien, weil sie um ihr Direktmandat fürchteten. Wenn Strauß in der Frage der Kanzlerkandidatur unterliegen würde, so eine weitverbreitete Einschätzung, wäre die CSU-Führung nicht mehr daran zu hindern, bundesweit gegen die CDU anzutreten.

Bisher unveröffentlichte Tagebuchaufzeichnungen des langjährigen Präsidenten des Deutschen Bundestags Eugen Gerstenmaier belegen meine damalige Überzeugung. Sie zeigen aber auch, dass Franz Josef Strauß – unabhängig von seiner möglichen Kanzlerkandidatur – Anfang 1979 fest entschlossen war, die CSU unter allen Umständen als vierte Partei zu etablieren.

Gerstenmaier hatte sich am 20. Januar 1979 in Ottobrunn bei München mit dem bayerischen Ministerpräsidenten zu einem insgesamt achtzigminütigen Meinungsaustausch getroffen. Im Mittelpunkt der Unterredung standen zwei Themen: Helmut Kohl und das Verhältnis zwischen CDU und CSU. Nach Gerstenmaiers handschriftlichen Aufzeichnungen hielt es Strauß nunmehr für unerlässlich, die bisherige Parteienlandschaft grundlegend zu verändern. Bei dem jetzigen Dreiparteiensystem habe die CDU/CSU keine Chance mehr, an die Regierung in Bonn zu kommen. Auch ein anderer als Kohl könne das nicht schaffen, auch er selbst nicht, »auch ein Genie nicht«, notierte Gerstenmaier wörtlich. Deshalb müssten vier Parteien her mit dem Ziel, tiefere Einbrüche bei der SPD und auch bei der FDP zu erzielen. Der Hauptgrund für die bundesweite Etablierung einer vierten Partei sei nicht die weitere Ausschöpfung des Wählerpotentials rechts von den Unionsparteien. Das sei größtenteils bereits geschehen. Vielmehr müsse eine Veränderung der Gesamtlandschaft erfolgen. Dabei seien Risiken unvermeidbar; sie müssten aber gewagt werden.

Eugen Gerstenmaier notierte in seinem Gesprächsprotokoll sehr ausführlich die Meinung des CSU-Spitzenmannes über meine Führungsfähigkeiten. Strauß – das hatte er seit Jahren immer wieder in nichtöffentlichen Veranstaltungen formuliert – hielt wenig von meinen intellektuellen und moralischen Fähigkeiten. Die

Bundestagspräsident Eugen Gerstenmaier (1970)

Führung sei morsch, meinte er gegenüber Gerstenmaier, der dagegen entschieden Einwände vorbrachte. Doch Strauß blieb bei seiner Meinung. Ich sei nichts mehr wert. Als Alternative zu mir nannte Strauß Alfred Dregger, mit dem er zusammenarbeiten zu können glaube.

Gerstenmaiers Gesprächsprotokoll zufolge war Strauß im Januar 1979, also Monate vor seiner Nominierung, kaum verklausuliert entschlossen, als Kanzlerkandidat gegen Helmut Schmidt anzutreten. Allerdings nur bei einer bundesweit agierenden CSU als vierter Partei.

Eugen Gerstenmaier, der mehrfach seine persönliche ungetrübte Freundschaft und Verbundenheit mit mir betonte, wollte von Strauß wissen, wie er sich einen honorigen Abgang des amtierenden CDU-Bundesvorsitzenden vorstelle. Zunächst habe sich der bayerische Ministerpräsident nicht zum Wie und Was, sondern nur zum Zeitpunkt geäußert und dabei die Zeit nach den Landtagswahlen in Schleswig-Holstein am 29. April 1979 genannt.

Laut Gerstenmaier-Protokoll war Strauß damit einverstanden, mir das Amt des Bundespräsidenten anzutragen. Damit wäre Karl

531

Carstens von einer Last befreit, so der bayerische Ministerpräsident. Strauß, der im Gespräch mit Gerstenmaier meinte, Carstens sei ein guter Zweiter, kein Erster, unterstrich, dass Carstens sich vor weiterer Hetze fürchte und meinen Wechsel vom CDU-Bundesvorsitz in das Bundespräsidialamt gerne mitvollziehen würde. Mir würde die CSU alle Stimmen geben.

Dass nichts von alledem umgesetzt wurde, sondern alles anders kam, lag nicht zuletzt an meiner Entschlossenheit, das repräsentative Amt des Bundespräsidenten niemals antreten zu wollen. Mir lag daran, Schaden von den Unionsparteien abzuwenden und die Einheit der Union zu wahren, wie es mir ja auch über Jahre gelungen ist.

17.
Aufatmen

Den Tag der Umwelt am 5. Juni 1979, fünf Tage vor den ersten Direktwahlen zum Europäischen Parlament, nahm ich zum Anlass, den Umweltschutz als eines der Kernanliegen konservativer Politik herauszustreichen. Schon seit längerem rief die Sorge um eine lebenswerte Umwelt leidenschaftliche Debatten in den modernen Industriestaaten hervor. Für die CDU gehörte damals wie heute die Sicherung einer lebenswerten Zukunft zu den großen Herausforderungen unserer Zeit. Wir konnten aber diese Frage nicht mit einem umweltpolitischen Radikalismus beantworten. Meiner Meinung nach war weder ein verordnetes asketisch-einfaches Leben noch ein »Wachstum um jeden Preis« dazu angetan, die drängenden Zukunftsaufgaben zu lösen. Eine Politik, die bedingungslos auf Wachstum setzte, hätte die beschleunigte Erschöpfung der Rohstoffvorräte und eine drastische Verschlechterung der Umweltbedingungen für die Menschen zur Folge. Ein vollständiger Verzicht auf wirtschaftliches Wachstum dagegen würde verheerende Folgen für den Arbeitsmarkt und das System der sozialen Sicherung nach sich ziehen.

Die Alternative lautete damals so wenig wie heute: Umwelt oder Wachstum. Die Frage lautete vielmehr: Wie können ökologische Erfordernisse mit dem wirtschaftlichen Wachstum und der Energieversorgung in Einklang gebracht werden? Bei der Lösung dieser Aufgabe konnte die CDU an eine große Tradition anknüpfen, denn mit den Prinzipien und Idealen der Sozialen Marktwirtschaft hatten wir den freien Markt in den Dienst sozialen Ausgleichs gestellt und gezeigt, dass wirtschaftliche Freiheit und soziale Gerechtigkeit keine Gegensätze waren, sondern nur zusammen eine Zukunft haben. Die Soziale Marktwirtschaft hatte nicht nur eine ökonomische Vergangenheit, sondern auch eine ökologische Zukunft, das heißt, der Schutz der Schöpfung erforderte eine Weiterentwicklung der Sozialen Marktwirtschaft und ein neues Verständnis für eine über den Einzelinteressen stehende, gemeinwohlorientierte Politik.

Ich war immer der Auffassung, dass der biblische Begriff der Schöpfung viel treffender und in sich auch viel bewegender ist als der Begriff »Umweltschutz«. Für den Begriff »Schöpfung« spricht für mich der Auftrag des Menschen, den Schatz der Natur, der ihm geschenkt ist, in allen Bereichen sorgfältig zu pflegen und an kommende Generationen weiterzugeben. Wer von Nachhaltigkeit spricht, muss eigentlich vom Begriff der Schöpfung ausgehen.

Umweltschutz war und ist für mich mehr als nur ein Nebenaspekt der Wirtschafts- und Energiepolitik. In der Schonung unserer natürlichen Lebensgrundlagen sah ich eine zentrale, eine – im besten Sinne – konservative Aufgabe der Politik.

*

Mit dem Tag der ersten Direktwahlen zum Europäischen Parlament am 10. Juni 1979 trat die Einigung Europas in eine neue Phase. CDU und CSU konnten 49,2 Prozent der Stimmen auf sich vereinigen. Die SPD kam auf 40,8, die FDP auf glatte 6 Prozent, und die Grünen, die sich erstmals an einem bundesweiten Wahlgang beteiligten, erzielten 3,2 Prozent der Stimmen. Die Wahlbeteiligung lag bei 65,7 Prozent. Das war nicht gerade berauschend, aber für das Experiment einer ersten Direktwahl in der Europäischen Gemeinschaft war das eine respektable Wahlbeteiligung.

Obwohl diese Wahl keine Testwahl war, zeigten sich unsere politischen Gegner geschockt. Die sozialliberalen Koalitionäre hatten zum zweiten Mal in der Geschichte der Bundesrepublik erleben müssen, dass die Unionsparteien bei einer nationalen Wahl die absolute Mehrheit der Mandate erzielten. Dieses Wahlergebnis zeigte auch, dass die Union mit überzeugenden Aussagen aus eige-

534

ner Kraft gewinnen konnte. CDU und CSU hatten damit ihr europäisches und ihr nationales Wahlziel eindrucksvoll erreicht.

Das starke Abschneiden der europäischen Christdemokraten und der befreundeten konservativen Parteien zeigte, dass der politischen Mitte in Europa die Zukunft gehörte. Die Wähler in Europa und in Deutschland hatten eine Richtungsentscheidung getroffen: Sie hatten sich gegen ein sozialistisches Europa ausgesprochen und für das freie und soziale Europa. Die Wähler in der Bundesrepublik hatten Ja gesagt zur Partnerschaft und Nein zum Klassenkampf, Ja zur Bürgerfreiheit und Nein zur Bürokratisierung, Ja zur Sicherheit und Nein zur Neutralisierung.

Wir hatten diesen Wahlkampf mit größter finanzieller Sparsamkeit geführt. Dagegen war das Wahlkonzept der SPD, Argumente durch einen finanziell aufwendigen Wahlkampf zu ersetzen, gescheitert. Mit überzeugenden Argumenten hatte die CDU/CSU alle Wählerschichten von der Wichtigkeit dieser ersten europäischen Direktwahl überzeugen können. Willy Brandt dagegen, der Spitzenkandidat der SPD, konnte alles andere als zufrieden sein. Sein europäisches Engagement wirkte wenig überzeugend und ließ die Wähler offensichtlich ziemlich kalt. Es war eine schmerzhafte persönliche Niederlage für ihn.

Die sozialdemokratischen und sozialistischen Parteien in Europa gingen insgesamt schwer geschlagen aus dieser Wahl hervor. Der Linksruck in Europa hatte nicht stattgefunden. Stärkste Fraktion im Europäischen Parlament wurden die konservativen und christlichen Parteien. Bemerkenswert auch das relativ gute Abschneiden der Grünen, die sich erst Mitte März gegründet hatten und schon bei ihrem ersten bundesweiten Auftreten diesen unerwarteten Wahlerfolg erreicht hatten. Es war ihnen gelungen, bei geringer Wahlbeteiligung ihre Anhänger zu mobilisieren und an die Wahlurne zu bringen. Das ließ für die anstehende Bundestagswahl eine harte Auseinandersetzung erwarten, an deren Ende ihr Einzug ins Bonner Parlament nun im Bereich des Möglichen lag.

Offensichtlich war der aufgeschlossene, politisch interessierte und engagierte Teil der Bevölkerung zur Wahl gegangen. Davon wählte jeder zweite die CDU/CSU. Ohne die Personalquerelen der letzten Monate wäre der Erfolg der Union sicher noch deutlicher ausgefallen. Die Europawahl war der Höhepunkt einer Kette von Ereignissen, die überzeugend die wahren Mehrheitsverhältnisse in der Bundesrepublik dokumentierten, angefangen vom Ergebnis der Bundestagswahl 1976 über die Landtagswahlen der vergangenen Jahre bis zur Zusammensetzung der Bundesversammlung. Jetzt hatte die Europawahl noch einmal deutlich gezeigt, dass die Union fähig war, auch bei der Bundestagswahl 1980 aus eigener Kraft die Mehrheit zu erreichen und den Block aus Sozialdemokraten und Freien Demokraten in der Regierungsverantwortung abzulösen.

Trotz der aufreibenden Auseinandersetzungen mit der CSU um die Kanzlerkandidatur hatte ich mehr als fünfzig Wahlkampfeinsätze hinter mich gebracht, und so fühlte ich mich als CDU-Vorsitzender inhaltlich, wahlkampftaktisch und emotional vom Wahlausgang voll bestätigt. Ein Aufatmen spürte ich nicht nur bei den engsten politischen Freunden. Der Ausgang der ersten Europawahl wirkte befreiend auf weite Teile der Union und ließ Lähmungserscheinungen vergessen. Jetzt galt es, einvernehmlich den Kanzlerkandidaten zu bestimmen, um anschließend alles daranzusetzen, in Bonn wieder in die Regierungsverantwortung zu kommen. Ich war bereit – wie immer die Kandidatenkür auch ausfallen sollte –, meine ganze Kraft in den Wahlkampf einzubringen. Es blieben uns nur noch wenige Wochen Zeit bis zu der Entscheidung, wer unser Kanzlerkandidat bei der Bundestagswahl 1980 werden sollte.

18.
Kampfabstimmung

Als erstes bemühte ich mich um ein Treffen der beiden Kandidaten. Ernst Albrecht besuchte Franz Josef Strauß in seinem Haus am Tegernsee. Wie mir Albrecht später berichtete, war das Gespräch fair, von Verantwortungsbewusstsein getragen, aber ergebnislos. Welches Ergebnis erzielt wurde, als sich Biedenkopf, Dregger, Köppler und Späth mit Strauß und Stoiber trafen – ein Gespräch, über das ich vorher nicht informiert worden war –, wusste ich nicht. Jedenfalls tagte die Strategiekommission viele Male und viele, viele Stunden und konzentrierte sich auf eine Reihe wichtiger Sachfragen. Welches Gremium letztlich den Kanzlerkandidaten bestimmen sollte, war aber immer noch offen.

Der CDU-Bundesvorstand plädierte dafür, die Entscheidung über den Kanzlerkandidaten der Union durch ein gemeinsames, demokratisch legitimiertes Gremium vorzunehmen, das entsprechend der Mitgliederstärke der Parteien gewichtet sein sollte. Er erinnerte erneut an die Vereinbarungen zwischen CDU und CSU vom Dezember 1976 über die Grundlagen der politischen Zusammenarbeit bis zur Bundestagswahl 1980. Dazu gehörte auch die Verpflichtung, dass CDU und CSU die Ausweitung jeglicher direkter oder indirekter Aktivitäten in den Bereich des jeweils anderen nur mit dessen Einverständnis durchführen. Trotz dieser Absprache war das Gespenst einer vierten Partei einfach nicht aus der Welt zu schaffen. Der CSU durfte nicht der geringste Anlass geboten werden, eine Spaltung zu vollziehen.

Die Fronten zwischen CDU und CSU blieben verhärtet. Immer noch gab es keine Verfahrensregeln zur Wahl des Kanzlerkandidaten der Union. Die Wochen gingen dahin, ohne dass der Konflikt gelöst wurde. Die einschlägigen Gremien – ob Bundesvorstand oder Bundestagsfraktion – tagten in nie dagewesener Länge und beschäftigten sich praktisch mit nichts anderem mehr als der Frage, um die alles kreiste: Albrecht oder Strauß und nach welchem Verfahren?

In der Strategiekommission hatten wir in fast allen Sachfragen Übereinstimmung erzielt – von der Verjährungsfrist bei NS-Verbrechen bis zur Bildungspolitik. Aber Ende Juni 1979 hatten wir immer noch kein Gremium gefunden, das die Entscheidung über den Kanzlerkandidaten bringen sollte. Das Misstrauen saß tief. Keiner sollte den anderen übervorteilen, und jeder musste die Entscheidung akzeptieren, sobald sie erst gefallen war. Das war mein ständiges Reden. Franz Josef Strauß durfte kein Vorwand geliefert werden, nach einer Niederlage in dieser Frage die vierte Partei zu gründen. Dazu erwartete ich von der CSU unzweideutige Aussagen, die aber nicht zu bekommen waren.

Je länger sich das Warten hinzog, um so mehr wuchs das Unbehagen in der Bundestagsfraktion, um so massiver wurde die Kritik. Meine Bemühungen, eine Alternative zur Bundestagsfraktion zu finden, um die dreiundfünfzig CSU-Bundestagsabgeordneten im Vergleich zu den hundertneunzig CDU-Parlamentariern nicht zu benachteiligen, waren gescheitert. Unterdessen mehrten sich die Anzeichen für ein Kopf-an-Kopf-Rennen der beiden Kandidaten in der Fraktion. Auch von CSU-Seite wurde mir bedeutet, dass eine Probeabstimmung in der Bundestagsfraktion eine Möglichkeit wäre, um voranzukommen. So rückte die CDU/CSU-Bundestagsfraktion plötzlich ins Zentrum des Geschehens.

Mir ging es immer noch darum, die CSU auf eine uneingeschränkte Anerkennung des Abstimmungsergebnisses festzulegen. Die Gruppe, die unterliegen würde, musste die Entscheidung der Mehrheit akzeptieren. Ich wollte nicht mehr und nicht weniger, als die CSU dazu zu bewegen, eine bundesweite Ausdehnung aufzugeben. Meine wichtigste Aufgabe als CDU-Bundesvorsitzender war es jetzt, zu verhindern, dass es nur die Alternative gab, Strauß oder die Spaltung der Union zu wählen.

Dann ging alles Schlag auf Schlag. Nach fünfstündiger Debatte, in der sich über neunzig Abgeordnete zu Wort gemeldet hatten, wählte die CDU/CSU-Bundestagsfraktion am 2. Juli 1979 Franz Josef Strauß zum Kanzlerkandidaten der Unionsparteien. Gegen Mitternacht konnte ich das Ergebnis der geheimen Abstimmung bekanntgeben: Von den zweihundertsiebenunddreißig anwesenden Mitgliedern der Fraktion stimmten hundertfünfunddreißig für den bayerischen Ministerpräsidenten und hundertzwei für Ernst Albrecht. Damit war Strauß durch die Fraktion der CDU/CSU nominiert.

Die von seiten einiger CSU-Parlamentarier als eine Art »Probeabstimmung« deklarierte Entscheidung war nun bindend. Zum Abschluss einer langen und teilweise stürmischen, ja dramatischen Debatte setzte ich mich nachdrücklich dafür ein, dass dieses Votum für die gesamte Partei verbindlich sei. Kampfabstimmungen gehören schließlich zum Wesen der Demokratie.

Nach vielen Wochen des Ringens und der harten Auseinandersetzungen hatten wir endlich diese wichtige Entscheidung gefällt. Für mich war das eine schwere Niederlage. Die Härte der CSU in den vergangenen Wochen und Monaten war bedenklich. Trotzdem hieß es, nach vorne zu blicken und um der Einheit willen die Entscheidung voll mitzutragen. Als CDU-Vorsitzender würde ich im kommenden Wahlkampf für den Erfolg kämpfen.

Kurz nach Mitternacht, unmittelbar nach dem klaren Votum für Strauß, rief ich ihn an, um ihm mit meinen Glückwünschen das Ergebnis zu übermitteln. Anderntags trat der neue Kanzlerkandidat vor die Bundestagsfraktion, die ihm zu diesem ihn offensichtlich selbst überraschenden Erfolg verholfen hatte. Er bedankte sich für das Vertrauensvotum und hielt sich einstweilen mit großen Ausführungen zurück.

*

In diesem Jahr jährte sich das Attentat auf Hitler zum 35. Mal. Der 20. Juli 1944 ist für mich ein Tag, mit dem sich für uns Deutsche ein Gefühl der Ohnmacht und der Trauer, aber auch der Ermutigung und Hoffnung verbindet. Ohnmacht und Trauer wegen des gescheiterten Versuchs, das unmenschliche nationalsozialistische System zu beseitigen und das Blutvergießen des Zweiten Weltkriegs zu beenden, Ermutigung und Hoffnung, weil der 20. Juli 1944 auch ein Zeichen für das »andere Deutschland« ist, ein Symbol des Bemühens, aus der nationalsozialistischen Diktatur den Weg in ein freies und demokratisches Deutschland zu finden.

An diesem Bemühen waren Männer und Frauen der verschiedensten politischen und weltanschaulichen Überzeugungen beteiligt. Wir kennen nur jene Männer, die unmittelbar am 20. Juli 1944 mitwirkten und dafür mit ihrem Leben bezahlten. Weithin unbekannt ist dagegen das Schicksal tausender Frauen und Männer, die als gläubige Christen nicht bereit waren, den Nationalsozialisten blind zu folgen, die in der Bekennenden Kirche dem Totalitätsanspruch widerstanden oder die an der Verbreitung der Predigten des Münsteraner Bischofs von Galen beteiligt waren, der offen gegen den Mord an Geisteskranken protestierte.

19.
Der Herausforderer

Nach Monaten zähen Ringens verfügte die CDU/CSU endlich über einen kämpferischen Kanzlerkandidaten, mit dem die Union in die Wahlauseinandersetzung ziehen konnte. Nicht wenige in den eigenen Reihen trauten ihm allerdings nicht zu, eine Mehrheit für uns zu erreichen. Auch ich hatte meine Zweifel. Gerade deshalb hatte ich ja den schweren Konflikt mit der CSU riskiert und mich darum bemüht, mit Ernst Albrecht eine personelle Alternative ins Rennen zu schicken, von der ich mir einen größeren Achtungserfolg bei der Bundestagswahl versprach. Ehrlicherweise muss man sagen, dass zu diesem Zeitpunkt vermutlich kein Kandidat der Union, wie immer er auch hieße, eine gute Chance hatte, Helmut Schmidt aus dem Kanzleramt zu drängen. Auch Franz Josef Strauß kannte dieses Risiko, aber er wollte es jetzt wissen. Es gab in der Führung von CDU und CSU auch Stimmen, die meinten, er solle jetzt endlich seine verdiente Chance für die Spitzenkandidatur bekommen, auch wenn er dann verlieren würde.

Dies war jedoch nicht meine Meinung, und ich ließ mich davon nicht irritieren. Jene, die erwarteten, ich würde mich nach meiner Niederlage in der Frage um den besseren Kanzlerkandidaten in die Schmollecke zurückziehen, sahen sich getäuscht. Ich war es meiner Partei schuldig, Strauß auf vielfältige Art zu unterstützen. Darum plante ich meinen bundesweiten Wahlkampfeinsatz so engagiert, als sei ich selbst Spitzenkandidat. Niemand wird mir vorwerfen können, nicht alle Kraft in den Bundestagswahlkampf investiert zu haben. Das hat viele überrascht – selbst Franz Josef Strauß, wie er später öffentlich bekannte.

*

Der Kanzlerkandidat

Das politische Klima zwischen den Schwesterparteien verbesserte sich nach der Strauß-Nominierung nicht wirklich. Hartnäckig hielt sich das gegenseitige Misstrauen. Dazu trugen nicht zuletzt die erheblichen Vorbehalte gegen Strauß bei, die allenthalben besonders bei Frauen und Jugendlichen spürbar waren. Zwar hatte er unmittelbar nach der Kandidatenkür vor der Bundestagsfraktion erklärt, auf einen harten Konfrontationskurs verzichten zu wollen; doch glauben mochten ihm das die wenigsten Parlamentarier. Mehr und mehr ließ sich der sonst so weitsichtige Mann vom politischen Gegner provozieren.

Nach wie vor glichen die Gespräche zwischen CDU und CSU über Wahlkampfstrategien Koalitionsverhandlungen zweier unterschiedlicher Parteien. Von geschwisterlichem Streben nach Einigkeit und dem festen Willen zum gemeinsamen Wahlerfolg konnte auf beiden Seiten nur bedingt die Rede sein. So wurde die gemeinsame Wahlplattform von CDU und CSU aus dem Ludwigshafener Grundsatzprogramm einerseits und dem CSU-Programm andererseits geschneidert.

Strauß erfuhr massive Unterstützung von den Springer-Medien und von vielen deutschen Wirtschaftskapitänen. Sie erwarteten sich von einem Kanzler Strauß bessere politische und wirtschaftliche Rahmenbedingungen. Mit seinem wirtschaftspolitischen Sachverstand überzeugte er die Industrie. Damals legten wir unsere Wahlkampfgelder für eine gemeinsame »Kriegskasse« zusammen, und die CSU profitierte davon sehr.

Mein persönliches Verhältnis zu Franz Josef Strauß verbesserte sich im Lauf des Wahlkampfs. Im Wahljahr 1980 kam es zu regelmäßigen Treffen, bei denen wir uns über zahlreiche aktuelle Politikfelder verständigten. Der altbekannte, immer wiederkehrende Konflikt zwischen ihm und mir, dass er mich permanent unterschätzte, hielt sich jetzt in Grenzen und schien zeitweilig fast verschwunden zu sein. Das lag vermutlich nicht zuletzt an seiner Frau Marianne, mit der ich hervorragend auskam. Sie hatte großen Einfluss auf ihren Mann, und nicht nur in organisatorischen Fragen. Marianne Strauß managte seine Wahlkampfauftritte und koordinierte mit mir seine Einsätze im CDU-Gebiet.

Diese intelligente und sehr praktisch veranlagte Frau agierte quasi als CSU-Generalsekretärin. Absprachen mit ihr waren grundsätzlich verbindlich, und sie hatte den Überblick wie kaum ein CSU-Spitzenmann. Ihr politisches Engagement wirkte geradezu ansteckend und färbte auch auf Strauß ab. Sie war eine kämpferische Politikerin, die ihrem Mann in nichts nachstand, ihm treu ergeben war und gleichzeitig ihren Kopf durchsetzte. Hingebungsvoll kämpfte Marianne Strauß für die Interessen und damit für den Wahlsieg ihres Mannes. Letztlich hatte sie ihren zögernden Mann zur Kanzlerkandidatur gedrängt. Die CSU, aber auch wir in der CDU hatten ihr eine Menge zu verdanken.

Mir gegenüber verhielt sie sich menschlich untadelig. Ich habe kaum eine Politikergattin erlebt, die über eine so hohe Kompetenz nicht nur in politischen Fragen verfügte. Sie war eine großartige Frau. Hannelore hatte große Achtung vor ihr.

*

Der vierzigste Jahrestag des Kriegsausbruchs am 1. September 1939 war für mich Anlass zu einem Aufruf über den Auftrag der deutschen Politik:

»Deutsche Politik nach Hitler konnte – und kann – nur Politik für die Freiheit und den Frieden sein: für den inneren wie den äußeren Frieden. [...]
Die Bundesrepublik Deutschland hat von Anfang an die friedliche Verständigung, den Ausgleich und die Versöhnung mit jenen Völkern gesucht, denen Hitlers vernichtender Hass im besonderen galt: den Juden und den Polen. Auch den deutsch-russischen Beziehungen hat schon der erste deutsche Bundeskanzler hohe Bedeutung beigemessen. ›Wir sind‹, so sagte Konrad Adenauer im März 1952 vor dem Verein der Auslandspresse, ›in Anbetracht unserer geographischen Lage und der Teilung Deutschlands mehr als jedes andere Land an einem echten Ausgleich mit dem Osten interessiert. Aber er darf nicht erkauft werden mit dem Verlust der Freiheit.‹
Die Bundesrepublik Deutschland will gute Nachbarschaft mit den Völkern Osteuropas. Gute Nachbarschaft setzt indessen Verständigungsbereitschaft auf beiden Seiten voraus. Es dient nicht der Verständigung zwischen Deutschen und Russen, Deutschen und Polen, Deutschen und Tschechen oder Slowaken, wenn die Regierungen in Moskau, Warschau oder Prag immer noch Stimmen Raum geben, die den Friedenswillen des deutschen Volkes in Zweifel ziehen – und ein Wiederaufflackern nationalsozialistischen Ungeistes entdecken wollen. Nichts macht uns Deutsche betroffener als die Anklage, wir hätten Hitlers gewalttätiger Ideologie nicht für immer abgeschworen.
Der politische Weg, den die Bundesrepublik Deutschland in den dreißig Jahren ihres Bestehens gegangen ist, war ein Weg zurück in die Gemeinschaft freier Völker – ein Weg zurück zu Maß und Mitte. Die Freiheit zu bewahren und im Bündnis mit dem freien Westen weiterhin zur Friedenssicherung in Europa beizutragen: Das sind die Ziele, die uns Deutschen

vor Augen stehen, wenn wir heute jenes Tages gedenken, an dem vor vierzig Jahren die Lichter in Europa zu verlöschen begannen.«

*

Einen Monat später beging die DDR den dreißigsten Jahrestag ihrer Gründung am 7. Oktober 1949. Nichts schien mir besser die politische und geistige Verfassung der DDR widerzuspiegeln als die Ereignisse, die im gleichen Jahr im anderen Teil Deutschlands zu beobachten waren: Die Verfolgung und Ausweisung der kritischen Intelligenz, die Verschärfung der Strafgesetze waren Ausdruck einer tiefen geistigen Krise. Wirtschaftlich erlebte die DDR eine ihrer stärksten Erschütterungen seit 1949. Die spektakulären Fluchtaktionen von Menschen, die sich buchstäblich mit bloßen Händen unter Stacheldraht, Minen und Todesschussanlagen hindurchgruben, um in die Freiheit zu gelangen, oder beim Flug im Heißluftballon ihr Leben riskierten, waren die moralische Bankrotterklärung eines Regimes, das nach dreißig Jahren noch immer von der Mehrheit seiner eigenen Bevölkerung abgelehnt wurde.

Realität war, dass sich 75 Prozent der DDR-Jugendlichen zwischen sechzehn und fünfundzwanzig Jahren in einer Umfrage der SED als Deutsche verstanden und nicht als Staatsbürger der DDR. Realität war, dass das Bewusstsein von der einen deutschen Nation gerade auch in der DDR eine deutliche Wiederbelebung erfahren hatte. Realität war aber auch die Tatsache, dass die DDR als Mitglied des Warschauer Pakts und des Rats für gegenseitige Wirtschaftshilfe sowie durch bilaterale Bündnisverträge voll in den sowjetischen Machtbereich integriert war.

20.
Schmidt oder Strauß

Die erste Koalition aus SPD und FDP war im Oktober 1969 mit hohem Anspruch angetreten. Willy Brandts Regierungserklärung klang wie eine Verheißung auf eine bessere Zukunft. Viele waren nur zu gerne bereit, ihr zu glauben. Anderen erschien das Aufbruchpathos nach zwanzigjähriger Oppositionszeit immerhin verständlich, wenn sie auch schon damals in der Brandtschen Botschaft den Sinn für Maß und Mitte vermissten.

Jetzt, nach zehn Jahren, war es Zeit, Bilanz zu ziehen. Doch es genügte nicht, Anspruch und Wirklichkeit miteinander zu konfrontieren, um die Spur enttäuschter Hoffnungen und gebrochener Versprechen nachzuziehen und so das Scheitern dieser Politik nüchtern zu bilanzieren. Auf diese Weise erhielten wir keine Antwort auf die Frage, was denn das Gebot der Stunde sei: ob wir, die CDU/CSU, in der gleichen Richtung fortfahren und nur eine bessere Politik machen sollten oder ob wir nicht vielmehr die Richtung ändern müssten. Ich meinte damals: Die Ursachen für das Scheitern der 1969 eingeläuteten Innen- und Außenpolitik lagen nicht in einer schlechten Umsetzung einer an sich richtigen Politik; sie lagen auch nicht darin, dass ihr Erfolg durch äußere Ereignisse wie Ölkrise und Terrorismus durchkreuzt wurde. Die Ursachen lagen vielmehr in einer falschen Anlage, in der inneren Logik dieser Politik selbst.

In der Innenpolitik wollten SPD und FDP bedingungslos eine »Politik der inneren Reformen« durchsetzen, statt das Erreichte zu sichern und auszubauen. Fortan gab es keine Innenpolitik mehr, sondern nur noch »Reformpolitik«. In Wirklichkeit hat die Regierung unter diesem Etikett vielfach nur neue Rechte, Ansprüche,

Machtbasen geschaffen: Die Verwirklichung eines individualistisch verstandenen Emanzipationspathos, die Befreiung von Abhängigkeiten und aus »Herrschaftsverhältnissen«, die regierungsamtliche Ratifizierung von gesellschaftlichen Ansprüchen – das waren im wesentlichen die »inneren Reformen« in den Bereichen der Bildungs-, Familien-, Sozial- und Strafrechtspolitik.

In der Wirtschaftspolitik kam es SPD und FDP nicht so sehr darauf an, wirtschaftliches Wachstum und Stabilität zu sichern. Sie wollten die Wirtschaft »demokratisieren«, ihre Belastbarkeit erproben und die »Ungerechtigkeiten des Kapitalismus« überwinden. Die Folge: Das soziale Netz war nach zehn Jahren sozialdemokratisch geführter Regierungen brüchiger geworden. Den unauflöslichen Zusammenhang von Wirtschafts-, Finanz- und Sozialpolitik hatten SPD und FDP zuerst nicht erkannt, und als es zu spät war, fehlte ihnen die Kraft zum Umsteuern.

In der Bildungspolitik ging es der SPD/FDP-Regierung nicht darum, mehr Menschen mehr Chancen zu geben und bestehende Bildungsbarrieren so weit wie möglich abzubauen, vielmehr sollten alle die gleichen Chancen haben. 50 Prozent eines Geburtenjahrgangs sollten das Abitur machen – ohne Rücksicht auf die Begabung von Schülern oder Studenten und auf die Folgen für den Arbeitsmarkt und die Gesellschaft. So war die SPD/FDP-Koalition mit viel Pathos und mehr Begeisterung als nüchterner Prüfung von Anfang an auf eine große Bildungsmisere zugesteuert. Verführt von Pseudointellektuellen, hatten sozialdemokratische Politiker der jungen Generation das zweifelhafte Glück einer intellektuell ausgerichteten Ausbildung und Existenz verordnet und die Ausbildungswege in praktische Berufe abgewertet.

Auch die Außenpolitik dieser Koalition stand nicht im Zeichen der Kontinuität. Die Ostpolitik stand von Anfang an nicht nur unter selbstverordnetem Zeitdruck und Erfolgszwang, sondern wurde obendrein auch nicht sehr geschickt gehandhabt. Nur der hohe Anspruch war auch hier über jeden Zweifel erhaben: Diese Regierung wollte den »Frieden sicherer machen«. Fortan gab es keine Außenpolitik, sondern nur noch »Friedenspolitik«.

Die Jahre von 1969 bis 1979 standen im Zeichen einer zuvor

nicht gekannten Politisierung des öffentlichen und kulturellen Lebens. Ein Perspektivenwechsel hatte sich nach und nach vollzogen: Während die Bürger in den ersten beiden Jahrzehnten der Bundesrepublik von 1949 bis 1969 viel mehr von sich selbst und ihrer Leistung erwarteten und die CDU/CSU-geführten Regierungen dies unterstützten, kehrte die SPD/FDP-Koalition diese Erwartungshaltung um. Jetzt wurde es sozusagen regierungsamtlich sanktioniert, Rechte einzuklagen, Ansprüche anzumelden, Leistungen vom Staat zu erwarten. Man konnte, durfte und musste nun eine Verbesserung seiner persönlichen Lage von staatlichen Leistungen erwarten. Diese Erwartungshaltung an den Staat, im Grunde eine Überschätzung der Möglichkeiten von Politik, ist die Ursache vieler Übel, die wir beklagten. Leider zeigte dieses Denken auch innerhalb der Unionsparteien Wirkung.

Diese Politik, die von der sozialliberalen Koalition 1969 eingeleitet worden war, begnügte sich nicht mehr damit, die Rahmenbedingungen für individuelles, wirtschaftliches und gesellschaftliches Handeln zu setzen. Sie wollte selbst und in direktem Zugriff die Gesellschaft verändern. Um dieses Ziel zu erreichen, konzentrierte sie sich besonders auf Familien-, Jugend- und Bildungspolitik, also auf die »Sozialisationsbereiche« des Menschen. Auf diesen Gebieten waren die SPD/FDP-Regierungen besonders ehrgeizig, vor allem hier hatten sie aktiv »eingegriffen« und »reformiert«. Hier waren sie allerdings auch besonders gründlich gescheitert.

Offen oder subtil hatte diese Politik versucht, dort manipulativ einzugreifen, wo Einstellungen, Erwartungen, Wertorientierungen des Menschen sich entwickeln und gebildet werden. So sollte ein anderer, ein neuer Mensch erschaffen werden, freilich nicht im vulgärmarxistischen oder im naiv Rousseauschen Sinne, wohl aber in der festen Überzeugung, dass die als »kapitalistisch« bezeichneten Verhältnisse den von der SPD erstrebten solidarischen Menschen in einer solidarischen Gesellschaft verhinderten. Am sichtbarsten schlug sich diese Philosophie in den Rahmenrichtlinien der Schulpolitik nieder und in der Deformation der Geschichte, die als eine durch »Reformen« zu überwindende Abfolge von Missständen und Ungerechtigkeiten missverstanden wurde.

Geschichtsfremdheit und ein ahistorischer Progressismus wurden zu Kennzeichen nicht nur der SPD-Bildungspolitik.

Das Jahrzehnt von 1969 bis 1979 unterlag dem Irrtum, alles in der Politik sei machbar, wenn nur die richtigen Leute die richtigen Ziele anstrebten. Politische Überheblichkeit breitete sich aus und setzte sich an die Stelle jener politischen Bescheidenheit, die weniger von sich reden macht, aber am Ende mehr erreicht.

Zehn Jahre SPD/FDP-Regierung von 1969 bis 1979 – das war auch eine Geschichte gescheiterter Hoffnungen. Aber nicht nur das. Die Stimmungslage war auf dem Tiefpunkt, eine direkte Folge des Pathos von 1969. Der Hoffnung folgte Ernüchterung und dann Enttäuschung.

Am Anfang der SPD/FDP-Koalition stand das Versprechen auf »Erlösung« durch Politik, stand die Hoffnung auf Befreiung von vielfältigen lästigen Abhängigkeiten und Anstrengungen. Jetzt, zehn Jahre später, war davon keine Rede mehr. Zunächst rechnete es sich der amtierende Bundeskanzler Helmut Schmidt zur Leistung an, die politischen Geschäfte gut zu verwalten und die Bestände gut zu sichern. Und als Helmut Schmidt die Fehler erkannte und das Steuer herumzuwerfen versuchte, verließ ihn die Mehrheit seiner Partei.

Auf die Frage, wohin der Weg gehen sollte, konnten Regierung und SPD keine Antwort mehr geben, weder ihren Mitgliedern noch den Bürgern. Darin sah ich ein fatales Ergebnis dieser zehn Jahre. Unmittelbar damit verbunden war eine tiefe innere Unsicherheit, was man von Politik eigentlich noch erwarten könne, ein Zweifel an der Politik insgesamt, obwohl sie doch immer wichtiger wurde, denn wer morgen sicher leben wollte, der musste heute die notwendigen Entscheidungen treffen. Doch genau dazu waren SPD und FDP nicht in der Lage.

Ein knappes Jahr vor der Bundestagswahl 1980 waren meine politischen Freunde und ich uns darüber im klaren, was wir in der Bundesrepublik brauchten: Wir brauchten eine neue Politik. Forderungen nach Steuersenkungen, Familiengeld, Senkung der Staatsquote – das alles war gewiss nötig und richtig, aber es genügte nicht. Wir brauchten vor allem einen neuen politischen Stil, einen neuen politischen Anfang, der die pragmatische Verkürzung ebenso vermied wie jede Form von Messianismus. Diese Politik musste wieder von realistischen Annahmen und Erwartungen, von einem vernünftigen Menschenbild ausgehen. Die Politik musste den Menschen wieder in seinen Alltagserfahrungen anerkennen und unterstützen. Der Bürger hatte ein Recht darauf, nicht ständig politisch gefordert, sondern auch in Ruhe gelassen zu werden, ungestört seinem Leben nachgehen zu können, sich der Ergebnisse seiner Leistungen zu erfreuen.

Die Vorstellungswelt der regierungsamtlichen Elite und die Alltagswelt der Menschen waren in den letzten zehn Jahren kräftig auseinandergeraten. Die Menschen wurden mit verordneten Rahmenbedingungen konfrontiert, in denen sie sich vielfach nicht wiedererkannten. Ganze Bereiche der Gesellschaft waren für reformbedürftig erklärt worden, Schulen und Hochschulen zum Beispiel, aber nach der Reform waren sie in schlechterem Zustand als vor 1969. Und was an positiver Identifikation vielleicht noch übrig war, wurde vollends dadurch zerstört, dass Geschichte nur noch als Sammlung von Zuständen galt, die durch innere Reformen endlich überwunden werden sollten.

Wir brauchten eine politische Erneuerung der geistigen Grundlagen unserer freiheitlichen, und das heißt auch: streitbaren Demokratie. Am Ende der siebziger Jahre hatten wir nicht mehr, sondern weniger Übereinstimmung im Grundsätzlichen als in den Anfängen der Republik. Die Loyalitätskrise, die angesichts der terroristischen Bedrohungen bei Teilen von wichtigen gesellschaftlichen Gruppen zu beobachten war, begegnete uns am deutlichsten im Streit um Verfassungsfeinde im öffentlichen Dienst. Hier war der Konsens über das Prinzip der streitbaren Demokratie verlorengegangen. Dafür gab es vielfältige Gründe, unter denen vor allem die Renaissance des Marxismus an den deutschen Hochschulen und eine durch ostpolitischen Opportunismus bedingte Rücksichtnahme auf die DKP und ihre Mitglieder hervorzuheben sind.

Festzuhalten blieb, dass Teile von SPD und FDP dieser Entwicklung nicht nur nicht entgegentraten, sondern sie vielmehr verharmlosten und zusätzlich beschleunigten. Daher sah ich eine wichtige Aufgabe für die Union darin, die geistigen Grundlagen einer wehrhaften Demokratie wieder überzeugend zu begründen und daraus die notwendigen politischen Konsequenzen zu ziehen. Vor allem brauchten wir wieder eine verlässliche, prinzipientreue Außenpolitik. Die ersten dreißig Jahre der Bundesrepublik Deutschland lassen sich, was ihre Außenpolitik betrifft, in drei Zeitabschnitte von je einem Jahrzehnt unterteilen. Im ersten Jahrzehnt von 1949 bis 1959 traf und verwirklichte die CDU/CSU unter Konrad Adenauer die grundsätzlichen Entscheidungen für unser Land: die unwiderrufliche Westbindung, den Eintritt in die Nato, die Freundschaft mit den Vereinigten Staaten, die feierliche Verpflichtung zur Einigung Europas. Adenauer hatte schon damals erkannt, dass die deutsche Wiedervereinigung, so wie sie für uns allein vorstellbar war, nur unter diesen Rahmenbedingungen Chancen auf Verwirklichung hatte. Angelpunkt seiner außenpolitischen Vorstellungswelt war der Primat der Freiheit. Mit ihm hatte die CDU/CSU immer dafür eingestanden, dass die Freiheit der westlichen Welt vor Frieden, dass Freiheit auch vor deutscher Einheit stehen muss.

Die SPD hatte sich den großen Optionen Adenauers von Anbeginn widersetzt. Sie hatte ihm im Deutschen Bundestag erbitterten Widerstand geleistet. Schon damals zeigte sich, was im Rückblick noch deutlicher wird: So wie die deutsche Sozialdemokratie sich bei ihrer Wiederbegründung nach dem Zweiten Weltkrieg von den wirtschaftspolitischen Positionen des Marxismus nur mühsam freimachen konnte – sie lehnte auch die Soziale Marktwirtschaft ab –, so schwer fiel es ihr auch, die ererbten Vorbehalte gegenüber Staatsphilosophie und politischer Praxis unserer westlichen Nachbarländer abzubauen. Aber die Mehrheit des deutschen Volkes hatte die von Adenauer vertretenen politischen Entscheidungen längst mitvollzogen, sie hatte sich klar zum westlich-freiheitlichen Erbe bekannt. Wahlen waren in Deutschland nur noch mit einem Einschwenken auf die Grundpositionen der CDU/CSU-Politik zu gewinnen.

Im Jahr 1959, mit dem Godesberger Programm, hatte die SPD nach den tiefgreifenden politischen Auseinandersetzungen der fünfziger Jahre diese Optionen akzeptiert und im Parlament auch weitgehend mitgetragen. Damit setzte im zweiten Jahrzehnt der Nachkriegsgeschichte unseres Landes eine Ära des Konsenses in der Außen- und Sicherheitspolitik ein. Erst dieser Konsens hat die Große Koalition möglich gemacht.

Doch die Konsensphase dauerte nur ein Jahrzehnt. 1969, mit der Kanzlerschaft von Brandt und dessen erster Regierungserklärung, wurde ihr Ende eingeläutet. Seither drohten die Gemeinsamkeiten in den entscheidenden Optionen deutscher Außen- und Sicherheitspolitik erneut verlorenzugehen. Was die SPD und mit ihr weite Teile der FDP angeht, so wies das dritte Jahrzehnt deutscher Nachkriegspolitik in einer äußerst merkwürdigen Weise auf das erste zurück: Für die deutschen Sozialisten waren die Ideen, mit denen sie nach dem Zweiten Weltkrieg angetreten sind, durch die Ära Adenauer, durch zwanzig Jahre CDU-Regierung offenbar nicht überholt. Der außen- und sicherheitspolitische Konsens drohte zu verfallen.

Entspannungspolitik war am Ausgang der fünfziger und in den sechziger Jahren eine reale Notwendigkeit. Sie wurde auch von der CDU/CSU bejaht. Aber während Adenauer und seine Nachfolger Erhard und Kiesinger sowie die gegenwärtige CDU Verhärtungen gegenüber den osteuropäischen Nachbarn auf der Basis unwiderruflicher Zugehörigkeit zum freien Westen und einer starken Allianz abzubauen suchten, hatten breite Teile des linken Flügels der SPD seit Beginn der siebziger Jahre eine Verschiebung des gesamten außen- und sicherheitspolitischen Prioritätenkatalogs vorgenommen. Es gab in den Koalitionsparteien wichtige Kräfte, die, teils bewusst, teils unbewusst, die Sonder- und Schwebestellung Deutschlands zwischen Ost und West wiedergewinnen wollten. Mit einem verlockenden Vokabular, das geprägt war durch Begriffe wie »Gleichgewicht«, »Äquidistanz«, »Öffnung nach Osten«, »Erweiterung der Möglichkeiten deutscher Politik«, wurde nach Modellen gesucht, in denen die Bindungen Deutschlands nach Osten und Westen gleichwertig sein sollten. Die geistige Loslösung von unseren westlichen Allianzpartnern und die Suche nach einer neutralistischen Mittelposition Europas zwischen Ost und West gehörte ebenso zu dieser Vision wie die Auflösung der Militärblöcke und ihre Ablösung durch sogenannte bündnisüberwölbende Absprachen oder die Rückstufung der europäischen Einigungspolitik in der europäischen Prioritätenordnung, da ja eine Vollintegration der Bundesrepublik Deutschland in Europa einer solchen Äquidistanzposition widersprochen hätte.

Geradezu ein konstituierender Bestandteil dieser konzeptionellen Überlegungen war auch eine verstärkte Affinität des deutschen und europäischen Sozialismus zum Kommunismus in seinen zahlreichen Spielarten. Und das trotz des erbitterten Widerstands, den große Teile der deutschen Sozialdemokratie in der Vergangenheit gegen den Kommunismus geleistet hatten – dies war das ganz große Verdienst von Kurt Schumacher. Sein leidenschaftlicher Kampf gegen jede Form eines totalitären Regimes, der sich ohne Wenn und Aber gegen die kommunistische Ideologie richtete, war bewundernswert. Ich bedaure immer wieder, dass diese entscheidende Leistung von Kurt Schumacher so wenig gewürdigt wird. Jetzt aber war die Rede von Abbau der »Kommunistenfurcht«, jetzt wurden Warnungen vor den zerstörerischen Kräften des Kommunismus als »steriler Antikommunismus« gegeißelt, es gab zunehmende Kontakte der SPD zu kommunistischen und sogenannten eurokommunistischen Parteien, und die Vorbehalte gegen ein Zusammengehen von Sozialisten und Kommunisten an den deutschen Universitäten, in den deutschen Gewerkschaften oder im europäischen Ausland wurden zusehends abgebaut.

Zur Wirklichkeit dieser Regierungspolitik gehörte auch der pauschale Angriff einer Reihe von Spitzenpolitikern der SPD gegen die von der CDU, dem Bundesaußenminister und nicht zuletzt auch vom Bundeskanzler vertretene Sicherheits- und Abrüstungspolitik zu Beginn des Jahres 1979. Teil dieser politischen Wirklichkeit waren die systematischen Allianzen, die die jungen SPD-Mitglieder, die Jusos, an deutschen Hochschulen mit den Kommunisten eingingen, und alles, was an Resolutionen und Forderungen von dort zu hören war.

Niemandem war mit einer Dämonisierung der sowjetischen Politik gedient, niemand durfte der sowjetischen Regierung den Friedenswillen absprechen. Aber niemand durfte auch bestreiten, dass die Sowjetunion die freie Hälfte unseres Kontinents mit einem Waffenarsenal von unvorstellbaren Dimensionen bedrohte und damit eine noch nie dagewesene Situation in Westeuropa geschaffen hatte. Niemand durfte sich einer Täuschung darüber hingeben, dass es das eingestandene Ziel sowjetischer Politik war, eine innere Entfremdung und eine politisch-strategische Abkoppelung Europas von Amerika zu bewirken. Die Erfüllung dieser Ziele konnte nur dadurch aufgehalten werden, dass wir in der Bundesrepublik Deutschland zum außen- und sicherheitspolitischen Konsens zurückkehrten, dass die politischen Parteien unseres Landes sich erneut auf die großen Adenauerschen Optionen verpflichteten, für die die Bundesrepublik nach dem Zweiten Weltkrieg eingetreten war.

*

Die politische Auseinandersetzung in der Bundesrepublik kreiste 1979 um die außen- und sicherheitspolitische Entwicklung in Europa. Der Warschauer Pakt hatte durch die Stationierung der neuen SS-20-Raketen ein erhebliches Rüstungsübergewicht in Europa erlangt. Das war die klare Erkenntnis nicht nur der Westmächte. Bundeskanzler Helmut Schmidt hatte diese Gefahr erkannt und daraus die notwendigen Konsequenzen gezogen. Es ist eines seiner ganz großen Verdienste, dass er als Verfasser des Nato-Doppelbeschlusses diese Konsequenzen national wie international auch durchgesetzt hat. Helmut Schmidt, der in sicherheitspolitischen Fragen mir näher stand als Willy Brandt und dem linken Parteiflügel der SPD, vertrat vehement diese Ansicht – ganz im Sinne Adenauers und seiner erfolgreichen Außen- und Sicherheitspolitik.

Ich war mir im Herbst 1979 mit anderen Beobachtern völlig im klaren darüber, dass es der Sowjetunion nicht gelingen durfte, ihr fast totales Übergewicht bei SS-20-Raketen und bei den Backfire-Bombern, also bei den Mittelstreckenwaffen, festzuschreiben. Ansonsten hätte sie dreierlei erreicht: Rein militärisch gesehen verfügte Moskau damit zum ersten Mal in der Geschichte über die sogenannte präventive Erstschlagkapazität mit modernen Nuklearwaffen. Das bedeutete, dass die Sowjetunion sämtliche Nuklearwaffen, die in Westeuropa stationiert waren, durch einen »präventiven Nuklearschlag« ausschalten konnte, ebenso sämtliche Führungszentren der Allianz und ihre logistischen Knotenpunkte. Dies hätte den amerikanischen Präsidenten in die Situation gebracht, entweder sofort zu den nuklearen US-Interkontinentalwaffen greifen zu müssen und damit auch die Gefahr in Kauf zu nehmen, dass im Gegenschlag weite Teile Amerikas vernichtet würden, oder aber zu kapitulieren. Dies war eine neue, militärisch völlig unakzeptable Situation.

Das totale Übergewicht bei den Mittelstreckenraketen durchschnitt gleichzeitig die Eskalationskette an der entscheidenden Stelle. Damit wurde die Doktrin der »flexible response« unterlaufen, auf der wir unsere Verteidigung und Abschreckung aufgebaut hatten. Ohne die Möglichkeit einer flexiblen Reaktion wären wir mit der Alternative »Kapitulation oder weltweite Vernichtung« konfrontiert gewesen.

Dieses Übergewicht der Sowjetunion hätte im Ergebnis zur Folge gehabt, dass Europa vom nuklearen Schutz der Vereinigten Staaten von Amerika abgeschnitten war. Die militärische Dominanz der Sowjetunion auf dem gesamten eurasischen Kontinent zog eine politische Dominanz nach sich, die eine Fülle von politischen, aber auch psychologischen Einschüchterungs- und Erpressungsmöglichkeiten bot. Dauerhaft konnte der Westen damit auf keinen Fall leben.

In der Frage der Nachrüstung entschied sich im Grunde das Schicksal unserer gesamten Verteidigungsstrategie. Wenn es nicht gelingen sollte, die sowjetische Bedrohung durch Verhandlungen zu beseitigen, blieb nur noch die Möglichkeit, ein militärisches Gegengewicht in Europa aufzubauen, weil wir uns sonst von der Strategie des Gleichgewichts endgültig verabschiedet hätten. Die Versuchung der Militärs und Politiker in der Sowjetunion, in schwierigen Krisenlagen zu den Waffen zu greifen, hätte sich dann enorm erhöht.

Deshalb schlugen die Fachgremien der Nato (»High Level Group« und »Special Group«) vor, fünfhundertzweiundsiebzig Mittelstreckenwaffen in Mitteleuropa zu stationieren, davon einhundertacht fahrbare Pershing-II-Startrampen und vierhundertvierundsechzig bodengestützte Marschflugkörper, sogenannte Cruise Missiles, und zwar ab 1983. Das war der Zeitpunkt, ab dem diese Waffen zur Verfügung stehen konnten. Zugleich beinhalteten die Vorschläge, fünf europäische Staaten an der Stationierung dieser Waffen zu beteiligen. Diese Entscheidung, die auf einem Spitzentreffen der Nato im Dezember 1979 anstand, sollte kombiniert werden mit einem Rüstungskontrollangebot des Westens an die Sowjetunion.

Damit waren die CDU/CSU und auch ich völlig einverstanden, ebenso die amtierende Bundesregierung, nicht jedoch weite Teile der deutschen Sozialdemokratie.

Unsere Position war klar und eindeutig: Parallel zur Nachrüstungsentscheidung musste der Sowjetunion ein seriöses Abrüstungsangebot auf dem Feld der atomaren Mittelstreckenwaffen unterbreitet werden. Diese Entscheidung der Nato durfte allerdings nicht an irgendwelche Bedingungen oder Wenn und Aber geknüpft werden. Nur wenn die Sowjetunion mit der klaren, unzweideutigen Entscheidung der Nato konfrontiert würde, hier das Gleichgewicht wiederherzustellen, hatte der Westen überhaupt eine Chance für ernsthafte Verhandlungen. Nach unserer Auffassung bedurfte es auch keines irgendwie gearteten Junktims zwischen SALT II (den seit 1972 laufenden »Strategic Arms Limitation Talks« zur Begrenzung und dem Abbau strategischer Waffensysteme) und der Modernisierungsentscheidung der Nato.

Selten bestand in der Union und unserer gemeinsamen Fraktion so breite Übereinstimmung wie beim Thema Nato-Nachrüstung und Stationierung. So fassten die Nato-Staaten am 12. Dezember 1979 auch ganz in unserem Sinne einen Beschluss, der unter maßgeblicher Mitwirkung von Helmut Schmidt formuliert worden war. Danach sollte ab 1983 eine nukleare Nachrüstung erfolgen: Einhundertacht Pershing-II-Raketen mit einer Reichweite von achtzehnhundert Kilometern sollten auf dem Gebiet der Bundesrepublik Deutschland aufgestellt werden, während von den insgesamt vierhundertvierundsechzig Cruise Missiles mit einer Reichweite von über zweitausendfünfhundert Kilometern sechsundneunzig in der Bundesrepublik stationiert werden sollten, der Rest in den Niederlanden, Belgien, Großbritannien und Italien.

Das zweite Element dieser Beschlüsse der Außen- und Verteidigungsminister der Nato, die als sogenannter Nato-Doppelbeschluss bekannt geworden sind, war ein Verhandlungsangebot an die Sowjetunion über eine beiderseitige ausgewogene Begrenzung dieser eurostrategischen Waffen, die nicht in die SALT-I- und SALT-II-Verträge einbezogen waren. Festgelegt wurde auch, dass sich die Nachrüstung der Nato erübrige, wenn diese Verhandlungen bis 1983 erfolgreich abgeschlossen sein sollten. Über die atomaren amerikanischen und sowjetischen Mittelstreckenraketen sollte Schritt für Schritt bilateral zwischen den USA und der Sowjetunion verhandelt werden (SALT III).

Der Nato-Doppelbeschluss vom 12. Dezember 1979 war und wurde zu einer Schicksalsfrage für die Deutschen. Er führte zu jahrelangen innenpolitischen Auseinandersetzungen und zum Erstarken einer sogenannten Friedensbewegung in der Bundesrepublik, die mit allen Mitteln versuchte, die Verwirklichung der Brüsseler Nachrüstungsbeschlüsse zu verhindern.

Der von Helmut Schmidt maßgeblich mitformulierte Doppelbeschluss – für mich seine größte Leistung als Bundeskanzler – stellte die SPD vor eine innerparteiliche Zerreißprobe und führte schließlich zum Ende seiner Kanzlerschaft. Das von Schmidt übernommene sicherheitspolitische Erbe konnte ich schließlich Jahre später in der von mir geführten Bundesregierung von CDU/CSU und FDP mit größter Anstrengung politische Wirklichkeit werden lassen. Die Verwirklichung und Durchsetzung des Nato-Doppelbeschlusses auch auf internationaler Ebene zähle ich zu den größten politischen Erfolgen meiner Regierungszeit, meines Lebens. Mit dieser Entscheidung bewies die Bundesrepublik Deutschland eine Standfestigkeit und Verlässlichkeit, die nur aus einer geistig-moralischen Haltung des »Dennoch« heraus möglich waren. An diesem

Beispiel zeigt sich, dass die außen- und sicherheitspolitischen Grundentscheidungen für das Schicksal eines Volkes wichtiger sind als alle innenpolitischen Fragen.

*

Aus Anlass der Feierlichkeiten zum dreißigsten Jahrestag der DDR am 7. Oktober 1979 in Ost-Berlin stellte der sowjetische Staats- und Parteichef Leonid Breschnew in Aussicht, die Sowjetunion würde von sich aus zwanzigtausend Mann und tausend Panzer aus der DDR abziehen und sei zu weiteren Schritten bereit, wenn parallel dazu ähnliche Maßnahmen auf westlicher Seite erfolgen würden. Damit verfolgte die sowjetische Politik ein großes Ziel: Sie wollte den Westen vom Nato-Doppelbeschluss abhalten. Deshalb richtete sie ihr Angebot in erster Linie an die Schwachstellen des Nachrüstungsbeschlusses: an die Bundesrepublik Deutschland, die Niederlande und Belgien. Trotzdem war ich der Ansicht, man müsse das Verhandlungsangebot ernstnehmen und über diesen Vorschlag verhandeln.

Natürlich hatte Breschnews Angebot erkennbar einige Pferdefüße: Das Angebot des Truppenabzugs bezog sich nur auf das Gebiet der DDR. Damit hätten sich die Sowjets ohne weiteres nach Polen zurückziehen und ihre Verbände dort stationieren können. In weniger als vier Stunden wären sie im Ernstfall wieder dort gewesen, wo sie vorher gestanden hatten.

Außerdem: Der Abbau der Mittelstreckenraketen wurde nur aus den westlichen Bezirken der Sowjetunion angeboten. Diese Mittelstreckenraketen konnten aber genausogut im Innern der Sowjetunion stationiert werden. Sowohl die SS 20 wie auch die Backfire-Bomber hätten von dort aus jeden einzelnen Punkt des gesamten eurasischen Kontinents erreichen können. Mit anderen Worten: Militärisch war Breschnews Angebot völlig ohne Belang. Schließlich änderten seine Vorschläge nichts an der Überlegenheit der Sowjetunion. Aber unser Ziel blieb die Parität, und darüber musste verhandelt werden. Ohne Zweifel durften wir uns durch dieses Angebot nicht daran hindern lassen, das für die Wiederherstellung des Gleichgewichts Erforderliche zu tun und eine Brücke zur Abrüstung zu schlagen.

Weihnachten 1979, nur wenige Wochen nach Breschnews Ost-Berliner Initiative, marschierten sowjetische Streitkräfte in Afghanistan ein. Hier zeigte sich das wahre Gesicht des kommunistischen Regimes in Moskau. Die westlichen Länder reagierten mit scharfen Protesten und Sanktionen. Ob die spätere Entscheidung des Bundestags richtig war, wegen des Afghanistan-Einmarschs die Olympischen Sommerspiele in Moskau und Tallin zu boykottieren, wage ich in der Rückschau zu bezweifeln. Zusammen mit den USA, Kanada, Japan und der Volksrepublik China erreichten wir nichts. Ich hatte diese Entscheidung nachdrücklich unterstützt. Dennoch: Es war ein politischer Fehler, den ich allerdings damals so noch nicht sah.

*

Im Wahlkampf für die Bundestagswahl am 5. Oktober 1980 wurde heftig über Fragen der Verteidigungs- und Sicherheitspolitik gestritten. Und sehr früh konzentrierte sich die Auseinandersetzung auf die Frage: Schmidt oder Strauß. Unseren politischen Gegnern, allen voran den Sozialdemokraten, war jedes Mittel recht, um unsere wiedergewonnene Geschlossenheit zu zerstören. Ein altbekanntes Spiel wiederholte sich: CDU und CSU sollten wieder einmal in die rechte, ja in die rechtsradikale Ecke abgedrängt werden. Schon einmal hatte uns der frühere Kanzler Willy Brandt aus der politischen Mitte hinausdrängen wollen, als er für die SPD die »neue Mitte« proklamierte. Dasselbe passierte in den nachfolgenden Wahlkämpfen wieder, auch 1998 und 2002. Dabei waren und sind die Unionsparteien die Parteien der Mitte, in der Vergangenheit und in der Zukunft. Niemand wird uns von diesem zentralen Platz deutscher Politik verdrängen.

Die Sozialdemokraten jedoch brauchten die politische Konfrontation, die Polarisierung, die Krawalle, um Feindbilder zu erzeugen, die mit der Wirklichkeit der Bundesrepublik nichts zu tun hatten. Es waren die alten Drehbücher, die wieder hervorgeholt wurden. Die SPD inszenierte sich selbst, und sie hatte ihre Helfershelfer: die Jungsozialisten, die an vielen Orten Arm in Arm mit Kommunisten auftraten. Vor allem aber gaben die radikalen Wortführer der SPD selbst den Ton an: Wehner, Brandt, Bahr und andere. Es war Wahlzeit, und der Satz von Willy Brandt galt wieder: »Wir werden ›holzen‹.«

Nur einer sollte nach der Regie der Sozialdemokraten aus dieser Auseinandersetzung herausgehalten werden: Helmut Schmidt. Er sollte der Staatsmann sein, der zur allgemeinen Verehrung aufs Denkmal gehoben wurde, von wo aus er solche Auswüchse indigniert zurückwies, zu Anstand, Fairness und Sachlichkeit mahnte – und vor allem froh war, dass andere holzten. Er holzte nicht selbst, er ließ holzen.

Wir hatten durchaus Mühe, dass uns dieses Spiel nicht aufgezwungen wurde. Unser Gegner bei dieser Bundestagswahl war Helmut Schmidt und sonst niemand. Mit ihm mussten wir uns auseinandersetzen. Er musste Rechenschaft geben.

21.
Rückschlag

Bei der Wahl zum 8. Landtag von Baden-Württemberg am 16. März 1980 gewann die CDU mit 53,4 Prozent die absolute Mehrheit. Lothar Späth sicherte damit der CDU die Alleinregierung. Eine eindrucksvolle Bestätigung erfolgreicher Landespolitik. Die Landtagswahlen im Saarland am 27. April 1980 brachten kaum besondere Überraschungen. Ministerpräsident Werner Zeyer konnte die Koalition aus CDU und FDP mit einer knappen Mehrheit verteidigen. Allerdings war die CDU nicht mehr stärkste Partei. Mit einem Vorsprung von 1,4 Prozentpunkten hatte die Saar-SPD die CDU auf den zweiten Platz verdrängt.

Werner Zeyer, erst seit zehn Monaten im Amt, hatte in kurzer Zeit in diesem Land mit seinen strukturellen Problemen Profil für die Union gewonnen. Dass die wirtschaftliche Lage des Saarlands besonders schwierig war, hatte seine Ursache in der Monostruktur von Kohle und Stahlindustrie. Dadurch war das Land in eine ausgesprochene Krisensituation geraten, die mit einer steigenden Zahl von Arbeitslosen einherging. Es war sehr schwer zu glauben – und noch schwerer, den Menschen überzeugend zu vermitteln –, dass das Licht am Ende des Tunnels bereits in Sicht sei. Die Saar-CDU, und mit ihr die CDU Deutschlands, hatte gekämpft und es verstanden, Anhänger und Freunde in hohem Maße zu mobilisieren. Gleichwohl blieb das Wahlergebnis hinter unseren Wünschen und Hoffnungen deutlich zurück, auch wenn es immerhin die Grundlage zur Fortsetzung der erfolgreichen Zusammenarbeit des Regierungsbündnisses von CDU und FDP bot.

Der Wahlauseinandersetzung im bevölkerungsreichsten Bundesland Nordrhein-Westfalen war das Saarbrücker Ergebnis leider nicht zuträglich, im Gegenteil. Die Wahl zum 9. Landtag von Nordrhein-Westfalen am 11. Mai 1980 brachte der regierenden SPD unter Ministerpräsident Johannes Rau einen großen Wahlerfolg. Die CDU musste gewaltige Einbußen hinnehmen. Es gab kein Drumherumreden. Wir hatten die Wahl verloren und eine Niederlage hinnehmen müssen, an der es nichts zu beschönigen gab.

Einundzwanzig Tage vor der Wahl war der Rau-Herausforderer und CDU-Spitzenkandidat Heinrich Köppler einem Herzinfarkt erlegen. Neuer Spitzenkandidat der nordrhein-westfälischen CDU wurde Kurt Biedenkopf, der jedoch eine Wahlniederlage unserer Partei nicht verhindern konnte. Da die FDP knapp an der Fünf-Prozent-Klausel scheiterte und die CDU auf 43,2 Prozent der Stimmen abrutschte, brachten die Landtagswahlen der SPD sogar die absolute Mehrheit der Parlamentssitze.

Ich selbst hatte mich in NRW gewaltig engagiert und Heinrich Köppler jedwede Unterstützung gegeben. Bei insgesamt achtundzwanzig Kundgebungen konnte ich sehr gut beobachten, wie stark unsere Partei motiviert war, wie hart und entschieden die Mitglieder kämpften. Ich spürte den schweren psychologischen Einschnitt und die tiefe Betroffenheit nach dem tragischen Tod von Heinrich Köppler.

*

Nach den drei Landtagswahlen analysierten wir die Lage der Union. Im Hinblick auf die Bundestagswahl im Oktober 1980 war unsere Lage alles andere als komfortabel. Sie war weit schwieriger, als wir geahnt hatten. Dieser Rückschlag bedeutete aber auch eine besondere Herausforderung für die kommenden Monate.

Ich unterband jede Personaldiskussion bereits im Keim. Franz Josef Strauß war unser gemeinsamer Spitzenkandidat, der unser gemeinsames Programm vertrat. Die Erfahrungen in Nordrhein-Westfalen zeigten, dass wir die Wahlauseinandersetzung über unsere Themen mit allen politischen Gruppierungen, aber in Sonderheit mit den Sozialdemokraten zu führen hatten. Dabei stand das

Thema Sicherheits- und Friedenspolitik – für uns immer Politik für den äußeren und den inneren Frieden – im Mittelpunkt.

Die SPD hatte ihren Wahlkampf in Nordrhein-Westfalen entscheidend mit Angstmacherei betrieben. Sie beschuldigte die Union, wir würden mit unserem entschiedenen Eintreten für den Nato-Doppelbeschluss die Kriegsgefahr entscheidend verstärken. In den dreißig Jahren seit Gründung unserer Bundesrepublik hatte es noch nie eine solche Auseinandersetzung gegeben, wie wir sie wochenlang erleben mussten. Kriegerwitwen, Kinder, Mütter oder Schwestern von Gefallenen des Zweiten Weltkriegs wurden mit ihren Aussagen über die Schrecken des Krieges in den Wahlkampf gezerrt. Der Union wurde damit unterstellt, einen Dritten Weltkrieg riskieren zu wollen, nur weil sie sich mit Nachdruck für den Nato-Doppelbeschluss einsetzte und damit der Nachrüstung oberste politische Priorität einräumte.

Die SPD hatte mit ihrem Spitzenkandidaten und Landesvorsitzenden Johannes Rau die schmutzigste Wahlschlacht geführt, die ich je erleben musste. Für mich war dies eine unvergessliche Erfahrung mit Johannes Rau. In diesem Wahlkampf und einige Jahre später, 1987, als er Kanzlerkandidat der SPD war, habe ich einen Johannes Rau erlebt, der so gar nicht mit dem Bild eines freundlichen, auf Ausgleich bedachten Landesvaters übereinstimmte. Er erwies sich als ein Wahlkämpfer, dem nahezu jedes Mittel zum Stimmengewinn recht war. Rau war auch an der Verteufelungskampagne gegen Franz Josef Strauß beteiligt. »Den Frieden wählen statt Strauß«, empfahl die SPD-Propaganda. Als ob Strauß für einen Krieg gewesen wäre! Die Infamie der Unterstellungen war nicht mehr zu überbieten. Die SPD schürte eindeutig den blanken Hass, wollte das aber lediglich als Emotionalisierung des Wahlkampfs verstanden wissen. Eine faire Auseinandersetzung unter großen demokratischen Parteien schien so gut wie ausgeschlossen. Zu den Tiefpunkten meiner politischen Erfahrungen zählt die Art und Weise, wie Repräsentanten der evangelischen Kirche diese Kampagne der SPD unterstützten.

Zu »doppeltem Einsatz« im bevorstehenden Bundestagswahlkampf rief ich dann die siebenhunderteinundachtzig Delegierten auf dem CDU-Programmparteitag am 19. Mai 1980 in Berlin auf. Während draußen vor dem Internationalen Congresscentrum eine große Anti-Strauß-Kundgebung stattfand, erläuterte ich drinnen gemeinsam mit Franz Josef Strauß die Schwerpunkte einer unionsgeführten Bundesregierung: die Senkung der Steuern für Arbeitnehmer, eine steuerliche Entlastung der Betriebe zur Stärkung der Investitionskraft und die Schaffung neuer Arbeitsplätze. Im sozialen Bereich hatten wir uns in unserem Wahlprogramm dazu verpflichtet, ein Mutterschafts- und Erziehungsgeld zu zahlen, das Steuerrecht familienfreundlicher zu gestalten und die Kinderfreibeträge wieder einzuführen. Darüber hinaus war vorgesehen, den Beruf der Hausfrau und Mutter schrittweise sozial abzusichern und ihre Altersversorgung zu verbessern. Schließlich setzte sich die CDU dafür ein, die Gleichberechtigung von Mann und Frau im Rentenrecht sicherzustellen und die bruttolohnbezogene dynamische Rente wieder einzuführen.

Dieses Wahlprogramm wurde in Berlin mit großer Zustimmung verabschiedet. Jetzt fehlte nur noch ein Schattenkabinett oder eine Ministermannschaft, mit der Strauß nach einem Wahlsieg regieren würde. Anfang Juni billigte das CDU-Präsidium einstimmig das Personaltableau, das Franz Josef Strauß und ich vereinbart hatten. Die Mannschaft bestand aus zwei Gruppen:

Zu der größeren, die etwa zwanzig Personen umfasste, gehörten unter anderem alle Ministerpräsidenten der CDU. So demonstrierte die Union ihre politische Breite sowie die Vielfalt und Attraktivität des CDU-Führungspersonals. Die kleinere Gruppe umfasste acht Politiker des engeren Führungskreises um Franz Josef Strauß, die im Falle eines Wahlsiegs für die Bildung des Kabinetts zur Verfügung stehen sollten. Für Überraschung sorgte die Berufung des schleswig-holsteinischen Ministerpräsidenten Gerhard Stoltenberg. Außer ihm, der lange Zeit auf seine Unabkömmlichkeit in Kiel verwiesen hatte, gehörten noch der hessische CDU-Vorsitzende Alfred Dregger, der verteidigungspolitische Experte Manfred Wörner, der CSU-Landesgruppenvorsitzende Friedrich Zimmermann, die Vorsitzende der CDU-Frauenvereinigung Helga Wex, der niedersächsische Finanzminister Walther Leisler Kiep, CDU-

Generalsekretär Heiner Geißler und der bayerische Kultusminister Hans Maier zum Kreis der Kabinettsanwärter. Ich selbst wollte Fraktionsvorsitzender bleiben. Das war zwischen Strauß und mir längst so abgesprochen.

*

Auch im Sommer 1980 verzichtete ich nicht auf meinen Urlaub in Sankt Gilgen am Wolfgangsee. Doch die Politik machte keine Ferien. Von Österreich aus gab ich eine Reihe Interviews und erinnerte Anfang August an die »Charta der deutschen Heimatvertriebenen«. Dieses wichtige Dokument der Mahnung und Verpflichtung war zu einem Zeitpunkt entstanden, als Krieg und Vertreibung noch in unmittelbarer Erinnerung waren. Am 5. August 1950 hatten die Vertreter von Millionen deutscher Heimatvertriebener dieses Bekenntnis abgelegt:

1. Die Heimatvertriebenen verzichten auf Rache und Vergeltung.
2. Sie werden alle Bestrebungen tatkräftig unterstützen, die auf die Schaffung eines geeinten Europas gerichtet sind, in dem die Völker ohne Furcht und Zwang leben können.
3. Sie werden durch harte, unermüdliche Arbeit teilnehmen am Wiederaufbau Deutschlands und Europas.

Die Heimatvertriebenen dokumentierten damit ihre unerschütterliche Bereitschaft, ohne Rachegedanken für ein vereintes und freies Deutschland in einem vereinten und freien Europa zu wirken. Die deutschen Heimatvertriebenen konnten stolz auf ihre geleistete Arbeit zurückblicken:

– Millionen von Flüchtlingen und Vertriebenen fanden eine neue Existenz und eine zweite Heimat. Die Rechnung der Kommunisten, dass sie zu einem sozialen und politischen Sprengsatz würden, ging nicht auf. Dass dies nicht selbstverständlich war, konnten wir in anderen Ländern immer wieder beobachten.

- Die Vertriebenen trugen gemeinsam mit ihren Mitbürgern dazu bei, das vom Krieg zerstörte Land wieder aufzubauen. Es gibt viele hervorragende Beispiele dafür, dass die Heimatvertriebenen dabei mit Mut, Energie und schöpferischer Kraft häufig in vorderster Linie standen.
- Die deutschen Heimatvertriebenen verzichteten mit der 1950 verabschiedeten Charta der Vertriebenen auf die Anwendung und Androhung von Gewalt als Mittel der Politik.
- Sie trugen dazu bei, dass über dem neugewonnenen Wohlstand nicht vergessen wurde, dass die Bürger in der Bundesrepublik auch eine moralische Verpflichtung haben; eine Verpflichtung, für die Freiheit und Menschenrechte derer zu kämpfen, die noch jenseits von Mauer und Stacheldraht leben müssen, die noch nicht in der Lage sind, für sich selbst zu sprechen, weil die Maschinerie eines Unrechtssystems sie niederdrückt.

Über dreißig Jahre hielten die deutschen Heimatvertriebenen das Gewissen vieler Bürger wach, damit wir uns nicht damit abfinden, dass wir ein geteiltes Land sind. Dies war wirklich eine stolze Bilanz ihres Handelns. Wir alle schuldeten den Vertriebenen und ihren Organisationen Dank und Anerkennung für ihren Dienst an unserem Vaterland. Die Treue zur alten Heimat, die Pflege des kulturellen Erbes, der Kampf um die Menschenrechte für die Deutschen, die noch immer in Unfreiheit leben, all das war auch für uns ständige Pflicht und Aufgabe. Unsere Geschichte, unsere Kultur und damit auch die europäische Geschichte und Kultur endeten nicht an Mauer, Stacheldraht und Minenfeldern.

Menschenrechte sind unteilbar. Friede und Entspannung sind unteilbar. Entspannung konnte nichts anderes sein als die Beseitigung von Spannungsursachen. Spannungsursachen aber lagen zuallererst in der Unterdrückung von Menschenrechten begründet. Deutschland, geteilt durch die unmenschlichste Grenze der Welt, war ein täglich erlebbarer Beweis für die Verletzung von Menschenrechten. Wenn wir über diese Unmenschlichkeit mitten in unserem Vaterland schwiegen, würden wir nicht nur unsere Mitbürger im anderen Teil Deutschlands verraten, sondern dann würden wir Verrat üben an unseren eigenen Überzeugungen und Prinzipien.

Die deutschen Heimatvertriebenen hatten mit der Charta der Vertriebenen den Grundstein für eine friedliche, auf Rache und Vergeltung verzichtende Politik gelegt. Dadurch war die Aussöhnung mit unseren östlichen Nachbarn erst möglich. Darüber hinaus enthält die Charta aber auch den bindenden Auftrag, alles in unseren Kräften Stehende zu tun, um unser gemeinsames Ziel zu verwirklichen: ein freies und geeintes Deutschland in einem freien und geeinten Europa.

*

Nach meinem Urlaub begann die heiße Phase des Bundestagswahlkampfs. Die Demoskopen machten uns Wochen vor dem Wahltag wenig Hoffnungen auf einen Sieg. Für viele Kommentatoren schien die Wahl ebenso schon gelaufen zu sein wie für viele Wähler, die sich gerne an Umfragen orientieren. Dabei war das Rennen durchaus noch offen, wenngleich auch ich nicht leugnen konnte, Resignation in den eigenen Reihen zu spüren.

In diesem kurzen, aber intensiven Wahlkampf nahm ich zwischen Flensburg und Bayrisch Zell hundertneunzig Termine wahr, bis zu sieben an einem Tag. Damit leistete ich kaum weniger Einsatz als vor vier Jahren, als ich selbst als Kanzlerkandidat für die Union kämpfte, und war einmal mehr Spitzenreiter unter den Wahlkämpfern der Union. Neben dem Auto bediente ich mich eines Hubschraubers, um schnell von einem Ort zum anderen zu kommen. Wo immer ich auftrat, überwog die Sympathie, spürte ich Vertrauen und menschliche Zuneigung und erlebte Bürger mit wachem Sinn für die feinen Unterschiede in der Darstellung von Politik.

Wahlkampf rund um die Uhr – auch und gerade im Herbst 1980. Die Versammlungen waren im Durchschnitt noch besser besucht als 1976. Ich mutete mir eine Menge zu und ackerte, um unserer Partei zum Erfolg zu verhelfen. Den Sympathisanten und

Anhängern vermittelte ich jene politischen Inhalte, die sie dringend hören mussten: Ich geißelte die verfehlte Politik der sozialliberalen Koalition und ließ kein gutes Haar an der Wirtschafts- und Sozialpolitik der Regierung Schmidt/Genscher. Wenn ich über Familienpolitik und die Chancen der jungen Generation sprach, fiel der Beifall besonders stark aus. Ich beklagte, dass die »Stoppt Strauß«-Aufkleber an vielen deutschen Schulen von unseren Gegnern verteilt wurden und nicht wenige Schüler von ihren Lehrern zu diesem Freund-Feind-Denken verführt wurden. Dass in den Schulen mit einer zum Teil unglaublichen Gehässigkeit Wahlkampf betrieben wurde, war für mein Gefühl eine der übelsten Entgleisungen der deutschen Innenpolitik.

Die Anti-Strauß-Kampagne unserer politischen Gegner verleitete auch mich zu immer stärker emotionsgeladenen Vorwürfen an SPD, FDP und die erstmals angetretene Partei der Grünen. Ich beschwor die Solidarität der Demokraten und nahm den Kanzlerkandidaten der Union in Schutz. Unter freiem Himmel sprach ich meist etwa eine gute Stunde und sparte dabei nicht mit polemischen Einlassungen. Auch ich bewegte mich ab und zu hart am Rand und manchmal auch jenseits der Grenze zur Demagogie und war nicht völlig frei davon, politische Gegner persönlich zu verletzen. Das Maß an Emotionalisierung, die verbalen Attacken und die Herabsetzung des politisch Andersdenkenden, die dieser zunehmend polarisierte Wahlkampf auf beiden Seiten hervorbrachte, waren keine gute Mitgift für die Zukunft der Republik.

Bei diesem Wahlkampf ging es mir und der Führung von CDU und CSU vor allem um ein möglichst gutes Ergebnis für Franz Josef Strauß und unsere Partei. Eine verheerende Wahlniederlage hätte die mühsam errungene Einigkeit unter den Unionsparteien wieder zerstören können und die unterdrückten Spannungen wieder aufleben lassen. Der Bruderkampf durfte durch den Wahlausgang nicht provoziert werden, sondern musste auch nach dem Wahltag für alle Zeit vorbei sein.

Die Führung von SPD und FDP hatte fest vereinbart, die bisherige Koalition nach der Bundestagswahl auf alle Fälle fortzusetzen. Um die Regierung abzulösen, war es also notwendig, die absolute

Mehrheit zu gewinnen. Natürlich wussten wir, dass wir dafür keine Chancen hatten. So war für uns und auch für mich ein wichtiges Ziel, dass wir mit Franz Josef Strauß ein Wahlergebnis erreichten, das nicht wesentlich unter dem Resultat von 1976 lag.

Die Sicherung des Friedens beherrschte die politische Diskussion, noch vor den populären Themen Preisstabilität und Rentensicherheit, berichtete das Allensbacher Meinungsforschungsinstitut. In diesem von Kriegsangst und Friedenssehnsucht durchsetzten Klima wurde Strauß mit Unterstützung der Medien zum Buhmann aufgebaut. Die Diffamierungskampagne unserer Gegner gegen ihn war erfolgreich, ob wir es zugaben oder nicht. Von Franz Josef Strauß erwarteten 68 Prozent der befragten Bundesbürger einen schärferen Streit unter den Parteien, 55 Prozent größere Spannungen mit den Gewerkschaften, 50 Prozent ein schlechteres Verhältnis zum Osten, speziell zur Sowjetunion, 42 Prozent mehr Unruhe an den Universitäten und 30 Prozent mehr Streiks.

Die »Stoppt Strauß«-Kampagne von Sozialdemokraten, Jungsozialisten und ihren Helfershelfern war an Gehässigkeit nicht zu überbieten. Krawallmacher reisten aus der gesamten Bundesrepublik an und störten unsere Wahlveranstaltungen, vor allem die von Franz Josef Strauß. Der Protest tobte bei jedem Strauß-Auftritt: Strauß, der skrupellose Lügner, der Anti-Demokrat, der Faschist. Die Dämonisierung des Kanzlerkandidaten kannte keine Grenzen.

Es war nur natürlich, dass Strauß darauf reagierte und sich immer wieder provozieren ließ. Er kämpfte mit größtem Einsatz gegen diese Welle der Herabsetzung und der Verfälschung seiner Persönlichkeit. Gleichzeitig huldigten ihm seine Anhänger enthusiastisch.

22.
Verheerende Niederlage

A m Abend des 5. Oktober 1980 mussten die Unionsparteien
eine verheerende Wahlniederlage hinnehmen. CDU und
CSU erzielten mit 44,5 Prozent der Zweitstimmen ihr schwächstes
Ergebnis seit der ersten Bundestagswahl 1949. Im Vergleich
zur Bundestagswahl 1976 büßten sie 4,1 Prozent der Stimmen
ein. Die stärksten Einbrüche hatte die Union in Niedersachsen mit
5,9 Prozent und in Schleswig-Holstein mit 5,2 Prozent der Stimmen; auch in Baden-Württemberg lag der Verlust mit 4,8 Prozent
über dem Durchschnitt, so dass nicht einfach von einem Nord-
Süd-Gefälle gesprochen werden konnte. Unterdurchschnittlich
büßte die CSU in Bayern mit 2,4 Prozent, die CDU in Bremen mit
3,7 Prozent sowie im Saarland und in Nordrhein-Westfalen mit
3,9 Prozent ein.

Sozialdemokraten und Freie Demokraten konnten ihre Mehrheit gegenüber der CDU/CSU-Opposition von zehn auf fünfund-
vierzig Mandate ausbauen und somit auch die nächste Bundesregierung stellen. Eindeutiger Wahlgewinner war die FDP, die
den höchsten Stimmenzuwachs verbuchte und ihren Anteil um
2,7 Prozent auf 10,6 Prozent steigern konnte. Die SPD gewann
bundesweit nur 0,3 Prozent und kam auf 42,9 Prozent. Von den
deutlichen Verlusten der Unionsparteien konnten die Sozialdemokraten nicht profitieren, der Kanzlerbonus blieb wirkungslos. Die
Grünen verfehlten mit 1,5 Prozent der Stimmen den Einzug in den
Bundestag deutlich.

Zu unserem Nachteil war sicherlich, dass die Wahlbeteiligung
um 2 Prozent zurückging. Trotzdem betrug sie immerhin 88,7
Prozent, und das zeigte, dass es weder eine Parteien- noch eine

*Nach der Niederlage: Kanzlerkandidat Strauß
im ARD-Wahlstudio (Oktober 1980)*

Staatsverdrossenheit gab. Die Radikalen von rechts wie links erlitten eine totale Niederlage.

Natürlich bedauerte ich, dass wir unser Wahlziel nicht erreicht hatten, die absolute Mehrheit zu erringen. Ein Trostpflaster gab es allerdings: Wir blieben die stärkste Fraktion. Helmut Schmidt war aus der Wahl nicht als der strahlende Sieger hervorgegangen.

Mir ging es nach der Wahl besonders darum, persönliche Schuldzuweisungen zu verhindern. Trotz aller menschlich verständlichen Enttäuschung, die viele in unseren Reihen angesichts des Wahlergebnisses verspürten, gab es keinen Blick zurück im Zorn.

Es galt, nach vorne zu blicken. Wir hatten aus den monatelangen Querelen des Jahres 1976 gelernt. Sich weinerlich an die Klagemauer zu stellen lag uns ebenso fern wie sich in neuen Selbsthader zu verstricken.

Diese Wahl zeigte, dass die Union über eine stabile Anhängerschaft verfügte, die größer war als in den ersten beiden Jahrzehnten der Geschichte der Bundesrepublik. Diese Wählerschicht hielt zu uns und ging mit uns durch dick und dünn. Die Loyalität unserer Stammwähler war ein Kapital, das pfleglich behandelt werden musste, um es auch für die Zukunft zu nutzen.

*

Auf der Bundesvorstandssitzung der CDU am Montag nach der Wahl stand die Analyse des Wahlausgangs im Mittelpunkt. Ich dankte den Hunderttausenden von Helfern für ihren unermüdlichen Einsatz während des Wahlkampfs. Ich dankte vor allem Franz Josef Strauß, der sich mit einem hohen Maß an persönlichem Einsatz und Risiko in diese Wahlauseinandersetzung begeben hatte. Wir hatten gemeinsam gekämpft und gemeinsam verloren.

Bundeskanzler Helmut Schmidt und die SPD waren die eigentlichen Verlierer der Wahl. Sie hatten ihr Ziel, stärkste Fraktion zu werden, nicht erreicht. CDU und CSU war es gelungen, die Sozialdemokraten mit den Themen Staatsverschuldung, Familienpolitik, Rentenpolitik, innere Sicherheit und Zukunft der jungen Generation in die Defensive zu drängen. Das Wahlergebnis zeigte deutlich, dass die Sozialdemokraten ihr Wählerpotential praktisch ausgeschöpft hatten. Selbst die Popularität und der Amtsbonus des Kanzlers hatten es nicht vermocht, den Sozialdemokraten wesentliche Zugewinne zu bringen.

Jetzt galt es, die Rolle der Opposition ohne jeden Vorbehalt zu akzeptieren und eine konstruktive Politik zu betreiben, die sich auf Sachfragen konzentrierte. Es kam darauf an, zwischen der Bundestagsfraktion und den unionsregierten Ländern einen möglichst engen Kontakt zu halten und auf der Grundlage des gemeinsamen Wahlprogramms von CDU und CSU nun auch eine gemeinsame Politik zu machen.

Personalquerelen, die der Union in der Vergangenheit erheblich geschadet hatten, wollte ich für die Zukunft ausschließen. Es gab keinen Widerspruch, als ich erklärte, CDU und CSU sollten sich in aller Ruhe und zum richtigen Zeitpunkt für einen gemeinsamen Kanzlerkandidaten für die Bundestagswahl 1984 entscheiden. Alleiniges Kriterium dabei könne nur sein, wer die besten Siegeschancen habe.

Auch auf der ersten Sitzung der alten und neuen CDU/CSU-Bundestagsfraktion am 7. Oktober 1980 stand die vorläufige Wahlanalyse im Mittelpunkt der Debatte. Franz Josef Strauß fasste den aufreibenden Wahlkampf aus seiner Sicht zusammen. Seine Analyse des Wahlausgangs deckte sich mit meinen Erklärungen. Keinen Zweifel ließ er an der Gemeinsamkeit der Unionsfraktion. Das Thema vierte Partei erwähnte er überhaupt nicht. Strauß richtete ein besonders herzliches Wort des Dankes an mich:

»Ich habe in unzähligen Versammlungen erklärt: Wenn wir die Regierung bilden, muss die Fraktion von einem Mann geführt werden, der in dieser Aufgabe Erfahrung hat, es verstanden hat, integrierend zu wirken, der an politischer Substanz und an staatsmännischer Reife für diese Fraktionsführung einer Regierung der CDU/CSU unentbehrlich ist – Helmut Kohl. Dasselbe gilt heute, wo wir vom Gegenteiligen ausgehen müssen, nämlich in der Opposition vorerst zu bleiben, ich möchte sagen: noch mehr. Und darum, lieber Helmut, kannst du dich darauf verlassen, dass das Freundschaftsbündnis, das wir vor Monaten politisch und persönlich besiegelt haben, dass dieses eine Dauerangelegenheit ist; vor allen Dingen, weil die Union jetzt wieder Tritt gefasst hat und unsere Aussagen die Profilschärfe und die Klarheit und Härte haben, die wir brauchen, wenn wir bei einer im Wandel begriffenen Gesellschaft überhaupt das langsame Abgleiten in einen moralischen, gesellschaftlichen Verfall sollen aufhalten können.«

Auf der anschließenden konstituierenden Sitzung der Fraktion stand als erster Punkt die Beschlussfassung über die Fortführung der Fraktionsgemeinschaft von CDU/CSU für die 9. Legislaturperiode auf der Tagesordnung. Die Vereinbarung entsprach praktisch unverändert der zur letzten Legislaturperiode getroffenen Übereinkunft und wurde einstimmig ohne Enthaltungen angenommen. Für mich war das ein sichtbares Zeichen großer Übereinstimmung, das mir Mut machte für die künftige Fraktionsarbeit in Bonn.

Dann übernahm Friedrich Zimmermann die Sitzungsleitung und erteilte das Wort Franz Josef Strauß:

»Liebe Kolleginnen und Kollegen! Sie haben meine Ausführung vorher gehört, zur Sache wie zur Person. Ich schlage Dr. Helmut Kohl als Fraktionsvorsitzenden für die jetzt beginnende Legislaturperiode vor.«

Nach schriftlicher Abstimmung gab der CSU-Landesgruppenvorsitzende Zimmermann das Wahlergebnis bekannt: Von den zweihundertvierzehn abgegebenen gültigen Stimmen erhielt ich zweihundertzehn Stimmen, bei zwei Nein-Stimmen und zwei Enthaltungen.

Auf derselben Sitzung bestimmte die Unionsfraktion einstimmig Richard Stücklen für das Amt des Bundestagspräsidenten und Richard von Weizsäcker für das des Vizepräsidenten.

*

Ich hatte mich auf vier Jahre harter Oppositionsarbeit eingerichtet und mochte nicht über eine Regierungsübernahme noch vor Ende der Legislaturperiode diskutieren oder spekulieren. Dass wir eine echte Chance haben könnten, schneller als erwartet die sozialliberale Regierungskoalition abzulösen, war auch mir nicht ganz fremd. Wir waren die stärkste politische Kraft in der Bundesrepublik und die Alternative zur Regierung.

23.
Keine Resignation

Vor dreißig Jahren war die Christlich-Demokratische Union gegründet worden. Auf dem Gründungsparteitag in Goslar vom 20. bis 22. Oktober 1950 – Konrad Adenauer regierte bereits seit einem Jahr als Kanzler die Bundesrepublik Deutschland – schlossen sich die unmittelbar nach dem Krieg spontan entstandenen lokalen und regionalen Gliederungen der CDU zu einer Bundespartei zusammen. Als Volkspartei war sie die Antwort auf die Zerrissenheit der Demokraten in der Weimarer Republik: Freiheit und Menschlichkeit durften sich nicht wieder in verhängnisvoller Gegnerschaft zwischen sozialen, liberalen und konservativen politischen Strömungen verlieren, konfessionelle Gegensätze sollten überwunden werden.

Im dreißigsten Jahr nach ihrer Gründung nahm der Druck der Zukunftsprobleme für unser Land erheblich zu. Ein nie gekannter Schuldenberg, ein dramatischer Geburtenrückgang, die Gefährdung des Generationenvertrags, verschlechterte Zukunftschancen für die Jugend, eine ungesicherte Energieversorgung, ein verschärfter Nord-Süd-Konflikt, schwere Rückschläge in der Ost-West-Entspannung: Bei vielen Bürgern entstand der Eindruck, dass die Probleme wuchsen, während Lösungen nicht in Sicht waren. Wenn wir diese Probleme bewältigen wollten, brauchten wir einen neuen Sinn für das Gemeinsame.

Die Bürger waren bereit, für die Gemeinschaft und für die Zukunft Verzicht zu leisten und Opfer zu bringen, wenn beides nur einsichtig begründet wurde. Unabdingbare Voraussetzung dafür war, dass jeder Bürger wieder die Gewissheit haben musste, in welcher Haltung, in welchem Geiste, nach welchem Leitbild wir unsere gemeinsamen Aufgaben anpacken würden. Die Menschen erwarteten mehr denn je, dass die Parteien Zielvorstellungen entwickelten, die dem Ganzen mehr verpflichtet waren als Einzel- und Gruppeninteressen. Mit der CDU hatte sich in der deutschen Geschichte eine Idee durchgesetzt: die Idee, dass das Gemeinsame stärker war als das Trennende; die Idee, dass Freiheit und soziale Gerechtigkeit keine Gegensätze waren; die Idee, dass Frieden und Freiheit nur gemeinsam mit den westlichen Verbündeten zu sichern waren.

*

Es war schon eine Frechheit, als die DDR-Regierung unmittelbar nach der Bundestagswahl – der Kanzler war noch nicht wieder durch das Parlament bestätigt – den sogenannten Zwangsumtausch drastisch erhöhte. Als ob das SED-Regime bewusst die Wahl abgewartet hätte, schlug es jetzt zu. Bonns freundliche politische Zurückhaltung hatte nichts gebracht, ein Rückschlag in den deutsch-deutschen Beziehungen kündigte sich an.

Am 13. Oktober 1980 hatte der DDR-Ministerrat die Erhöhung des Mindestumtauschs für westliche Besucher verfügt. Erwachsene mussten in Zukunft, unabhängig von der Tatsache, ob sie aus dem Ausland, der Bundesrepublik oder West-Berlin kamen, und ungeachtet dessen, ob sie nach Ost-Berlin oder in die übrige DDR einreisen wollten, fünfundzwanzig D-Mark zum Kurs von 1 zu 1 in Mark der DDR umtauschen. Die bisherige Befreiung von Rentnern sowie von Kindern und Jugendlichen im Alter von sechs bis sechzehn Jahren entfiel.

Am gleichen Tag hielt SED-Generalsekretär Erich Honecker in Gera eine der wichtigsten Reden seiner Amtszeit, die uns bis in die Gegenwart beschäftigt hat. In seiner Ansprache zur Eröffnung des Parteilehrjahres 1980/81 der SED machte er allein die Bundesrepublik für die zwischen beiden deutschen Staaten bestehenden Probleme verantwortlich. Für die weitere Normalisierung der deutsch-deutschen Beziehungen nannte er fünf Voraussetzungen, die als »Geraer Forderungen« traurige Berühmtheit erlangten:

1. Anerkennung der Staatsbürgerschaft der DDR.
2. Auflösung der zentralen Erfassungsstelle der Länderjustizverwaltungen für DDR-Unrecht in Salzgitter.
3. Umwandlung der Ständigen Vertretungen in Botschaften und damit Aufnahme normaler völkerrechtlicher Beziehungen zwischen DDR und Bundesrepublik.
4. Anerkennung der Flussmitte der Elbe als Staatsgrenze zwischen DDR und BRD.
5. Unterbindung des Missbrauchs der Transitwege.

Hinter dem letzten Punkt verbarg sich die Forderung nach einer strafrechtlichen Verfolgung von Fluchthelfern in der Bundesrepublik und in West-Berlin.

Es ist beschämend, dass große Teile der deutschen Sozialdemokratie am liebsten gleich alle fünf Forderungen erfüllt hätten. Neben einer ganzen Reihe anderer wurden auch Gerhard Schröder, mein Nachfolger im Kanzleramt, und der spätere Bundespräsident Johannes Rau zumindest bei einigen Forderungen schwach und kamen dem SED-Regime sehr entgegen. CDU und CSU dagegen lehnten Honeckers gesamten Forderungskatalog kategorisch ab.

*

Vier Wochen nach der Wahl wählte der Deutsche Bundestag Helmut Schmidt erneut zum Kanzler. Am 6. November 1980 wurde das dritte Kabinett Schmidt vereidigt. Sechs Verhandlungsrunden hatten SPD und FDP gebraucht, um sich über das gemeinsame Regierungsprogramm für die nächsten vier Jahre zu verständigen und eine neue Koalitionsvereinbarung zu treffen.

Erstmals stellte Helmut Schmidt die Außen- und Sicherheitspolitik in den Mittelpunkt seiner Regierungserklärung. Der in seiner Partei so heftig umstrittene Nato-Doppelbeschluss nahm großen Raum ein. An zweiter Stelle kam die Finanz- und Wirtschaftspolitik. Insgesamt las sich die Regierungserklärung wie ein Krisenkatalog, und der Bundeswirtschaftsminister verstärkte

Szene im Bundestag bei der Debatte zur
Regierungserklärung (November 1980)

diesen Eindruck noch, als er die Bürger aufforderte, »den Gürtel
enger zu schnallen«.

»Sicherheit für die achtziger Jahre« hatte die SPD im Wahlkampf versprochen. Davon war nun keine Rede mehr. Statt dessen
forderte der Bundeskanzler »Mut zur Zukunft«. Aber woher nehmen, wenn dieses Motto selbst in der Partei des Kanzlers nur mit
bitterer Ironie kommentiert wurde. Soviel war jedem Bürger klar:
Die Bundesregierung hatte in den letzten Jahren über unsere Verhältnisse gewirtschaftet. Es war weder wirtschaftlich vertretbar
noch politisch seriös, dass die SPD vor der Wahl versprochen
hatte, sich für die Fünfunddreißigstundenwoche, mehr Urlaub
und die Herabsetzung der Lebensarbeitszeit einzusetzen. Die
Rechnung ging nicht auf: Wir konnten nicht immer weniger arbeiten und zugleich immer besser leben wollen. Wir mussten kürzer

treten, es musste gespart werden, und der umfangreiche Katalog der Sparvorschläge, die diskutiert worden waren, machte das unübersehbar deutlich.

*

Noch bevor die neue Regierung gebildet war, hatten wir die Struktur der Fraktion neu geordnet. Aus den Schwachpunkten der Vergangenheit zogen wir Konsequenzen. Die Mitglieder der Bundestagsausschüsse wurden rasch und einvernehmlich gewählt. Genauso problemlos fiel die Entscheidung für meine Stellvertreter im Fraktionsvorsitz.

Von den vier Fraktionsgeschäftsführern konnte Philipp Jenninger die höchste Stimmenzahl auf sich vereinigen. Er hatte in den vergangenen vier Jahren außerordentlich gute Arbeit geleistet und war auch in der neuen Legislaturperiode für mich unverzichtbar. Philipp Jenninger zählte zu meinen wichtigsten Mitarbeitern und zu meinen einflussreichsten Vertrauten. Wenn ich damals einen Orden zu vergeben gehabt hätte, wäre Philipp Jenninger der erste Anwärter gewesen. Ihm habe ich viel zu verdanken.

Am 12. und 13. Dezember 1980 beriet der erweiterte Bundesvorstand der CDU unter Teilnahme der Vorsitzenden der Landesparteien und der Landtagsfraktionen in Boppard am Rhein über die Schwerpunkte der Parteiarbeit für die nächsten beiden Jahre. Grundlage der Beratungen war eine ausführliche Wahlanalyse. Im Mittelpunkt der Diskussion standen das Wahlverhalten der jungen Generation, der jungen und berufstätigen Frauen, der sogenannten Aufsteigerschichten und die konfessionelle Struktur der Wählerschaft.

Der Bundesvorstand war sich einig, dass es für die CDU jetzt besonders darauf ankam, das wahlfreie Jahr bis zum Sommer 1982 für eine intensive Diskussion wichtiger politischer Themen zu nutzen. Die Union musste sich als eine Partei erweisen, die offen und sensibel war für die Probleme der Bürger und für alle Schichten des Volkes dialog- und diskussionsfähig blieb.

Wir hatten uns zum Ziel gesetzt, diese politischen Diskussionen auf allen Ebenen bis hinunter zu den Kreisverbänden zu führen. Dabei gingen wir von einer Arbeitsteilung zwischen Fraktion und Partei aus. Das Arbeitsprogramm der Fraktion ergab sich aus dem gemeinsamen Wahlprogramm von CDU und CSU. Dass unser Wort auch nach der Wahl galt, war die Voraussetzung für unsere Glaubwürdigkeit.

Die Fraktion sollte sich deshalb im Bundestag vorrangig mit aktuellen Fragen befassen: mit der sich verschlechternden Wirtschaftslage, der wachsenden Arbeitslosigkeit, der Energieversorgung, der Konsolidierung des Haushalts, der Verschärfung des Ost-West-Konflikts durch die sowjetische Interventionspolitik und damit der Sicherheitspolitik insgesamt. Wir waren aber übereinstimmend der Auffassung, dass daneben die Diskussion um zentrale Fragen der Zukunftsgestaltung verstärkt werden musste. Die CDU wollte eine regierungsfähige Mehrheit durch eine wertorientierte, langfristig angelegte Politik gewinnen. Die Themen sollten in einer offenen Diskussion auf sämtlichen Ebenen der Partei und in ihren Vereinigungen wie Junger Union, Frauenunion, Christlich-Demokratischer Arbeitnehmerschaft und anderen aufbereitet werden. Der Bundesvorstand beschloss, sechs Themen in den nächsten zwei Jahren in den Mittelpunkt der Parteiarbeit zu stellen:

1. *Europa:* Die CDU wird das Thema Europa wieder in das öffentliche Bewusstsein rücken, indem sie Vorschläge zur Fortentwicklung der politischen Einigung entwickelt und wichtige politische Themen aufgreift, so zum Beispiel die verantwortungsvolle Weiterentwicklung des Agrarmarkts. Die Zusammenarbeit in der Europäischen Volkspartei soll verstärkt werden.
2. Den *Nord-Süd-Konflikt* wird die CDU sowohl als außenpolitisches Thema zur Sicherung des Friedens als auch als soziales und moralisches Problem (Hilfe für den verhungernden Nächsten in der Dritten Welt) verstärkt aufgreifen.
3. *Das Verhältnis von Ökonomie und Ökologie:* Die CDU wird darüber debattieren, wie wirtschaftliches Wachstum und Scho-

nung unserer natürlichen und gesellschaftlichen Umwelt wieder in ein Gleichgewicht gebracht und wie die Lebensbereiche der Menschen wieder überschaubarer gestaltet werden können.

4. Für *eine Politik der Vollbeschäftigung* in den achtziger Jahren wird die CDU neue Initiativen ergreifen und in diesem Zusammenhang insbesondere die Situation ausländischer Arbeitnehmer und ihrer Kinder berücksichtigen.

5. *Wahlfreiheit für Frauen und Männer* in Familie und Beruf.

6. *Chancen und Zukunft der Jugend* unter besonderer Berücksichtigung von Erziehungs-, Bildungs- und Ausbildungsfragen.

Als gemeinsame Leitidee bei all diesen Themen sollten die geistig-politischen Grundlagen von Staat und Gesellschaft betont und herausgestellt werden.

24.
Neuer Elan

Am 20. Januar 1981 wurde Ronald Reagan als vierzigster Präsident der Vereinigten Staaten in sein Amt eingeführt. Der frühere republikanische Gouverneur von Kalifornien hatte den Amtsinhaber Jimmy Carter bei den Novemberwahlen geschlagen.

Ich kann mich noch gut an meine erste Begegnung mit Ronald Reagan Ende der siebziger Jahre erinnern. Damals schickte er sich an, Präsidentschaftskandidat der Republikaner zu werden. Der ehemalige Schauspieler wurde total unterschätzt und galt als politisch inkompetent, als er 1978 die Bundesrepublik besuchte. Die Bundesregierung, offensichtlich angeleitet vom Auswärtigen Amt, hatte es abgelehnt, diesen scheinbar zu alten Mann aus dem Westen der USA überhaupt zu empfangen, der in Bonner Regierungskreisen als aussichtsloser Bewerber um das amerikanische Präsidentenamt galt und der schon damals von den Medien als politisch beschränkt dargestellt wurde. Weil mich die arrogante Haltung der Bundesregierung ärgerte, vereinbarte ich einen Termin in meinem Büro mit dem Republikaner aus Santa Barbara. Unsere Gespräche dauerten viel länger als ursprünglich geplant. Mir fiel auf, dass er zwar von Europa so gut wie keine Ahnung hatte, aber die bei Politikern eher selten anzutreffende Fähigkeit besaß, zuzuhören. Sein Interesse an der Frage der deutschen Teilung war sehr groß.

Ronald Reagan vergaß unsere Bonner Begegnung von 1978 nie. Auch Jahre später erinnerte er gerne daran. Als ich ihm als Bonner Oppositionsführer im Oktober 1981 meine Aufwartung machte, wurde ich sehr zuvorkommend behandelt. Mein freundli-

*Treffen mit dem neuen US-Präsidenten Ronald Reagan
in Washington (1981)*

cher Empfang hatte eben auch eine menschliche Komponente, und
Politiker sind für solche Gesten nicht unempfänglich.

Bei meinem vierten Besuch in Washington seit 1973 bekam
ich die Sorgen der neuen amerikanischen Administration zu hören. Neutralistische Tendenzen in der Bundesrepublik könnten
den Eckpfeiler der Nordatlantischen Verteidigungsgemeinschaft
schädigen. In einem langen Gespräch saß ich dem Präsidenten
im Amtszimmer des Weißen Hauses gegenüber. Unter anderem
wollte Reagan auch wissen, ob die deutsche Jugend in Ost und
West gleichermaßen an der staatlichen Wiedervereinigung interessiert sei. Damals kam diese Frage für mich überraschend,
aber wie sich Jahre später zeigen sollte, hatten die Amerikaner
die deutsche Einheit niemals aufgegeben. Unvergessen ist Rea-
gans Aufforderung an Gorbatschow, die Mauer niederzureißen.

In Amerika wurden mir nicht nur deshalb alle Türen geöffnet,
weil ich politisch den Republikanern näher stand als große Teile
der deutschen Sozialdemokratie. Die Amerikaner haben weit mehr
Erfahrungen mit Wechseln an der Staats- und Regierungsspitze als
wir Deutsche, und nach ihrem Demokratieverständnis muss der

Opposition von heute mit ihrer Option auf die Regierung von morgen ein hoher Rang eingeräumt werden.

*

In Bonn war zu diesem Zeitpunkt ein langer Atem gefragt. Für mich bedeutete das, die Oppositionsrolle ohne Wenn und Aber anzunehmen und im grauen Bonner Alltag hart zu arbeiten. Diese Position unterstrich ich auch auf dem 29. Bundesparteitag der CDU in Mannheim am 9. und 10. März 1981. Ich warnte meine Partei davor zu glauben, wir könnten durch strategische Sandkastenspiele und ein Übermaß an politischer Taktiererei den Weg in die Regierung finden. Angesichts der Lage der Regierung könne es sich die CDU nicht in der Opposition bequem machen: »Jeder weiß, dass die Lage sehr schnell dasein kann, dass wir als Alternative von morgen gefordert sind.«

Zugleich machte ich jedoch deutlich, dass sich die Union auf vier Jahre Arbeit in der Opposition eingestellt habe. Dazu gehörten harte, aber sachliche Kritik und Kontrolle der Regierung, Klarheit in den Alternativen und die Bereitschaft, in Fragen nationalen Interesses mit der Regierung zusammenzuarbeiten. »Jedermann soll wissen: Wir drängen nicht an irgendeiner Hintertür. Die CDU/CSU steht aber bereit, die Verantwortung zu übernehmen«, umriss ich meinen Kurs.

Auf dem Mannheimer Parteitag ging es ganz konkret um die Verabschiedung eines Arbeitsprogramms der CDU für die achtziger Jahre. Dazu gehörten die Grundlagen für eine zeitgerechte Wohnungsbau- und Städtebaupolitik ebenso wie Maßnahmen zur Bekämpfung des Drogen- und Rauschmittelmissbrauchs. Eine wichtige Entscheidung des Parteitags war, sich für das umstrittene Kernkraftwerk in Brokdorf auszusprechen.

Mannheim war aber auch ein spannender Wahlparteitag, denn Präsidium und Vorstand der CDU wurden neu bestimmt. Mit einer eindrucksvollen Mehrheit wurde ich im Amt bestätigt: Von siebenhundertfünfzehn abgegebenen gültigen Stimmen entfielen auf mich sechshundertneunundachtzig Ja-Stimmen, zwanzig Delegierte votierten mit Nein und sechs enthielten sich. Mit mehr als 96 Prozent der Delegiertenstimmen war das das zweitbeste Ergebnis, seit ich 1973 an die Spitze der Partei gekommen war. Meine Arbeit als Herausforderer des Kanzlers und als Sachwalter gemeinsamer Interessen wurde honoriert. Darauf war ich stolz. Stolz konnte auch der schleswig-holsteinische Ministerpräsident Gerhard Stoltenberg sein. Wie vor zwei Jahren auf dem Kieler Parteitag wurde er auch diesmal wieder mit den meisten Stimmen von allen Präsidiumsmitgliedern bestätigt. Er erhielt sechshundertneunundneunzig Ja-Stimmen bei nur siebenundzwanzig Nein-Stimmen. Die mit Abstand geringste Stimmenzahl bekam Kurt Biedenkopf, der in den vergangenen Jahren mehrfach als mein prominentester Kritiker hervorgetreten war. Für ihn votierten vierhundertsiebenundzwanzig Delegierte, gegen ihn zweihundertneunundzwanzig.

Eine besondere Ehrung wurde auch Hannelore zuteil, die mehrfach mit Ovationen bedacht wurde.

*

Im Frühjahr 1981 fühlte ich mich sehr wohl in meinen schwierigen Ämtern. Keine Spur von Resignation. Die Wahlniederlage war einigermaßen verdaut und kein Thema mehr. Mein Verhältnis zu Franz Josef Strauß war ziemlich entspannt und schien für absehbare Zukunft unproblematisch zu bleiben. Über den Unionskanzlerkandidaten für die Bundestagswahl 1984 sollte nach allgemeiner Überzeugung erst 1983 entschieden werden, und zwischen Strauß und mir herrschte völlige Übereinstimmung in dieser Frage.

Für mich stand nach dem Mannheimer Parteitag fest, dass mir eine neue Kanzlerkandidatur kaum streitig zu machen wäre, wenn mir keine groben Schnitzer unterliefen. Bei aller äußeren Zurückhaltung in dieser Frage hatte ich das Ziel Kanzleramt nicht aus den Augen verloren. Ich wollte Bundeskanzler werden. Sollte es noch in der laufenden Legislaturperiode zu einem Regierungswechsel kommen, würde an mir niemand vorbeikommen.

25.
Berliner Berufung

Im Jahr seiner Entführung durch die RAF, 1975, war Peter Lorenz nicht nur Landesvorsitzender, sondern auch Spitzenkandidat der Berliner CDU für das Amt des Regierenden Bürgermeisters gewesen. Damals wurde die CDU mit 43,9 Prozent der Stimmen zwar stärkste Partei, verfehlte aber die absolute Mehrheit. Klaus Schütz von der SPD blieb Regierender Bürgermeister, Peter Lorenz übernahm das Präsidentenamt im Abgeordnetenhaus. Seit 1976 saß er dann als Berliner Abgeordneter im Deutschen Bundestag. Bis zu seinem Tod 1987 hat mein Freund nie über seine Erlebnisse bei der Entführung gesprochen. Nicht nur ich, sondern viele aus unserem gemeinsamen Freundeskreis hatten beobachtet, dass diese schreckliche Lebenserfahrung ihn verändert hatte.

1978 stellte sich die Frage, wer als CDU-Spitzenkandidat in den Kampf um das Berliner Abgeordnetenhaus ziehen sollte. Für die Wahl am 18. März 1979 musste eine erfolgversprechende Lösung gefunden werden, die meinen langjährigen Mitstreiter und Freund Peter Lorenz weder politisch noch menschlich beschädigte. Aus der gespaltenen deutschen Hauptstadt bot sich auf Anhieb niemand an, folglich kam nur eine starke Persönlichkeit von außerhalb des Berliner Parteienspektrums in Betracht. Um die Chancen der Union bei den bevorstehenden Wahlen nicht zu schwächen, musste dringend gehandelt werden.

Ich lud Peter Lorenz im September 1978 nach Ludwigshafen ein und diskutierte mit ihm fast die halbe Nacht. Sein Schicksal hatte uns schon seit langem enger zueinander gebracht, unsere Beziehung war sehr herzlich und persönlich. Politische Differenzen gab es so gut wie keine. Der »Parteisoldat«, seit zwölf Jahren CDU-

Landesvorsitzender in Berlin, erklärte sich bereit, in die zweite Reihe zurückzutreten. Als Spitzenkandidat für 1979 schlug ich ihm den rheinland-pfälzischen CDU-Bundestagsabgeordneten und Vizepräsidenten des Deutschen Bundestags Richard von Weizsäcker vor. Der prominente Diplomatensohn, der 1937 am Berliner Bismarck-Gymnasium sein Abitur gemacht hatte und sich der geteilten Stadt sehr verbunden fühlte, wurde von Peter Lorenz ohne Vorbehalte sofort akzeptiert.

Mit Weizsäcker hatte die Berliner CDU, hatten die Frontstadt-Berliner eine echte Alternative zum politisch blassen SPD-Bürgermeister Dietrich Stobbe. Stobbe hatte 1977 Klaus Schütz abgelöst, der wegen der seiner Regierung angelasteten Bauskandale und Affären zurückgetreten war. Der West-Import Weizsäcker stieß allgemein auf große Zustimmung und regelrechte Begeisterung in den eigenen Reihen. SPD und FDP in Berlin versetzte diese Personalie in große Besorgnis.

Richard von Weizsäcker war ein bestens qualifizierter, dynamischer Mann, der aus dem Management eines erfolgreichen Familienunternehmens kam. Bereits bei der Suche nach einem geeigneten Bundestagswahlkreis hatte ich ihn nachhaltig unterstützt und ihm geholfen, sich auf der Wahlkreisversammlung in Worms 1969 durchzusetzen. Als Parteivorsitzender setzte ich mich dafür ein, dass er in den CDU-Bundesvorstand gewählt, stellvertretender Fraktionsvorsitzender und schließlich Vizepräsident des Deutschen Bundestags wurde.

Nachdem ich Peter Lorenz zum Verzicht auf eine erneute Spitzenkandidatur hatte bewegen können und er bereit war, Weizsäcker als seinen Nachfolger vorzuschlagen, war der Weg frei für Richard von Weizsäcker, Regierender Bürgermeister von Berlin zu werden. Bei jedem Abschnitt seines politischen Weges hatte er sich immer auf meine Unterstützung verlassen können, die er gern in Anspruch nahm. So sollte es auch in den folgenden Jahren sein. Seine Berufung nach Berlin war ein klassisches Beispiel für die Wirksamkeit einer Personalpolitik, die später von ihm und anderen oft als »System Kohl« geschmäht wurde. Ich werde Peter Lorenz nie vergessen, mit welcher menschlichen

Größe und Solidarität er den Weg für Richard von Weizsäcker freimachte.

Richard von Weizsäcker kannte sich in den verschlungenen politischen Pfaden Berlins zwar anfangs wenig aus, war aber für den liberalen Wähler, vor allem für die vielen Wählerinnen, in hohem Maße attraktiv und zustimmungsfähig. Mit seiner Wahl zum Kandidaten für das Amt des Regierenden Bürgermeisters in Berlin bestand die Chance, die CDU in dieser so wichtigen Stadt endlich an die Macht zu bringen. Mir war schon lange klar, dass Weizsäcker Bundespräsident werden wollte, aber 1979, als die Union über eine eigene Mehrheit in der Bundesversammlung verfügte, war er nicht zum Zuge gekommen, weil sich Franz Josef Strauß und die CSU, aber auch wichtige Repräsentanten der CDU, längst auf Karl Carstens festgelegt hatten, dessen Kandidatur auch ich unterstützte.

Als Schwerpunkt seiner parlamentarischen Arbeit hatte Richard von Weizsäcker die Ost- und Deutschlandpolitik gewählt und war deshalb geradezu prädestiniert, nach Berlin zu gehen. Weizsäcker zeigte sich von meiner Idee zwar überrascht, reagierte aber ganz spontan sehr positiv darauf. Berliner CDU-Spitzenkandidat zu werden, war eine besondere Herausforderung für ihn, der endlich einmal politisch handeln und gestalten wollte. Wie es im Moment aussah, konnte ihm das nur die Mission in Berlin bieten. Außerdem war das Amt des Regierenden Bürgermeisters seit Ernst Reuters und Willy Brandts Zeiten besonders angesehen und politisch attraktiv. Für einen außenpolitisch interessierten und versierten Politiker wie Richard von Weizsäcker bedeutete die Chance auf das Berliner Spitzenamt die Erfüllung eines Traums, die er als Oppositionspolitiker in Bonn Ende der siebziger Jahre kaum für möglich gehalten hätte.

*

Unsere Pläne erfüllten sich leider nicht so schnell wie angepeilt. Dabei waren die Signale günstig: Der Wahlkampf brachte der Stadt eine starke Politisierung, und die Union verzeichnete eine so günstige Aufbruchstimmung wie selten zuvor. Doch obwohl die CDU noch einmal kräftig zulegte und aus den Wahlen am 18. März 1979 mit 44,4 Prozent erneut als stärkste Fraktion hervorging, bildeten SPD (42,7 Prozent) und FDP (8,1 Prozent) wieder eine Regierungskoalition. Die sollte allerdings nicht lange halten, denn schon im Januar 1981 trat Dietrich Stobbe wegen eines Finanzskandals zurück.

Bei den vorgezogenen Wahlen am 10. Mai 1981 gewann die Berliner CDU mit ihrem Spitzenkandidaten Richard von Weizsäcker, der mittlerweile auch den Parteivorsitz in der geteilten Stadt übernommen hatte, genau 48 Prozent der Stimmen und bildete einen Minderheitssenat. Die SPD, zuletzt in einer Übergangsregierung unter Hans-Jochen Vogel, sackte auf 38,3 Prozent ab, die FDP erzielte 5,6 Prozent und die Grünen, erstmals im Abgeordnetenhaus vertreten, 7,2 Prozent.

Trotz der mit einem Minderheitssenat verbundenen Schwierigkeiten gelang es dem neuen Regierenden Bürgermeister, die Stadtpolitik in kürzester Zeit nach vorne zu bringen. Im Zuge der Regierungskoalition im Bund ging er dann ab 1983 eine Koalition mit der FDP ein. Für Berlin hatte eine vielversprechende Ära begonnen.

26.
Symbol der Unmenschlichkeit

Die Berliner Mauer bestand 1981 seit zwanzig Jahren. Was am 13. August 1961 in Berlin geschehen war, war der traurige Höhepunkt einer Abgrenzungs- und Teilungspolitik, die vom Ende des Zweiten Weltkriegs bis 1989 die deutschen und europäischen Verhältnisse bestimmte. Weltpolitisch gesehen, war der Mauerbau Glied einer Kette, die von der Niederschlagung der Volksaufstände 1953 in Berlin und 1956 in Ungarn durch die Sowjetunion über Chruschtschows Berlin-Ultimatum bis zur Konfrontation der Weltmächte in der kubanischen Raketenkrise 1962 reichte. Und auch im Sommer 1981 war ein Ende dieser Blockkonfrontation nicht in Sicht.

Das größte Bauwerk, das Kommunisten je zuwege brachten und dessen Perfektionierung sie jahrzehntelang beschäftigte, war Ergebnis und Symbol menschenverachtender Herrschaft und einer zynischen Ideologie. Die Mauer war gegen die freie Selbstbestimmung der Menschen errichtet worden. Die einzige Theorie, die das Gebäude stützte, bestand in der aus marxistischer Buchstabenweisheit hergeleiteten und durch die Macht der Gewehre stabilisierten Überzeugung, dass dem Staat die Menschen als Sklaven gehören: mit ihrer ganzen Arbeitskraft, all ihrem Denken und ihrem Streben nach Glück.

Die Teilung Deutschlands und der Mauerbau standen in absolutem Widerspruch zum Recht der Deutschen auf nationale Selbstbestimmung und zum Recht eines jeden Menschen auf freie Entfaltung seiner Persönlichkeit.

Deutsche Politik hatte auch in den achtziger Jahren die Pflicht, die Verhältnisse erträglicher zu gestalten, jeden Schritt zu versuchen, auch den kleinen, und das Menschenmögliche für die Deutschen im anderen Teil unseres Vaterlands zu tun. Dafür aber bedurfte es der Klarheit in den Geschäftsgrundlagen. Auch von der DDR war Realismus zu verlangen, Bereitschaft zum geregelten Nebeneinander und Verzicht darauf, getroffene Abmachungen jeden Tag zur Disposition zu stellen. Ungeachtet vieler Bemühungen um ein kooperatives Verhältnis waren wir diesem Ziel in letzter Zeit wieder merkbar ferner gerückt. Fehler wurden gemacht, Vorleistungen wurden erbracht, die vertraglichen Grundlagen wurden ausgeweitet. Das tagtägliche Verhandlungsgeschäft litt auf unserer Seite unter einem selbst auferlegten Erfolgszwang.

Wichtiger aber blieb die prinzipielle Position. Wir mussten fragen, ob in der Bundesrepublik alles Notwendige und Mögliche geschah, den Gedanken einer deutschen Nation lebendig zu erhalten und ihm zugleich eine Form zu geben, die nicht quer lag zu den Mächten und Interessen der Weltpolitik.

Was wir tun konnten und auch tun mussten, ist auf drei Ebenen zu beschreiben: Wir mussten wieder unsere Geschichte annehmen; wir mussten die Logik der bipolaren Welt begreifen, ohne uns ihr zu unterwerfen; und wir mussten Deutschlandpolitik in eine gesamteuropäische Gleichgewichts- und Friedensstruktur einfügen.

1. Zuerst bedurfte es wieder der *historischen Erinnerung* und der Fähigkeit, daraus Gegenwart und Zukunft zu durchdenken. Die Erklärung für die deutsche Teilung, die doch aller ordnenden Vernunft spottete, lag zuerst und am stärksten in unserer Geschichte, der Geschichte Europas. Wer – wie damals geschehen – den Geschichtsunterricht aus den Schulen verbannen wollte, sollte nicht von der Nation und ihrer Zukunft sprechen.

Die deutsche Frage konnte nur in langen Zeiträumen einer Lösung näherkommen. Und sie würde es nur tun, wenn die Europäer in Ost und West dies nicht als Ausdruck eines deutschen Nationalismus begriffen, sondern als Bedingung für einen dauerhaften Frieden. Wir mussten uns der Tatsache erinnern, dass der deutsche Nationalstaat von 1871 dem europäischen Staatensystem mit hohem Risiko abgerungen wurde und auch noch um den Preis des überkommenen Gleichgewichts, dass er spät entstand und nicht lange dauerte. Mit Bekenntnissen und frommen Wünschen war da nichts getan. Um mit Bismarck zu reden: Wir können unsere Uhren vorstellen, doch geht die Zeit nicht schneller.

2. Das *Ost-West-Verhältnis* war die zweite Ebene, auf der die deutsche Frage sich entscheiden würde. Die Formel »Wandel durch Annäherung« war hier fehl am Platz; wer auf schnellen innenpolitischen Gewinn spekulierte, konnte viel verlieren. Auch ging es nicht allein um die »querelles allemandes«: Was in Polen zu jener Zeit geschah, das Ringen um Menschenwürde, um nationale Selbstachtung, das Erbe von Christentum und Aufklärung, das wäre schwerlich möglich ohne die Gewissheit unserer östlichen Nachbarn, dass die Bundesrepublik ein verlässlicher Friedensfaktor war, Teil eines größeren Europas, das ohne Einmischung in fremde Dinge sich doch in Solidarität wusste mit den handelnden, strebenden und leidenden Menschen jenseits der großen Trennungslinie.
Unterdessen blieb unsere Politik nach Osten in dem Dilemma, dass die Sowjetunion ein Feindbild brauchte, um die Überrüstung des militärisch-industriellen Komplexes und die Entbehrungen der Menschen zu begründen. Koexistenz bedeutete deshalb aus Gründen, die in der Natur der Parteidiktatur lagen, immer nur Atempause. Die Kunst westlicher Staatsmänner musste darin bestehen, die Sowjets zur dauerhaften Preisgabe imperialer Machtausdehnung zu bewegen. Ein friedliches Nebeneinander musste der Sowjetführung abgerungen werden und wurde von ihr doch stets nur auf Widerruf und im Einzelfall gewährt. Mehr als diese Einsicht war von allen Hoffnungen auf Entspannung nicht geblieben. Deshalb gab es zum Gleichgewicht der Kräfte mit seiner Logik der Abschreckung keine Alternative.

3. Schließlich hatte die deutsche Frage eine europäische, vor allem *eine westeuropäische Dimension.* Westeuropa, das lehrt jeder historische Vergleich, konnte nur zu enger Bindung kommen, weil die Großmacht-Egoismen sich durch die großen Kriege des zwanzigsten Jahrhunderts selbst verzehrt hatten und weil die Gewichte, alles in allem, einigermaßen gleich verteilt waren. Die deutsche Frage blieb offen und konnte nur in einem europäischen Rahmen geklärt werden. Das war zugleich die Voraussetzung dafür, dass der freie Teil Europas sich überhaupt unter dem Schirm der Pax Americana zusammenfinden konnte.

Es gab viele Gründe dafür, an Westeuropa festzuhalten, politische, wirtschaftliche und vor allem militärische. Entscheidend blieb für die kommenden Jahre, die egoistische Lähmung zu überwinden, den Rückfall in einen bösen Provinzialismus zu verhindern und weiterzugehen auf dem Weg zum europäischen Bundesstaat. Europa musste Partner der Vereinigten Staaten sein, ein Friedensfaktor gegenüber der Sowjetunion, berechenbar auch als Gegengewicht, zuverlässig gegenüber Freunden, dazu ein starker Helfer der Notleidenden und der aufstrebenden Nationen in der Dritten Welt. Kein Nationalstaat älterer Prägung vermochte noch die Ressourcen aufzubringen und die Kräfte, um diese Aufgaben allein zu bewältigen.

Unsere Rolle war die des Anwalts der europäischen Gemeinsamkeit. Was die USA brauchten und was sie von uns mit Recht erwarteten, das war weltpolitische Arbeitsteilung, das war Verständnis für die in tiefen Umbrüchen befindlichen Nationen des Westens, und das war auch eine aktive Entlastung in Mitteleuropa. Das Bündnisverhältnis konnte nicht dauerhaft sein, wenn es auf Unterwerfung beruhte. »Bündnis« bedeutete vor allem auch Partnerschaft – und wenn möglich Freundschaft. Das heißt, dass keiner Untergebener ist, dass Partnerschaft auch Respekt und Rücksichtnahme bedeutet. Dieses Bündnis konnte aber nicht fortdauern, wenn die Europäer sich darauf beschränkten, murrend im Tross mitzuziehen. Das Bündnisverhältnis war so stark und so schwach, wie es auf wechselseitig sich bestärkenden Interessen beruhte und auf einer gemeinsamen politischen Kultur. Die Mauer in Berlin mahnte uns an die gemeinsamen moralischen und geistigen Grundlagen des Westens, auf denen nicht nur unsere Sicherheit ruhte, sondern auch unsere Befähigung zum aufrechten Gang.

Kein Staat in Europa, das lehrte alle Erfahrung der vergangenen Jahre, hatte ein so vitales Interesse an der Entente cordiale der Westeuropäer und der Nordamerikaner wie wir. Auch der uns verbleibende Bewegungsspielraum in der nationalen Frage stand unter diesem Vorbehalt. Alles andere führte zur Illusion eines Dritten Weges, ins Niemandsland der »Äquidistanz«, in der sich linke Flügel der damaligen Regierungsparteien wähnten, und bedeutete ein Abgleiten in die Abhängigkeit von der Sowjetunion.

1981 – fünfunddreißig Jahre Eiserner Vorhang, zwanzig Jahre Mauer in Berlin, das blieb ein Angriff auf Moral, Vernunft und Frieden. Die Überwindung dieses Zustands war die wichtigste Aufgabe gestaltender Politik. Wegsehen half nicht. Einfache Rezepte reichten nicht aus. Wunschdenken brachte uns nicht weiter. Zähes Verhandeln, in Solidarität mit den Deutschen in der DDR kleine Schritte gehen und große Schritte denken, auch im anderen Teil Deutschlands ein Stück Freiheit im Alltag offenhalten – das war alles, was in den deutsch-deutschen Beziehungen erreichbar schien.

Es war aber nicht alles, was in dieser Zeit zu tun war. Wir mussten das Bewusstsein unserer schwierigen Geschichte wachhalten, um Gegenwart und Zukunft nicht geistig zu verfehlen. Wir mussten das Gleichgewicht in Europa sichern und endlich das Haus Europa bauen und mit Vision und Augenmaß den gefährdeten Frieden festigen. Und wir mussten – das blieb entscheidend – die Bundesrepublik als Teil und Partner der Pax Americana erhalten und die gemeinsamen moralischen und politischen Grundlagen als Brücke über den Atlantik ausbauen. Allein in einer dauerhaften Struktur des Friedens bestand die Hoffnung, einmal die Mauer zu überwinden.

Deutsche Einheit und europäische Einigung waren zwei Seiten der gleichen Medaille. Und Adenauers Satz, dass die deutsche Außen- und Sicherheitspolitik auf zwei gleichwertigen Säulen ruht, der europäischen Einigung und der transatlantischen Brücke – das war und ist mein Credo.

27.
Kraftvoll gegen den Zeitgeist

Die Zerrüttung des sozialliberalen Regierungsbündnisses schritt unaufhaltsam voran. Der Brief des Parteivorsitzenden Hans-Dietrich Genscher an die Mitglieder der Führungsgremien und die Mandatsträger der FDP vom 20. August 1981 signalisierte eine Wende im Denken und Handeln der Koalition. Genscher verwies auf die schwierige Haushaltslage und machte deutlich, dass alte Denkmuster verlassen werden müssten. Konkret forderte er eine »Wende« durch eine Politik, die einer überzogenen »Anspruchsmentalität« entgegentritt und mit einem strikten Sparkurs die Bundesregierung in ihren finanzpolitischen Entscheidungen wieder handlungsfähig macht. Er strebte eine Reformpolitik unter veränderten wirtschaftlichen Rahmenbedingungen an.

Die Vorratslager an Gemeinsamkeiten waren bis auf den Restposten »Machterhaltung« leergeräumt. Widerwillig und empört sah der Bundeskanzler zu, wie Teile seiner eigenen Partei die deutsch-amerikanische Freundschaft gefährdeten. Die Umkehr der Feindbilder war bei vielen Sozialdemokraten offenbar schon so weit vollzogen, dass die Parteiführung es nicht mehr wagte, gegen ihre eigene Nachwuchsorganisation vorzugehen, wenn diese Straßendemonstrationen gegen den Besuch des amerikanischen Außenministers vorbereitete. Besonders beschämend war, dass dies alles in Berlin passierte, für dessen Sicherheit und Freiheit die amerikanischen Verbündeten seit einer Generation unerschütterlich einstanden. Es ging dabei um mehr als um innerparteiliche Querelen der SPD oder das Schicksal der Bonner Koalitionsregierung: Handlungsfähigkeit, Verlässlichkeit und Glaubwürdigkeit der deutschen Politik standen auf dem Spiel.

SPD und FDP hatten sich so weit voneinander entfernt, dass von ihnen eine grundlegende und dauerhafte Sanierung der öffentlichen Finanzen nicht mehr zu erwarten war. Durch Vertagung konnten die Probleme nicht gelöst werden.

CDU und CSU drängten bei den Beratungen von Bundestag und Bundesrat darauf, ein Programm zur dauerhaften Konsolidierung der Staatsfinanzen vorzulegen. Das Ziel musste ein umfassendes wirtschafts- und finanzpolitisches Gesamtkonzept sein, das in der Wirtschaft und bei den Arbeitnehmern wieder Vertrauen bilden und dadurch Wachstum und neue Arbeitsplätze schaffen würde. Ohne wirtschaftliche Neubelebung konnte kein Sanierungskonzept greifen. Die politischen und administrativen Hemmnisse für Investitionen im Energiebereich, bei den neuen Medientechnologien und im Wohnungsbau mussten beseitigt werden. Hier, und nicht in teuren und meist wirkungslosen staatlichen Ausgabenprogrammen, lagen die Chancen für neue Arbeitsplätze. Auf keinen Fall konnte die öffentliche Finanzmisere durch die Erhöhung von Steuern und Abgaben oder durch eine Sanierung auf Kosten der Länder und Gemeinden bewältigt werden.

SPD und FDP hatten vor der Bundestagswahl erklärt, sie wollten noch vier Jahre eine Koalition eingehen. In den wenigen Monaten nach der Wahl zeigte sich jedoch die Handlungsunfähigkeit der Regierung Schmidt/Genscher. Die FDP hatte damit begonnen, ihre Positionen deutlicher zu machen, und setzte sich offenkundig von den Sozialdemokraten ab. Ob das bereits zur Beendigung dieser Koalition führen würde, war eine völlig offene Frage. Ich war sehr skeptisch, was den Spielraum der Freien Demokraten anging. Eine Rückversicherung bei der CDU gab es für sie natürlich nicht. Wir hatten kein Koalitionsangebot zu machen. Wir liefen auch niemandem nach. Was Genscher in seinem Brief an die Führungsgremien und Mandatsträger der FDP zur Wirtschafts- und Gesellschaftspolitik geschrieben hatte, war mit der SPD nicht zu verwirklichen. Dieser vielzitierte »Wende-Brief« markierte den Anfang einer Abkehr der FDP von der SPD und eine Hinwendung zur CDU. Wann die FDP daraus Schlüsse ziehen würde, konnte im Herbst 1981 nicht beantwortet werden.

*

Nicht nur bei der FDP wuchs das Unbehagen vor der großange-kündigten »Friedenskundgebung« in Bonn. Die Ablehnung des Nachrüstungsteils des Nato-Doppelbeschlusses stand im Mittelpunkt der Bonner Kundgebung, die die Zerrissenheit der SPD deutlich vor Augen führte. Während Helmut Schmidt die Teilnahme von Sozialdemokraten an der Kundgebung als interne Kampfansage an die Regierungspolitik wertete, forderte SPD-Chef Willy Brandt eine differenziertere Betrachtungsweise. Die Veranstalter wie Aktion Sühnezeichen, Jungsozialisten, DKP und weitere Organisationen glaubten nicht mehr, dass die herkömmliche Sicherheitspolitik den Frieden bewahren könnte. Unter dem Motto »Für Abrüstung und Entspannung in Europa« forderten sie am 10. Oktober 1981 in Bonn vor über dreihunderttausend Friedensfreunden eine radikale Änderung. Ihre Parole »Frieden schaffen ohne Waffen« ging jedoch von einer Welt aus, die es nicht mehr gab.

Auch wir wünschten uns eine Welt, in der Waffen nicht notwendig waren, nur war dies eine Traumwelt. Um lediglich ein damals ganz aktuelles und bedrückendes Ereignis zu erwähnen: Zur Realität dieser Zeit gehörte der Überfall der Sowjetunion auf das kleine Afghanistan, gehörte die Tatsache, dass in den letzten zwei Jahren fast vierhunderttausend Menschen in diesem Krieg ums Leben gekommen waren. Die Demonstranten wollten abrüsten, wir standen zum Nato-Doppelbeschluss. Wir hatten keine Freude daran, dass Milliarden in Ost und West in Rüstungsgüter investiert wurden, als ob es nicht genug Not und Elend in der Welt gegeben hätte, für die unsere Hilfe nötig gewesen wäre. Unsere Alternative zu »Frieden schaffen ohne Waffen« hieß, in Frieden und Freiheit die Bundesrepublik Deutschland zu erhalten. Ich wehrte mich dagegen, dass so getan wurde, als ob jene, die meinten, Waffen seien gänzlich entbehrlich, die Friedensfreunde wären, während jene, die sagten, wir müssen Frieden und Freiheit notfalls auch kämpferisch verteidigen, als Friedensfeinde galten.

Aber auf Gesinnung allein kam es nicht an. Auch wir teilten mit allen Menschen die Sehnsucht nach Frieden, Gewaltfreiheit, weniger Waffen, nach Verwirklichung der Menschenrechte und mehr sozialer Gerechtigkeit in aller Welt. Jeder, der für Frieden und Abrüstung demonstrierte, musste allerdings auch die Folgen seines Tuns verantworten. Ich bedauerte deshalb, dass der Demonstrationsaufruf eine einseitige Abrüstung des Westens befürwortete.

Einseitige Abrüstung schafft ein Machtungleichgewicht und verhindert deshalb am Ende nicht die Gefahr eines Krieges, sondern erhöht sie. Die Teilnahme von Kommunisten an der Demonstration und der laute Beifall aus Moskau gestatteten es zwar nicht, den demokratisch gesinnten Teilnehmern ihre demokratische Haltung abzusprechen. Sie mussten sich aber die Frage gefallen lassen, ob ihre Friedenssehnsucht nicht im Dienste einer ausländischen Macht für deren einseitige Aufrüstung missbraucht wurde.

Für mich war die sogenannte Friedensbewegung eine Volksfront mit Kommunisten, die – wie wir heute wissen – von der Ost-Berliner SED finanziell massiv unterstützt wurde. Gleichwohl habe ich immer zwischen drei Gruppen unterschieden, die in der »Friedensbewegung« in Erscheinung traten: Zum einen die Pazifisten, beispielsweise Menschen mit religiöser Überzeugung, die aus der Pax-Christi-Bewegung, aus der Pfarrer-Bruderschaft oder aus der Quäker-Bewegung kamen und die es aus ihrem Verständnis der Bergpredigt heraus radikal ablehnten, Waffen zu tragen. Das sind Menschen, vor denen ich immer Respekt hatte.

Die zweite große Gruppe waren Menschen, die sich Sorgen um die Zukunft machten, Mitbürger, die Angst vor dem Krieg hatten, Angst vor Waffen, und das nicht zuletzt aus den Erfahrungen des Zweiten Weltkriegs heraus. Auch diese Gruppe musste man sehr ernst nehmen. Darunter waren viele junge Menschen, mit denen man reden musste.

Aber es gab eine dritte Gruppe, und um die ging es hauptsächlich. Diese waren Kommunisten, Mitglieder der Deutschen Kommunistischen Partei, die nach Anweisung ihrer Parteileitung die Friedensbewegung unterwanderten, ja okkupierten. Sie arbeiteten mit Sozialdemokraten eng zusammen. Diese Gruppe meinte ich, wenn ich von der Volksfront sprach, und nicht die jungen Leute, die um des Friedens willen demonstrierten. Wie wir seit 1990 wissen, betrieb Erich Mielkes Staatssicherheit in einem bestürzenden und erschreckenden Maß die Geschäfte der »Friedensbewegung«. Auch wenn noch nicht endgültig feststeht, wieviel Geld aus Ost-Berlin tatsächlich in den Westen floss, ist unbestreitbar, dass der DDR-Geheimdienst alle erdenklichen Möglichkeiten zur Desinformation und Desorientierung nutzte.

*

Die allerorten entstandenen Bürgerinitiativen entwickelten eine gesellschaftspolitische Mobilisierungskraft, die uns nicht gleichgültig sein konnte. Die neue Massenbewegung war oft bürgerlich geprägt und sprach nicht zuletzt jüngere, durchaus gebildete und christlich orientierte Menschen an. Die CDU konnte dieser Entwicklung nicht tatenlos zusehen, sondern musste handeln. Inhaltlich galt es, sich deutlich von den rein pazifistischen Friedensfreunden abzugrenzen, aber auch die Ängste und Sehnsüchte ernstzunehmen. Um den Wertewandel innerhalb der jüngeren Generation aufzugreifen, öffneten wir unseren 30. Bundesparteitag im November 1981 in Hamburg für fünfhundert Jugendliche, die nicht der CDU angehörten.

Der Parteitag wurde ein voller Erfolg, den wir unseren jugendlichen Gästen aus der ganzen Bundesrepublik zu verdanken hatten. Sie waren nicht ausgestiegen, sondern hatten mitgemacht. Sie waren nicht nach Hamburg gekommen, um mit verdrossenen Mienen Kritik um der Kritik willen abzuladen, sondern um ihre Standpunkte vorzutragen: bequeme und unbequeme, direkte, vernünftige und manchmal auch unvernünftige.

Die CDU hatte in Hamburg ihren Standort bestimmt und ihre Fähigkeit unter Beweis gestellt, Gespräche mit anderen zu führen. Der Dialog mit der jungen Generation, kontrovers und streitig,

*Der Hamburger Parteitag stand im Zeichen des Dialogs
mit der jungen Generation (1981)*

war ein Vergnügen und eine Erfahrung, die auch in Zukunft gepflegt werden musste. In den vielen Gesprächen mit unseren jungen Gästen erzählten sie auch von Erfahrungen, die nicht immer gut waren, Erfahrungen aus dem Arbeitsleben. Ich appellierte an die Landes-, die Bezirks-, die Kreis- und Ortsverbände, auf unsere jungen Mitbürger zuzugehen. Ich rief meine Parteifreunde dazu auf, nicht über die Jungen zu sprechen, sondern mit ihnen zu reden. Die Glaubwürdigkeit der CDU würde sich nicht zuletzt daran erweisen, wie wir diese Gespräche führten.

Dieser Hamburger Parteitag hatte auch bewiesen, dass die CDU wie keine andere Partei in Deutschland fähig zur Integration war. Wir waren und sind eine große Volkspartei. Das wirft auch große Probleme auf. Wir haben ein breites Spektrum politischer, soziologischer und soziographischer Gegebenheiten. Wir müssen, um Volkspartei zu bleiben, leidenschaftlich über Sachfragen diskutieren können. Auf diesem Parteitag wurde wieder eine große Spannbreite politischer Meinungen sichtbar, und auch darin unterschieden wir uns von SPD und FDP. Bei allen Meinungsverschiedenheiten im Detail – entscheidend war die überzeugende Übereinstimmung in den wesentlichen Grundfragen unserer und der deutschen Politik.

Unsere Fähigkeit zur Diskussion und zur Integration, unsere Grundsatztreue, die nicht vom Zeitgeist umgeworfen wird, unsere Fähigkeit zum menschlichen Miteinander, zur Toleranz, und das richtige Sachprogramm, das waren die Voraussetzungen für die Regierungsübernahme. Auf diesem Weg waren wir in Hamburg ein großes Stück vorangekommen.

28.
Ostkontakte

Am 22. November 1981 besuchte der sowjetische Staats- und Parteichef Leonid Breschnew zum dritten und letzten Mal die Bundesrepublik. Es war seine erste Visite seit der Intervention sowjetischer Truppen in Afghanistan. Es war mir wichtig, im Gespräch mit ihm deutlich zu machen, was die Mehrheit der deutschen Bevölkerung dachte. Diese Mehrheit stand fest zur atlantischen Allianz, zum Bündnis mit den Vereinigten Staaten von Amerika und war entschlossen, den notwendigen Beitrag zur Verteidigung der Freiheit zu leisten. Sie war hingegen nicht bereit, Menschenrechtsverletzungen, wo immer sie geschahen, hinzunehmen.

Am dritten Tag seines Besuchs hatte ich ein vierzig Minuten langes Gespräch mit Breschnew, an dem auch – anders als bei früheren Treffen – Außenminister Gromyko teilnahm. Bemerkenswert fand ich, wie Breschnew trotz seiner gesundheitlichen Probleme, die ihm ein Jahr vor seinem Tod schwer zu schaffen machten, das Gespräch führte. Im Vergleich zu früheren Begegnungen war die Atmosphäre konstruktiv bis zurückhaltend freundlich. Seine Kritik an der Politik der Union war diesmal durchaus moderat. Der Diktator gab das Interesse der sowjetischen Führung zu erkennen, auch mit der Opposition in der Bundesrepublik im Gespräch zu bleiben.

Breschnew kritisierte unsere enge Bindung an die Vereinigten Staaten von Amerika und unsere Position zum Nato-Doppelbeschluss und zur Neutronenwaffe. Er wies darauf hin, dass die Sowjetunion selbstverständlich die Bündnisverpflichtung der Bundesrepublik als Teil der Nato, Teil der westlichen Welt, respektiere. Die Sowjetunion erwarte jedoch eine vernünftige Wahrnehmung und Balance der deutschen Interessen zwischen Ost und West. Die speziellen Beziehungen zu den Vereinigten Staaten sollten die Beziehungen zur Sowjetunion nicht beeinträchtigen. Breschnew betonte dann auch, dass es der Sowjetunion fernliege, der CDU/CSU voreingenommen gegenüberzutreten. Mit der Bonner Opposition, mit der Union, sei eine konstruktive Politik möglich.

In meiner Antwort wies ich darauf hin, dass ich auf die einzelnen Punkte, in denen wir uns in offener Kontroverse befänden, nicht näher eingehen würde. Vielmehr ging es mir darum, die Zeit zu nutzen für die Punkte, die ich für wesentlich hielt. Ich unterstrich noch einmal, dass die Union für eine Politik der Verständigung und der Zusammenarbeit eingetreten sei, seit es Beziehungen zwischen Bonn und Moskau gab. Ich betonte, dass für uns das Fundament einer aktiven Ostpolitik in der Vergangenheit, in Gegenwart und Zukunft die feste Einbindung der Bundesrepublik in die westliche Allianz eines freien Europas sei.

Anschließend machte ich deutlich, dass wirklicher Friede in Europa sich nicht ergeben könne, solange die Spaltung Europas und die Spaltung unseres eigenen Vaterlandes andauere. Wir wären bereit, so führte ich aus, alles zu tun, um die Folgen der Spaltung für unsere Mitbürger in beiden Teilen Deutschlands erträglich zu machen. Wir seien uns darüber im klaren, dass wir uns bei der Überwindung der Teilung auf einen langen Zeitraum einrichten müssten. Aber um so wichtiger sei es, das Menschenmögliche zu tun, dies erträglich zu gestalten. Dazu könne die Sowjetunion als die wichtigste Macht des Warschauer Pakts einen wichtigen Beitrag leisten.

Es war übrigens interessant, dass an dieser Stelle – im Gegensatz zum letzten Treffen vor drei Jahren – Breschnew nicht erwähnte, dass die DDR ein souveränes Land sei und insofern die Sowjetunion keine Möglichkeit habe, hierbei hilfreich zu sein.

Im Blick auf unser Verhältnis zur DDR erklärte ich auch, dass wir zu Leistungen bereit seien, dass aber diese Leistungen in einem ausgewogenen Verhältnis zu den Gegenleistungen stehen müssten.

Uns gehe es vor allem auch darum, das durch die Teilung entstandene menschliche Leid zu überwinden. Das gelte für die Kontakte zwischen beiden Teilen Deutschlands; es gelte aber ebenso für die Zusammenführung von Familien und ihren Angehörigen im Bereich der Sowjetunion, für Menschen also, die auf Grund ihrer Zugehörigkeit zu ihrer Familie, ihrer Nationalität wieder in ihre alte Heimat nach Deutschland zurückkehren wollten.

Auch auf unser Grundprinzip wies ich hin: den Verzicht auf Androhung und Anwendung von Gewalt. Unser Verteidigungsbeitrag sei ausschließlich davon bestimmt, den Frieden und die Freiheit zu sichern. Grundlage für eine solche Politik bleibe für uns das Gleichgewicht der Kräfte zwischen Ost und West, in Europa und weltweit, und zwar auf einer möglichst niedrigen Stufe.

*

In diesen Tagen erschien eine hochinteressante demoskopische Untersuchung des Allensbacher Instituts. Danach entschieden sich 53 Prozent der Befragten für die Unionsparteien, 32,5 Prozent für die SPD – der niedrigste Wert seit 1955 – und für die FDP 8 Prozent. Letzteres bedeutete einen leichten Rückgang für die Liberalen, den ich aber keineswegs überbewerten wollte.

*

Nur wenige Wochen nach Breschnews Bonner Visite, bei der in den strittigen Rüstungsfragen keine Annäherung hatte erzielt werden können, traf sich Bundeskanzler Schmidt in der DDR mit Staats- und Parteichef Erich Honecker. Während des dreitägigen Besuchs sprachen Schmidt und Honecker insgesamt fünfzehn Stunden miteinander. In den Kernfragen der Beziehungen zwischen beiden deutschen Staaten konnte keine Verständigung erreicht werden. Angesprochen wurden Probleme der Familienzusammenführung und andere humanitäre Fragen, Schwierigkeiten beim Reise- und Besucherverkehr und die Erhöhung des Mindestumtauschs. Auch der Grenzverlauf auf der Elbe war ein Thema.

Honecker legte seine bekannte Position dar, forderte die Respektierung der DDR-Staatsbürgerschaft und verlangte, die Ständigen Vertretungen beider Staaten zu Botschaften heraufzustufen und Botschafter auszutauschen.

Nachdem Schmidts Besuch in der DDR zuvor zweimal verschoben worden war, schien mir das Ergebnis dieses spektakulären Treffens eher mager, ja sogar enttäuschend zu sein. Für die Menschen in Deutschland war dabei nichts herausgekommen. Es blieb lediglich die Hoffnung, in den nächsten Monaten beim Zwangsumtausch und den menschlichen Erleichterungen doch noch etwas zu erreichen. Demgegenüber hatte die DDR die Aussicht auf ein langfristiges Wirtschaftsabkommen erhalten.

Während sich Helmut Schmidt mit Honecker traf, wurde in Polen das Kriegsrecht verhängt, wurden führende Mitglieder der Gewerkschaft »Solidarität« (Solidarność) verhaftet und jegliche Aktivität verboten. Viele warfen Schmidt politische Instinktlosigkeit vor, weil er seinen Besuch trotzdem nicht abgebrochen hatte. Damals wie heute bin ich jedoch der Meinung, dass eine solche Haltung niemandem genutzt, sondern den innerdeutschen Beziehungen eher geschadet hätte.

Die eigentliche Konsequenz aus dem Treffen Schmidt/Honecker hatte ich sechs Jahre später zu tragen. Der Besuch des SED-Generalsekretärs in Bonn im September 1987 ging auf eine Einladung Helmut Schmidts zurück, die er bei seiner Abreise im Dezember 1981 ausgesprochen hatte. Als ich im Oktober 1982 Kanzler der Bundesrepublik Deutschland wurde, hatte ich keinen Augenblick gezögert, Helmut Schmidts Einladung an Erich Honecker zu erneuern.

*

Das Jahr 1981 ging für die Union gut zu Ende. Neben den positiven demoskopischen Zahlen war mir wichtig, dass zwischen CDU und CSU gutes Einvernehmen herrschte und die gemeinsame Fraktion effektiv arbeitete. Sicherlich war immer noch vieles verbesserungsbedürftig. Auch wir machten Fehler, aber sie waren erträglich. Ich spürte einen großen Erwartungsdruck für das neue Jahr und warb in Partei und Fraktion zum Jahreswechsel um Geduld und Klugheit.

Aus den Meinungsumfragen zur Jahreswende ging hervor, dass die Bürger dem neuen Jahr nicht mit Mut und Zuversicht, sondern mit tiefen Sorgen entgegenblickten. Das Vertrauen in die Zukunft war so gering wie kaum jemals zuvor. Das war eine zusätzliche Hypothek auf das kommende Jahr, das Staat, Wirtschaft und Gesellschaft ohnehin vor schwerwiegende Belastungs- und Bewährungsproben stellte.

Außenpolitisch warf die Entwicklung in Polen dunkle Schatten auf das Ost-West-Verhältnis und belastete das Klima für die 1982 anstehenden Verhandlungen über Abrüstung und Rüstungskontrolle. Der amerikanische Präsident Ronald Reagan hatte den Willen der westlichen Führungsmacht unterstrichen, mit den Genfer Gesprächen zwischen Washington und Moskau über die atomaren Mittelstreckenraketen die Entspannung in Europa zu fördern.

Es lag nun an der Sowjetunion, unter Beweis zu stellen, dass auch sie bereit war, durch Abrüstung der Entspannung zu dienen und die Lage auf unserem Kontinent nicht mit atomarer Hochrüstung weiter zu verschärfen. Nur eines konnte, ja musste den Kreml dazu verleiten, in Genf nicht wirklich ernsthaft zu verhandeln, sondern kühl auf Zeit zu spielen: wenn die Entschlossenheit des Westens, für den Fall ausbleibender Verhandlungsergebnisse ab 1983 amerikanische Mittelstreckenraketen und Marschflugkörper in Europa zu stationieren, in den Ländern des Bündnisses in Zweifel gezogen wurde. Solche Stimmen beflügelten natürlich Moskaus Hoffnung, dass der Brüsseler Doppelbeschluss vom Dezember 1979 zu Fall käme, ohne dass die Sowjetunion auch nur den geringsten Schritt zum Abbau ihres Potentials an atomaren Mittelstreckenraketen tun müsste.

29.
Unüberwindbare Streitpunkte

Acht Jahre währte Helmut Schmidts Kanzlerschaft – länger als die von Ludwig Erhard, Kurt Georg Kiesinger oder Willy Brandt. Das war eine beachtliche Leistung, zumal er sich von Anfang an vielen Problemen gegenübergesehen hatte: Konjunktureinbrüche, Terrorismusgefahr und das Ende der Entspannung. Er hatte es angesichts dieser Herausforderungen nicht leicht, immer wieder die eigene Partei und auch die Koalition mit der FDP zusammenzuhalten. In den letzten Jahren der sozialliberalen Koalition erlebten die Deutschen dann eine Regierung, die sich nach quälenden und langen Auseinandersetzungen auf Kompromissformeln einigte, die schon Wochen später nichts mehr galten.

Schmidt und Genscher zehrten von der komfortablen Mehrheit, mit der sie aus der letzten Wahl 1980 hervorgegangen waren. Der Wille, um fast jeden Preis an der Macht zu bleiben, war immer noch stärker als die Wirkung sachlicher Differenzen, auch wenn es in Wahrheit kein gemeinsames Programm der beiden Koalitionsparteien mehr gab und keine handlungsfähige Regierung.

Achttausendfünfhundert Firmen gingen 1981 in Konkurs, die Arbeitslosigkeit näherte sich der Zweimillionengrenze. Die Staatsverschuldung war bedrohlich angewachsen, die Investitionsquote der deutschen Volkswirtschaft massiv zurückgegangen. Junge qualifizierte Menschen standen auf der Straße. Die Wortführer der Linken entwarfen ein Szenario drohender Umweltkatastrophen und von der Gefahr eines atomaren Krieges, das zum Erstarken außerparlamentarischer Protestbewegungen führte.

*

Zum Jahresbeginn 1982 spitzte sich der Konflikt in der Bonner Koalition zu. Die Beschäftigungspolitik war der entscheidende Streitpunkt. Seit Wochen wurde vor dem Hintergrund der dramatisch ansteigenden Arbeitslosigkeit über die Notwendigkeit eines milliardenschweren öffentlichen Beschäftigungsprogramms diskutiert. SPD und Gewerkschaften forderten kategorisch die Realisierung zusätzlicher Staatsinvestitionen, während die FDP beharrlich betonte, dass eine Erhöhung der öffentlichen Ausgaben über den bestehenden Budgetrahmen hinaus nicht in Frage komme. Schließlich kam es zu einer einvernehmlichen Kabinettsentscheidung, die nach außen Einigkeit demonstrieren sollte. Allerdings war die Finanzierung dieses Beschäftigungsprogramms mit der Erhöhung der Mehrwertsteuer verbunden, die wir als CDU/CSU-Opposition ablehnten und die auch auf seiten von SPD und FDP umstritten war.

Angesichts der anhaltenden Spannungen zwischen den Koalitionsparteien, aber auch innerhalb der SPD, verband Bundeskanzler Helmut Schmidt die Vorlage des Beschäftigungsprogramms im Bundestag mit der Vertrauensfrage. In namentlicher Abstimmung am 5. Februar 1982 erhielt er die Ja-Stimmen von zweihundertneunundsechzig Abgeordneten von SPD und FDP, zweihundertfünfundzwanzig CDU/CSU-Abgeordnete votierten mit Nein.

In seiner Erklärung zu Beginn der Debatte hatte der Bundeskanzler gesagt, die Wähler der Koalition bräuchten Gewissheit darüber, dass die Regierung vier Jahre das Mandat ausübe und sich auf eine solide parlamentarische Mehrheit beider Parteien stützen könne. Auch die Verbündeten im Westen müssten wissen, woran sie mit der Bundesrepublik Deutschland seien. Spekulationen über den Kurs Bonns vor allem auch in der Sicherheitspolitik sollten damit beseitigt werden, sagte Schmidt.

Als Vorsitzender der CDU/CSU-Bundestagsfraktion ergriff ich das Wort zu einer deutlichen Replik: Noch im November 1980 habe der Kanzler seine Regierungserklärung unter das Motto »Mut zur Zukunft« gestellt und heute bringe er nicht einmal den Mut auf, die Vertrauensfrage mit einem bestimmten Gesetzesvorhaben zu verbinden, sondern wünsche die Vertrauenserklärung für seine Gesamtpolitik. Der Kanzler spüre den rapiden Verfall der Autorität. Die Abstimmung über die Vertrauensfrage solle daher eine allgemeine Zustimmung vorspiegeln, die Schmidt in den konkreten Sachfragen der Politik schon längst nicht mehr besitze. An den Bundeskanzler gewandt betonte ich: »Sie haben das Vertrauen der Mehrheit der Deutschen nicht nur enttäuscht, Sie haben es verloren. Ihr Taktieren mit der Vertrauensfrage nützt weder Ihnen, noch nützt es dem Land. Die Lage ist zu ernst, als dass sie mit solchen Manövern zu meistern wäre.«

*

Mitte April 1982 veranstaltete die SPD ihren Bundesparteitag in München, auf dem zahlreiche Beschlüsse gefasst wurden, die in klarem Widerspruch zur Regierungspolitik standen. Dazu zählten mehrere Steuererhöhungen und staatliche Eingriffe in die Marktwirtschaft. Es gab nur wenige Stimmenthaltungen – ein deutlicher Linksruck. Der Bundeskanzler beteiligte sich weder an der Diskussion, noch war er bei der Abstimmung anwesend. Offensichtlich hatte er längst resigniert.

Eine tiefe ideologische Spaltung und Spannung zeigte sich auch bei zentralen Fragen der deutschen Politik wie der Kernenergie und dem Nato-Doppelbeschluss. Die Bedeutung Helmut Schmidts innerhalb der eigenen Partei hatte stark abgenommen. Die unbestreitbare Nummer eins war Willy Brandt, der sich redlich bemühte, die Parteiflügel zu besänftigen und ein »Aufeinander-Zugehen« beschwor. Alles in allem kam es mir vor, als richtete sich die SPD auf ihrem Münchner Parteitag auf die Zeit nach Schmidt ein. Symbolisch für diese Entwicklung war sein beredtes Schweigen, als es um die Arbeitsmarkt-, Finanz- und Wirtschaftspolitik ging. Die SPD verhielt sich, als wäre sie in der Opposition.

30.
Gegen die Ängste

Auf dem Münchner SPD-Parteitag wurden in einem Ausmaß Ängste geschürt, wie ich es seit langem nicht mehr erlebt hatte. Selbst der Bundeskanzler beteiligte sich daran, als er behauptete, bei einer CDU/CSU-geführten Bundesregierung werde alles nur noch schlimmer. Aus der Angst parteipolitisches und persönliches Kapital schlagen zu wollen, war ein Unterfangen, das sich selbst richtete. Auffallend war in jener Zeit, wie sehr die Angst zunahm. Die Liste von Besorgnissen war lang: Siebenunddreißig Jahre nach dem Zweiten Weltkrieg hatten viele Bürger Angst vor einem Kriegsausbruch. Sie fürchteten um ihren Arbeitsplatz. Es bewegte sie die Sorge, ihre Rente könnte in wenigen Jahren nicht mehr gesichert sein. Die Universitäten waren überfüllt. Es gab zu wenig Ausbildungsplätze; die Chancen, den gewünschten Beruf wählen zu können, nahmen ab. Die natürliche Umwelt schien beinahe unausweichlich in die Katastrophe zu steuern.

Diese Ängste waren bei allen Jahrgängen und in allen Schichten der Bevölkerung zu finden, nicht bloß bei der jungen Generation. Junge Menschen brachten ihren Protest nur häufig spontaner und rücksichtsloser und damit sichtbarer zum Ausdruck.

Jeder Politiker musste sich fragen, wie es in einem demokratisch so stabilen und wirtschaftlich so starken Land wie der Bundesrepublik zu einem solchen Ausmaß an Lebensangst kommen konnte. Vor allem die Regierung und die sie tragenden Parteien SPD und FDP, die seit dreizehn Jahren die Politik bestimmten, mussten sich die Frage gefallen lassen, welche Verantwortung sie für diese Entwicklung trugen. Und für den Bundeskanzler, der nach unserem

Grundgesetz die Richtlinien der Politik bestimmt, stellte sich diese Frage erst recht.

War nicht die SPD 1969 mit dem Versprechen angetreten, sie wolle mehr Demokratie wagen? Hatte Willy Brandt nicht jahrelang verkündet, der Friede sei sicherer geworden? Hatte Helmut Schmidt nicht immer wieder versprochen, jetzt komme der wirtschaftliche Aufschwung; die Finanzierung der Renten sei nur ein kleines Problem; Deutschland habe sichere Arbeitsplätze, und die gewaltige Staatsverschuldung sei geringer als zu Kaiser Wilhelms Zeiten? – Das alles und noch mehr war aktenkundig.

Sicherlich: Auch ein Politiker kann sich irren, und manches kann anders kommen als erwartet. Das habe ich oft genug selbst erlebt. Doch für die Betroffenen war das kein Trost. Schließlich waren die Probleme ja nicht vom Himmel gefallen.

Natürlich wussten wir, dass eine Regierung keine Wunder vollbringen konnte. Aber wenn internationale Krisen zunahmen und sich verschärften, war die Freundschaft mit den USA und die Stabilität des westlichen Bündnisses notwendiger denn je. Die SPD dagegen trug längst zur politischen und militärischen Schwächung des Westens bei. Rüstungskontrolle und Abrüstung hätten unter einer CDU/CSU-geführten Regierung größere Chancen, weil die Sowjetunion wüsste, dass wir am Nato-Doppelbeschluss festhalten, und abrüsten müsste, wenn die Nato nicht nachrüsten sollte. Die SPD aber wollte den Doppelbeschluss längst zu Fall bringen.

Wirtschaftliches Wachstum war nur möglich, wenn Investitionen und persönlicher Leistungswille gefördert wurden. Die Parteitagsbeschlüsse der SPD jedoch zerstörten das Vertrauen in der Wirtschaft und bestraften alle, die mehr verdienten, weil sie mehr leisteten. Schon diese wenigen Beispiele bewiesen, dass es in der Tat Zeit für eine Wende war.

*

Angesichts der massiven Verleumdungskampagne gegen die Union und ihre Absicht, den Nato-Doppelbeschluss durchzusetzen, verspürten wir die Notwendigkeit, ein deutliches öffentliches

Zeichen zu setzen. In Partei und Fraktion war die Zustimmung groß, als ich eine Kundgebung in Bonn und München für die Erhaltung des Friedens, für eine weltweite Abrüstung und für die Freundschaft zu den Vereinigten Staaten vorschlug. Heiner Geißler, der diesen Vorschlag mit inspiriert hatte, unterstützte diese Idee mit großem Engagement und trug ganz wesentlich zum Gelingen der Großkundgebung bei.

Die Partei rief die Mitglieder der Union auf, am 5. Juni 1982 gemeinsam mit unseren Freunden, unseren Familien, mit Frauen und Kindern im Bonner Hofgarten für den Frieden in Freiheit zu demonstrieren. Im Vorfeld des Besuchs von US-Präsident Ronald Reagan erklärte ich in meinem Aufruf zur Teilnahme an der CDU-Großdemonstration, dass wir es nicht einer Minderheit überlassen würden, mit ihren Aktivitäten das Bild Deutschlands nach innen und außen zu bestimmen. Die Demonstration werde ein Signal dafür sein, dass sich die überwiegende Mehrheit der Deutschen für die Bundesrepublik, für unseren freiheitlichen und sozialen Rechtsstaat sowie für den Frieden in Freiheit bei uns und in der Welt einsetzt.

Über hunderttausend Menschen versammelten sich auf der Hofgartenwiese in Bonn. Es war die größte Veranstaltung in der Bundesrepublik, die eine demokratische Partei in dieser Form je gestaltete. Zugleich war es ein richtiges Familientreffen. Aus der ganzen Bundesrepublik waren unsere Mitglieder und Freunde nach Bonn gekommen – viele mit ihrer Familie, mit ihren Kindern. Es herrschte ein fröhliches Treiben, und bei aller Ernsthaftigkeit des Anlasses und allem Ernst der politischen Themen war es ein Treffen in einer freundschaftlichen Atmosphäre. Dieses große Fest für Frieden und Freiheit knüpfte insofern an eine Erfahrung aus der Weimarer Republik an, als es eine Demonstration *für* eine Politik war. Das war um so bemerkenswerter, als es sich in den letzten Jahren in der Bundesrepublik eingebürgert hatte, dass fast nie für etwas, sondern so gut wie immer gegen etwas demonstriert wurde.

In meiner Rede kritisierte ich, dass in der Bundesrepublik ein Streit darüber entfacht worden sei, wer mehr für den Frieden sei.

Über 100 000 Menschen sind zur Demonstration
nach Bonn gekommen

In Wirklichkeit seien doch alle für weltweite und kontrollierbare Entspannung und Abrüstung. Ich appellierte an den sowjetischen Staats- und Parteichef Breschnew und an Präsident Reagan, ihr bevorstehendes Zusammentreffen zu nutzen, um ein Zeichen ihres guten Willens zu Entspannung und Abrüstung zu setzen. Die Milliarden, die in Ost und West in die Rüstung investiert werden, könnten viel sinnvoller und nutzbringender eingesetzt werden, um der Dritten Welt zu helfen, für Nahrungsmittel und Medikamente, für hungernde Kinder in Lateinamerika, Asien und Afrika, für Werke des Friedens, der Solidarität und der Menschlichkeit.

Der Regierende Bürgermeister von Berlin, Richard von Weizsäcker, erinnerte in seiner Rede in Bonn an die sowjetische Blockade Berlins 1948/49. Amerikaner und Berliner seien damals von

614

Gegnern zu Freunden geworden, und dieses Erlebnis habe den Grundstein für den Beitritt der Bundesrepublik zum westlichen Bündnis gelegt. Die Berliner vergäßen ihre Freunde nicht, die sich in schwerer Zeit bewährt hätten, und sie begrüßten US-Präsident Reagan deshalb besonders herzlich.

CDU-Generalsekretär Heiner Geißler bemerkte, die Kundgebungsteilnehmer seien Arbeiter, Selbständige, junge Leute und Rentner, Mitglieder der CDU und anderer Parteien sowie Abgeordnete, Bürgermeister, Oberbürgermeister und Ministerpräsidenten der CDU. Die Demonstration sei nicht überflüssig, wie der Bundeskanzler gesagt habe, sondern sie sei genauso notwendig wie eine neue Regierung unter der Verantwortung der Union.

Es war eine friedliche Versammlung. Es gab keine Barrikaden, und die Polizei musste nicht mit Helmen aufmarschieren. Über hunderttausend Mitbürger zeigten, dass in Deutschland nicht nur gegen, sondern auch für etwas demonstriert wurde. Menschen aus allen sozialen Schichten hatten bewiesen, dass die Union als einzige demokratische Partei in der Lage war, die Bevölkerung zu einer so machtvollen Demonstration für unseren Staat zu mobilisieren. Die Teilnehmer der Demonstration hatten nicht nur den politischen Einfluss der CDU dokumentiert, sie hatten darüber hinaus vor der ganzen Welt deutlich gemacht, dass es trotz des Lärms einer Minderheit keinen Zweifel an dem politischen Standort der Bundesrepublik Deutschland gab.

Die kleinliche Kritik der SPD konnte nicht darüber hinwegtäuschen, dass die deutsche Sozialdemokratie gegenwärtig nicht in der Lage war, ihre Mitglieder und Anhänger auch nur annähernd so geschlossen für die Interessen der Deutschen eintreten zu lassen. Während der Bundeskanzler als Gastgeber die Staats- und Regierungschefs der Nato empfing, beteiligten sich ganze Landesverbände und Vereinigungen der SPD an einer Gegendemonstration. Der Autoritätsverfall und die Führungsunfähigkeit des Kanzlers hätten nicht krasser vor der gesamten Weltöffentlichkeit deutlich gemacht werden können.

In den vielen Jahren meiner politischen Tätigkeit hatte ich manche Kundgebung erlebt. Ich hatte allerdings noch nie an einer

Veranstaltung teilgenommen, die für mich auch im Menschlichen, in der persönlichen Begegnung miteinander so bewegend war wie diese Großdemonstration im Hofgarten. Was man psychologisierend »Wir-Gefühl« nennt, war in Bonn tatsächlich zu spüren.

*

Fünf Tage später tagte die Nato-Gipfelkonferenz erstmals in Bonn. Als neu aufgenommenes sechzehntes Mitglied nahm auch Spanien daran teil. In ihrer »Bonner Erklärung« stimmten die Staats- und Regierungschefs darin überein, dass Sicherheit und Abrüstung gleichwertige Ziele der Nato-Politik seien, forderten aber »wirkliche« Entspannung. Ronald Reagan, der anlässlich der Gipfelkonferenz am 10. und 11. Juni die Bundesrepublik besuchte, sprach vor dem Deutschen Bundestag. Er bekräftigte die engen deutsch-amerikanischen Beziehungen und die Fortdauer der militärischen Präsenz der USA in Westeuropa. Bei seinem Besuch in West-Berlin erläuterte der amerikanische Präsident seine Abrüstungsvorschläge und bestätigte den Nato-Doppelbeschluss.

Während des Gipfeltreffens in Bonn fand die bisher größte Kundgebung in der Geschichte der Bundesrepublik statt. Etwa dreihundertfünfzigtausend Teilnehmer der sogenannten Friedensbewegung demonstrierten für »Frieden und Abrüstung«. Darunter waren zahlreiche Mitglieder von SPD-Vereinigungen und -Parteigliederungen, die gegen unseren wichtigsten Verbündeten, Partner und Freund, gegen die Vereinigten Staaten von Amerika und ihren frei gewählten Präsidenten, demonstrierten. Zahllose SPD-Mitglieder marschierten hinter roten Fahnen und Transparenten, die gegen das Nato-Bündnis gerichtet waren, das uns seit über dreißig Jahren Frieden in Freiheit gesichert hatte. Dennoch hatte der Bundeskanzler für diese Demonstration großes Verständnis gefunden, während er die Demonstration der über hunderttausend Bürger, die am 5. Juni 1982 in Bonn und München für die Freundschaft mit Amerika und Europa ein Zeichen gesetzt hatten, als überflüssig abgetan hatte.

Neunundfünfzig Bundestagsabgeordnete der SPD, über ein Viertel der Gesamtfraktion, eine Fraktion in der Fraktion, hatten es für nötig gehalten, in einem Brief an den amerikanischen Präsidenten dessen Politik zu kritisieren. Dieser Brief ignorierte nicht nur die Abrüstungsinitiative der amerikanischen Regierung, er war politisch einäugig und ein deutlicher Affront gegenüber unserem amerikanischen Gast. Diese neunundfünfzig Kollegen hatten im Jahr zuvor auch einen Brief an Generalsekretär Breschnew gerichtet, dessen Besuch sie als »ein Zeichen des guten Willens« gewertet hatten, die Politik der Verständigung fortzusetzen. In diesem Brief hatten sie den sowjetischen Vorschlag für ein Moratorium beim Aufstellen der Mittelstreckenraketen »positiv begrüßt«, obwohl die Regierung Schmidt/Genscher und das gesamte Bündnis diesen Vorschlag entschieden abgelehnt hatten.

Weder die Führung der SPD und der SPD-Bundestagsfraktion noch Bundeskanzler Helmut Schmidt waren willens oder in der Lage, dieser doppelbödigen Politik ihrer Partei und Fraktion Einhalt zu gebieten. Eine solche Politik musste zu Zweideutigkeit und zu Zweifeln bei unseren amerikanischen Verbündeten und im westlichen Bündnis führen. Vor allem aber war es so unmöglich, die deutschen Interessen im Bündnis wirksam zu machen. Den Schaden mussten unser Land und vor allem unsere Bürger tragen.

31.
Sommer der
Überraschungen

Medienberichte sorgten im Sommer 1982 für Aufregung. Angeblich hätten sich Gerhard Stoltenberg und Ernst Albrecht gegen mich als Kanzlerkandidaten der Union ausgesprochen. Nichts an diesen Gerüchten stimmte. In der Sitzung der Bundestagsfraktion am 15. Januar 1982 nahm ich die Gelegenheit wahr, die Personalfrage offen anzusprechen. Zunächst warnte ich davor, das Fell des Bären zu verteilen, bevor er überhaupt erlegt war. Zwar habe die parlamentarische Opposition die Pflicht, jederzeit die Regierung übernehmen zu können, wenn sich eine echte Chance biete, falls es aber keine frühere Ablösung gebe, bräuchten wir bis zum regulären Wahljahr 1984 einen langen Atem.

Ich ließ keinerlei Zweifel aufkommen, dass ich die Absicht hätte, auch in einer schwierigen Lage politische Verantwortung zu übernehmen. Erneut erinnerte ich an die Verabredung zwischen CDU und CSU, dass die Bundestagsfraktion die Entscheidung über die Kanzlerkandidatur zu fällen habe, falls sie während der laufenden Legislaturperiode anstehe. Ich lehnte alle Gedankenspiele ab, die darauf hinausliefen, hier und jetzt eine Entscheidung herbeizuführen. Es gab keinen Entscheidungsnotstand in dieser Frage. Zur Absprache mit der CSU gehörte auch, nach den Landtagswahlen in Schleswig-Holstein und Rheinland-Pfalz im März 1983 Personalgespräche zu führen, um im Laufe des Jahres dann den Kanzlerkandidaten für die reguläre Wahl im Herbst 1984 zu bestimmen.

In der letzten Sitzung der Bundestagsfraktion vor der Sommerpause ermahnte ich die Kolleginnen und Kollegen erneut, die

Geduld und Gelassenheit nicht zu verlieren und sich nicht von der Hektik des Bonner Politikbetriebs anstecken zu lassen. Denn die vielbeschworene Endzeit der Regierung Schmidt/Genscher konnte noch lange auf sich warten lassen. Gerüchte über den Zusammenbruch der sozialliberalen Koalition dienten lediglich dem einen Zweck, Unsicherheit in den eigenen Reihen zu verbreiten.

Die Regierungsfraktionen waren in eine Art psychologischer Kriegführung verstrickt, und die Drohgebärden auf beiden Seiten waren unverkennbar. Gleichwohl traute ich den Informationen nicht, wonach der Koalitionsbruch unmittelbar bevorstehe. Nach Lage der Dinge konnte das nicht allzulange gutgehen, doch meine Skepsis blieb. Schließlich war die Regierung immer noch im Amt, und sie konnte dort noch eine ganze Weile verharren. Für die Union hieß es, geduldig den richtigen Zeitpunkt abzuwarten und den Wählern klarzumachen, dass ein Neuanfang in Bonn nur mit CDU und CSU möglich war.

*

Die Landtagswahlen in Niedersachsen im März 1982 hatten der CDU in Hannover die Alleinregierung beschert, und aus den Senatswahlen in Hamburg im Juni 1982 ging die CDU immerhin als stärkste Partei hervor. Ministerpräsident Ernst Albrecht und Walther Leisler Kiep, der Hamburger CDU-Spitzenkandidat, hatten hervorragend abgeschnitten.

Der unverhoffte Wahlerfolg des CDU-Schatzmeisters Kiep ließ in Kreisen der Wirtschaftskapitäne Personalspekulationen sprießen, die einen ernsten Hintergrund hatten. Von Vertrauten erfuhr ich, dass am Rande einer Sitzung des Bundesverbands der Deutschen Industrie (BDI) in Köln der Vorschlag gemacht wurde, Walther Leisler Kiep als Kanzlerkandidaten der Unionsparteien gegen Helmut Schmidt zu positionieren. Einflussreiche Vertreter der deutschen Wirtschaft, der Banken sowie führende FDP-Vertreter, zu denen jedoch nicht der FDP-Vorsitzende Hans-Dietrich Genscher gehörte, und wichtige Männer der BDI-Geschäftsführung sprachen sich für Kiep aus.

Kiep war ihr Kandidat, der Kandidat der Großindustrie, die mit mir so recht nichts anfangen konnte. Die Verbandsoberen bestritten zwar nicht, dass ich ein treuer Anhänger der Sozialen Marktwirtschaft Ludwig Erhards bin, aber meine Neigung für eine ausgeprägte Mittelstandspolitik gefiel ihnen nicht, und manche hielten mich für zu links. Dabei verkannten sie bei dem Vorschlag Kiep die tatsächlichen Machtverhältnisse innerhalb der Unionsparteien. Wenn Strauß schon mir gegenüber immer Bedenken hatte und sich immer noch für den besseren Kandidaten hielt, würde er eine Kiep-Kandidatur erst recht kategorisch ablehnen, auch wenn er ihn 1980 als »Schattenaußenminister« in seine Kernmannschaft berufen hatte.

Weder in der CDU, schon gar nicht in der CSU, noch in der Unionsfraktion gab es eine besondere Neigung für Leisler Kiep. Ich wundere mich bis zum heutigen Tag, mit welcher Naivität sich manche Repräsentanten von Industrie und Banken in die inneren Angelegenheiten der Union einzumischen versuchten. Auch diesmal schätzten sie die Macht- und Mehrheitsverhältnisse völlig falsch ein.

Einer solchen Haltung bin ich nicht nur im Jahr 1982 begegnet, sondern auch später immer wieder. Manchen Mächtigen der Wirtschaft fehlte jegliches Einfühlungsvermögen, wenn es um das Innenleben, das innerparteiliche Kräfteverhältnis, um Ansehen, Sympathie und Antipathie in der Union ging.

Nach der erfolgreichen Hamburger Wahl, die Kiep leider nicht an die Spitze seiner Geburtsstadt brachte, weil die FDP den Einzug in die Bürgerschaft verfehlte, spielte der frühere niedersächsische Finanzminister eine undurchsichtige Rolle. Mir gegenüber gab er sich verbindlich und loyal, doch wie die Öffentlichkeit und auch ich 1999 aus Kieps Tagebuch erfuhren, das Bundeskanzler Gerhard Schröder in Berlin so liebevoll vorstellte, hatte Kiep sich im Sommer 1982 in Berlin mit Richard von Weizsäcker und in Hamburg mit Gerhard Stoltenberg und Ernst Albrecht getroffen, um zu erörtern, ob ich im Ernstfall der richtige Kandidat für das Bundeskanzleramt sei.

Meine Kritiker und auch Rivalen ließen den Sommer verstreichen, ohne sich in den Parteigremien zu Wort gemeldet zu haben. Sie wollten kein Risiko eingehen. Gerhard Stoltenberg, der an einigen dieser Gespräche teilgenommen hatte, übernahm nach meiner Wahl zum Bundeskanzler das Finanzministerium. In diesen ganzen Jahren, in denen wir sehr eng und freundschaftlich zusammengearbeitet haben, hat er mich in jeder Weise unterstützt. Er war ein guter Kamerad, auf den man sich verlassen konnte. Gerhard Stoltenberg hat sich in der Bundesrepublik wie auch international größte Verdienste um Deutschland erworben.

Auch Ernst Albrecht, den ich 1980 voller Überzeugung für die Kanzlerkandidatur vorgeschlagen hatte, hat mich während meiner Kanzlerschaft freundschaftlich und effektiv unterstützt.

*

Als ich am 18. August 1982 vom Urlaub in St. Gilgen zurückkam, herrschte immer noch Ungewissheit in Bonn. In bisher nicht gekannter Offenheit hatte sich der Bundeskanzler zur Lage der Koalition geäußert. Die Chance von SPD und FDP, aus ihrem Tief wieder herauszufinden, sei nicht gleich null, sagte der Bundeskanzler, aber er wolle nicht behaupten, dass die Chance sehr groß sei. Bemerkenswerter als dieses Eingeständnis war aber, worauf der Bundeskanzler in dieser Situation seine Hoffnungen setzte: Nicht auf die eigene Kraft, nicht auf die Handlungsfähigkeit der Koalition und nicht auf den Erfolg der Politik seiner Regierung baute er. Er meinte vielmehr, die Chance der Koalition von SPD und FDP hänge davon ab, wie schnell die Welt und wie schnell wir Deutschen die wirtschaftliche Rezession überwinden.

Was unser Land jetzt brauchte, war eine Regierung, die sich nicht an Illusionen klammerte und die nicht mit falschen Haushaltszahlen arbeitete, sondern die ehrlich Bilanz zog, eine Regierung, die einräumte, dass sie im letzten Jahrzehnt über die Verhältnisse gewirtschaftet hatte, und die den Mut besaß, jetzt die notwendige Kurskorrektur zu vollziehen.

32.
Schlag auf Schlag

Was tatsächlich im Sommer 1982 – genauer: zwischen dem Beginn der parlamentarischen Sommerpause und meiner Wahl zum Bundeskanzler am 1. Oktober – zwischen Union und FDP, zwischen Genscher und mir ablief, wurde bisher durchweg falsch dargestellt. Viele sogenannte Kohl-Biographen haben Legenden erfunden, die schlicht falsch und unwahr sind.

Zwischen Hans-Dietrich Genscher und mir gab es im Sommer 1982 bis zum Bruch der Koalition im September ganz wenige persönliche Gespräche. Wir trafen uns im Bundestag, und Hans-Dietrich Genscher fragte mich, ob ich mit Hannelore wieder Urlaub in St. Gilgen machen würde. Ich sagte ja und fragte ihn nach seinen Urlaubsplänen. Hans-Dietrich erzählte, dass er zusammen mit seiner Frau Barbara auf dem Anwesen seines alten Freundes Bruno Schubert am Fuß des Watzmanns oberhalb von Berchtesgaden Urlaub machen werde. Als wir uns nach diesem kurzen Gespräch verabschiedeten, sagte ich zu ihm wörtlich: »Im übrigen musst du wissen, dass du nicht ohne Netz turnst.« Das war die einzige Vorabsprache auf eine mögliche Koalition. Übersetzt hieß das: Du stürzt nicht ab. Wenn du vom Seil fällst, schlägst du nicht auf den Boden.

Obwohl wir beide nur wenige Kilometer voneinander entfernt in Österreich Urlaub machten, trafen wir uns kein einziges Mal. Es war vor allem Genscher, der jeden Verdacht vermeiden wollte, wir würden Koalitionspläne schmieden. Wir wollten beide jeden Verdacht vermeiden, dass wir Absprachen treffen würden. Franz Josef Strauß hat bis zu seinem Tod 1988 geglaubt, ich hätte mich im Sommer 1982 mehrmals mit Genscher und Friedrich

Zimmermann getroffen und die Bonner Wende detailliert vorbereitet.

*

Der bayerische Ministerpräsident bereitete mir auch jetzt wieder die größten Schwierigkeiten. Wieder trat der Grundkonflikt in der Behandlung und Bewertung der FDP in den Vordergrund. Während ich seit Jahren auf eine Koalition mit den Liberalen setzte, wollte Strauß die FDP – wie 1969 Kurt Georg Kiesinger – aus den Parlamenten, vor allem aus dem Bundestag katapultieren. Strauß lehnte die FDP und ihre führenden Repräsentanten schroff ab. Unvergessen war für ihn seine Entlassung als Bundesverteidigungsminister im Jahr 1962, an der die FDP aktiv beteiligt gewesen war.

Diese Demütigung stand ihm vor Augen, als es jetzt auch darum ging, wie lange ihm das Bundesaußenministerium noch verwehrt und mit dem Chefliberalen Hans-Dietrich Genscher besetzt bleiben würde. Solange die FDP in der Regierung saß, war das Außenamt für Strauß versperrt. Gerade deshalb wollte er die Regierung Schmidt/Genscher »in den Sielen sterben lassen«. Sie musste so sehr am Boden liegen, dass sie aus eigener Kraft nicht mehr hochkam. Sofortige Bundestagsneuwahlen würden dann der Union die absolute Mehrheit bescheren und die Liberalen an der Fünfprozentklausel scheitern lassen. In diesem Fall war er auch bereit, aus dem Amt des bayerischen Ministerpräsidenten auszuscheiden und eine zentrale und entscheidende Position im Bonner Kabinett zu übernehmen. Bezeichnenderweise prägte er den Ausspruch: »Wer unter mir Bundeskanzler ist, ist mir egal.«

Sein Grundgedanke stand in krassem Gegensatz zu meiner Überzeugung, die von einer großen Mehrheit der CDU geteilt wurde. Wir wussten, dass wir nur mit der FDP in Bonn an die Macht kommen konnten, wenn man keine Große Koalition eingehen wollte. Und an letzterer hatten wir kein Interesse. Obwohl ich meine Position zum wiederholten Male Strauß erläuterte, sie ihm auf den stundenlangen Wanderungen im bayerischen Wald auch mehrfach begründete, blieb er bei seiner rigorosen Ablehnung der FDP und ihres Führungspersonals. Er wollte vor allem nicht einsehen, dass die CDU in einer ganzen Reihe von Bundesländern die FDP brauchte, um die Regierungsverantwortung übernehmen zu können. Dieses Argument war für ihn nicht überzeugend, da er in Bayern über eine absolute Mehrheit verfügte.

*

Die erste Sitzung der CDU/CSU-Bundestagsfraktion nach den quälenden Wochen der parlamentarischen Sommerpause 1982 fand im Berliner Reichstagsgebäude statt. Der Regierende Bürgermeister Richard von Weizsäcker gab einen ausführlichen Überblick über die Stadt- und Deutschlandpolitik.

Im Mittelpunkt der Sitzung standen die Vorbereitungen zur bevorstehenden Bundestagssitzung, auf der Bundeskanzler Schmidt eine Regierungserklärung zur Lage der Nation abgeben wollte. Dabei spielte die Lage der Bonner Regierungskoalition, genauer gesagt ihr langsamer, aber stetiger Verfall, eine wichtige Rolle. Erstmals thematisierte ich eine mögliche Regierungsübernahme durch die Union. Als ersten Schritt im Falle eines Regierungsantritts empfahl ich, der Öffentlichkeit eine wirklich solide Bilanz der Vorgängerregierung vorzulegen. Den Bürgern musste die ungeschminkte Wahrheit über den Zustand des Landes gesagt werden. Dazu gehörten auch konkrete Vorschläge, was die Union anders und vor allem besser zu machen beabsichtigte.

Ich griff auch das Thema Neuwahlen auf und plädierte dafür, wenn der Ernstfall eintrete, einen Zeitpunkt auszuwählen, der einerseits die Erinnerung an das, was die sozialliberale Koalition angerichtet hatte, nicht verblassen ließ und andererseits den Aufbruch zu einer neuen und besseren Politik verständlich und fühlbar machte. Ein Wahltermin im März 1983 schien mir zu jenem frühen Zeitpunkt als Diskussionsgrundlage in die richtige Richtung zu weisen. Diese Überlegung kam nicht zuletzt auch aus den Reihen der FDP, die sofortige Neuwahlen scheute, was mir sehr verständlich schien.

In dieser denkwürdigen Berliner Fraktionssitzung machte ich klar, dass für mich eine Große Koalition, wie sie vor allem von SPD-Bundestagsabgeordneten an Unionskollegen herangetragen wurde, nicht in Frage käme. Auch der Hinweis auf die erfolgreiche Zusammenarbeit von Union und Sozialdemokraten in den sechziger Jahren ließ mich kalt. Mit mir war eine solche Koalition nicht zu machen. Ich beschwor meine Kolleginnen und Kollegen und stimmte sie auf eine Koalition mit der FDP ein, die jetzt am Zug war.

Erneut unterstrich ich, dass die politische Verantwortung im Moment weder über die Arbeitsmarktpolitik noch über die Wirtschaftspolitik zu gewinnen sei. Mir ging es vor allem um die Sicherheitspolitik, die mit der deutschen Sozialdemokratie nicht zu schultern war. Denn sollte 1983 im Deutschen Bundestag die falsche Entscheidung in der Nachrüstungsfrage getroffen werden, konnten wir uns noch so ausgiebig über Fragen der Arbeitsmarktpolitik streiten, wir würden dann aus dem nordatlantischen Sicherheitssystem herausfallen. Dieser Schaden wäre für Jahrzehnte irreparabel. Jetzt ging es nicht um den taktischen Vorteil des Tages, jetzt ging es darum, ob wir wirklich die richtigen Weichen für die Zukunft unseres Vaterlands stellten und damit die geschichtliche Herausforderung annahmen: den Nato-Doppelbeschluss, der nur mit den Unionsparteien durchzusetzen war.

*

Nun ging es Schlag auf Schlag. In seiner Regierungserklärung zur Lage der Nation am 9. September 1982 bekräftigte Bundeskanzler Helmut Schmidt seine Absicht, die angeschlagene Koalition fortzusetzen. Die Opposition forderte er in ultimativem Ton auf, durch ein konstruktives Misstrauensvotum den Bestand der Regierungskoalition zu testen.

Unterdessen hatte Bundeswirtschaftsminister Otto Graf Lambsdorff auf Bitten des Kanzlers ein Papier erarbeiten lassen, das als »Scheidungspapier« in die Geschichte der Bonner Republik eingehen sollte. Dieses »Konzept für eine Politik zur Überwindung der

625

Wachstumsschwäche und zur Bekämpfung der Arbeitslosigkeit«
war – wie wir heute wissen – kein offizielles FDP-Papier. Das einundzwanzig Seiten starke »Memorandum« hatten hohe Beamte
des Wirtschaftsministeriums formuliert. Gleichwohl verriet es die
Handschrift Lambsdorffs.

Für mich war das von Schmidt angeforderte »Strategiepapier«
nichts anderes als eine Diskussionsgrundlage, eine Handreichung
für eine längst fällige Diskussion zur Sanierung des Haushalts und
zur Wiederbelebung der Wirtschaft. Vieles stand in diesem Papier,
was die Union schon längst gefordert hatte: dass die Grenze der
Belastbarkeit bei den Abgaben im Sozialbereich und bei den Steuern erreicht war; dass der Schuldenabbau vorrangiges finanzpolitisches Ziel sein musste und dass die Gesundung der Staatsfinanzen
über die Ausgabenseite zu erreichen war. Schließlich forderten
auch wir Investitionen im privaten wie im öffentlichen Bereich
anstelle von konsumtiven Ausgaben als Voraussetzung für die
Schaffung neuer Arbeitsplätze. Es gab noch weitere Vorschläge,
die sehr wohl in unsere politische Richtung gingen. Aber Otto
Graf Lambsdorff hatte auch Forderungen aufgestellt, von denen er
selbst nicht glaubte, sie jemals in der Bundesrepublik realisieren zu
können.

Wir verfügten über ein Wahlprogramm aus den Bundestags-
wahlkämpfen 1976 und 1980, und das war in allen Fragen der
Wirtschafts-, Sozial- und Arbeitsmarktpolitik aktuell. Diese Fülle
konkreter und rasch umsetzbarer Ideen und Vorschläge machte
uns im Fall einer Regierungsübernahme zu jeder Zeit handlungsfähig. Wären daraus früher Konsequenzen gezogen worden,
befänden wir uns nicht in dem Dilemma, jetzt nach Lösungen für
einen so desolaten Zustand suchen zu müssen.

33.
Weichenstellung

Eigentlich hatte mich der Bundeskanzler noch vor der Bundestagssitzung am 9. September 1982 sprechen wollen. Ich wollte aber erst den Schlagabtausch im Parlament abwarten, und so verständigten wir uns auf einen neuen Termin, den 16. September. Dass wir uns nun genau einen Tag vor dem Ende der sozialliberalen Regierungskoalition treffen sollten, konnte damals niemand wissen.

Helmut Schmidt war unerwartet freundlich und zeigte sich aufgeschlossen und zuvorkommend wie nie zuvor. Was auch immer uns parteipolitisch trennte, jetzt tat er mir leid. Ich spürte seine tiefe menschliche Verletzung durch die jüngsten Ereignisse. Gleichzeitig begegnete mir Helmut Schmidt als ein Mann, dem es um sein Bild in der deutschen Geschichte ging. Er entwarf ein Gemälde von der schwierigen weltpolitischen Lage, von einer möglichen Weltwirtschaftskrise, die uns bald erfassen würde. Und dann sagte der Kanzler zum Oppositionsführer, es sei an der Zeit, bewährten Kräften die Bewältigung der großen Probleme zu überlassen. Er bedauerte, dass das Ansehen der Bundesrepublik im In- und Ausland dramatisch gelitten habe. In ruhigem Ton räumte er ein, dass die Kämpfe in der Koalition das Vertrauen in die Regierung erheblich untergraben hätten und es so nicht weitergehen könne.

Diese kritische Bestandsaufnahme fand ich äußerst realistisch. Seine Vorstellungen und die der Union seien völlig deckungsgleich, sagte ich.

Die anschließende gnaden- und rücksichtslose Abrechnung mit der FDP erschreckte mich allerdings. Nichts schien den sichtlich verletzten Helmut Schmidt mehr zu bewegen als die Frage, wie der

FDP beim Landtagswahlkampf in Hessen und Bayern am nachhaltigsten zu schaden sei. Mich überraschte seine unversöhnliche Haltung Genscher und der FDP-Führung gegenüber. Besonders über Lambsdorffs »Scheidungspapier« war er immer noch erbost. Er sprach mir gegenüber sogar ein unmittelbar bevorstehendes Gespräch mit Lambsdorff an und dachte laut darüber nach, wie das Treffen wohl ausgehen würde. Ihm war klar, dass eine Entlassung des Wirtschaftsministers automatisch die Solidarisierung der vier FDP-Minister nach sich ziehen würde und dass ihr Rücktritt unausweichlich wäre. Damit wäre die Koalition dann zerbrochen. Mit Blick auf die spätere Geschichtsschreibung schien dem Kanzler wichtig zu sein, eine Strategie gegenüber der FDP zu finden, die deren Rolle unmissverständlich klarmachte.

Mehrfach fragte er mich, warum ich seiner Aufforderung nicht gefolgt sei, ein konstruktives Misstrauensvotum gegen ihn einzubringen. Ich fragte ihn daraufhin bloß, warum er nicht die Vertrauensfrage gestellt habe, wie ich es in der Bundestagsdebatte gefordert hatte.

Der Kanzler ließ keinen Zweifel an seiner Absicht, »der Sache« ein Ende zu bereiten. Zwar äußerte er sich nicht näher dazu, was er konkret unter »der Sache« verstand, aber mir war klar, dass das Ende der sozialliberalen Regierungskoalition unmittelbar bevorstand. Nur das Wie war zu diesem Zeitpunkt noch offen.

*

Über dieses außergewöhnliche Gespräch mit Helmut Schmidt informierte ich die CDU-Spitze, CSU-Chef Franz Josef Strauß und vor allem die Bundestagsfraktion, vor der ich die Marschroute der Union für die nächsten Tage erläuterte: Die Union war bereit, die Regierungsverantwortung zu übernehmen und eine handlungsfähige Regierung zu etablieren, die sich baldmöglichst den Bürgern in einer vorgezogenen Bundestagswahl stellen würde. So wurde es am 17. September 1982 von der CDU/CSU-Bundestagsfraktion einstimmig angenommen und damit beschlossen. Noch gab es allerdings keinen unmittelbaren Handlungsbedarf. Am Zug war jetzt vor allem die FDP.

Die ließ nicht lange auf sich warten. Unsere Fraktionssitzung war noch im Gange, als Lambsdorff zum Rapport bei Schmidt weilte. Im Anschluss daran sah sich die FDP endlich zum Handeln gezwungen. Ihrem Gesprächswunsch kam Helmut Schmidt sofort nach und lud die FDP-Minister zu sich ein. Man traf sich nicht – wie es naheliegend gewesen wäre – im Bundeskanzleramt, sondern in Schmidts Abgeordnetenzimmer im Bundeshaus.

Hans-Dietrich Genscher hat mir die Begegnung ausführlich geschildert: Genscher und seine Kollegen Gerhart Baum, Josef Ertl und Otto Graf Lambsdorff wurden von Schmidt kühl, aber korrekt empfangen. Weil der Bundesaußenminister den Eindruck hatte, dass von seiten der Sozialdemokraten der Wille zur Fortsetzung der Regierungszusammenarbeit nicht mehr vorhanden war, erklärten er und seine Kollegen den Rücktritt als Mitglieder der Bundesregierung. Damit war Hans-Dietrich Genscher dem Bundeskanzler zuvorgekommen, der sagte, er habe ohnehin die Absicht gehabt, in seiner bevorstehenden Rede im Bundestag die Entlassung der vier FDP-Minister bekanntzugeben. Der Koalitionsbruch, die sozialliberale Scheidung, vollzog sich in weniger als zwanzig Minuten.

Schmidt blieb nichts anderes, als von nun an einer SPD-Minderheitsregierung vorzustehen, die keinen langen Bestand haben konnte. Die vier FDP-Ressorts übernahmen bis auf weiteres Helmut Schmidt selbst (Auswärtiges) und die Kollegen Manfred Lahnstein (Wirtschaft), Jürgen Schmude (Innenministerium) und Björn Engholm (Landwirtschaft). Das Angebot des Kanzlers, die Regierungskrise durch baldige Neuwahlen beizulegen, lehnten wir ebenso ab wie die FDP.

*

Jetzt entwickelten sich direkte Kontakte zwischen Hans-Dietrich Genscher und mir. Der FDP-Vorsitzende konnte die Mehrheitsverhältnisse im Bundesvorstand und in der Bundestagsfraktion seiner Partei nicht so recht einschätzen. Wie viele Mitglieder im Bundesvorstand und in der Fraktion tatsächlich für einen Regierungswechsel und eine Koalition mit der CDU/CSU eintreten würden, war nicht genau vorauszusehen. Wie viele waren für eine solche politische Wende? Und eine ganz wichtige Frage war: Wie viele würden um jeden Preis an der bisherigen Zusammenarbeit mit der SPD festhalten wollen? Gerade in der Fraktion gab es einen beachtlichen Teil, der auch mit der Außen- und Sicherheitspolitik, wie sie in der SPD unter der Führung von Willy Brandt formuliert wurde, sympathisierte oder damit einverstanden war.

Auch durch die Führung der FDP ging ein Riss. Dass Hans-Dietrich Genschers engster Mitarbeiter in der Parteiführung, FDP-Generalsekretär Günter Verheugen, die Partei verlassen würde, war nicht vorhersehbar.

In den vergangenen Jahrzehnten, nicht zuletzt beim Wechsel zu Willy Brandt 1969, hatte die FDP zum Teil bittere Erfahrungen machen müssen. Schon damals waren wichtige Führungspersönlichkeiten nicht nur unzufrieden gewesen mit einem Wechsel der Koalition, sondern hatten ihn zum Anlass genommen, die Partei zu verlassen.

Hans-Dietrich wusste, dass er einen äußerst schweren Stand hatte, und es war ihm deutlich anzusehen, in welcher angespannten Situation er sich befand. Wenn man wie ich und viele meiner Freunde in der politischen Führung der Union die Koalition mit der FDP wollte, musste man in diesem Augenblick auch daran denken, dass man dem zukünftigen Partner das Leben nicht ohne Not schwermacht. Der Wechsel von der SPD zur CDU war für die FDP schon schwierig genug.

Da hatte ich es in meiner Partei erheblich leichter. Parteipräsidium und Bundesvorstand beschlossen am 20. September 1982 einstimmig, mich zum Kanzler einer neuen Bundesregierung aus CDU, CSU und FDP vorzuschlagen. Die SPD/FDP-Koalition war aus Sicht unserer Spitzengremien am Ende, gescheitert an der inneren Zerrissenheit der SPD. Politisches Handeln war gefragt: Wir brauchten unverzüglich eine neue Regierung. Ein Minderheitskabinett Schmidt hätte monatelange Unsicherheit bedeutet.

Für die Union galt es, klare Zeichen zu setzen. Die neue Regierung musste die Politik der Partnerschaft nach außen wieder festigen und die Gesundung der Staatsfinanzen einleiten. Sie musste erste Entscheidungen zur Wiederbelebung der Wirtschaft und zur Bekämpfung der Arbeitslosigkeit treffen. Wichtig war für mich, möglichst bald, noch im ersten Vierteljahr 1983, zu Neuwahlen zu kommen, damit die Wähler über die neue Regierung und ihr Programm entscheiden konnten. Das war vor allem deshalb nötig, weil die jetzige Zusammensetzung des Bundestags aus der Bundestagswahl 1980 kam, aus einem Wahlkampf und einem politischen Geschehen, das mit der heutigen Situation gar nicht vergleichbar war. Und da die wichtigste Entscheidung der neuen Koalition zum Jahresende 1983 mit dem Beschluss des Bundestages über die Stationierung der Mittelstreckenraketen bevorstand, war es notwendig, über eine Mehrheit im Parlament zu verfügen, bei der die Gegner der Nachrüstung nicht behaupten konnten, die Entscheidung sei undemokratisch und nicht ausreichend legitimiert. Somit war klar, dass mit den nächsten Bundestagswahlen auch die Entscheidung über die Stationierung der Mittelstreckenwaffen auf dem Territorium der Bundesrepublik Deutschland verbunden sein würde.

Franz Josef Strauß ging von anderen Voraussetzungen aus. Er wollte eine Situation schaffen, in der die SPD/FDP-Koalition immer weiter absinken und verelenden würde, und er hat fest damit gerechnet – was wahrscheinlich auch richtig war –, dass die Regierungskoalition im Lauf des Herbstes 1983 am Ende gewesen wäre. Das hätte zu vorgezogenen Neuwahlen geführt, und Strauß meinte, dass bei einer Neuwahl nur drei Parteien übrigbleiben würden, CDU, CSU und SPD, während die FDP von den Wählern abgestraft und aus dem Bundestag herausgewählt würde. In einer solchen Zweiparteiensituation hätte die CDU/CSU, so seine Überlegung, die absolute Mehrheit gehabt. Das wäre für Franz Josef Strauß eine Situation, in der er vom Amt des Ministerpräsidenten in München hätte abtreten und wieder nach Bonn zurückkehren können, um Außenminister zu werden. Dann wäre es ihm wohl in der Tat gleichgültig gewesen, wer unter ihm Kanzler war.

Nun aber kam er nicht umhin anzuerkennen, dass diese Koalition am Ende war und dass die Frage der Regierungsbildung auf uns zukam. In dieser Situation war er für einen sehr kurzfristigen Wahltermin, möglichst bis zum nächsten Frühjahr oder vorher, denn er hoffte immer noch, dass die FDP bei dieser Gelegenheit von den Wählern abgewählt würde. In der Frage des Datums waren wir also gar nicht so weit auseinander.

Ich hatte aber ganz andere Gründe. Natürlich wollte ich mit der FDP die Koalition begründen und mit ihr die Regierung bilden, aber mein Argument war, dass die schwierigste Entscheidung der neuen Bundesregierung nicht auf den Feldern der Finanz-, Wirtschafts- und Arbeitsmarktpolitik anstand, die schon problematisch genug waren, sondern eben bei der Grundsatzentscheidung des Deutschen Bundestags über die Stationierung der Mittelstreckenraketen. Und genau für diesen wichtigen Punkt, für den Vollzug der Zusage der Bundesrepublik, dass sie das Natobündnis in allen Punkten mitträgt, brauchten wir Neuwahlen, damit niemand sagen könnte, wir würden die Entscheidung noch mit der geliehenen Mehrheit von 1980 im Bundestag herbeiführen. In der Zeit bis zu diesem Beschluss des Bundestags im Herbst 1983 war mit gewaltigen Demonstrationen zu rechnen, und um so wichtiger war es, dass wir neu gewählt hatten.

Gleichzeitig war aber eine beachtliche Zahl im Führungskreis der CDU der Meinung, man müsse ja »verrückt« sein, sich sofort in das Risiko von Neuwahlen zu stürzen, wenn man nach dreizehn Jahren Opposition gerade die Regierung übernommen hat. Das Argument, wir müssten moralisch saubere und objektiv unanfechtbare Voraussetzungen für die Stationierung der Mittelstreckenwaffen schaffen, indem wir diese Entscheidung in einer Bundestagswahl legitimieren lassen, wurde nicht immer und von allen anerkannt. Wir befanden uns also in einer schwierigen Lage. Hans-Dietrich Genscher und ich waren uns aber einig darüber, dass wir versuchen sollten, die Neuwahlen im Frühjahr 1983 durchzuführen.

Noch am selben Tag, an dem Parteipräsidium und Bundesvorstand beschlossen hatten, mich zum Kanzler einer neuen Bundes-

*Im September 1982 trafen sich die Führungsspitzen von CDU,
CSU und FDP in meinem Arbeitszimmer zu ersten
Gesprächen über den Regierungswechsel*

regierung vorzuschlagen, am 20. September, empfahlen auch die
Partei- und Fraktionsvorsitzenden von CDU, CSU und FDP ihren
Fraktionen, am Freitag, dem 1. Oktober 1982, mich zum Bundeskanzler zu wählen. Doch vorher musste die Bundestagsfraktion
noch ihr Votum dazu abgeben. Das geschah am 21. September.
Von den zweihundertdreißig abgegebenen Stimmen – ich selbst
wählte nicht mit – votierten zweihundertachtundzwanzig mit Ja.
Es gab eine Nein-Stimme und nur eine Enthaltung. Das Abstimmungsergebnis wurde mit stürmischem Beifall gefeiert. Ich wusste,
wie viele Hoffnungen jetzt auf mir ruhten. Die Partei hatte dreizehn Jahre lang darauf gewartet, wieder den Kanzler stellen zu
können; genauso lange hatte ich für den Machtwechsel in Bonn
gekämpft.

*

Das größte Problem waren die unterschiedlichen Positionen in der Frage nach den Neuwahlterminen. Wer noch im Jahr 1982 Neuwahlen herbeiführen wollte, konnte das zwar mit Hilfe der SPD erreichen, musste dies aber mit dem Kanzler Schmidt tun. Dazu war die FDP nicht bereit. Sie wollte zunächst den Kanzler einer neuen Mehrheit wählen und erst dann Neuwahlen veranstalten. Nach intensiven Gesprächen mit den Liberalen einigten wir uns auf den ersten Sonntag im März 1983 als Termin für Neuwahlen.

Der Weg dorthin war kompliziert: Am 1. Oktober 1982 würde im Parlament der neue Bundeskanzler gewählt. Spätestens im Januar 1983 musste dann die Vertrauensfrage nach Artikel 68 des Grundgesetzes gestellt werden, damit es zur Auflösung des Parlaments und damit zu Neuwahlen kommen konnte. Dabei spielte der Bundespräsident eine entscheidende Rolle. Dieses Vorgehen war riskant und erforderte Mut, doch Hans-Dietrich Genscher, Friedrich Zimmermann und ich verfolgten unbeirrt unser Ziel.

Der Bundestagsfraktion erläuterte ich dieses Verfahren und wies darauf hin, dass nach der Auflösung des Parlaments die Regierung vorübergehend im Amt bleibe. Außerdem sprach ich über die Regierungserklärung des neuen Kanzlers, in der die drängendsten Probleme angesprochen werden müssten, vor allem die Bekämpfung der Arbeitslosigkeit, die Wiederbelebung der Wirtschaft und die Sanierung des Haushalts. Ein Signal sollte in der Ausländerpolitik gesetzt werden, zu der auch das Asylrecht zählte. Die Entwicklung in den Großstädten zwang zu politischen Konsequenzen.

Ein Regierungsprogramm durfte keinerlei leere Versprechungen beinhalten, sondern musste Lösungen anbieten, die tatsächlich zu realisieren waren. Es musste Perspektiven für die Zukunft bieten und Antworten auf die Frage nach dem richtigen Weg geben. Unser zentraler Punkt blieb die Sicherheitspolitik, in der wir uns mit der FDP völlig einig wussten. Von einer unionsgeführten Bundesregierung erwarteten die Bürger einen klaren und einsichtigen politischen Kurs. Der musste in den Koalitionsverhandlungen mit der FDP erarbeitet werden.

Ich weiß nicht mehr, wer auf die Idee gekommen war, die Wahl des Bundeskanzlers bereits für Freitag, den 1. Oktober 1982, anzusetzen. Das ließ uns wenig Zeit, bis zu diesem Termin ein brauchbares Regierungsprogramm mit der FDP zu verabreden. Nach dem Kollaps der bisherigen Regierung innerhalb von nur vierzehn Tagen eine Kanzlerwahl vorzunehmen, war ein notwendiger, aber auch ein mutiger Schritt.

Die Koalitionsverhandlungen mit der FDP verliefen sehr positiv, wir kamen überraschend zügig voran. Die Übereinstimmung in wirtschafts- und finanzpolitischen Fragen war groß, aber auch in der Außen- und Sicherheitspolitik herrschte weitgehende Einigkeit. Ich war sehr darum bemüht, engen Kontakt zur Fraktion zu halten und sie über den Verhandlungsstand zu unterrichten. Mir kam es darauf an, Punkt für Punkt auszudiskutieren. Wir würden nur dann glaubwürdig sein, wenn wir nicht um die Probleme herumredeten, sondern den Bürgern die ungeschminkte Wahrheit sagten. In dieser schwierigen Situation mussten wir auf die Bürger zugehen und sagen, wie die Eröffnungsbilanz aussah und was wir zu tun gedachten. Die Sanierung des Bundeshaushalts hatte höchste Priorität. Alle künftigen Entscheidungen mussten im Interesse des Landes erfolgen, daran wollte ich mich messen lassen.

Franz Josef Strauß, der ebenfalls an jener denkwürdigen Sitzung der Bundestagsfraktion am 21. September 1982 teilnahm, sprach sich angesichts der erschreckenden Zahlen, die Gerhard Stoltenberg über die Bundesfinanzen vorgetragen hatte, für ein Notprogramm aus. Strauß forderte, die neue Bundesregierung müsse ein Signal setzen im Kampf gegen die Arbeitslosigkeit, bei der Wiederherstellung der Funktionsfähigkeit der Wirtschaft, der Konsolidierung der öffentlichen Finanzen und einem finanzierbaren System der sozialen Sicherheit. Zugleich nutzte er die Gelegenheit, um seine Kritik an dem seiner Meinung nach viel zu späten Neuwahltermin zu wiederholen. Strauß warb dafür, noch in diesem Jahr zu wählen: Das größere Übel gegenüber sofortigen Neuwahlen sei, dass die »Gegenfront«, wie er zu sagen pflegte, nach dem Jahreswechsel noch sechzig Tage Zeit habe, sich zu formieren. Strauß bedauerte die Haltung der FDP sehr und unterstrich, dass er und die CSU für den späten Neuwahltermin und die sich daraus ergebenden politischen Konsequenzen natürlich nicht die Verantwortung übernähmen. Trotzdem sicherte er zum Schluss seiner temperamentvollen Rede vor der Fraktion seine persönliche Unterstützung und die seiner Partei für die getroffenen Absprachen zu: Auch wenn weder er selbst noch die CSU den gewählten Termin für richtig hielten, würden sie ihn doch loyal mittragen. Ich gestehe, dass ich sehr erleichtert war, hatte Franz Josef Strauß die FDP doch zuvor mit seinem Vorstandsbeschluss über sofortige Neuwahlen wieder einmal in höchste Erregung versetzt. Aber nun war der Weg frei für unseren Zeitplan.

*

Bundeskanzler Schmidt hatte den Wahlkampf in Hessen persönlich mit äußerster Härte geführt. Sein Hauptthema war der »Verrat« der FDP. Diese Verratslegende blieb nicht ohne Wirkung. Die CDU unter ihrem Spitzenkandidaten Alfred Dregger war am 26. September 1982 mit 45,6 Prozent zwar stärkste Fraktion geworden, doch verfehlte die FDP mit 3,1 Prozent der Stimmen den Einzug in den Wiesbadener Landtag. Die Grünen, die auf Landesebene vorher nur in der Hamburger Bürgerschaft vertreten waren, erreichten mit 8,0 Prozent erstmals den Einzug in das Parlament eines Flächenstaats. Zusammen mit der SPD, die 42,8 Prozent der Stimmen bekam, bildete sich schon bald die erste rotgrüne Landesregierung. Das Konzept der Sozialdemokraten war aufgegangen.

Das Wahlergebnis in Hessen war ein schwerer Schlag für die FDP, nicht zuletzt für Hans-Dietrich Genscher, vor allem aber auch eine empfindliche Niederlage für die Union. Ich selbst fühlte mich durch den Ausgang der Wahlen sehr getroffen. Immer wieder in der Geschichte der Bundesrepublik hatte die hessische CDU bei Landtagswahlen unter bundespolitischen Konstellationen gelitten. Unter der Führung von Alfred Dregger war die Partei, deren Wahlergebnisse sich früher zwischen 20 und 30 Prozent bewegten, in die Nähe der absoluten Mehrheit gekommen. Wäre die Landtagswahl nicht unmittelbar auf den Wechsel in Bonn gefolgt, wäre Alfred Dregger mit Sicherheit Ministerpräsident von Hessen geworden. Dregger und seine hessischen Freunde – das war nicht nur meine Empfindung – hätten einen solchen Sieg mehr als verdient gehabt. Alfred Dregger hatte eine grandiose Leistung in Hessen vollbracht. Obwohl die Situation für die Union in Teilen Hessens, besonders in Nordhessen, zunächst beinahe aussichtslos war, hat er die Partei mehrheitsfähig gemacht. In den Städten wie auf dem flachen Land waren wir weit vorangekommen, und durch seinen persönlichen Einsatz war es Dregger insbesondere gelungen, viel Zustimmung in überwiegend evangelischen Kreisen und vor allem in der Arbeiterschaft zu gewinnen, wo es viele Wertkonservative gab. Die Landespolitik, und hier gerade die Kultur- und Schulpolitik in Hessen, hat einen großen Teil der Wähler zutiefst empört und berührt. Die roten Schulexperimente in Hessen waren in der Bundesrepublik beinahe schon sprichwörtlich geworden, und die Leute hatten einfach genug davon und wollten diese Entwicklung beenden.

Mir persönlich hat es damals enorm leid getan, dass ausgerechnet Alfred Dregger diese Niederlage hinnehmen musste, die gar nicht seine Niederlage war, sondern aus der politischen Gesamtkonstellation erwuchs. Dregger war ein verlässlicher Freund. Er war ein wirklicher Herr, ein sehr kunstsinniger und breit gebildeter Mann. Wegen seiner direkten, oft auch harten Ansprache wurde er von den Linken gehasst und verleumdet, aber auch in diesem Fall galt, dass das Zerrbild, das von den Medien entworfen wurde, mit der Wirklichkeit nicht übereinstimmte.

In der Bundestagsfraktion schlugen die Erregung über den Vernichtungswahlkampf der SPD und der Zorn über die Verratslegende, die vor allem die FDP ins Mark traf, heftige Wogen. Um so wichtiger war es, auf der Fraktionssitzung am 28. September, zwei Tage nach der Hessenwahl und drei Tage vor der Kanzlerwahl, die Moral der Partei wieder aufzurichten. Die Wahlkämpfer hatten einen großartigen Einsatz erbracht, und die Hessen-CDU hatte klug taktiert. Wenn die Versuche der SPD, die angebliche »Verratspolitik« der FDP in den Mittelpunkt der Wahlkampfauseinandersetzung zu stellen und die »Verräter« zu bestrafen, ihre Wirkung auch nicht verfehlt hatten, so ergab sich daraus doch nur eine einzige Konsequenz: so rasch wie möglich den geschäftsführenden Kanzler mit seiner geschäftsführenden Regierung aus dem Amt zu wählen. Solange Helmut Schmidt im Kanzleramt saß, würde die SPD-Minderheitsregierung immer mit der »moralischen Stützung« des alten Führungspersonals argumentieren. Dem musste ein Ende gesetzt werden.

Die Ergebnisse der Koalitionsverhandlungen mussten von beiden Bundestagsfraktionen angenommen werden. Ausführlich erläuterte Gerhard Stoltenberg, was in der Wirtschafts- und Haushaltspolitik vereinbart worden war. Mit seinem Engagement, seinem Sachverstand und seinem Verhandlungsgeschick hatte der schleswig-holsteinische Ministerpräsident in dieser harten Bonner Woche unter Beweis gestellt, dass er die erste Wahl für die Übernahme des Finanzressorts war. Norbert Blüm, der Berliner Senator für Bundesangelegenheiten und eine wichtige Stütze bei den Koalitionsverhandlungen über die Sozialpolitik, berichtete vor der Bundestagsfraktion, wie Wirtschafts-, Finanz- und Sozialpolitik künftig in Einklang gebracht werden sollten. Nach mehrstündiger Debatte herrschte schließlich breite Übereinstimmung hinsichtlich der Koalitionsvereinbarungen mit der FDP.

Dann unterbrach ich die Fraktionssitzung, weil ich eine wichtige Mitteilung erwartete, denn die FDP-Kollegen Hans-Dietrich Genscher und Wolfgang Mischnick informierten mich über das Abstimmungsergebnis ihrer Fraktion: Nach langen hitzigen Diskussionen hatten vierunddreißig Abgeordnete in geheimer Abstimmung ihre Bereitschaft erklärt, gemeinsam mit uns, der CDU/CSU-Fraktion, am 1. Oktober für das konstruktive Misstrauensvotum zu stimmen. Achtzehn FDP-Bundestagsabgeordnete stimmten mit Nein, zwei enthielten sich. Auch wenn der Graben zwischen den Sozialliberalen und den Wendeliberalen innerhalb der FDP-Fraktion tief war, so schien den beiden Überbringern dieser guten Nachricht doch ein Stein vom Herzen gefallen zu sein.

Auch mir war die Erleichterung anzumerken. In dieser unglaublich nervenaufreibenden Zeit half mir meine robuste körperliche Verfassung, die anstrengenden Tage und Termine zu bewältigen. Ich empfahl der Fraktion, den Antrag auf das konstruktive Misstrauensvotum am Freitag dieser Woche im Bundestag einzubringen.

Es war eine denkwürdige Stunde, eine bewegende Zeit. Wir spürten alle die Bedeutung dieser wichtigen Vorentscheidung. Jetzt waren wir am Zug. In einer Probeabstimmung ließ ich die Unionsfraktion über den Antrag entscheiden. Der Würde des Tages angemessen, wurde der Wortlaut des Antrags der CDU/CSU und FDP nach Artikel 67 des Grundgesetzes verlesen:

»Der Bundestag möge beschließen: Der Deutsche Bundestag spricht Bundeskanzler Helmut Schmidt das Misstrauen aus und wählt als seinen Nachfolger den Abgeordneten Dr. Helmut Kohl zum Bundeskanzler der Bundesrepublik Deutschland. Der Bundespräsident wird ersucht, Bundeskanzler Helmut Schmidt zu entlassen.«

Einstimmig nahm die Fraktion diesen Antrag an.

34.
Die Wende

Die letzten Stunden vor der Entscheidung über das konstruktive Misstrauensvotum am 1. Oktober stehen mir noch genau vor Augen. Am Vorabend versammelte sich die CDU/CSU-Bundestagsfraktion zu einem »kleinen Zählappell«. Dabei stellte sich heraus, dass siebenundzwanzig Kolleginnen und Kollegen fehlten. Als Grund wurde eine Ruhrgebietsaktion der CDU angegeben, die nicht zu verschieben gewesen sei. Dem Fraktionsmanagement und mir blieb nichts anderes übrig, als auf die Zuverlässigkeit der Abgeordneten zu hoffen, die zu einem letzten »Zählappell« vor der alles entscheidenden Abstimmung im Bundestagsplenum am Morgen des 1. Oktober 1982 geladen waren.

Oberflächlich betrachtet, lief unser abendliches Treffen geschäftsmäßig ab, doch in Wahrheit verbarg sich dahinter eine Atmosphäre voller Spannung und nervöser Erwartung. Ich warnte die Kolleginnen und Kollegen vor Provokationen der SPD-Parlamentarier und bat sie um Ruhe und Besonnenheit. Die Würde des Hauses musste gewahrt bleiben, was immer die politischen Gegner auch unternehmen würden. Bei allem parteipolitischen Streit und der Bereitschaft zur kämpferischen Auseinandersetzung sollte ein politischer Stil beachtet werden, der den Unionsparteien nur die Sympathie der Bevölkerung einbringen konnte.

Nach knapp zehn Minuten konnte ich den »Zählappell« beenden, und wir vertagten uns auf den nächsten Morgen. Am späteren Abend traf sich der engste Kreis meiner treuesten Weggefährten zu weiteren intensiven Beratungen, die vor allem um die Personalkonstellation des ersten Kabinetts von Union und FDP kreisten.

Zum Schlafen blieb in dieser Nacht – wie schon in vielen Nächten der vergangenen Wochen – wenig Zeit.

Dem nächsten Tag sah ich mit angespannter Zuversicht entgegen. Zum zweiten Mal in seiner Geschichte hatte der Bundestag über ein konstruktives Misstrauensvotum abzustimmen. Beim ersten Versuch am 27. April 1972 hatte der von der CDU/CSU vorgeschlagene Kandidat Rainer Barzel die Mehrheit um zwei Stimmen verfehlt, so dass der damalige Bundeskanzler Willy Brandt im Amt bleiben konnte. Heute wissen wir, dass das Ost-Berliner Ministerium für Staatssicherheit dabei die Hände im Spiel hatte und durch Stimmenkauf einen Regierungswechsel verhinderte.

Das konstruktive Misstrauensvotum ist die einzige Möglichkeit, einen amtierenden Bundeskanzler und damit auch die Bundesregierung während einer Legislaturperiode gegen ihren Willen abzulösen. Nach Artikel 67 des Grundgesetzes kann die Mehrheit der Mitglieder des Bundestags eine Regierung nur stürzen, indem ein anderer Bundeskanzler gewählt wird. Damit wollten die Väter des Grundgesetzes verhindern, was nach Artikel 54 der Weimarer Verfassung noch möglich gewesen war: dass eine Regierung gestürzt wird, ohne dass im Parlament eine Mehrheit für eine andere Regierung vorhanden ist.

Um 9.38 Uhr eröffnete ich eine Fraktionssitzung, die einen einzigen Tagesordnungspunkt hatte und schon um 9.43 Uhr wieder beendet werden konnte. Doch auch dieser letzte »Zählappell« brachte noch immer keine endgültige Klarheit über die lückenlose Anwesenheit aller Fraktionsmitglieder. Das Fraktionsmanagement musste sich weiterhin auf die Suche nach Nachzüglern machen.

*

Bevor es im Bundestag zur Abstimmung über das konstruktive Misstrauensvotum kam, eröffnete der amtierende Kanzler Helmut Schmidt die Debatte mit scharfen Angriffen gegen die FDP, vor allem gegen den FDP-Vorsitzenden und Bundesaußenminister

Hans-Dietrich Genscher. Seit August 1982 habe sich Genscher »zielstrebig« von früheren Erklärungen abgesetzt. Schmidt sprach auch davon, die Bürger empfänden den Regierungswechsel in Bonn als »Vertrauensbruch«. An die Adresse meiner Partei und der FDP gewandt, erklärte er: »Ihre Handlungsweise ist legal, aber sie hat keine innere, keine moralische Rechtfertigung.« Auch äußerte Schmidt »Zweifel« an der »Ehrlichkeit« der Ankündigung der neuen Partner, am 6. März 1983 Neuwahlen abzuhalten.

Auf Helmut Schmidt antwortete als erster mein Kollege Rainer Barzel, den ich nach den bitteren Erfahrungen bei der misslungenen Brandt-Abwahl 1972 bewusst darum gebeten hatte, das Abwahlverfahren für die CDU zu begründen. Scharf kritisierte er Schmidt persönlich und betonte, dass die SPD die augenblickliche Lage, vor allem die hohe Arbeitslosigkeit, zu verantworten habe. Sie habe den Staat weit »in den Schlamm gefahren«. Nicht die FDP, sondern im wesentlichen die SPD selbst sei es gewesen, die Schmidt Steine in den Weg gelegt habe. Keiner von der CDU habe über Schmidt je so beleidigend und herablassend gesprochen wie einige seiner Parteifreunde. Dann richtete er sich an Willy Brandt und sagte, wer wie er anderen Verrat vorwerfe, müsse an sein Verhalten gegenüber seinem sozialdemokratischen Amtsnachfolger Helmut Schmidt erinnert werden. Und an den Kanzler gewandt, sagte Barzel: »Sozialisten haben Ihr Gesicht zerkratzt.«

Als nächstes traten der SPD-Fraktionsvorsitzende Herbert Wehner und CDU-Generalsekretär Heiner Geißler ans Rednerpult. Während Wehner die Union beschuldigte, sie versuche der SPD »Schuld« zuzusprechen, richtete Geißler den Blick in die Zukunft und sprach darüber, dass die neue Koalition versuchen werde, das Land aus der Krise herauszuführen. Er nannte dafür mehrere Grundsätze: Das Vertrauen in die parlamentarische Demokratie müsse gefestigt, das Land aus der Wirtschafts- und Sozialkrise befreit und die geistigen sowie moralischen Säulen erneuert werden.

Der FDP-Fraktionsvorsitzende Wolfgang Mischnick hielt eine

*In der Debatte über das konstruktive
Misstrauensvotum (Oktober 1982)*

eindrucksvolle, bewegende Rede. Vielen FDP-Abgeordneten standen Tränen in den Augen. Er sprach von einer »schweren Stunde«
für den Staat, für die FDP und auch für ihn selbst. Bis zur letzten
Minute habe er zur Koalition mit der SPD gestanden. »Manche sagen, zu lange«, fügte er an. Aufgekündigt habe Helmut Schmidt
das Bündnis am 17. September, und zwar nicht vor dem Bundes-

tag, sondern in einem vorausgegangenen Gespräch mit ihm. An Schmidt gewandt, sagte Wolfgang Mischnick: »Dass Sie dann zulassen, dass dies als Verrat qualifiziert wurde, enttäuscht mich tief.«

Zum Schluss der Debatte gaben die FDP-Bundestagsabgeordneten Gerhart Baum und Hildegard Hamm-Brücher persönliche Erklärungen ab, die sich gegen das konstruktive Misstrauensvotum aussprachen. Hamm-Brücher erklärte, das Verfahren würde »quasi die moralisch-sittliche Integrität« von Machtwechseln beschädigen. Daraufhin meldete sich Heiner Geißler erneut zu Wort, um festzustellen, die Berufung auf die Verfassung könne »niemals unmoralisch sein«. Damit löste er Tumulte bei der SPD aus. Obwohl ich eigentlich nicht das Wort hatte ergreifen wollen, ging ich dann doch ans Rednerpult, um noch einmal auf die selbstverständlichen Grundsätze dieses Hauses hinzuweisen: Jeder Abgeordnete habe das Recht auf freie Meinungsäußerung, aber die Anwendung der Verfassung dürfe nicht als unmoralisch qualifiziert werden.

Dann fand endlich die Abstimmung über das konstruktive Misstrauensvotum gegen den Bundeskanzler Helmut Schmidt statt. Von den vierhundertfünfundneunzig gültig abgegebenen Stimmen erhielt ich zweihundertsechsundfünfzig Ja-Stimmen. Das waren sieben Stimmen mehr als die zweihundertneunundvierzig, die ich zur absoluten Mehrheit, die für die Wahl zum Bundeskanzler erforderlich war, benötigt hätte. Zweihundertfünfunddreißig Abgeordnete stimmten mit Nein, vier enthielten sich.

»Damit ist der Antrag der Fraktionen der CDU/CSU und der FDP angenommen. Ich stelle fest, der Abgeordnete Dr. Helmut Kohl ist zum Bundeskanzler der Bundesrepublik Deutschland gewählt.«

Als der damalige Bundestagspräsident Richard Stücklen dies um 15.12 Uhr verkündete, fiel mir ein Stein vom Herzen. Es brach minutenlanger Jubel aus. Erstmals in der Geschichte des bundesdeutschen Parlamentarismus seit 1949 war der alte Kanzler durch das Umschwenken seines Koalitionspartners – der FDP – gestürzt und ein neuer gewählt worden. Ich war der erste Politiker, der durch das konstruktive Misstrauensvotum gewählt wurde und von der Oppositionsbank direkt auf den Kanzlerstuhl wechselte.

*

Zu den ersten, die mir ihre Glückwünsche aussprachen, gehörte neben dem CSU-Landesgruppenvorsitzenden Friedrich Zimmermann die FDP-Führung mit Hans-Dietrich Genscher und Wolfgang Mischnick. Ihnen folgten Helmut Schmidt und Willy Brandt. Mit versteinerter Miene und Eiseskälte gratulierten sie mir zur Kanzlerwahl. Bis zuletzt schienen sie nicht an einen Erfolg des Misstrauensvotums geglaubt zu haben.

Wenige Minuten nach der Wahl trat ich vor die Fernsehkameras und erklärte, ich wolle verhindern, dass in diesem Land neue Gräben aufgerissen würden. Es gehe jetzt um eine geistig-moralische Anstrengung. Ich sprach auch von einem großen Tag in der deutschen Parlamentsgeschichte und versicherte, dass es dabei bleiben werde, dass am 6. März 1983 Neuwahlen stattfinden. Ich wollte das Votum der Wähler.

*

Hannelore und unsere Söhne Walter und Peter waren bereits am Vortag nach Bonn gereist. Sie hatten die Bundestagsreden und den anschließenden Wahlgang von der Diplomatentribüne des Bundestags aus verfolgt, und jetzt gehörten sie natürlich zu den ersten Gratulanten.

Hannelore war gegen ärztlichen Rat nach Bonn gekommen. Bei einem gemeinsamen Auftritt auf einer Großveranstaltung im Ruhrgebiet einige Wochen vorher hatte ein fahrlässiger Kameramann sie durch eine plötzliche Bewegung seiner Kamera so schwer am Kopf verletzt, dass sie sich ins Krankenhaus begeben musste. Seither litt sie unter starken Kopfschmerzen. Ich war im Lauf des Septembers regelmäßig zu Hause in Ludwigshafen gewesen, um bei ihr zu sein. Wir hatten auch mehrmals am Tag telefoniert, und Hannelore war, genauso wie Walter und Peter, über die Entwicklung immer auf dem laufenden.

Ungeachtet ihrer grundsätzlichen Skepsis, mit der sie meinem Aufstieg in weitere politische Ämter begegnete, war Hannelore sehr glücklich über meine Wahl zum Bundeskanzler. Sie hatte unbeirrt daran mitgewirkt, dass ich dieses Ziel erreichen konnte, und wer dabei war, weiß, dass sie in diesem Augenblick sehr stolz war.

Mit ihr und unseren Söhnen begab ich mich dann in die Fraktion. Zum letzten Mal eröffnete ich die Fraktionssitzung in meiner Eigenschaft als Fraktionsvorsitzender und zum ersten Mal im Beisein von Hannelore und den Söhnen. Es war eine ungewöhnliche Veranstaltung, bei der nicht nur starker Beifall aufbrandete und die Bravorufe schier nicht enden wollten, sondern auch reichlich Freudentränen flossen.

Zu Beginn meiner kurzen Ansprache bedankte ich mich bei den Kolleginnen und Kollegen. Wir hatten alle Höhen und Tiefen der Opposition gemeinsam durchlebt. Ganz bewusst stellte ich mich in die Kontinuität meiner Vorgänger. Als Vertreter einer ganz anderen Generation versprach ich das Erbe derer anzutreten, die über zwanzig Jahre die Geschicke unseres Vaterlandes maßgeblich beeinflusst hatten: Konrad Adenauer, Ludwig Erhard und Kurt Georg Kiesinger.

Ich sprach von unseren geistigen Wurzeln, von den großen Gestalten der christlich-sozialen Bewegungen aus der Weimarer Zeit bis in die Gegenwart, von den Widerstandskämpfern, die Konzentrationslager und Gefängnisse im Dritten Reich überlebt hatten. Ich wies auch auf das Fundament unserer Politik hin, nämlich auf die Präambel des Grundgesetzes, die ich als geschichtlichen Auftrag an unsere Generation verstand. Nötig sei ein langer Atem, an der Einheit unseres Vaterlandes, an der Einheit der deutschen Nation festzuhalten. Und die Einheit der Nation bedeute für mich und meine Partei nie etwas begrenzt Enges, sondern die Öffnung nach Europa. Zu diesem Europa gehöre nicht nur der freie Teil unseres Kontinents, sondern auch die alten europäischen Kulturländer in Mittel- und Osteuropa wie beispielsweise Polen. Diesen Aufbruch nach Europa hätten wir als christliche Volkspartei nicht gewagt, um ihn jetzt durch Eifersüchteleien von Regierungszentralen und Staatskanzleien hemmen zu lassen. Vor der Fraktion, meiner Frau und unseren beiden Söhnen forderte ich in meiner knapp fünfzehn Minuten langen Rede einen neuen Anfang für Europa, weil nur in der größeren Einheit Europas die Chance zur Einheit unseres Vaterlandes liege. Wir waren an einer wichtigen Weggabelung angelangt. Jetzt galt es, das nächste Stück des Weges gemeinsam mit kräftigem Schritt und gutem Mut und wirklich auch mit der Fröhlichkeit des Herzens zu gehen. Uns würde nichts geschenkt werden. Was an bösartigen Unterstellungen und wahltaktischer Propaganda zu erwarten war, davon hatte dieser Tag bereits einen Vorgeschmack geliefert. Niemand sollte sich täuschen. Wir würden bei der vorgezogenen Bundestagswahl am 6. März 1983 um jede Stimme kämpfen, sagte ich. Die Koalition der Mitte werde sich nicht zuletzt aus der christlichen Überzeugung ergeben. Dazu gehörten Klugheit, Ehrlichkeit, Mut und die Gnade Gottes. In dieser Situation, bei meinem Abschied von der Bundestagsfraktion als Fraktionsvorsitzender, bat ich alle, mir ganz persönlich zu helfen und mich in meiner politischen Arbeit tatkräftig zu unterstützen. Ich appellierte an unsere Gemeinsamkeit: »Wir sind auch als Christen in einer anderen Weise gemeinsam und vereint. Und das kann uns auch auf diesem schwierigen Weg für die Zukunft helfen.«

Zum Schluss der Rede schlug ich Alfred Dregger, mit dem ich bei aller Gegensätzlichkeit seit vielen Jahren eng und freundschaftlich zusammengearbeitet hatte, als meinen Nachfolger im Amt des Fraktionsvorsitzenden vor. Alfred Dregger, der als Offizier im Zweiten Weltkrieg gedient hatte und schwer kriegsbeschädigt zurückgekehrt war, war ein nobler Mann. Auf ihn war Verlass, denn Treue war ein Teil seines Charakters.

*

1. Oktober 1982: Vereidigung zum Bundeskanzler

Vor meiner Ernennung zum Bundeskanzler hatte der Bundespräsident den abgewählten Bundeskanzler und die SPD-Minister, deren Amtszeit mit der des Regierungschefs erlosch, empfangen, um ihnen die Entlassungsurkunden auszuhändigen. Dann überreichte mir Karl Carstens die Ernennungsurkunde. Er wünschte mir Glück und Erfolg und ein segensreiches Wirken.

Um 17.30 Uhr an diesem 1. Oktober 1982 leistete ich vor dem Parlament den Eid. Bei der Eidesleistung auf dem Podest des Parlamentspräsidenten hielt ich das Original des Grundgesetzes in der Hand; ein erhebender Moment, den ich nicht in Worte fassen kann.

Bevor die Sektkorken in meinem Fraktionszimmer knallten, las ich das Glückwunschtelegramm von Franz Josef Strauß. Er telegrafierte:

»Mit Deiner Wahl zum Bundeskanzler der Bundesrepublik Deutschland ist endlich der Weg frei für einen politischen Neubeginn, den unser Volk braucht, damit es aus der tiefsten

innen- und außenpolitischen Krise seiner Nachkriegsgeschichte herausgeführt werden kann.«

Am Abend dieses Tages, der der bedeutsamste in meinem politischen Leben war, feierte ich den Erfolg mit meiner Familie und den
wichtigsten Weggefährten im Herrenhaus Buchholz, ganz in der
Nähe Bonns, hoch über dem Rheintal. Die Stimmung war fröh-
lich, aber nicht euphorisch. Ich wusste, dass die nächsten Tage und
Wochen sehr strapaziös werden würden. Die Regierungsbildung
stand unmittelbar bevor, die Termine zur Vorstellung und Vereidigung meines Kabinetts standen bereits ebenso fest wie der Termin
meiner Regierungserklärung.

Nach meiner Wahl hatte ich ein kurzes Gespräch mit Hans-
Dietrich Genscher. Ich dankte ihm für seine Unterstützung. Ohne
sein besonnenes Handeln seit dem 17. September 1982 und seinen
unbeirrten Kampf gegen zahlreiche Widersacher wäre ich nicht
der sechste Bundeskanzler der Bundesrepublik Deutschland geworden.

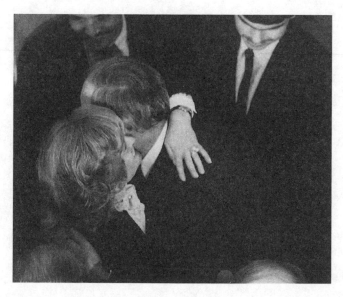

Glückwunsch!

Anhang

Zeittafel

1930
3. April: geboren in Ludwigshafen am Rhein

1936 bis 1940
Besuch der Volksschule in Ludwigshafen-Friesenheim

1940 bis 1944
Besuch der Oberrealschule in Ludwigshafen
Dezember 1944: Kinderlandverschickung, zunächst nach Erbach
im Odenwald, dann nach Berchtesgaden (bis Mai 1945)

1945
August bis November: Landwirtschaftslehre in Düllstadt
Dezember: Rückkehr an die Oberrealschule in Ludwigshafen

1947
Eintritt in die CDU (Mitgliedsnummer 00246);
Mitbegründer der Jungen Union Rheinland-Pfalz

1948
Tanztee im Gasthof »Zum Weinberg« in Friesenheim; erste Begegnung mit Hannelore Renner (15)

1950
8. Juni: Abitur in Ludwigshafen
Herbst: Aufnahme des Studiums an der Universität Frankfurt/
Main mit dem Schwerpunkt Rechtswissenschaft und Geschichte

1951
Fortsetzung des Studiums an der Universität Heidelberg; Hauptfächer Geschichte und Staatswissenschaften

1953
Mitglied des geschäftsführenden Vorstands der CDU Pfalz

1954 bis 1961
Stellvertretender Landesvorsitzender der Jungen Union Rheinland-Pfalz

1955 bis 1966
Mitglied des Landesvorstands der CDU Rheinland-Pfalz

1956 bis 1958
Wissenschaftlicher Mitarbeiter am Alfred-Weber-Institut der Universität Heidelberg

1958
28. Juli: Promotion zum Dr. phil. an der Universität Heidelberg; Thema der Dissertation: »Die politische Entwicklung in der Pfalz und das Wiedererstehen der Parteien nach 1945«

1958 bis 1959
Direktionsassistenz bei der Ludwigshafener Eisengießerei Willi Mock

1959
Vorsitzender des CDU-Kreisverbands Ludwigshafen

1959 bis 1969
Referent beim Verband der Chemischen Industrie mit Sitz in Ludwigshafen

1959 bis 1976
Mitglied der CDU-Landtagsfraktion von Rheinland-Pfalz

1960
27. *Juni:* Heirat mit Hannelore Renner

1960 bis 1969
Vorsitzender der CDU-Stadtratsfraktion in Ludwigshafen

1961
25. *Oktober:* Wahl zum stellvertretenden Vorsitzenden der CDU-Landtagsfraktion (mit 25 von 47 Stimmen, bei 19 Gegenstimmen und 3 Enthaltungen)

1963
9. *Mai:* Wahl zum CDU-Fraktionsvorsitzenden (mit 38 von 41 Stimmen bei 3 Enthaltungen)
16. *Juli:* Sohn Walter wird geboren

1964
12. *Oktober:* Wahl zum Vorsitzenden des CDU-Bezirksverbands Pfalz (mit 236 von 250 abgegebenen Stimmen)

1965
7. *November:* Wiederwahl zum Bezirksvorsitzenden (mit 263 von 274 gültigen Stimmen)
28. *August:* Sohn Peter wird geboren

1966
6. *März:* Wahl zum Landesvorsitzenden der CDU Rheinland-Pfalz (mit 415 von 477 gültigen Stimmen), designierter Nachfolger von Ministerpräsident Peter Altmeier
21. *bis* 23. *März:* auf dem 14. CDU-Bundesparteitag in Bonn scheitert die Kandidatur fürs CDU-Präsidium; als CDU-Landesvorsitzender kraft Amtes Mitglied des Bundesvorstands

1967

23. *April:* bei der Landtagswahl in Rheinland-Pfalz gewinnt die CDU 46,7 Prozent der Stimmen; die SPD erreicht 36,8 Prozent, die FDP 8,3 Prozent

23. *Mai:* auf dem 15. CDU-Bundesparteitag in Braunschweig in den CDU-Bundesvorstand gewählt (mit 398 von 566 Stimmen)

1968

27. *April:* Wiederwahl zum Landesvorsitzenden der CDU Rheinland-Pfalz (mit 347 von 428 gültigen Stimmen)

1969

19. *Mai:* Wahl zum Ministerpräsidenten von Rheinland-Pfalz (mit 57 von 96 gültigen Stimmen); im Amt bis 1976

1. *Juni:* Ende der Tätigkeit beim Verband der Chemischen Industrie

17. *November:* auf dem 17. CDU-Bundesparteitag in Mainz Wahl zum stellvertretenden Bundesvorsitzenden der CDU (mit 392 von 476 gültigen Stimmen)

1970

25. *Mai:* Wiederwahl als Landesvorsitzender der CDU Rheinland-Pfalz

1971

25. *bis 27. Januar:* auf dem 18. CDU-Bundesparteitag in Düsseldorf wird die zweite Fassung des »Berliner Programms« verabschiedet

21. *März:* bei der Landtagswahl in Rheinland-Pfalz gewinnt die CDU mit 50 Prozent die absolute Mehrheit der Stimmen (53 von 100 Mandaten)

4. *bis 5. Oktober:* auf dem 19. CDU-Bundesparteitag in Saarbrücken bei der Wahl zum CDU-Bundesvorsitzenden unterlegen (520 Delegierte stimmen für Rainer Barzel, für den Mainzer Ministerpräsidenten 174)

1972

27. April: Konstruktives Misstrauensvotum der CDU/CSU-Opposition gegen Bundeskanzler Willy Brandt; Rainer Barzel scheitert knapp: Es fehlen ihm zwei Stimmen zur erforderlichen absoluten Mehrheit der Abgeordnetenstimmen

9. bis 11. Oktober: auf dem 20. CDU-Bundesparteitag in Wiesbaden wird das »Wiesbadener Arbeitsprogramm« verabschiedet

19. November: bei der Bundestagswahl wird die sozialliberale Regierungskoalition bestätigt; die SPD (45,8 Prozent der Stimmen) wird erstmals stärkste politische Kraft vor der CDU/CSU mit 44,9 Prozent; FDP 8,4 Prozent

1973

12. Juni: Wahl zum CDU-Bundesvorsitzenden auf dem 21. CDU-Bundesparteitag in Bonn (mit 520 von 600 gültigen Stimmen), nachdem Rainer Barzel zurückgetreten ist

18. bis 20. November: der 22. Bundesparteitag in Hamburg fasst Beschlüsse zum sozialen Baubodenrecht, verabschiedet vermögenspolitische Leitsätze und Grundsatzthesen zur beruflichen Bildung

1975

9. März: bei der Landtagswahl in Rheinland-Pfalz erzielt die CDU mit 53,9 Prozent der Stimmen wieder die absolute Mehrheit und ihr bisher bestes Ergebnis

20. Mai: Bestätigung im Amt des Ministerpräsidenten (mit 55 von 105 gültigen Stimmen)

19. Juni: die Präsidien von CDU und CSU bestimmen in gemeinsamer Sitzung den CDU-Bundesvorsitzenden zum Kanzlerkandidaten der Unionsparteien für die Bundestagswahl 1976

23. bis 25. Juni: Wiederwahl zum Parteivorsitzenden auf dem 23. CDU-Bundesparteitag in Mannheim (mit 696 von 707 Stimmen); Verabschiedung der »Mannheimer Erklärung«, die die außen-, innen- und gesellschaftspolitische Position der CDU beschreibt (»Alternative '76«)

1976

29. April: Gründung der Europäischen Volkspartei (EVP)

24. bis 26. Mai: der 24. Bundesparteitag in Hannover steht unter dem Motto »Aus Liebe zu Deutschland – Freiheit statt Sozialismus«

3. Oktober: bei der Bundestagswahl verfehlt die Union mit 48,6 Prozent der Stimmen nur knapp die absolute Mehrheit

19. November: die CSU kündigt die Fraktionsgemeinschaft mit der CDU im Deutschen Bundestag auf (Kreuther Beschluss)

1. Dezember: Wahl zum Nachfolger von Karl Carstens im Amt des Fraktionsvorsitzenden der CDU im Bundestag (mit 184 von 189 Stimmen)

2. Dezember: Rücktritt vom Amt des Mainzer Ministerpräsidenten

12. Dezember: Einigung von CDU und CSU auf die Wiederaufnahme der Fraktionsgemeinschaft

13. Dezember: Wahl zum Vorsitzenden der CDU/CSU-Bundestagsfraktion (mit 230 von 241 gültigen Stimmen)

1977

7. bis 9. März: auf dem 25. CDU-Bundesparteitag in Düsseldorf als Parteivorsitzender im Amt bestätigt (mit 767 von 810 gültigen Stimmen)

1978

23. bis 25. Oktober: Verabschiedung des ersten Grundsatzprogramms der CDU auf dem 26. CDU-Bundesparteitag in Ludwigshafen

1979

25. bis 27. März: auf dem 27. CDU-Bundesparteitag in Kiel erneut als Bundesvorsitzender bestätigt (mit 617 von 740 Stimmen)

28. Mai: der CDU-Bundesvorstand nominiert Ernst Albrecht zum Kanzlerkandidaten für die Bundestagswahl 1980

10. Juni: bei der ersten Direktwahl zum Europäischen Parlament erzielen CDU/CSU 49,2 Prozent der Stimmen (SPD 40,8 Prozent, FDP 6,0 Prozent, die Grünen 3,2 Prozent)

2. *Juli:* die CDU/CSU-Bundestagsfraktion nominiert den bayerischen Ministerpräsidenten Franz Josef Strauß zum gemeinsamen Kanzlerkandidaten der Unionsparteien

1980

19. bis 20. Mai: Verabschiedung des Wahlprogramms der CDU/CSU auf dem 28. Bundesparteitag in Berlin

5. Oktober: bei der Bundestagswahl verlieren die Unionsparteien über 4 Prozentpunkte im Vergleich zur Wahl 1976 und erzielen 44,5 Prozent der Stimmen; die SPD/FDP-Koalition kann ihre Regierungsarbeit fortsetzen

7. Oktober: Bestätigung als Vorsitzender der CDU/CSU-Bundestagsfraktion (mit 210 von 214 gültigen Stimmen)

1981

9. bis 10. März: der 29. Bundesparteitag in Mannheim verabschiedet das Arbeitsprogramm »Aufgaben der achtziger Jahre«; Bestätigung als Parteivorsitzender (mit 689 von 715 Stimmen)

2. bis 5. November: der 30. Bundesparteitag in Hamburg verabschiedet die Grundsätze »Mit der Jugend. Unser Land braucht einen neuen Anfang«

1982

1. Oktober: Konstruktives Misstrauensvotum gegen Bundeskanzler Helmut Schmidt; Wahl zum Bundeskanzler der Bundesrepublik Deutschland mit den Stimmen von CDU/CSU und FDP (256 von 495 Abgeordneten)

Bildnachweis

Register

Abs, Hermann Josef 107
Abtreibung (§ 218) 331–335, 357, 454
Ackermann, Eduard 460, 502
Adenauer, Konrad 28, 56, 62 f., 71 ff., 79, 84–89, 93 f., 100, 103 f., 107, 113 ff., 126 f., 134 f., 147 f., 156, 174, 180 f., 190 f., 194, 205–211, 233, 235 f., 243, 292 f., 329, 338, 413, 509, 512, 551 f., 554, 575, 595, 646
Afghanistankrieg 559, 598, 603
Ahlers, Conrad 262
Akademie Eichholz 166
Akihito, Kronprinz von Japan 397
Aktion Sühnezeichen 598
Albertini, Rudolf von 84
Albertz, Heinrich 360
Albrecht, Ernst 383, 507, 514, 523 f., 526 ff., 537 ff., 541, 618 ff.
Aldrin, Edwin 262
Alfred-Weber-Institut 100 f.
Alleinvertretungsanspruch 85, 87

Altmeier, Peter 58 f., 95, 113–117, 124, 128, 132, 136, 138 f., 143 f., 152 ff., 180, 186–191, 195, 201, 207, 214–218, 228 ff., 232, 234, 254 f., 345
Amerikanische Besatzungszone 62
Arbeitsgruppe »Lübke« 244
ARD 264, 414, 460, 476, 513
Armstrong, Neil 262
Arnold, Karl 72
Arp, Hans 351
Ascheberg, Hotel Jagdschlösschen 523
Auschwitz 162 f., 227, 325, 489
Außerparlamentarische Opposition (APO) 224

Bacher, Gerd 401
Backfire-Bomber 554, 558
Badische Anilin- und Sodafabrik (BASF) 15, 34, 80 f., 96, 107
Bahr, Egon 304, 490, 560
Barzel, Rainer 194, 197, 199, 236, 262, 270, 285–296, 298, 300 f., 303, 309 ff.,

314 ff., 318, 327, 346, 409, 440, 511, 641 f.

Baum, Gerhart 491, 629, 644

Bautzen 489

Bayerische Volkspartei (BVP) 51, 429

Bayern-Partei 372

Beamtenbesoldungsrecht 118

Beamtenrechtsrahmengesetz *siehe* Radikalenerlass

Beethoven, Ludwig van 73

Begnadigungsrecht 258 ff., 329

Bekennende Kirche 540

Bekenntnis-/Gemeinschafts- schulen 144, 151 ff., 177 f., 276

Ben Gurion, David 127, 212

Berchtesgaden, Hotel Vierjahreszeiten 39

Bergsdorf, Wolfgang 346 f.

Bergstraesser, Ludwig 84

Berlin
– Blockade 67, 86, 614
– Freie Universität (FU) 358
– Grenzübergang Friedrichstraße 479 f.
– Luftbrücke 67, 86
– Mauer 134 f., 590, 594
– Tränenpalast 479 f.

Berliner Programm (1968) 240 f., 277, 302

Beuys, Joseph 351

Bewegung 2. Juni 357

Biedenkopf, Kurt 277, 312, 318, 321 f., 326 f., 368 ff.,

373, 389, 406 f., 409, 431, 445 ff., 511, 537, 562, 585
– Memorandum 502–509

Biermann, Wolf 482

Bilke, Karl-Heinz 326

Bismarck, Otto von 592

Blüm, Norbert 322, 638

Böckmann, Kurt 222, 347, 395

Boden, Wilhelm 58, 116 ff., 128, 136 ff., 142

Bögler, Franz 99

Böhm, Franz 79

Böhringer 246

Böll, Heinrich 351 f.

Bonner Erklärung 616

Borchert, Wolfgang 60, 255

Bosch, Carl 82

Brandt, Willy 134 f., 173, 181, 202, 245 f., 256, 266 ff., 287 f., 294 f., 297 f., 301 f., 304, 309, 328, 334, 336, 359, 390 f., 413 f., 442, 450, 525, 535, 546, 552, 554, 559 f., 588, 598, 608, 610, 612, 630, 641 f., 645

Breitbach, Joseph 352

Brentano, Heinrich von 287, 292

Breschnew, Leonid 173, 482, 484 ff., 558 f., 603 ff., 614, 617

Brief zur deutschen Einheit 296

Brigade Erhard 181

Brokdorf, Kernkraftwerk 584

Brüning, Heinrich 25
Buback, Michael 461 f.
Buback, Siegfried 457 ff.
Buchenwald 227, 489
Bundesgrenzschutz (BGS) 471,
474
Bundeskriminalamt (BKA)
363, 461, 465 f., 472
Bundesländer-Neugliederung
223 f., 283
Bundespräsident 245 ff., 253,
329 f., 505, 518 ff., 634
Bundesrat 161, 232 ff., 254,
271 f., 308, 398 f., 418,
422, 478, 503 f.
– Ausschuss für Auswärtige
Angelegenheiten 255
– deutsch-polnische Abkom-
men (1975) 379, 382 ff.
– Fristenregelung 333
– Gesamtdeutscher Aus-
schuss 255
– Grundlagenvertrag 311
– Ostverträge 280, 295 f.,
308
– Radikalenerlass 328
Bundestag 103 ff., 161, 202,
211, 219, 224, 267, 283,
294 ff., 301, 303, 324, 333,
474, 518, 577 f., 616
– Auflösung 634
– CDU/CSU-Fraktion 180 f.,
194, 197 ff., 277, 284 ff.,
294 ff., 303, 311–315,
326 f., 337, 359, 381, 435,
437, 443 ff., 454, 461, 473,

477 ff., 503, 508 f., 511,
519, 525, 529, 539, 573 f.,
579 f., 606 f., 609, 618,
620, 624 f., 628 f., 633–641,
644, 646 f.
– – Kanzlerkandidatur 618 f.
– – Strategiekommission
452 f., 537 f.
– – Trennung 302 f., 416 f.,
419, 423–436
– CDU/CSU/FDP-Koalition
147, 183, 201, 265 ff., 630
– CDU/CSU/FDP/DP-Koali-
tion 74
– FDP-Fraktion 633, 638,
644
– konstruktives Misstrauensvotum 294 f., 298, 625, 628,
638–645
– Nato-Doppelbeschluss
631 f.
– SPD/FDP-Koalition 264,
267 f., 277, 292, 296 f.,
304, 330, 341, 366, 385,
410, 414 f., 422, 482, 498,
500, 534, 546 ff., 577,
596 f., 608 f., 617
– – Bruch 619, 622,
624–632
– Vertrauensfrage 297,
609 f., 628, 634
Bundestagswahl
– 1949 71 ff., 84 f.
– 1953 84 f.
– 1957 101 ff., 126
– 1961 101, 135, 136, 180

– 1965 102, 182 f., 196,
216
– 1969 246, 262–268
– 1972 298, 300
– 1976 413 ff.
– 1980 570 ff.
– – Kanzlerkandidatur
506 f., 523–532, 536 ff.
– Neuwahlen (1983) 623 f.,
628 f., 631 f., 634 ff.
Bundesverband der Deutschen
Industrie (BDI) 619
Bundesvereinigung der Deut-
schen Arbeitgeberverbände
(BDA) 468
Bundesverfassungsgericht
– Fristenregelung 333, 357
– Grundlagenvertrag 315 f.
– NPD-Parteiverbot 239
Bundesversammlung 126, 245,
247 f., 330, 336, 415, 505,
518 ff., 588
Bunsen, Robert 82
Bürckel, Josef 51
Burckhardt, Jakob 100
Bürgersprechstunde 257 f.
Bush, George 170

Canvassing 204, 206
Capote, Truman 70
Carstens, Karl 312 ff., 323,
326, 337, 340, 370, 390,
409, 431, 437, 474,
518–524, 529, 531 f., 648
Cartell-Verband (CV) 116
Carter, Jimmy 582

Castro, Fidel 226
Cathrein, Victor 50
Ceauşescu, Nicolae 385 f.
Chagall, Marc 351
Charta der deutschen Heimatvertriebenen 565 ff.
Che Guevara 226
Chemie-Verband 107, 111,
164, 182
Christlich-Demokratische Arbeitnehmerschaft 580
Christlich-Demokratische
Union (CDU) 52 ff., 57,
60 f., 64, 69, 71, 74, 85,
89 f., 111, 126 f., 135, 148,
155 f., 172–176, 180, 196,
200 f., 208, 236 f., 240 ff.,
245 ff., 253, 264 ff., 269,
274, 284 ff., 289–305,
310 ff., 314, 317 ff., 322 f.,
326 ff., 332, 336–342, 381,
388, 401 ff., 413 ff., 424,
452, 483 ff., 488, 497 ff.,
508, 512 f., 518 ff., 526,
528 ff., 533 ff., 538, 541 ff.,
551 ff., 556, 559, 561 f.,
568, 570, 572 f., 575 ff.,
579 ff., 588, 597 f., 604 ff.,
609, 612 f., 618 ff.,
622–626, 628, 631 ff., 640
– Bayern 390, 427–431, 537
– Berlin 586 ff.
– Bezirksparteitage Neu-
stadt/Weinstr. 89, 165, 222
– Bundesgeschäftsstelle Bonn
166

– Bundesparteitage
– – 1950, Goslar 89, 575
– – 1964, Hannover 173 ff.
– – 1966, Bonn 194
– – 1967, Braunschweig
234 ff., 246
– – 1968, Berlin 240 ff., 245
– – 1969, Mainz 269 ff., 286
– – 1971, Düsseldorf 277 ff.
– – 1971, Saarbrücken
286 f., 290 ff., 310
– – 1972, Wiesbaden 300
– – 1973, Bonn 316–321,
374
– – 1973, Hamburg 309,
327 f.
– – 1976, Hannover
403–407
– – 1976, Mannheim 374 ff.
– – 1977, Düsseldorf 446,
448 ff.
– – 1978, Ludwigshafen
497 f.
– – 1979, Kiel 508, 512 ff.,
527
– – 1980, Berlin 564
– – 1981, Hamburg 600 ff.
– – 1981, Mannheim 584 f.
– – 1990, Hamburg 376
– Bundesvorstand 173 f.,
180, 193, 195 ff., 199, 210,
233, 236 f., 239 f., 246,
271, 277, 286, 294, 301 f.,
309, 318, 332, 340, 368,
371, 388, 428 f., 431, 469,
483, 507, 509, 519, 528,

537 f., 572, 579 f., 584,
587, 630, 632
– Demonstration Bonn 1982
613 ff.
– Grundsatzkommission
300, 327 f., 497
– Grundsatzprogramm
497 f., 542
– Hamburg 619
– Hessen 636 f.
– katholischer Integralismus
90
– Landesparteitag Kaiserslautern (1947) 59
– – Koblenz (1966)
189–193, 207, 214 f.
– – Ludwigshafen (1955) 91
– – Ludwigshafen (1970)
274
– – Mainz (1968) 223
– – Mainz (1971) 279
– – Trier (1964) 175, 179
– Ludwigshafen 57, 74,
102 f., 111 ff., 133, 165 ff.,
256
– Mitgliedsbeiträge 166 f.,
235
– Niedersachsen 116, 494,
619
– Pfalz 53 f., 81, 99, 106,
112, 165
– Präsidium 194, 269, 271,
294, 311, 326, 342, 368,
373, 418, 425, 428, 509,
514, 523, 538, 584 f., 630,
632

– Programmkommission
240, 277
– Rheinland-Pfalz 58 f., 101,
106, 112, 116 f., 137 f.,
150–155, 175, 177–181,
189 f., 203, 204 ff., 210,
217, 223, 253, 274 f.,
279 f., 308, 354 ff., 511
– Saargebiet 95
– Sozialausschüsse 240, 277
– Spenden 338
– Trennung der Spitzenämter
502–509
– Wirtschaftsrat 240
Christliche Volkspartei (CVP)
55, 426
Christlich-Nationale Arbeitsgemeinschaft in Schlesien
91
Christlich-Soziale Union (CSU)
53, 103, 126, 135, 148,
195 f., 201, 246 f., 264 ff.,
287, 291 ff., 299 f., 302,
311 f., 314 ff., 323, 326,
328, 330, 337, 339, 342,
369–374, 384, 388, 413 f.,
416, 419–423, 449, 452,
483 ff., 488, 497, 499, 508,
518 ff., 523 f., 526, 528 ff.,
532, 534–539, 541 ff.,
551 f., 556, 559, 568, 570,
572 f., 580, 588, 597,
604 ff., 609, 612, 618 ff.,
628, 631, 636
– Ausdehnung auf Bundes-
ebene 390, 416 f., 419–435,

529 ff., 537 f., 573
– Landesgruppe 366, 425,
427, 437
– Landesleitung (Bundestag)
198
Chruschtschow, Nikita 86,
126, 173, 590
Churchill, Winston 46, 56
Conze, Werner 84
Cruise Missiles 556 f.
Czaja, Herbert 311, 381

Dahrendorf, Ralf 179
Daimler-Benz AG 467
de Gaulle, Charles 55 f., 76,
181, 201, 211
Delp, Alfred 52
deutsch-deutsche Beziehungen
238, 284, 341, 378 f.,
590–595
Deutsche Bundesbahn 120 f.
Deutsche Demokratische Partei
(DDP) 64
Deutsche Demokratische Republik (DDR) 181 f., 219,
284, 299, 379, 479 ff., 485,
496, 522, 545, 558,
591–595, 604 ff.
– Geheimdienst (Stasi) 244,
296, 363 f., 373, 600, 641
– Grundvertrag (1972)
304 f., 311, 315 f., 482
– Juniaufstand (17. Juni
1953) 86 f., 324 f., 486 ff.,
590
– Ministerrat 181, 576

– Revolution (1989) 87
– Staatsflagge 126
– Ständige Vertretung 304,
335, 577, 606
– Transitwege 577
– Verfassung 341
– Volkskammer 341
– Zwangsumtausch 576,
605 f.
Deutsche Einheit 71, 85, 126,
134, 242 f., 296, 325, 479,
483, 485 ff., 499, 583, 595,
604, 646 f.
– Zehn-Punkte-Plan 105
Deutsche Kommunistische Partei (DKP) 550, 598 ff.
Deutsche Lufthansa AG 471,
473 f.
Deutsche Partei (DP) 74
Deutsche Reichspartei (DRP)
115, 121 f.
Deutscher Gewerkschaftsbund
(gegründet 1919) 53
Deutsch-französische Freundschaft 50, 56, 97, 148 f.,
181, 190, 208, 243
Deutsch-französischer Freundschaftsvertrag (1963, Élysée-Vertrag) 56, 148
Deutsch-französischer Verteidigungs- und Sicherheitsrat
148
Deutsch-französischer Wirtschafts- und Finanzrat 148
Deutsch-Französisches Jugendwerk 148

Deutschlandlied 72 f., 114
Deutschlandvertrag 85 f.,
Deutsch-polnische Abkommen
(1975) 379–384, 433
Diehl, Günter 262
Dregger, Alfred 277 f., 311,
389, 410, 443, 531, 537,
564, 636 f., 647
Dreißigjähriger Krieg 26
Drenkmann, Günter von 457
Drittes Reich 28, 44, 53, 63,
73, 82, 101, 118, 226, 244,
521, 646
Dröscher, Wilhelm 281, 306,
393
Dufhues, Josef-Hermann 194,
250, 288, 293, 321
Düllstadt 46 ff.
Düsseldorfer Leitsätze (1949)
242
Dutschke, Rudi 224

Ebert, Friedrich 72, 82
Ecarius, Hans 139
Eckel, Horst 92
Eckhardt, Hans von 84
Ehmke, Horst 336
Eicher, Hermann 230 f.
Eichmann, Adolf 127
Eisenhower, Dwight D. 126
Eiserner Vorhang 594
Élysée-Vertrag 56, 148
Engholm, Björn 629
Entnazifizierung 88, 225
Erhard, Ludwig 66, 104, 115,
156, 174, 180 f., 183, 185,

191 f., 194, 196 ff., 207,
214, 233 ff., 246, 292, 297,
300, 317, 338, 450, 509,
552, 608, 620, 646
Ernst, Fritz 84, 105
Erster Weltkrieg 17, 25, 32,
35, 55, 63, 74 f., 169
Erstes Vatikanisches Konzil
140
Ertl, Josef 629
Eschenburg, Theodor 84
Etzel, Franz 181
Europahymne 73
Europäische Einheit 403 ff.,
512, 534, 551, 553, 565,
595, 604, 647
Europäische Gemeinschaft für
Kohle und Stahl 79
Europäische Union 404 f.,
513
Europäische Verfassung 405
Europäische Verteidigungsge-
meinschaft 100, 103
Europäische Volkspartei (EVP)
76, 402 f., 580
Europäische Wirtschaftsge-
meinschaft (EWG) 74, 79,
178, 201
Europäischer Ministerrat 201
Europäisches Manifest 403 f.,
406 f.
Europäisches Parlament 405
– Wahlen 1979 512 f.,
534 ff.
Europäisches Statut (Saarge-
biet) 95, 97, 426

Evangelischer Arbeitskreis der
CDU/CSU 54
EWG-Wein-Marktordnung
281

Fanfani, Amintore 403
Filbinger, Hans 318, 327,
379, 383, 401 f., 431,
494 f., 528
Finck, Albert 50 ff., 55, 64,
72 f., 98
Finck, Johannes 49–55, 57 f.,
61, 64, 72, 74, 98 f.
flexible response 555
Forsthoff, Ernst 105
Frankfurt
– Johann-Wolfgang-von-
Goethe-Universität 78
– Paulskirche 64
– Senckenberg-Museum 79 f.
Frankfurter Nationalversamm-
lung (1848) 64
Frankfurter SS-Prozess 162
Franz II., Kaiser 72
Franz Josef I., Kaiser von
Österreich 249
Französische Besatzungszone
55, 61 f.
Frauenunion 240, 580
Freie Demokratische Partei
(FDP) 64, 74, 133, 135, 147,
155 f., 180, 195 ff., 199 ff.,
234, 236, 238, 245–250,
264–268, 285, 300, 329,
336, 339, 368, 371, 383 f.,
390, 401, 410, 415 ff.,

422 f., 434, 449, 452, 491,
520, 526, 534, 549, 552,
561 f., 568, 570, 589,
596 ff., 602, 605, 609,
619–645
– Rheinland-Pfalz 59, 101,
106, 114 ff., 129, 150 ff.,
154 f., 159, 203, 210,
214 f., 221, 253, 275,
279 ff., 354
Freie Deutsche Jugend (FDJ)
61, 358
Friderichs, Hans 280 f., 304
Friedensbewegung 557, 599 f.,
616
Friedenskundgebung Bonn
1981 598 f.
Friedland, Lager 94
Friesenheim
– Gasthaus Zum Weinberg
66
– Josefskirche 32, 128
– Volksschule 15, 27, 49
Frings, Josef 212
Fristenregelung 333 ff., 357
Fritz, Gerhard 102
Fuchs, Jockel 123, 172
Fuchs, Walther Peter 98 ff.,
105 f.
Furtwängler, Wilhelm 82
Fußballweltmeisterschaft 1954
92 f.

Gaddum, Johann Wilhelm 229,
280, 322, 343, 347, 353,
393, 418

Galen, Clemens August von
540
Gasperi, Alcide de 512
Gaus, Günter 43, 482
Geißler, Heiner 217, 230 f.,
258, 273, 322, 343, 348,
393, 418, 447 f., 497, 505,
524, 528, 565, 613, 615,
642, 644
Genscher, Barbara 622
Genscher, Hans-Dietrich
248, 265 f., 304, 336, 359,
367, 379, 382, 414 f.,
417, 443, 452, 454, 490,
568, 596 f., 608, 617,
619, 622 f., 628 ff., 632,
634, 636, 638, 642, 645,
649
– Wende-Brief 597
Geraer Forderungen 576
Gerstenmaier, Eugen 54, 197,
199, 293, 522, 530 ff.
Gesamtdeutsche Volkspartei
(GVP) 71, 85, 329
Gestapo 37
Gesundheitsämter 145
Gewerkschaften 277, 553, 569,
609
Gillmann, Helmut 516
Glahn, Fritz 116, 152
»Gnade der späten Geburt«
43 f.
Göbel, Wolfgang 457
Godesberger Programm 126,
155, 551
Goebbels, Joseph 488

Goethe, Johann Wolfgang von 28, 99

Goppel, Alfons 379, 383 f., 503

Gorbatschow, Michail 496, 583

Gradl, Johann Baptist 311

Gromyko, Andrei 603

Große Koalition 196, 199, 201 f., 204, 206, 218, 234, 236, 245, 247 f., 250, 292, 339, 450, 552, 623, 625

Grotewohl, Otto 181

Gruhl, Herbert 493 f.

Grundgesetz 70 ff., 79, 224, 258, 521 f., 612, 639, 641, 644, 646, 648

Grüne (Partei) 494, 534 f., 568, 570, 589, 636

Grüne Aktion Zukunft 493

Gruner, Wolfgang 460

Gruner+Jahr-Verlag 374

GSG 9 471, 473

Guillaume, Günter 335 f.

Gurian, Waldemar 84

Gutenberg, Karl Theodor Freiherr von und zu 200

Gutenfels, Burg 350

Hadrian VI., Papst 495

Hallstein, Walter 78 f., 199

Hallstein-Doktrin 218

Hambacher Fest (1832) 26

Hamburg, Ohlsdorfer Friedhof 255

Hamburger Programm (1953) 242

Hamm-Brücher, Hildegard 644

Hanns-Seidl-Stiftung 419

Hanz, August 139

Hassel, Kai-Uwe von 327

Hauff, Wilhelm 104

Havel, Václav 354

Haydn, Joseph 72

Heck, Bruno 214, 235 f., 250, 262, 268, 278, 293

Hegel, Georg Wilhelm Friedrich 104

Heidelberg
– Bergfriedhof 81 f.
– Ruprecht-Karls-Universität 80–84, 98, 105 f.
– Schloss 25, 71, 207

Heiliges Römisches Reich Deutscher Nation 26, 72

Heimatvertriebene 381, 565 ff.

Heimkehrer aus sowj. Kriegsgefangenschaft 93 f.

Heinemann, Gustav 52, 71, 85, 192 f., 246 ff., 253, 260 f., 316, 329, 364, 396, 505, 518

Heinemann, Hilde 192

Hellpach, Willy 83

Helms, Wilhelm 294

Henkel AG 322

Herberger, Sepp 92 f.

Hermans, Susanne 90

Herold, Horst 461

Herrenhaus Buchholz 649
Herzog, Roman 322 f.
Heuss, Theodor 28, 62 ff., 73, 88, 126, 243, 518
Hilf, Willibald 90, 138, 344
Hindenburg, Paul von 25, 51
Hitler, Adolf 23, 32, 34, 39, 49, 72, 94, 101, 522, 544
– Attentat 38, 122, 539
Hitlerjugend 40
Höcherl, Hermann 107, 249
Hofer, Andreas 421
Hoffmann von Fallersleben, August Heinrich 72
Hoffmann, Johannes 55
Höffner, Joseph 421, 495
Hölderlin, Johann Christian Friedrich 104
Holkenbrink, Heinrich 90, 139, 217, 280, 343, 393
Honecker, Erich 283 f., 341, 378, 576 f., 605 f.
Hörster, Willi 280
Horst-Wessel-Lied 73
Huch, Ricarda 79
Hülser, Gustav 91
Hupka, Herbert 294, 381

Institut für Demoskopie Allensbach 206, 525, 569, 605
Integriertes Planungs-, Entwicklungs- und Kontrollsystem (IPEKS) 306
Internationale Christliche Demokraten 515

Israel 163, 212, 297, 330
– Jom-Kippur-Krieg 330
– Sechstagekrieg 219
– Wiedergutmachungsabkommen 79

Jalta 46
Jaspers, Karl 83
Jaumann, Anton 430
Jellinek, Walter 84
Jenninger, Philipp 480, 579
Johannes XXIII., Papst 140 f.
Johannes-Gutenberg-Universität, Mainz 131, 146
Johannes Paul I., Papst 495
Johannes Paul II., Papst 495, 516 f.
Johnson, Lyndon B. 181, 211
Jonas, Franz 396
Josten, Peter 90
Judenverfolgung 22, 44, 49, 122, 163, 324 f., 488, 544
Junge Union (JU) 57 f., 60 f., 89, 213, 240, 374, 580
– Bayern 434
– Bezirksparteitag Edenkoben (1948) 60
– Pfalz 95
– Rheinland-Pfalz 89 f.
– Saargebiet 95
Jungsozialisten (Jusos) 553, 560, 569, 598

Kaiser, Jakob 53, 64, 72, 95
Kalag (Firma) 244
Kalter Krieg 64, 87

Katzer, Hans 270, 278, 291, 293, 300, 318, 327, 409, 431, 443
Kennedy, John F. 162, 181
Kernenergie 610
Kiesinger, Kurt Georg 103 f., 197–202, 205, 214, 219, 233–237, 241, 245 ff., 250, 262–267, 270, 278, 286 f., 290 f., 293, 299, 311 f., 322, 371, 440, 450, 509, 525, 552, 608, 623, 646
Kinderlandverschickung 38
Kirch, Leo 421
Kirche 176 f., 301
–, katholische 21, 145
–, protestantische 145, 563
Klarsfeld, Beate 241 f.
Kleine Koalition 247
Knesset 43
Koblenzer Landtag 58
Koenig, Pierre 54 f.
Kohl, Cäcilie (geb. Schnur) 16, 514 ff.
Kohl, Hannelore (geb. Renner) 66–70, 74, 81, 87, 93, 95 f., 105, 108, 112, 127 f., 136, 149, 167 ff., 171, 182, 184 ff., 192 f., 229, 256, 288, 309, 317, 345, 360, 362 f., 376, 385 f., 388 f., 399 f., 408, 418, 436, 439, 457, 469, 481, 502, 514 ff., 522, 543, 585, 622, 645 f.
Kohl, Hans 16, 32, 77 f., 388 f.

Kohl, Hildegard 17
Kohl, Michael 62, 304
Kohl, Peter 128, 184 f., 256, 331, 363, 645 f.
Kohl, Walter (Bruder) 18, 36, 168 ff.
Kohl, Walter (Sohn) 128, 168, 331, 645 f.
Kohle- und Stahlunion 74
Kohlhammer-Verlag 96
Kohlmeyer, Werner 92
Kommando Martyr Halimeth 471
Kommunalpolitische Vereinigung 240
Kommunalwahl
– Ludwigshafen 1956 102
– Ludwigshafen 1969 256 f.
– Niedersachsen 1964 180
– Nordrhein-Westfalen 1964 180
– Rheinland-Pfalz 1946 49
– Rheinland-Pfalz 1960 132 f.
– Rheinland-Pfalz 1964 179 ff.
– Rheinland-Pfalz 1970 274 f.
– Württemberg-Baden 1947 62
Kommunismus 487, 496, 553, 560, 565, 590, 599
Kommunistische Partei Deutschlands (KPD) 58 f., 61, 65
Konferenz über Sicherheit und

Zusammenarbeit in Europa (KSZE) 340, 378
– Schlussakte von Helsinki 378, 482 f., 487
König, Franz 176, 421
Konrad-Adenauer-Haus 338, 444
Konrad-Adenauer-Stiftung 166, 236
Konzentrationslager 162 f., 227, 325, 488 f., 646
Köppler, Heinrich 318, 327, 369, 505 f., 508, 537, 562
Korbach, Heinz 139
Koreakrieg 84
Kossygin, Alexey 173, 386
Kraemer, Alois 89
Kraske, Konrad 291, 316
Kreisauer Kreis 122
Kreisky, Bruno 402
Kreuther Beschluss 419–436, 438, 442, 452, 477
Krone, Heinrich 293
Kubakrise (1962) 147, 590
Kühn, Heinz 250, 268
Kühn, Johannes 84
Kunze, Reiner 70

Lahnstein, Manfred 629
Lambsdorff, Otto Graf 625 f., 628 f.
»Landshut« (Lufthansa-Maschine) 471 ff.
Landtags-/Senatswahl
– Baden-Württemberg 1972 294
– – 1976 401
– – 1980 561
– Bayern 1966 197
– – 1974 339 f.
– Berlin 1975 361
– – 1979 586, 589
– – 1981 589
– Hamburg 1982 619 f.
– Hessen 1974 339
– – 1982 636 f.
– Niedersachsen 1978 526
– – 1982 619
– Nordrhein-Westfalen 1966 196
– – 1975 368
– – 1980 505 f., 561 f.
– Rheinland-Pfalz 1947 58, 137
– – 1955 91
– – 1959 112 ff., 121, 203
– – 1963 148, 150, 188, 203
– – 1967 164, 193, 203, 208, 210 f.
– – 1971 279
– – 1975 349, 354 ff., 366
– – 1979 511
– Saarland 1975 368
– – 1980 561
– Schleswig-Holstein 1975 368
– West-Berlin 1979 511 f.
Langbathsee 249
Langgässer, Elisabeth 29
Laurien, Hanna-Renate 322, 409

»Lauschangriff« 491
Leber, Georg 245, 297, 490 f.
Lecanuet, Jean 403
Leicht, Albert 90
Leisler Kiep, Walther 291, 318,
  327, 338, 564, 619 f.
Liebrich, Werner 92
Limburgerhof, Pfarrhaus
  49–52, 54, 61
Lorenz, Maria Anna 359 f.,
  362
Lorenz, Peter 358, 361 f., 511,
  586 f.
– Entführung 357, 359 ff.,
  364, 456, 458, 461, 477,
  586
Löwenthal, Richard 346
Lübke, Heinrich 126, 173,
  243 f., 518
Lübke, Wilhelmine 244
Lücke, Paul 200, 237
Ludwigshafen 42
– Gymnasium 35, 48, 61
– Hotel Hubertus 114
– Städtepartnerschaft mit
  Lorient 164
– Städtisches Krankenhaus
  25
– Stadtrat 74, 102, 133, 175,
  182, 222 f., 256 f.
– Tanzschule Hammer 68

Magniez, Robert 73
Mai, Karl 92
Maier, Hans 409, 565
Maihofer, Werner 465, 491 f.

Mannheimer Erklärung 377
Mao Zedong 357
Marcisz, Heinz 460
Marshall, George 62
Marshallplan 62, 65
Martin, Albrecht 394
Marx, Werner 312
Marx, Wilhelm 51
Marxismus 550 f.
Matthes, Hermann 128, 136,
  138 ff., 142 f.
Max von Bayern, Herzog
  353
Maxburg 26
Max-Slevogt-Medaille 350
May, Karl 28
Mayers, Klaus 351
Medienpolitik 453 f.
Mehrheitswahlrecht 196,
  200 f., 249 siehe auch Wahl-
  rechtsänderung
Mende, Erich 135, 156, 294
Menschenrechte 486 f., 496,
  566
Mentz, Karl 90
Merk, Bruno 430
Mescalero (Pseudonym) 457 f.,
  463
Meyer, Otto 230 f., 281 f.,
  343, 393 f.
Michael, Ernst 79
Michiko, Kronprinzessin von
  Japan 397
Mielke, Erich 296, 600
Militärischer Abschirmdienst
  (MAD) 491

676

Military Intelligence Group 373
Miller, Glenn 69
Ministerialbürokratie 158, 306
Ministerpräsidentenkonferenz 232, 256
Mischnick, Wolfgang 248, 638, 642, 644 f.
Mitbestimmung, betriebliche 237, 241, 277, 322
Mittelstreckenraketen 554–558, 607, 617, 631
Mitterrand, François 74, 82, 353 f.
Mock (Firma) 107
Mogadischu 471, 473 ff.
Möller, Alex 284
Mondlandung (1969) 262
Monnet, Jean 79
Montanmitbestimmung 241
Mörike, Eduard 104
Morlock, Max 92
Moro, Aldo 212
Moskauer Vertrag 296
Müller, Herbert 99
Münchner Abkommen 34

Nachrüstung siehe Nato-Doppelbeschluss
Nationaldemokratische Partei Deutschlands (NPD) 115, 200 f., 205, 211, 257, 279, 301
– Verbot 238 f.
Nationale Volksarmee (NVA) 238

Nationalfahne 26 f.
Nationalhymne siehe Deutschlandlied
Nationalsozialismus 21 ff., 29, 49, 51 f., 63, 67, 72 f., 88, 94, 116 ff., 121 f., 131, 137, 163, 225 ff., 243 f., 329, 458, 521, 540
Nato 87, 103, 147, 201, 556 f., 583, 603, 616
– Doppelbeschluss 169, 352, 554–558, 563, 577, 598, 603, 607, 610, 612, 616, 625, 631 f.
– Gipfelkonferenz Bonn 1982 615
– Rat 169
Naumann, Friedrich 64
Neubauer, Hanns 230 f.
Neusel, Hans 264 f.
Neu-Staßfurt, KZ 244
Nixon, Richard 265
Notstandsgesetze 224 f.
Nowottny, Friedrich 264 f.
Nürnberger Prozesse 49

Oellers, Günther 351
Oggersheim 440 ff.
Ohnesorg, Benno 219
Olaf, König von Norwegen 396
Ölkrise 330, 546
Ollenhauer, Erich 85, 173, 181
OPEC 458

Olympia-Massaker von München 297
Olympiaboykott von Moskau 559
Orth, Eduard 106, 114, 116, 146 f., 165, 214, 216
Ostpolitik 255, 277, 295, 299, 301, 379–384, 544, 547, 550, 552, 569, 588, 591–595, 603–607
Ostverträge 280, 295 f., 308, 433

Pahlewi, Mohammed Resa, Schah von Persien 219
Palme, Olof 364
Parlamentarischer Rat 70 ff.
Parteiengesetz 219
Parteienverbot 239
Passierscheinabkommen 182
Pax Americana 593 f.
Pax-Christi-Bewegung 599
Pershing-II-Startrampen 556
Pfälzische Erbfolgekriege 26
Pfarrer-Bruderschaft 599
Picht, Georg 179
Pieroth, Elmar 204
Pius XII., Papst 140
Poincaré, Raymond 55
Polen, Kriegsrecht 606 f.
Ponto, Jürgen 459 f.
Posipal, Jupp 92
Potsdamer Abkommen 46, 54
Prager Frühling, Niederschlagung des 238
Preiser, Erich 84

Privatschulgesetz 276
Protestantismus 21, 69, 298

Quai d'Orsay 74
Quäker-Bewegung 599

Radbruch, Gustav 82
Radikale im öffentlichen Dienst 308, 328, 550
Radikalenerlass 328
Rahn, Helmut 92
Ranke, Leopold von 99 f.
Rat für gegenseitige Wirtschaftshilfe 545
Rau, Johannes 505, 562 f., 577
Reagan, Ronald 582 f., 607, 613 ff.
Rechtsradikalismus 121 f. *siehe auch* Nationalsozialismus; NPD
Rechtsstaatsprinzip 242
Reformation 69
Rehling, Luise 173
Reichling, Ludwig 133
Reichskleinodien 25
Reichspogromnacht (9.11.1938) 22, 488
Reichstag 479
Reimann, Max 61
Reinert, Egon 96
Renger, Annemarie 303, 437 f., 520
Renner, Hannelore *siehe* Kohl, Hannelore
Renner, Irene 66
Renner, Wilhelm 66 f.

Republikaner (USA) 582 f.
Reuter, Ernst 588
Rheinland-Pfalz 177
– Landtag 27, 58, 107,
115 ff., 120 f., 130, 143,
146, 160, 211, 217, 231
– – CDU-Fraktion 124 f.,
128 ff., 133 f., 136–140,
142–146, 150, 152–162,
171 f., 175, 185 ff., 213,
215 ff., 222, 272 f., 280,
290, 347, 395
– – Haushalts- und Finanz-
ausschuss 119 f., 130 f., 146
– – Kulturpolitischer Aus-
schuss 130, 147, 172
– – Ministerrat 272 f., 308,
395
– – Ministerpräsidentenwahl
(1969) 229
– Provisorische Regierung
137
– Staatskanzlei 233, 395
Ring Christlich-Demokrati-
scher Studenten (RCDS) 226
Röder, Franz-Josef 379, 383,
449
Roland, Berthold 351
Rolandseck, Stiftung Bahnhof
308, 350
Römische Verträge 74
Roosevelt, Franklin D. 46
Rösler, Johann Baptist 280
Rote-Armee-Fraktion (RAF)
364, 456 f., 469 ff., 586
Ruhrkampf (1923) 50, 55

Russlanddeutsche 486
Rüstow, Alexander 83

Saargebiet 94 ff., 426
Saar-Pfalz-Kanal 144, 344
Salier 25
SALT-Abkommen 483, 556 f.
Salzgitter, zentrale Erfassungs-
stelle für DDR-Unrecht
577
Schäfer, Hans 92
Schäfer, Manfred 96
Schaller, Theo 53
Scheel, Walter 248 ff., 264,
266 ff., 294, 296 f., 304,
330, 336, 367, 384, 415,
482, 505, 518 ff.
Scheidungspapier (FDP) 625 f.,
628
Schikora, Hans 121
Schiller, Friedrich von 73
Schiller, Karl 284, 297
Schiwkow, Todor 385
Schleyer, Hanns-Martin 363,
460 f., 464–478, 491
Schmid, Carlo 79
Schmidt, Helmut 292, 297,
304, 335 f., 359 f., 364 f.,
367, 373, 378, 382, 387,
391 f., 413 f., 422, 440 f.,
443, 453 f., 458, 461, 474,
476, 483, 487, 490, 498,
507, 523 ff., 531, 541, 549,
554, 556 f., 559 f., 568,
571 f., 577, 597 f., 605 f.,
608 ff., 612, 617, 619,

623–629, 634, 636, 638 f.,
641–645
Schmidt, Otto 154, 394
Schmücker, Kurt 194
Schmude, Jürgen 629
Schnabel, Franz 98
Schneider, Fritz 231
Schnur, Cäcilie *siehe* Kohl,
Cäcilie
Schnur, Josef 15, 17, 77
Schnur, Walter 169
Schreckenberger, Waldemar
259
Schreiner, Hannes 345 f.
Schröder, Gerhard (CDU) 197,
199, 247 f., 268, 270,
287–292, 300, 311 ff., 327
Schröder, Gerhard (SPD) 525,
577, 620
Schubert, Bruno 622
Schülerunion 374
Schumacher, Kurt 62 ff., 88,
303 f., 553
Schuman, Robert 74 f., 512
Schumann, Jürgen 471, 473 f.
Schütz, Klaus 359 f., 586 f.
Schwarz, Heinz 90, 229, 393
Schwarzer September 297
Sebastian, Ludwig 51
Sechstagekrieg 219
Seeber, Eckhard (Ecki) 168,
265, 358, 439
Seeber, Hilde 168
Slevogt, Max 350 f., 353
Slevogt, Nini 353
Soames, Sir Christopher 403 f.

Solidarität (Solidarność) 606
Solschenizyn, Alexander 325
Sowjetische Besatzungszone
71
Sozialdemokratische Partei
Deutschlands (SPD) 62 ff.,
74, 85, 135, 155, 173, 176,
181, 196, 200 f., 236, 238,
243, 245 f., 249 f., 264,
266 ff., 277, 285, 292,
297 f., 300 f., 319, 326,
339, 368, 372, 374, 384 f.,
390 ff., 401, 404, 410, 413,
440, 449, 454, 488, 499,
520, 534 f., 549–554, 556 f.,
559–563, 568 ff., 572, 578,
583, 596 ff., 600, 602, 605,
609 ff., 615 ff., 630 f., 634,
638, 644
– Berlin 589
– Bundesparteitag Bad Go-
desberg (1959) 126, 155
– Hessen 636 f.
– Ludwigshafen 58, 63,
102 f., 132 f., 256, 441
– Ostdeutschland 65
– Pfalz 99
– Rheinland-Pfalz 58 f., 115,
129, 131, 138, 146, 150 f.,
154, 203, 206, 201, 214,
221, 275, 279, 306, 354
– West-Berlin 512
Soziale Marktwirtschaft 66,
84, 180, 183, 277, 300, 302,
445, 498 f., 533 f., 551, 620
Sozialismus 404, 535, 552 f.

Sozialistische Einheitspartei
Deutschlands (SED) 64, 87,
134, 201, 485, 545, 576 f.,
599
– Zentralkomitee 244, 283
Sozialistische Internationale
404
Späth, Lothar 495, 537, 561
Speyer
– Dom 22, 25, 82
– Dom-Gymnasium 35
– Reichstage 25
Spiegel 366, 434, 482
Spiegel-Affäre 147, 372, 422
Springer, Axel Cäsar 522
Springer-Verlag 453
SS-20-Raketen 554, 558
Staatsbürgerliche Vereinigung
338
Stachelschweine 460
Stahlhelm, Bund der Frontsol-
daten 23
Stalin, Josef W. 46, 85 f.
Stamfort, Hilde 61
Stamfort, Otto 61 f.
Ständige Vertretung 304, 335,
577, 606
Stasi *siehe* DDR-Geheimdienst
Stauffenberg, Claus Graf
Schenk von 38
Stegerwald, Adam 16, 53
Steiner, Julius 295
Stempel, Hans 53
Stern 373 f.
Sternberger, Dolf 84, 100 f.,
105

Stobbe, Dietrich 587, 589
Stockholm, Botschafts-
besetzung (1975) 364 f.,
458
Stoiber, Edmund 524, 537
Stoltenberg, Gerhard 270 f.,
291, 318, 327, 368 f., 379,
389, 409, 478, 507, 526,
564, 585, 618, 620 f., 635,
638
Stoph, Willi 181
Strauß, Franz Josef 147 f.,
197 f., 249, 267, 286 f.,
293, 300, 311, 314 ff., 329,
356 f., 364, 366–372, 379 f.,
382 ff., 386, 389 f., 408 f.,
413, 416 f., 419–423, 428,
430, 432, 434, 443, 445,
447, 452 f., 458, 483,
503 f., 507 ff., 519,
522–526, 528–532, 537 ff.,
541 ff., 559, 562 ff., 568 f.,
571 ff., 588, 620, 622 f.,
628, 631, 635 f., 648
– Sonthofener Rede (1974)
366, 368, 384, 442
– Wienerwald-Rede (1976)
434, 442
Strauß, Marianne 543
Streibl, Max 420
Stresemann, Gustav 98
Stübinger, Oskar 116, 214,
230, 282
Stücklen, Richard 249, 295,
390, 409, 432, 437, 529,
574, 644

Studentenunruhen 219,
224–228, 256
Stuttgart-Stammheim, Gefängnis 472
Südtiroler Volkspartei 402
System Kohl 112, 274, 587

Tag der deutschen Einheit 243
Tandler, Gerold 370, 432
Taus, Josef 403
Teltschik, Horst 346 f., 397,
439, 481
Terlinden, Hans 347
Terrorismus 224, 357–365,
456–478, 491 f., 499, 546,
550
Thatcher, Margaret 169,
403 f.
Theisen, Otto 217, 280, 344,
394
Thierse, Wolfgang 304
Tillmanns, Robert 54
Tindemans, Leo 76, 403
Tito, Jozip Broz 385
Traube, Klaus 491 f.
Treblinka 325
Turek, Toni 92

Uhland, Johann Ludwig 104
Ulbricht, Walter 283
Umweltschutz 107, 118 f.,
533 f.
Ungarn, Volksaufstand (1956)
590
UNO *siehe* Vereinte Nationen

Verdun 74
Vereinte Nationen (UNO) 311,
335, 433, 483
Verheugen, Günter 630
Versailler Vertrag 94
Vertriebenenverbände 381,
565
Verwaltungsreform
218–223, 272, 274 f.,
349 f.
Viermächteabkommen 483,
485
Vietnamkrieg 173, 224
Villa Ludwigshöhe 353
Vogel, Bernhard 101 f., 216,
222, 230 f., 258, 281, 322,
343, 348 f., 353, 394, 418,
436, 502
Vogel, Hans-Jochen 102, 216,
589
Volk, Hermann 397
Volksfront 599 f.
Volxem, Otto van 116, 122,
229
Vondano, Theo 229

Wagner, Carl-Ludwig 90
Wahlkampf
– 1949 71 ff., 207
– 1959 113 f., 207
– 1960 132 f.
– 1967 203 ff., 208, 213
– 1976 401 ff., 410, 440
– 1980 541 ff., 559 f.,
562 ff., 567 ff., 578
Wahlrechtsänderung 196,

200 f., 234, 237 f., 248 f., 253, 267
Währungsreform 66 f.
Waigel, Theo 430
Wallmann, Walter 390
Wallnöfer, Eduard 421
Walter, Fritz 92 f., 396
Walter, Ottmar 92
Warschauer Pakt 238, 386, 483, 545, 554, 604
Warschauer Vertrag 296
Wasmuth, Johannes 350
Weber, Alfred 83
Weber, Juliane 344 f., 358 f., 439, 480 f.
Weber, Max 82
Wehner, Herbert 127, 200, 245, 335, 391, 560, 642
Weichmann, Herbert 254
Weimarer Republik 25, 50 f., 53, 63 f., 72, 88, 98, 137, 144, 575, 613, 641, 646
Weizsäcker, Richard von 73, 246 f., 271, 300, 313, 318, 322, 327, 329, 336, 409, 443, 497, 511, 519, 529, 574, 587 ff., 614, 620, 624
Weizsäcker, Viktor von 84
Westenberger, Wilhelm 116
Westeuropäische Union 87
Westfalenhalle, Dortmund 71
Westintegration 79, 86
Wetzel, Ernst-Jakob 138 f.
Wex, Helga 270, 291, 318, 327, 529, 564

Weyer, Willi 250, 268
Widerstandsbewegung des 20. Juli 1944 38, 52, 122, 324, 521, 539 f., 646
Wiederbewaffnung 84, 103, 329
Wiedervereinigung *siehe* Deutsche Einheit
Wiesbadener Programm (1972) 327
Wiesenthal, Simon 45
Wildbad Kreuth 419
Wilms, Dorothee 326, 409
Wilson, Harold 212
Windelen, Heinrich 369, 443, 446
Wischnewski, Hans-Jürgen 471
Wittelsbach, Haus 51, 353
Wojtyla, Karol 495 f.
Wolff, Gustav 98
Wolters, August 116, 230 f.
Worms
– Dom 22
– Reichstage 25
Wörner, Manfred 389, 410, 564
Wuermeling, Franz-Josef 91
Wurster, Georg 457

ZDF 264, 316, 414, 460, 513
– Verwaltungsrat 271
Zentrumspartei 23, 50 f., 53, 58, 64, 137, 243, 429
Zeyer, Werner 561
Zhao Ziyang 354

Zhu Enlai 357
Zimmermann, Friedrich 364,
420, 432, 443, 458, 524,
528, 564, 574, 622 f., 634,
645
Zimmermann, Herbert 93

Zuckmayer, Carl 29 ff.
Zweiter Weltkrieg 21, 23 f.,
28, 32–41, 43 ff., 169, 515,
540, 563, 599
Zweites Vatikanisches Konzil
140, 212